Würdinger · Aktienrecht und das Recht
der verbundenen Unternehmen

Aktienrecht
und das Recht der
verbundenen Unternehmen

Eine systematische Darstellung

von

Dr. Hans Würdinger
em. o. Professor an der Universität Hamburg

4., völlig neubearbeitete und erweiterte Auflage

C. F. Müller Juristischer Verlag
Heidelberg · Karlsruhe 1981

Hans Würdinger, Jahrgang 1903, Studium, Promotion, Assessorexamen und Habilitation (1932) in München; Lehrtätigkeit an den Universitäten Göttingen, Beslau, Wien, und von 1944–1969 in Hamburg; 1966 und 1975 Einladungen zu Seminaren über Aktienrecht nach Tokyo; von 1965–1976 Sonderberater der Kommission der Europäischen Gemeinschaften in Fragen der Harmonisierung der Aktienrechte der Mitgliedstaaten.

CIP-Kurztitelaufnahme der Deutschen Bibliothek

Würdinger, Hans:
Aktienrecht und das Recht der verbundenen Unternehmen : e. systemat. Darst. / von Hans Würdinger. — 4., neubearb. u. erw. Aufl. — Heidelberg ; Karlsruhe : Müller, Juristischer Verl., 1981.
   ISBN 3-8114-2681-8

© 1981 C.F. Müller Juristischer Verlag GmbH, Heidelberg · Karlsruhe
Satz: Lichtsatz M. Glaese, 6944 Hemsbach
Druck: Druckhaus Darmstadt, 6100 Darmstadt
Buchbinderische Verarbeitung: Hollmann, Darmstadt

ISBN 3-8114-2681-8

Vorwort zur 4. Auflage

Anregungen Folge leistend hat Verfasser, entgegen seinem Hinweis im Vorwort der vorhergehenden Auflage, es noch einmal unternommen, das Recht der Aktiengesellschaft und der verbundenen Unternehmen nach dem gegenwärtigen Stand von Gesetzgebung und Rechtsprechung darzustellen.

Wiederum befindet dieser Rechtsbereich sich in Veränderung, welche teils schon erfolgt ist, teils bevorsteht.

Von den vollzogenen Ergänzungen oder Änderungen des einschlägigen Rechts seien genannt die paritätische Mitbestimmung, die Durchführung der Zweiten Richtlinie des Rates der EG, die Novellierung der Kontrolle von Unternehmenszusammenschlüssen, die Regelung des Anlegerschutzes, die Körperschaftsteuerreform, die Codex-Bewegung betreffend die multinationalen Unternehmen.

Von den bevorstehenden Rechtsänderungen sind berücksichtigt die vom Rat der EG verabschiedete Dritte (Verschmelzungs-) und Vierte (Bilanz-)Richtlinie und die dazu vorliegenden Referentenentwürfe eines Durchführungsgesetzes, desgleichen der Vorschlag der Kommission der EG einer Siebenten Richtlinie betreffend die Konzernbilanz. Hingewiesen ist ferner auf das von der Kommission erstrebte Statut einer Gesellschaft Europäischen Rechts und auf einige Vorschläge zwecks Förderung des Kapitalverkehrs im Gemeinsamen Markt.

In grundlegenden Entscheidungen hat die höchstrichterliche Rechtsprechung neue Orientierung gebracht und Weichen für die weitere Rechtsentwicklung gestellt.

Aber auch die überkommenen Teile des dargestellten Rechtsgebietes sind neu durchdacht und lassen das Bemühen des Verfassers um weitergehende Klärung mancher Fragen erkennen.

Auf umfangreiche Schrifttumsangaben zu den einzelnen Überschriften ist verzichtet, statt dessen auf sorgfältige Zusammenstellungen derselben in Kommentaren und einzelnen systematischen Werken verwiesen. Dieses möge nachgesehen werden.

Gauting, im Mai 1981 *Hans Würdinger*

Vorwort zur 1. Auflage

Das Aktienrecht als Organisationsordnung für Unternehmen mit großem Kapitalbedarf ist in besonderem Maße beeinflußt von den sich ständig verändernden Kräften und Bedürfnissen des Wirtschaftslebens und von der Veränderung wirtschaftspolitischer Wertungen und Zielsetzungen. Wohl hat auch das Aktienrecht, wie die Rechtsordnung überhaupt, die Aufgabe, das Leben ordnend zu gestalten. Indessen zeigt sich gerade in diesem Rechtsbereich, wie sehr die Macht des Lebens den Rahmen des Gesetzes in jenen Bereichen zu überschreiten und zu sprengen droht, in denen die geltende normative Ordnung ihr nicht gebührend Rechnung trägt. Obgleich das geltende Gesetz erst vor wenig mehr als zwanzig Jahren erlassen wurde, hat die wirtschaftliche Entwicklung in manchen Beziehungen teils praeter, teils sogar contra legem zu neuen Formen geführt, die ohne große und hemmende Störungen sich schwerlich wieder beseitigen lassen. Aufgabe der mit der Veröffentlichung des Referentenentwurfes eines Aktiengesetzes eingeleiteten Reform des Aktienrechts ist es, die unter dem geltenden Recht in Erscheinung getretenen Gestaltungen, Kräfte und Bedürfnisse auf ihre Notwendigkeit und Rechtfertigung hin zu prüfen und ihnen, je nach dem Ergebnis, gesetzlich Rechnung zu tragen oder, im Falle ihrer Unvereinbarkeit mit den rechtspolitischen Prinzipien, entgegenzutreten. Es zeigt sich aber, daß auch die rechtspolitischen Prinzipien nicht absolute Wertungen bilden, sondern gleichfalls Veränderungen unterliegen, zur Zeit sogar in einer Wandelung begriffen sind, deren Ergebnis sich nicht absehen läßt.

Es mag daher wohl dienlich sein, das geltende Recht und die Gestaltungen der Wirtschaftspraxis systematisch darzustellen, zumal im deutschen Rechtsschrifttum eine den Rahmen eines Lehrgrundrisses überschreitende neuere Zusammenfassung dieses Rechts fehlt. Daß der Verfasser sich bemüht hat, die großen Probleme in wissenschaftlichem Denken zu klären, wird dem kundigen Leser nicht verborgen bleiben.

Hamburg, im September 1959 *Hans Würdinger*

Inhalt

Abkürzungsverzeichnis XI

I. Teil: Die Aktiengesellschaft

1. Kapitel: Die Grundlagen der AG

§ 1	Wirtschaftliche Bestimmung und rechtliche Struktur der AG	3
§ 2	Kapitalmarkt, Insider-Regeln, Kapitalanlagegesellschaften	8
§ 3	Entwicklung des Aktienrechts, der Mitbestimmung u. d. Wettbewerbsschutzes	13
§ 4	Die AG als juristische Person, Eigenart des Organisationsrechts	19
§ 5	Internationales Gesellschaftsrecht	23
§ 6	Internationale Gesellschaften	26
§ 7	Grundkapital und Gesellschaftsvermögen	31
§ 8	Gesetzliche Rücklage und freie Rücklagen.......................	33
§ 9	Bindung des Gesellschaftsvermögens	36
§ 10	Satzung der AG...	39
§ 11	Mitgliedschaft und Aktie	45
§ 12	Die Aktie als Wertpapier	53
§ 13	Erwerb eigener Aktien durch die Gesellschaft und für Rechnung derselben	60
§ 14	Aktienzeichnung durch ein abhängiges Unternehmen oder für Rechnung der Gesellschaft	64
§ 15	Einlagepflicht	66
§ 16	Recht auf Dividende	68
§ 17	Stimmrecht	71
§ 18	Aktien besonderer Gattung	79
§ 19	Obligationen, Genußrechte, Gewinn-und Wandelschuldverschreibungen	83
§ 20	Gründung der Gesellschaft	93
§ 21	Rechtliche Würdigung des Gründungsvorgangs	100
§ 22	Umwandlung einer Personengesellschaft und eines Einzelhandelsgeschäfts in eine AG	104
§ 23	Zweigniederlassung	107

2. Kapitel: Die Verfassung der AG

§ 24	Gesellschaftsorgane, Betriebsverfassung und Mitbestimmung	109
§ 25	Der Vorstand	114
§ 26	Der Aufsichtsrat	126
§ 27	Die Hauptversammlung	137
§ 28	Der Hauptversammlungsbeschluß	144
§ 29	Minderheitenschutz	145
§ 30	Nichtigkeit und Anfechtbarkeit von Hauptversammlungsbeschlüssen	148
§ 31	Die aktienrechtliche Haftungsklausel	155
§ 32	Rechnungslegung und Gewinnverwendung	157

3. Kapitel: Änderung der Rechts- und Kapitalgrundlagen der AG

§ 33	Satzungsänderung	170
§ 34	Überblick über die Finanzierungsmaßnahmen	174
§ 35	Kapitalerhöhung gegen Einlagen	176
§ 36	Genehmigtes Kapital	183
§ 37	Kapitalerhöhung aus Gesellschaftsmitteln	185
§ 38	Bedingte Kapitalerhöhung	188
§ 39	Ausgabe von Belegschaftsaktien	193
§ 40	Überblick über die Maßnahmen der Kapitalherabsetzung	195
§ 41	Ordentliche Kapitalherabsetzung	196
§ 42	Kapitalherabsetzung durch Einziehung von Aktien	200
§ 43	Die Sanierung im allgemeinen	206
§ 44	Vereinfachte Kapitalherabsetzung	208
§ 45	Auflösung der AG	212
§ 46	Abwicklung der Gesellschaft	214

4. Kapitel: Verschmelzung und Ausgliederung

§ 47	Die Verschmelzung im allgemeinen	217
§ 48	Verschmelzung durch Aufnahme	222
§ 49	Verschmelzung durch Neubildung	237
§ 50	Internationale Verschmelzung und andere Formen internationaler Unternehmenszusammenfassung	239
§ 51	Öffentliche freiwillige Kauf- und Umtauschangebote	240
§ 52	Vermögensübertragung und Ausgliederung	243
§ 53	Spaltung von Gesellschaften	245
§ 54	Umwandlung von Kapitalgesellschaften und anderen Unternehmen	246

II. Teil: Die Kommanditgesellschaft auf Aktien

§ 55	Begriff und rechtliche Struktur	251
§ 56	Der persönlich haftende Gesellschafter	253
§ 57	Kommanditaktionäre und Aufsichtsrat	257
§ 58	Errichtung, Beendigung, Verschmelzung und Umwandlung	260

III. Teil: Verbundene Unternehmen und Konzerne

1. Kapitel: Unternehmensverbindungen, wirtschaftliche und wettbewerbsrechtliche Aspekte

§ 59	Gründe und Arten von Unternehmensverbindungen	269
§ 60	Kontrolle der Unternehmenszusammenschlüsse	273
§ 61	Multinationale Unternehmen und die Codex-Bewegung	275

2. Kapitel: Die materielle Regelung der verbundenen Unternehmen und der Konzerne

§ 62	Konzeption und Aufbau der gesetzlichen Regelung	279
§ 63	Der Begriff „Unternehmen"	281
§ 64	Die Mitteilungspflicht	284
§ 65	Die Definition von Unternehmensverbindungen und ihre Bedeutung	288
§ 66	Wechselseitig beteiligte Unternehmen	299
§ 67	Unternehmensverträge Arten, Abschluß, Änderung und Beendigung	302
§ 68	Gewinngemeinschaft, Teilgewinnabführung, Betriebspacht und Betriebsüberlassung	305
§ 69	Die Eingliederung	313
§ 70	Der Beherrschungsvertrag	322
§ 71	Der Gewinnabführungsvertrag	334
§ 72	Abhängigkeit bei Fehlen eines Beherrschungsvertrags	340
§ 73	Mitbestimmung im Konzern	346
§ 74	Rechnungslegung im Konzern	350
§ 75	Beteiligung der öffentlichen Hand	356

Stichwortverzeichnis 361

Abkürzungsverzeichnis

ABl. Eur. G.	Amtsblatt der Europäischen Gemeinschaften
AcP	Archiv für die civilistische Praxis
ADHGB	Allgemeines Deutsches Handelsgesetzbuch 1861
AG	Aktiengesellschaft
AG	Zeitschrift Die Aktiengesellschaft
AHW	Abhandlungen zum deutschen und europäischen Handels-und Wirtschaftsrecht
AktG	Aktiengesetz 1965
AktG 1937	Aktiengesetz von 1937
Amtl. Begr.	Amtliche Begründung zum Regierungsentwurf eines Aktiengesetzes
AO	Abgabenordnung 1976
AP	Arbeitsrechtliche Praxis, Nachschlagewerk des Bundesarbeitsgerichts
ArchBürgR	Archiv für bürgerliches Recht
AWD	Außenwirtschaftsdienst
BAG	Bundesarbeitsgericht
BankA	Bank-Archiv
Bauer	Zeitschrift für Aktiengesellschaften und für Gesellschaften mit beschränkter Haftung
BayOLG	Bayerisches Oberstes Landesgericht
BB	Der Betriebs-Berater
BetrVG	Betriebsverfassungsgesetz von 1952 bzw. von 1972
BFH	Bundesfinanzhof
BGB	Bürgerliches Gesetzbuch
BGBl	Bundesgesetzblatt
BGH	Bundesgerichtshof, Entscheidungsammlung in Zivilsachen
BGHSt	Entscheidungen des Bundesgerichtshofs in Strafsachen
BHO	Bundeshaushaltsordnung 1969
BörsG	Börsengesetz
BStBl.	Bundessteuerblatt
BVerfG	Bundesverfassungsgericht
D	Denkschrift zu dem Entwurf eines HGB 1897
DB	Zeitschrift Der Betrieb

Abkürzungsverzeichnis

DJZ	Deutsche Juristenzeitung
DMBilG	DM-Bilanzgesetz
DNotZ	Deutsche Notar-Zeitschrift
DR	Deutsche Rechtszeitschrift
Dür.-Hach.	Düringer-Hachenburg, Komm. z. HGB
DVO	Durchführungsordnung
EG	Europäische Wirtschaftsgemeinschaft
EG AktG	Einführungsgesetz zum Aktiengesetz 1965
EStG	Einkommensteuergesetz 1979
EWGV	Vertrag zur Gründung der Europäischen Wirtschaftsgemeinschaft
FGG	Reichsgesetz über die Angelegenheiten der Freiwilligen Gerichtsbarkeit
Gessler Komm.	Kommentar zum Aktiengesetz von Gessler, Hefermehl, Eckardt, Kropff
GG	Grundgesetz für die Bundesrepublik Deutschland
GmbHG	Gesetz betr. die Gesellschaften mit beschränkter Haftung
GmbH-Nov.	Gesetz zur Änderung des Gesetzes betr. die Gesellschaften mit beschränkter Haftung und anderer handelsrechtlicher Vorschriften v. 4. 7. 1980
GmbH-Rdsch.	Zeitschrift GmbH-Rundschau
GO	Gewerbeordnung 1978
Großkomm.	Großkommentar z. Aktiengesetz 3. Auflage v. Barz, Klug, Meyer-Landrut, Wiedemann, Brönner, Mellerowicz, Schilling, Würdinger
GV	Generalversammlung
GV-Rechnung	Gewinn- und Verlustrechnung
GWB	Gesetz gegen Wettbewerbsbeschränkungen
HGB	Handelsgesetzbuch
HGG	Gesetz über die Grundsätze des Haushaltsrechts des Bundes und der Länder 1969
h.M.	herrschende Meinung
Holdheim	Wochenschrift, ab 1897 Monatsschrift für Handelsrecht und und Bankwesen, begr. v. Holdheim (bis Ende 1969)
HRR	Höchstrichterliche Rechtsprechung
HV	Hauptversammlung
HypBankG	Hypothekenbankgesetz
IG	Interessengemeinschaft
JFG	Jahresbuch für Entscheidungen in Angelegenheiten der Freiwilligen Gerichtsbarkeit
JR	Juristische Rundschau
JW	Juristische Wochenschrift
JZ	Juristenzeitung
KAGG	Gesetz über Kapitalanlagegesellschaften
KapErhG	Gesetz über die Kapitalerhöhung aus Gesellschaftsmitteln und über die Verschmelzung von Gesellschaften mit beschränkter

Abkürzungsverzeichnis

	Haftung, in der auf Art. 7 der GmbH-Novelle vom 4. 7. 1980 beruhenden Fassung
KG	Kommanditgesellschaft
KGaA	Kommanditgesellschaft auf Aktien
KGJ	Jahrbuch der Entscheidungen des Kammergerichts
KO	Konkursordnung
Kölner Komm.	Kommentar z. AktG v. Biedenkopf, Claussen, Geilen, Koppensteiner, Kraft, Kronstein, Lutter, Mertens, Zöllner
Komm-Bericht	Bericht über die Verhandlungen der Unternehmensrechtskommission, hrsg. v. Bundesministerium der Justiz (1980)
Kropff	Aktiengesetz, Textausgabe mit Begründung des Regierungsentwurfs u. Bericht des Rechtsausschusses des Deutschen Bundestags (1965)
KStG	Körperschaftsteuergesetz 1977
KStR	Körperschaftsteuer-Richtlinien 1977
KVStG	Kapitalverkehrsteuergesetz 1972
KVStDVO	Durchführungs-Verordnung zum KVStG
KuT	Konkurs und Treuhandwesen. Monatsschrift für Wirtschaft und Recht
LAG	Landesarbeitsgericht
L-M	Lindenmaier-Möhring, Nachschlagewerk des Bundesgerichtshofes in Zivilsachen
LZ	Leipziger Zeitschrift
MDR	Monatsschrift für deutsches Recht
MitbestG	Mitbestimmungsgesetz 1976
MitbestErgG	Mitbestimmungsergänzungsgesetz 1956
Montan-MitbestG	Gesetz über die Mitbestimmung der Arbeitnehmer in den Aufsichtsräten und Vorständen der Unternehmen des Bergbaus und der Eisen und Stahl erzeugenden Industrie 1951
MUV	Vertrag über die Gründung der Europäischen Gemeinschaft für Kohle und Stahl
NJW	Neue Juristische Wochenschrift
OGH	Entscheidungen des Obersten Gerichtshofes in Zivilsachen
OECD	Organisation for Economic Co-operation and Development
OHG	Offene Handelsgesellschaft
OLG	Mugdan, Rechtsprechung der Oberlandesgerichte
p.h.Ges.	persönlich haftender Gesellschafter
PublG	Gesetz über die Rechnungslegung von bestimmten Unternehmen und Konzernen
RefE	Referentenentwurf
RdA	Recht der Arbeit
RFH	Reichsfinanzhof
RG	Reichsgericht, Entscheidungsammmlung in Zivilsachen
RGBl.	Reichsgesetzblatt
RGR-Komm.	Reichsgerichtsräte-Kommentar z. HGB
RGSt	Reichsgericht, Entscheidungsammlung in Strafsachen

Abkürzungsverzeichnis

RJA	Entscheidungen in Angelegenheiten der freiwilligen Gerichtsbarkeit, zusammengestellt vom Reichsjustizamt
RL	Richtlinie des Rates der Europäischen Gemeinschaften
ROHG	Reichsoberhandelsgericht
SeuffA	J. A. Seufferts Archiv für Entscheidungen der obersten Gerichte
SJZ	Süddeutsche Juristen-Zeitung
SozPr.	Zeitschrift Soziale Praxis
StuW	Steuer und Wirtschaft
UmsStG	Umsatzsteuergesetz 1973
UmwG	Umwandlungsgesetz
VAG	Gesetz über Beaufsichtigung der privaten Versicherungsgesellschaften
VermStG	Vermögensteuergesetz
Warn.	Warneyer, Rechtsprechung des Reichsgerichts
WG	Wechselgesetz
WM	Wertpapier-Mitteilungen
WPg	Die Wirtschaftsprüfung
WPO	Wirtschaftsprüferordnung 1975
WuW	Zeitschrift Wirtschaft und Wettbewerb
ZGR	Zeitschrift für Unternehmens- und Gesellschaftsrecht
ZHR	Zeitschrift für das gesamte Handelsrecht
ZPO	Zivilprozeßordnung
ZulBek.	Bekanntmachung, betr. die Zulassung von Wertpapieren zum Börsenhandel

I. Teil
Die Aktiengesellschaft

1. Kapitel

Die Grundlagen der AG

§ 1 Wirtschaftliche Bestimmung und rechtliche Struktur der AG

I. Wirtschaftliche Bestimmung der AG

1. Zahlreiche Produktionsaufgaben erfordern zu ihrer Ausführung kostspielige Investitionen und die Bereitstellung großer Kapitalien.

Diesem Kapitalbedarf trägt die Rechtsordnung Rechnung, indem sie in der Aktiengesellschaft eine gesellschaftsrechtliche Organisationsform zur Verfügung stellt, bei der die Aufbringung von Kapital aus dem Publikum erfolgt und dadurch das erforderliche Gesellschaftsvermögen angesammelt werden kann.

Die AG ist demnach eine Gesellschaft, welche sich das zum Aufbau und Betrieb ihres Unternehmens erforderliche Gesellschaftskapital durch Ausgabe der in Aktienurkunden verbrieften Mitgliedschaften und Übernahme derselben gegen Leistung der Einlage durch die Übernehmer beschafft. Auf diese Funktion ist die Regelung des Gesetzes zugeschnitten.

2. a) Grundsätzlich steht es den Beteiligten frei, welche Gesellschaftsform sie wählen. Das gilt auch in bezug auf die AG. Da aber neben der AG (und KGaA) keine andere Gesellschaftsform die Inanspruchnahme des Kapitalmarktes durch Emission von Mitgliedschaften ermöglicht, sind Großunternehmen in aller Regel auf die Rechtsform der AG angewiesen.

b) Für gewisse Unternehmen ist die AG oder KGaA vorgeschrieben; so für Hypothekenbanken (§§ 1, 2 HypBankG. vom 13. 7. 33) und Schiffspfandbriefbanken (§§ 1, 2 SchiffsbankG vom 14. 8. 33), sodann, wahlweise neben der Form des Versicherungsvereins auf Gegenseitigkeit, für den Betrieb der Lebens-, Unfall-, Haftpflicht-, Feuer- und Hagelversicherung (§ 7 VAG, dazu § 37 EG AktG) und, wahlweise neben der Form der GmbH, für Kapitalanlagegesellschaften (§ 1 Abs. 2 Ges. v. 14. 1. 70 (BGBl. I, 128)).

Nach dem Statistischen Jahrbuch für die Bundesrepublik Deutschland 1980 bestanden Ende 1979 in der Bundesrepublik 2114 AGn und 25 KGaA.

§ 1 *Wirtschaftliche Bestimmung der AG*

II. Rechtliche Struktur der AG

Der wirtschaftlichen Funktion der AG entspricht die **normative** Struktur dieser Gesellschaft. Sie ist in § 1 AktG umschrieben, welcher lautet:

„(1) Die Aktiengesellschaft ist eine Gesellschaft mit eigener Rechtspersönlichkeit. Für die Verbindlichkeiten der Gesellschaft haftet den Gläubigern nur das Gesellschaftsvermögen.

(2) Die Aktiengesellschaft hat ein in Aktien zerlegtes Grundkapital."

1. Die AG besitzt eigene **Rechtsfähigkeit**. Eigentümerin des Gesellschaftsvermögens, Schuldnerin der Gesellschaftsschulden und Trägerin aller Gesellschaftsforderungen und sonstigen Rechte ist die AG als juristische Person. Die Rechtspersönlichkeit der AG bildet demnach die rechtliche Klammer, welche das Gesellschaftsvermögen zusammenhält, es von dem Vermögensschicksal der Mitglieder unabhängig und dem Gesellschaftszweck dienstbar macht.

2. Als juristische Person ist die AG selbst Schuldnerin der Gesellschaftsverbindlichkeiten und sie haftet mit ihrem Gesellschaftsvermögen. Eine Haftung der Aktionäre besteht hierfür nicht. Das Risiko der Aktionäre ist demnach auf den Verlust ihrer Einlage und etwaiger im Gesellschaftsvermögen thesaurierter Gewinne beschränkt. Eine **Nachschußpflicht** ist dem Aktienrecht unbekannt.

3. a) Die AG ist aufgebaut auf dem sog. **Grundkapital** (§ 1 Abs. 2 AktG). Das Grundkapital, welches in der Satzung festgestellt wird, ist eine **normative** Größe; es gibt den **Soll**-Betrag an, dem das Gesellschaftsvermögen entsprechen soll.

Dieser Betrag wird in **Anteile** zerlegt, welche auf einen bestimmten Nennbetrag lauten (§ 6 AktG); diese Anteile heißen „Aktien" (§ 1 Abs. 2 AktG). Jeder Anteil stellt ein selbständiges **Mitgliedschaftsverhältnis** dar, welches in der Aktienurkunde verbrieft wird.

Aus dem festen Verhältnis der Anteile (Nennbetrag der Aktien) zum Grundkapital ergibt sich, daß die Zahl der Mitgliedschaften eine geschlossene ist und daß eine Erhöhung oder Verringerung derselben bei gleichbleibendem Nennbetrag nur durch Erhöhung oder Herabsetzung des Grundkapitals erfolgen kann.

b) Indem das Grundkapital angibt, wie hoch das Gesellschaftsvermögen sein soll, besagt es, ein wie großes Gesellschaftsvermögen bei Gründung der Gesellschaft oder bei späterer Kapitalerhöhung durch Einlagen **aufzubringen** ist, ferner, ein wie hohes Kapital in der Gesellschaft **gebunden** wird, s. u. § 9.

4. Die Aufbringung des tatsächlichen Gesellschaftsvermögens wird durch Übernahme der Mitgliedschaften seitens der Gründer (oder der Zeichner bei der Kapitalerhöhung) bewirkt, indem jeder Übernehmer einer Mitgliedschaft verpflichtet wird, den Einlagebetrag in bar oder durch Sachwerte in die Gesellschaft einzulegen (§ 54 AktG)[1].

---

[1] **Beispiel:** Wird eine AG mit einem Grundkapital von 5 000 000 DM, das in 50 000 Anteile (Aktien) zu je 100 DM Nennbetrag zerlegt ist, gegründet und hat jeder Übernehmer einer Aktie den Nennbetrag eingezahlt, dann entspricht — wenn die Gründungskosten von den Gründern getragen werden — bei Entstehung der Gesellschaft deren Vermögen dem Betrag des Grundkapitals.

5. Das mit der Einlage übernommene Risiko muß von den Aktionären wieder abgestoßen werden können, ohne daß dieses zu einer Schmälerung des aufgebrachten Vermögens führt. Die Aktionäre müssen die Möglichkeit erlangen, ihre Mitgliedschaft je nach Bedarf wieder in Geld zu verwandeln, ohne daß dadurch das Vermögen der Gesellschaft verringert und das Interesse der Gesellschaftsgläubiger berührt wird. Da eine Zurückziehung der Einlage ausgeschlossen ist (§ 58 Abs. 5 AktG), kann die Befreiung der Aktionäre von ihrem Risiko (außer durch Kapitalherabsetzung) nur durch **Veräußerung** der Mitgliedschaft erfolgen. Die Aktien sind **übertragbar**.

Die freie Veräußerlichkeit der Mitgliedschaften begründet die Möglichkeit des Abwanderns der Aktien dorthin, wo augenblicklich Kapital zur Verfügung steht. Sie ermöglicht es, die an wechselnden Stellen vorhandenen Vermögensmittel des Publikums dem Unternehmen jeweils dienstbar zu machen. Die Veräußerung der Aktie hat nichts mehr mit der Gründung und Finanzierung der Gesellschaft zu tun. Sie ist ein gewöhnlicher Verkauf der Mitgliedschaft, verbunden mit einem Mitgliederwechsel.

Damit ist die Anlage von Kapital in Aktien flüssig gestaltet. Die AG mobilisiert das Gesellschaftsvermögen, auch wenn es in Immobilien besteht. Der Erwerb aller Aktien einer Grundstücksgesellschaft bedarf daher nicht der Form des § 313 BGB[2].

III. Aus der rechtlichen Struktur der AG ergeben sich folgende Eigentümlichkeiten der Gesellschaft:

1. Die AG ist eine **Kapitalgesellschaft**[3]. Sie beruht auf einem festen Grundkapital, und kapitalistisch sind auch ihre Mitgliedschaften ausgestaltet, deren Rechte und Pflichten durch den Nennbetrag der Aktien, also durch die Höhe der finanziellen Beteiligung bestimmt werden.

2. Da die AG sich an den **öffentlichen Kapitalmarkt** wendet, indem jedermann durch Aktienzeichnung zur Aufbringung des Gesellschaftsvermögens soll beisteuern können, und da die Mitgliedschaften negotiabel sind, kann der Individualität der Mitglieder keine Bedeutung zukommen. Die Mitgliedschaft ist entpersönlicht. Darin liegt die **Anonymität** der AG begründet, welche sich nicht in der Tatsache erschöpft, daß die Besitzer von Inhaberaktien der Unternehmensverwaltung vielfach unbekannt sind, sondern welche vorzüglich in der Zurückdrängung des Individuellen in bezug auf die Ausgestaltung mitgliedschaftlicher Rechte und Pflichten zum Ausdruck kommt (im französischen Rechtskreis heißt die AG daher „société anonyme").

3. Die **Versachlichung** der Mitgliedschaft. Sie besagt, daß die rechtliche Existenz des Mitgliedschaftsverhältnisses unabhängig davon ist, ob die Aktie einem Aktionär gehört oder herrenlos ist. Da infolge der Stückelung des Grundkapitals die Summe der

---
2 Vgl. JW 1925, 1109, auch RG 118, 185, 119, 126; über Aufklärungspflicht des Verkäufers bei Unternehmenserwerb mittels Aktienkaufs s. BGH, DB 1980, 679.
3 Vgl. die Definition der Kapitalgesellschaften in § 5 KVSt 1972 und in § 1 UmwG.

Nennbeträge der Aktien notwendig dem Grundkapital entsprechen muß, würde das Erlöschen des Mitgliedschaftsverhältnisses durch Dereliktion der Aktie eine Herabsetzung des Grundkapitals um den Nennbetrag dieser Aktie zur Folge haben, wie es bei der **Einziehung** von Aktien (§ 238 AktG) zutrifft. Eine Kapitalherabsetzung durch Dereliktion der Aktie aber ist dem AktG unbekannt. Aus der Versachlichung des Mitgliedschaftsverhältnisses folgt:

a) Die AG beruht ihrer Struktur nach nicht auf den Aktionären als Personen, sondern auf den versachlichten Mitgliedschaftsverhältnissen. Sie ist nicht ein Verein[4] oder eine Gesellschaft der Aktionäre, sondern eine **Institution**.

b) Ein Aktionär kann daher alle Mitgliedschaften (Aktien) in seiner Hand vereinigen, ohne daß sie ihre rechtliche Selbständigkeit verlieren. Da die AG auf diesen Mitgliedschaften beruht, wird durch die Vereinigung aller Aktien in einer Hand (sog. **Einmann**-AG) ihr Bestand nicht berührt.

c) Die Versachlichung der Aktien ermöglicht weiter den Erwerb eigener Mitgliedschaften durch die Gesellschaft selbst, ohne daß diese rechtlich erlöschen.

Erfolgt der Erwerb jedoch entgeltlich oder betrifft er nicht voll eingezahlte Aktien, so liegt darin eine wirtschaftliche Gefahr, indem der Wert der Beteiligung nur durch den Wert des vorhandenen Gesellschaftsvermögens bestimmt wird, dieses aber bei entgeltlichem Erwerb eigener Aktien oder bei Erwerb nicht voll eingezahlter Aktien sich verringert; vgl. darüber unten § 13.

4. Aus Vorstehendem ergibt sich der tiefgreifende Unterschied zwischen der rechtlichen Struktur der AG und jener des rechtsfähigen Vereins. Der Verein beruht auf seinen Mitgliedern; eine doppelte Mitgliedschaft desselben Mitgliedes ist rechtslogisch undenkbar; der Einmann-Verein verfällt notwendig der Auflösung (§ 73 BGB). Grundsätze des Vereinsrechts können daher auf die AG nur insoweit übertragen werden, als sie mit der Struktur der AG verträglich sind. Dieses trifft zu für § 31 BGB. Über **Sonderrechte** (§ 35 BGB) s.u. § 33 III. Unanwendbar dagegen sind §§ 72, 73 BGB.

5. Die Beschränkung des Risikos der Aktionäre auf ihre Einlage und die alleinige Haftung des Gesellschaftsvermögens gegenüber den Gläubigern gebietet eine gesetzliche **Sicherung der Gläubigerinteressen**. Diese Tendenz durchzieht das gesamte Leben der AG von der Gründung bis zur Vollbeendigung und sie hat in zahlreichen Einzelbestimmungen ihren Niederschlag gefunden.

In diesem Zusammenhang ist etwa zu verweisen auf die Mindestzahl der Gründer (§ 2 AktG), auf die Gründungsprüfung und Verantwortlichkeit der Gründungsbeteiligten (§ 46 ff.), auf das gesetzliche Mindestkapital und auf die Regelung der sog. Nachgründung (§ 52); weiter entspricht der Gläubigersicherung der Grundsatz der Vollaufbringung des Kapitals (vgl. §§ 29, 36 Abs. 2, 37 Abs. 1), das Verbot der Unterpariemission (§§ 9, 199 Abs. 2), das Verbot der Befreiung von der Einlagepflicht sowie der Aufrechnung (§ 66), der Rückzahlung und der Verzinsung der Einlagen

---

[4] Zum früheren Theorienstreit über die Rechtsnatur der AG vgl. den Überblick bei *K. Lehmann*, Das Recht der Aktiengesellschaft, Bd. 1 (1898) S. 227 ff.

(§ 57); desgleichen die Haftung für die Einlageverpflichtung (§§ 63 ff.) und die Haftung der Aktionäre bei verbotswidrigem Zahlungsempfang (§ 62). Ferner gehört hierher die Beschränkung des Erwerbs eigener Aktien durch die Gesellschaft (§ 71) und die Haftung bei Aktienübernahme für Rechnung der Gesellschaft (§ 56); weiter sind zu erwähnen die gesetzlich gebotenen Maßnahmen bei Vermögensverfall der Gesellschaft (§ 92), die Haftung der Verwaltungsorgane bei Verstoß gegen die vermögensrechtlichen Grundlagen der Gesellschaft (§§ 93, 116 AktG), sodann die Bewertungsvorschriften, die Pflichtprüfung des Jahresabschlusses, ebenso die Vorschriften über den Gläubigerschutz im Abwicklungsverfahren und die Regelung der Nichtigkeit der Gesellschaft (§ 277 AktG).

6. Die AG unterliegt der **Publizität**, d.h. der Verpflichtung zu öffentlicher Verlautbarung bestimmter organisatorischer Rechtsverhältnisse und ihrer Vermögenslage[5]. Diese Publizität ist teils als Register-, teils als Pressepublizität ausgestaltet. Sie ermöglicht dem Publikum Einblick in die Lage der Gesellschaft und eine öffentliche Kontrolle, welche die mit der Beseitigung des Konzessionszwanges entfallene staatliche Kontrolle ersetzen sollte; sie dient ferner der Information und Rechenschaftslegung der Verwaltung gegenüber den Aktionären.

IV. Kaufmannseigenschaft der AG

1. Die AG ist kraft ihrer Rechtsform eine **Handelsgesellschaft**, auch wenn sie keinen kaufmännischen Betrieb zum Gegenstand hat (§ 3 AktG). Sie untersteht daher den Vorschriften des ersten Buches des HGB (§ 6 Abs. 1 HGB) und ihre Geschäfte sind Handelsgeschäfte im Sinne der §§ 343 ff. HGB.

Der Vorstand der AG hingegen ist Organ der Gesellschaft, als solcher aber nicht selbst Kaufmann, BGH 5, 134.

2. Die **Firma** der AG ist in der Regel dem Gegenstand des Unternehmens zu entnehmen und sie hat die Bezeichnung ,,Aktiengesellschaft" zu enthalten (§ 4 AktG).

3. Der **Sitz** der AG wird in der Satzung bestimmt; s.u. § 10 II 1.

---

[5] Vgl. ,,Das Frankfurter Publizitätsgespräch" (Frankfurt 1962). Über ,,Bedeutungswandel der Rechnungslegung im Aktienrecht" *Gessler* in ,,75 Jahre Deutsche Treuhand-Gesellschaft" (Frankfurt 1965) S. 129 ff. und unten § 32 A.

§ 2 Kapitalmarkt, Insider-Regeln, Kapitalanlagegesellschaften

I. Kapitalmarkt

1. Die AG wendet sich durch Ausgabe von Mitgliedschaften an den öffentlichen Kapitalmarkt. Damit wird die Aktie zum Mittel von Kapitalbeschaffung und zugleich der Kapitalanlage, indem sie den Unternehmen die Geldaufnahme auf dem Markt, dem anlagesuchenden Publikum die Möglichkeit einer großen Beteiligungsauswahl und Verteilung des mit der Kapitalanlage verbundenen Risikos eröffnet.

Soll die AG, entsprechend ihrer wirtschaftlichen Bestimmung funktionieren können, dann müssen auch auf Seite des Kapitalmarktes bestimmte Voraussetzungen erfüllt sein; so zunächst eine Ergiebigkeit desselben, also das Vorhandensein anlagefähiger Ersparnisse und die Bereitschaft des Publikums, sie in Aktien anzulegen. Diese Bereitschaft aber ist weitgehend abhängig von der allgemeinen Wirtschaftslage. Für die Anleger nämlich ist die Aktie vorwiegend interessant bei in Aussicht stehender Kurssteigerung, also in Zeiten aufblühender Wirtschaft[1]. Entfällt solche Aussicht aufgrund veränderter Wirtschaftslage, so kann die Aktie mit ihrer Dividende sich gegenüber festverzinslichen Anleihen, deren Rendite die Dividende übersteigt, kaum behaupten[2] (s. u. § 19 I 4).

a) Große Bedeutung kommt den **Effektenbörsen** zu, auf welche der Wertpapierhandel sich im wesentlichen konzentriert.

Vgl. Börsengesetz vom 27. 5. 1908 (RGBl. S. 215) mit Änderungen, zuletzt durch Ges. v. 28. 4. 1975 (BGBl. I 1013); ferner die Bekanntmachung betr. die Zulassung von Wertpapieren zum Börsenhandel vom 4. 7. 1910 (RGBl. S. 917) und die für die einzelnen Wertpapierbörsen bestehenden landesrechtlichen Bestimmungen sowie die Börsenordnungen und Zulassungsbedingungen.

Der amtliche Wertpapierhandel, vermittelt durch amtliche Kursmakler, erfolgt in Wertpapieren, die zur amtlichen Kursnotiz zugelassen sind und für welche der Börsenkurs amtlich festgestellt wird. Der Zulassung von Wertpapieren zum amtlichen Handel liegt der vom Antragsteller einzureichende Prospekt zugrunde (§§ 6ff. ZulBek), welcher nach § 38 Abs. 2 BörsG veröffentlicht wird.

Zur Koordinierung sowohl der Bedingungen für die Zulassung von Wertpapieren zur amtlichen Notierung an einer Wertpapierbörse als auch der Prospektpflicht und des Prospektinhalts und seiner Prüfung, hat die Kommission der EG zwei Richtlinienvorschläge erstellt, welche vom Rat noch nicht verabschiedet sind[3].

---

[1] Über einkommensteuerfreie Realisierung von Kursgewinnen s. § 23 Abs. 1 Nr. 1b EStG 1979.
[2] Zur Zeit ist nur ein geringer Prozentsatz der Gesamtersparnisse in Aktien angelegt (vgl. SZ Nr. 261 v. 11. 11. 1980 S. 17 „Aktie eine Randfigur"). Über das Verhältnis der Aktie zur Obligation im Falle einer Währungsumstellung s. u. § 19 I 3.
[3] Siehe Text dieser Vorschläge in *Lutter*, Europäisches Gesellschaftsrecht, Sonderheft 1 der ZGR (1979) S. 115ff. u. 165ff.

Der geregelte Freiverkehr sodann wird von Freiverkehrsmaklern vermittelt und betrifft Wertpapiere, die nicht zur amtlichen Kursnotierung zugelassen, jedoch in den geregelten Freiverkehr einbezogen sind; dieser erfolgt nach örtlich aufgestellten Richtlinien.

Der ungeregelte Freiverkehr (Telefonverkehr) findet außerhalb der Börse unmittelbar von Bank zu Bank ohne Staatsaufsicht und Kursfeststellung statt. Er betrifft hauptsächlich Wertpapiere, die weder zum amtlichen Handel zugelassen, noch in den Freiverkehr einbezogen sind, kann aber auch zum Börsenhandel zugelassene Papiere zum Gegenstand haben [4].

b) Der Kapitalmarkt bedarf selbst der Pflege durch sinnvolle Steuerung der Emissionen zur Vermeidung einer Überforderung desselben seitens privater Unternehmen oder der öffentlichen Hand.

Eine solche Pflege erfolgt bei Ausgabe von Inhaber- und Orderschuldverschreibungen. Nach §§ 795, 808 a BGB bedarf die Ausgabe von Schuldverschreibungen, in denen die Zahlung einer bestimmten Geldsumme versprochen wird, **staatlicher Genehmigung**, es sei denn, es handelt sich um Schuldverschreibungen, welche vom Bund oder von einem Land ausgegeben werden (s. Ges. über die staatliche Genehmigung der Ausgabe von Inhaber- und Orderschuldverschreibungen vom 26. 6. 1954 [BGBl. I, 147]). Geprüft werden hierbei die Bonität des Ausstellers und der gebotenen Sicherheiten, aber auch kapitalmarktpolitische Gesichtspunkte. Seit 1957 besteht der „Zentrale Kapitalmarktausschuß", welcher unter dem Aspekt der Kapitalmarktpflege Empfehlungen erteilt, wobei er Reihenfolge, Umfang und Ausstattung der Anleihen aufeinander abstimmt, die Aufnahmefähigkeit des Marktes, aber auch die Verzinsung und Gewähr der Rückzahlung der Anleihe prüft [5].

2. a) Ein rechtlicher **Zwang**, die benötigten Geldmittel auf dem öffentlichen Kapitalmarkt aufzunehmen, besteht für die AG nicht. Wie es jedem Einzelkaufmann und bei jeder anderen Gesellschaftsart den Beteiligten freisteht, erzielte Erträgnisse im Unternehmen weiterarbeiten zu lassen, insbesondere neuen Investitionsbedarf aus thesaurierten Gewinnen zu decken, ist diese Art der sog. **Selbstfinanzierung** auch der AG gestattet [6]. Hierbei aber erhebt sich die Frage, wer in der AG über die Einbehaltung von Gewinn entscheidet.

Nach dem früheren AktG 1937 konnte die Entscheidung über das Ausmaß der Gewinnthesaurierung durch stille und offene **Rücklagenbildung** von den Verwaltungsorganen ohne Mitwirkung oder Kontrolle der Aktionäre getroffen werden. Vorstand und Aufsichtsrat waren befugt, schon bei Feststellung des Jahresabschlußes Gewinne unbeschränkt in Rücklage zu stellen und damit zugleich das Risiko der Aktionäre auszuweiten, da die einbehaltenen Gewinne mit dem Risiko des Unternehmens belastet bleiben. Das AktG 1965 hat diese Befugnis der Verwaltung

---

4 Vgl. *H. Schönle,* Bank- und Börsenrecht (1971) S. 407 ff.
5 Vgl. *H. Schönle,* a.a.O., S. 212.
6 Zu den gegen die Selbstfinanzierung erhobenen Bedenken s. *H. Rasch,* Gutachten zum Deutschen Juristentag (1957) S. 16 ff. *derselbe* „Die Selbstfinanzierung der Wirtschaft" in Ordo 1958 Bd. 10 S. 225, über weitere Schrifttumsangaben s. *Wiedemann,* Großkomm. Vorbem. II vor § 182.

in § 58 wesentlich beschränkt und auch die Bildung willkürlicher „stiller Reserven" untersagt; s. u. § 32 A.

b) In der Regel bedienen die AGn sich zur Beschaffung der Geldmittel der Banken, welche Gesellschaftsgründungen oder Kapitalerhöhungen durch Übernahme oder Zeichnung der Aktien und Leistung der Einlage finanzieren und alsdann diese Aktien ihren Kunden zum Kauf anbieten. Über das sog. mittelbare Bezugsrecht der Aktionäre s. u. § 35 IV 3.

c) Die Banken beschaffen andererseits dem anlagesuchenden Publikum die gewünschten Papiere. Nach Ziff. 29 ihrer allgemeinen Geschäftsbedingungen führen die privaten Banken alle Aufträge zum Kauf und Verkauf von Wertpapieren, welche an der Börse des Ausführungsplatzes zum amtlichen Handel zugelassen sind, als Kommissionäre durch Selbsteintritt (§ 400 HGB) aus. Hierbei schließen die Banken die durch den Kundenauftrag veranlaßten Deckungsgeschäfte in amtlich notierten Papieren an der Börse ab (freiwilliger Börsenzwang), es sei denn, daß eine ausdrückliche andere Weisung des Kunden vorliegt. Bei Geschäften in nicht zum amtlichen Handel zugelassenen Werten tritt die Bank stets als Eigenhändler auf[7]. Über Aktienhandel im Giroverkehr s. u. § 12 III 2b.

Die Banken nehmen in der Regel die Papiere auch in **Verwahrung** (Depotgesetz vom 4. 2. 1937) und Verwaltung für den Kunden und erbieten sich zur Ausübung des Stimmrechts; über dieses sog. Depotstimmrecht s. u. § 17 V.

II. Insider-Regeln

Um mißbräuchliche Ausnutzung von Insider-Informationen auszuschließen, sind von der Börsensachverständigenkommission zusammen mit Spitzenverbänden der Wirtschaft und der Arbeitsgemeinschaft der deutschen Wertpapierbörsen **Insider-Regeln** und eine Verfahrensordnung erstellt worden (Stand Juli 1976), in deren „Händler- und Beratungsregeln" es Kreditinstituten als Händlern in amtlich zugelassenen oder in den geregelten Freiverkehr einbezogenen Wertpapieren untersagt wird, Wertpapiergeschäfte zu empfehlen aus Gründen, welche nicht im Interesse des Kunden liegen; insbesondere dürfen keine Empfehlungen zu dem Zwecke gegeben werden, die Eigenbestände des Kreditinstituts, seiner Geschäftsleiter oder als Anlageberater tätiger Angestellten zu ermäßigen oder zu erhöhen. Untersagt ist es ferner, aufgrund eines Kundenauftrags Eigengeschäfte vorzunehmen, welche kursmäßige Nachteile für den Auftraggeber zur Folge haben. Verstöße hiergegen werden gemäß der Verfahrensordnung untersucht und geahndet[8].

Gestützt auf Art. 155 EWGV hat auch die Kommission der EG im Rahmen des Ausbaus und der Integration der Wertpapiermärkte in der EG am 25. 7. 1977 eine Empfehlung betr. europäische Wohlverhaltens-Regeln für Wertpapier-Transaktionen

---

[7] Vgl. zum Effektengeschäft der Banken *Canaris*, Großkomm. HGB Anhang § 357 Anm. 772 ff.; über die Geschäftsbedingungen der privaten Banken s. *Canaris*, a.a.O. Anm. 1208 ff.
[8] Vgl. *Hopt-Will*, Europäisches Insider-Recht (1973); *K. J. Hopt*, Kapitalanlegerschutz im Recht der Banken (1975); *Wiedemann*, Gesellschaftsrecht I Grundlagen S. 472 ff.

erlassen[9]. Sie betreffen Ausschluß von Insider-Geschäften, Sicherung gleicher Information für alle Anleger und Herstellung einer Transparenz bei Transaktionen, welche die Übertragung von Kontrollbeteiligung zur Folge haben.

III. Kapitalanlagegesellschaften

1. Verteilung des mit Erwerb von Wertpapieren verbundenen Risikos setzt Erwerb verschiedener Papiere voraus, weil sich nur damit die Chance des Ausgleichs eines Rendite- oder Kursrückgangs einzelner Papiere verbindet. Zu solcher Streuung fehlen dem Sparer vielfach Mittel und Erfahrung. Durch die Kapitalanlage-(Investment-)Gesellschaften[10] wird dem Anleger die Risikostreuung abgenommen.

a) Kapitalanlagegesellschaften sind der Bankaufsicht unterstehende AGn oder GmbH, deren Geschäftsbetrieb nach § 1 KAGG v. 14. 11. 1970 (BGBl I 128) darauf gerichtet ist, bei ihnen eingelegtes Geld in eigenem Namen für Rechnung der Einleger nach dem Grundsatz der Risikomischung in **Wertpapieren**, gesondert von dem eigenen Vermögen, anzulegen und über die hieraus sich ergebenden Rechte der Einleger (Anteilsinhaber) Urkunden (Anteilscheine) auszustellen. Das gegen Ausgabe der Anteilscheine eingelegte Geld und die damit angeschafften Wertpapiere bilden ein von dem Eigenvermögen der Gesellschaft getrenntes **Sondervermögen**, welches je nach den Vertragsbedingungen in treuhänderischem Eigentum der Kapitalanlagegesellschaft oder in Miteigentum der Anteilsinhaber stehen kann. Dieses Sondervermögen haftet weder für die Verbindlichkeiten der Gesellschaft, noch gehört es im Falle des Gesellschaftskonkurses in die Konkursmasse (§§ 10, Abs. 2 Satz 1; 13 Abs. 3 Satz 2 KAGG). Während die Aktien bzw. Geschäftsanteile der Kapitalanlagegesellschaft kraft Gesetzes vinkuliert sind, sind die regelmäßig als Inhaberpapier ausgestellten, die Rechte an dem Sondervermögen verbriefenden Anteilscheine (Zertifikate) frei handelbar. Jeder Anteilsinhaber kann verlangen, daß ihm gegen Rückgabe des Anteilscheins sein Anteil an dem Sondervermögen nach Maßgabe der Vertragsbedingungen ausgezahlt wird.

b) Die Kapitalanlagegesellschaft verwaltet das Wertpapier-Sondervermögen nicht selbst, sondern beauftragt damit ein anderes Kreditinstitut (sog. Depotbank), welches auf Weisung der Gesellschaft Erwerb und Veräußerung von Wertpapier- oder Bezugsrechten vornimmt, die Ausgabe und Rücknahme der Anteilscheine gegen Bezahlung des Rückkaufpreises aus dem Sondervermögen besorgt und die Ausschüttungen der Gewinnanteile an die Anteilsinhaber leistet (§ 12 KAGG). Die Depotbank ist außerdem berechtigt und verpflichtet, Ansprüche der Anteilsinhaber gegen die Kapitalgesellschaft im eigenen Namen geltend zu machen und unzulässige Zwangsvollstreckungen in das Sondervermögen aus Forderungen, für welche dieses nicht haftet, abzuwehren.

---

9 Abgedruckt in *Lutter,* Europäisches Gesellschaftsrecht a.a.O. S. 189ff.
10 *J. Bauer,* Kommentar zum Gesetz über KAGG (1970); *E. v. Caemmerer,* Kapitalanlage- oder Investmentgesellschaften, JZ 1958, 41ff; Immobilienfonds AG 1971, 260; *Canaris,* Großkomm. HGB Anhang § 357 Anm. 1094ff. „Das Investmentgeschäft".

c) Das Sondervermögen der Kapitalanlagegesellschaft kann auch in **Grundstücken** und Erbbaurechten (offener Grundstücks-Fond) bestehen, welche im Eigentum der Gesellschaft stehen müssen. Auch hier obliegt der Depotbank die laufende Überwachung des Grundstücksbestandes, die Verwahrung der zum Sondervermögen gehörenden Geldbeträge und Wertpapiere auf Sperrkonten, aus welchen die Zahlung des Kaufpreises bei Grundstückserwerb für das Sondervermögen erfolgt; ferner obliegt ihr die Ausgabe und Rücknahme der Anteilscheine (Immobilienzertifikate) und die Ausschüttung der Gewinnanteile an die Anteilsinhaber. Das Grundstücks-Sondervermögen ist in gleicher Weise wie das Wertpapier-Sondervermögen gegenüber den Gläubigern der Kapitalanlagegesellschaft geschützt (§ 26 mit §§ 10 Abs. 2, 13 Abs. 3 Satz 2 KAGG).

2. a) Die für den Geschäftsbetrieb der Kapitalanlagegesellschaft erforderliche Genehmigung, die Sorge des Gesetzes für Information der Einleger, die detaillierte Regelung des KAGG, welche Werte für die Sondervermögen erworben werden dürfen, die Sicherung dieser Vermögen gegenüber den Gläubigern der Kapitalanlagegesellschaft, die Einschaltung der Depotbanken zur Kontrolle und Verwaltung der Sondervermögen und letztlich die Bankenaufsicht bewirken weitgehenden Schutz der Einleger.

Für Einleger, welche ihre Ersparnisse einer auf den Inlandsmarkt drängenden **ausländischen** Investmentgesellschaft anvertrauen, ist die Regelung des ausländischen Rechts maßgebend, dessen Einlegerschutz nicht selten weit hinter jenem des deutschen Rechts zurückbleibt. Durch das „Gesetz gegen den Vertrieb ausländischer Investmentanteile" v. 28. 8. 1969 (BGBl. I 986) sollen deutsche Einleger gegen unseriöse ausländische Fonds geschützt werden. Das Gesetz knüpft an den Vertrieb solcher Anteile „im Wege des öffentlichen Anbietens, der öffentlichen Werbung oder in ähnlicher Weise" an, welcher der ausländischen Gesellschaft nur gestattet ist, wenn die in dem genannten Gesetz aufgestellten Erfordernisse, insbesondere die Einschaltung einer deutschen Depotbank erfüllt sind[11].

b) Da der Rechtsschutz der Anleger in Investmentanteilen in den Rechten der Mitgliedstaaten der EG ein großes Gefälle aufweist und sich hieraus Hemmungen für den freien Verkehr solcher Anteile innerhalb der Gemeinschaft ergeben, hat die Kommission der EG auf der Grundlage von Art. 57.2 EWGV den „Vorschlag einer Richtlinie zur Koordinierung der Rechts- und Verwaltungsvorschriften betr. die Organismen für gemeinsame Anlagen in Wertpapieren" erstellt, der weitgehend sich an das deutsche Recht anlehnt[12]. Ihre Verabschiedung durch den Rat steht noch aus.

---

[11] Vgl. *K. H. Hopt*, Der Kapitalanlegerschutz im Recht der Banken (1975) S. 318 u. ö.; *derselbe*, Inwieweit empfiehlt sich eine allgemeine Regelung des Anlegerschutzes? Gutachten zum 51. DJT (1976) S. 19 ff.; umfassende Schrifttumsangabe bei *Wiedemann*, Grundlagen S. 472.

[12] Abgedruckt in *Lutter*, Europäisches Gesellschaftsrecht, Sonderheft 1 der ZGR (1979) S. 239 ff. u. über Steuerregelung S. 374 ff.

§ 3 Entwicklung des Aktienrechts, der Mitbestimmung und des Wettbewerbschutzes

I. 1. Die moderne AG, welche erst aufgrund der von der französischen Revolution proklamierten Gewerbefreiheit ermöglicht wurde, hat ihre erste gesetzliche Regelung im Code de Commerce erfahren[1], dessen wenige Vorschriften jedoch nur die wesentlichen Umrisse derselben beschrieben.

Sie hatten bestimmt, daß das Gesellschaftskapital in gleichwertige Anteile (Aktien) zerlegt wird; daß das Risiko der Aktionäre auf den Verlust ihres Anteils am Gesellschaftsvermögen beschränkt ist; daß die Vertreter und Verwalter der Gesellschaft zu dieser in einem Mandatsverhältnis stehen und für die Verbindlichkeiten der Gesellschafter nicht persönlich haften. Die AG unterlag einem Konzessionszwang, wodurch die Regierung in die Lage versetzt war, auf die Gestaltung der Statuten einzuwirken.

Mit diesen wenigen Grundsätzen war die Struktur der modernen AG definiert und bestimmt. Sie haben auch die Gesetzgebungen anderer Staaten beeinflußt.

Von den deutschen Einzelstaaten hatte zunächst nur Preußen ein Gesetz über die AG von 1843, das ebensowenig wie das damalige französische Recht nähere Vorschriften über die innere Organisation enthielt. Eine eingehendere Regelung brachte das mit Gründung des Norddeutschen Bundes zum gemeinen Recht gewordene ADHGB in den Art. 207 bis 248. Auch hier bestand zunächst noch Konzessionszwang, der jedoch durch die erste Aktiennovelle vom 11. Juni 1870 aufgehoben wurde. Mit seiner Beseitigung und der Einführung des Normativsystems verband sich das Postulat der **Publizität**, welches anstelle der Staatsaufsicht das Publikum vor Täuschungen bewahren sollte[2].

Der **Aufsichtsrat** als Kontrollorgan wurde im deutschen Recht für die AG erst aufgrund der trüben Erfahrungen in den Gründerjahren mit der zweiten Novelle vom 18. Juli 1884 zwingend vorgeschrieben.

2. Damit war die Dreiteilung der Organe der AG in Vorstand als Geschäftsführungs- und Vertretungsorgan, Aufsichtsrat als Kontrollorgan und Generalversammlung der Aktionäre als Willensbildungsorgan vollzogen. Die Frage der sachgemäßen Verteilung der Zuständigkeiten indessen, insbesondere im Verhältnis zwischen Vorstand und der Generalversammlung der Aktionäre, gehört zu jenen Problemen, welche bei jeder Reform des Aktienrechts neu erörtert werden.

---

1 Vgl. *K. Lehmannn,* Die geschichtliche Entwicklung des Aktienrechts bis zum Code de Commerce (1895); derselbe, Das Recht der AGn Bd. 1 (1898) S. 68 ff.; *Schumacher,* Die Entwicklung der inneren Organisation der AG im deutschen Recht bis zum ADHGB, Heft 10 der Abhandl. aus dem gesamten Handelsrecht, Bürgerlichen Recht u. Konkursrecht (1937); *K. Bösselmann,* Die Entwicklung des deutschen Aktienwesens im 19. Jahrhundert (1939).
2 Vgl. *K. Lehmann,* Recht der AG Bd. 1 S. 292 ff.; *v. Caemmerer* in Frankfurter Publizitätsgespräch (1962) S. 143; *Gessler,* Der Bedeutungswandel der Rechnungslegung im Aktienrecht, in „75 Jahre Deutsche Treuhand-Gesellschaft", hrsg. von Muthesius (1965).

a) Nach der Regelung das HGB, welches am 1. Januar 1900 das ADHGB abgelöst hatte, war die GV das „oberste Willensorgan" der Gesellschaft. Sie konnte in allen Fragen entscheiden, die nicht durch Gesetz ausschließlich einem anderen Organ zugewiesen waren oder soweit die GV sich nicht selbst durch die Satzung beschränkt hatte. Ihrer grundsätzlichen Zuständigkeit unterlagen daher auch alle Angelegenheiten der Geschäftsführung und die Bestellung des Vorstands.

Die statutarische Gestaltungsfreiheit, welche das Aktiengesetz dieser Zeit gewährte, ermöglichte es jedoch, dem Aufsichtsrat entscheidenden Einfluß auf die Geschäftsführung zuzuweisen. In den Satzungen wurden in aller Regel der Aufsichtsrat zur Bestellung des Vorstands berufen, und vielfach wurde der Vorstand auch in Fragen der Geschäftsführung den Weisungen des Aufsichtsrats unterworfen und zu einem Vollzugsorgan desselben herabgedrückt[3].

b) Der liberale Geist, welcher das damalige Aktienrecht mit seiner knappen Gesetzesregelung und mit seiner statutarischen Gestaltungsfreiheit kennzeichnet, entsprach der Vorstellung, daß die Aktionäre als die Geldgeber die Herren des ihrem Gewinnstreben dienenden Unternehmens seien und deshalb auch in der GV das oberste Willensorgan bilden.

3. Schon in den Jahren vor dem ersten Weltkrieg indessen zeichnete sich eine Entwicklung ab, welche zu einer wesentlichen Veränderung der Verhältnisse und zu Strukturwandlungen in der Praxis der AGn führte.

Die Entwicklung zahlreicher Gesellschaften zu Großunternehmen mit einem Heer von Aktionären, deren aktives Interesse infolge der durch die Vielzahl der Mitglieder bewirkten Einflußlosigkeit des einzelnen auf die Geschäftsführung sich verflüchtigte, ferner die zunehmende Komplizierung der Fabrikationsvorgänge und der wirtschaftlichen wie der finanziellen Zusammenhänge, welche vielfach nur noch für den Vorstand überschaubar blieben, hat dazu geführt, daß die Leitung in Großgesellschaften sich mehr und mehr gegenüber der HV der Aktionäre verselbständigte und daß in solchen Gesellschaften die Entscheidungsmacht in allen Fragen der Geschäftsführung sich auf die Vorstände verlagerte[4].

Mit dem Sturz der Monarchie gewannen sodann soziale Postulate stärkere Geltung. Sollte der Vorstand auch ihnen Rechnung tragen, so konnte er nicht mehr Mandatar der Aktionäre sein.

Es entstand die Vorstellung des „Unternehmens an sich"[5]; und K. Geiler[6] hat in seinem bei der in den zwanziger Jahren stattgefundenen Wirtschafts-Enquête erstatteten Bericht ausgeführt: „So wurden die früheren, von den Eigentümern und Gesellschaftern selbst geleiteten, einzig auf hohen Kapitalprofit gerichteten Einzelwirtschaften immer mehr durch große Wirtschaftsgebilde der privaten und öffentlichen Hand ersetzt, bei denen sich das Kapital auf breite Volkskreise verteilt, die Gesell-

---

3 Staub, HGB (12./13. Aufl. 1926) § 231 Anm. 10.
4 Vgl. Mestmäcker, Verwaltung, Konzerngewalt und Rechte der Aktionäre (1958) S. 19; M. Hofmann, Wandlungen und Tendenzen in der Machtstellung und Zusammensetzung der Verwaltung zwischen Aktiengesellschaften, Veröffentlichungen der Handelshochschule S. Gallen, Reihe A (1954).
5 Vgl. die Rede W. Rathenau's, Vom Aktienwesen (1918).
6 K. Geiler, Die wirtschaftlichen Strukturwandlungen und die Reform des Aktienrechts (1927).

schafter immer mehr zu Obligationären, die Betriebe selbst aber zu neuartigen sozialen Organismen werden, deren Leitung in der Hand Dritter liegt, bei denen sich der Organschaftsgedanke immer mehr durchsetzt, indem sie in zunehmendem Maß als Treuhänder nicht nur des anvertrauten Kapitals, sondern aller am Produktionsprozeß beteiligter Kreise, insbesondere auch der Arbeitnehmer und Verbraucher erscheinen."

Die in dieser Zeit eingeleitete Reform des Aktienrechts, welche mit dem Aktiengesetz 1937 zum Abschluß kam, hat neben zahlreichen Maßnahmen, die der Ausschaltung unerwünschter Praktiken galten, dieser Strukturwandlung insbesondere durch folgende Maßnahmen Rechnung getragen:

a) Der Vorstand wurde zur selbstständigen Leitung des Unternehmens unter eigener Verantwortung berufen und ihm wurde auferlegt, auch den Belangen der Arbeitnehmer und des Gemeinwohls Rechnung zu tragen.

b) Die Bestellung des Vorstands wurde dem Aufsichtsrat zugewiesen, dessen Funktion im übrigen auf die Kontrolle der Geschäftsführung beschränkt wurde.

c) Die HV kann nur noch in den ihr durch Gesetz oder Satzung ausdrücklich zugewiesenen Fällen beschließen, in Angelegenheiten der Geschäftsführung nur, wenn der Vorstand sie befragt.

d) Vorstand und Aufsichtsrat waren in der Lage, auch den Jahresabschluß bindend festzustellen, wobei zum Schutze der Gläubiger eine Überbewertung des Gesellschaftsvermögens verhindert wurde, die Gesellschaftsverwaltung andererseits in der Lage war, sowohl durch Unterbewertung von Aktiven als auch durch Einstellung offener Rücklagen in beliebigem Umfang Reserven zu bilden. Sie konnten also frei bestimmen, welchen Überschußbetrag sie zur Verteilung an die Aktionäre ausweisen wollten.

e) An die Stelle der früheren statutarischen Gestaltungsfreiheit war der Grundsatz getreten, daß der Satzung nur jener Gestaltungsraum verbleibt, den das Gesetz ihr einräumt; dieser aber wurde eng begrenzt.

4. Schon in der Zeit vor dem ersten Weltkrieg bahnte sich noch eine andere Entwicklung an. Das Streben nach Sicherung des Rohstoffbezugs und des Absatzes führte namentlich bei der schwerfälligen Grundstoffindustrie zu Unternehmensverbindungen und Verflechtungen mannigfacher Art. Dasselbe wurde durch den Fortschritt der Technik, durch die Spezialisierung und durch das Streben nach Rationalisierung begünstigt.

Es sei auf die Berichte des Bundeskanzlers über das Ergebnis einer Untersuchung der Konzentration der Wirtschaft vom 5. Juni 1964 und 9. Oktober 1964 (Bundestags-Drucksache IV/2320 und zu IV/2320) verwiesen; s. dazu u. § 59.

Dieser Entwicklung hatte das AktG 1937 nur in sehr unzulänglicher Weise Rechnung getragen.

Es beschränkte sich im wesentlichen darauf, Konzernverbindlichkeiten im Jahresabschluß ersichtlich zu machen, Konzernbeziehungen der Auskunftspflicht zu unterstellen und den Abschluß von Unternehmensverträgen (Gewinngemeinschaft,

Pacht) von der Genehmigung der HV der abhängigen Gesellschaften abhängig zu machen.

5. a) Nach dem Zusammenbruch des Reiches im zweiten Weltkrieg ist in dem **Grundgesetz** eine neue Verfassung erstanden. Mit den in ihr enthaltenen Prinzipien der freien persönlichen Entfaltung, der Garantie des privaten Eigentums, aber auch der sozialen Bindung desselben das Aktienrecht in Einklang zu bringen, war, wie die Amtl. Begr. ersehen läßt, das eine der mit der Reform des AktG verfolgten Ziele. Der Eigentumsgarantie entspreche, so sagt die Amtl. Begr., die Besserstellung der Aktionäre als der „wirtschaftlichen Eigentümer" des Unternehmens; dem sozialen Postulat entspreche „die gesellschaftspolitische Aufgabe, immer weitere Schichten und Kreise des Volkes am Produktionsvermögen der Wirtschaft zu beteiligen", also die „Forderung breitester Streuung des Eigentums auf dem Gebiet des Aktienwesens"[7]. Für die Wirtschaft soll diese Streuung bewirken, daß ihr auch die kleinen Ersparnisse des Publikums zugeführt und damit dem Produktionsprozeß dienstbar gemacht werden.

Die wichtigsten Änderungen sind: Zulassung von Aktien von 50,— DM; Beschränkung der Möglichkeit der Unternehmensverwaltung zur Bildung stiller und offener Rücklagen und Erweiterung der Dispositionsbefugnis der HV über den Bilanzgewinn; Ausgestaltung des Jahresabschlusses nicht nur unter dem Gesichtspunkt des Gläubigerschutzes, sondern auch zur offenen Rechnungslegung gegenüber den Aktionären; Erweiterung des Auskunftsrechts der Aktionäre und der Publizität; Zurückdrängung fremder Einflüsse auf die Willensbildung in der HV durch Neuregelung des Depotstimmrechts und andere Maßnahmen; Erweiterung des Minderheitenschutzes; Eröffnung der Möglichkeit der Zuteilung von Aktien an die Arbeitnehmer der Gesellschaft.

b) Zum anderen hat das AktG 1965 es unternommen, neben anderen Unternehmensverbindungen die Zusammenfassungen von Unternehmen zu **Konzernen** zu regeln und ihnen eine rechtliche Ordnung zu geben; s. u. § 62.

c) Eine wichtige Ergänzung nicht nur des Aktienrechts, sondern des gesamten Gesellschaftsrechts brachte das „Gesetz über die Umwandlung von Kapitalgesellschaften und bergrechtlichen Gewerkschaften" v. 12. 11. 1956, an dessen Stelle das „Umwandlungsgesetz" i. d. Neufassung v. 6. 11. 1969 getreten ist, welches die Umwandlung von Gesellschaften in eine andere Rechtsform durch Übertragung des Vermögens ermöglicht.

II. Mit dem Leben der Gesellschaften ist heute die **Mitbestimmung** der Arbeitnehmer sowohl auf betrieblicher Ebene des Unternehmens, als auch in den Kontrollorganen der Gesellschaften verbunden[8]. Das schon seit den Anfängen der Industrialisierung geltend gemachte Postulat einer Mitbestimmung der Arbeitnehmer hatte erstmals gesetzlichen Niederschlag am Ende des ersten Weltkrieges gefunden in dem

---

7 Vgl. *Schaeffer*, BB 1958, 1253 ff.; *W. Strauß*, Grundlagen und Aufgaben der Aktienrechtsreform (1960).
8 Vgl. *Teuteberg*, Geschichte der industriellen Mitbestimmung in Deutschland (1961); *Rittner*, Wirtschaftsrecht (1979) S. 144 ff; *H. Wiedemann*, Gesellschaftsrecht Bd. I Grundlagen (1980) S. 585 ff.

Betriebsratsgesetz vom 4. 2. 1920 und in dem Gesetz über die Entsendung von Betriebsratsmitgliedern in den Aufsichtsrat vom 15. 2. 1922.

Nach dem zweiten Weltkrieg wurde 1947 unter Einfuß der britischen Militärverwaltung in den meisten Unternehmen der Eisen- u. Stahlindustrie der britischen Zone im Aufsichtsrat die reine Parität zwischen Vertretern der Anteilseigner und der Arbeitnehmer eingeführt, wobei Stimmengleichheit durch den ,,neutralen Mann" beseitigt werden sollte. An die Stelle dieser Vorschriften trat am 21. 5. 1951 unter Einbeziehung des Steinkohlebergbaus das ,,Gesetz über die Mitbestimmung der Arbeitnehmer in den Aufsichtsräten und Vorständen der Unternehmen des Bergbaus und der Eisen und Stahl erzeugenden Industrie", zu welchem am 7. 8. 1952 die sog. Holding-Novelle trat. Hiernach besteht bei diesen zum Montanbereich gehörenden Gesellschaften der Aufsichtsrat grundsätzlich aus elf Mitgliedern, nämlich je fünf Vertretern der Anteilseigner und der Arbeitnehmer und dem elften Mitglied, welches des Vertrauens der Mehrheit beider Seiten bedarf. Dem Vorstand dieser Gesellschaften gehört notwendig der Arbeitsdirektor an.

Für alle nicht zum Montanbereich gehörenden AGn und KGaA bestimmte das Betriebsverfassungsgesetz v. 11. 10. 1952, daß der AR zu einem Drittel aus Vertretern der Arbeitnehmer zu bestehen habe. Im übrigen brachte dieses Gesetz erstmals eine Mitwirkung und Mitbestimmung der Arbeitnehmer auf betrieblicher Ebene in sozialen, personellen und wirtschaftlichen Angelegenheiten. Diese Regelung wurde ersetzt und erweitert durch das geltende BetrVG v. 15. 1. 1972 (s. u. § 24 II).

Zur Vorbereitung einer erweiterten Mitbestimmung in Großunternehmen wurde 1968 eine Sachverständigenkommission gebildet, deren Bericht in BTDrucks VI/334 veröffentlicht ist. Am 4. 5. 1976 erging das Gesetz über die Mitbestimmung der Arbeitnehmer, welches für rechtsfähige Unternehmen außerhalb des Montanbereichs mit mehr als 2000 Arbeitnehmern die paritätische Zusammensetzung des AR mit Vertretern der Anteilseigner und der Arbeitnehmer vorsieht. Seine Vereinbarkeit mit dem Grundgesetz hat das BVerfG in seiner Entscheidung v. 1. 3. 1979 (BVerfGE 50, 209) bestätigt.

III. Unternehmensrecht. Wenngleich das Mitbestimmungsrecht wesentlich in das Gesellschaftsrecht eingreift, stehen die Gesetze sich getrennt gegenüber. Aus der Erwägung, daß Kapital und Arbeit gleichwertige Faktoren für das Unternehmen sind, erwuchs die Vorstellung von der Notwendigkeit einer rechtlichen Integration in der gesetzlichen Regelung. Ziel dieser in bereits umfangreichem Schrifttum[9] erörterten Betrebungen ist es, an die Stelle des überkommenen, wesentlich nur die Organisation des Kapitals regelnden Gesellschaftsrechts das Unternehmen, welches bisher nur als Gegenstand der Geschäftsführung von Bedeutung ist, unabhängig von seiner Rechtsform zum Zentrum der Normen zu erheben durch Schaffung einer Unternehmensverfassung, in welcher die Interessen des Kapitals, der Arbeit und der Allgemeinheit normativ integriert sind. Ob diese Vorstellung sich verwirklichen läßt, ist, abgesehen von dem politischen Aspekt, strukturell eine noch offene Frage. Zur Vor-

---

9 Vgl. *Wiedemann*, Gesellschaftsrecht I Grundlagen S. 291 ff., insbes. S. 307 ff. mit Schrifttumsangaben.

bereitung dieser Reform wurde vom Bundesminister der Justiz am 9. 5. 1972 eine Sachverständigenkommission eingesetzt, deren Arbeitsbericht ihm am 18. 12. 1979 überreicht wurde [10].

IV. Unternehmenszusammenschlüsse, welche das Gesellschaftsrecht, im besonderen das Aktienrecht, in vielfältiger Weise ermöglicht, berühren den **Wettbewerb** als wesentliche Institution der Marktwirtschaft. Rechtlicher Schutz des Wettbewerbs ist mithin zugleich Schutz dieser Wirtschaftsverfassung. Den Anfang gesetzlichen Einschreitens gegen Wettbewerbsbeschränkungen in Deutschland stellt die VO gegen Mißbrauch wirtschaftlicher Macht v. 2. 11. 1923 dar, deren Regelung sich jedoch auf Kartellvereinbarungen beschränkte. Nach dem Zusammenbruch des Reichs im zweiten Weltkrieg ergingen von den vier Besatzungsmächten 1947 die sog. Dekartellierungsvorschriften, welche, neben dem Verbot wettbewerbsbeschränkender Abmachungen, die Grundlage der Entflechtung von Unternehmen bildeten, die als übermäßige Konzentration deutscher Wirtschaftskraft betrachtet wurden. An ihre Stelle trat am 1. 1. 1958 das Gesetz gegen Wettbewerbsbeschränkungen, welches als Grundsatz das Kartellverbot statuierte und die Möglichkeit des Einschreitens der Kartellbehörde gegen Machtmißbrauch durch marktbeherrschende Unternehmen eröffnete, welches indessen noch keine Kontrolle von Unternehmenszusammenschlüssen enthielt. Diese Kontrolle wurde mit der Zweiten Novelle v. 2. 8. 1973 dem GWB eingefügt und durch die Vierte Novelle v. 26. 4. 1980, auf welcher die geltende Fassung des GWB beruht, verstärkt und erweitert. Hiernach erfaßt die behördliche Kontrolle alle Arten von Unternehmenszusammenschlüssen unter Berücksichtigung ihrer Wirkung auf allen Märkten, welche davon betroffen werden können (s. u. § 60).

V. Seit Gründung der Europäischen Wirtschaftsgemeinschaft werden sowohl das Aktienrecht, als auch andere wirtschaftsrechtliche Regelungen mehr und mehr überlagert von Vorschriften **europäischen Rechts** aufgrund der im EWGV der Kommission und dem Rat der EG zwecks Verwirklichung des gemeinsamen Marktes auferlegten Harmonisierung der nationalen Rechte der Mitgliedstaaten bzw. der Schaffung neuer Rechtsgrundlagen durch Verordnung oder Herbeiführung von Staatsverträgen. Wenngleich die als Richtlinie des Rats erlassenen Vorschriften gemäß Art. 189 EWGV in die nationalen Rechte erst über die nationale Gesetzgebung eingehen, unterscheiden sich die hierauf beruhenden Vorschriften vom übrigen nationalen Recht, indem eine Wiederaufhebung derselben durch die nationale Gesetzgebung selbst bei politischer Veränderung des Staates nicht mehr zulässig ist, und indem der Europäische Gerichtshof zur verbindlichen Auslegung berufen ist, falls für die Auslegung nationalen Rechts eine Frage zur Richtlinie entscheidend wird [11].

---

10 Veröffentlicht als „Bericht über die Verhandlungen der Unternehmensrechtskommission" hrsg. v. Bundesminister der Justiz, Bonn, 1980.
11 Vgl. *Lutter*, Europäisches Gesellschaftsrecht, Sonderheft 1 der ZRG (1979) S. 8 ff.; *H. P. Ipsen*, Europäisches Gemeinschaftsrecht (1972) S. 686 ff., insbes. S. 701.

§ 4 Die AG als juristische Person; Eigenart des Organisationsrechts

I. Struktur der juristischen Person

1. Das Wesen der juristischen Person — dieser genialen Schöpfung langer Rechtsentwicklung[1] — besteht darin, daß die Rechtsordnung einem Personenverband, einem Vermögen, einer Institution oder einer gesellschaftsrechtlichen Organisation eigene Rechtsfähigkeit zuerkennt, mithin die Organisation als solche zum Rechtssubjekt erklärt.

2. Ebenso, wie es allein die Rechtsordnung ist, welche dem Einzelmenschen wie der juristischen Person die Rechtsfähigkeit zuerkennt, wird durch sie auch der Umfang der Rechtsfähigkeit bestimmt. Während nach englischem Recht der Bereich der Geschäftsfähigkeit durch den statutarisch bestimmten Geschäftsbereich der juristischen Person begrenzt wird, jenseits dieses Bereiches liegende Geschäfte „ultra vires" sind[2], ist nach deutschem Recht die Rechtsfähigkeit eine unbegrenzte, was nicht einem rechtslogischen Postulat, sondern dem Bedürfnis nach Rechtssicherheit entspricht. Es kann daher die juristische Person wie jede Einzelperson Rechte und Pflichten beliebiger Art erwerben, sofern die tatbestandlichen Voraussetzungen durch sie überhaupt erfüllbar sind (vgl. RG 159, 193)[3].

3. a) Die juristische Person ist ein normatives **Zweckgebilde**, daher ethisch wertfrei. Das bedeutet aber nicht, daß sie durch schuldrechtliche Verträge sich ihrer Handlungsfreiheit völlig begeben könnte; sie genießt in ihrer Handlungs- und Entscheidungsfreiheit im Interesse ihrer Mitglieder und Gläubiger denselben Schutz gegen Knebelung wie der Einzelmensch (§ 138 BGB). Die Entscheidungen im RG 3, 129 und 82, 308 (dazu auch RG 83, 382), wonach eine juristische Person sich durch Unterwerfung unter den Willen eines Dritten ebensowenig „selbst entmündigen" könne wie eine physische Person, sind auch heute uneingeschränkt gültig[4].

b) Nach Art. 19 Abs. 3 GG kommen den der deutschen Rechtsordnung unterstehenden juristischen Personen auch die im GG enthaltenen Grundrechte insoweit zugute, als sie ihrem Wesen nach auf diese anwendbar sind.

---

[1] Zur Entwicklung der juristischen Person und über den Theorienstreit sei auf die das Schrifttum zusammenstellenden Ausführungen in *Wiedemann*, Gesellschaftsrecht I Grundlagen (1980) S. 188 ff. verwiesen.
[2] Vgl. *R. Pennington*, Company Law (London 1979) S. 93 ff.
[3] Eine juristische Person kann z. B. Erbin, wegen ihrer Unsterblichkeit nicht aber Erblasserin sein; ebensowenig kann sie aus dem Gesichtspunkt der Defloration ersatzpflichtig werden, auch nicht über § 31 BGB. Für den Verein wird vielfach aus § 49 Abs. 2 BGB für das Liquidationsstadium eine Beschränkung der Rechtsfähigkeit angenommen. Für die AG besteht die Unbeschränktheit der Rechtsfähigkeit auch im Liquidationsstadium fort; auch die Vertretungsmacht der Abwickler ist nicht beschränkt.
[4] Ebenso *Mestmäcker*, Verwaltung, Konzerngewalt und Rechte der Aktionäre (1958) S. 119 ff.

Das gilt z. B. für die Grundsätze der Gleichheit vor dem Gesetz (Art. 3 GG), der Freiheit zu Zusammenschlüssen (Art. 9 GG), der Freizügigkeit (Art. 11 GG nach Maßgabe des § 5 AktG), der Freiheit der gewerblichen Betätigung (Art. 12 GG), der Gewährleistung des Eigentums und Erbrechts (Art. 14 GG), des Brief-, Post- und Fernmeldegeheimnisses (Art. 10 GG) und auch der in Art. 2 GG enthaltenen Garantie der Vertragsfreiheit und der Freiheit der wirtschaftlichen Entfaltung im Rahmen des legalen Verbandszweckes[5].

4. Die juristische Person tritt im Geschäftsverkehr durch ihr Vertretungsorgan auf, dessen Willenserklärungen, Handlungen, Unterlassungen, Kenntnisse, Gut- und Schlechtgläubigkeit und dessen Delikte (z. B. Betrug), sofern sie in Ausübung der dem Vertretungsorgan obliegenden Aufgaben verübt werden, unbeschadet der persönlichen Haftung des Handelnden, der juristischen Person zugerechnet werden, § 31 BGB. Auch die Beschlüsse der HV werden der AG zugerechnet, sind unmittelbar „Wille" der juristischen Person selbst. Eine Tochtergesellschaft, die von der sie als Alleinaktionärin beherrschenden Muttergesellschaft zu einem Vertragsschluß mit einem dritten Vertragspartner genötigt wird, kann sich daher dem Dritten gegenüber nicht auf Zwang berufen.

II. Bedeutung der juristischen Person

Rechtspolitisch entspricht die Rechtsfähigkeit der juristischen Person **dem Bedürfnis nach überindividueller Sicherung bestimmter Aufgaben und Zwecke und nach Bindung der diesen Zwecken gewidmeten Vermögen.**

1. Die Rechtsfähigkeit der AG ermöglicht es zum einen, die Durchführung des ihr statutarisch auferlegten Unternehmens über das Leben der ursprünglichen Gründer hinaus zu gewährleisten. Die Sicherung erfolgt durch die Loslösung der gesetzten Aufgaben von dem Einzelwillen der Mitglieder, indem sie der Gesellschaft obliegen und so durch die „Unsterblichkeit" der juristischen Person selbst verewigt werden.

2. Die Erhebung der Organisation zum selbständigen Rechtsträger bewirkt weiter die Bindung des Vermögens für die besonderen Zwecke der Gesellschaft, indem die juristische Person als rechtliche Klammer die aufgebrachten Mittel zusammenhält und unabhängig macht von dem Vermögensschicksal der Beteiligten.

3. Zum anderen eröffnet die Rechtsfähigkeit der Gesellschaft die Möglichkeit, mit der Durchführung der ihr obliegenden Aufgaben Persönlichkeiten (unabhängig von ihrer eigenen Mitgliedschaft) zu betrauen, welche über die dazu erforderlichen Fähigkeiten und Kenntnisse verfügen, und sie hat umgekehrt die Enthebung der an persönlicher Mitwirkung verhinderten Mitglieder der Gesellschaft von eigener Mitarbeit und persönlicher Haftung zur Folge.

4. Endlich bewirkt die juristische Person die Befreiung der Beteiligten von persönlicher Haftung gegenüber Dritten. Diese aber ist gerade bei Organisationen geboten,

---

5 Vgl. *H. P. Ipsen*, Hamburgische Verfassung und Verwaltung (1956) S. 465; *Wiedemann*, a.a.O. S. 838 ff.

welche, wie die AG, losgelöst von der Individualität ihrer Mitglieder, auf freiem Wechsel der Beteiligten ruhen; und die Haftungsbefreiung wiederum ist die notwendige Voraussetzung für den Ausschluß der Kündigung und Auszahlung des Kapitalguthabens, die mit der Erhaltung des Gesellschaftsvermögens unverträglich ist, während bei den Personengesellschaften die Kündigung aus wichtigem Grund wegen der persönlichen Haftungsverstrickung und der Unübertragbarkeit der Mitgliedschaft nicht entbehrt werden kann.

5. Vorstehendes läßt ersehen, daß die AG notwendig eine juristische Person sein muß, daß ihre Funktion der Kapitalaufnahme aus dem Publikum in Form einer Personengesellschaft nicht durchführbar wäre.

III. Folgerungen aus der Rechtsfähigkeit der AG

1. Als juristische Person ist die AG Eigentümerin des Gesellschaftsvermögens und Subjekt der sie betreffenden Rechte und Pflichten. Eine eigenmächtige Verfügung über dieselben durch einen Aktionär stellt daher die Verfügung eines Nichtberechtigten dar; das gilt auch für den Einmann-Aktionär, sofern er nicht zugleich Vorstand ist (vgl. BGH 56, 97).

2. Die Aktionäre stehen kraft ihrer Mitgliedschaft nur mit der AG in Rechtsbeziehung, nicht aber untereinander (RG 100, 3; 158, 254; BGH 18, 365), weshalb die Gesellschafterklage (Gegensatz: Deliktische Klage) unter den Mitgliedern nicht gegeben ist; ausgeschlossen daher die Klage eines Aktionärs gegen einen anderen Aktionär auf Leistung der Einlage an die Gesellschaft (OLG Köln, GmbH-Rdsch. 1957, 197).

Möglich ist jedoch die Vereinbarung eines besonderen Vertrages oder Gesellschaftsverhältnisses der Aktionäre untereinander, z.B. Stimmrechtsbindungsverträge, Optionsverträge, die alsdann von der Mitgliedschaft unabhängig sind und nur die Kontrahenten binden; s.u. § 17 IV 4.

3. Auch Vorstand und Aufsichtsrat stehen als Organ nur mit der AG in Rechtsbeziehung, weshalb bei Verletzung der ihren Mitgliedern obliegenden Geschäftsführungs- oder Kontrollpflicht eine Ersatzpflicht der Gesellschaft gegenüber entsteht und ein persönlicher Ersatzanspruch eines Aktionärs gegen ein Vorstandsmitglied grundsätzlich nur aus deliktischen Gründen gegeben ist; vgl. §§ 93, 116 AktG.

IV. Schuldrecht und Organisationsrecht

a) Das die juristische Person regelnde Recht ist weitgehend Organisationsrecht, welches sich von dem für die Personengesellschaften maßgebenden Schuldrecht unterscheidet[6]. Ist letzteres personenbezogen, indem es Rechtsverhältnisse inter par-

---

[6] Schuldrechtliche Verpflichtungen, welche mit z.T. modifizierten Mitteln des Obligationenrechts verwirklicht werden, enthält auch das AktG, z.B. die Einlagepflicht der Aktionäre (§ 54), die Ansprüche auf Erteilung von Abschriften (§ 125 Abs. 4), der Anspruch auf Auskunftserteilung (§ 131) etc.

tes betrifft, so ist das Organisationsrecht, welches Einrichtungen, Zuständigkeiten, die damit verbundenen Aufgaben und Verantwortlichkeiten regelt, sachbezogen. Es kommt auf jedermann zur Anwendung, der den Tatbestand erfüllt, an welchen die Normen anknüpfen, z.B. an den Tatbestand, Aktionär oder Mitglied des Vorstands oder Aufsichtsrats zu sein.

b) Gleicher Unterschied besteht zwischen Schuldvertrag und Organisationsvertrag. Regelt ersterer die Rechtsbeziehung zwischen den Parteien, so setzt letzterer mit seinen Einrichtungen und Zuweisungen von Zuständigkeiten **objektive** Normen gleich dem Gesetzesrecht. Das gilt sowohl für die **Satzung** der Gesellschaft, welche deshalb verbindlich ist für alle gegenwärtigen und künftigen Mitglieder der Gesellschaft[7], als auch für den **Verschmelzungsvertrag**, auf dessen Grundlage sich die Vermögensvereinigung vollzieht, wie auch für den **Beherrschungsvertrag**, der den rechtlichen Status der unterworfenen Gesellschaft ändert. Deshalb unterliegen diese Verträge gleich dem Gesetz der Auslegung durch das Revisionsgericht.

c) Die schuldrechtliche Forderung hat einen vom Gesetz festgelegten oder gebilligten **Inhalt**, nämlich den Anspruch. Ihn kann der Gläubiger nach § 241 BGB geltend machen, ohne dafür verantwortlich zu sein[8]. Hier besteht der Schutz des Schuldners zum einen darin, daß die aufgrund der Vertragsfreiheit begründbaren Forderungsinhalte limitiert sind; Knebelung des Schuldners ist sittenwidrig (§ 138 BGB); zum anderen in der Unzulässigkeit schikanöser Geltendmachung des Anspruchs.

Das Organisationsrecht hingegen eröffnet mit der Zuweisung von Zuständigkeiten und der Verpflichtung zur Geschäftsführung **Möglichkeiten**, aufgrund Ermessensentscheidung zu handeln. Auch hierbei ist Schutz gegen Fehlentscheidung oder Mißbrauch geboten. Er kommt in mannigfachen Rechtsbehelfen zum Ausdruck wie z.B. in Abberufung von Vorstandsmitgliedern, Anfechtung von HV-Beschlüssen, Informations- und Kontrollrechten, Minderheitsrechten, insbesondere in der Möglichkeit, die Mitglieder des Verwaltungsorgans für ihre Entscheidung zur Verantwortung zu ziehen.

Daraus erklärt es sich, daß schuldrechtliche Knebelung juristischer Personen nichtig ist (RG 3, 129; 82, 308), während die durch Beherrschungsvertrag verschaffte Leitungsmacht des herrschenden Unternehmens gegenüber der beherrschten Gesellschaft rechtlich möglich ist, weil mit diesem Vertrag zum Schutze der außenstehenden Aktionäre besondere Garantien und die Verantwortlichkeit des herrschenden Unternehmens gegenüber der beherrschten Gesellschaft für seine Maßnahmen und Entscheidungen sich verbinden.

d) Während eine Änderung dispositiver Rechtsbeziehungen zwischen Schuldner und Gläubiger durch Vertrag möglich ist, unterliegt die Änderung dispositiver organisatorischer Normen besonderem Verfahren (z.B. Satzungsänderung), nicht aber kann sie durch einen inter partes wirkenden Schuldvertrag erfolgen. Die Streitfrage, ob

---

[7] Weniger klar wird in BGH 47, 179 gesagt: Die Satzung „ist zwar ein von den Gründern geschlossener Vertrag ... Mit der Entstehung des Vereins löst sie sich aber völlig von deren Person. Sie erlangt ein unabhängiges rechtliches Eigenleben, wird zur körperschaftlichen Verfassung des Vereins und objektiviert fortan das Wollen des Vereins als Zusammenfassung seiner Mitglieder".

[8] Davon gibt es Ausnahmen, z.B. § 723 Abs. 2 BGB.

der Vorstand einer AG sich Dritten gegenüber zur Vornahme oder Unterlassung bestimmter Geschäftsführungsmaßnahmen verpflichten könne, hat richtiggestellt zu lauten, ob der Vorstand dadurch von seiner gesellschaftsrechtlichen Verantwortlichkeit befreit wird. Dies ist schlechthin zu verneinen [9].

e) Verschieden in beiden Rechtsbereichen sind auch die Sanktionen. Im Schuldrecht greift Verzug und Erfüllungsklage Platz. In bezug auf die dem Geschäftsführungsorgan zugewiesenen Aufgabenbereiche gibt es weder Verzug noch Erfüllungsklage, vielmehr bestehen Sanktionen anderer Art, insbesondere die mit der Verantwortlichkeit verbundene Haftung. Ein Erfüllungsanspruch kann sich nur auf bestimmte Geschäftsführungsmaßnahmen beziehen, zu deren Vornahme der Vorstand verpflichtet ist.

f) Während das Schuldrecht, indem es Interessenausgleich zwischen den Parteien regelt, wertendes Recht ist und von dem Grundsatz Treu und Glauben beherrscht wird, ist das sachbezogene Organisationsrecht seiner Natur nach **wertneutral**. Trotz mannigfacher Schutzmaßnahmen organisatorischer Art, wie z. B. Kontroll- und Minderheitsrechte, Anfechtungsrecht, ergibt sich aber die Notwendigkeit, das ethische Vakuum mit Wertprinzipien auszufüllen, worauf insbesondere das Postulat der Treuebindung oder der Loyalität der Aktionäre beruht. Dieses indessen darf nicht zu einer Denaturierung des Aktienrechts und zu Störung der wirtschaftlichen Funktion der Gesellschaft führen (s. u. § 11 VI).

§ 5 Internationales Gesellschaftsrecht

I. Zuständigkeit der Rechtsordnung

1. a) Über die Frage, durch welche Gegebenheiten bestimmt wird, welches Recht auf eine Gesellschaft anzuwenden sei, besteht ewiger Streit. Während nach der Sitztheorie maßgebend sei das Recht jenes Landes, in welchem die Gesellschaft ihren Sitz oder den wirtschaftlichen Schwerpunkt hat, unterliegt nach der Gründungstheorie die Gesellschaft dem Recht jenes Landes, nach dessen Vorschriften sie gegründet worden ist. Letzterem ist zuzustimmen [1].

b) Hinter diesem Meinungsstreit verbirgt sich folgender Aspekt. Die Aktienrechte lassen es häufig zu, daß, wiewohl die Gesellschaft nach dem Recht des einen Landes gegründet und dort auch registriert worden ist, die Geschäftsleitung in einem anderen Staat ausgeübt wird. Beispiel: Die Geschäftsführung einer nach Schweizer Recht

---

9 Aus dieser Erkenntnis ergeben sich wichtige Folgerungen, s. u. § 75.

1 So die jetzt im Gegensatz zu BGH 53, 181 überwiegende Meinung; vgl. *Eckardt* in Gessler Komm. § 1 Rn. 65; ferner *Koppensteiner*, Internationale Unternehmen im deutschen Gesellschaftsrecht (1971); *Wiedemann*, Gesellschaftsrecht I, Grundlagen (1980) S. 776 ff.; Luchterhandt, Deutsches Konzernrecht bei grenzüberschreitenden Konzernverbindungen (1971) S. 3 ff.

gegründeten und in Genf registrierten SA wird in München ausgeübt. Das hiesige Handelsregister enthält keinen Eintrag. Im Verhältnis der Geschäftsführung zur Gesellschaft gilt das Recht der Schweiz, und aus Verträgen, welche die Geschäftsführung namens der Firma mit Dritten schließt, wird die Gesellschaft in Genf berechtigt und verpflichtet. Es ist indessen nicht ausgeschlossen, zum Schutze deutscher Gläubiger München als Sitz der Gesellschaft zu betrachten, da hier die Hauptgeschäftsführung erfolgt. Alsdann kommen, da hier die Gesellschaft nicht registriert ist, hinsichtlich der persönlichen Haftung der Geschäftsführer jene Normen des deutschen Rechts zur Anwendung, welche gelten, wenn ein Grundhandelsgeschäft nach § 1 HGB unter einer Firma von mehreren ohne Eintragung im Handelsregister betrieben wird.

c) Eine nach deutschem Recht gegründete Gesellschaft kann ihren statutarischen Sitz nur im Inland haben, mag die Geschäftsführung der Verwaltung auch im Ausland ausgeübt werden (RG 99, 218; 117, 217). Es ist nicht möglich, daß eine nach deutschem Recht errichtete AG ihren statutarischen Sitz im Ausland hat (BGH 19, 105).

d) Verlegt eine nach deutschem Recht, also mit Inlandssitz gegründete AG ihren Sitz ins Ausland, so hat dieser Verlegungsbeschluß im Inland die Bedeutung eines Auflösungsbeschlusses (RG 88, 54; 107, 97), so daß die dem Schutze der Gläubiger dienenden Vorschriften über die Abwicklung der Gesellschaft zur Anwendung kommen.

Nach Art. 220 EWGV sollen die Gesellschaften auch innerhalb der EWG Freizügigkeit in dem Sinne erhalten, daß bei Verlegung des Sitzes von einem Mitgliedstaat in einen anderen ihre Rechtspersönlichkeit erhalten bleibt. Dieser indessen setzt vorherige Harmonisierung der Steuern, der Mitbestimmung einschließlich Betriebsverfassung und des sonstigen Sozialschutzes der Belegschaft voraus[2].

e) Will eine nach ausländischem Recht errichtete Gesellschaft ihren Sitz ins Inland verlegen und hier ins Handelsregister eingetragen werden, so müssen die deutschen Vorschriften der Gründung, welche dem Schutz der Gläubiger und des Publikums dienen, insbesondere also die Grundsätze der Vermögensaufbringung, erfüllt sein oder werden.

2. a) Im Geltungsbereich des deutschen Rechts kann eine AG nur nach deutschem AktG gegründet werden. Während es grundsätzlich zulässig ist, dispositives Gesetzesrecht durch Vertrag in der Weise abzuwandeln, daß nach Parteivereinbarung das Rechtsverhältnis den Grundsätzen ausländischen Rechts entsprechend ausgestaltet und insoweit auch das ausländische Gesetz selbst als lex contractus vereinbart werden kann, ist es bei der AG nicht möglich, in solcher Weise durch die Satzung fremdes Recht aufzunehmen, da der Gestaltungsfreiheit nach dem AktG enge Grenzen gesetzt sind, vgl. § 23 Abs. 5 AktG.

---

2 Über den Vorschlag für eine Richtlinie des Rates zur Harmonisierung der Körperschaftssteuersysteme und der Regelungen der Quellensteuer auf Dividenden s. *Lutter*, Europäisches Gesellschaftsrecht, Sonderheft 1 der ZGR (1979) S. 369 ff.

b) Das deutsche Recht erkennt die im Ausland nach ausländischem Recht gegründeten und rechtsfähigen Aktiengesellschaften als juristische Personen grundsätzlich an, ohne daß es einer förmlichen Anerkennung gemäß Art. 10 EG BGB bedürfte, soweit nicht der deutsche order public oder der Gesichtspunkt der Vergeltung entgegensteht, Art. 30, 31 EG BGB (RG 83, 367; 117, 217; 159, 33; andererseits RG JW 1904, 231 über Gesetzesumgehung)[3].

Auf der Grundlage von Art. 220 EWGV haben die Mitgliedstaaten am 29. 2. 1968 ein Übereinkommen über die gegenseitige Anerkennung von Gesellschaften und juristischen Personen geschlossen[4].

Zur Frage, ob eine Haftung für rechtsgeschäftliches Handeln im Namen einer erst im Entstehen begriffenen AG auch begründet sein kann, wenn dies eine im Ausland zu errichtende Gesellschaft ist, vgl. RG 159, 33.

c) Nach dem AktG ist die Vertretungsmacht des Vorstands grundsätzlich unbeschränkt und unbeschränkbar. In einigen ausländischen Rechten gilt dieser Grundsatz nicht (z.B. doctrin of ultra vires). Zu beachten ist im Bereich der Europäischen Gemeinschaften Art. 9 Abs. 2 der Ersten Richtlinie v. 9. 3. 68 (ABl EurG L 65/8 v. 14. 3. 68). Hiernach können die Mitgliedstaaten vorsehen, daß die Gesellschaft aus Handlungen ihres Vertretungsorgans, welche den Rahmen des Gegenstandes des Unternehmens überschreiten, Dritten gegenüber nicht verpflichtet wird, wenn sie beweist, daß dem Dritten bekannt war, daß die Handlung den Unternehmensgegenstand überschritt, oder daß er darüber nach den Umständen nicht in Unkenntnis sein konnte; zu diesem Beweis reicht die Bekanntmachung der Satzung allein nicht aus. Eine solche Regelung im Recht eines Mitgliedstaates ist im Inland zu beachten.

d) Will eine ausländische Gesellschaft mit Sitz im Ausland eine Zweigniederlassung im Inland errichten, so sind die in § 44 AktG aufgestellten Erfordernisse zu erfüllen (dazu KG LZ 1929, 786). Die Zuständigkeit des Registergerichts ist in § 13 b HGB geregelt.

Nach § 12 GO v. 1. 1. 1978 (BGBl I 99) bedarf eine ausländische juristische Person für den Betrieb eines Gewerbes im Inland, soweit nicht die Ausnahmen gem. Abs. 4 u. 5 vorliegen, der Genehmigung, die jedoch nur versagt werden kann, wenn zu besorgen ist, daß die Tätigkeit der ausländischen juristischen Person dem öffentlichen Interesse widerspricht.

Für ausländische juristische Personen, die nach den Rechtsvorschriften eines Mitgliedstaates der Europäischen Wirtschaftsgemeinschaft gegründet sind und ihren satzungsmäßigen Sitz, ihre Hauptverwaltung oder ihre Hauptniederlassung innerhalb der Gemeinschaft haben, gilt § 12 gemäß § 12 a GO nicht.

---

3 Über Anerkennungs-Staatsverträge s. *Palandt*, BGB Art. 10 EGBGB Anm. 5.
4 S. dazu *Beitzke* AWD 1968, 1; *Ipsen*, Europäisches Gemeinschaftsrecht (1972) 39/12; *Lutter*, Europäisches Gesellschaftsrecht, a.a.O. S. 33 und Text des Übereinkommens und des Auslegungs-Protokolls S. 257ff. Das endgültige Inkrafttreten des Übereinkommens steht wegen noch fehlender Ratifikation desselben durch die Niederlande aus. Die BRD hat mit Zustimmungsgesetz v. 18. 5. 1972 (BGBl II 369) ratifiziert.

e) Veräußert oder verpfändet ein im Ausland ansässiger Aktionär einer inländischen Gesellschaft seine im Ausland befindlichen Inhaberaktien, so beurteilt sich die sachenrechtliche Verfügung über die Urkunden nach den Grundsätzen des Auslandsrechts (vgl. RG SeuffA 88, 194). Übertragbarkeit und Inhalt der Mitgliedschaftsrechte und die Legitimation des Aktionärs gegenüber der Gesellschaft beurteilt sich hingegen nach deutschem Recht und der Gesellschaftssatzung.

Die mit der Aktie verbundenen Rechte und Pflichten werden durch das AktG und die Satzung bestimmt. Sie gelten für jeden Aktionär, mag er sich im Inland oder Ausland befinden. Dasselbe gilt für die Ausübung der Mitgliedschaftsrechte und deren Rechtsfolgen sowie für die aktienrechtliche oder auch deliktische Haftung der Aktionäre aus ihrem Verhalten gegenüber der Gesellschaft.

Da die Ausübung der Mitgliedschaftsrechte am Sitz der inländischen Gesellschaft erfolgt, sind gesetzliche Schranken dieser Rechtsausübung auch gegenüber ausländischen Aktionären wirksam, so insbesondere Beschränkungen der Stimmrechtsausübung nach § 134 Abs. 1 Satz 2 oder wegen unterlassener Anzeige nach §§ 20, 21; desgleichen gelten auch für ein von einer inländischen AG abhängiges ausländisches Unternehmen die Schranken der §§ 56, 136 Abs. 2 AktG. Nicht aber kann das ausländische Unternehmen durch das AktG verpflichtet werden zur Veräußerung oder Einziehung der Aktien gemäß §§ 71 d Satz 4, 71 c oder zur Übertragung der Aktien gem. § 71 d Satz 5 AktG.

II. Nationalität der Gesellschaften

Zu unterscheiden von der international-privatrechtlichen Frage, welches nationale Gesellschaftsrecht zur Anwendung kommt, ist die Frage, wann eine Gesellschaft im völkerrechtlichen Sinne deutsch oder nichtdeutsch oder etwa feindbeeinflußt ist. Hier gilt weitgehend die sog. **Kontrolltheorie**, nach welcher die Nationalität einer Gesellschaft sich nach der Mehrheit der Mitglieder der Gesellschaft oder der Organe richtet. Diese Frage wird von den nationalen Rechtsordnungen kasuistisch und verschieden geregelt[5].

§ 6   Internationale Gesellschaften

I. Allgemeines

1. Die Bezeichnung ,,internationale Gesellschaft'' ist kein Rechtsbegriff im Sinne des Gesellschaftsrechts, sondern sie kennzeichnet im allgemeinen nur den über die nationalen Grenzen hinausgreifenden Tätigkeitsbereich des Unternehmens. Man

---

[5] Vgl. z. B. über deutsche Nationalität einer AG im Sinne des Flaggenrechts § 1 Abs. 2 des Flaggenrechtsges. vom 8. 2. 1951.

spricht von „internationalen Konzernen", die dadurch gekennzeichnet sind, daß die in einem Land domizilierte Muttergesellschaft in anderen Ländern Tochtergesellschaften unterhält, deren Anteile sich in der Regel im Alleinbesitz der Muttergesellschaft befinden[1].

Muttergesellschaft und Tochtergesellschaft unterliegen der Rechtsordnung jenes Landes, in welchem sie gegründet sind und ihren Sitz haben. Alle einzelnen Gesellschaften sind mithin Gesellschaften nationalen Rechts. Das für sie einschlägige Recht ist maßgebend für die innere Organisation der Gesellschaft; das für die Tochtergesellschaft zuständige Recht ist maßgebend für die Rechte und Pflichten, welche sich für die Muttergesellschaft als Aktionärin der Tochtergesellschaften ergeben; es ist insbesondere maßgebend auch für die Frage, inwieweit die Muttergesellschaft zur Leitung der Tochtergesellschaften und zu Verfügungen über deren Vermögen befugt ist und ob sie als Alleinaktionärin etwa für die Verbindlichkeiten der Tochtergesellschaften haftet[2].

2. Entsprechendes gilt von der Bezeichnung **„multinationales** Unternehmen". Auch dieser Ausdruck kennzeichnet nicht einen besonderen **rechtlichen** Typ, sondern einen **soziologischen** Tatbestand, der dadurch gekennzeichnet ist, daß eine auf dem Weltmarkt tätige Gesellschaft in vielen Ländern Niederlassungen oder Tochtergesellschaften in dosierter wirtschaftlicher Selbständigkeit und dezentralisierter Verwaltung besitzt. Mit der Bezeichnung **multi**national soll zum Ausdruck gebracht werden, daß die in verschiedenen Ländern bestehenden Unternehmensteile (Tochtergesellschaften, Niederlassungen) sich um Integration in die nationale Wirtschaft ihrer Gastländer bemühen, jedoch ohne Preisgabe dessen, daß sie der einheitlichen Leitung und Strategie ihrer Muttergesellschaft unterworfen sind, welche insbesondere durch die konzerninternen „Verrechnungspreise" Gewinne verlagern und das in den einzelnen Ländern opportune Geschäftsergebnis ihrer Tochterunternehmen bestimmen kann. Über die aufgrund dieser Gegebenheiten in Gang gekommene „Codex-Bewegung" s. u. § 61.

Es handelt sich also um Probleme der Strategie, der Planung, der Finanzpolitik und der Organisation, ferner um solche der Information und Kontrolle, also vorwiegend ökonomische Probleme der Unternehmensführung, insbesondere auch um Fragen steuerrechtlicher Art. Die gesellschaftsrechtlichen Probleme und die Fragen des internationalen Gesellschaftsrechts aber sind dieselben wie die zu 1) angemerkten[3].

---

1 S. darüber u. § 61.
2 Die OECD hat 1980 ein Dokument betr. Responsibility of Parent Companies for their Subsidiaries" erstellt, welches die Rechte von 19 Ländern erfaßt.
3 *v. Brunn*, Zur Problematik des multinationalen Unternehmens, WuW 1969, 551 ff.; *Harms*, Rechtsprobleme inter- und multinationaler Unternehmen, BB 1969, 603 ff.; Bericht über eine Arbeitstagung der Schmalenbach-Ges. „Probleme multinationaler Unternehmen", DB 1970, 1233 ff.; *H. Arndt*, Gefährden die multinationalen Unternehmen den freien Welthandel? in Die Zeit v. 2. März 1973. *J. K. Galbraith*, Die moderne Industriegesellschaft (München 1968); *R. J. Barnet — R. E. Müller*, Die Krisenmacher, Die Multinationalen und die Verwandlung des Kapitalismus (Hbg. 1975); Internationale Unternehmensführung, Festschrift für H. Sieber, hrsg. v. *Wacker-Haussmann-Kumar* (Bln 1981).

II. Sondergestaltungen gesellschaftsrechtlicher Art

Vom nationalen Recht abweichende Sondergestaltungen haben sich in Fällen ergeben, in denen der gemeinsame Betrieb eines Unternehmens das Anliegen verschiedener Staaten ist, in welchen Fällen aber die in den nationalen Gesetzen zur Verfügung stehende gesellschaftsrechtliche Organisation nicht oder nicht voll entsprach. Es wurden daher auf Staatsvertrag beruhende Organisationen besonderer Art geschaffen, die hier nur als Schemata dargestellt seien.

1. Das einfachste Schema ist dieses, daß eine Gesellschaft nach dem Recht ihres Sitzstaates gegründet wird und diesem unterliegt, daß aber mit Rücksicht auf die ausländische Beteiligung kraft ratifizierter zwischenstaatlicher Vereinbarung gewisse Sonderbestimmungen gelten.

Dieses ist geschehen bei den mit Sitz in der Bundesrepublik Deutschland gegründeten und dem deutschen Aktienrecht unterstehenden Aktiengesellschaften, deren Gegenstand der Betrieb deutsch-schweizerischer Grenzkraftwerke am Rhein bildet. Für sie ist staatsvertraglich vereinbart, daß in der Satzung die Zahl der Aufsichtsratsmitglieder abweichend vom Aktiengesetz festgesetzt werden kann, und daß die Vorschriften über die Beteiligung der Arbeitnehmer im Aufsichtsrat durch die mit Ges. vom 12. 5. 57 getroffene Sonderregelung ersetzt werden (vgl. RGBl. 1957 II, 262, 265).

Für die zum Zwecke der Schiffbarmachung der Mosel aufgrund des Staatsvertrags vom 27. 10. 1956 (BGBl. 1956 II 1837) gegründete ,,Internationale Moselgesellschaft mit beschränkter Haftung" ist in Art. 9 des Vertrags vereinbart, daß die Gesellschaft den Bestimmungen des Staatsvertrags und der darauf beruhenden Satzung und erst subsidiär dem deutschen GmbH-Ges unterliege, daß aber, falls das deutsche GmbH-Ges Änderungen erfahren sollte, durch welche die Gesellschaftsrechte beeinträchtigt werden könnten, die Bundesregierung verpflichtet sei, alle Maßnahmen zur Wahrung der Gesellschafterrechte zu treffen.

Soweit hiernach für solche Gesellschaften die staatsvertragliche Vereinbarung, die festgestellten Statuten und nur subsidiär das Recht des Sitzstaates gelten, hat dieses zur Folge, daß das Recht des Sitzstaates, auch soweit es an sich zwingend ist, dem vereinbarten Statutarrecht weicht.

Das gilt auch für die 1955 von den Eisenbahnverwaltungen vierzehn europäischer Staaten mit Sitz in Basel gegründeten AG ,,Eurofima", deren Zweck es ist, den Eisenbahnverwaltungen, welche die Aktionäre sind, Eisenbahnmaterial zu günstigen Bedingungen zu verschaffen. In Art. 1 der Statuten ist vorgesehen, daß die Gesellschaft den Bestimmungen des internationalen Abkommens über die Gründung dieser Gesellschaft und den Statuten und nur subsidiär den Gesetzen des Sitzstaates unterliege (BGBl. 1956 II 908, 917, 920). Ähnliches gilt für die 1949 mit Sitz in Brüssel geschaffene ,,Interfrigo" und für die ,,Europäische Gesellschaft für die Chemische Aufarbeitung bestrahlter Kernbrennstoffe (Eurochemic)", vgl. BGBl. 1959 II 621.

2. Komplizierter ist die Rechtslage, wenn eine Gesellschaft von Beteiligten zweier Staaten in der Weise gegründet wird, daß sie in jedem der beiden Staaten einen statutarischen Sitz hat, ihre Rechtsverhältnisse sich primär nach dem Staatsvertrag und

den in ihm vereinbarten Statuten, subsidiär aber nach den Grundsätzen der Gesellschaftsrechte beider Staaten beurteilen.

Dieses ist geschehen bei der gemäß Art. 84 des Saarvertrags vom 27. 10. 56 (BGBl. 1956 II 1589, 1634) errichteten AG, für welche Art. 84 Abs. 1 bestimmt: ,,Zum Zwecke der Koordinierung des Absatzes der Kohle der Reviere Saar und Lothringen wird eine als Einheit zu gestaltende privatrechtliche deutsch-französische Gesellschaft mit zwei Sitzen, einen im Saarland und einen in Frankreich, mit paritätischer Vertretung der deutschen und der französischen Interessen geschaffen." In Abs. 3 sodann ist vorgesehen: ,,Die Gesellschaft besitzt im Gebiet jedes der beiden Vertragsstaaten Rechtspersönlichkeit. Die Rechtsverhältnisse der Gesellschaft bestimmen sich nach diesem Artikel, nach Anlage 29 (d. h. Richtlinien für das Statut; BGBl. a. a. O. S. 1791) und nach ihrem Statut, das gegenüber dem nationalen Recht der beiden Vertragsstaaten den Vorrang hat." Die Unterstellung einer einheitlichen Gesellschaft unter die inhaltlich verschiedenen Aktienrechte zweier Länder führt, wenngleich sie nur subsidiär und im Grundsätzlichen gelten, zu neuartigen Rechtsproblemen[4].

3. Möglich ist endlich die Verlagerung der Gesellschaft in die Ebene des Völkerrechts und die damit bewirkte Loslösung der maßgebenden Rechtsgrundlage von dem privaten Gesellschaftsrecht.

Das trifft zu für die aufgrund des Art. 129 EWGV errichtete Europäische Investitionsbank, die keinem der nationalen Gesellschaftsrechte unterliegt, sondern nur den Bestimmungen der Art. 129, 130 EWGV und der dem Vertrag als Protokoll beigefügten Satzung (BGBl. 1957 II 964).

Auch die Internationale Bank für Wiederaufbau und Entwicklung (BGBl. 1952 II 664) und die Internationale Finanz-Corporation (BGBl. 1956 II 747, 749) sind dem Privatrecht entzogene völkerrechtliche Gesellschaften mit eigener Rechtsfähigkeit, deren Rechtsverhältnisse nur durch das zwischenstaatliche Abkommen und die darauf beruhenden Statuten geregelt werden, in welche jedoch die allgemeinen Grundsätze des Aktienrechts aufgenommen sind. Gleichwohl werden diese Statuten aus den allgemeingültigen gesellschaftsrechtlichen Grundsätzen, die insoweit auch im völkerrechtlichen Bereich Gültigkeit beanspruchen können, zu ergänzen sein[5].

III. Die Europäische Aktiengesellschaft

Die Kommission der EG hat am 13. 5. 1975 in der Erwägung, die Gründung und Führung von Unternehmen europäischen Ausmaßes zu ermöglichen, welche aus einer Zusammenfassung von Unternehmen der einzelnen Mitgliedstaaten hervorgehen, dem Rat den geänderten Vorschlag einer VO über das Statut für Europäische Aktiengesellschaften (Societas Europaea = ,,SE") vorgelegt[6]. Bei Erlaß dieser VO

---

[4] Vgl. darüber *Baermann*, AcP 156, 136.
[5] Dazu *Oppenheim-Lauterbach*, International Law (8. ed.) S. 1010.
[6] Über Vorgeschichte und die Gründe, welche zu diesem Vorschlag führten, s. *Lutter*, Europäisches Gesellschaftsrecht, Sonderheft 1 der ZGR (1979) S. 34 ff.

aufgrund Art. 235 EWGV erlangt das Statut gemäß Art. 189 EWGV in jedem Mitgliedstaat unmittelbare Geltung, schafft also ein das nationale Recht überlagerndes Europäisches Recht, aufgrund dessen die SE sich als supranationale Gesellschaft darstellt. Dem entspricht die Regelung des Art. 7 Statut, wonach die von dem Statut „behandelten" Gegenstände selbst hinsichtlich der Rechtsfragen, die nicht ausdrücklich geregelt sind, der Anwendung des Rechts der Mitgliedstaaten entzogen und zu entscheiden sind nach den allgemeinen Grundsätzen des Statuts, subsidiär nach jenen Grundsätzen, welche den Rechten aller Mitgliedstaaten gemeinsam sind und welche in Art. 7.1.b zum Bestandteil der VO erhoben werden.

Die Gründung einer SE kann nach Art. 2 Statut erfolgen als Gründung durch **Verschmelzung**, durch Errichtung einer **Holdinggesellschaft** oder durch Errichtung einer gemeinsamen **Tochtergesellschaft**.

Die Gründung durch Verschmelzung ist nur möglich zwischen AGn, sofern mindestens zwei von ihnen der Rechtsordnung verschiedener Mitgliedstaaten unterliegen. Mit Entstehung der SE geht das gesamte Vermögen der Gründergesellschaften unter Auflösung derselben ohne Abwicklung auf die SE über, und die Aktionäre der Gründergesellschaften erlangen Aktien der SE (Art. 21 ff.).

Die genannten Gründergesellschaften können statt dessen eine Holding-SE errichten, wobei die Gründergesellschaften bestehen bleiben, jedoch alle Aktien derselben aus dem Besitz ihrer Aktionäre auf die SE übergehen, welche dadurch zur Holding der Gründergesellschaften wird, während die Aktionäre der Gründergesellschaften Aktien der SE erhalten (Art. 29 ff.).

Möglich ist sodann die Errichtung einer SE als gemeinsame Tochtergesellschaft, deren Gründung durch beliebige juristische Personen mit wirtschaftlicher Tätigkeit erfolgen kann, sofern mindestens zwei von ihnen der Rechtsordnung verschiedener Mitgliedstaaten unterliegen (Art. 2.2 mit Art. 35 ff.).

Endlich kann eine bestehende SE mit einer anderen SE oder mit nationalen AGn durch Fusion, Errichtung einer Holding oder Errichtung einer gemeinsamen Tochtergesellschaft eine neue SE gründen, und die SE ist auch allein zur Gründung einer SE-Tochtergesellschaft befähigt (Art. 3).

Steuerlich muß die SE, um Diskriminierungen im Verhältnis zu den Gesellschaften nationalen Rechts zu verhindern, weiterhin nationalem Recht unterstehen. Das Problem besteht in der direkten Gewinnbesteuerung der über die Grenzen reichenden Geschäftstätigkeit der SE. Da für die Gewinnbesteuerung die persönliche Zugehörigkeit zu einem bestimmten Staat maßgebend ist, „dessen Besteuerung sich unter dem Anspruch der unbeschränkten Steuerpflicht auf das „Welteinkommen" des Steuersubjekts erstreckt", muß auch für die SE solche steuerliche Zugehörigkeit zu einem der Mitgliedstaaten bestehen[7]. Deshalb bestimmt Art. 276 Statut, daß die SE steuerlich in jenem Mitgliedstaat als ansässig gilt, in dem sich der Ort der tatsächlichen Geschäftsleitung befindet.

---

7 *H. Debatin* in: Lutter (Hrsg.), Die Europäische Aktiengesellschaft, Abhandl. z. deutschen u. europ. Handels- u. Wirtschaftsrecht (1976) S. 220.

Die Idee einer Gesellschaft Europäischen Rechts ist indessen nicht nur ein Problem der rechtlichen Organisation, sondern es verbinden sich mit ihr unmittelbar Aspekte der Politik, der wirtschaftlichen Zweckmäßigkeit, insbesondere aber bestehen Meinungsverschiedenheiten in der Regelung der Mitbestimmung. Von der Lösung dieser Aspekte hängt das weitere Schicksal der SE ab.

§ 7 Grundkapital und Gesellschaftsvermögen

I. Begriff

1. Unter **Grundkapital** (auch **Nominalkapital** genannt) ist der in der Gesellschaftssatzung (§ 23 Abs. 3 Nr. 3 AktG) festgesetzte Kapital-**Sollbetrag** zu verstehen, dem das Gesellschaftsvermögen mindestens entsprechen soll.

Die statutarische Festsetzung des Grundkapitals richtet sich nach dem geschätzten Gesamtvermögensbedarf der zu gründenden Gesellschaft. Ein zu geringer Ansatz dieses Betrages führt alsbald zu weiterem Kapitalbedarf; eine zu hohe Bemessung desselben würde infolge Brachliegens eines Teils des aufgebrachten Gesellschaftsvermögens den auf die einzelne Aktie entfallenden Ertrag schmälern. Da Gesellschaftsgründungen in der Regel durch Umwandlung eines bereits vorhandenen Unternehmens in eine AG erfolgen, bestimmen die Werte der Schlußbilanz des umzuwandelnden Unternehmers die Anfangswerte der AG und deren Grundkapital.

2. Dem Grundkapital steht das tatsächliche Gesellschaftsvermögen gegenüber, welches während des Bestehens der AG ständigen Schwankungen unterliegt und bald größer, bald kleiner ist als jenes.

II. Rechtliche Bedeutung

1. Der Betrag des Grundkapitals gibt zunächst den Sollbetrag des bei der Gesellschaftsgründung **aufzubringenden** Vermögens an. Die Aufbringung erfolgt durch Übernahme von Aktien seitens der Gründer (§§ 2, 23 Abs. 2 AktG), wodurch die Übernehmer den Nennbetrag oder den höheren Ausgabebetrag einzuzahlen verpflichtet werden (§ 54 Abs. 1 AktG).

2. Das Grundkapital bewirkt sodann in Höhe seines Betrags die **Bindung** von Gesellschaftsvermögen in der Gesellschaft in dem Sinne, daß einerseits als freier Überschuß nur jener Betrag erscheint, um welchen das Reinvermögen der Gesellschaft (Aktiva minus Gesellschaftsschulden) den Betrag des Grundkapitals (und der gesetzlichen Rücklage) übersteigt, daß andererseits, falls das Gesellschaftsvermögen unter den Betrag des Grundkapitals gesunken ist, der Fehlbetrag durch spätere Erträge erst ausgeglichen sein muß, bevor Überschüsse wieder freies Vermögen werden.

§ 7 *Grundkapital und Gesellschaftsvermögen*

Diese Bindung wird durch Einstellung des Grundkapitals in der Bilanz als Passivposten bewirkt. Das hat zur Folge, daß als Vermögensüberschuß (Gewinn) nur jener Betrag erscheinen kann, um den das Gesellschaftsvermögen abzüglich der Schulden das Grundkapital (und die gesetzliche Rücklage, s. u.) übersteigt. Bis zur Höhe dieser Summe bleibt mithin das Gesellschaftsvermögen in der Gesellschaft **gebunden**, und eine gleichwohl erfolgende Auszahlung an Aktionäre wäre eine Schmälerung der gebundenen Vermögenssubstanz, eine, wie das Gesetz mißverständlich sagt, verbotene Rückzahlung von ,,Einlagen'' (§§ 57, 58 AktG). Als Passivposten der Bilanz wirkt das Grundkapital demnach wie eine **Stauschleuse**, indem es zwar nicht Verdunstung des Vermögens durch Verluste, wohl aber ein Abfließen desselben an die Aktionäre verhindert und auch bewirkt, daß erst nach Wiederauffüllung des Vermögens ein verteilbarer Überschuß entstehen kann.

Neben der Bindung von Gesellschaftsvermögen durch das Grundkapital erfolgt noch eine weitere Vermögensaufstauung durch die ,,gesetzliche Rücklage'' (s. § 8 I) und durch ,,andere (freie) Rücklagen'' als Passivposten (§ 151 Abs. 1, Passivseite sub II AktG), denen ebenfalls die beschriebene Schleusenfunktion zukommt. Diese Vermögensbindungen aber sind schwächer als die durch das Grundkapital bewirkte Bindung, weil das Grundkapital nur durch Satzungsänderung herabgesetzt, die Rücklagen aber in erleichterter Weise wieder aufgelöst werden können (s. u. § 8 I 2 u. II 4).

3. Vorstehendes läßt ersehen, daß das Grundkapital nicht eine **Schuld** der Gesellschaft an die Aktionäre darstellt, daß demgemäß ebensowenig der Nennbetrag der Aktie als Bruchteil des Grundkapitals eine Forderung der Aktionäre gegen die Gesellschaft zum Ausdruck bringt. Das Verhältnis des Nennbetrags der Aktie zum Grundkapital ergibt vielmehr den **Verteilungsschlüssel**, zu dem der Aktionär an dem Vermögensschicksal der Gesellschaft, also am Gewinn, Verlust und Liquidationserlös teilhat. Lautet das Grundkapital auf 1 000 000 DM, gestückelt in 20 000 Aktien zu je 50 DM Nennbetrag, so ist jeder Aktionär am Gesellschaftsvermögen zu 1/20 000 beteiligt.

4. Das Verhältnis des Gesellschaftsvermögens zum Grundkapital bestimmt den **Wert** der Aktie (Sachwert). Beträgt das Gesellschaftsvermögen (abzüglich der Schulden, jedoch einschließlich der Rücklagen) 1 500 000 DM, das Grundkapital, gestückelt in 10 000 Aktien zu 100 DM, 1 000 000 DM, so ist der Wert der Aktie 150 DM, also 150% des Nennbetrags.

Vom Sachwert der Aktie zu unterscheiden ist der Kurswert (Börsenkurs), also der Handelswert der Mitgliedschaft, welcher aufgrund der Rendite der Aktie durch Angebot und Nachfrage bestimmt wird. Systematischer Aufkauf durch einen Interessenten kann zu Kurssteigerungen weit über den Sachwert führen, das Abstoßen von Aktien kann einen Kurseinbruch auslösen. Normalerweise aber ist der Kurswert auch ein Indiz für den Sachwert der Aktie.

Rechtlich ist der Kurswert der Aktie für die Gesellschaft ohne Bedeutung. Will jedoch die Gesellschaft ihr Kapital erhöhen, so hindert ein Kurswert unter pari die Unterbringung der neuen Aktien, da diese nicht unter dem Nennbetrag ausgegeben werden dürfen, Zeichner sich aber nicht finden, solange alte Aktien billiger zu erwerben sind. Der Behebung dieses Hindernisses dient die vereinfachte Kapitalherabsetzung (§§ 229ff. AktG; s.u. § 44).

5. Das Grundkapital muß bei Neugründungen, die nach dem Inkrafttreten des AktG erfolgen, mindestens 100 000 DM betragen (§ 7 AktG). Für bestehende Gesellschaften, deren Kapital geringer ist, bestimmt die Neufassung des § 2 EGAktG, daß sie ihr Grundkapital bis zum 16. 12. 1981 entsprechend zu erhöhen haben, widrigenfalls sie der Auflösung verfallen.

Der Mindestnennbetrag der Aktie ist fünfzig DM, § 8 AktG.

III. Das Gesellschaftsvermögen

1. Das Gesellschaftsvermögen ist das aus Barmitteln, Guthaben, Anlagen und anderen Sachwerten, Forderungen, Beteiligungen und sonstigen Rechten sich zusammensetzende, im Eigentum der Gesellschaft stehende Vermögen. Das Gesellschaftsvermögen ist entsprechend der Gliederung des § 151 AktG auf der Aktivseite der Bilanz auszuweisen. Unter **Reinvermögen** der Gesellschaft werden die Aktiven abzüglich der Gesellschaftsschulden verstanden.

2. Das Gesellschaftsvermögen setzt sich bei Gründung der Gesellschaft zunächst zusammen aus den Ansprüchen der Gesellschaft gegen die Aktionäre auf Leistung der Einlage, aus den eingeforderten Einlagebeträgen und aus den eingebrachten Sachwerten. Nach Inbetriebnahme des Unternehmens erfährt die Vermögenszusammensetzung, soweit es sich um Umlaufgegenstände handelt, einen ständigen Wechsel durch Umsatz von Ware in Geld und Geld in Ware. Das Vermögen unterliegt ferner einer ständigen Schwankung, indem es sich durch gewinnbringende Geschäfte, durch Erträgnisse aus Beteiligungen usw. vermehrt, durch verlustbringende Geschäfte, Wertminderungen, Abnutzungen, fixe Kosten, Unglücksfälle usw. vermindert.

§ 8 Gesetzliche Rücklage und freie Rücklagen

I. Die gesetzliche Rücklage

1. Der Mehrbetrag, um den das Reinvermögen der Gesellschaft (Aktiven abzüglich Verbindlichkeiten) das Grundkapital übersteigt, ist nicht ohne weiteres voll verteilbar, sondern es ist eine gesetzliche Rücklage zu bilden, § 150 AktG. Sie dient zum bilanzmäßigen Ausgleich späterer Verluste (s. u. 2), der ohne solche Rücklage nur durch Herabsetzung des Grundkapitals erfolgen könnte.

Einzustellen ist zunächst nach § 150 Abs. 2 Nr. 1 AktG der zwanzigste Teil des um einen Verlustvortrag aus dem Vorjahr geminderten Jahresüberschusses, jedoch nur

§ 8 *Gesetzliche Rücklage und freie Rücklagen*

solange, bis der Gesamtbetrag der gesetzlichen Rücklage den zehnten oder statutarisch bestimmten höheren Teil des Grundkapitals erreicht.

Einzustellen sind ferner ein bei Ausgabe von Aktien oder Wandelschuldverschreibungen erzieltes Agio sowie freiwillige Zuzahlungen von Aktionären.

Einstellungen in die gesetzliche Rücklage sind auch vorgeschrieben in den §§ 232ff. AktG (vereinfachte Kapitalherabsetzung), ,,237 Abs. 5 AktG (Einziehung von Aktien)", 300 AktG (Gewinnabführungs- und Beherrschungsvertrag) und in einigen weiteren Fällen[1].

Die gesetzliche Rücklage wird dadurch gebildet, daß auf der Passivseite der Bilanz neben dem Grundkapital ein entsprechender Posten ,,gesetzliche Rücklage" einzustellen ist. Dieses bewirkt, daß als verteilbarer Vermögensüberschuß (Bilanzgewinn) nur jener Betrag erscheinen kann, um den das Reinvermögen der Gesellschaft den Betrag des Grundkapitals plus der gesetzlichen Rücklage übersteigt.

Die Einstellung der gesetzlichen Rücklage als Passivposten der Bilanz hat daher dieselbe Schleusenwirkung wie die des Grundkapitals. Die dadurch bewirkte Vermögensbindung ist jedoch von geringerer Art, indem die Herabsetzung oder völlige Auflösung der gesetzlichen Rücklage nach Maßgabe des § 150 Abs. 3 und 4 AktG ohne Satzungsänderung und ohne Einhaltung von Gläubigerschutzbestimmungen erfolgen kann.

2. Bei **Auflösung** der gesetzlichen Rücklage ist zu unterscheiden, ob ihr Gesamtbetrag den zehnten oder statutarisch bestimmten höheren Teil des Grundkapitals übersteigt oder nicht übersteigt. Im letzteren Falle ist nach § 150 Abs. 4 AktG die Auflösung nur zulässig zum Ausgleich eines Jahresfehlbetrags bzw. eines Verlustvortrags, wobei primär etwaige freie Rücklagen aufzulösen sind. Ein Verstoß hiergegen hat Nichtigkeit jenes Jahresabschlusses zur Folge, in welchem die unzulässige Auflösung erfolgt, § 256 Abs. 1 Nr. 1 AktG.

Übersteigt dagegen die gesetzliche Rücklage den zehnten oder statutarisch bestimmten höheren Teil des Grundkapitals, dann kann der **Mehrbetrag** gemäß § 150 Abs. 4 AktG erleichtert, d.h. ohne vorherige Auflösung freier Rücklagen, aufgelöst bzw. zur Kapitalerhöhung aus Gesellschaftsmitteln (s.u. § 37) herangezogen werden. Ausgeschlossen ist die Umwandlung von Beträgen der gesetzlichen Rücklage in freie Rücklage und damit auch eine Ausschüttung derselben.

3. Aufgrund der Vierten (Bilanz-)Richtlinie und nach dem Entwurf eines Durchführungsgesetzes (u. § 31 A) wird die gesetzliche Rücklage gespalten werden, indem die in § 150 Abs. 2 Nr. 2 – 4 AktG genannten Beträge aus ihr herausgezogen und unter der Bezeichnung ,,Kapitalrücklage" gesondert ausgewiesen werden. Eine materielle Änderung des Rechts ist damit nicht verbunden, da die Regelung der Auflösung nach § 150 Abs. 3 und 4 AktG alsdann von der Summe der beiden Rücklagen ausgehen wird.

---

1 Vgl. die Zusammenstellung von *Mellerowicz* in Großkomm. § 150 Anm. 39 – 53.

II. Freie Rücklagen

1. Darunter sind zu verstehen alle Rücklagen, deren Bildung nicht gesetzlich vorgeschrieben ist. Die Frage, welches Gesellschaftsorgan zur Bildung freier Rücklagen befugt ist und wie hohe Beträge der freien Rücklage zugeführt werden können, ist im Gesetz kompliziert geregelt. Es ist zu unterscheiden einerseits die Rücklagenbildung, welche bereits bei **Feststellung** des Jahresabschlusses erfolgen kann; andererseits die Zuweisung von Beträgen in freie Rücklagen, welche durch **Gewinnverwendungsbeschluß** erfolgt.

Freie Rücklagen, die schon bei Feststellung des Jahresabschlusses gebildet werden, verringern den zur Disposition der HV stehenden Bilanzgewinn, über welchen die HV im Gewinnverwendungsbeschluß verfügt.

2. Bei der Rücklagenbildung, welche bei Feststellung des Jahresabschlusses zulässig ist, ist wiederum zu unterscheiden, je nachdem die Feststellung erfolgt durch Vorstand und Aufsichtsrat (§ 172) oder durch die HV (§ 173).

a) Stellt die HV den Jahresabschluß fest, so ist sie hierbei zur Bildung freier Rücklagen grundsätzlich **nicht** befugt. Hier soll zunächst der gesamte erzielte Überschuß in der Bilanz zum Ausweis kommen (§§ 58 Abs. 1, 173 Abs. 2 AktG). Auf die Beschlußfassung über Feststellung des Jahresabschlusses aber folgt die Beschlußfassung über die Verwendung des ausgewiesenen Gewinns. Hierbei kann die HV Einstellung in freie Rücklagen beschließen (§§ 58 Abs. 3, 174 AktG). Diese Trennung von Feststellungsbeschluß und Gewinnverwendungsbeschluß hat den Vorteil, daß von einer Anfechtung des Gewinnverwendungsbeschlusses etwa wegen ungerechtfertigter Gewinnthesaurierung (§ 254 AktG) die erfolgte Feststellung des Jahresabschlusses nicht berührt wird.

b) Nach § 58 Abs. 1 kann die **Satzung** die Einstellung von Beträgen in freie Rücklage vorschreiben, woran alsdann die HV bei Feststellung des Jahresabschlusses gebunden ist. Der aufgrund einer solchen Satzungsregelung **alljährlich** in freie Rücklage einstellbare Betrag ist auf die Hälfte des Jahresüberschusses limitiert. Es soll dadurch verhindert werden, durch statutarische Regelung einen Gewinnausweis in der Bilanz und damit auch die Disposition der HV über ihn völlig auszuschließen. Unbegrenzt hingegen ist der auf solche Weise allmählich anwachsende Gesamtbetrag der freien Rücklage.

3. a) Stellen Vorstand und Aufsichtsrat den Jahresabschluß fest (§ 172 AktG), dann sind sie gemäß § 58 Abs. 2 AktG **ermächtigt**, einen Teil des Jahresüberschusses in freie Rücklagen einzustellen. Aufgrund dieser gesetzlichen Ermächtigung darf höchstens die **Hälfte** des Jahresüberschusses der freien Rücklage zugewiesen werden.

b) Die **Satzung** kann jedoch nach § 58 Abs. 2 Satz 2 Vorstand und Aufsichtsrat zur Einstellung eines größeren Teils, nach BGH 55, 359 sogar des **vollen** Jahresüberschusses ermächtigen, welcher nach Abzug des in die gesetzliche Rücklage einzustellenden Betrags und eines etwaigen Verlustvortrags verbleibt.

Während der Gesamtbetrag der freien Rücklage, den Vorstand und Aufsichtsrat aufgrund der **gesetzlichen** Einstellungsermächtigung bei Feststellung des Jahresabschlusses im Laufe der Jahre bilden können, nicht limitiert ist, unterliegt die durch die **Satzung** vorgesehene Ermächtigung folgender Beschränkung. Nach § 58 Abs. 2 Satz 2 darf aufgrund einer solchen Satzungsbestimmung die **erhöhte** jährliche Zuweisung nur solange erfolgen, bis der Gesamtbetrag der freien Rücklage die Hälfte des Grundkapitals erreicht. Bei Überschreiten dieses Betrags sind weitere Einstellungen nur noch aufgrund und nach Maßgabe der vorstehend sub a dargelegten **gesetzlichen** Ermächtigung gestattet.

4. Der jährliche Überschuß, welcher als Bilanzgewinn (§ 151 Passiva VIII; § 157 Nr. 32) ausgewiesen wird, steht zur Disposition der HV, welche hierüber in dem Beschluß über die Gewinnverwendung (§ 174 AktG) verfügt und hierbei mit einfacher Stimmenmehrheit weitere Beträge, also auch den gesamten Gewinnbetrag in offene Rücklagen einstellen oder als Gewinn vortragen kann, § 58 Abs. 3 AktG.

Der auf Rücklagenbildung gerichtete Gewinnverwendungsbeschluß kann nach § 254 AktG von einer Minderheit angefochten werden, wenn die Einstellung der Rücklage bei vernünftiger kaufmännischer Beurteilung nicht notwendig ist, um die Lebens- und Widerstandsfähigkeit der Gesellschaft für einen hinsichtlich der wirtschaftlichen und finanziellen Notwendigkeiten übersehbaren Zeitraum zu sichern, und wenn dadurch unter die Aktionäre kein Gewinn in Höhe von mindestens 4% der eingezahlten Einlagen verteilt werden kann. Die Anfechtung soll gegen eine von dem Mehrheitsaktionär etwa geplante „Aushungerung" der Minderheit schützen.

5. Die freien Rücklagen können beliebig wieder **aufgelöst** werden, sei es, daß der Betrag dem Bilanzgewinn zufließt, daß er zum Verlustausgleich dient oder zur Kapitalerhöhung aus Gesellschaftsmitteln verwendet wird (§ 208 AktG). Die Auflösung ist erforderlich vor der Verwendung der gesetzlichen Rücklage zum Ausgleich eines Jahresfehlbetrags oder Verlustvortrags (§ 150 Abs. 3 AktG). Nicht zulässig ist die Ausschüttung freier Rücklagen als Dividende vor ihrer Auflösung (s. § 9 I).

Sieht die Satzung Rücklagenbildung für bestimmte Zwecke vor, so dürfen Entnahmen nur für diesen Zweck erfolgen.

Nach § 256 Abs. 1 Nr. 4 AktG hat Verletzung gesetzlicher oder statutarischer Bestimmungen über die Entnahmen von Beträgen aus offenen, also auch aus freien Rücklagen (§ 157 Nr. 30 AktG), Nichtigkeit des festgestellten Jahresabschlusses zur Folge. Die Sanktion der Nichtigkeit des Jahresabschlusses bei Verstoß gegen statutarische Zweckbindung der freien Rücklage ist jedoch unangemessen (vgl. § 208 Abs. 2 Satz 3 AktG).

§ 9 Bindung des Gesellschaftsvermögens

I. Umfang der Bindung

1. Anspruch auf Bilanzgewinn

Nach § 58 Abs. 4 und 5 AktG haben die Aktionäre während des Bestandes der Gesellschaft nur Anspruch auf den **Bilanzgewinn** (§ 151 sub Passiva VIII, § 157 Nr. 23 AktG). Da als Bilanzgewinn jener Betrag erscheint, um welchen die Summe der

Aktivposten der Bilanz die Summe der Passivposten übersteigt (§ 154 Abs. 4), wird hierdurch das übrige Gesellschaftsvermögen **gebunden**[1].

2. Erlaubte Zahlungen der Gesellschaft

a) Auch die Gesellschaft darf vor ihrer Liquidation (bzw. Teilliquidation durch Kapitalherabsetzung) unter die Aktionäre nur den Bilanzgewinn verteilen, § 58 Abs. 5 AktG.

Verboten ist die Rückgewähr von Einlagen (§ 57 Abs. 1 AktG) sowohl an den Einleger wie an spätere Aktionäre (RG 146, 88); ferner die Zusage oder Auszahlung von Zinsen (§ 57 Abs. 2 AktG). Das Verbot der Einlagenrückgewähr bedeutet über den Wortlaut hinaus, daß jede unzulässige Zahlung oder sonstige Leistung aus dem Gesellschaftsvermögen an den Aktionär verbotene Einlagenrückgewähr darstellt. Nicht mehr zulässig ist aufgrund des Ges. zur Durchführung der Zweiten EG-Richtlinie vom 31. 12. 1978 (BGBl. I 1959) die ursprünglich in § 57 Abs. 3 erlaubt gewesene Verzinsung der Einlagen während der Vorbereitung des Unternehmens bis zum Betriebsbeginn (sog. Bauzinsen).

b) Erlaubt sind Abschlagszahlungen auf den Bilanzgewinn gemäß § 59 AktG, falls die Satzung dazu ermächtigt.

c) Sind die Aktionäre zu Nebenleistungen verpflichtet (§ 55 AktG), dann darf eine den Wert der Leistungen nicht übersteigende Vergütung ohne Rücksicht darauf gezahlt werden, ob ein Bilanzgewinn ausgewiesen wird, § 61 AktG.

3. Verbot der Substanzrückzahlung

a) Soweit Zahlungen der Gesellschaft an die Aktionäre nicht erlaubt sind, sind sie verboten, so z.B. die Rückzahlung eines eingeforderten Agios oder freiwillig geleisteter Zuschüsse der Aktionäre oder freier Rücklagen vor ihrer Auflösung.

Dieses Verbot darf nicht durch eine rechtliche Einkleidung von Zahlungen der Gesellschaft umgangen werden (RG 149, 400). Deshalb liegt ein Verstoß hiergegen auch vor bei einer den Wert der Nebenleistungen übersteigenden Vergütung (§ 61 AktG), bei nicht gerechtfertigten Provisionen (RG 150, 28), bei Dividendengarantien seitens der Gesellschaft gegenüber ihren eigenen Aktionären (RG 121, 106, HRR 1936 Nr. 814), bei Finanzierung von Aktionärgeschäften mit Dritten durch die Gesellschaft mittels abzuschreibender Darlehen etc. Das Verbot umfaßt mithin jede Art verdeckter Vermögensverteilung oder verdeckter Gewinnausschüttung (vgl. RG 146, 93; 149, 400; JW 1930, 3730; 1932, 2602). Steuerrechtlich werden solche Beträge dem zu versteuernden Gewinn der Gesellschaft zugerechnet.

b) Umsatzgeschäfte des Aktionärs mit der Gesellschaft werden von dem Verbot der Substanzrückzahlung grundsätzlich nicht berührt, da hier der Aktionär die Gegenleistung der Gesellschaft aufgrund einer legalen causa empfängt. Bei wirtschaftlich unbegründetem Mißverhältnis von Leistung und Gegenleistung jedoch kann eine

---

[1] Vgl. *Ballerstedt*, Kapital, Gewinn und Ausschüttung bei Kapitalgesellschaften (1949); *M. Lutter*, Kapital, Sicherung der Kapitalaufbringung und Kapitalerhaltung in den Aktien- und GmbH-Rechten der EWG (1964).

§ 9 *Bindung des Gesellschaftsvermögens*

unzulässige Vermögensrückzahlung (bzw. verdeckte Gewinnausschüttung) vorliegen, der Vertrag also wegen Gesetzesverstoßes (§ 134 BGB) nichtig sein.
Über verdeckte Gewinnausschüttung im Steuerrecht vgl. § 8 Abs. 3 KStG 1977 (BGBl. I 2597); dazu die KStR 1977 (BStBl 1977 I 790) Abschnitt 31; die ausgeschütteten Beträge werden dem Einkommen der Gesellschaft zugerechnet.

II. Rechtsfolgen eines Verstoßes gegen die Vermögensbindung

1. Nach h. M. wird jede Vermögenszuwendung an Aktionäre, die unter Verletzung der in den §§ 57, 58 Abs. 5 AktG bewirkten Vermögensbindung erfolgt, als **nichtig** erachtet, wobei die Nichtigkeit sowohl das obligatorische wie das dingliche Geschäft erfaßt[2]. Das würde grundsätzlich auch Nichtigkeit jener gegenseitigen Verträge zur Folge haben, in denen eine versteckte Vermögensauszahlung enthalten ist.

Es ist jedoch anzunehmen, daß volle Nichtigkeit (§ 134 BGB) nur in jenen Fällen Platz greift, da der Vertragszweck unmittelbar auf Vermögensauszahlung gerichtet ist, z.B. die Zusage einer Dividendengarantie durch die Gesellschaft an eigene Aktionäre. Bei Leistungsaustauschgeschäften (Anstellungsvertrag mit Vorstandsmitgliedern, die zugleich Aktionäre sind, bei einem Liefervertrag zwischen Aktionär und Gesellschaft) hingegen kann sich aus § 139 BGB ergeben, daß nicht das Umsatzgeschäft im ganzen nichtig ist, sondern daß sich aus § 62 AktG die Verpflichtung zur Teilrückzahlung bzw. Zuzahlung jenes Betrags ergibt, der als Substanzrückzahlung zu erachten ist.

Für den Fall der Betriebspacht und sonstigen Betriebsüberlassung ist in § 292 Abs. 2 AktG ausdrücklich bestimmt, daß der Vertrag nicht deshalb nichtig ist, weil er gegen die §§ 57, 58 und 60 AktG verstößt.

2. a) Nach § 62 AktG haben die Aktionäre Leistungen, welche sie entgegen den Vorschriften des Gesetzes von der Gesellschaft empfangen haben, dieser zurückzugewähren.

Falls sie Beträge als Gewinnanteile bezogen haben, besteht die Rückzahlungspflicht nur dann, wenn die Aktionäre wußten oder infolge grober Fahrlässigkeit nicht wußten, daß sie zum Bezuge nicht berechtigt waren. Hauptfall dieser Art ist Ausschüttung von Gewinnen aufgrund eines nach § 256 AktG nichtigen Jahresabschlusses. Eine andere Frage ist, ob der Anspruch der Gesellschaft auf Rückzahlung gegenüber Inhaberaktionären praktisch durchgesetzt werden kann.

b) Der Anspruch der Gesellschaft auf Rückzahlung in das Gesellschaftsvermögen kann auch von den Gesellschaftsgläubigern geltend gemacht werden, soweit sie von der Gesellschaft keine Befriedigung erhalten. Im Konkursfall übt der Konkursverwalter dieses Recht der Gläubiger aus (§ 82 Abs. 2 AktG).

3. Bei schuldhaftem Verstoß gegen die Vermögensbildung entsteht auch eine Schadensersatzpflicht der Verwaltungsorgane nach §§ 93 Abs. 3, 116 AktG, § 823 Abs. 2 BGB.

---

[2] Vgl. RG 77, 71, 107, 161; 121, 106; 149, 400; *Barz*, Großkomm. § 57 Anm. 10; *Lutter*, Köln. Komm. § 57 Anm. 24. *Ballerstedt*, a.a.O. § 128 ff.

§ 10 Satzung der AG

I. Begriff und Rechtsnatur der Satzung

1. a) Satzung[1] ist die Summe jener rechtsgeschäftlich aufgestellten Normen, welche in Ergänzung oder Abänderung des Gesetzes die körperschaftlichen Rechtsverhältnisse der Gesellschaft regeln und damit die Gesellschaft gegenüber den übrigen AGn individualisieren.

Nicht alle in der Satzungsurkunde enthaltenen Bestimmungen indessen haben stets körperschaftsrechtliche Bedeutung. In der Satzung können auch Regelungen individualrechtlicher Natur enthalten sein, welche Rechtsverhältnisse der Gesellschaft zu Dritten betreffen. Dazu gehören z. B. die nach § 27 AktG aufzunehmenden Angaben über Sachübernahmen (s. u. II 2 b und RG 132, 199), ferner etwaige Pensionszusagen an Witwen von Vorstandmitgliedern (vgl. BGH in L – M § 549 ZPO No. 25) oder die in die Gesellschaftssatzung aufgenommenen Bedingungen ausgegebener Genußscheine. Bestimmungen solcher Art binden den Vorstand intern, bei Abschluß solcher Verträge nicht über die Bedingungen zu Lasten der Gesellschaft hinauszugehen; sie betreffen aber nicht Gesellschaftsrechte, sondern Gläubigerrechte, die, wenn sie einmal als Individualvertrag begründet worden sind, nicht mehr einseitiger Aufhebung oder Abänderung durch Beschlüsse der HV unterliegen, sondern eines Vertrags zwischen der Gesellschaft und den Berechtigten bedürfen. Kommt dieser zustande, so ist daneben nicht noch eine Satzungsänderung erforderlich[2] (vgl. BGH 18, 205).

b) Die Feststellung der Satzung erfolgt durch „Gesellschaftsvertrag" (§ 2 AktG; s. u. § 20 B I). Dieser Vertrag ist ein **Organisationsvertrag**. Er erzeugt **objektive** Normen, welche in Abänderung oder Ergänzung des Gesetzes die körperschaftlichen Verhältnisse regeln, insbesondere die Organisation der Gesellschaft, Aufgaben und Rechte der Organe und die mit der Mitgliedschaft verbundenen Befugnisse (s. o. § 4 IV).

c) Über die Beurkundung der Satzung und über Beurkundungsmängel s. u. § 21 V 2.

2. Die Satzung unterliegt, soweit es sich um körperschaftliche Regelungen, also um objektive Normen handelt, der freien Auslegung durch das Revisionsgericht (BGH, 14, 26 (36); BGH in L – M § 549 ZPO Nr. 25).

Vorstellungen und Absichten der Gründer, die der Allgemeinheit nicht erkennbar sind, dürfen nicht verwertet werden. Insoweit sind die §§ 133, 157 BGB nicht anwendbar. Wohl aber kann zur Ermittlung des Sinnes zweifelhafter Satzungsbestimmungen auf Gründungsprotokolle, die als Anlagen dem Registergericht eingereicht werden und damit der Öffentlichkeit zugänglich sind, zurückgegriffen werden (RG

---
[1] Dazu *H. Wiedemann*, Gesellschaftsrecht I, Grundlagen (1980) S. 158ff. mit Schrifttumsangaben; zur Praxis: *Möhring-Schwartz-Rowedder-Haberlandt*, Die Aktiengesellschaft und ihre Satzung (1966).
[2] Vgl. *Flechtheim* in Dür.-Hach. HGB Anhang zu 179 Anm. 14.

127, 186). Mündliche Nebenabreden, die in der Satzung keinen Ausdruck gefunden haben, müssen unberücksichtigt bleiben (RG JW 1939, 354). Eine Abwandelung dispositiver Gesetzesvorschriften kann nur insoweit angenommen werden, als die Satzung es klar erkennen läßt (BGH 9, 283). Andererseits ist, wie bei der Interpretation von Gesetzen, nicht der Wortlaut der Bestimmungen, sondern deren Sinn und Zweck entscheidend.

Für Individualverhältnisse, die in die Satzung aufgenommen worden sind, bewendet es bei den allgemeinen Auslegungsgrundsätzen.

3. Die realen Machtverhältnisse in der Gesellschaft sind aus der Satzung so wenig wie aus dem AktG erkennbar. Aus ihr ist z.B. nicht zu ersehen, ob die Aktien der Gesellschaft im Publikum gestreut sind oder sich in einer Hand befinden, ob die Geschäftsführung bestimmt wird vom Vorstand oder vom Vorsitzer des AR oder von einem beteiligten herrschenden Unternehmen.

II. Notwendiger Satzungsinhalt

1. Bestimmte Angaben **muß** die Satzung notwendig enthalten (gesetzlicher Mindestinhalt). Sie betreffen nach § 23 Abs. 3 AktG: Firma und Sitz der Gesellschaft; den Gegenstand des Unternehmens; die Höhe des Grundkapitals; die Nennbeträge und Zahl der Aktien und, wenn verschiedene Gattungen der Aktien bestehen, die einzelnen Gattungen und die Zahl der Aktien jeder Gattung; ferner die Angabe, ob die Aktien auf den Inhaber oder auf den Namen ausgestellt werden; endlich die Zahl der Mitglieder des Vorstands oder die Regeln, nach denen diese Zahl festgelegt wird.

a) Über die **Firma** s.o. § 1 IV 2. Als statutarischer **Sitz** der Gesellschaft kann nur ein Ort innerhalb des Geltungsbereichs des AktG bestimmt werden; maßgebend kann sein der Ort, wo die Gesellschaft einen Betrieb hat oder jener Ort, wo sich die Geschäftsleitung befindet oder die Verwaltung geführt wird (§ 2 Abs. 2 AktG). Wird als statutarischer Sitz der Ort gewählt, wo die Gesellschaft einen Betrieb hat, so ist es möglich, daß die Geschäftsleitung im Ausland erfolgt. Eine andere Frage ist es, wie in solchem Falle das ausländische Recht hierauf reagiert (dazu o. § 5 I 1 a).

Entgegen der herrschenden Ansicht ist die Zulässigkeit eines **Doppelsitzes** anzuerkennen. Von Registergerichten wurde für mehrere Gesellschaften neben ihrem Sitz in Berlin ein weiterer Sitz in der BRD zugelassen (z.B. OLG Düsseldorf WM 1949 100; 1950 155; LG Köln NJW 1950, 352 und 871). Auch im Falle der Verschmelzung zweier Gesellschaften ist die Beibehaltung des Sitzes der übertragenden Gesellschaft durch die Übernehmerin als zulässig zu erachten[3].

Von rechtlicher Bedeutung ist der Sitz insbesondere für den Gerichtsstand und die örtliche Zuständigkeit des Registergerichts.

b) Der **Gegenstand des Unternehmens** ist nach § 23 Abs. 3 Nr. 2 AktG genauer zu umschreiben. Durch die Bestimmung des Gegenstandes des Unternehmens wird der Vorstand gegenüber der Gesellschaft verpflichtet, ihn durch seine Geschäftsführung

---

[3] Vgl. *Gessler*, JR 1949, 209; *Barz*, AG 1972, 4.

zu vollziehen. Geschäfte jenseits des statutarischen Gegenstandes des Unternehmens, z.B. Erwerb einer Beteiligung an sachfremden Unternehmen, hat der Vorstand zu unterlassen.

Möglich ist jedoch die Legalisierung einer Satzungsdurchbrechung seitens des Vorstandes durch Einwilligung (§ 183 BGB) der HV aufgrund des § 119 Abs. 2 AktG. Dieses bedarf der Ankündigung nach § 124 Abs. 2 AktG und satzungsändernder Mehrheit[4]; s. u. § 59 III.

Vom Gegenstand des Unternehmens zu unterscheiden ist der **Zweck** der Gesellschaft. Unter Zweck der Gesellschaft ist zu verstehen ihre aus der rechtlichen Struktur ersichtliche wirtschaftliche Zielsetzung. Über sie gibt die Satzung in der Regel keinen Aufschluß, wohl aber das gesetzliche Normalstatut der AG. Hiernach ist die Gesellschaft mangels anderer Satzungsregelung dazu bestimmt, das ihr statutarisch auferlegte Unternehmen selbst, also durch ihr Geschäftsführungsorgan, zu Gewinnerzielung für Rechnung all ihrer Aktionäre zu betreiben. Zu diesem Zweck wird die Gesellschaft normalerweise gegründet und dazu leisten die Aktionäre ihre Einlagen. Solchem Zweck widerspricht mithin eine nachträgliche Verpachtung des Unternehmens durch die Gesellschaft ebenso wie etwa eine Umstellung der Unternehmensführung fortan nur noch für Rechnung des Großaktionärs. Gleiches gilt von den in den §§ 291, 320 enthaltenen Tatbeständen. Indem nun das Gesetz die zulässigen strukturellen Änderungen der AG erschöpfend regelt, bleibt für eine subsidiäre Anwendbarkeit des § 33 Abs. 1 Satz 2 BGB, wonach eine Änderung des Vereinszweckes der Zustimmung aller Mitglieder bedarf, bei der AG als einziger Fall nur der, daß durch Satzungsänderung fortan Gewinnerzielung ausgeschlossen werden soll[5].

c) Enthält die Satzung keine Bestimmungen über die Höhe des Grundkapitals oder über den Gegenstand des Unternehmens oder ist die Bestimmung über den Gegenstand des Unternehmens nichtig, so kann, falls die Gesellschaft gleichwohl eingetragen worden ist, jeder Aktionär und jedes Mitglied des Vorstands und Aufsichtsrats auf Nichtigkeitserklärung der Gesellschaft klagen (§ 275 AktG). Ein Mangel, der die Bestimmung über den Gegenstand des Unternehmens betrifft, kann durch nachträgliche Satzungsänderung geheilt werden, § 276 AktG; dazu § 144 FGG.

Bei Mangel anderer Satzungsbestimmungen kann das Registergericht nach § 144 a FGG einschreiten.

d) Zweifelhaft ist, ob eine nichtige Satzungsbestimmung nach ihrer Eintragung durch Zeitablauf gemäß § 242 Abs. 2 AktG **geheilt** werden kann. Dieses wird im Schrifttum bejaht[6]. Die Beurteilung kann jedoch schwerlich verschieden sein, je nachdem es sich um eine ursprüngliche oder auf nachträglicher Satzungsänderung beruhende Vorschrift handelt. Auf die ursprünglichen Satzungsvorschriften ist § 242 Abs. 2 nicht anwendbar, da diese nicht auf HV-Beschluß beruhen. Auch bei nachträglicher Satzungsänderung wird nicht der Beschluß, sondern gemäß § 181

---
4 Vgl. *Wiedemann*, Großkomm. § 179 Anm. 3 mit weiteren Angaben.
5 Vgl. *Barz*, Großkomm. § 23 Anm. 11; *Zöllner*, Köln. Komm. § 179 Anm. 16; *Pleyer*, AG 1959, 8 und die Vorauflage.
6 So *Baumbach-Hueck* § 242 Rn. 2.

AktG die Satzungsänderung selbst oder die Tatsache der Änderung eingetragen. Es liegt daher die Annahme nahe, daß nichtige Satzungsbestimmungen trotz Eintragung unheilbar nichtig bleiben.

2. In die Satzung sind ferner aufzunehmen jene Vereinbarungen, deren statutarische Festlegung **Gültigkeitsvoraussetzung** der konkreten Vereinbarung bildet. Hierher gehören die Tatbestände der §§ 26, 27 AktG, nämlich Sacheinlagen, Sachübernahmen, Sondervorteile und Gründungsaufwand.

a) Eine **Sacheinlage** liegt vor, wenn die durch den Nennbetrag oder den höheren Ausgabebetrag der Aktie bestimmte Einlagepflicht des Aktionärs nicht durch Barzahlung oder Gutschrift erfüllt werden soll, sondern durch Einbringung anderer Vermögenswerte. Die Sacheinlage ist mithin ein körperschaftlicher Akt, eine Maßnahme der Kapitalbeschaffung, nämlich Übernahme der Mitgliedschaft gegen Einbringung von Sach- oder anderen nicht in Geld bestehenden Werten (BGH 45, 339).

Gegenstand der Sacheinlage kann nach § 27 Abs. 2 jeder übertragbare Gegenstand sein, dessen wirtschaftlicher Wert feststellbar ist, der also einen bilanzierbaren Vermögenswert darstellt (BGH 29, 304). Zu der Frage, welche Gegenstände aktivierbar sind, gehen die Auffassungen sehr weit. Als Prinzip hat zu gelten, daß alle Gegenstände aktivierbar sind, welche im Wege der Zwangsvollstreckung sich in Geld umsetzen lassen. Nicht aktivierbar sind Ansprüche auf Dienstleistungen. Nach § 27 Abs. 1 Satz 2 gilt als Sacheinlage auch die Übernahme eines Vermögensgegenstandes durch die Gesellschaft, für welchen sie eine auf die Einlage des Aktionärs anzurechnende Vergütung zahlt.

Die Gefahr der Sacheinlage besteht in der Möglichkeit der Überbewertung der eingebrachten Gegenstände, da jede Bewertung auf einer Schätzung beruht. Durch die Aufnahme der Sacheinlage nach Gegenstand, Person des Leistenden und Betrag der dafür gewährten Aktien erlangen alle Beteiligten die Möglichkeit, die Angemessenheit der Schätzung zu überprüfen; vgl. § 33 Abs. 2 Nr. 4; 205 Abs. 3 AktG; dazu u. § 20 B III 2.

b) Die **Sachübernahme** ist ein antizipiertes Umsatzgeschäft, das schon im Gründungsstadium namens der künftigen AG geschlossen wird und aus welchem die AG bei ihrer Entstehung unmittelbar berechtigt und verpflichtet werden soll. Sie ist nicht, wie die Sacheinlage, ein körperschaftlicher Akt, sondern ein Leistungsaustauschvertrag, an dem als Vertragsgegner sowohl ein Aktionär (Gründer) als auch ein Dritter beteiligt sein kann. Die Leistung des Lieferanten wird nicht gegen Gewährung von Mitgliedschaften erbracht, sondern gegen Entgelt oder eine sonstige passivierbare Gegenleistung. Die Aufnahme in die Satzung ist vorgeschrieben, um eine Umgehung der Sacheinlage zu verhindern und um die Gefahr kontrollieren zu können, die darin besteht, daß das von der AG zu zahlende Entgelt ein zu hohes ist und die Gesellschaft mit einem aus der Eröffnungsbilanz nicht ersichtlichen Wertverlust ins Leben tritt[7].

---

7 Die Frage, welche Verträge Sachübernahmeverträge darstellen, ist umstritten. Nach *v. Godin*, AcP 147, 35 ff. und *Barz*, Großkomm. § 27 Anm. 23 führt zu weite Ausdehnung dieses Begriffes zu Schwierigkeiten in jenen Fällen, in denen bei Einbringung eines Unternehmens das Handelsgeschäft schon im Gründungsstadium vom Vorstand für Rechnung der künftigen AG geführt wird; s. u. § 20 D.

Zu a) und b): In die Satzung ist aufzunehmen der Gegenstand der Sacheinlage oder Sachübernahme, die Person des Leistenden, der Nennbetrag der zu gewährenden Aktien bzw. die von der Gesellschaft zu leistende Vergütung. Fehlt die Aufnahme der Sacheinlagen oder Sachübernahmen in der Satzung, dann sind trotz Wahrung der für Sacheinlage- oder Sachübernahmeverträge etwa aus bürgerlichem Recht sich ergebenden Vertragsform sowohl die Vereinbarung als auch alle Erfüllungshandlungen der Gesellschaft gegenüber unwirksam, und auf diese Unwirksamkeit kann auch der Leistende selbst sich berufen (RG 121, 103; 130, 250).

Die Unwirksamkeit kann weder durch eine nach Eintragung der Gesellschaft (wohl aber vorher) erfolgende Satzungsänderung (§ 27 Abs. 2 und 3 AktG) geheilt werden, noch ist die Gesellschaft in der Lage, diese Verpflichtungen durch Vertragsbestätigung oder Vertragsübernahme (§ 41 Abs. 3 AktG) zu übernehmen. Es bleibt allein der Weg neuen Vertragsabschlusses gemäß § 52 Abs. 1 u. 10 AktG, wobei das Verfahren der Nachgründung gemäß § 52 Abs. 1 nur dann einzuhalten ist, wenn die von der Gesellschaft zu entrichtende Vergütung den zehnten Teil des Grundkapitals übersteigt; s. u. § 20 D.

c) Die **Sondervorteile** (§ 26 AktG) sind besondere, einseitig die Gesellschaft verpflichtende Vorteile, welche bei Abschluß des Gesellschaftsvertrages einem oder allen an der Gründung beteiligten Aktionären oder einem Dritten zugesagt werden. Solche Vorteile sind, sofern sie in Vermögensrechten bestehen, nur in der Form zulässig, daß sie, wiewohl die Gesellschaft Schuldnerin ist, die Substanz des Gesellschaftsvermögens nicht belasten, da andernfalls eine unzulässige Kapitalrückzahlung (§ 58 Abs. 5 AktG) vorliegen würde. Die Vorteile dürfen nur Leistungen sein, die zu Lasten des Gewinnes oder des Liquidationserlöses gehen[8].

Sondervorteile vermögensrechtlicher Art sind Vorzugsdividenden (RG, JW 1917, 468), Vorzugsquoten bei Liquidation der Gesellschaft, das Recht auf Aussonderung eines bestimmten, zur Gläubigerbefriedigung nicht verwendeten Gegenstandes im Falle der Gesellschaftsauflösung. Sondervorteile werden mitunter gewährt, um bei schwer schätzbaren Sacheinlagen (z. B. Patenten) den Einlegern für eine niedrig gehaltene Bewertung einen Ausgleich zu bieten. Sie bilden alsdann eine zusätzliche Vergütung für den Sacheinleger neben den gewährten Aktien und können in einem besonderen Genußschein verkörpert werden. Diese Vorteile stehen dem Gründer persönlich zu, so daß der Bedachte insoweit die Stellung eines Drittbeteiligten erlangt, wie es allgemein für Genußrechte zutrifft (s. u. § 19 II). Dadurch unterscheidet sich der Sondervorteil von der für solche Fälle ebenfalls verwendbaren Vorzugsaktie, bei welcher der Vorzug untrennbar mit der Mitgliedschaft selbst verbunden ist.

Als Sondervorteil können aber auch andere Rechte, z. B. das Recht auf Auskunft oder Büchereinsicht, auf unentgeltliche Benutzung von Werksanlagen, auf Warenbezug etc. vereinbart werden, nicht aber Rechte auf künftigen Aktienbezug (§ 187 AktG), auch nicht Rechte auf Einflußnahme auf die Verwaltung.

---

8 A. A. *Barz*, Großkomm. § 26 Anm. 5.

Wenn einem Dritten für die Überlassung eines Gegenstandes eine Gewinnbeteiligung zugesprochen wird, dann liegt kein Sondervorteil vor. Diese Fälle erscheinen vielmehr als gewöhnliches Verkehrsgeschäft, welches für die künftige AG vereinbart wird (vgl. § 41 Abs. 2 AktG).

Sondervorteile bedürfen ebenfalls der Aufnahme in die Satzung (§ 26 AktG). Es soll dadurch kontrolliert werden können, ob die Gründer sich auf Kosten der späteren Aktionäre übertriebene Vorteile sichern.

d) Der **Gründungsaufwand**. Hierunter ist zu verstehen der Aufwand zu Lasten des Gesellschaftsvermögens, der in Zahlungen an Aktionäre oder andere Personen als Entschädigung oder Entlohnung für die Gründung und deren Vorbereitung besteht. Er setzt sich zusammen aus dem Gründerlohn und den Gründungskosten; so z.B. aus Vergütungen der Vorstands- und Aufsichtsratsmitglieder für deren Tätigkeit während der Zeit vor Eintragung der Gesellschaft; aus Entschädigung der Gründungsprüfer; Notariatsgebühren; Steuern usw. Die Deckung des Gründungsaufwandes ist an sich Sache der Gründer, welche die Gesellschaft ins Leben rufen. Das Gesetz gestattet die Übertragung dieser Kosten auf die AG durch Aufnahme derselben in die Satzung[9].

Zu c) und d): Werden zugesagte Sondervorteile oder die Übernahme des Gründungsaufwands durch die Gesellschaft nicht in die Satzung aufgenommen, so sind die getroffenen Abkommen und die zu ihrer Ausführung vorgenommenen Rechtshandlungen im Verhältnis zwischen der Gesellschaft und dem Beteiligten unwirksam, also auch etwaige Zahlungen, die die Gesellschaft geleistet hat; diese Unwirksamkeit kann nach Eintragung der Gesellschaft auch nicht mehr durch Satzungsänderung geheilt werden, § 26 Abs. 3 Satz 2 AktG. Nicht möglich ist ferner die Übernahme solcher Verpflichtungen durch die AG, § 41 Abs. 3 AktG. Im Falle solcher Unwirksamkeit greift die persönliche Haftung der für die Gesellschaft Handelnden gem. § 41 Abs. 1 Satz 2 AktG ein.

3. Nach §§ 26 Abs. 4, 27 Abs. 4 AktG können die in der Satzung getroffenen Festsetzungen über Sondervorteile, Gründungsaufwand, Sacheinlage und Sachübernahme erst nach Ablauf von fünf Jahren seit Eintragung der Gesellschaft **geändert** werden. Diese Bestimmung will verhindern, daß Ersatzansprüche der AG aus der Gründung vor der Verjährung (§ 51 AktG) durch Veränderung ihrer Unterlagen beseitigt werden.

III. Grenzen statutarischer Gestaltungsfreiheit

1. In einer Reihe von Vorschriften wird es gestattet, die Gesetzesregelung durch Satzungsvorschriften zu ändern oder zu ergänzen (vgl. z.B. §§ 24 Abs. 2; 25; 55; 57 Abs. 3; 68 Abs. 2; 78 Abs. 2; 82 Abs. 2 etc. AktG). Es erhebt sich die Frage, wie weit die Gestaltungsfreiheit durch die Satzung reicht; sie ist in § 23 Abs. 5 AktG geregelt.

a) Die Satzung kann von Vorschriften des Gesetzes nur **abweichen**, wenn es ausdrücklich zugelassen ist, andernfalls ist die Satzungsregelung unwirksam, und diese

---
[9] Über die Aufteilung der Gründungskosten s. *Barz*, Großkomm. § 23 Anm. 28.

Unwirksamkeit bleibt auch bestehen, wenn die Satzungsänderung etwa gemäß § 181 AktG eingetragen wird.

b) Wohl aber können die gesetzlichen Bestimmungen durch die Satzung **ergänzt** werden, es sei denn, daß das Aktiengesetz eine abschließende Regelung enthält. Diese Regelung schließt indessen Zweifelsfälle nicht aus. Ergänzung der gesetzlichen Bestimmungen kann zu einer Abweichung vom Gesetz führen; und es kann auch zweifelhaft sein, welche Regelungen des Gesetzes abschließend sind, da diese Frage der Auslegung überlassen bleibt.

Nicht möglich ist es z. B., eine andere dem § 55 AktG nicht entsprechende Nebenpflicht zu begründen. Die Entscheidung in RG 120, 177, nach welcher eine Satzungsbestimmung für zulässig erklärt wurde, welche die Auslosung von Aktien zum Zweck der Übertragung des Mitgliedschaftsrechts auf einen Dritten vorsah, ist mit dem geltenden Recht nicht vereinbar. Nicht möglich ist ferner, neben der im Gesetz geregelten Mitgliedschaft andere Mitgliedschaftsverhältnisse zu schaffen, die mit abweichenden Rechten und Pflichten durch Eintritt und Ausscheiden begründet und beendet werden, oder etwa Drittbeteiligten, z. B. Genußberechtigten, mitgliedschaftliche Herrschaftsrechte (z. B. Stimmrecht) einzuräumen. Zulässig hingegen ist z. B. die Bildung von Beiräten als beratende Gremien.

2. Von vorstehender Frage zu unterscheiden ist diese, inwieweit durch Satzungsänderung die Rechtsstellung der gegenwärtigen Aktionäre beeinträchtigt werden kann, inwieweit also die Aktionäre der korporativen Willensbildung unterworfen sind (s. u. § 33 III).

3. Satzungsbestimmungen, die nach § 23 Abs. 5 unzulässig sind, sind nichtig und diese Nichtigkeit wird auch nicht durch Eintragung nach § 181 AktG geheilt. Zur Frage, ob Heilung durch Zeitablauf nach § 242 Abs. 2 AktG eintritt, s. o. II 1 d.

§ 11 Mitgliedschaft und Aktie

I. Das Mitgliedschaftsverhältnis

1.a) Mitgliedschaft ist jenes Rechtsverhältnis, welches die Rechte und Pflichten der Aktionäre gegenüber der Gesellschaft zum Inhalt hat. Das AktG bezeichnet die Mitgliedschaft teils als ,,Anteilsrecht" (§§ 41 Abs. 4, 191) teils als ,,Aktie" (z. B. §§ 11, 12, 56, 64, etc. AktG).

Der Anteil am Gesellschaftsvermögen heißt Aktie (§ 1 Abs. 2 AktG). Mitglied der AG ist, wem ein solcher Anteil zusteht. Ist der Anteil am Gesellschaftsvermögen in der Aktienurkunde verbrieft, dann ist der jeweilige Eigentümer der Aktie Mitglied der Gesellschaft.

b) Die mit der Mitgliedschaft verbundenen Rechte und Pflichten können verschieden sein; es entstehen dadurch Aktien verschiedener Gattung.

2. Die Frage, welche statutarische Freiheit hinsichtlich der mit den Aktien verbundenen Rechte und Pflichten besteht, beurteilt sich nach § 23 Abs. 5 AktG, wonach die Satzung von den Vorschriften des Gesetzes nur abweichen kann, wenn es ausdrücklich zugelassen ist, und ergänzende Bestimmungen der Satzung insoweit zulässig sind, als das Gesetz nicht eine abschließende Regelung enthält. Statutarische Gestaltungen sind beispielsweise zugelassen in § 11 AktG, wonach die Aktien verschiedene **Rechte** gewähren können, namentlich bei der Verteilung des Gewinns und des Gesellschaftsvermögens (dazu u. § 18). Eine besondere Art sind die in § 139 AktG geregelten Vorzugsaktien ohne Stimmrecht. Unter den Voraussetzungen des § 12 AktG können Aktien mit mehrfachem Stimmrecht ausgestattet werden (u. § 17 I 3). Mit der Aktie können ferner Rechte auf Gebrauch oder Nutzung von Gegenständen des Gesellschaftsvermögens verbunden werden, so z.B. bei Wohnungsgesellschaften oder Altersheimen in Form einer AG.

Nicht zulässig hingegen wären vermögenslose Aktien, welche lediglich das Stimmrecht gewähren, weil nach § 1 Abs. 2 AktG der Anteil am Gesellschaftsvermögen das begriffswesentliche Erfordernis der Aktie ist. Die erschöpfende Regelung der Vorstandsbestellung schließt es aus, mit der Aktie etwa Rechte hinsichtlich der Zusammensetzung des Vorstands zu verbinden. Nicht möglich ist es ferner, das Stimmrecht nur auf bestimmte Beschlüsse zu beschränken oder bei bestimmten Beschlüssen auszuschließen, da auch das Stimmrecht im Gesetz erschöpfend geregelt ist. Aus gleichem Grunde sind auch Aktien ohne Bezugsrecht oder mit einem garantierten Bezugsrecht (§ 187 AktG) ausgeschlossen.

Auch die Ausstattung der Mitgliedschaft mit Pflichten ist im Gesetz erschöpfend geregelt. Modalitäten sind nur insoweit möglich, als das Gesetz sie zuläßt. So können nach §§ 55, 61 AktG den Aktionären neben der Pflicht zur Leistung der Einlage auch bestimmte Nebenpflichten, verbunden mit Vergütungen, auferlegt werden (s.u. II 2). Nicht möglich sind hingegen Aktien, mit denen sich keine Einlegepflicht verbindet oder Aktien, mit denen sich eine Nachschußpflicht verbindet. Grundsätzlich ist die Einlagepflicht die einzige Verpflichtung des Aktionärs; die voll eingezahlte Aktie gewährt nur noch Rechte.

3 a) Ihrer gesetzlichen Funktion entsprechend, der Aufnahme von Kapital aus dem Kapitalmarkt zu dienen, muß die Mitgliedschaft jeweils dahin abwandern können, wo anlagebereites Vermögen vorhanden ist. Die Mitgliedschaft ist übertragbar. Die Übertragung kann an die Zustimmung der Gesellschaft gebunden werden (§ 68 Abs. 2); nicht möglich aber ist es, die **Übertragbarkeit** statutarisch auszuschließen[1].

Die Umlaufsfähigkeit des Mitgliederverhältnisses wird gesteigert durch **Verbriefung** desselben in einer Urkunde (Aktie), welche den wertpapierrechtlichen Umlaufsgrundsätzen und dem für Wertpapiere bestehenden erweiterten Schutz des guten Glaubens (§ 935 Abs. 2 BGB, Art. 16 Abs. 2 WG) unterliegt (s.u. § 12 II).

b) Indem das Gesetz lediglich die Übertragbarkeit der Aktien als zwingenden Grundsatz statuiert und sich auf eine Regelung der Übertragungsform beschränkt,

---

[1] *Wiedemann*, Übertragung und Vererbung von Mitgliedschaftsrechten (1965) S. 4ff.; 23ff.

bleiben die unter verschiedenen Aspekten sich stellenden Fragen offen, die sich mit der Veräußerung von Aktien, insbesondere der Übertragung eines **Aktienpakets** und der damit verschafften Kontrollmacht verbinden (s. u. VII).

4. **Unteilbarkeit** der Mitgliedschaft. Nach § 8 Abs. 3 AktG sind die Aktien unteilbar. Das besagt zum einen, daß weder die zur Mitgliedschaft gehörenden Verwaltungsrechte (z.B. Stimmrecht) noch der Anteil des Aktionärs am Gesellschaftsvermögen sich abspalten und getrennt übertragen lassen. Der Anteil am Gesellschaftsvermögen und die damit verbundenen Verwaltungsrechte bilden mithin eine untrennbare Einheit.

Unteilbarkeit der Aktie bedeutet ferner, daß auch eine Teilung ihres Nennbetrages nicht möglich ist, weshalb bei Übergang einer Aktie auf eine Erbengemeinschaft eine Rechtsgemeinschaft an der ungeteilten Mitgliedschaft entsteht, § 69 AktG.

Selbständig übertragbar sind jedoch die aus der Beteiligung entspringenden Ansprüche auf Auszahlung des Gewinns und des Liquidationserlöses. Selbständig veräußerlich ist auch das Bezugsrecht.

Die Übertragung des Anspruchs auf Dividende erfolgt durch Übertragung des Gewinnanteilscheins, der in der Regel ein Inhaberpapier ist.

5. **Unkündbarkeit** der Mitgliedschaft. Eine Kündigung der Mitgliedschaft mit der Folge, daß das Kapitalguthaben zurückzuzahlen sei, ist mit dem Grundsatz der Kapitalerhaltung unverträglich, daher ausgeschlossen (§§ 57 Abs. 1, 58 Abs. 5 AktG).

II. Die mitgliedschaftlichen Pflichten

Sie sind im Gesetz erschöpfend und zwingend geregelt, so daß weder für eine abweichende noch für eine ergänzende statutarische Regelung Raum bleibt (§ 23 Abs. 5 AktG).

1. Die **Hauptpflicht** besteht in der Leistung der Einlage; darüber s. u. § 15. Mit ihr ist zugleich die finanzielle Verpflichtung erschöpft; die voll einbezahlte Aktie gewährt nur noch Rechte, was ihrer Umlaufsfähigkeit zugute kommt. Eine **Nachschußpflicht** ist dem Aktienrecht fremd und nicht begründbar.

2. **Nebenpflichten** (§§ 55 AktG).

Die Satzung kann den Gesellschaftern die Verpflichtung auferlegen, neben den Einlagen auf das Grundkapital wiederkehrende, nicht in Geld bestehende Leistungen zu erbringen; Voraussetzung dafür ist, daß die Übertragung der Aktien an die Zustimmung der Gesellschaft gebunden ist.

Für die Leistung kann eine Vergütung gewährt werden, welche ihren Wert nicht übersteigen darf, §§ 55, 61 AktG. Nebenpflichten anderer als der in § 55 AktG genannten Art sind nicht möglich; Satzungsbestimmungen, die hiergegen verstoßen, sind nichtig.

Mit der Nebenleistungs-AG wird dem Bedürfnis der Zuckerrübenindustrie Rechnung getragen, indem den in einer AG zusammengeschlossenen Erzeugern von

Zuckerrüben der Anbau und die Lieferung der Rüben an die Gesellschaft als mitgliedschaftliche Verpflichtung auferlegt werden können.

Die Nebenleistungspflicht tritt zur Kapitaleinlagepflicht hinzu, kann also nicht statt der ersteren begründet werden. Ist sie nicht mit allen Mitgliedschaften verbunden, dann begründet sie Aktien besonderer Gattung, § 11 AktG.

Die Pflicht zur Nebenleistung ist, wie der Vergütungsanspruch, Bestandteil der Mitgliedschaft, geht also bei Veräußerung der Aktie auf den Erwerber über (RG 136, 313). Daher muß Verpflichtung und Umfang der Leistungen in der Aktienurkunde angegeben sein.

Die Nebenpflicht ist durch Satzung aufzuerlegen. Ihre nachträgliche Begründung durch Satzungsänderung bedarf der Zustimmung aller von der Verpflichtung betroffenen Aktionäre. Dasselbe gilt von jeder Pflichtverschärfung oder für Erhöhung der etwa vorgesehenen Vertragsstrafe, § 180 AktG; vgl. RG 91, 169; 121, 238; 136, 186, 317.

Auf die Nebenpflicht kommen die schuldrechtlichen Grundsätze nur modifiziert zur Anwendung; vgl. jedoch RG 104, 349; 108, 20; 114, 217; 125, 114.

Die Nebenpflicht endet mit Auflösung der Gesellschaft, da sie allein der produktiven Tätigkeit des Unternehmens dient (vgl. RG 125, 114, jedoch 114, 212). Zur Kündigung aus wichtigem Grunde vgl. RG 128, 17.

III. Die mitgliedschaftlichen Vermögensrechte

1. Der Anteil am Grundkapital

a) Im früheren Recht (Art. 126 des alten HGB) war gesagt, daß ,,jeder Aktionär einen verhältnismäßigen Anteil am Vermögen der Gesellschaft" habe. Da diese Formulierung zu zahlreichen Streitfragen geführt hatte[2], wurde sie im neuen HGB mit der Begründung (D S. 133) weggelassen, daß sie, ,,bezogen auf die einzelnen zum Gesellschaftsvermögen gehörenden Gegenstände, unrichtig, andernfalls aber praktisch unerheblich" sei. Das AktG spricht demgegenüber vom ,,Anteil der Aktionäre am Grundkapital" (§§ 212, 213) oder ,,am Gewinn" (§ 60). Damit indessen ist das Rechtsproblem nicht beseitigt.

Anteil am Grundkaptial ist die Quote, welche zum Ausdruck bringt, ein wie großer Teil des Gesellschaftsvermögens rechnerisch dem Aktionär zusteht. Diese Quote wird bestimmt durch den Nennbetrag der Aktie im Verhältnis zum Grundkapital. Das gilt sowohl für den Anteil am Gewinn (§ 60) als auch für den Anteil am Restvermögen bei Liquidation der Gesellschaft (§ 271). Rechtlich wird diese Vermögenszuweisung an die Aktionäre bewirkt durch den Anspruch auf Dividende und auf das Liquidationsguthaben.

---

2 Vgl. *Flechtheim*, Düringer-Hachenburg § 179 Anm. 12; *Karl Lehmann*, Das Recht der Aktiengesellschaften I (1898), S. 236 ff.; *Karl Wieland*, Handelsrecht II: Die Kapitalgesellschaften (1931) S. 609 ff.

In dieser anteilsmäßigen Zuordnung einer bestimmten Quote des Gesellschaftsvermögens kommt die Beteiligung des Aktionärs zum Ausdruck, jenes Rechtsverhältnis, welches bei allen Gesellschaftsformen wiederkehrt. Sie ist ein Rechtsverhältnis eigener Art, welches sich weder dem Schuldrecht noch dem Sachenrecht zuordnen läßt[3], welches aber in RG 100, 278; 158, 248 zu den ,,sonstigen Rechten'' i.S. des § 823 Abs. 1 BGB gerechnet wird. Diese Beteiligung umfaßt den Anspruch auf Gewinn und auf das Liquidationsguthaben. Beide Ansprüche sind bedingt, indem jener auf Dividende nicht nur Gewinnerzielung, sondern auch einen entsprechenden Gewinnverwendungsbeschluß voraussetzt, und der Anspruch auf das Liquidationsguthaben davon abhängig ist, daß nach Befriedigung der Gläubiger noch verteilbares Vermögen verbleibt.

Die Beteiligung bewirkt mithin, daß der Aktionär bezüglich der von ihm geleisteten Einlage wie ein Eigentümer **Chance** und **Risiko** trägt, obgleich er nicht mehr Eigentümer derselben ist.

2. Verfassungsschutz der Beteiligung durch Art. 14 GG

a) Eigentum im Sinne des Art. 14 GG ist nach BVerfGE 42, 294 gekennzeichnet durch die Zuordnung des Rechtsgutes zu seinem Träger und inhaltlich durch die Privatnützigkeit des Rechtsguts für seinen Träger und durch das Verfügungsrecht des Trägers über das Rechtsgut, mithin durch jene Elemente, welche auch in § 903 BGB enthalten sind. Für die Beteiligung (Mitgliedschaft) des Aktionärs ergibt sich daraus, daß ihre **Zuordnung** zum Aktionär, derentwegen er auch ,,Anteilseigner'' genannt wird, der Garantie des Art. 14 GG unterliegt. Insoweit hat selbst der Gläubiger Eigentum an der ihm zugeordneten Forderung, wie das österreichische Zivilrecht zutreffend sagt. Diese Anteilseigentum genannte Zuordnung stand in Frage in BVerfGE 14, 263 (Feldmühle), da die sog. Mehrheitsumwandlung von Gesellschaften für die Dissidenten den Verlust ihrer Mitgliedschaft zur Folge hat.

Das BVerfG (BVerfG 50, 290) erblickt jedoch auch in dem **Inhalt** des Mitgliedschaftsrechts ,,gesellschaftsrechtlich vermitteltes Eigentum'' und in dem Stimmrecht den Ausdruck der dem Eigentümer zustehenden Verfügungsbefugnis. Gleiche Auffassung wird auch im Schrifttum vertreten[4].

Das Gesellschaftsvermögen indessen ist eine Gesamtheit von Sachen und Rechten, ursprünglich bestehend aus den von den Gründern geleisteten Einlagen, im Laufe der Geschäftsführung aber sich laufend verändernd. Eigentum an Sachgesamtheiten

---

3 Vgl. *Flechtheim*, a.a.O.: ,,Die Vermögensrechte des Aktionärs werden weder nach den Grundsätzen des Sachenrechts noch nach denen des Obligationenrechts verwirklicht. Ihrer Durchsetzung dienen die Mitverwaltungsrechte. Dadurch genießen die Vermögensrechte einen besonders gearteten Schutz. Der Anteil des Aktionärs am Gesellschaftsvermögen als solchem ist zwar kein unmittelbares Recht an diesem, wohl aber eine durch die Rechtsordnung geschützte, also nicht nur wirtschaftliche Beteiligung.''

4 Vgl. *Rudolf Reinhard*, Aktienrecht und Eigentumsordnung in Festschrift für Walter Schmidt (1959); *Badura, Rittner, Rüthers*, Mitbestimmungsgesetz 1976 und Grundgesetz (1977); *Kübler, Schmidt, Simitis*, Mitbestimmung als gesetzgebungspolitische Aufgabe (1978); auch die Amtl. Begr. zum AktG hat die Besserstellung der Aktionäre gegenüber dem AktG 1937 mit dem Hinweis begründet, daß sie Eigentümer seien; vgl. auch *Friauf-Wendt*, Eigentum am Unternehmen (1977).

in ständig wechselnder Zusammensetzung aber ist unserer Rechtsordnung unbekannt und vom Gesetzgeber in keinem einzigen Falle kreiert[5].

Es trifft nicht zu, daß die Aktie ihrem Träger Eigentum am Gesellschaftsvermögen vermittelt; ihr Zweck ist ein umgekehrter, der Gesellschaft Kapital zu verschaffen; die Aktie ist ein Finanzierungsinstrument. Auch das Stimmrecht ist nicht Ausfluß des Eigentums des Aktionärs, sondern es ist ihm gegeben, weil er nicht mehr Eigentümer seiner Einlage ist, weil er die Verfügung über sie der Gesellschaft anvertraut hat.

Auszugehen ist daher von der **Beteiligung** als Rechtsverhältnis. Da der Inhaber derselben Chance und Risiko bezüglich der von ihm geleisteten Einlage wie ein Eigentümer trägt, obgleich er nicht mehr Eigentümer derselben ist, unterliegt auch sie der Garantie des Art. 14 GG, denn auch sie dient der Privatnützigkeit ihres Inhabers. Das mit der Beteiligung verbundene Stimmrecht aber dient ebenso wie alle übrigen Verwaltungsrechte der Gesellschafter dem Schutz des Beteiligten gegen das Risiko, welches darin liegt, daß die Gesellschaft Eigentümerin der Einlage geworden ist und deshalb nach § 903 BGB die rechtliche Möglichkeit zu willkürlicher Verwendung und Verfügung erlangt hat. Daraus ergibt sich, daß die Garantie des Art. 14 sich auf alle Beteiligungen **beliebiger** Art erstreckt, und das Problem lautet, welche Beeinträchtigungen der Vermögens- und Verwaltungsrechte wegen der damit verbundenen Steigerung des Risikos mit Art. 14 GG vereinbar sind.

3. Das Bezugsrecht des Aktionärs

Das Bezugsrecht des Aktionärs, §§ 186, 221 Abs. 3 AktG. dient der Erhaltung der Relation der Beteiligungsquoten im Verhältnis der Aktionäre untereinander und stellt somit den wichtigsten Schutz jedes Aktionärs gegen Zurückdrängung seines Einflusses auf die Gesellschaft im Falle einer Kapitalerhöhung dar, der ihm aufgrund seines gegenwärtigen Aktienbesitzes zusteht.

IV. Die mitgliedschaftlichen Verwaltungsrechte

Sie sind das Korrelat der Beteiligung des Aktionärs am Gesellschaftsvermögen.

1. Das wichtigste Verwaltungsrecht ist das **Stimmrecht** der Aktionäre (s.u. § 17).

Um eine sachgemäße Urteilsbildung der Aktionäre zu ermöglichen, hat das Gesetz für **Information** der Aktionäre gesorgt.

Das wichtigste Informationsrecht der Aktionäre ist das Recht auf **Auskunft** in der HV (§ 131 AktG). Hierher gehört ferner die Verpflichtung des Vorstands zu **Mitteilungen** an die Kreditinstitute oder Aktionärvereinigungen gemäß § 125 AktG und die Verpflichtung der Kreditinstitute bzw. der Aktionärvereinigungen zur **Weitergabe** dieser Mitteilungen an die Depotkunden bzw. Vereinsmitglieder gemäß § 128 AktG, ebenso das Recht der Aktionäre, die schriftliche Mitteilung von HV-Beschlüssen zu verlangen, § 125 Abs. 4 AktG.

---

[5] Ebenso *Wiedemann*, Gesellschaftsrecht I Grundlagen (1980) S. 700.

2. Das Gegenstück zum Stimmrecht ist das **Anfechtungsrecht**, §§ 243 ff. AktG; es verschafft dem Aktionär Schutz gegen rechtswidrige HV-Beschlüsse, indem es ihm die Vernichtung derselben ermöglicht; darüber s. u. § 30.

3. Als weitere Rechte seien genannt das Recht der Teilnahme an der HV (§ 123 Abs. 2), das Recht, Anträge und Gegenanträge zur Tagesordnung zu stellen (§ 126), Rechte auf Einsichtnahme in Unterlagen und auf Erteilung von Abschriften (§§ 125 Abs. 4, 129 Abs. 4, 175 Abs. 2 u. 3), ferner das Recht, Vorschläge zur Wahl von Aufsichtsratsmitgliedern oder von Abschlußprüfern zu machen (§§ 127, 137 AktG).

V. Die Satzungsänderung

Soweit die mitgliedschaftlichen Rechte und Pflichten der statutarischen Ausgestaltung unterliegen, können sie durch **Satzungsänderung** auch geändert werden.

Bewirkt die nachträgliche Satzungsänderung eine **Beeinträchtigung** der bestehenden Mitgliedschaftsrechte, dann erhebt sich das Problem, inwieweit die Mitglieder dem körperschaftlichen Gemeinschaftswillen unterworfen sind, wo die Grenze zwischen Individualsphäre und Wirkungsbereich des Mehrheitswillens zu ziehen ist. Darüber s. u. § 33 III.

VI. Die Treuepflicht des Aktionärs; Grundsatz der gleichmäßigen Behandlung

1. Die sachliche Ausgestaltung der Mitgliedschaft und die formale Verbindlichkeit des Mehrheitsprinzips hat wegen der dadurch ermöglichten Mißbräuche zu dem Bedürfnis nach Korrekturen unter Berufung auf verbindliche Wertprinzipien geführt. Während dieses im amerikanischen Recht erfolgte unter Einbeziehung der Prinzipien der von der Equity-Rechtsprechung entwickelten Treuhand[6], ist die Rechtsprechung des Reichsgerichts mißbräuchlicher Machtausübung aufgrund der Wertkategorien des Rechtsmißbrauchs und der Sittenwidrigkeit entgegengetreten.

In dem Bestreben, diese Begriffe durch präzisere, auf die AG bezogene Werte zu ersetzen, wurde die Lehre von der **Treue-** oder **Loyalitätspflicht** der Aktionäre gegenüber der Gesellschaft und auch untereinander entwickelt[7]. Das Reichsgericht, welches in RG 146, 76 allgemein von einer das Aktienrecht beherrschenden Treuepflicht der Aktionäre gesprochen hatte, hat in RG 158, 254 (s. auch BGH 9, 163) eine solche Verpflichtung im Verhältnis der Aktionäre untereinander verneint.

Die Treuepflicht ist keinesfalls eine schuldrechtliche Verpflichtung i. S. des § 241 BGB. Es geht auch nicht an, in der Verletzung der Gesellschaftertreue etwa einen

---

6 Vgl. *Mestmäcker*, a.a.O. S. 127 ff., 195 ff.
7 Vgl. *Fechner*, Die Treuebindungen des Aktionärs (1942); *A. Hueck*, Der Treuegedanke im modernen Privatrecht (1947); *Zöllner*, Schranken der mitgliedschaftlichen Stimmmacht bei den privaten Personenverbänden (1963) S. 335 ff.; *derselbe*, Köln. Komm. § 243 Anm. 189 ff.; *H. Wiedemann*, Minderheitenschutz und Aktienhandel (1968) S. 4 ff.; *derselbe*, Gesellschaftsrecht I Grundlagen (1980) S. 431 ff.

das überkommene Deliktsrecht ergänzenden neuen Deliktstatbestand zu erblicken. Der Treuegedanke stellt vielmehr nur einen Wertmaßstab zur Präzisierung des überkommenen Mißbrauchsbegriffs dar. Er führt zur Anerkennung eines speziellen Sittenkodexes, welcher im Rahmen der §§ 138, 826 BGB zu berücksichtigen ist, und welcher insbesondere dem Gesichtspunkt Rechnung trägt, daß der Mehrheitsaktionär, indem sein Wille die übrigen Gesellschafter bindet, auch über deren Interessen und Vermögensanteile verfügt (so BGH 65, 15/19). Dieses ist von Bedeutung für die Anfechtbarkeit von HV-Beschlüssen (s. u. § 30 III 3).

Wertvorstellungen solcher Art dürfen jedoch nicht zu einer Denaturierung der AG und zur Angleichung ihrer Mitgliedschaftsverhältnisse an Personengesellschaften führen[8]. Die Aktionäre sind nicht gebunden, bei Stimmabgabe ihr eigenes Interesse hinter jenes der Gesellschaft zu stellen (BGH 14, 38). Der Treueaspekt kann nicht verhindern, daß lediglich an Dividende interessierte Aktionäre sich einer Kapitalerhöhung widersetzen. Es ist auch nicht möglich, einen Aktionär wegen Verstoßes gegen die Treuebindung aus der Gesellschaft auszuschließen (BGH 9, 163). Die zur Umlaufsfähigkeit der Aktie gehörende Möglichkeit freier Veräußerung und freien Erwerbs derselben darf auch nicht durch Treuebindung beschränkt werden.

2. Als weiteres Wertprinzip war vom Reichsgericht schon frühzeitig der Grundsatz **gleichmäßiger Behandlung** der Gesellschafter anerkannt[9] (RG 113, 156; 118, 70; 120, 180, 373; 146, 385; 158, 248; BGH 20, 369; 33, 175). Er besagt, daß die Aktionäre unter gleichen Voraussetzungen gleich zu behandeln seien. Im Gesetz kommt er vielfach zum Ausdruck, z.B. bei Verteilung der Dividende (§ 60) und des Restvermögens (§ 271), beim Stimmrecht (§ 134 Abs. 1 Satz 1 u. 2), beim Bezugsrecht (§ 186 Abs. 1) und der Kapitalerhöhung aus Gesellschaftsmitteln (§ 212), bei Erteilung von Auskunft (§ 134 Abs. 4) etc.

Ein Beschluß, der gegen den Gleichheitsgrundsatz verstößt, ist anfechtbar (u. § 30). Auch der Vorstand hat diesen Grundsatz bei seinen Ermessensentscheidungen zu wahren.

Das Postulat gleichmäßiger Behandlung der Aktionäre kann jedoch mit den wirtschaftlichen Notwendigkeiten der Gesellschaft kollidieren. Da die Wahrung des Gesellschaftsinteresses oberste Pflicht des Vorstands ist, kann, falls die wirtschaftliche Notwendigkeit der Gesellschaft auf andere Weise nicht erfüllbar ist, ungleiche Behandlung der Aktionäre gerechtfertigt sein (BGH 21, 354; 33, 175; 70, 120).

Aufgrund der Zweiten Richtlinie der EG ist das Gebot gleichmäßiger Behandlung der Aktionäre — ein vordringliches Anliegen französischer Rechtsauffassung — in § 53a AktG ausdrücklich ausgesprochen worden. Hierdurch wird jedoch die bisherige deutsche Rechtsauffassung gesetzlich nur bestätigt und festgeschrieben, nicht aber verändert[10].

---

[8] Den Eindruck solcher Angleichung erweckt *Lutter*, Theorie der Mitgliedschaft, AcP 180, 84 ff.
[9] Vgl. *G. Hueck*, Grundsatz der gleichmäßigen Behandlung im Privatrecht (1958); *Zöllner*, Schranken der mitgliedschaftlichen Stimmenmacht a.a.O., S. 103 ff.; *Wiedemann*, Grundlagen a.a.O., S. 429 ff.; *Lutter*, Köln. Komm. § 186 Anm. 66.
[10] Vgl. *Ganske*, DB 1978, 2462: Mit Aufnahme der Vorschrift in das AktG „ist eine Änderung des geltenden Rechts nicht beabsichtigt"; dazu BT-Drucks. 8/2251 S. 6, 17f.

VII. Übertragung von Aktienpaketen

Das AktG beschränkt sich auf die Regelung der Übertragbarkeit der Aktie und nimmt hierbei zu den Fragen, welche sich aus einem Wechsel der Herrschaftsmacht ergeben können, keine Stellung. Im Schrifttum wird eine Verantwortlichkeit des Paketveräußerers mit der Erwägung begründet, daß seine Treuebindung sich auch auf die Auswahl des Paketerwerbers erstrecke[11].

Eine Ersatzpflicht des Veräußerers indessen kann sich nur aus vorsätzlicher, sittenwidriger Schädigung gemäß § 826 BGB ergeben, wobei der Treuegesichtspunkt, wie oben VI 1 dargelegt, nur bei der Beurteilung der Sittenwidrigkeit von Bedeutung ist. Im übrigen ist darauf hinzuweisen, daß die verbleibende Minderheit gegenüber dem Paketerwerber durch die §§ 117, 311 ff. (u. § 29 u. § 72) in gleicher Weise geschützt ist, wie sie es gegenüber dem Veräußerer war[12].

Die Kommission der EG hat zur Übertragung der Kontrolle über die Gesellschaft in ihrer „Empfehlung europäischer Wohlverhaltensregeln für Wertpapiertransaktionen v. 15. 7. 1977"[13] Stellung genommen und in Nr. 17 es als wünschenswert bezeichnet, daß, falls die Kontrollmacht auf einen anderen übertragen wird, allen übrigen Aktionären, wenn sie keinen gleichwertigen anderen Schutz genießen, die Möglichkeit eingeräumt werde, auch ihre Wertpapiere dem Erwerber zu gleichen Bedingungen zu überlassen[14], ein Gesichtspunkt, der nach § 305 AktG auch der Abfindung durch Aktientausch bei Abschluß eines Beherrschungsvertrags zugrunde liegt.

§ 12   Die Aktie als Wertpapier

I. Arten der Aktien

1. Die Mitgliedschaft der Aktionäre wird in den Aktienurkunden verbrieft, was eine Steigerung der Umlauffähigkeit bewirkt, indem Verfügungen über diese Aktien den wertpapierrechtlichen Grundsätzen unterliegen (u. II.).

Sind bei Eintragung der Gesellschaft die Aktien noch nicht hergestellt, oder will die Gesellschaft nur Inhaberaktien ausgeben, so können bis zur Volleinzahlung des Kapitals oder bis zur Herstellung der Urkunden sog. **Zwischenscheine** (Interimsscheine) ausgegeben werden, die stets auf den Namen lauten müssen. Vgl. über sie

---

11 Vgl. *Wiedemann*, Grundlagen a.a.O., S. 451: „Verletzt er diese Pflicht, so haftet er der Gesellschaft und den übrigen Gesellschaftern für den durch den Machtwechsel verursachten Schaden"; *derselbe*, Minderheiten-Schutz und Aktienhandel (1968).
12 Die Arbeitnehmer werden durch die §§ 110ff. BetrVG geschützt, falls mit dem Machtwechsel sich betriebliche Veränderungen zu ihrem Nachteil verbinden.
13 Text in *Lutter*, Europäisches Gesellschaftsrecht, Sonderheft 1 der ZGR (1978) S. 189.
14 Vgl. für Großbritannien S. 209 subs 2 Companies Act 1948.

die §§ 8 Abs. 4; 10 Abs. 3 und 4; 41 Abs. 4; 55 Abs. 1; 67 Abs. 4; 68 Abs. 5; 72, 191 AktG.

2. Da die Mitgliedschaft auf der Zerlegung des Grundkapitals in einzelne Anteile beruht, lautet die Aktie notwendig auf einen bestimmten Nennbetrag, der nach § 8 AktG mindestens fünfzig DM beträgt.

3. Unbekannt ist dem AktG die nennbetraglose Aktie[1]. Sie hat gegenüber der Nennbetragaktie große Vorzüge, aber auch einen wesentlichen Nachteil. Bei diesem System tritt an die Stelle des Grundkapitals der Betrag des „eingezahlten Kapitals", welcher als Passivposten der Bilanz in gleicher Weise wie das Grundkapital das eingebrachte Gesellschaftsvermögen bindet. Der Anteil, welcher den Aktionären am Gesellschaftsvermögen zusteht, wird durch die Zahl der ausgegebenen Aktien bestimmt. Wegen Fehlens eines Nennbetrags gibt es bei Aktienausgabe weder eine Unterpariemission noch ein Agio. Bei Gründung der Gesellschaft wird die Zahl der auszugebenden Aktien und der notwendig einheitliche Einzahlungsbetrag in der Satzung festgelegt. Erhöhung und Herabsetzung des eingezahlten Kapitals bedarf daher einer Satzungsänderung, doch kann die Satzung die Ermächtigung des Vorstands zur Ausgabe einer bestimmten Zahl weiterer Aktien vorsehen. Bei Kapitalerhöhung ist die Zahl der neuen Aktien und der Einlagebetrag durch Beschluß festzusetzen, wobei der Einlagebetrag sich nach dem (Kurs)Wert der alten Aktien richtet. Wesentlich einfacher ist das Verfahren der Kapitalherabsetzung; von ihr wird die Zahl der ausgegebenen Aktien nicht berührt und es entfällt im Falle der Sanierung die bei Nennbetragaktien sich ergebende Notwendigkeit vorheriger Kapitalherabsetzung, bevor Neuaufnahme von Kapital möglich ist (s. u. § 44).

Andererseits sind bei unredlicher Inverkehrbringung noch nicht begebener Aktienurkunden die Inhaber von Nennbetragaktien besser geschützt als die Quotenaktionäre, weil die Nennbetragsurkunde auch in der Hand gutgläubiger Erwerber leeres Papier bleibt (s. u. II 1), während die nennbetraglose Aktie in solchem Falle als Inhaberpapier gemäß § 794 BGB, als Namensaktie gemäß Art. 16 Abs. 2 WG zur vollgültigen Aktie wird und die Quoten der ausgegebenen Aktien sich entsprechend verringern.

4. a) Die Aktie kann auf den **Namen** oder auf den **Inhaber** lauten, § 10 AktG. Die Entscheidung hierüber trifft die Satzung. Wenn die Satzung nichts anderes bestimmt, sind die Aktien als Inhaberaktien auszustellen, § 24 AktG. Die Inhaberaktie bildet wegen ihrer leichteren **Übertragbarkeit** die Regel; sie ermöglicht insbesondere den stückelosen Giroverkehr; s. u. III 2b.

b) Die Aktien **müssen** auf den Namen lauten bei Ausgabe vor Volleinzahlung des Einlagebetrags bzw. vor vollständiger Erbringung der Sacheinlage. Bei Teileinzahlung ist in der Urkunde der Betrag der Teilleistung anzugeben, § 10 Abs. 2 AktG. Dasselbe gilt, wenn mit der Mitgliedschaft Nebenleistungen verbunden sind; hier ist in der Urkunde Verpflichtung und Umfang der Leistung anzugeben (§ 55 Abs. 1 Satz 3 AktG). Dieses dient dem Interesse des Käufers, der erfahren soll, daß mit der Mitgliedschaft noch Leistungspflichten verbunden sind.

---

[1] Zur Quotenaktie s. *Coing-Kronstein* in Bd. 11 der Schriften des Instituts für ausländisches und internationales Wirtschaftsrecht (1959); *Gessler*, DB 166, 215.

c) Die Aktie muß ferner auf den Namen lauten, wenn die Übertragung der Mitgliedschaft satzungsmäßig an die Zustimmung der Gesellschaft gebunden ist, § 68 Abs. 2 (sog. **vinkulierte** Aktien, s. u. VI).

Kraft Gesetzes müssen Aktien auf den Namen lauten und ihre Übertragung muß an die Zustimmung der Gesellschaft gebunden sein bei Prüfungsgesellschaften in Form einer AG (§ 27 Abs. 4 WPO) und bei Kapitalanlagegesellschaften (§ 1 Abs. 3 u. 4 KAGG).

II. Übertragung der Mitgliedschaften

Durch die Verbriefung der Mitgliedschaft in der Aktienurkunde wird die Übertragung der Mitgliedschaften den wertpapierrechtlichen Grundsätzen unterworfen. Die Übertragung erfolgt durch Übereignung der Aktienurkunde. Es kommt dabei auch der erweiterte Schutz des gutgläubigen Erwerbers (§ 935 Abs. 2 BGB; § 68 Abs. 1 AktG mit Art. 16 Abs. 2 WG) zur Anwendung. Dieser hat in Bezug auf die bei Ende des letzten Krieges aus dem Sammellager in Berlin abhandengekommenen Wertpapiere die Durchführung der Wertpapierbereinigung erforderlich gemacht.

1. Die Inhaberaktie

Die Inhaberaktie ist echtes Inhaberpapier. Es finden auf sie die für Inhaberpapiere geltenden Grundsätze Anwendung, welche in den §§ 793 ff. BGB gesetzlichen Niederschlag gefunden haben. Diese Vorschriften kommen auf die Inhaberaktie insoweit zur Anwendung, als nicht das Aktienrecht selbst entgegensteht; dieses aber ist in mehreren Beziehungen der Fall[2].

a) Die Aktie ist kein konstitutives Papier, da das Mitgliedschaftsverhältnis zu seiner Entstehung einer Verbriefung nicht bedarf. Das Mitgliedschaftsverhältnis entsteht also zunächst als ein unverbrieftes Rechtsverhältnis und unterliegt in diesem Stadium der Disposition nach den Zessionsgrundsätzen des BGB. Die wertpapierrechtliche Verbindung von Mitgliedschaft und Aktienurkunde tritt ein mit der Begebung (Übereignung) der Urkunde durch die Gesellschaft an den Aktionär.

Ausgeschlossen ist die Anwendbarkeit des § 794 BGB auf Aktienbriefe, welche ohne Willen der Gesellschaft in Verkehr geraten. Über diese Vorschrift kann nicht durch gutgläubigen Erwerb eine Kapitalerhöhung ohne Einlagepflicht bewirkt werden.

b) Die Regelung des § 796 BGB über Beschränkung von Einwendungen kommt auf die Inhaberaktie nur mit Einschränkungen zur Anwendung, welche sich aus aktienrechtlichen Grundsätzen ergeben.

Da die Aktie das Mitgliedschaftsverhältnis in jener rechtlichen Ausgestaltung verbrieft, die sich aus der Satzung in ihrer jeweils geltenden Fassung ergibt, muß jeder Aktionär diese Rechtslage gegen sich gelten lassen, gleichgültig, ob er die Satzung gekannt hat oder nicht. Dies gilt auch für eine zur Zeit des Erwerbs bereits beschlos-

---

[2] Vgl. dazu bez. *Flechtheim* in Dür.-Hach., Vorbem. 3 ff. vor § 222 HGB; *Rehfeldt-Zöllner*, Wertpapierrecht (9. Aufl. 1970) S. 130 ff. *Wiedemann*, Die Übertragung und Vererbung von Mitgliedschaftsrechten bei Handelsgesellschaften (1965).

sene, aber noch nicht eingetragene Satzungsänderung. Weiter gibt es keinen Schutz des gutgläubigen Erwerbers gegen Einwendungen, welche die Gültigkeit der **Ausgabe** der Aktie betreffen; die Nichtigkeit der Aktie gemäß §§ 41 Abs. 4, 191, 197 AktG wirkt gegenüber jedem Erwerber. Insoweit ist für § 796 BGB kein Raum. Dem Aktienkäufer stehen in solchen Fällen die kaufrechtlichen Rechtsbehelfe zu.

2. Die Namensaktie

Die Namensaktie ist gesetzliches Orderpapier und wird durch § 68 Abs. 2 AktG den wechselrechtlichen Übertragungsgrundsätzen unterstellt; vgl. RG 117, 72.

a) Auch bei der Namensaktie tritt die Verkörperung der Mitgliedschaft durch die Aktienurkunde erst mit Begebung der Urkunde an den Aktionär ein (bestr.)[3].

b) Auch bei ihr kann die Gesellschaft gegenüber jedem Erwerber alle sowohl den Bestand als auch den Inhalt der Mitgliedschaft betreffenden Einreden geltend machen, selbst wenn sie sich aus der Urkunde nicht ergeben. Dies gilt für die Namensaktie um so mehr, als in § 68 Abs. 2 AktG der Art. 17 WG nicht als anwendbar erklärt ist.

Daraus folgt, daß der Erwerber einer vinkulierten Aktie in seiner Gutgläubigkeit hinsichtlich der Vinkulierung nicht geschützt wird; weiter, daß der Erwerber einer noch nicht voll eingezahlten Aktie mit Erwerb der Mitgliedschaft auch zur Leistung der Resteinlage verpflichtet wird, selbst wenn entgegen dem § 10 Abs. 2 AktG, die Teilzahlung in der Urkunde nicht vermerkt ist.

3. Kraftloserklärung von Aktien

a) Aktienurkunden können, falls sie abhanden gekommen oder vernichtet worden sind, für kraftlos erklärt werden, § 72 AktG. Eine Kraftloserklärung durch die Gesellschaft ist ferner möglich, wenn der Inhalt der Urkunde durch eine Veränderung der rechtlichen Verhältnisse unrichtig geworden ist. So etwa bei Änderung der Firma der ausgebenden Gesellschaft oder bei Beseitigung von Sonderrechten für bestimmte Aktiengattungen; vgl. § 73 AktG.

b) Die Kraftloserklärung bewirkt Trennung von Mitgliedschaftsverhältnis und Urkunde. Während bei der Einziehung von Aktien das Mitgliedschaftsrecht selbst zerstört, beim Kaduzierungsverfahren der Aktionär seiner Mitgliedschaft für verlustig erklärt wird, bleibt bei der Kraftloserklärung dem bisherigen Aktionär seine Mitgliedschaft erhalten. Es wird lediglich die Urkunde entkräftet und das Mitgliedschaftsrecht aus seiner wertpapierrechtlichen Verbindung mit dem Aktienbrief gelöst. Für das Aufgebotsverfahren sind die §§ 946ff., 1003ff., 1018 ZPO maßgebend.

III. Form der Übertragung

1. Die Übertragung nicht verbriefter Mitgliedschaften erfolgt nach den Grundsätzen der Zession; § 413 BGB (RG 86, 154).

---

3 Anders die Vorauflage.

2. a) **Inhaberaktien** werden nach den Grundsätzen der sachenrechtlichen Tradition übertragen (§§ 929 ff. BGB). Die verbriefte Mitgliedschaft folgt dem Eigentum am Papier. Hierbei greift der erweiterte Schutz des guten Glaubens nach § 935 Abs. 2 BGB, § 366 HGB Platz. Durch die für Banken geltende Regelung des § 367 HGB wird der gutgläubige Erwerb beschränkt.

b) Nach dem Gesetz über die Verwaltung und Anschaffung von Wertpapieren (DepG) vom 4. 2. 1937 (RGBl I, 171) ist es möglich, Aktien durch Banken in Form eines Sammeldepots verwahren zu lassen, bei welchem im Gegensatz zur Sonderverwahrung die Wertpapiere nicht mehr für den jeweiligen Eigentümer getrennt, sondern unter Zusammenlegung der Aktien derselben Art verwahrt werden. Mit Eingang der Wertpapiere beim Sammelverwahrer tritt an die Stelle des Einzeleigentums an den Aktien der Miteigentumsanteil der Hinterleger an dem jeweiligen Sammelbestand. Unter bestimmten Voraussetzungen können die Banken die ihnen solchermaßen zur Verwahrung überlassenen Wertpapiere einer Wertpapiersammelbank als Drittverwahrerin in Girosammelverwahrung überlassen. Dieses ermöglicht einen **stückelosen** Aktienhandel, der lediglich durch Giroumbuchungen erfolgt, welche die Quoten des Miteigentums zum Ausdruck bringen. In diesem Falle wird zwecks Ausübung der Rechte aus den Aktien von den Girosammelbanken den zwischenverwahrenden Banken und von diesen wiederum den Hinterlegern eine Bescheinigung über die Höhe der Miteigentumsanteile ausgestellt, welche allgemein als gültiger Nachweis der Stimmberechtigung angesehen wird[4].

3. a) Die **Namensaktie** ist gesetzliches Orderpapier. Auch bei ihr folgt das verbriefte Recht dem Eigentum am Papier; die wertpapierrechtliche Übereignung der Urkunde ist jedoch formalisiert, indem die Erklärung des Veräußerers durch Indossament zum Ausdruck gebracht werden muß. Hier greift der erweiterte Vertrauensschutz des Art. 16 Abs. 2 WG Platz (RG 112, 204).

Für die mit Blankoindossament versehene Namensaktie gilt Art. 13 Abs. 2 WG entsprechend. Die Namensaktie erlangt dadurch die Umlaufsfähigkeit einer Inhaberaktie.

b) Nicht erforderlich ist für den Übergang des materiellen Rechts die Eintragung des Erwerbers im Aktienbuch. Doch gilt der Gesellschaft gegenüber als Mitglied nur, wer als solches im Aktienbuch eingetragen ist, §§ 67, 68 AktG; vgl. dazu RG 86, 160; 92, 318; 123, 282; 127, 241.

Wird der Übergang der Aktie bei der Gesellschaft angemeldet, so hat sie die formelle Ordnungsmäßigkeit der Indossamente und der Abtrittserklärungen zu prüfen, im Falle eines gesetzlichen Übergangs den Nachweis (Erbschein) zu verlangen. Bei Ordnungsmäßigkeit der Unterlagen ist die Gesellschaft zur Umschreibung verpflichtet.

IV. Die Legitimationsübertragung

Möglich ist auch bloße Legitimationsübertragung, welche nicht Eigentum an der Aktie verschafft, sondern nur die Ermächtigung zur Ausübung der Rechte. Auch sie erfolgt, sofern die Aktie nicht blankoindossiert ist, durch Indossament.

---

[4] Vgl. *H. Schönle*, Bank- und Börsenrecht (1971) S. 258 ff.; *Canaris*, Großkom. HGB, Anhang § 357 Anm. 929 ff. „Das Depotgeschäft".

§ 12 *Aktie als Wertpapier*

Sie ist bei beiden Arten von Aktien möglich. Eine Übertragung der Mitgliedschaft findet hier nicht statt. Es wird vielmehr zum Zwecke der Legitimation bei Inhaberaktien nur der Urkundenbesitz überlassen (vgl. § 793 Abs. 1 Satz 2 BGB), bei Namensaktien ohne materielle Rechtsübertragung der durch Indossament Legitimierte ins Aktienbuch eingetragen. Der Legitimationsaktionär übt die Rechte aus der Aktie im **eigenen** Namen aus.

Die für die **Inhaber**aktie aus § 793 Abs. 1 Satz 2 BGB sich ergebende **Legitimationswirkung** kommt der Gesellschaft zugute, indem sie Leistungen, die sie dem Aktionär schuldet (z.B. Auszahlung der Dividende oder des Liquidationsguthabens) mit befreiender Wirkung jedem Inhaber der Urkunde erbringen kann. Nicht aber folgt aus ihr, daß jeder Urkundeninhaber die Befugnis hätte, die dem Aktionär zustehenden Rechte gegenüber der Gesellschaft auszuüben; das gilt auch für das Stimmrecht. Hierzu bedarf es vielmehr einer materiellrechtlichen **Ermächtigung** durch den Aktionär. Diese Ermächtigung beruht mithin nicht auf der Inhaberaktie als Wertpapier, sondern auf dem der Legitimationsübertragung zugrunde liegenden Vereinbarung.

Für **Namens**aktien gilt § 67 Abs. 2 AktG. Hiernach gilt gegenüber der Gesellschaft der im Aktienbuch Eingetragene als Aktionär. Der eingetragene Legitimationsaktionär ist daher in der Lage, gegenüber der Gesellschaft alle Rechte aus der Aktie in eigenem Namen auszuüben. Banken, welche Namensaktien ihrer Kunden verwahren, lassen sich von den Kunden durch Indossament legitimieren und sich in das Aktienbuch eintragen, worauf § 135 Abs. 7 AktG Bezug nimmt (s.u. § 17 V).

Nach § 129 Abs. 3 AktG hat der Legitimierte den Betrag und die Gattung der von ihm vertretenen Aktien im Teilnehmerverzeichnis aufzuführen. Der Legitimierte kann kein weitergehendes Stimmrecht ausüben als der mittelbar Vertretene; vgl. RG 146, 78. Ruht für den Aktionär das Stimmrecht, so gilt das auch für den Legitimierten.

V. Pfandrecht an Aktien

Ein Pfandrecht an den Aktien wird nach den für die Übertragung der Mitgliedschaft geltenden Regeln bestellt, §§ 1292, 1293 BGB. Umschreibung der Namensaktie im Aktienbuch ist jedoch nicht erforderlich. Das Pfandrecht erstreckt sich nur auf die vermögensrechtliche Beteiligung des Aktionärs. Der Pfandgläubiger darf daher das Stimmrecht nicht ausüben, sondern hat die Aktie zu diesem Zweck in einer dem § 1206 BGB entsprechenden Form dem Aktionär zur Verfügung zu stellen.

VI. Die Vinkulierung von Aktien

1. Die Übertragung der Mitgliedschaft kann durch die Satzung an die Zustimmung der Gesellschaft gebunden werden (sog. Vinkulierung). Zu diesem Falle müssen die Aktien auf den Namen lauten, § 68 Abs. 2 AktG.

Ein Gattungsunterschied wird durch die Vinkulierung nicht begründet (RG 132, 160). Eine satzungsmäßige Bindung von Inhaberaktien wäre unwirksam. Aber auch bei Namensaktien ist eine statutarische Abwandelung des § 68 Abs. 2 AktG unzulässig, so z. B. die Bindung der Übertragung an die Zustimmung eines Dritten (vgl. RG in JW 1939, 296).

2. Die Vinkulierung, die aus der Urkunde nicht ersichtlich ist, wirkt nicht wie eine „negative Orderklausel" (bestr.). Art. 11 WG ist in § 68 Abs. 1 AktG nicht für anwendbar erklärt. Auch die vinkulierte Namensaktie bleibt Orderpapier, und das Indossament behält seine Transportfunktion; es ist nur die Wirksamkeit der Übertragung von der Zustimmung der Gesellschaft abhängig gemacht. Ist die vinkulierte Namensaktie mit einem Blankoindossament versehen und liegen Zwischenverfügungen vor, wobei erst der Letzterwerber die Genehmigung einholt, dann ist es fraglich, ob damit implicite auch die Zwischenerwerbungen genehmigt sind. Die in RG JW 1932 S. 2599 entwickelte „Botentheorie" ist nicht überzeugend. Näher liegt es, im Blankoindossament eine Verfügungsermächtigung des Ausstellers für „wen es angeht" (§§ 182, 195 BGB) zu erblicken.

Die Vinkulierung ist im ursprünglichen Gesellschaftsvertrag festzusetzen. Sollen neu auszugebende Aktien vinkuliert werden, dann ist die Vinkulierung im Kapitalerhöhungsbeschluß vorzusehen. Eine nachträgliche Beschränkung der freien Negoziabilität der Aktie kann nur mit Zustimmung aller betroffenen Aktionäre eingeführt werden (§ 180 Nr. 2 AktG)[5]. Lockerung und Aufhebung der Bindung hingegen ist durch Satzungsänderung möglich.

3. Die Vinkulierung der Aktien hindert nicht einen Rechtsübergang kraft Gesetzes (Erbgang, Fusion). Sie steht ferner nicht dem Pfandverkauf und dem Verkauf durch den Konkursverwalter des Aktionärs entgegen (so für die GmbH. RG 70, 64; 142, 373).

Die Vinkulierung braucht in der Aktienurkunde nicht vermerkt zu sein. Sie wirkt gleichwohl gegenüber jedem gutgläubigen Erwerber (s. oben II 2 b). Sie betrifft nur die dingliche Verfügung, nicht das obligatorische Geschäft (RG, JW 1932, 2599). In der Regel wird jedoch auch der Kaufvertrag unter der auflösenden Bedingung stehen, daß er entfällt, wenn die Genehmigung verweigert wird.

Die Erteilung der Zustimmung ist Sache des Vorstandes (Abwicklers, Konkursverwalters, RG 72, 293). Die Satzung kann jedoch auch einen Aufsichtsrats- oder HV-Beschluß vorsehen. Dieser hat alsdann nur interne Bedeutung. Nach außen ist stets die vom Vorstand erklärte Zustimmung für die Gesellschaft bindend (§ 82 AktG; vgl. für die GmbH RG 104, 413). Die Satzung kann die Voraussetzungen bestimmen, unter denen die Zustimmung erteilt bzw. verweigert wird (vgl. § 68 Abs. 2 Satz 3 AktG). Enthält die Satzung keine Bestimmung, dann ist der Vorstand in seiner Entscheidung frei (RG 132, 154).

4. Vinkulierung ist gesetzliche Voraussetzung für die Zulässigkeit von **Nebenpflichten** (§ 55 AktG) und für den Fall, daß den **Inhabern** bestimmter Aktien das Recht der Entsendung eines Mitglieds in den Aufsichtsrat nach § 101 Abs. 2 AktG eingeräumt wird. Sie ist ferner vorgeschrieben für Aktien von Kapitalanlagegesellschaf-

---

5 Vgl. darüber *Wiedemann* NJW 1964, 282.

ten (§ 1 Abs. 4 KAGG) und von Wirtschaftsprüfungsgesellschaften (§ 27 Abs. 4 WPO).

Vinkuliert sind vielfach Aktien von **Versicherungsgesellschaften**. Da bei ihnen das Aktienkapital nur als letzte Reserve für die Versicherungsleistungen dient, sind die Aktien in der Regel nicht voll eingezahlt. Die Vinkulierung dient u. a. dem Zweck, die Prüfung der Solvenz des Aktienerwerbers zu ermöglichen, doch lassen die Satzungen dem Vorstand in der Regel freie Hand[6].

§ 13 Erwerb eigener Aktien durch die Gesellschaft und für Rechnung derselben

I. Umfang des Verbotes und Ausnahmen

Entgeltlicher Erwerb eigener Aktien durch die Gesellschaft gefährdet ihr Vermögen. Dieses nämlich, durch Verluste vielleicht schon reduziert, wird um den von der Gesellschaft entrichteten Kaufpreis noch weiter verringert, während die eigene Aktie in der Hand der Gesellschaft, indem sie ihr lediglich ihr eigenes Vermögen zuweist, ein Nullum darstellt, in der Bilanz aber zu dem noch nicht realisierten Erlös aus ihrer Wiederveräußerung aktiviert worden ist. Sachlich ist der entgeltliche Erwerb eigener Aktien eine unzulässige Kapitalrückzahlung seitens der Gesellschaft an den seine Aktie veräußernden Aktionär, weshalb in § 57 Abs. 1 AktG für die Fälle erlaubten Erwerbs bestimmt werden mußte, daß hier die Zahlung des Erwerbspreises nicht als Kapitalrückzahlung gelte.

Der Erwerb eigener Aktien durch die Gesellschaft ist deshalb grundsätzlich **verboten**.

1. Dieses Verbot indessen wird von Ausnahmen durchbrochen. Für sie hat das Gesetz zur Durchführung der Zweiten Richtlinie des Rates der EG vom 13. 12. 1978 (BGBl I 1959) gegenüber der ursprünglichen Regelung des AktG schärfere Bestimmungen gebracht.

2. Nach § 71 AktG darf die Gesellschaft eigene Aktien nur erwerben

a) wenn der Erwerb notwendig ist, um einen schweren unmittelbar bevorstehenden Schaden von der Gesellschaft abzuwenden; hierbei dürfen nur Aktien erworben werden, auf welche der Nennbetrag oder höhere Ausgabebetrag voll geleistet ist, § 71 Abs. 2 Satz 3 AktG.

Welcher Schaden hierbei in Betracht kommt, ist im Gesetz nicht gesagt. Die Entscheidung trifft der Vorstand und er ist bei Bejahung solcher Gefahr nach § 71 Abs.

---

[6] Vgl. dazu *Wiedemann* a.a.O. §§ 125 ff.; 131 ff.; *Degner*, Die vinkulierte Versicherungsaktie im Börsenhandel (Hbg. Diss. 1964); *derselbe*, AG 1963, 121; *Zoellner*, Die Schranken mitgliedschaftlicher Stimmmacht beider privaten Personenverbänden (1963) S. 34.

3 verpflichtet, der nächsten HV die Gründe, den Umfang des Erwerbs und den entrichteten Gegenwert darzulegen.

b) Erwerb eigener Aktien ist nach § 71 Abs. 1 Nr. 2 ferner gestattet, wenn die Aktien den Arbeitnehmern der Gesellschaft oder eines mit ihr verbundenen Unternehmens zum Erwerb angeboten werden sollen. Auch von diesen Aktien verlangt § 71 Abs. 2 Satz 3 daß sie voll eingezahlt sind, und sie müssen nach § 71 Abs. 3 Satz 2 innerhalb eines Jahres nach ihrem Erwerb an die Arbeitnehmer ausgegeben werden; ; s. u. § 39 II 2.

c) Eine weitere Ausnahme gilt nach § 71 Abs. 1 Nr. 3, wenn der Erwerb geschieht, um Aktionäre bei Abschluß eines Beherrschungsvertrages (§ 305 Abs. 2) oder bei einer Eingliederung (§ 320 Abs. 5) abzufinden; s. u. § 69 u. § 70.

Zu a) — c): Der Gesamtbetrag des hiernach zulässigen Erwerbs darf, zusammen mit dem Betrag etwa bereits vorhandener eigener Aktien, zehn von hundert des Gesellschaftskapitals nicht übersteigen.

Für alle eigenen Aktien ist nach § 150a AktG in der Bilanz eine **Rücklage** in Höhe ihrer Aktivierung zu bilden.

Für die gemäß a) – c) erworbenen Aktien ist indessen nicht nur die Bildung dieser Rücklage vorgeschrieben, sondern in § 71 Abs. 2 Satz 2 auch bestimmt, daß die Einstellung dieser Rücklage nur unter bestimmten Voraussetzungen erfolgen darf, womit diese Voraussetzungen zugleich ein zusätzliches Erfordernis der Zulässigkeit des Aktienerwerbs selbst darstellten (eine gesetzestechnisch komplizierte Regelung). Der Aktienerwerb ist hiernach nur zulässig, wenn die genannte Rücklage gebildet werden kann, ,,ohne das Grundkapital oder eine nach Gesetz oder Satzung zu bildende Rücklage zu mindern, die nicht zu Zahlungen an die Aktionäre verwendet werden darf". Mit dieser mißglückten[1] Formulierung soll, wie sich aus Art. 19. 1.c der Zweiten Richtlinie ergibt, zum Ausdruck gebracht sein, daß der Aktienerwerb aus **freiem** Vermögen muß erfolgen können, daß also durch den Kaufpreis das Nettovermögen der Gesellschaft nicht unter den Betrag des Grundkapitals und der gesetzlichen Rücklage in ihrer augenblicklichen Höhe sinken darf.

3. In unbeschränkter Höhe ist der Erwerb eigener Aktien zulässig,

a) wenn er unentgeltlich geschieht oder wenn ein Kreditinstitut eigene Aktien in Vollzug einer Einkaufskommission erlangt, sofern die Aktien voll eingezahlt sind, § 71 Abs. 1 Nr. 4 mit Abs. 2 Satz 3 AktG;.

b) ferner, wenn der Erwerb auf Gesamtrechtsnachfolge (z.B. auf Verschmelzung) beruht, § 71 Abs. 1 Nr. 5 AktG;.

c) endlich, wenn der Erwerb auf einem HV-Beschluß zum Zwecke der Einziehung dieser Aktien erfolgt, § 71 Abs. 1 Nr. 6 AktG (s. u. § 42).

4. Zu 1–3: Aus eigenen Aktien stehen der Gesellschaft keine Rechte zu (§ 71 b

---

[1] Die Formulierung ist in zweifacher Hinsicht mißglückt. Einerseits kann die Einstellung einer weiteren Rücklage für eigene Aktien niemals die Passivposten Grundkapital und gesetzliche Rücklage verringern; zum anderen wird durch die Einstellung der Rücklage für eigene Aktien das Bilanzergebnis nicht verändert, weil die Rücklage der Aktivierung entspricht. Eine Verminderung des Gesellschaftsvermögens bewirkt nur die Zahlung des Preises.

AktG); wohl aber nehmen sie an der Kapitalerhöhung aus Gesellschaftsmitteln teil, § 215 Abs. 1 AktG. Über die im Geschäftsbericht erforderlichen Angaben s. § 160 Abs. 3 Nr. 2 AktG.

Dem Erwerb eigener Aktien gemäß §§ 71 Abs. 1 u. 2, 71 d steht nach § 71 e Inpfandnahme derselben gleich.

Demnach ist auch ihre Beleihung durch die Gesellschaft grundsätzlich verboten. Kreditinstitute können jedoch eigene Aktien (z. B. die sie für ihre Depotkunden verwahren) bis zu dem in § 71 Abs. 2 bestimmten Höchstbetrag als Pfand nehmen.

5. a) Jeder Erwerb eigener Aktien, der nicht durch die vorstehend 1 – 4 dargelegten Ausnahmen gedeckt wird, ist **unzulässig**. Eine Verletzung dieses Verbots macht zwar den dinglichen Erwerb nicht unwirksam; das ihm zugrundeliegende schuldrechtliche Geschäft aber ist nichtig, bei Pfandbestellung gemäß § 71 e Abs. 2 allerdings nur insoweit, als es gegen § 71 e Abs. 1 verstößt.

b) Bei unzulässig erworbenen eigenen Aktien besteht nach § 71 c sodann die Verpflichtung, sie binnen bestimmter Frist wieder zu veräußern bzw. einzuziehen.

Bei Veräußerung derselben entsteht die Frage, ob der Vorstand in der Wahl der Käufer frei ist. Ein Bezugsrecht der Aktionäre kommt nicht in Betracht, da die Wiederveräußerung ein Umsatzgeschäft darstellt. Der Vorstand kann daher diese Aktien sowohl einem Dritten als auch den Aktionären anbieten, wobei er im letzteren Fall nach § 53 a zu gleichmäßiger Behandlung derselben verpflichtet ist. Praktisch wird der Vorstand stets richtig handeln, wenn er die Aktien dem öffentlichen Kapitalmarkt zuführt. Über die Verwendung des Erlöses ist nach § 160 Abs. 3 Nr. 2 AktG im Geschäftsbericht zu berichten.

Überschreitung der dem Erwerb und der Inpfandnahme eigener Aktien gesetzten Schranken wie auch Nichtbefolgung der Pflicht zur Veräußerung oder Einziehung wird durch § 405 Abs. 1 Nr. 4 und § 407 AktG mit Geldbuße bedroht.

II. Umgehungstatbestände

1. Wenn der Gesellschaft selbst der Erwerb eigener Aktien grundsätzlich verboten und nur in Ausnahmefällen gestattet ist, so muß Verbot und Ausnahme auch für den Fall gelten, daß die Gesellschaft solche Aktien durch eine zwischengeschobene Person erwerben läßt.

a) In § 71 a Abs. 2 ist daher bestimmt, daß eine von der Gesellschaft erteilte Ermächtigung oder die Beauftragung eines Dritten zum Erwerb solcher Aktien für Rechnung der Gesellschaft insoweit nichtig ist, als der Erwerb der Gesellschaft selbst untersagt ist. Bei Überschreitung dieses Limits kann also weder der Dritte Erstattung des Kaufpreises, noch die Gesellschaft Herausgabe der Aktien verlangen.

b) Alle Aktien in der Hand des Dritten, gleichgültig, ob er sie erlaubter oder unerlaubter Weise innehat, unterliegen nach § 71 d Satz 4 analogen Regeln, welche für den Eigenbesitz der Gesellschaft selbst gelten; dieses bedeutet:

> Zur Abwendung einer Gefahr gem § 71 Abs, 1 Nr. 1 AktG darf die Gesellschaft auch durch Dritte nur voll eingezahlte Aktien und nur zu Lasten freien

Vermögens erwerben lassen, und der Vorstand hat auch hierüber der HV zu berichten.

Auch in der Hand des Dritten ruhen sämtliche Rechte aus diesen Aktien.

Bei Aktivierung dieser Aktien wäre die neutralisierende Rücklage zu bilden.

Die Pflicht zur Veräußerung bei unzulässigem Erwerb (§ 71c) dürfte jedoch entfallen, da diese Aktien wegen Nichtigkeit des Auftrags nicht für Rechnung der Gesellschaft gehalten werden; s. § 71 a Abs. 2 AktG.

2. Der Erwerb eigener Aktien könnte umgangen werden, indem die Gesellschaft einen Dritten zum Erwerb veranlaßt und ihm dazu Vorschüsse, Darlehen oder Sicherheitsleistung gewährt. Solche Rechtsgeschäfte werden in § 71a Abs. 1 für nichtig erklärt.

Für Kreditinstitute gilt eine Ausnahme für den Fall, daß sie solche Geschäfte im Rahmen ihres laufenden Geschäftsganges durchführen.

Eine weitere Ausnahme besteht für Vorschüsse, Darlehen oder Sicherheitsleistungen, welche von der Gesellschaft ihren Arbeitnehmern gewährt werden, um ihnen den Aktienerwerb zu ermöglichen; u. § 39.

3. a) Auch ein von der Gesellschaft abhängiges oder in ihrem Mehrheitsbesitz stehendes Unternehmen darf Aktien der Gesellschaft nach § 71d Satz 2 nur erwerben oder besitzen, wenn und bis zu welchem Umfang ein Erwerb der Gesellschaft selbst gestattet wäre. Über Berechnung des Umfangs s. § 71d Satz 3 AktG.

b) Für die von dem abhängigen bzw. in Mehrheitsbesitz stehenden Unternehmen erworbenen oder in ihrem Besitz befindlichen Aktien der Gesellschaft gilt nach § 71d Satz 4 folgendes:

Hat die Gesellschaft zwecks Abwendung schwerer Gefahr das abhängige Unternehmen zum Kauf ihrer Aktien veranlaßt, so hat der Vorstand auch hierüber der HV gemäß § 71 Abs. 3 zu berichten.

Aus allen Aktien der Gesellschaft, welche sich im Besitz eines abhängigen Unternehmens befinden, ruhen sämtliche Rechte, gleichgültig, ob die Aktien zu Recht erworben sind oder nicht (§ 71d Satz 4 mit § 71b AktG).

Die abhängige bzw. in Mehrheitsbesitz stehende Gesellschaft hat nach § 150a Abs. 2 für diese Aktien in Höhe ihrer Aktivierung eine Rücklage zu bilden.

Die zu Unrecht erworbenen Aktien sind zu veräußern bzw. einzuziehen. Zu diesem Zwecke kann die Gesellschaft von dem abhängigen Unternehmen die Übertragung der Aktien unter Erstattung des Gegenwertes verlangen, 71d Satz 5 und 6 AktG.

3. Soweit der Erwerb von Aktien der Gesellschaft dem abhängigen Unternehmen erlaubt ist, ist auch Einschaltung eines Mittelsmannes zulässig. Darüber hinaus aber ist ein Rechtsgeschäft mit dem Dritten nichtig, wonach dieser berechtigt oder verpflichtet sein soll, Aktien für ein von der Gesellschaft abhängiges Unternehmen zu erwerben (§ 71a Abs. 2 AktG).

Über die im Geschäftsbericht der Gesellschaft erforderlichen Angaben s. § 160 Abs. 3 Nr. 2 AktG.

§ 14 Aktienzeichnung durch ein abhängiges Unternehmen oder für Rechnung der Gesellschaft

I. Vom Erwerb eigener Aktien auf dem Markt ist die Zeichnung und Übernahme neu auszugebender Aktien zu unterscheiden.

1. Daß nach § 56 Abs. 1 AktG eine Gesellschaft selbst ihre eigenen Aktien nicht zeichnen kann, weil hierbei keine Einlagepflicht entstehen würde, ist seit langem anerkannt (RG 108, 322; BGH 15, 391).

2. Während ein herrschendes Unternehmen Aktien der abhängigen Gesellschaft beliebig hinzuerwerben kann (s. jedoch § 20 AktG), ist dem **abhängigen** oder im Mehrheitsbesitz der Gesellschaft stehenden Unternehmen in § 56 Abs. 2 AktG die Zeichnung von Aktien der herrschenden Gesellschaft schlechthin, also auch für eigene Rechnung untersagt. Dieses gilt nicht nur für Zeichnung bei einer Kapitalerhöhung, sondern auch für die Übernahme von Aktien aufgrund eines Umtausch- oder Bezugsrechts.

Ein Verstoß hiergegen hat jedoch nicht Unwirksamkeit der Aktienübernahme zur Folge, sodaß das abhängige Unternehmen zur Leistung der Einlage verpflichtet wird; es haftet aber nach § 56 Abs. 4 AktG auch jedes Vorstandsmitglied der herrschenden Gesellschaft persönlich auf Einlage, sofern es sich nicht von eigenem Verschulden entlasten kann.

Solche Aktien sind in der Bilanz der abhängigen Gesellschaft durch Bildung einer Sonderrücklage zu neutralisieren, § 150a Abs. 2 AKtG. Schwierigkeiten aber bereitet die Frage, welchen Vorschriften diese Aktien im übrigen unterliegen.

Indem § 71 d Satz 2 von Aktien der Gesellschaft spricht, welche ein abhängiges Unternehmen „besitzt", kann gefolgert werden, daß hiervon alle Aktien der Gesellschaft im Besitz eines abhängigen Unternehmens betroffen sind, gleichgültig worauf er beruht, daß hierunter also auch jene Aktien fallen, welche das abhängige Unternehmen nach § 56 Abs. 2 zwar in unzulässiger, dinglich aber wirksamer Weise erworben hat. Während bisher bei solchen Aktien nach § 56 Abs. 2 nur das Bezugsrecht und nach § 136 Abs. 2 das Stimmrecht, nicht aber die übrigen Rechte, insbesondere nicht das Dividendenrecht, ruhte, würde die Anwendbarkeit des § 71 b, auf welchen in § 71 d Satz 4 verwiesen wird, das Ruhen sämtlicher Rechte zur Folge haben[1]. Solchenfalls wäre § 136 Abs. 2 AktG gegenstandslos.

Anders hingegen, wenn unter „Aktienbesitz" i.S. des § 71 d Satz 2 nur der Besitz von Aktien zu verstehen ist, welche die abhängige Gesellschaft gemäß § 71 derivativ, also auf dem Markt, erworben hat. Solchenfalls würde jenen Aktien, deren Besitz auf § 56 Abs. 2 beruht, wie bisher, lediglich das Bezugsrecht und das Stimmrecht vorenthalten sein[2].

---

[1] Art. 20 der Zweiten Richtlinie nötigt nicht zu solch weitgehender Entrechtung.
[2] Indem nach dem RefE v. 28. 11. 1980 zur Durchführung der Dritten Richtlinie gemäß Art. 1 der § 136 Abs. 2 als überflüssig aufgehoben werden soll, wäre zum Ausdruck gebracht, daß § 71 d Satz 2 u. 4 auch für Aktien im Besitz des abhängigen Unternehmens gilt, welche von ihm nach § 56 Abs. 2 bezogen worden sind.

II. 1. In § 56 Abs. 3 AktG regelt das Gesetz die Zeichnung von Aktien **für Rechnung** der emittierenden Gesellschaft selbst oder für Rechnung eines von ihr abhängigen bzw. in ihrem Mehrheitsbesitz stehenden Unternehmens, gleichgültig ob die Zeichnung erfolgt bei einer Kapitalerhöhung gegen Einlage oder in Ausübung eines Umtausch- oder Bezugsrechts aufgrund einer Wandel- oder Obligationsanleihe.

Das Gesetz tritt damit den sog. **Vorratsaktien** entgegen, die in früherer Praxis üblich waren. In der Hochinflation nach dem ersten Weltkrieg mußte das Grundkapital laufend den inflatorisch aufgeblähten Aktiven angeglichen werden, wobei die Gesellschaften die neuen Aktien unter Zurverfügungstellung des Einlagebetrags durch abhängige Unternehmen zeichnen ließen; solche Kapitalangleichung wird heute durch die Kapitalerhöhung aus Gesellschaftsmitteln ermöglicht. Aktien der Gesellschaft in der Hand eines Treuhänders dienten sodann bei Ausgabe von Wandelschuldverschreibungen der Sicherung der Bezugsrechte; heute erfolgt diese Sicherung durch bedingte Kapitalerhöhung. Vorratsaktien in Besitz eines Treuhänders ermöglichten ferner der Gesellschaft die Neuaufnahme von Kapital unabhängig von der HV durch Veräußerung dieser Aktien; dem dient heute das genehmigte Kapital. Endlich ermöglichen Aktien der Gesellschaft im Besitz eines Treuhänders es dem Vorstand der herrschenden Gesellschaft in die eigene HV hinein zu regieren; dieses wird heute durch § 136 Abs. 2 AktG vereitelt.

2. Um die Schaffung von Vorratsaktien zu verhindern, bestimmt § 56 Abs. 3 AktG: Wer als Zeichner oder in Ausübung eines Bezugs- oder Umtauschrechts eine Aktie für Rechnung der Gesellschaft oder für Rechnung eines von ihr abhängigen bzw. in ihrem Mehrheitsbesitz stehenden Unternehmens übernommen hat, kann sich nicht darauf berufen, die Aktie nicht für eigene Rechnung übernommen zu haben. Er haftet ohne Rücksicht auf die getroffene Vereinbarung auf die volle Einlage, die einzufordern der Vorstand der Gesellschaft auch verpflichtet ist.

Der Zeichner kann mithin aus dem Auftragsverhältnis keinen Anspruch auf Erstattung der Einlage geltend machen, bleibt aber der Auftraggeberin zur Herausgabe der Aktie verpflichtet. Erst wenn Zeichner erklärt, die Aktie für eigene Rechnung zu übernehmen und damit das Auftragsverhältnis kündigt, gewähren diese Aktien auch die Rechte. Veräußert der Zeichner diese Aktien an einen Dritten, so entstehen in dessen Hand alle Rechte aus der Aktie (§ 56 Abs. 3 Satz 3 AKtG).

Es haftet jedoch nach § 56 Abs. 4 neben dem Zeichner jedes Vorstandsmitglied auf die Einlage, es sei denn, daß es den Nachweis mangelnden eigenen Verschuldens führt. Praktisch wird durch diese Regelung die Schaffung von Vorratsaktien erschwert, nicht aber ausgeschlossen.

Ist treuhänderisch beauftragt ein abhängiges Unternehmen, so gilt für die von ihm bezogenen Aktien vorrangig das oben I. 2 Gesagte.

Zeichnung der Aktien durch ein Bankenkonsortium, wobei die Banken sich zur Befolgung der Verfügungsweisung der Gesellschaft verpflichten, ist keine Zeichnung für Rechnung der Gesellschaft, weil ein Erstattungsanspruch der Banken gegen die Gesellschaft weder vereinbart wird, noch wegen § 57 AktG vereinbart werden kann.

§ 15 Einlagepflicht

I. Entstehung und Inhalt

1. Die Einlagepflicht entsteht mit der Übernahme von Aktien bei Gründung der Gesellschaft oder durch Zuteilung der gezeichneten Aktie bei Kapitalerhöhung.

Ist eine Sacheinlage zu leisten, dann trifft diese Verpflichtung nur den ursprünglichen Aktionär bzw. dessen Erben. Bis zu ihrer Erbringung ruht nicht nur das Stimmrecht (§ 134 Abs. 2), sondern es ruhen auch alle anderen Mitgliedschaftsrechte[1].

Die Geldeinlagepflicht hingegen wird bei Veräußerung der Mitgliedschaft auch für den Erwerber begründet. Schuldner derselben ist der jeweilige Aktionär (KG in JW 1927, 2434). Die Vormänner des Erwerbers bleiben für Einzahlung weiterhin haftbar (§ 65 AktG). Hier ruht bis zur Volleinzahlung nur das Stimmrecht, § 134 Abs. 2 AktG.

2. a) Grundsätzlich ist die Einlagepflicht eine **Geldschuld** (§§ 54 Abs. 2; 183 Abs. 2; 194 Abs. 2 AktG), welche mit der Zahlungsaufforderung des Vorstands fällig wird (§ 36 Abs. 2, §§ 36a, 63 Abs. 1 AktG) und vor Eintragung der Gesellschaft bzw. vor Eintragung der Durchführung der Kapitalerhöhung in der in §§ 54 Abs. 3, 188 Abs. 2 AktG vorgeschriebenen Weise zu erfüllen ist.

Jede nicht in Geld bestehende Einlage ist eine **Sacheinlage** (z.B. Einbringung einer Geldforderung). Zur Frage, was Gegenstand einer Sacheinlage sein kann s.o. § 10 II 2a. Zur Fälligkeit der Sacheinlage s. § 36a Abs. 2 AktG.

b) Die Einbringung der Sacheinlage ist ein **Veräußerungsgeschäft**, unterliegt daher den Formerfordernissen der § 313 BGB, § 15 GmbHG; sie ist aber kein rein schuldrechtlicher Vertrag, sondern ein gesellschaftlicher Akt (vgl. RG 122, 349), weshalb die allgemeinen Grundsätze des Schuldrechts nur modifiziert anwendbar sind (BGH 45, 339). Bei nachträglich eintretender zufälliger Unmöglichkeit der Leistung tritt nicht Befreiung von der Einlagepflicht als solcher, sondern nur von der Erbringung der Sacheinlage ein. Der Aktionär hat daher die entsprechende Geldeinlage zu leisten. Die Einlageschuld ist eine Bringschuld, welche unter der aus § 66 AktG zu folgernden Garantieverpflichtung des Sacheinlegers steht.

Etwaige Willensmängel können vom Aktionär nach Eintragung der Gesellschaft (bzw. der Kapitalerhöhung) gegen diese nicht mehr geltend gemacht werden (RG 123, 107; RG Warn. 1931 Nr. 41).

In ähnlicher Weise wird auch die Haftung des Sacheinlegers für **Rechts-** und **Sachmängel** abgewandelt. Zur Wandelung und Minderung ist die Gesellschaft zwar befugt. Doch führt die Wandelung nicht zur Aufhebung der Aktienübernahme, son-

---

[1] Vgl. *Barz*, Großkomm. § 54 Anm. 13.

dern es ist der Wert mangelfreier Einlage in bar zu leisten, bei Minderung entsprechend zu ergänzen[2].

3. a) Die Höhe der Einlage wird durch den Nennbetrag oder durch den höheren Ausgabebetrag der Aktien (Agio, Überpari-Emission) bestimmt, § 54 AktG.

Bei Gesellschaftsgründung kann ein Agio vorgesehen sein (§ 23 Abs. 2 AktG) zwecks Deckung der Gründungskosten oder um die Gesellschaft schon mit einer Kapitalrücklage entstehen zu lassen. Bei Kapitalerhöhung dient das Agio (§ 185 Abs. 1 Nr. 2 AktG) zur Angleichung des Wertes der neuen Aktien an den über pari stehenden Wert der alten Aktien. Im Falle eines Ausschlusses des Bezugsrechts ist das Agio insbesondere erforderlich als Preis für die Beteiligung des neuen Aktionärs an den Rücklagen der Gesellschaft (thesaurierten Gewinnen); s. dazu § 255 Abs. 2 AktG.

Für einen geringeren Betrag als den Nennbetrag dürfen Aktien nicht ausgegeben werden (Verbot der Unterpari-Emission), § 9 AktG. Die Ausgabe unter pari widerspricht dem Grundsatz der Vollaufbringung des Gesellschaftsvermögens.

Für Sacheinlagen schreibt § 36 a Abs. 2 AktG vor, daß ihr Wert dem Nennbetrag bzw. dem höheren Ausgabebetrag der dafür gewährten Aktien entsprechen muß. Darin ist ein Verbot der Überbewertung enthalten, aber auch dieses, daß das Versprechen der Sacheinlage zugleich eine Kapitaldeckungszusage enthält (s. dazu BGH 64, 52; 68, 191). Ob der Wert der Sacheinlage dem Betrag der dafür gewährten Aktien entspricht, wird bei der Gründungsprüfung (§ 34 AktG), im Falle einer Kapitalerhöhung bei der in § 183 Abs. 3 AktG vorgeschriebenen Prüfung kontrolliert. Bleibt der aktivierte Wert der Sacheinlage hinter dem Betrag der dafür gewährten Aktien zurück, dann ist die Differenz durch Zuzahlung in bar auszugleichen.

b) Verboten ist eine Befreiung der Aktionäre von ihrer Einlagepflicht (vgl. auch RG 156, 23), sowie die Aufrechnung eines Aktionärs gegen diese Schuld mit einer ihm gegen die Gesellschaft zustehenden Forderung, § 66 AktG. Sinngemäß steht die genannte Bestimmung auch der Geltendmachung eines Zurückbehaltungsrechts durch den Aktionär entgegen (so ausdrücklich § 19 GmbHG); vgl.auch BGH 28, 77, 314 (zur GmbH).

Die Gesellschaft kann daher weder auf Vollzug der Einlage, noch auf die Erfüllung ihr etwa zugesagter Garantien, noch auf die Geltendmachung ihr zustehender Ersatzansprüche wirksam verzichten. Eine Befreiung von der Einlagepflicht ist allein im Wege der Kapitalherabsetzung unter Wahrung der Gläubigerschutzbestimmungen möglich.

Über das Verbot der **Rückgewähr** von Einlagen, s.o. § 9 I.

4. a) Durch den Nennbetrag oder den höheren Ausgabebetrag wird die Einlagepflicht zugleich zwingend nach oben begrenzt (RG 113, 155; 121 241; JW 1931, 2097). Unbekannt ist der AG daher eine **Nachschußpflicht**, und eine solche kann auch nicht durch die Satzung begründet werden. Aus diesem Grunde ist auch eine Kapitalerhöhung unter Erhöhung des Nennbetrags der Aktie nicht möglich, weil dieses einer Nachschußpflicht gleichkäme, § 182 Abs. 1 Satz 4 AktG.

---
2 Wie hier auch *Ritter*, § 20 Anm. 2 f.; *Barz*, Großkomm. § 27 Anm. 20; *Kraft*, Köln. Komm. § 27 Rn. 67.

II. Haftung für die Einlagepflicht (Kaduzierungsverfahren)

1. Im Interesse der Vollaufbringung des Vermögens sind in den §§ 63 bis 65 AktG Vorschriften über die Haftung der Aktionäre für rückständige Einlagen aufgestellt. Sie beziehen sich nur auf **Bareinlagen**, nicht auch auf Sacheinlagepflichten und ebenfalls nicht auf die sog. Nebenpflichten.

2. Für die rückständigen Geldeinlagen haftet der im Aktienbuch als derzeitiges Mitglied eingetragene Aktionär, § 67 Abs. 2 AktG. Subsidiär haften die im Aktienbuch vermerkten Rechtsvorgänger.

a) Bei nicht rechtzeitiger Einzahlung sind zunächst fünf Prozent Zinsen zu entrichten. Im Falle des Leistungsverzugs kann die Gesellschaft einen höheren Schaden geltend machen. In der Satzung kann die nicht rechtzeitige Einzahlung auch unter Vertragsstrafe gestellt werden, § 63 AktG.

b) Gegen den säumigen Aktionär kann die Gesellschaft klageweise vorgehen, stattdessen auch das **Ausschlußverfahren** einleiten mit dem Ziele, den säumigen Aktionär seiner Mitgliedschaft und der darauf etwa bezahlten Teilbeträge zugunsten der Gesellschaft für verlustig zu erklären. Die Verlustigkeitserklärung, welche durch Bekanntmachung in den Gesellschaftsblättern erfolgt, bewirkt Ausschluß des säumigen Aktionärs, Kraftloserklärung der alten Aktien und den Anfall der Mitgliedschaft an die Gesellschaft (letzteres ist bestritten; vgl. dazu RG 114, 212; 125, 114). An Stelle der alten Aktienurkunde wird eine neue ausgegeben, in welcher außer der geleisteten Teilzahlung auch der rückständige eingeforderte Betrag zu vermerken ist.

Die Kaduzierung berührt also nicht das Mitgliedschaftsverhältnis als solches, sondern entzieht es unter gleichzeitiger Kraftloserklärung des Aktienbriefs dem säumigen Aktionär. Die Gesellschaft aber darf die ihr angefallene Mitgliedschaft weder aktivieren noch daraus für sich Gewinn ziehen; dieser bleibt dem neuen Übernehmer vorbehalten.

c) Die Gesellschaft darf die neue Aktie nicht beliebig verwerten, sondern hat sich an die im Aktienbuch eingetragenen Vormänner des ausgeschlossenen Mitgliedes zu halten. Zahlt einer von ihnen, dann wird ihm die Aktie überlassen und er erlangt damit jene Mitgliedschaft wieder, die er bereits einmal besessen hat. Erst wenn diese Maßnahme versagt, kann die Gesellschaft die Aktie gemäß § 65 Abs. 3 AktG verwerten.

§ 16 Recht auf Dividende

I. Anteil am Gewinn

1. Aus dem Anteil des Aktionärs am Gesellschaftsvermögen ergibt sich sein Anteil am Gewinn. Die Höhe der ihm zustehenden Quote wird durch das Verhältnis des Nennbetrags der Aktie zum Grundkapital bestimmt. Während das Stimmrecht erst nach vollständiger Leistung der Einlage ausgeübt werden kann (§ 134 Abs. 2), er-

wächst bei Bareinzahlungspflicht der Anspruch auf Gewinn unabhängig davon, ob die Einlage voll geleistet ist oder nicht. Bestehen bei einer Gesellschaft voll eingezahlte und teileingezahlte Aktien, so steht allen Aktionären, sofern die Satzung nicht etwas anderes bestimmt (u. II 2 b), gleichermaßen die dem Nennbetrag ihrer Aktie entsprechende Gewinnquote zu.

2. Das Dividendenrecht bezieht sich ausschließlich auf den in der **Bilanz ausgewiesenen** Gewinn. Nur auf den Bilanzgewinn haben die Aktionäre Anspruch, nicht also auf Rückzahlung des gezahlten Aufgeldes oder auf Rückzahlung etwa freiwillig geleisteter Zuzahlungen; auch nicht einen Anspruch auf Verteilung freier Rücklagen ohne vorherige Rücklagenauflösung und außerhalb eines Gewinnverteilungsbeschlusses. Da der Aktionär nur Anspruch auf den Bilanzgewinn hat, ist also während des Bestandes der Gesellschaft (abgesehen von Vergütungen für Nebenleistungen (§ 61) und von der Teilliquidation durch Kapitalherabsetzung) **jeder** andere Anspruch auf Zahlung aus dem Gesellschaftsvermögen ausgeschlossen.

3. **Bilanzgewinn** ist nach § 151 Abs. 4 Satz 3 AktG der Überschuß der Aktivposten über die Passivposten, also der in dem Bilanzschema des § 151 sub Passiva VIII ausgewiesene Betrag, welcher sich ergibt, nachdem Zuweisungen in die gesetzliche Rücklage oder in freie Rücklagen erfolgt sind.

Der Bilanzgewinn ist zu unterscheiden von dem **Jahresüberschuß,** welcher in dem in § 157 enthaltenen Schema unter Nr. 28 ausgewiesen wird. Er läßt das Ergebnis des Geschäftsjahres ersehen, welches sich **vor** Zuweisungen in Rücklagen bzw. vor Entnahmen aus solchen ergibt. Ein Bilanzgewinn entfällt mithin trotz erzieltem Jahresüberschuß, wenn letzterer in voller Höhe der Rücklage zugeführt wird. Umgekehrt kann trotz Ausweises eines Jahresfehlbetrags ein Bilanzgewinn sich daraus ergeben, daß eine den Fehlbetrag übersteigende freie Rücklage aufgelöst wird.

II. Anspruch auf Auszahlung der Dividende

1. Der klagbare Anspruch auf Auszahlung der Dividende entsteht erst, wenn die HV im Gewinnverwendungsbeschluß (§ 174 AktG) die Ausschüttung beschließt. Über diesen Beschluß s. u. § 32 G.

Die Satzung kann jedoch den Vorstand ermächtigen, nach Ablauf des Geschäftsjahres auf den voraussichtlichen Bilanzgewinn einen Abschlag an die Aktionäre zu zahlen, § 59 AktG.

2. Die Entstehung des Anspruchs auf Dividende kann durch das Gesetz selbst gehemmt sein; Modalitäten der Gewinnverteilung können durch die Satzung bestimmt werden, ebenso durch die HV in ihrem Gewinnverwendungsbeschluß. Dieses kommt zum Ausdruck in § 58 Abs. 4 AktG, wonach die Aktionäre Anspruch auf den Bilanzgewinn nur insoweit haben, als er nicht nach Gesetz oder Satzung oder durch HV-Beschluß gemäß Abs. 3 von der Verteilung unter die Aktionäre ausgeschlossen ist.

§ 16 *Recht auf Dividende*

a) Ein **gesetzlicher** Ausschluß besteht für jene Aktien, deren Rechte ruhen (§§ 20 Abs. 7; 21 Abs. 4; 56 Abs. 3 Satz 3; 71 b AktG) ferner im Fall des § 328 AktG (u. § 66).

b) Auch die **Satzung** kann die Verteilung der Dividende unterschiedlich regeln. Sie kann z.B. den Anfall derselben bei Mehrstimmrechtsaktien beschränken oder ganz ausschließen. Sie kann den Anfall auf voll- und teileingezahlte Aktien verschieden regeln; sie kann bestimmen, daß der Gewinn einer Stiftung zuzuweisen sei.

c) Auch die HV kann im Gewinnverwendungsbeschluß (§ 174 AktG) über den Gewinn, statt ihn auszuschütten oder ihn in Rücklage einzustellen, in anderer Weise disponieren, falls die Satzung sie dazu ermächtigt (§ 58 Abs. 3 Satz 2 AktG). Über Zuweisung des Gewinns in freie Rücklagen s.o. § 8 II.

d) Über nachträgliche Beschränkung des auf die Aktien entfallenden Gewinnanteils durch Satzungsänderung s.u. § 33 III.

III. Die Körperschaftsteuerreform

Ursprünglich unterlagen ausgeschüttete Gewinne einer doppelten Besteuerung, indem zunächst die Gesellschaft für den ermittelten Gewinn die Körperschaftsteuer zu entrichten hatte, der ausgeschüttete Gewinn beim Empfänger als Einnahme zu versteuern war. Ein erster Schritt zur Milderung dieser Doppelbesteuerung bestand darin, daß die von der Gesellschaft zu entrichtende Körperschaftsteuer für den zur Ausschüttung gelangenden Gewinn erheblich gesenkt wurde. Das mit dem Körperschaftsteuerreformgesetz vom 31. 8. 1976 (BGBl I 2597) eingeführte KStG 1977 hat in Verbindung mit dem EStG in der Neufassung vom 21. 6. 1979 (BGBl I 722) für alle im Inland der Einkommensteuerpflicht unterliegenden Personen (§ 1 EStG 1979) die Doppelbesteuerung ausgeschütteter Gewinne bei allen unbeschränkt steuerpflichtigen Kapitalgesellschaften beseitigt. Dieses wird in einem komplizierten, hier nicht näher darzustellenden Verfahren auf folgende Weise erreicht[1].

Regelmäßig beträgt die Körperschaftsteuer 56% des von der Gesellschaft zu versteuernden Einkommens. Für den zur Ausschüttung gelangenden Gewinn jedoch, beträgt die KSt einheitlich 36%, welche von der Gesellschaft zu entrichten ist (§ 27 KStG 1977). Diese Steuer aber wird auf die Einkommensteuer des Aktionärs angerechnet (§ 36 Abs. 2 Nr. 3 EStG 1979). Über den anrechenbaren Betrag hat die Gesellschaft bzw. die Depotbank, welche die Aktien verwahrt, dem Aktionär eine Bescheinigung auszustellen, die er seinem Finanzamt einreicht (§§ 44, 45 KStG 1977).

Beibehalten ist die die Dividende belastende Kapitalertragsteuer von 25%, welche praktisch nur Empfänger trifft, die nicht einkommensteuerpflichtig sind, weil auch sie auf ESt angerechnet wird. Indessen können Aktionäre, die nicht einkommensteuerpflichtig sind, sich auch von der Kapitalertragsteuer befreien lassen (§§ 43 Abs. 1 Nr. 1; 43a; 36 Abs. 2 Nr. 2, 44b EStG 1979).

---

1 Vgl. dazu *E. Dötsch*, Das körperschaftsteuerliche Anrechnungsverfahren, DB 1978, 265 ff., 314 ff.

§ 17 Stimmrecht

I. Grundsätzliches[1]

1. Das Stimmrecht ist das wichtigste mitgliedschaftliche Verwaltungsrecht des Aktionärs. Es verleiht ihm die Möglichkeit, im Rahmen der Zuständigkeiten der HV an der Verwaltung der Gesellschaft sich zu beteiligen und mitbestimmend auf ihr Schicksal einzuwirken (RG 111, 407; 118, 69). Als Bestandteil der Mitgliedschaft steht das Stimmrecht dem jeweiligen Träger derselben zu.

2. Es gilt der Grundsatz, daß jede Aktie das Stimmrecht gewährt, mögen Aktienurkunden ausgegeben sein oder nicht, § 12 Abs. 1 Satz 1 AktG. Da das Stimmrecht dazu dient, an der Verwaltung der geleisteten Einlage mitzuwirken, ist das Stimmrecht mit der Einlage notwendig verbunden. Ebensowenig, wie es einlagelose Aktien gibt, sind Aktien ohne Stimmrecht möglich. Nur eine scheinbare Ausnahme sind die sog. Vorzugsaktien ohne Stimmrecht (u. § 18 II).

a) **Mehrstimmrechtsaktien** sind nach § 12 Abs. 2 AktG grundsätzlich unzulässig. Aus früherer Zeit vorhandene Mehrstimmrechte bleiben bestehen, können aber nach § 5 EG AktG in erleichterter Weise von der HV abgeschafft werden. Nach § 12 Abs. 2 AktG können mit behördlicher Genehmigung auch künftig Ausnahmen zugelassen werden, soweit es zur Wahrung überwiegender gesamtwirtschaftlicher Belange erforderlich ist. Das trifft insbesondere zu bei Beteiligung der öffentlichen Hand an Versorgungsunternehmen[2].

Das Mehrstimmrecht ist jedoch in jenen Fällen seiner Bedeutung beraubt, wo das Gesetz nicht allein auf die Mehrheit der Stimmen, sondern auch auf eine bestimmte Kapitalmehrheit abstellt; vgl. §§ 179 Abs. 2; 182 Abs. 1; 186 Abs. 3; 179 Abs. 2; 193 Abs. 1; 222 Abs. 1; 293 Abs. 1 u.a.m. AktG. Bei diesen Beschlüssen muß mit der nach § 133 AktG ausreichenden einfachen Stimmenmehrheit sich eine Kapitalmehrheit verbinden, welche mindestens drei Viertel des bei der Beschlußfassung vertretenen Grundkapitals umfaßt. Solche Kapitalmehrheit vermögen die Inhaber der Mehrstimmrechtsaktien nicht aufzubringen; wohl aber können sie in der Lage sein, mit ihren Gegenstimmen das Zustandekommen solcher Beschlüsse zu verhindern. Ohne Wirkung ist das mehrfache Stimmrecht sodann bei Geltendmachung von Minderheitsrechten, da die erforderliche Minderheit stets bestimmt wird durch das Verhältnis ihrer Anteile zum Grundkapital (vgl. §§ 122 Abs. 2, 142 Abs. 2, 147 Abs. 1 u. 2 AktG). Das mehrfache Stimmrecht wirkt sich daher positiv nur bei jenen HV-Beschlüssen aus, für welche die einfache Stimmenmehrheit genügt, wie z.B. bei Feststellung des Jahresabschlusses durch die HV (§ 173), beim Gewinnverwendungsbeschluß (§ 174), bei den Wahlen, ferner bei jenen Beschlüssen, welche einer qualifizierten Mehrheit der Stimmen bedürfen (§ 111 Abs. 4 Satz 4).

---
[1] Vgl. *Obermüller-Werner-Winden*, Die Hauptversammlung der Aktiengesellschaft (3. Aufl. 1967) S. 97ff.
[2] Vgl. Ausschußbericht zu § 12 AktG, Kropff S. 25/6.

Die Mehrstimmrechtsaktien sind in der Bilanz bei dem Posten Grundkapital zu vermerken, § 152 Abs. 3 AktG.

b) Die Satzung kann gemäß § 134 Abs. 1 Satz 2 AktG für den Fall, daß ein Aktionär mehrere Aktien besitzt, die von ihm ausübbare Stimmenzahl durch die Festsetzung einer Höchstzahl oder von Abstufungen beschränken. Die Beschränkung betrifft allein die Ausübung des Stimmrechts durch den Aktionär; sie ändert nicht die Aktie, schafft insbesondere nicht Aktien besonderer Gattung. Auf diese Weise ist eine Beschneidung der mit einem Aktienpaket verbundenen Herrschaftsmacht möglich; s. auch § 405 Abs. 3 Nr. 5 AktG.

Denkbar sind etwa folgende Modalitäten: ,,Gehören einem Aktionär Aktien im Nennbetrag von mehr als 5% des Grundkapitals, so ist das Stimmrecht auf die Anzahl von Stimmen beschränkt, welche Aktien im Nennbetrag von 5% des Grundkapitals gewähren''.

Von der Möglichkeit, die Ausübung des Stimmrechts zu beschränken, haben in den letzten Jahren zum Schutz gegen Überfremdung mehrere Gesellschaften Gebrauch gemacht. Hierbei ergab sich die Frage, ob eine solche Beschränkung nachträglich durch Satzungsänderung ohne individuelle Zustimmung auch dann eingeführt werden kann, wenn ein Paketinhaber von ihr betroffen wird. Ein Verstoß gegen § 134 Abs. 1 Satz 5 AktG liegt an sich nicht vor, da die Regelung nicht für den Paketinhaber allein gelten soll, sondern für alle Aktionäre. Wohl aber wird der Paketinhaber von ihren Wirkungen allein betroffen. In der Entscheidung BGH 70, 117 hat der Bundesgerichtshof die Möglichkeit, ein Höchststimmrecht durch Satzungsänderung ohne Zustimmung betroffener Aktionäre einzuführen, bejaht. Der Umstand, daß von den Wirkungen einer für alle Aktionäre geltenden Regelung einzelne ungleich belastet werden, verstößt nicht gegen den Grundsatz der gleichmäßigen Behandlung.

Über die Berechnung der Kapital- und Stimmenmehrheit bei Beschränkung der Stimmrechtsausübung s. u. § 33 II 3.

II. Beginn des Stimmrechts

Das Stimmrecht beginnt mit der vollständigen Leistung der Einlage, § 134 Abs. 2 AktG. Es kann jedoch durch die Satzung schon mit Einzahlung der gesetzlichen Mindesteinlage verbunden werden. Das ist von Bedeutung für Versicherungsgesellschaften, bei denen in der Regel nur ein Teil der Einlage eingezahlt wird. Bei verschieden hohen Einzahlungen muß nach § 134 Abs. 2 die Stimmenzahl proportional dem Einlagebetrag sein.

Es ist daher nicht möglich, verkappte Mehrstimmrechtsaktien dadurch zu schaffen, daß ein Teil der Aktien nur zum Mindestbetrag eingezahlt wird, aber gleichwohl das volle Stimmrecht gewährt.

III. Die Rechtsnatur der Stimmabgabe

Sie wird bestimmt durch die Rechtsnatur des Beschlusses selbst (s. u. § 28 I). Da der Beschluß die Feststellung der rechtsverbindlichen Willensäußerung der Beteiligten bezweckt, stellt die Stimmabgabe der Aktionäre eine rechtsgeschäftliche Willensäußerung dar, welche, insoweit sich nicht durch die geregelten Formen der Beschlußfassung ein anderes ergibt, hinsichtlich Zugang, Wirksamkeit und Auslegung den allgemeinen Grundsätzen der Willenserklärung unterliegt. Das will besagen:

1. Die abgegebene Stimme ist vom Zeitpunkt des Zugangs ab bindend, wobei der Zugang je nach dem Abstimmungsmodus (offen, geheim) in verschiedenen Umständen zu erblicken sein kann. Mit der vorgesehenen Feststellung und Verkündung des Beschlußergebnisses durch den Versammlungsleiter (vgl. § 130 Abs. 2 AktG) ist eine schwebende Unwirksamkeit der Stimmabgabe unvereinbar. Die Stimmabgabe ist daher bedingungsfeindlich.

2. Die Stimmabgabe unterliegt bei Vorliegen von Willensmängeln der nachträglichen Anfechtung (vgl. für die GmbH BGH 14, 267). Die Anfechtung bewirkt, daß die Stimme als nicht abgegeben gilt. Wird dadurch das im übrigen gegebene Mehrheitsverhältnis nicht erschüttert, so bleibt der Anfechtung ein praktischer Erfolg versagt. Andernfalls vermag die Anfechtung der Stimmabgabe gleichwohl den Beschluß noch nicht zu stürzen; die Förmlichkeit der Beschlußfassung sowie das Gebot der Rechtssicherheit führen dazu, daß auch ein durch nachträgliche Anfechtung der Stimmabgabe fehlerhaft gewordener Beschluß nur im Wege der Anfechtungsklage beseitigt werden kann (vgl. RG 115, 383; 142, 128)[3].

IV. Ausübung des Stimmrechts

1. Das Stimmrecht wird nach **Aktiennennbeträgen** ausgeübt. Aktien mit verschiedenen Nennbeträgen haben ein der kleinsten Aktie entsprechendes mehrfaches Stimmrecht. Sind Aktien zu 50 DM und zu 1000 DM ausgegeben, so gewähren erstere eine, letztere zwanzig Stimmen.

§ 123 Abs. 3 AktG stellt es der Satzung anheim, Bedingungen für die Teilnahme an der HV oder der Stimmrechtsausübung näher zu regeln. Hauptfall ist die Hinterlegung von Aktien als Voraussetzung der Zulassung zur HV. Diese Festsetzungen aber dürfen nicht darauf abzielen, einzelnen Aktionären die Ausübung des Stimmrechts unmöglich machen. Hindernisse bei Erfüllung dieser Bedingungen, die in der Person der Aktionäre liegen oder sich aus der für einen ausländischen Aktionär zuständigen Rechtsordnung ergeben (z. B. Devisengesetze), sind der Gesellschaft nicht zuzurechnen. Die Form der Ausübung des Stimmrechts (z. B. schriftliche Stimmabgabe) kann in der Satzung geregelt sein (§ 134 Abs. 4 AktG); ansonsten bestimmt sie der Vorsitzende.

---

3 Vgl. *Bartholomeyczik*, Die Anfechtung der Stimmabgabe zum Körperschaftsbeschluß, AcP 1938, 287 ff.

2. Bestritten ist, ob ein Aktionär, der mehrere Aktien besitzt, die Stimmen **einheitlich** abzugeben habe oder mit einzelnen Aktien verschieden stimmen kann. Letzteres wurde in RG 118, 67; 157, 58 verneint.

Die Notwendigkeit uneinheitlicher Stimmabgabe kann sich für Banken bei Ausübung des Stimmrechts für ihre Depotkunden ergeben, falls diese verschiedene Weisungen erteilen, oder wenn Aktien einem Dachverband gehören, dessen Unterverbände berechtigt sind, die Ausübung des Stimmrechts aus einer gewissen Zahl von Aktien zu bestimmen. Die Möglichkeit uneinheitlicher Stimmabgabe wird daher heute allgemein anerkannt[4].

Bei gemeinsamem Besitz einer Aktie durch mehrere Beteiligte erfolgt die Geltendmachung des Stimmrechts nach Maßgabe des § 63 AktG.

3. Der Aktionär ist in der Ausübung seines Stimmrechts **frei** (vgl. dazu BGH 14, 38 und BGH in WM 62, 811). Selbst wenn er mit seiner Stimme gesellschaftsfremde Interessen verfolgt, ensteht für ihn keine aktienrechtliche Verantwortlichkeit, § 117 Abs. 7 Nr. 1 AktG. Diesem Grundsatz liegt die Erwägung zugrunde, daß die Mitglieder bei der Willensbildung, wenn es gilt, das Gesellschaftsschicksal autonom zu bestimmen, in der Lage sein sollen, zu den Beschlußanträgen eine ihren Interessen und ihrer persönlichen Überzeugung entsprechende Stellungnahme abzugeben. Als Korrektiv gegen Beschlüsse, welche die Minderheit schädigen, besteht das Anfechtungsrecht (s. u. § 26 III).

Die Anwendbarkeit der allgemeinen Deliktsbestimmungen wird nicht ausgeschlossen. Vorsätzlich sittenwidrige Schadenszufügung zieht Ersatzpflicht nach § 826 BGB nach sich, auch wenn sie mittels Stimmrecht erfolgt.

Besondere Regeln (§§ 311 ff. AktG) gelten für ein herrschendes Unternehmen, welches ohne Beherrschungsvertrag auf die von ihm abhängige Gesellschaft einwirkt, was auch Einwirkung mittels des Stimmrechts umfaßt; darüber s. u. § 72.

4. Die nach früherem Recht weitgehend anerkannte Zulässigkeit der **Stimmrechtsbindung** (vgl. RG 112, 273; 119, 386; 133, 90; 139, 160, 262; 165, 78) ist durch § 136 Abs. 3 AktG beschränkt worden[5]. **Nichtig** ist ein Vertrag, durch den ein Aktionär sich verpflichtet, sein Stimmrecht nach **Weisung** der Gesellschaft, ihres Vorstands oder Aufsichtsrats oder nach Weisung eines abhängigen Unternehmens auszuüben. Nichtig ist ferner ein Vertrag, durch den sich ein Aktionär verpflichtet, für die jeweiligen **Vorschläge** des Vorstands oder Aufsichtsrats zu stimmen, auch wenn Aktionäre untereinander eine solche Vereinbarung treffen; dasselbe muß auch für Absprachen zwischen der Gesellschaft und einer Depotbank gelten. Die Nichtigkeit bewirkt nur Unverbindlichkeit der Weisung. Freiwillige Befolgung derselben begründet aber nicht eine Anfechtbarkeit des HV-Beschlusses.

---

[4] *Klausing*, Uneinheitliche Ausübung mehrerer Stimmen durch Einzelpersonen und Personenverbände (1928); *Barz*, Großkomm. § 134 Anm. 11 mit weiteren Angaben.

[5] Vgl. *H. P. Overrath*, Die Stimmrechtsbindung (1974), AHW Bd. 7; *Lübbert*, Abstimmungsvereinbarungen in den Aktien- u. GmbH-Rechten der EWG-Staaten, der Schweiz und Großbritanniens (1971); *J. Schröder*, Stimmrechtskonsortien unter Aktionären, ZGR 1978, 578 ff.

Im übrigen ist eine Vereinbarung der Aktionäre untereinander oder gegenüber einem Dritten, die Stimme allgemein oder in Einzelfragen in bestimmter Weise abzugeben, auch wenn sie mit Vertragsstrafe sanktioniert ist, grundsätzlich gültig. Solche Verträge verstoßen nicht gegen die Grundsätze des Aktienrechts, insbesondere nicht gegen die körperschaftliche Autonomie. Da sie nur obligatorisch wirken, behält die unter Verletzung der Vereinbarung abgegebene Stimme ihre Gültigkeit. Der Abstimmende macht sich lediglich wegen Vertragsverletzung ersatzpflichtig; vgl. RG 119, 388; 133, 95; 165, 78; zum internationalen Recht solcher Verträge vgl. RG 161, 296. Im Gegensatz zur früheren Rechtsprechung (RG 112, 279; 133, 95; 160, 262) ist in BGH 48, 169 für die GmbH aus solcher Vereinbarung die Erfüllungsklage und deren Vollstreckbarkeit nach § 894 ZPO anerkannt worden. Ob dieses auch für die AG gelten kann, ist überaus zweifelhaft.

Werden solche Verträge von den Aktionären untereinander geschlossen (Schutzgemeinschaften, Konsortial- oder Poolverträge), so liegt eine Gesellschaft des bürgerlichen Rechts vor (dazu RG 111, 405), wobei die zusammengeschlossenen Beteiligten vor der HV über die Art der Stimmabgabe beschließen. Vielfach werden die Aktien von den Konsorten in ein gemeinsames Depot eingebracht und die Konsortialleiter unwiderruflich zur Ausübung des Stimmrechts bevollmächtigt. Durch Beschluß der Konsorten, bei welchem ihre Stimmenzahl sich nach dem Nennbetrag ihrer Aktien richtete, wird vor jeder HV festgelegt, in welcher Weise der Konsortialleiter zu stimmen habe.

Strafbar sind Vereinbarungen solcher Art, wenn für die Stimmrechtsbindung ein finanzieller Vorteil gefordert oder gewährt wird (sog. Stimmenkauf; § 405 Abs. 3 Nr. 6 und 7 AktG). Ein Stimmenkauf liegt nicht vor, wenn eine Stimmrechtsbindung vereinbart ist in einem auf Leistungsaustausch gerichteten Vertrag und die Gegenleistung sich nicht auf die Ausübung des Stimmrechts bezieht. Stimmenkauf ist nur die auf Beeinflussung der Stimmabgabe gezielte Zahlung. Von § 405 Abs. 3 Nr. 2 u. 3 AktG wird auch die Verschaffung oder Überlassung von Aktien zur Ausübung der Rechte in der HV erfaßt, welche gegen besonderen Vorteil erfolgt.

5. Die **Ausübung** des Stimmrechts **durch Dritte** ist grundsätzlich zulässig.

a) Jeder Aktionär ist berechtigt, sein Stimmrecht in der HV durch einen Bevollmächtigten ausüben zu lassen (§ 134 Abs. 3 AktG). Dieses Recht ist zwingend; es besteht auch bei vinkulierten Aktien. Es kann durch die Satzung zwar beschränkt (z. B. daß Bevollmächtigter ein Akionär sein muß), nicht aber ausgeschlossen werden[6].

Für die Vollmacht besteht Schriftform. Die Vollmachtsurkunde ist der Gesellschaft einzureichen und von dieser zu verwahren. Der Vertreter übt das Stimmrecht im Namen des Vertretenen aus. Dieses erfolgt in der HV nicht expressis verbis, sondern wird nur dadurch erkennbar, daß im Teilnehmerverzeichnis sowohl der vertretene Aktionär als auch der Vertreter aufzuführen ist (§ 129 Abs. 1 AktG); s. u. § 27 IV 2.

Der Bevollmächtigte kann das Stimmrecht nur insoweit ausüben, als der Vollmacht-

---

6 Dazu *Zöller*, Köln. Komm. § 134 Anm. 73 ff. mit weiteren Angaben.

geber selbst dazu befugt ist; Umgehung wird nach § 405 Abs. 3 Nr. 5 AktG geahndet; über weitere Ordnungswidrigkeiten s. § 405 Abs. 3 Nr. 2 bis 4 AktG.

b) Aufgrund der **Legitimationsübertragung** der Aktie und des ihr zugrunde liegenden Rechtsverhältnisses (o. § 12 IV) ist der Legitimationsaktionär in der Lage, das Stimmrecht in eigenem Namen auszuüben. In welcher Weise er die Stimme abzugeben hat, richtet sich nach der im Innenverhältnis getroffenen Vereinbarung.

Bei der Volkswagenwerk AG ist die Ausübung des Stimmrechts in eigenem Namen aus Fremdbesitzaktien durch § 3 Abs. 1 des Ges. v. 31. 7. 1960 (mit Änderung durch § 38 EG AktG u. Ges. v. 31. 7. 1970) untersagt.

Aus dem Teilnehmerverzeichnis ist die Legitimationsübertragung zum Unterschied von der Bevollmächtigung nur dadurch zu ersehen, daß Betrag und Gattung dieser Aktien vom Legitimationsaktionär als Fremdbesitz anzugeben sind (s. auch § 405 Abs. 2 AktG).

c) Der **Pfandgläubiger** ist auf Grund seines Pfandrechts nicht befugt, an Stelle des Verpfänders das Stimmrecht auszuüben. Er hat vielmehr dem Verpfänder die Abstimmung notfalls durch Hinterlegung der Aktie zu ermöglichen, RG 157, 55. Zur Frage, ob dem Pfandgläubiger durch Legitimationszession das Stimmrecht verschafft werden kann, vgl. RG 157, 52.

d) Sind Aktien **sicherungsweise** übereignet, so steht das Stimmrecht dem Sicherungseigentümer zu (RG JW 1934, 2907). Aus seiner Treuhänderstellung folgt, daß auch er kein Stimmrecht hat, wenn jenes des Treugebers ruht (RG JW 1935, 3303). Auch ist der Sicherungseigentümer im internen Verhältnis verpflichtet, bei Ausübung des Stimmrechts die Interessen des Treugebers insoweit zu wahren und dessen Weisungen insoweit zu befolgen, als nicht der Sicherungszweck und sein Interesse an der Erhaltung der Sicherheit entgegensteht.

V. Ausübung des Stimmrechts durch Kreditinstitute

1. Aktionäre, die ihre Wertpapiere einer Bank zur Verwahrung übergeben, lassen sich in aller Regel von dieser Bank, welche für den Kunden auch die Dividenden einzieht, das Bezugsrecht ausübt, An- und Verkauf der Papiere besorgt, in der HV der Gesellschaft vertreten (sog. **Depotstimmrecht** der Banken), was eine Präsenz in der HV garantiert und ein Quorum als Voraussetzung für die Beschlußfähigkeit der HV entbehrlich macht[7]. Der ursprünglichen Praxis, wonach Banken sich in ihren Geschäftsbedingungen zur Ausübung des Stimmrechts ermächtigen ließen, war schon das AktG 1937 entgegengetreten. In Erweiterung dieser Vorschriften trägt das AktG 1965 in § 135 insbesondere dafür Sorge, daß die Stimmabgabe dem wirklichen Willen des Aktionärs entspreche.

---

[7] Vgl. *K. Fritzen*, Der Einfluß der Hauptversammlung in der Publikums-Aktiengesellschaft, DB 1981, 277 ff., der in Fußnote 47 zum Depotstimmrecht mitteilt: „Die Kreditinstitute repräsentierten mit knapp zwei Drittel den höchsten durchschnittlichen Grundkapitalanteil in den Hauptversammlungen 1978".

Über die Verpflichtung der Bank gegenüber ihren Kunden, den Auftrag zur Ausübung des Stimmrechts zu übernehmen, s. § 135 Abs. 10 AktG.

a) Aus **Inhaberaktien**, welche der Bank nicht gehören, darf die Bank nach § 135 Abs. 1 das Stimmrecht nur ausüben oder durch Untervollmacht ausüben lassen, wenn sie schriftlich dazu bevollmächtigt worden ist. Die Vollmacht darf nicht blanko ausgestellt sein, sondern muß auf eine bestimmte Bank lauten; sie kann für längstens 15 Monate erteilt werden und ist jederzeit widerruflich.

Zur Erteilung einer Untervollmacht oder Übertragung der Vollmacht ist die Bank nur befugt, wenn die ihr erteilte Vollmacht es ausdrücklich gestattet und die Bank am Ort der HV keine Niederlassung hat. Dadurch soll ein freier Austausch von Vollmachten unter den Banken verhindert werden. Wird die Bank von ihren Kunden zur Ausübung des Stimmrechts in ihrer eigenen HV bevollmächtigt, so darf sie auf Grund der Vollmacht das Stimmrecht nur ausüben, soweit ihr der Aktionär zu den einzelnen Gegenständen der Tagesordnung eine ausdrückliche Weisung erteilt hat, § 135 Abs. 1 Satz 2 AktG.

b) Grundsätzlich hat die Bank das Stimmrecht aus Inhaberaktien im Namen des Aktionärs auszuüben, in welchem Falle die Vollmacht der Gesellschaft vorzulegen und von dieser zu verwahren ist.

Die der Bank erteilte Vollmacht kann jedoch gestatten, das Stimmrecht im Namen dessen auszuüben, ,,den es angeht''. In diesem Falle, der praktisch die Regel bildet, genügt als Beweis der Stimmberechtigung der Bank gegenüber der Gesellschaft der Nachweis, daß die in der Gesellschaftssatzung für die Ausübung des Stimmrechts vorgesehenen Erfordernisse (z.B. Hinterlegung der Aktie) erfüllt sind; bei Fehlen statutarischer Bestimmungen genügt Vorlegen der Aktie oder einer Bescheinigung über Hinterlegung derselben bei einem Notar oder einer Wertpapiersammelbank. Der HV wird in diesem Falle also nicht bekannt, wer die Eigentümer der Aktien sind.

Beim Abstimmungsvorgang wird der Unterschied der Stimmabgabe im Namen des Aktionärs zur Stimmabgabe ,,für wen es angeht'' nicht evident. Der Unterschied ist nur ersichtlich im Teilnehmerverzeichnis. Bei offener Vertretung sind nach § 129 Abs. 1 AktG die vertretenen Aktionäre mit ihrem Aktienbetrag namhaft zu machen. Bei Ausübung des Stimmrechts ,,für wen es angeht'' ist nach § 129 Abs. 2 lediglich der Betrag und die Gattung der Aktien gesondert, also auch gesondert von Aktien, welche der Bank selbst gehören, anzugeben, nicht aber die Namen der vertretenen Aktionäre.

Da die Mehrzahl der Aktionäre sich durch die Depotbanken vertreten läßt, diese aber das Stimmrecht ,,für wen es angeht'' ausüben, ist aus dem Teilnehmerverzeichnis nur zu ersehen, ein wie großes Kapital in der HV vertreten ist, nicht aber, wem es gehört. Diese Regelung ermöglicht Umgehungen von Stimmenthaltungsgeboten, wie z.B. des § 20 Abs. 7 AktG oder bei Stimmrechtsbeschränkungen gemäß § 134 Abs. 1 AktG durch Deponierung von Aktien bei verschiedenen Banken. Solche Umgehungen aber sind in § 405 Abs. 3 Nr. 5 AktG mit Bußgeld bedroht und diese Bedrohung gilt auch für Banken, wenn sie trotz Kenntnis von solchen Umständen das Stimmrecht in Vertretung ausüben.

§ 17 Stimmrecht

Da die Masse der Aktionäre es unterläßt, der Bank Weisung für die Ausübung des Stimmrechts zu erteilen, die Bank also entsprechend ihren eigenen Vorschlägen stimmt, wird dadurch auch das Abstimmungsergebnis weitgehend bestimmt.

c) Bei **Namensaktien** ist nach § 135 Abs. 7 AktG zu unterscheiden, ob im Aktienbuch der Gesellschaft ihr Eigentümer selbst oder die Bank als Legitimationsaktionär eingetragen ist (s. § 12 IV). Im ersteren Fall kann die Bank das Stimmrecht aufgrund schriftlicher Vollmacht nur im Namen des Aktionärs ausüben, der auch im Teilnehmerverzeichnis anzugeben ist. Im letzteren Fall gibt die Bank die Stimme im eigenen Namen ab, und im Teilnehmerverzeichnis ist nach § 129 Abs. 3 AktG lediglich Betrag und Gattung dieser Aktien besonders auszuweisen.

d) Die Frage, **wie** die Bank aus den Depotaktien zu stimmen hat, ist in § 135 Abs. 5 u. 8 i.V. mit §§ 125, 128 AktG geregelt. Dem Bemühen des Gesetzes, dem Willen der vertretenen Aktionäre Geltung zu verschaffen, entsprechen folgende Maßnahmen.

aa) Bei Einberufung einer HV hat der Vorstand der Gesellschaft jenen Banken, welche in der letzten HV Depotstimmen ausgeübt haben, die in § 125 AktG genannten Mitteilungen zu machen.

bb) Diese Mitteilungen hat die Bank ihren Depotkunden zuzuleiten und ihnen hierbei zu den Gegenständen der Tagesordnung Vorschläge über die Ausübung des Stimmrechts zu unterbreiten (§ 128 AktG). Sie hat ferner um Erteilung von Weisungen zu bitten mit dem Hinweis, daß sie mangels Weisung gemäß ihrem eigenen Vorschlag stimmen werde.

cc) Von einer erteilten Weisung darf die Bank nur gemäß § 665 BGB abweichen; mangels Weisung hat die Bank entsprechend ihrem dem Aktionär unterbreiteten Vorschlag zu stimmen, darf aber hiervon unter der in § 135 Abs. 5 AktG genannten Voraussetzung abweichen. In beiden Fällen hat sie nach Abs. 8 hiervon nachträglich den Aktionär unter Angabe der Gründe zu verständigen.

2. Vorstehende Grundsätze über die Ausübung des Stimmrechts durch die Banken gelten sinngemäß auch für die Stimmrechtsausübung durch **Aktionärvereinigungen** und durch Personen, die sich geschäftsmäßig zur Ausübung des Stimmrechts erbieten; s. §§ 135 Abs. 9, 128 Abs. 5 AktG.

VI. Schranken des Stimmrechts

Es gibt Fälle, in denen das Stimmrecht und andere Rechte aus der Aktie auf Dauer nicht ausgeübt werden können; es gibt ferner Fälle, in welchen eine Stimmenthaltung nur bei bestimmten Beschlüssen geboten ist.

1. a) Aus eigenen Aktien stehen der Gesellschaft keine Rechte, also auch nicht das Stimmrecht zu (§ 71b AktG); dasselbe gilt für Aktien, welche einem Dritten für Rechnung der Gesellschaft gehören (§ 71d i.V. mit § 71b; § 56 Abs. 3 Satz 3 AktG).

b) Das Stimmrecht kann ferner nicht ausgeübt werden aus Aktien, welche einem von der Gesellschaft abhängigen oder in ihrem Mehrheitsbesitz stehenden Unternehmen oder einem Dritten für Rechnung solchen Unternehmens gehören (§ 71 d Satz 2 u. 4 i. V. mit § 71 b, § 136 Abs. 2 AktG[8]).

c) Bei Unterlassung der in den §§ 20, 21 AktG vorgeschriebenen Mitteilung des Aktienerwerbs können Rechte aus den Aktien nicht ausgeübt werden. Über die Regelung des § 328 AktG s. u. § 66.

2. Stimmenthaltung ad hoc ist geboten für jene Aktionäre, über deren Entlastung (dazu RG 106, 262; 146, 71) oder Befreiung von einer Verbindlichkeit Beschluß gefaßt wird oder wenn darüber beschlossen wird, ob die Gesellschaft gegen sie einen Anspruch geltend machen soll. Hier können die betroffenen Aktionäre weder für sich selbst noch für einen anderen als dessen Vertreter oder Treuhänder stimmen (dazu RG 146, 71, 385; KG JW 1935, 2154), noch das Stimmrecht aus ihren Aktien durch Dritte ausüben lassen, § 136 Abs. 1 AktG (RG 146, 78). Einen Fall der Stimmenthaltung durch Vorstand und Aufsichtsrat regelt § 142 Abs. 1 Satz 2 AktG bei Bestellung der Sonderprüfer (vgl. dazu § 405 Abs. 3 Nr. 5 AktG).

Nicht mehr aufrecht erhalten ist das frühere Gebot, wonach ein Aktionär sich auch bei solchen Beschlußfassungen der Stimmabgabe zu enthalten habe, mit welchen ein Vertrag genehmigt werden soll, den der Aktionär mit der Gesellschaft geschlossen hat (Hauptfall: die Unternehmensverträge, § 293 AktG). Der Aktionär ist daher, falls er über die erforderliche Mehrheit verfügt, in der Lage, den Vertrag über die HV auch selbst zu genehmigen. An die Stelle der präventiven Stimmenthaltung ist das Recht der anderen Aktionäre getreten, den Beschluß anzufechten, falls der Interessent seine Stimme zur Erlangung rechtswidriger Vorteile verwendet hat, § 243 Abs. 2 AktG (s. u. § 30 III).

Die Aufzählung der Tatbestände einer Stimmenthaltung ist erschöpfend. Es darf daher ein Aktionär sich selbst in den Aufsichtsrat wählen, ebenso seine Stimme gegen seine vorzeitige Abberufung aus dem Aufsichtsrat geltend machen.

§ 18   Aktien besonderer Gattung

I. Allgemeines

1. Die Rechte und Pflichten, welche den Aktionären aus ihrer Mitgliedschaft gegenüber der Gesellschaft zustehen, brauchen nicht für alle Mitgliedschaften dieselben zu sein. Es gilt im Aktienrecht nicht der Grundsatz der rechtlichen Gleichstellung, sondern der gleichmäßigen Behandlung der Aktionäre. Deshalb gestattet § 11 AktG die Ausgabe von Aktien mit inhaltlich verschiedenen Rechtsverhältnissen. Die so

---

8 Zu § 136 Abs. 2 AktG s. o. § 14 I.

§ 18 *Aktien besonderer Gattung*

entstandenen Gruppen von Mitgliedschaften — es genügt die Ausgabe einer einzigen Aktie —, bilden alsdann verschiedene Aktiengattungen.

a) Aktien können nur mit solchen vermögens- oder verwaltungsrechtlichen Besonderheiten ausgestattet sein, welche das Gesetz zuläßt, § 23 Abs. 5 AktG; s.o. § 10 III.

Als Hauptbeispiel einer vermögensrechtlichen Besonderheit hebt das Gesetz Aktien mit verschiedener Gewinnbeteiligung oder Beteiligung am Liquidationserlös hervor. Es kann z.B. von der zur Verteilung gelangenden Dividende ein Betrag in Höhe eines bestimmten Prozentsatzes der Nennbeträge der Aktien der einen Gattung (sog. Vorzugsaktien) auszuschütten sein, bevor die anderen Aktien zum Zuge kommen; oder es kann vorgesehen werden, daß bei Verteilung des Gesellschaftsvermögens im Liquidationsverfahren die eine Aktiengattung voll zu befriedigen ist, bevor die übrigen an der Vermögensrückzahlung teilnehmen. Als Vorzug ist auch das Recht auf Übernahme bestimmter Vermögensgegenstände bei Liquidation der Gesellschaft möglich, soweit sie nicht zur Gläubigerbefriedigung verwertet werden müssen, aber auch Rechte auf Nutzung oder Gebrauch von Gegenständen oder Einrichtungen, die zum Gesellschaftsvermögen gehören.

Stets muß es sich um eine **inhaltliche** Verschiedenheit der mitgliedschaftlichen Rechtsverhältnisse handeln, sollen die Aktien eine besondere Gattung bilden.

Dieses trifft nicht zu bei Festsetzung eines Höchststimmrechts nach § 134 Abs. 1 Satz 2 AktG, ferner nicht bei Verschiedenheit der äußeren Form (Namens- oder Inhaberaktien; Verschiedenheit des Nennbetrages; frei übertragbare oder gebundene Aktien; RG 132, 160); oder bei Modalität der Einlageverpflichtung (Bareinlage, Sacheinlage; voll eingezahlte, nicht voll eingezahlte Aktien). Nicht als besondere Gattung sind kraft besonderer Vorschrift jene Aktien anzusehen, die ein Entsendungsrecht in den Aufsichtsrat gewähren, § 101 Abs. 2 Satz 2 AktG.

b) Eine wichtige Aktiengattung bildeten früher die **Mehrstimmaktien**. Nach § 12 Abs. 2 AktG können solche nur noch mit behördlicher Genehmigung und nur, soweit es zur Wahrung überwiegender gesamtwirtschaftlicher Belange erforderlich ist, geschaffen werden. Die Mehrstimmrechte sind in der Bilanz zu vermerken, § 152 Abs. 3 AktG. Über erleichterte Beseitigung derselben s. § 5 EG AktG.

2. a) Werden bei Kapitalerhöhung Vorzugsaktien ausgegeben, so bedeutet das eine Beeinträchtigung der Stammaktien, mag der Vorzug der neuen Aktien im Stimmrecht oder in den Vermögensrechten bestehen. Ein besonderer Schutz der Stammaktionäre indessen ist nicht geboten, da zum einen sie selbst den Inhalt dieser neuen Mitgliedschaften bestimmen (§ 182 Abs. 1 AktG) bzw. beim genehmigten Kapital die Möglichkeit haben, die von ihnen erteilte Ermächtigung des Vorstandes entsprechend zu limitieren (§ 204 Abs. 1 AktG), und da zum anderen die Stammaktionäre auf die neu geschaffenen Vorzugsaktien ein Bezugsrecht haben, das ebenfalls ausschließlich ihrer Disposition unterliegt (§§ 186, 203 Abs. 2 AktG).

b) Anders dagegen, wenn Aktien verschiedener Gattung bereits **vorhanden** sind und nunmehr durch Kapitalerhöhung neue Aktien geschaffen werden. Um die Aktionäre in die Lage zu versetzen, hierbei eine Beeinträchtigung ihrer Aktiengattung zu verhindern, bedarf der Kapitalerhöhungsbeschluß der gesonderten Zustimmung der Aktionäre jeder Gattung, § 182 Abs. 2 AktG (s. u. § 35 III).

c) Über Umwandlung von Stammaktien in Vorzugsaktien und über Änderung des bisherigen Verhältnisses verschiedener Aktiengattungen zueinander zum Nachteil einer Gattung durch Satzungsänderung, § 179 Abs. 3 AktG (s. u. § 33 III).

II. Vorzugsaktien ohne Stimmrecht

1. Sie können ausgegeben werden, wenn den Aktionären eine Vorzugsgewinnbeteiligung in der Weise zugestanden wird, daß ihnen ein bestimmter (limitierter) Dividendensatz vor den übrigen Aktionären zukommt und dieser Satz dadurch einer besonderen Garantie untersteht, daß der in einem ertraglosen Jahr ausfallende Betrag aus dem Gewinn des nächsten Jahres vorzugsweise nachzuzahlen ist. Vielfach, nicht aber notwendig, steht diesen Aktionären auch ein bevorrechtigter Anteil am Liquidationserlös zu, § 139 AktG.

Vorzugsaktien solcher Art dürfen im Gesamtbetrag bis zur Höhe des Gesamtnennbetrages der anderen Aktien ausgegeben werden, sodaß sie also nach ihrer Emission die Hälfte des ausgegebenen Gesamtkapitals nicht übersteigen, § 139 Abs. 2 AktG. Diese Vorschrift soll verhindern, daß durch Schaffung zahlreicher stimmloser Vorzugsaktien eine kleine Gruppe von Mitgliedern mit ihren Stimmen sich die Herrschaft sichert.

Die stimmlose Vorzugsaktie nähert sich der Obligation, ist aber wohl von dieser zu unterscheiden. Die Vorzugsdividende ist keine Einlagenverzinsung, sondern sie setzt verteilbaren Bilanzgewinn voraus (dazu BGH 7, 263; 9, 279). Durch die Nachzahlung aber soll eine gleichmäßige Dividende gewährleistet werden. Vielfach wird, um die Notwendigkeit einer Gewinnnachzahlung zu vermeiden, ein besonderer Dividendenreservefonds gebildet, dessen Auflösung auch in ertraglosen Jahren die Ausschüttung der Vorzugsdividende ermöglicht. Das Mitgliedschaftsverhältnis der stimmlosen Vorzugsaktionäre kommt vor allem darin zum Ausdruck, daß nur das Stimmrecht aufgehoben ist, jedoch nicht ausnahmslos, während im übrigen die mitgliedschaftlichen Vermögensrechte (Bezugsrecht) und die Verwaltungsrechte voll bestehen.

Bei Beschlußfassung der HV gelten die Vorzugsaktionäre wegen ihres fehlenden Stimmrechts als nicht vertreten; wohl aber können sie Anträge stellen, Wahlvorschläge machen (§§ 126, 127, 137 AktG), Auskunft verlangen (§§ 131, 132 AktG), die Anfechtungsklage erheben und alle Minderheitsrechte geltend machen.

2. a) Die stimmlose Vorzugsaktie gewährt kein **Stimmrecht**; dies gilt auch bei Wahlen zum Aufsichtsrat und bei Beschlüssen über Ausschluß des Bezugsrechts, über Satzungsänderung oder bei einer Kapitalerhöhung unter Ausgabe von Aktien, welche nicht unter § 142 Abs. 2 AktG fallen, und es entfällt in diesem Falle auch das Erfordernis eines besonderen Zustimmungsbeschlusses.

b) Will die Gesellschaft im Wege der Kapitalerhöhung (vgl. § 182 Abs. 1 Satz 2 AktG) neue Aktien mit vorgehenden oder auch nur gleichstehenden Rechten ausgeben, so bedarf dieser Beschluß der Zustimmung der Vorzugsaktionäre, die durch einen in gesonderter Versammlung (§ 138 AktG) zu fassenden Beschluß mit qualifizierter Stimmenmehrheit zu erklären ist. Die Notwendigkeit der Zustimmung der Vorzugsaktionäre entfällt in diesem Fall nur dann, wenn die Ausgabe neuer Aktien mit vorgehenden oder gleichstehenden Rechten schon bei Schaffung der stimmrechtslosen Vorzugsaktien ausdrücklich vorbehalten war und wenn das Bezugsrecht der Vorzugsaktionäre nicht ausgeschlossen wird, § 141 Abs. 2 Satz 2 AktG.

Ein entsprechender Schutz besteht auch für den Fall, daß solche Vorzugsaktien aufgrund genehmigten Kapitals ausgegeben werden sollen, § 204 Abs. 2 AktG. Wird die nach § 204 Abs. 2 AktG erforderliche Ermächtigung erst nachträglich durch Satzungsänderung (§ 202 Abs. 2 AktG) erteilt, so ist auch hierbei § 141 Abs. 2 AktG entsprechend anzuwenden.

Sonderzustimmung der Vorzugsaktionäre ist ferner erforderlich, wenn mit bedingter Kapitalerhöhung ein Bezugsrecht auf Vorzugsaktien gemäß § 142 Abs. 2 AktG begründet wird.

Sollen bei Bestehen solcher Vorzugsaktien durch nachträgliche Satzungsänderung Stammaktien in Vorzugsaktien mit vorgehenden oder gleichrangigen Rechten umgewandelt werden, so ist auch hierzu in analoger Anwendung der §§ 141 Abs. 2, 179 Abs. 3 AktG die Zustimmung der Vorzugsaktionäre erforderlich.

c) Zustimmung der Vorzugsaktionäre ist nach § 145 Abs. 3 AktG sodann erforderlich zu einem HV-Beschluß, durch den das Vorzugsrecht aufgehoben oder beschränkt werden soll. Auch über diese Zustimmung ist von ihnen in gesonderter Versammlung mit qualifizierter Stimmenmehrheit zu beschließen.

Dieses gilt nicht, wenn der Vorzug von Anfang an laut Satzung nur befristet gewährt ist.

Mit Wegfall des Vorzugs gewähren diese Aktien fortan das volle Stimmrecht.

3. Das Stimmrecht ist diesen Aktien aber auch während des Bestandes des Vorzugsrechts nicht vollständig entzogen. Es lebt nämlich auf, wenn eine rückständige Dividende nicht im nächstfolgenden Jahr zugleich mit dem vollem Vorzug dieses folgenden Jahres nachgezahlt wird. Alsdann sind diese Aktien auch bei Berechnung der erforderlichen Kapitalmehrheit zu berücksichtigen § 140 Abs. 2 AktG.

Wegen Ausfalles der erforderlichen Zahlung erwächst das Stimmrecht also bereits bei jener ordentlichen Jahresversammlung, in welcher laut Ankündigung keine dem § 140 Abs. 2 AktG entsprechende Dividende zur Verteilung kommen kann.

Mit erfolgter Nachzahlung der Vorzugsdividende aber entfällt fortan wieder das Stimmrecht.

§ 19 Obligationen, Genußrechte, Gewinn- und Wandelschuldverschreibungen

I. Obligationen

1. Obligationen sind Schuldverschreibungen im Sinne der §§ 793 ff. BGB. Sie verkörpern als Wertpapiere festverzinsliche Forderungen der Obligationäre gegen die emittierende Gesellschaft. Die Emission erfolgt zum Zwecke der Darlehensaufnahme der Gesellschaft aus dem Publikum nach Maßgabe der von der Gesellschaft verlautbarten Anleihebedingungen. Die Obligationen werden gegen Einzahlung der Valuta begeben; ihrer Ausgabe liegt ein Vertrag nach § 781 BGB zugrunde.

Die Urkunden sind in der Regel auf den Inhaber ausgestellt. Die Emission bedarf staatlicher Genehmigung, vgl. § 795 BGB u. o. § 2 I 1 b.

Wenngleich die Emission von Schuldverschreibungen der Darlehensaufnahme dient, ist die in den Urkunden verbriefte Forderung nicht ein Anspruch auf Darlehensrückzahlung, sondern eine abstrakte Forderung, der das Darlehen als causa zugrunde liegt. Diese Auffassung stützt sich darauf, daß in der Regel die verbriefte Schuld nicht voll valutiert wird, sondern daß die Obligationen unter ihrem Nennbetrag (z. B. zu 98%) ausgegeben werden, die verbriefte Gesamtschuld mithin größer ist als der Gesamtbetrag des aufgenommenen Kapitals.

Nach § 156 Nr. 3 AktG ist die Anleihe in der Bilanz unter den Passiven mit ihrem Rückzahlungsbetrag einzusetzen, während das Disagio unter den Aktivposten, welche der Rechnungsabgrenzung dienen, gesondert auszuweisen und durch planmäßige jährliche Abschreibung zu tilgen ist.

Regelmäßig wird der Gesellschaft der Gesamtbetrag des Darlehens von einem Bankenkonsortium gegen Übernahme der Urkunden gewährt, worauf die Banken die Obligationen im Publikum unterbringen und wofür ihnen eine bei Ausstattung der Obligation eingeräumte Handelsspanne (Bonifikation) eingeräumt wird. Sofern die Banken sich hier als Nehmer für eigene Rechnung zwischenschalten, ist die Übernahme der Obligationen durch sie gegen Hingabe der Valuta das eigentliche Begebungsgeschäft, wodurch die Obligationen zu den wertpapierrechtlichen Trägern der verbrieften Forderungen werden. Die sog. Emission der Banken, d.h. die Unterbringung der Obligationen im Publikum, stellt alsdann einen gewöhnlichen Verkauf der Wertpapiere dar[1].

2. Der Obligationär hat bei Eintritt der Fälligkeit Anspruch auf Rückzahlung des Kapitalbetrages. Über hypothekarische Sicherung der Anleihe s. § 1187 BGB.

Die gemeinsame Vertretung der Interessen der Obligationäre gegenüber der Gesellschaft ist geregelt in dem Gesetz betreffend die gemeinsamen Rechte der Besitzer von Schuldverschreibungen vom 4. 12. 1899. Die Besitzer von größeren Anleihen

---

[1] Vgl. über das Emissionsgeschäft der Banken *H. Schönle* Bank- und Börsenrecht (1971) §§ 247 ff.; *Canaris*, GroßKomm. HGB Anhang § 357 Komm. 1037 ff. „Das Emissionsgeschäft".

sind zur Wahrung ihrer Interessen zusammengeschlossen. Sie können durch Mehrheitsbeschluß einen gemeinsamen Vertreter bestellen. In der Regel wird bereits in den Anleihebedingungen die emittierende Bank als Vertreter benannt. Die Gläubigerversammlung kann zur Abwendung einer Zahlungseinstellung oder des Konkurses der Gesellschaft die Aufgabe von Rechten aus den Obligationen oder deren Beschränkung, insbesondere die Ermäßigung des Zinssatzes oder die Bewilligung einer Stundung mit qualifizierter Mehrheit beschließen (§ 11 Ges.)[2].

3. Die Obligation unterscheidet sich von der Aktie wie folgt:

a) Die Obligation verbrieft eine festbezifferte Forderung gegen die Gesellschaft. Die Aktie weist dem Aktionär eine Quote am schwankenden Gesellschaftsvermögen zu (s. o. § 11 III). Der Obligationär ist gegenüber der Gesellschaft Gläubiger, also Dritter. Der Aktionär ist Mitglied, daher der körperschaftlichen Autonomie der Gesellschaft unterworfen.

b) Der Nennbetrag der Obligation bestimmt die Höhe der Forderung. Der Nennbetrag der Aktie bestimmt nur den Bruchteil des dem Aktionär zustehenden Anteils.

c) Der Obligationär ist als Gesellschaftsgläubiger zu befriedigen, bevor die Restverteilung an die Aktionäre erfolgt; im Gesellschaftskonkurs steht ihm die Konkursquote zu. Der Aktionär erhält nur, was an Restvermögen nach Befriedigung aller Gläubiger zur Verteilung verbleibt.

d) Der Obligationär hat neben der Kapitalforderung Anspruch auf feste Verzinsung ohne Rücksicht darauf, ob die Gesellschaft mit dem aufgenommenen Darlehen erfolgreich wirtschaftet oder nicht. Der Gewinnanspruch des Aktionärs hingegen setzt einen erwirtschafteten Überschuß voraus. Der Zins stellt die Vergütung für die Hingabe des Darlehens dar; die Dividende ist das Ergebnis der mit der Einlage verbundenen Beteiligung am Geschäftserfolg.

e) Bei Währungsumstellung unterliegt die in der Obligation verkörperte Geldforderung der Umstellung und Abwertung. Die in der Aktie verbriefte Anteilsquote bleibt unverändert, und der Wert der Aktie wird von der Währungsumstellung mittelbar nur dadurch berührt, daß die zum Gesellschaftsvermögen gehörenden Forderungen und Verbindlichkeiten sich ändern.

4. Die Finanzierung mittels Anleihe ist günstiger als jene durch Kapitalerhöhung, weil die zur Tilgung der Zinsen erforderlichen Erträge keinen steuerlichen Gewinn der Gesellschaft darstellen, während zur Ausschüttung einer gleichhohen Dividende ein höherer Ertrag (Bilanzgewinn) erwirtschaftet werden müßte, da vorher die Körperschaftssteuer darauf zu entrichten ist. Deshalb kann mit der Obligation ein die Aktienrendite übersteigender Zins verbunden werden, durch welchen die Aktie, wenn aufgrund der Wirtschaftslage Kurssteigerungen nicht zu erwarten sind, als Anlagepapier weitgehend verdrängt wird; deshalb ist auch das Gesamtvolumen der emittierten Anleihen wesentlich höher als jenes der Kapitalerhöhungen.

---

[2] Vgl. dazu *H. Lederer*, Die Verwaltungs- und Kontrollbefugnisse der Obligationäre einer AG nach inländischem und ausländischem Recht (1941).

Zwecks Vermeidung zu großer Liquiditätsanspannung bei Tilgung der gesamten Anleihe auf einmal wird in aller Regel allmähliche Tilgung durch Auslosung vorgesehen. Sinkt der Kurs der Anleihe — insbesondere bei Auftauchen höher verzinslicher Papiere auf dem Markt — unter den Rückzahlungsbetrag, so wird Tilgung der Anleihe auch durch Rückkauf von Obligationen seitens der Emittentin bewirkt.

Die Emission von Anleihen steht praktisch nur Großunternehmen zu Gebote. Über Einschaltung des Kapitalmarktausschusses s. o. § 2 I 1 b.

5. Die Ausgabe von Obligationen berührt die Interessen der Aktionäre. Ist die Gesellschaft nicht in der Lage, mit Hilfe des Darlehens Erträgnisse zu erzielen, so geht die Zinspflicht zu Lasten der Substanz des Gesellschaftsvermögens. Führt umgekehrt das Darlehen zu einem größeren Gewinn, so kommt der nach Abzug der Zinsen verbleibende Überschuß den Aktionären zugute.

Gleichwohl kann über die Ausgabe von Obligationen der Vorstand unter Kontrolle des Aufsichtsrats allein entscheiden, ohne an die Zustimmung der HV gebunden zu sein. Ein Bezugsrecht auf auszugebende Obligationen steht den Aktionären nicht zu. Da das Bezugsrecht der Erhaltung der den Aktionären durch ihre Aktien vermittelten Quoten dient, diese Quoten aber durch Ausgabe von Obligationen nicht berührt werden, kommt ein Bezugsrecht der Aktionäre auf Obligationen nicht in Betracht.

II. Genußrechte

1. Sie bilden den Gegensatz zu Obligationen. Die Genußrechte[3] verschaffen dem Berechtigten Anteil am Gewinn oder am Liquidationserlös oder an beidem. Belasten die Obligationen das Gesellschaftsvermögen, so belasten die Genußrechte lediglich den den Aktionären gebührenden Vermögensüberschuß.

Auch die Genußrechte können in umlauffähigen Wertpapieren (Inhaberurkunden) verbrieft werden; diese werden „**Genußscheine**" genannt.

Die Einräumung von Genußrechten erfolgt aus verschiedenen Anlässen, so z. B. als Belohnung von Gründern oder von Vorstandsmitgliedern für die bei Gründung geleistete Arbeit, in welchem Falle sie als Sondervorteile nach § 26 Abs. 1 AktG in die Satzung aufzunehmen sind. Sie können gewährt werden für Sacheinlagen (Patente), deren Wert von der künftigen Rentabilität abhängt. Sie werden ferner zu Sanierungszwecken an freiwillig zuzahlende Aktionäre oder zur Ablösung von Vorrechten der Vorzugsaktien gegeben. Sie können auch jenen Aktionären eingeräumt werden, deren Aktien der Einziehung verfallen[4]; oder sie werden an die Aktionäre ausgegeben zur Erhöhung ihres Gewinnanteils (sog. Bonus).

---

3 Vgl. dazu *Schmalenbach*, Finanzierungen, I. Teil S. 165 ff.; *Flechtheim*, Dür.-Hach., Anhang zu § 179 Anm. 5 ff.; *F. v. Steiger*, Genußscheine als Finanzierungsmittel (1964).
4 Über die *Harpen-Bonds* s. BGH 28, 259.

2. a) Genußrechte sind ihrer **Rechtsnatur** nach keine aktienrechtlichen Mitgliedschaftsrechte; denn den Genußrechten fehlen die mit der Mitgliedschaft verbundenen Verwaltungsrechte, insbesondere das Stimmrecht und das Anfechtungsrecht (RG 105, 236), und die Genußberechtigten unterstehen auch nicht der körperschaftlichen Autonomie der HV. Es liegt vielmehr eine Rechtsbeziehung der AG zu **Dritten** vor; die Genußberechtigten stehen nicht innerhalb der AG, wie deren Mitglieder, sondern der AG als Dritte gegenüber.

Den Genußberechtigten können gewisse verwaltungsrechtliche Befugnisse eingeräumt werden, wie etwa Teilnahme an der HV, Recht zur Fragestellung. Niemals aber rückt der Genußberechtigte ein in die innere Organisation der AG und in ihre körperschaftliche Verfassung. Deshalb können ihm auch nicht körperschaftliche Rechte der Mitglieder, wie etwa das Stimmrecht in der HV oder das Anfechtungsrecht verliehen werden, weil diese Rechte nur mit der Mitgliedschaft verbunden, selbständig dagegen nicht begründbar sind. Auch ein dem Genußberechtigten verliehenes Recht auf Auskunft würde, weil einem Individualvertrag zwischen der AG und einem Dritten entspringend, nicht der körperschaftlichen Regelung der §§ 131, 132 AktG unterliegen.

b) Das Genußrecht vermittelt dem Berechtigten einen Anteil am Jahresgewinn oder am Liquidationserlös oder an beidem. Insoweit hat es dieselbe Rechtsnatur wie die Beteiligung des Aktionärs. Auch das Genußrecht benötigt einen rechnerischen Beteiligungsschlüssel. Dieser wird vielfach nicht im Genußschein selbst — etwa als Nennbetrag — vermerkt, sondern in den zugrundeliegenden Vertragsbestimmungen festgelegt.

Eine Teilnahme auch am Verlust ergibt sich aus dem Genußrecht dann, wenn der Gewährung des Genußrechts eine nicht zurückforderbare Zahlung des Berechtigten in das Gesellschaftsvermögen zugrundeliegt, z. B. eine freiwillige Zuzahlung, oder, wenn das Genußrecht für eine eingezogene Aktie an Stelle des Guthabens gewährt ist.

3. Die Genußrechte **entstehen** durch Vertrag zwischen dem ersten Erwerber des Genußscheins und der Gesellschaft (RG 132, 206; JW 1931, 3275). Da der Genußberechtigte gegenüber der Gesellschaft Dritter ist, stellt dieser Vertrag für die AG eine Maßnahme der Geschäftsführung dar, zu welcher intern der Vorstand berufen ist. Da zum anderen die Genußrechte den auf die Aktionäre entfallenden Gewinn oder Liquidationsanteil schmälern, dürfen sie nur auf Grund eines Beschlusses der HV geschaffen werden, welcher einer Mehrheit von drei Viertel des bei der Beschlußfassung vertretenen Grundkapitals bedarf. Durch das Erfordernis der Beschlußfassung der HV wird die Vertretungsmacht des Vorstandes jedoch nicht beschränkt. Eigenmächtig ausgegebene Genußscheine sind gegenüber der Gesellschaft gültig. Der HV-Beschluß hat nur die Bedeutung einer internen Zustimmung der HV zu einem Verkehrsgeschäft der Gesellschaft.

Sind die Genußrechte in die Satzung aufgenommen (o. § 10 II 2), so bedeutet das nicht, daß sie der Disposition der HV unterliegen. Die Genußrechte können grundsätzlich durch entgegenstehende HV-Beschlüsse nicht beeinträchtigt werden (RG BankArch. 11, 9; RG 49, 16; 117, 384; 132, 205).

4. Die **Rechte der Genußberechtigten** lassen sich wie folgt beschreiben:

a) Der Inhalt der Genußrechte wird durch **Vertrag** zwischen der Gesellschaft und den Berechtigten bestimmt (RG 132, 199, 206, BGB 28, 259). Aus ihm ergibt sich zunächst, ob der Gewinnanteil der Genußberechtigten im Verhältnis zu jenem der Aktionäre bevorrechtigt, gleichberechtigt oder nachberechtigt ist, ob der Gewinnanteil sich auf den ausgewiesenen Bilanzgewinn oder auf die zur Ausschüttung gelangende Dividende bezieht.

Nach § 221 Abs. 3 AktG haben die Aktionäre bei Ausgabe von Genußrechten ein Bezugsrecht. Das ist von Bedeutung etwa bei Gewährung solcher Rechte gegen freiwillige Zuzahlung, indem ein zuzahlungsbereiter Aktionär davon nicht ausgeschlossen werden darf.

b) Einer **Kapitalerhöhung** gegen Leistung neuer Einlagen können die Genußberechtigten nicht widersprechen (RG 83, 298). Die Genußrechte werden aber durch die Kapitalerhöhung wirtschaftlich insofern beeinträchtigt, als durch die Vermehrung der Aktien die auf sie entfallenden Gewinnquoten sich verringern. Andererseits aber kommt ihnen die durch die neuen Einlagen gesteigerte Wirtschaftskraft der Gesellschaft zugute, welche ein Sinken der Dividende verhindert.

c) Anders ist es im Falle einer **Kapitalerhöhung aus Gesellschaftsmitteln** (s. u. § 37), sofern die Genußberechtigten an dem Bilanzgewinn partizipieren. Zwar bewirkt die Umwandlung freier Rücklagen in gebundenes Gesellschaftsvermögen keine Verletzung der Genußrechte, da sich mit ihnen kein Anspruch auf Auflösung und Ausschüttung vorhandener Reserven verbindet. Wohl aber stellt die Schaffung neuer Aktien eine Beeinträchtigung der Genußberechtigten dar, weil sich dadurch das bestehende **Quotenverhältnis** verändert, wobei hier der in der Neuzuführung von Kapital bestehende Ausgleich entfällt.

Die Einwirkung der Kapitalerhöhung aus Gesellschaftsmitteln auf **Wert** und **Quote** der Genußrechte möge folgendes Beispiel sichtbar machen. Angenommen, eine Gesellschaft hat ein Grundkapital von 500 000 DM, gestückelt in 5000 Aktien zu 100 DM; daneben bestehen 5000 Genußscheine zu 100 DM mit aktiengleicher Beteiligung an Gewinn und Vermögenssubstanz, die aus einer früheren Umwandlung von Aktien in Genußrechte stammen. Beträgt das Reinvermögen der Gesellschaft 2 000 000 DM, so wäre der Wert der Aktien ohne Genußrecht 400%; da jedoch der Wert zur Hälfte auf die Genußrechte entfällt, beträgt er für beide Rechte einheitlich je 200%. Erhöht die Gesellschaft ihr Grundkapital aus Gesellschaftsmitteln auf 1 000 000 DM, so würde der Wert der alten und neuen Aktien ohne Genußrechte 200% betragen; da er sich jedoch auch auf die Genußrechte gleichmäßig verteilt, beträgt er für beide Gruppen einheitlich 133%. Es haben daher die Genußrechte durch die Kapitalerhöhung 67% an innerem Wert eingebüßt, die Aktionäre aber 33% gewonnen. Mit der Kapitalerhöhung ist das Quotenverhältnis zwischen den Aktien und den Genußrechten verschoben worden.

Den Genußrechten kommt daher § 216 Abs. 3 AktG zugute. Aus dieser Vorschrift ergibt sich, daß durch eine Kapitalerhöhung aus Gesellschaftsmitteln der wirtschaftliche Inhalt der Genußrechte, sofern sie vom Bilanzgewinn abhängen, nicht berührt wird. Dieses bedeutet: Bestehen die Genußrechte am Bilanzgewinn, dann bewirkt

§ 19 *Obligationen, Genußrechte*

eine Verdoppelung der Zahl der Aktien ipso jure auch Verdoppelung der Gewinnquote der Genußrechte (s. u. § 37 IV 4).

d) Eine Beeinträchtigung der Genußrechte erfolgt auch bei Verschmelzung der Emittentin durch Übertragung ihres Vermögens auf eine andere Gesellschaft. Für diesen Fall hat die vom Rat der EG am 9. 12. 1978 verabschiedete Dritte(Verschmelzung-)Richtlinie in Art 15 vorgeschrieben, daß von der übernehmenden Gesellschaft den Genußberechtigten gleichwertige Rechte zu gewähren seien, welche nach Art 5.2.f RL auch in den Verschmelzungsplan aufzunehmen sind. Gleiches bestimmt der vorliegende RefE eines Durchführungsgesetzes vom 28. 11. 1980 in dem das AktG ergänzenden § 347a und in dem geänderten § 340 Abs. 2 Nr. 7 AktG.

III. Gewinnschuldverschreibungen

1. Gewinnschuldverschreibungen sind Obligationen mit festem Anspruch auf Kapital und Zins. Sie verkörpern also insoweit eine Gesellschaftsschuld und ihre Ausgabe bedarf nach §§ 795, 808a BGB staatlicher Genehmigung (s. o. § 2 I 1 b). Daneben aber ist mit ihnen ein Anspruch auf Zusatzdividende verbunden, falls die Gesellschaft an die Aktionäre eine einen bestimmten Prozentsatz übersteigende Gewinnquote **verteilt** (vgl. dazu RG 118, 152; BGH 28, 259). In diesem Falle ist der Dividendenanspruch abhängig vom Gewinnverwendungsbeschluß der HV; anders ist es, wenn der Dividendenanspruch sich nach dem Ausweis eines Bilanzgewinnes orientiert. Mit der Beteiligung am Gewinn kann auch eine solche an der Vermögenssubstanz (Anspruch auf Liquidationsanteil) verbunden sein.

a) Hier liegt eine Kombination von Obligation und Genußrecht, von Gesellschaftsschuld und Beteiligung vor, deren Inhalt und Ausgestaltung durch die Vertragsbedingungen bestimmt wird. Es gelten daher die oben I und II dargestellten Grundsätze auch für die Gewinnschuldverschreibung. Beteiligung und Obligation sind jedoch miteinander in der Weise verbunden, daß die Höhe der Kapitalforderung zugleich den rechnerischen Schlüssel der Beteiligung bildet, also die Quote bestimmt; sog. **forderungsabhängige** Beteiligung.

b) In der Gewinnschuldverschreibung verbinden sich die Vorzüge der Obligation mit dem Vorzug der Beteiligung.

Eine Steigerung des Vorzugs gegenüber gewöhnlichen Obligationen oder Genußrechten ist dadurch gegeben, daß der Gewinnobligationär, wenn die Gesellschaft große Gewinne erzielt, aus seiner Beteiligung einen Anspruch auf die die Zinsen übersteigende Dividende oder auf den die Forderung übersteigenden Liquidationserlös erlangt. Bei Ausbleiben von Gewinnen aber hat der Obligationär den Rückhalt in seiner festverzinslichen Forderung, die ihm die Stellung eines Gesellschaftsgläubigers mit allen Konsequenzen (s. o. I, 3) verschafft.

Die monetäre Forderung wird von einer Währungsumstellung betroffen, wodurch sich zugleich die vom Forderungsbetrag abhängige Gewinnbeteiligung reduziert.

2. Da bei den Gewinnobligationen die Zusatzdividende den Gewinnanteil der Aktionäre schmälert, bedarf auch die Ausgabe solcher Papiere der Zustimmung der HV; den Aktionären steht ein Bezugsrecht zu, § 221 AktG.

3. a) Bei Kapitalerhöhung aus Gesellschaftsmitteln kommt § 216 Abs. 3 AktG auch auf Gewinnschuldverschreibungen zur Anwendung.

b) Im Falle der Verschmelzung der Emittentin durch Übertragung ihres Vermögens auf eine andere Geselslchaft gilt das o. II 4 d Gesagte entsprechend.

IV. Wandelschuldverschreibungen

1 a) Wandelschuldverschreibungen[5] sind Obligationen, mit welchen sich für die Inhaber das Recht zum Bezug einer Aktie verbindet, sei es in der Weise, daß der Obligationär bei Fälligkeit der Obligation die Wahl hat, statt Rückzahlung des Kapitals die Obligation gegen eine Aktie zu tauschen (convertible bonds), oder sei es, daß er befugt ist, zu seiner Obligation eine Aktie gegen Zahlung des Einlagebetrages hinzu zu erwerben (bonds with stock purchase warrants; sog. Optionsanleihe).
Ihre Ausgabe bedarf staatlicher Genehmigung §§ 795, 808a BGB (s. o. § 2 I 1 b).

b) Die Emission solcher Schuldverschreibungen berührt die Interessen der Aktionäre. Sie darf daher nur erfolgen aufgrund eines HV-Beschlusses mit qualifizierter Kapitalmehrheit und, falls mehrere Aktiengattungen vorhanden sind, auch der Sonderzustimmung der Aktionäre jeder Gattung. Den Aktionären steht ferner ein Bezugsrecht auf diese Obligationen zu, §§ 221 Abs. 1, 182 Abs. 2 AktG.

Der HV-Beschluß bedeutet Zustimmung der Aktionäre zur Ausgabe solcher Obligationen; er enthält also eine **Ermächtigung** des Vorstands, welche für höchstens fünf Jahre erteilt werden kann, § 221 Abs. 2 AktG. Entschließt sich der Vorstand zur Emission, so ist dieser Beschluß und eine Erklärung über die Ausgabe beim Handelsregister zu hinterlegen und ein Hinweis hierauf in den Gesellschaftsblättern zu veröffentlichen.

Normalerweise wird die Gesellschaft die für den Umtausch benötigten Aktien durch Kapitalerhöhung beschaffen. Das Gesetz stellt hierfür die bedingte Kapitalerhöhung zur Verfügung, welche bereits bei Ausgabe der Wandelschuldverschreibungen beschlossen werden kann, § 192 Abs. 2 Nr. 1 AktG (u. § 38). Da in diesem Erhöhungsbeschluß ausdrücklich festzustellen ist, daß er zur Gewährung von Umtausch- oder Bezugsrechten an die Gläubiger der Wandelschuldverschreibungen erfolgt, und da die Beschlußerfordernisse zugleich den in § 221 AktG für die Ermächtigung zur Ausgabe solcher Schuldverschreibungen vorgesehenen Beschlußerfordernissen entsprechen, kommt in dem Kapitalerhöhungsbeschluß zugleich die Ermächtigung zur Ausgabe dieser Schuldverschreibungen zum Ausdruck. Ein besonderer Ermächtigungsbeschluß nach § 221 AktG wäre jedoch erforderlich bei zeitlichem Auseinanderfall von Ermächtigung und der erst bei Ausgabe der Schuldverschreibungen erfolgenden Kapitalerhöhung.

---

5 Vgl. *L. Georgakopoulus*, Wandelschuldverschreibungen (1957); *derselbe* in ZHR 120, 188; *H. Rusch*, Die Wandelschuldverschreibungen, Bd. 5 der Betriebswirtschaftlichen Forschungen (1965); *Loos*, Sachgemäße Ausgestaltung der Bedingungen von Wandelschuldverschreibungen, DB 1960, 515; *Wehle-Niethammer*, Wandelschuldverschreibungen bei der Umwandlung, DB 1959, 615; *A. Hueck*, Die Behandlung von Wandelschuldverschreibungen bei Änderung des Grundkapitals, DB 1963, 1347.

§ 19 *Obligationen, Genußrechte*

2. Die **Wandelschuldverschreibung**, mit welcher das Recht zum Tausch der Obligation gegen eine Aktie sich verbindet, bietet der Gesellschaft den Vorteil, daß sie sich in einer Zeit geringer Aktienrendite, welche einer Kapitalerhöhung entgegensteht, mittels der Obligationen liquide Mittel verschaffen kann, deren Verzinsung aus den o. I 4 dargelegten Gründen die Aktienrendite übersteigt, sodaß ein Anreiz zur Zeichnung besteht, die andererseits aber wegen des Umtauschrechts geringer sein kann als der Zins gewöhnlicher Obligationen. Werden jedoch auf dem Markt gleichzeitig höher verzinsliche gewöhnliche Obligationen angeboten, so gilt im Verhältnis zu diesen das u. V Gesagte.

a) Dem Umtausch der Obligationen gegen Aktien liegt ein **Bezugsrecht** der Obligationäre auf die von der Gesellschaft neu auszugebenden Aktien zugrunde, die im Wege der Kapitalerhöhung zu beschaffen sind. Dem dient die Einrichtung der sog. „bedingten Kapitalerhöhung" (§§ 192 ff. AktG; darüber u. § 38), welche zusammen mit der Beschlußfassung der HV über die Ermächtigung des Vorstands zur Ausgabe der Obligationen beschlossen wird, und aus welcher den Obligationären das unentziehbare Bezugsrecht auf diese Aktien erwächst. Der Bezug der neuen Aktien erfolgt gegen Einbringung der in der Obligation verbrieften Forderung, welche damit erlischt und welche nach § 194 Abs. 1 Satz 2 AktG nicht als Sacheinlage gilt. Der Umtausch ist mithin ein körperschaftlicher Akt, eine Sonderform der Kapitalerhöhung, bei welcher gemäß § 199 Abs. 2 AktG das Verbot der Unterpariemission zu beachten ist; s. u. § 38 IV 2.

b) Rechtliche Schwierigkeiten bereitet die Frage, wie die Obligationäre vor einer **Wertminderung** ihrer Bezugsaktien geschützt werden können, welche durch eine während der Laufzeit der Obligation erfolgende Kapitalerhöhung gegen Einlage bewirkt werden kann[6]. Da im Falle einer solchen Kapitalerhöhung den Obligationären wegen § 187 AktG ein ihren Bezugsaktien entsprechendes Bezugsrecht nur unter dem Vorbehalt des Bezugsrechts der Aktionäre zugesagt werden kann, wird ihnen in den Anleihebedingungen für den Fall, daß ihnen bei der zwischenzeitlichen Kapitalerhöhung durch HV-Beschluß kein ihren Bezugsaktien entsprechendes Bezugsrecht eingeräumt wird, vorzeitige Ausübung des Wandelrechts gestattet, um ihnen dadurch die Möglichkeit zu verschaffen, aus den Bezugsaktien an der Kapitalerhöhung durch Ausübung des Bezugsrechts teilzunehmen.

Über die Wirkung einer zwischenzeitlichen Kapitalerhöhung aus Gesellschaftsmitteln s. u. § 37 IV 4.

Durch eine Kapitalherabsetzung, sei es unter Kapitalrückzahlung oder sei es in vereinfachter Form, wird das Wandelrecht nicht berührt. Bei Auflösung der Gesellschaft ist Ausübung des Wandelrechts bis zum Schlusse der Abwicklung möglich (BGH 24, 286).

Das mit der Wandelanleihe verbundene **Bezugsrecht** ist geschützt. Nach § 192 Abs. 4 AktG ist ein Beschluß der HV, welcher dem Beschluß über die bedingte Kapitalerhö-

---

[6] S. zu dieser Problematik *Loos*, Sachgemäße Ausgestaltung der Bedingungen von Wandelschuldverschreibungen DB 1960, 515 ff., 543 ff.; *A. Hueck*, Die Behandlung von Wandelschuldverschreibungen bei Änderung des Grundkapitals, DB 1963, 1347; s. auch die Vorschläge des Bundesverbandes des privaten Bankgewerbes in der Denkschrift zur Reform des Aktienrechts S. 32.

hung entgegensteht, nichtig. Weder kann also die bedingte Kapitalerhöhung selbst rückgängig gemacht, noch kann das Bezugsrecht wieder entzogen werden (s. u. § 38 III 2 b). Andererseits aber wird hierdurch die Freiheit der Gesellschaft zur Änderung ihrer Struktur, etwa durch Umwandlung in eine andere Rechtsform oder durch Verschmelzung mit einer anderen Gesellschaft, nicht beschränkt. Durch solche Maßnahmen könnte die Ausübung des Umtausch- oder Bezugsrechts mithin vereitelt werden mit der Folge, daß den Berechtigten ein Anspruch auf Schadensersatz erwächst. Ist in solchen Fällen die Gewährung gleichwertiger Rechte nicht möglich, so etwa bei Umwandlung der AG in eine Personengesellschaft oder bei Verschmelzung der AG durch Übertragung ihres Vermögens auf eine GmbH, so ließe sich eine Ersatzpflicht etwa durch eine in den Anleihebedingungen für solche Fälle vorgesehene Fälligkeit der Obligation und des Bezugsrechts oder durch Rückkauf derselben zu einem das Bezugsrecht entgeltenden Preis vermeiden.

Für den Fall der **Verschmelzung** der Emittentin mit einer anderen AG ist in Art 15 der vom Rat der EG am 9. 12. 1978 verabschiedeten Dritten(Verschmelzungs-)Richtlinie vorgeschrieben, daß den Obligationären von der übernehmenden Gesellschaft gleichwertige Rechte zu verschaffen seien, die nach Art 5.1.f im Verschmelzungsplan festzulegen sind. Demgemäß sieht der vorliegende RefE zur Durchführung dieser Richtlinie v. 28. 11. 1980 in dem in das AktG neu einzufügenden § 347a vor, daß die übernehmende Gesellschaft den Inhabern von Wandelschuldverschreibungen Rechte zu gewähren hat, welche den von der übertragenden Gesellschaft gewährten gleichwertig sind, und daß diese Rechte oder die für diese Personen vorgesehenen Maßnahmen gemäß der Neufassung des § 340 Abs. 2 Nr. 7 AktG im Verschmelzungsvertrag zu bestimmen sind.

3. Sofern die Gesellschaft die zum Umtausch benötigten Aktien bereits vorrätig hat, durch den Umtausch sich also nur der Aktienbesitz ändert, hat der Umtausch eine wesentlich andere Bedeutung. Das Recht auf Bezug ist alsdann ein von der Gesellschaft dem Obligationär durch Individualvertrag verschaffter Anspruch auf Aushändigung der Aktie gegen Rückgabe der Obligation. Der Umtausch ist nicht mehr ein körperschaftlicher Akt, sondern ein gewöhnliches Umsatzgeschäft, nämlich Tausch. In diesem Falle gilt weder § 221 noch § 199 Abs. 2 AktG.

4. Aus eigenen Wandelschuldverschreibungen, welche die emittierende Gesellschaft selbst besitzt, steht der Gesellschaft, zumal die Forderung erloschen ist, auch kein Bezugsrecht zu, es gilt hier § 56 Abs. 1 AktG. Auch ein abhängiges Unternehmen darf das Bezugsrecht aus Wandelschuldverschreibungen der herrschenden Gesellschaft nicht ausüben, § 56 Abs. 2 AktG. Macht ein Dritter im Auftrage der Gesellschaft oder eines abhängigen Unternehmens von dem Umtauschrecht Gebrauch, so stehen ihm gemäß § 56 Abs. 3 AktG keine Rechte aus den übernommenen Aktien zu, bevor die Übernahme nicht für eigene Rechnung erfolgt; dieses ist hier jedoch problematisch[7].

---

[7] S. dazu *Ganzmüller*, DB 1955, 865.

V. Optionsanleihen

1. Optionsanleihen sind Schuldverschreibungen, bei welchen den Gläubigern das Recht zusteht, nach Ablauf einer bestimmten Frist zusätzlich zur Obligation gegen Bezahlung des schon bei Obligationsausgabe festgesetzten Bezugs- (Einlage-)Betrags eine Aktie der emittierenden Gesellschaft zu beziehen. Sie gewähren also statt des Rechts auf Umtausch ein Bezugsrecht, § 221 AktG. Der Bezugspreis liegt über dem Kurs der Aktien im Zeitpunkt der Anleiheemission. Es wird erwartet, daß durch die Geldzufuhr mittels Anleihe der Ertrag der Gesellschaft sich steigert und damit der Wert der Aktien sich über den festgesetzten Bezugskurs erhöhen wird.

Da wegen Trennung von Obligation und Aktienbezug das mittels der Anleihe aufgenommene Fremdkapital nicht in Gesellschaftskapital umgewandelt wird, bleibt der Gesellschaft der o. I 4 dargestellte Vorteil erhalten; und sie bekommt durch die von den Obligationären bezogenen Aktien noch neues Gesellschaftskapital dazu.

Die Chance des Obligationärs besteht darin, daß er mit der Obligation eine fest verzinsliche Forderung erhält, daß er aber, wenn bei Fälligkeit des Bezugsrechts der Aktienkurs den von ihm zu zahlenden Einlagebetrag übersteigt, die Aktie hinzuerwerben kann. Fehlt ihm das dazu erforderliche Bargeld, so kann er es sich durch Verkauf seiner Obligation beschaffen. Der Zeichner ist umgekehrt auch in der Lage, die Obligation zu behalten und das Bezugsrecht auf die Aktie zu verkaufen, welches zu diesem Zwecke in einer besonderen Bezugsurkunde verbrieft wird. In der Trennung von Obligation und selbständig verwertbarem Bezugsrecht besteht mithin der Vorteil der Optionsanleihe gegenüber der Wandelanleihe. Dieses Papier lohnt sich indessen für den Obligationär im Vergleich zu einer auf dem Markt angebotenen höher verzinslichen gewöhnlichen Schuldverschreibung nur dann — und darin liegt das Risiko —, wenn bei Fälligkeit des Bezugsrechts, bis zu welchem Zeitpunkt der Obligationär sich mit der geringeren Verzinsung begnügt hat, der Kurs der Aktie den von ihm zu zahlenden Bezugsbetrag in solcher Höhe übersteigt, daß der Kursgewinn die während der bisherigen Laufzeit im Vergleich zur gewöhnlichen Schuldverschreibung erlittene Zinseinbuße zumindest ausgleicht. Die Optionsanleihe beruht mithin auf Spekulation à la hausse, welche in der Praxis auch schon enttäuscht wurde.

2. Rechtlich gelten für die Optionsanleihe die oben IV für die Wandelschuldverschreibung dargelegten Regeln. Im Falle einer zwischenzeitlich erfolgenden Kapitalerhöhung gegen Einlagen wird in den Anleihebedingungen Anpassung des Bezugsbetrags an die veränderte Wertrelation vorgesehen, falls nicht auch den Obligationären hierbei ein Bezugsrecht eingeräumt wird.

VI. Anleihe eines Tochterunternehmens mit Anspruch auf Aktien der Mutttergesellschaft

Eine Wandel- oder Optionsanleihe im Sinne des § 221 AktG liegt nur vor, wenn mit der Obligaton ein **Bezugsrecht** verbunden ist, welches nach § 186 Abs. 2 AktG ein Recht auf Zuteilung **neuer** Aktien aus Kapitalerhöhung darstellt, und wenn die die Obligation emittierende Gesellschaft selbst zum Umtausch oder zur Zuteilung ihrer Aktien verpflichtet ist.

Gibt eine Tochtergesellschaft eine Anleihe aus, deren Inhaber berechtigt sein sollen, die Obligation gegen Aktien der Muttergesellschaft zu tauschen oder Aktien derselben gegen Zahlung des Bezugsbetrags zu erhalten, so liegt nicht eine Anleihe nach § 221 AktG vor. Die Sicherung dieses Anspruchs auf Aktien erfolgt durch Übernahme einer **Garantie** seitens der Muttergesellschaft, welche aber wegen § 187 AktG nicht als Zusicherung des Bezugs neuer Aktien aus einer von der Muttergesellschaft erst durchzuführenden Kapitalerhöhung abgegeben werden kann. Die Garantie verschafft mithin kein Bezugsrecht i.S. der §§ 221, 186 AktG, sondern sie enthält das jedem Obligationär gegebene individuelle Versprechen, ihm gegen Einreichung der Obligation oder gegen Bezahlung des Bezugspreises eine Aktie der Muttergesellschaft zu gewähren[8].

Fraglich aber ist, auf welche Weise die Muttergesellschaft die dazu erforderlichen Aktien bereitstellen kann. Ein Erwerb auf dem Markt durch sie selbst oder über ihr Tochterunternehmen ist durch die §§ 71, 71d Satz 2 AktG untersagt. Die bedingte Kapitalerhöhung ist für solchen Fall nicht zugelassen. Wohl aber kann die Bereitstellung für jeweils fünf Jahre mittels genehmigten Kapitals erfolgen, wobei im Falle des Umtausches eine Sacheinlage (§ 205) vorliegt, und bei welcher der Vorstand nach § 204 Abs. 1 AktG nicht nur zur Entscheidung über die Bedingungen der Aktienausgabe, sondern nach § 203 Abs. 2 AktG auch über den Ausschluß des Bezugsrechts der Aktionäre und Zuweisung der Aktien an die Obligationäre ermächtigt sein muß. Erfolgt die Zuweisung der Aktie gegen Bezahlung des ,,Bezugspreises", so ist die Gesellschaft, da dieser den Nennbetrag der Aktie stets übersteigt, nach § 66 Abs. 1 Satz 2 AktG zur Verrechnung desselben mit der Einlageschuld befugt. In diesem Falle steht auch § 187 AktG der Zusicherung der Aktienzuteilung nichtmehr im Wege. Den Interessen der Aktionäre ist hier durch den nach § 202 Abs. 1 AktG erforderlichen HV-Beschluß zur Erteilung der Ermächtigung an den Vorstand Rechnung getragen, der zugleich dem Erfordernis des § 221 AktG AktG entspricht.

§ 20 Gründung der Gesellschaft

A. Vorbemerkung

I. Gründung der AG und Errichtung des von ihr zu betreibenden Unternehmens sind nicht identisch.

1. Das Zusammentreffen von beiden in dem Sinne, daß mit den bei der Gründung aufgebrachten Bareinlagen das Unternehmen aufgebaut werden soll (Fall der **Bargründung**), ist selten geworden.

---

8 Ein solches Versprechen unterliegt deshalb sowenig dem § 221 AktG, wie etwa die einem Dritten erteilte Zusicherung der Gesellschaft, ihm eigene Aktien, welche sie besitzt, gegen Verzicht auf seine gegen die Gesellschaft gerichtete Forderung zu überlassen; a.A. *Lutter*, AG 1972, 125ff.

§ 20 *Gründung der Gesellschaft*

Beispiel: Gründung einer Gesellschaft zwecks Errichtung einer Bergseilbahn oder zwecks Ankaufs eines Terrains zur Bebauung.

Das Gesetz begegnet solcher Bargründung mit Mißtrauen, indem nachträgliche Anschaffung der Betriebsanlagen mittels der Bareinlagen zur Umgehung der bei Sacheinlagen erforderlichen Gründungsprüfung dienen könnte; dem tritt § 52 (Nachgründung) entgegen; s. u. D.

2. In aller Regel hat das Unternehmen, welches fortan in Form der AG betrieben werden soll, schon vorher in anderer Rechtsform bestanden.

Möglich ist die Gründung einer AG unter Einbringung des Unternehmens in die zu errichtende AG als **Sacheinlage** (s. u. C).

Möglich ist ferner die **Umwandlung** eines bestehenden Unternehmens in eine AG in folgender Weise. Ist das Unternehmen bisher betrieben als KGaA, GmbH, rechtsfähige bergrechtliche Gewerkschaft, Versicherungsverein auf Gegenseitigkeit, Genossenschaft, als Körperschaft oder Anstalt des öffentlichen Rechts, dann ist eine **formändernde** Umwandlung in eine AG möglich; s. u. § 54 I 2. Eine Personenhandelsgesellschaft, ein einzelkaufmännisches Unternehmen und bestimmte andere Unternehmen können in eine AG durch **Übertragung** umgewandelt werden, s. u. § 22 und § 54 II.

Die Gründung einer AG kann auch dem Zwecke dienen, mehrere selbständige Unternehmen, die etwa vorher in einer Interessengemeinschaft verbunden waren, rechtlich zur untrennbaren Einheit zusammenzuschließen, indem jeder Unternehmer seinen Betrieb in die neu zu errichtende AG einbringt. Haben hier die beteiligten Unternehmungen schon bisher als Aktiengesellschaften (oder als KGaA § 354 AktG) bestanden, dann liegt ein Fall der **Verschmelzung durch Neubildung** vor (§ 353 AktG, dazu u. § 49).

Möglich ist auch der umgekehrte Vorgang, indem die Gründung einer AG erfolgt, um aus einem einheitlichen Großunternehmen einen einzelnen Betrieb durch Einbringung desselben in die neue Gesellschaft **auszugliedern** und damit rechtlich zu verselbständigen; s. § 52.

In all diesen Fällen kommen, abgesehen von den für die formändernde Umwandlung geltenden Besonderheiten, die Vorschriften über die Gründung der AG, wenn auch zum Teil modifiziert, zur Anwendung.

II. 1. Das frühere Recht kannte zwei Gründungsverfahren, die **Einheitsgründung** (Simultangründung) und die **Stufengründung** (Sukzessivgründung). Während bei der ersteren von den Gründern selbst alle Aktien übernommen werden, so daß bei der Gesellschaftsgründung eine Inanspruchnahme des öffentlichen Kapitalmarktes unterbleibt, mußten bei der Stufengründung die von den Gründern nicht übernommenen Aktien von Dritten gezeichnet werden. Dieses Verfahren aber kam praktisch nicht vor, weshalb das AktG es nicht beibehalten hat.

Neugründungen erfolgten schon bisher durchweg als Einheitsgründungen unter Einschaltung der Banken, indem die Banken die von den Gründern nicht übernommenen Aktien ihrerseits übernehmen, um sie nach Errichtung der Gesellschaft in Verkehr zu bringen.

2. Die Gründung unterliegt der **Gesellschaftssteuer** gem. dem KVStG v. 14. 11. 1972; daneben entstehen die durch Einbringung von Sacheinlagen anfallenden Verkehrssteuern (z. B. Grunderwerbsteuer für Grundstücke, Börsenumsatzsteuer für eingebrachte Wertpapiere, § 18 KVStG).

B. Der Verlauf der Gründung

Im Gründungsverlauf sind drei Abschnitte zu unterscheiden: Die Feststellung der Satzung, §§ 2, 23 bis 28 AktG; die Errichtung der Gesellschaft als noch nicht rechtsfähige Organisation, § 29 AktG; die Erlangung der Rechtsfähigkeit und Entstehung der AG als eigenes Rechtssubjekt, § 41 Abs. 1 Satz 1 AktG[1].

I. Feststellung der Satzung

1. a) Zunächst erfolgt die Feststellung der Satzung durch mindestens fünf Beteiligte (§ 2 AktG); sie hat in notarieller Urkunde zu erfolgen (§ 23 Abs. 1 AktG). Über den notwendigen oder rechtlich zulässigen Satzungsinhalt s. o. § 10 II, III.

Mit Feststellung der Satzung wird das Grundgesetz bestimmt, nach welchem die Gesellschaft entstehen und leben soll. Durch sie wird die künftige Gesellschaft gegenüber anderen AGn individualisiert.

b) In der Regel geht dem Abschluß des Gesellschaftsvertrages eine Verständigung der Beteiligten über die Gründung voraus, so besonders bei Vereinbarung von Sacheinlagen und Sachübernahmen. Soll dieser **Vorvertrag** rechtlich bindend sein, so muß auch er notariell beurkundet werden; vgl. RG 130, 73; 149, 395; 156, 129.

2. Jene Aktionäre, welche die Satzung festgestellt haben, sind gemäß § 28 AktG die „Gründer der Gesellschaft". Gründer können natürliche und juristische Personen sein. Auch eine offene Handelsgesellschaft oder Kommanditgesellschaft kann unter ihrer Firma sich als Mitgründerin beteiligen.

II. Die Errichtung der Gesellschaft

1. Mit Feststellung der Satzung haben die Gründer auch **alle** Aktien zu übernehmen, wobei die Aufteilung derselben ihnen überlassen bleibt. Übernahme einer Aktie durch einen Gründer genügt.

Auch diese Übernahme hat in notarieller Urkunde zu erfolgen (§§ 2, 23 Abs. 2 AktG).

---
[1] Die Gründung der AG, mag sie mit inländischem oder ausländischem Kapital erfolgen, bedarf keiner staatlichen Genehmigung. Durch Art. 9 GG wird die Freiheit, Gesellschaften zu gründen, verfassungsmäßig garantiert. Zu unterscheiden davon ist die möglicherweise erforderliche Genehmigung zur Ausübung des Gewerbebetriebs oder zur Herstellung gefährlicher Anlagen.

Sind die Gründer selbst Kapitalgesellschaften, so schadet es nicht, wenn sie untereinander abhängig sind oder demselben Konzern angehören. Durch § 56 Abs. 2 AktG wird nur die Zeichnung von Aktien der herrschenden Gesellschaft durch die abhängige Gesellschaft untersagt, nicht aber die Beteiligung beider Gesellschaften an der Gründung einer neuen Gesellschaft.

2. Aus dem Grundsatz, daß ein Gründer nur eine Aktie zu übernehmen braucht, ergibt sich die Zulässigkeit der sog. „**Strohmann**-Gründer" (vgl. RG 130, 392; BGH 21, 378 (für die GmbH)). Dieses ist z. B. von Bedeutung, wenn eine AG eine Ausgliederungsgründung vornimmt, oder wenn der Fiskus eine Gesellschaft gründet, wobei neben der juristischen Person noch weitere vier Beteiligte erforderlich sind, von denen jeder wenigstens eine Aktie übernimmt. Die Beteiligung eines Strohmannes, der lediglich zur Erreichung der Fünfzahl beigezogen wird und sich verpflichtet, nach Eintragung der Gesellschaft seine Aktie einem der anderen Gründer zu übertragen, erfüllt gleichwohl den Zweck des § 2 AktG, da auch der Strohmann mit seinem Vermögen für die Ordnungsmäßigkeit der Gründung einzustehen hat.

III. Die Erlangung der Rechtsfähigkeit

1. Sie tritt mit **Eintragung** der Gesellschaft ins Handelsregister ein, § 41 Abs. 1 Satz 1 AktG. Vor der Eintragung jedoch sind folgende weitere Maßnahmen durchzuführen.

a) Zunächst sind nach § 30 Abs. 1 AktG durch die Gründer die notwendigen **Organe** der AG zu bestellen, nämlich der Aufsichtsrat und auch die Abschlußprüfer für das erste Voll- oder Rumpfgeschäftsjahr. Die Bestellung bedarf notarieller Beurkundung.

Der Aufsichtsrat bestellt den ersten Vorstand, § 30 Abs. 4 AktG.

b) Sodann ist der **Einlagebetrag** auf die übernommenen Aktien ordnungsgemäß einzuzahlen, §§ 36 Abs. 2; 54 Abs. 3 AktG. Die Einforderung obliegt dem Vorstand, der auch die Höhe bestimmt. Mindestens muß der eingeforderte Betrag ein Viertel des Nennbetrages für jede übernommene Aktie und das etwa festgesetzte Aufgeld umfassen, § 36a Abs. 1 AktG. Sacheinlagen hingegen müssen innerhalb von fünf Jahren erbracht werden, § 36a Abs. 2 AktG. Es ist jedoch schon im Gründungsstadium Auflassung von Grundstücken an die werdende Gesellschaft möglich (RG JW 25, 1109), welcher in BGH 45, 348 (GmbH) auch Grundbuchfähigkeit zuerkannt worden ist.

2. Nunmehr hat eine **Prüfung** des Gründungsvorganges zu erfolgen, die sowohl im Interesse der Allgemeinheit wie auch im Interesse der Beteiligten selbst liegt, da den letzteren mit der Eintragung der Gesellschaft die Möglichkeit genommen wird, ihre Beteiligung anzufechten oder rückgängig zu machen (s. u. § 21 V 3).

a) Die Gründer haben einen schriftlichen Bericht (Gründungsbericht) über den Hergang der Gründung zu erstatten, der die in § 32 Abs. 2, 3 AktG genannten Angaben zu enthalten hat. Über Verantwortlichkeit und Haftung der Gründer vgl. §§ 46, 47 AktG. Bei Überbewertung einer Sacheinlage muß der Gründer, unabhängig von einer den Fehlbetrag möglicherweise übersteigenden Schadensersatzpflicht aus § 64

AktG, jedenfalls den Unterschied zum Betrag der übernommenen Aktien bar nachzahlen (BGH 64, 52; 68, 191).

b) Der Hergang der Gründung unterliegt sodann der Prüfung durch die Mitglieder des Vorstandes und Aufsichtsrats, die ihrerseits schriftlich zu berichten haben, §§ 33, 34 AktG. Über Haftung des Vorstandes und Aufsichtsrats vgl. § 48 AktG.

c) Ist ein in § 33 Abs. 2 Nr. 1 bis 4 AktG normierter Fall der Interessenkollision gegeben oder liegt eine Gründung mit Sacheinlagen oder Sachübernahmen vor, dann hat außer der Prüfung durch die Gesellschaftsorgane noch eine besondere Prüfung durch unabhängige Prüfer (**Gründungsprüfer**) stattzufinden, für welche die §§ 33 Abs. 3 bis 5; 34; 35 AktG[2] besondere Grundsätze aufstellen. Über die Verantwortlichkeit der Gründungsprüfer vgl. § 49 AktG (dazu BGH 64, 52); über Verzicht und Vergleich der Gesellschaft hinsichtlich ihrer Ersatzansprüche und über Verjährung derselben s. §§ 50, 51 AktG und die Strafvorschrift § 400 AktG.

3. Nunmehr erfolgt die **Anmeldung** der Gesellschaft zur Eintragung in das Handelsregister (§§ 36 Abs. 1; 37 AktG; § 12 HGB; § 128 FGG). Beizubringen ist auch die steuerliche Unbedenklichkeitsbescheinigung des Finanzamts (§ 7 KVSt DVO).

a) Die Anmeldung wird vom Registerrichter geprüft, § 38 AktG. Die Prüfung umfaßt nicht nur die formelle Ordnungsmäßigkeit der Errichtung der Gesellschaft, sondern auch die materielle Ordnungsmäßigkeit der Satzung. Bei Vorliegen eines Mangels ist die Eintragung abzulehnen; ebenso bei beanstandeter Bewertung durch die Gründungsprüfer.

b) Die **Eintragung** der Gesellschaft ins Handelsregister (§ 39 AktG) und die Bekanntmachung der Eintragung (§ 40 AktG) bilden den Abschluß der Gesellschaftsgründung.

Mit der Eintragung erlangt die Gesellschaft **Rechtsfähigkeit**; mit ihr ist die errichtete Gesellschaft (§ 29 AktG) zur AG mit eigener Rechtspersönlichkeit geworden, § 41 Abs. 1 AktG. Nunmehr sind die Mitgliedschaften entstanden und können die Aktien ausgegeben werden, die jedoch vor der Vollerbringung der Einlagen (in bar oder in Sachwerten) nicht auf den Inhaber lauten dürfen (s.o. § 12 I 4).

C. Handelsgeschäft als Sacheinlage

1. Als Sacheinlage muß das einzubringende Handelsgeschäft in der Satzung gemäß § 20 AktG individualisiert sein unter Angabe der Einlage und der dafür zu gewährenden Aktien. Es ist also bereits bei Feststellung der Satzung eine **Bewertung** des einzubringenden Handelsgeschäfts vorzunehmen. Es ist ferner festzusetzen, ob das Geschäft nur mit Aktiven oder auch mit den Passiven übernommen werden soll und zu welchem Stichtag die Übernahme erfolgt (vgl. RG 79, 271; 155, 211; BGH 45, 338). Hierbei stellt das Handelsgeschäft eine wirtschaftliche Einheit dar (vgl. auch RG 63, 57; 70, 223; 79, 273). Die **dingliche** Übereignung an die AG kann jedoch

---
[2] In der Ergänzung gem. Art. 3 der GmbH-Novelle v. 4. 7. 1980.

nicht uno actu, sondern nur in der für die einzelnen zugehörenden Vermögensbestandteile vorgesehenen Übereignungsform erfolgen.

2. a) Da das Erwerbsgeschäft, dessen Betrieb in der Zwischenzeit weiterläuft, eine Sachgesamtheit mit wechselndem Bestand und schwankendem Wert ist, muß der Zeitpunkt der Geschäftsübernahme durch die AG bestimmt werden. Würde die Übernahme erfolgen zum Stichtag der Eröffnungsbilanz der AG, so wäre auf diesen Stichtag auch die Schlußbilanz des einzubringenden Geschäfts zu erstellen. Da aber nach § 20 AktG der Wert der Sacheinlage bereits vorher bei Festlegung der dem Einleger zu gewährenden Aktien geschätzt worden ist und zwischen dieser Schätzung und der Schluß- bzw. Eröffnungsbilanz kein Bilanzzusammenhang besteht, können sich Differenzen der Werte ergeben. Zeigt der Vergleich des Geschäftswertes einen Minderwert, dann hätten die Einbringenden die Differenz in bar zuzuzahlen. Dieses folgt aus der der Sacheinlage zugrunde liegenden Deckungszusage.

b) In der Praxis wird daher die Geschäftsübernahme durch die Gesellschaft auf einen früheren Zeitpunkt vorverlegt, indem von diesem, auch für die Schlußbilanz des Handelsgeschäfts maßgebenden Stichtag an, die Geschäfte für Rechnung der künftigen AG betrieben werden. Nach der Schlußbilanz bestimmt sich die Zahl der für die Sacheinlage übernommenen Aktien; ihre Werte bilden zugleich die Werte der Eröffnungsbilanz der Gesellschaft. Wertsteigerungen in der Zwischenzeit begründen eine stille Reserve. Bestritten aber ist die Behandlung einer Wertverminderung[3].

U.E ist, wie folgt, zu unterscheiden. Da das einzubringende Handelsgeschäft von dem Tag der Einbringungsvereinbarung an für Rechnung der künftigen AG zu führen ist, gehen Wertminderungen, die sich aus der laufenden Geschäftsführung ergeben, zu Lasten der Gesellschaft. Ihnen ist daher durch Abschreibungen oder Wertberichtigungen in der Eröffnungsbilanz Rechnung zu tragen. Verluste jedoch, die mit den für Rechnung der Gesellschaft erfolgenden Umsatzgeschäften nichts zu tun haben (außerordentliche Verluste), sind durch Barzahlung auszugleichen, da die Gefahr solcher Verluste die Gesellschaft noch nicht trägt, insoweit die Deckungszusage der Sacheinleger wirksam bleibt. Bei Mängeln des Geschäftsvermögens, z.B. Wertlosigkeit des Warenlagers, Vorhandensein höherer Passiven, greifen die o. § 15 I 2 b dargelegten Grundsätze der Gewährleistung für Sach- und Rechtsmängel Platz, §§ 445, 493 BGB; vgl. RG 138, 356; 159, 333.

3. Führt die AG das eingebrachte Handelsgeschäft mit dessen Firma fort (§ 4 Abs. 2 AktG), dann haftet sie nach § 25 HGB auch für die bestehenden Altschulden des eingebrachten Handelsgeschäftes ohne Rücksicht darauf, ob laut Satzung die Passiven mit übernommen sind oder nicht. Will die AG die Firma des Handelsgeschäftes nur für eine Niederlassung (vgl. unten § 23) fortführen, im übrigen ihre eigene Firma beibehalten, so kann sie die übernommene Firma für die Zweigniederlassung nur

---

[3] Nach RG 159, 333 und *Boesebeck*, DR 1940, 437 sollen die seit dem Übernahmestichtag entstandenen Verluste als Sachmängel gewertet werden können. Ähnlich auch *v. Godin-Wilhelmi*, § 27 Anm. 13. In BGH 45, 339 (349) wird diese Auffassung abgelehnt und gesagt, daß die Verlustgefahr zu Lasten der Gesellschaft gehe. Nach *Barz*, Großkomm. § 27 Anm. 8 ist ein zwischenzeitlich eingetretener Verlust in der Bilanz durch Abschreibung zum Ausweis zu bringen.

in der Weise führen, daß durch entsprechenden Zusatz erkennbar ist, daß es sich um eine Zweigniederlassung der AG handelt[4].

D. Die Nachgründung

1. Die Gründungsprüfung und die Deckungsgarantie, welche im Falle der Sacheinlage- oder Sachübernahmegründung Platz greifen, könnten umgangen werden, indem die Gesellschaft zunächt im Wege der Bargründung errichtet wird und sich die betreffenden Gegenstände alsbald nach Eintragung durch Umsatzgeschäft beschafft. Dem tritt § 52 AktG entgegen. Hiernach bedürfen Verträge der Gesellschaft, die in den ersten zwei Jahren seit Gesellschaftsgründung geschlossen werden und nach denen die AG vorhandene oder herzustellende Anlagen oder sonstige Gegenstände für eine den zehnten Teil des Grundkapitals übersteigende Vergütung erwerben soll, zu ihrer Wirksamkeit der Zustimmung der HV und der Eintragung ins Handelsregister. Außerdem findet vor der Beschlußfassung eine Prüfung der Verträge durch den Aufsichtsrat und durch unabhängige Gründungsprüfer statt. Es unterliegen mithin auch diese Geschäfte den Kontrollen, welche das Gesetz für Sacheinlagen und Sachübernahmen im Gründungsverfahren vorgesehen hat.

2. In § 52 Abs. 10 AktG regelt das Gesetz den **Neuabschluß** von Verträgen über Erwerb von Gegenständen, welche ursprünglich als Sacheinlagen eingebracht bzw. als Sachübernahmen von der Gesellschaft übernommen werden sollten, wobei jedoch die entsprechenden Vereinbarungen mangels Aufnahme in die Satzung gemäß § 27 Abs. 2 AktG unwirksam waren. Während nach § 27 Abs. 3 AktG eine Heilung dieser nicht in die Satzung aufgenommenen Vereinbarungen durch nachträgliche Satzungsänderung ausgeschlossen ist, und während die Gesellschaft solche für sie unwirksame Vereinbarungen gemäß § 41 Abs. 3 AktG auch nicht übernehmen kann, ergibt sich aus § 52 Abs. 10 AktG, daß ein Erwerb dieser Gegenstände durch Neuabschluß des Vertrages möglich ist, für welchen nunmehr der Vorstand gemäß § 93 AktG die Verantwortung trägt. Der Neuabschluß unterliegt den Erfordernissen des § 52 Abs. 1 bis 8 AktG.

Der hierbei Platz greifende Schutz ist enger als jener des § 27 AktG; denn von den Erfordernissen des § 52 Abs. 1 bis 8 AktG sind jene Erwerbsverträge ausgenommen, bei denen die Gegenleistung 10% des Grundkapitals nicht übersteigt oder welche als Umsatzgeschäfte zum Gegenstand des Unternehmens der AG gehören.

---

[4] RG 113, 213; *Würdinger*, Großkomm. HGB § 30 Anm. 10.

§ 21 Rechtliche Würdigung des Gründungsvorgangs

I. Rechtsnatur des Gesellschaftsvertrags und der Gründergesellschaft

1. In § 2 AktG wird die Satzung der Gesellschaft „Gesellschaftsvertrag" genannt und bestimmt, daß sich an ihrer Feststellung mindestens fünf Personen zu beteiligen haben, welche Aktien gegen Einlagen übernehmen. Über die rechtliche Natur dieses Vorganges ist damit nichts gesagt; sie ergibt sich aus folgendem.

a) Die Feststellung der Satzung bedarf des Konsenses der Gründer, ist also ein **Vertrag,** der nach § 23 Abs. 1 AktG notariell zu beurkunden ist und erst mit der Beurkundung rechtliche Wirksamkeit erlangt.

b) Gegenstand des Vertrages ist die Einigung der Gründer über den Inhalt der Satzung.

Da die Satzung, wie oben § 10 dargelegt, **objektive Normen** enthält, welche, soweit es nach § 23 Abs. 5 AktG zulässig ist, Vorschriften des Gesetzes ersetzen oder ergänzen, ist der Vertrag ein **Organisationsvertrag**. Mit seinem Abschluß wird die Satzung **bindend**, und zwar einerseits für die Kontrahenten, welche nicht mehr einseitig eine Änderung begehren können, andererseits auch für alle späteren Aktionäre, die an der Feststellung der Satzung nicht beteiligt waren.

Subjektive Rechte und Pflichten ergeben sich aus der Satzung gleichermaßen wie aus Vorschriften des Gesetzes für die Beteiligten dadurch, daß sie den Tatbestand dieser Normen erfüllen. Indem jemand Aktionär wird oder in den Vorstand oder Aufsichtsrat berufen worden ist, erlangt er ipso jure alle damit verbundenen gesetzlichen und statutarischen Rechte und Verbindlichkeiten. Die Auslegung der Satzung unterliegt daher denselben Regeln wie die Auslegung des Gesetzes[1].

2. Der von den Gründern geschlossene Gesellschaftsvertrag erschöpft sich in der Regel nicht darin, die Satzung bindend festzustellen, sondern er erzeugt unter den Gründern auch wechselseitige subjektive Ansprüche und Pflichten, die mittels actio pro socio erzwingbar sind. Insoweit verbinden sich also mit dem Organisationsvertrag auch schuldrechtliche Verpflichtungen unter den Gründern auf **Mitwirkung** und Vollzug all jener Maßnahmen, deren Durchführung nach dem Aktiengesetz notwendig ist, um die AG als Rechtsperson zur Entstehung zu bringen.

II. Rechtsnatur der errichteten Gesellschaft

1. Nach § 29 AktG ist mit Übernahme aller Aktien durch die Gründer die Gesellschaft „errichtet". In diesem Stadium indessen entbehrt sie noch der Rechtsfähigkeit (§ 41 Abs. 1 Satz 1 AktG). Es erhebt sich die Frage, welche Vorschriften zur Anwendung kommen, wenn schon in diesem Stadium namens der künftigen AG

---

[1] S.o. § 10 I 2.

Verträge geschlossen werden oder die Gesellschafter wechseln, ob ferner Sacheinlagen schon geleistet werden können und auf welche Weise das aufgebrachte Vermögen auf die eingetragene AG übergeht. Hierüber gehen die Meinungen auseinander[2].

a) Die errichtete, aber noch nicht eingetragene Gesellschaft ist dadurch gekennzeichnet, daß, wie oben I 1 b) dargelegt, die Satzung und damit die Organisation der Gesellschaft für die Beteiligten bindend festliegt, daß aber die Gesellschaft noch der Rechtsfähigkeit entbehrt. Aus den die Genossenschaft und GmbH betreffenden Urteilen in BGH 20, 281; 21, 242; 45, 338; 51, 30; BAG NJW 1963, 680, ist zu ersehen, daß auch die im Werden begriffene AG weder als Gesellschaft bürgerlichen Rechts, noch als nicht rechtsfähiger Verein aufzufassen ist, sondern als eine Organisation, die einem **Sonderrecht** untersteht, welches aus den in Gesetz und Satzung enthaltenen Gründungsvorschriften und aus dem Recht der rechtsfähigen AG besteht, soweit es nicht die Eintragung voraussetzt.

b) Nach § 41 Abs. 4 AktG können Anteilsrechte der Gesellschafter vor Eintragung der Gesellschaft nicht übertragen werden. Der Gesellschafterwechsel oder Beitritt eines neuen Gesellschafters in diesem Stadium unterliegt daher dem in den §§ 2, 23 Abs. 1 u. 2 AktG aufgestellten Erfordernis des Konsenses aller Beteiligten und der Übernahme von Aktien unter notarieller Beurkundung; BGH 21, 242 (246).

Über die Haftung der Gründer gegenüber dem Beitretenden für Verschulden bei Abschluß dieses Vertrags s. BGH 15, 204.

c) Schon in diesem Stadium der Gesellschaft ist die zur Einbringung von Sacheinlagen erforderliche dingliche Einigung auf Übertragung auf die künftige AG möglich, ebenso die Auflassung von Grundstücken (RG JW 1925, 1109; OLG 6, 468), und in BGH 45, 338 ist auch die Grundbuchfähigkeit der künftigen Gesellschaft anerkannt.

d) Problematisch ist die Frage, welche **Vertretungsmacht** der von den Gründern bestellte Vorstand erlangt und wer aus seinen mit Dritten geschlossenen Geschäften haftbar wird.

Die Vertretungsmacht umfaßt zunächst alle Maßnahmen und Rechtsgeschäfte, welche zur Entstehung der AG notwendig sind. Wird jedoch im Gründungsstadium der AG ein Handelsgeschäft eingebracht, dann ist der Vorstand auch ermächtigt und verpflichtet, dieses für Rechnung der AG zu betreiben und es steht ihm auch die erforderliche Vertretungsmacht zu (BGH 45, 343; 72, 45).

Falls der Vorstand das Handelsgeschäft nicht nur für Rechnung, sondern auch namens der künftigen AG betreibt, vertritt er hier wie bei seinen übrigen Geschäften die entstehende Gesellschaft in ihrer gegenwärtigen Rechtsposition, also zugleich

---

[2] Vgl. *Büttner*, Identität und Kontinuität bei der Gründung juristischer Personen (1967); *Dilcher*, Rechtsfragen der sogenannten Gründergesellschaft, JuS 1966, 89ff.; *Horn*, Die Vorgesellschaft in der höchstrichterlichen Rechtsprechung, NJW 1964 S. 86ff.; *Schultze-v. Lassaulx*, Gedanken zur Rechtsnatur der sog. Vorgesellschaft, Festschrift f. Olivecrona (1964) S. 573ff.; *Gansmüller*, Fragen aus dem Recht der Vorgesellschaft, GmbHR 1967, 25ff., 75ff.; *Wiedemann*, Das Rätsel der Vorgesellschaft, Juristische Analysen, 1970 Heft 6; *Barz*, Groß-Komm. § 29 Anm. 1 bis 9.

auch die Gründer, welche deshalb mitverpflichtet werden. Während jedoch nach § 41 Abs. 1 Satz 2 AktG der im Namen der künftigen AG Handelnde stets persönlich unbeschränkt haftbar wird, haften die vertretenen Gründer auf ihre Einlage beschränkt (s. für die GmbH BGH 72, 45).

e) Nicht anwendbar ist § 31 BGB; wohl aber kommt der werdenden Gesellschaft passive Parteifähigkeit und Konkursfähigkeit zu (h. M.).

2. Über den Eintritt der AG in die in ihrem Namen begründeten Verbindlichkeiten s. u. IV.

III. Haftung der handelnden Personen

1. Nach § 41 Abs. 1 Satz 2 AktG haftet derjenige, welcher vor Eintragung der Gesellschaft in ihrem Namen handelt, persönlich; handeln mehrere, so haften sie als Gesamtschuldner. Diese Haftung ist nicht eine „Veranlassungshaftung", sondern eine Haftung aus „rechtsgeschäftlichem Handeln" (s. dazu RG 159, 43; BGH 47, 25; 51, 30; 53, 210; 65, 378; 72, 45).

2. Die persönliche Haftung des Handelnden und, falls nach dem oben II 1 d Gesagten auch die Gründer haftbar geworden sind, auch die Haftung der Gründer (BGH 20, 281), entfällt in jenen Fällen, in denen der Vertrag mit Eintragung der Gesellschaft für diese ohne weiteres wirksam ist, mit der Eintragung; in allen anderen Fällen mit der Schuldübernahme durch die AG (s. IV).

IV. Übergang der Verbindlichkeiten und des Vermögens

1. Mit ihrer Eintragung erlangt die AG Rechtsfähigkeit (§ 41 Abs. 1 Satz 1 AktG). Für den Übergang der Rechte und Verbindlichkeiten gilt folgendes.

a) Die schon im Gründungsstadium an die künftige AG bedingt übereigneten Sacheinlagen stehen ihr ohne weiteres als Eigentum zu. Das gilt auch für Grundstücke, die auf sie bereits überschrieben sind (BGH 45, 348; o. II 1 c).

Die zu Händen des Vorstands eingezahlten Bareinlagen gelten nach § 54 Abs. 3 AktG als der AG zustehend.

b) Der Gesellschaft stehen ferner die Ansprüche auf Einzahlung der restlichen Bareinlagen, ferner auf noch nicht geleistete Sacheinlagen und die Ansprüche aus Sachübernahmeverträgen zu, welche in die Satzung aufgenommen worden sind (§ 27 AktG).

2. a) Mit der Erlangung der Rechtsfähigkeit wird die AG auch aus dem in der Satzung (§ 27 AktG) enthaltenen Sachübernahmeverträgen zur Entrichtung der Gegenleistung verpflichtet, wobei zugleich die persönliche Haftung derjenigen, welche sie für die AG mit den Dritten vereinbart haben, entfällt. Dasselbe gilt für etwaige Verpflichtungen aus Gründungsaufwand (§ 26 Abs. 2 AktG).

b) Mit Einbringung des Handelsgeschäfts, welches der Vorstand bereits im Gründungsstadium der Gesellschaft in deren Namen und für deren Rechnung betrieben hat, gehen die hieraus entstandenen Ansprüche und Verbindlichkeiten auf die Gesellschaft über unter Haftungsbefreiung derjenigen, welche nach § 41 Abs. 1 AktG persönlich haftbar geworden sind (s. dazu BGH 69, 95).

c) Alle übrigen, im Namen der künftigen AG geschlossenen Verträge hingegen müssen von der entstandenen AG erst übernommen werden. Diese Übernahme unter Befreiung des bislang nach § 41 Abs. 1 Satz 2 AktG persönlich haftenden Kontrahenten ist in erleichterter Weise möglich (§ 41 Abs. 2 AktG; s. über diese mißglückte Vorschrift BGH 70, 139).

d) Nicht möglich ist nach § 41 Abs. 3 AktG die Übernahme von Verpflichtungen aus Verträgen über Sondervorteile, Gründungsaufwand, Sacheinlagen und Sachübernahmen, welche nicht in die Satzung aufgenommen worden sind.

V. Mängel des Gründungsvorganges

1. a) Über **Mängel** des nach § 23 Abs. 3 AktG notwendigen **Satzungsinhalts** s. o. § 10 II 1 c.

b) Über die Rechtsfolgen des Fehlens der Aufnahme von Bestimmungen über Sacheinlagen und Sachübernahmen, Gründervorteile und Gründungsaufwand in die Satzung s. o. § 10 II 2 u. § 20 D 2.

2. **Mängel der Beurkundung.** Entspricht die Beurkundung des Gesellschaftsvertrages und der Aktienübernahme nicht den Erfordernissen des § 23 Abs. 1 und 2 AktG, dann ist nach § 125 BGB die Vereinbarung nichtig und der Registerrichter hat die Eintragung abzulehnen. Wird die Gesellschaft trotz eines Beurkundungsfehlers, der die Urkunde nichtig macht, eingetragen, so tritt Heilung der Nichtigkeit ein. Die Vorschrift des § 275 Abs. 1 Satz 1 AktG greift nicht Platz, weil die dort geregelte Nichtigkeit nicht die auf Beurkundungsmängeln beruhende ist, sondern eine Nichtigkeit, die sich aus dem **Inhalt** der Regelung ergibt.

3. **Willensmängel** eines Gründers. Sie können, soweit sie rechtlich von Bedeutung sind, immer nur die Gültigkeit der Beteiligung desjenigen in Frage stellen, bei dem der Willensmangel vorliegt, niemals dagegen die Gültigkeit des Gesellschaftsvertrages als solchen. Als relevanter Willensmangel kommt zudem nur Mangel der Geschäftsfähigkeit in Betracht, nicht aber ein anderer Mangel.

In ständiger Rechtsprechung nämlich hat schon das Reichsoberlandesgericht und ihm folgend das Reichsgericht anerkannt, daß der Übernehmer von Aktien sich nach Eintragung der Gesellschaft in das Handelsregister auf Willensmängel nicht mehr berufen kann[3] (vgl. ROHG 5, 415; 7, 161; 10, 51; 20, 275; RG 2, 133; 19, 126; 54, 128; 68, 309; 88, 187; 123, 102; 124, 279; 142, 103; 145, 158; 149, 28.

---

3 *Schlegelberger-Quassowski*, AktG 1937 § 2 Anm. 9; *Meyer-Landrut*, Großkomm. § 2 Anm. 4; *v. Godin-Wilhelmi*, Vorbem. III, 2 vor § 23; *Baumbach-Hueck*, Vorbem. I 2 vor § 23.

Vorstehender Grundsatz gilt nur bei originärer Aktienübernahme, nicht auch bei Weiterveräußerung von Aktien durch einen Aktionär an einen Dritten; auch nicht bei Veräußerung eigener Aktien durch die Gesellschaft. Anfechtbar bleiben ferner Sachübernahmeverträge und Vereinbarungen über Gründervorteile, da diese im Gegensatz zu den Sacheinlagen gewöhnliche Umsatzgeschäfte bilden bzw. Verträge mit Dritten darstellen.

§ 22 Umwandlung einer Personenhandelsgesellschaft und eines Einzelhandelsgeschäfts in eine AG

Die Gründung einer AG, bei welcher einer der Gründer sein Handelsgeschäft, oder die Gesellschafter einer Handelsgesellschaft ihr gemeinsames Unternehmen einbringen, während von anderen Gründern Geldeinlagen oder Sacheinlagen anderer Art geleistet werden, unterliegt den Gründungsvorschriften des AktG.

Zu unterscheiden davon ist die **Umwandlung** einer Personenhandelsgesellschaft in eine AG, welche im Umwandlungsgesetz (s.u. § 54 II) geregelt ist. Dieser Vorgang spielt sich ausschließlich unter den Gesellschaftern der Personengesellschaft ab.

I. Die Umwandlung einer Personenhandelsgesellschaft in eine AG[1]

1. Die Umwandlung ist möglich, auch wenn an der Personengesellschaft nur zwei Gesellschafter beteiligt sind (§ 42 Abs. 2 UmwG). Sie ist dagegen unzulässig, wenn an der Personengesellschaft als Gesellschafter eine Kapitalgesellschaft beteiligt ist (§ 1 Abs. 2 UmwG).

2. Erforderlich ist auf der Grundlage der zu erstellenden Schlußbilanz (Umwandlungsbilanz) ein notariell zu beurkundender **Umwandlungsbeschluß** der Personengesellschaft.

Er kann nur in einer Gesellschafterversammlung gefaßt werden und bedarf der Zustimmung **aller** Gesellschafter. Sind Gesellschafter nicht erschienen, so muß auch ihre Zustimmung gerichtlich oder notariell beurkundet werden (§§ 41 Abs. 1, 42 Abs. 2 UmwG).

Der Umwandlungsbeschluß muß die Gründung einer AG, an welcher alle Gesellschafter beteiligt sind, und die Übertragung des Vermögens der Personenhandelsgesellschaft auf die AG enthalten (§ 41 Abs. 1 UmwG).

---

[1] Vgl. *Meyer-Landrut*, Großkomm. Anhang zu § 393; *Baumbach-Hueck*, Anhang zu § 393; *Boettcher-Meilicke*, Umwandlung und Verschmelzung von Kapitalgesellschaften (1958).

In diesem Beschluß ist zugleich die **Satzung** der AG festzustellen, wobei jeder Gesellschafter Aktien zu übernehmen hat. Der Nennbetrag der von den einzelnen Gesellschaftern übernommenen Aktien richtet sich hierbei nach dem Verhältnis ihrer Kapitalanteile zueinander.

Nach § 41 Abs. 2 UmwG sind ergänzend die Vorschriften des Ersten und Zweiten Teils des Ersten Buchs des AktG anzuwenden, insbesondere also die §§ 7, 8 AktG über Mindesbetrag des Grundkapitals und der Aktien.

Für die Übernahme der Aktien gelten die §§ 23, 29 AktG; für den Inhalt der Satzung sind die §§ 23 Abs. 3 – 5, 26 u. 27 AktG maßgebend.

Das Grundkapital der Gesellschaft bemißt sich nach der aufzustellenden Schlußbilanz der Personenhandelsgesellschaft, deren Stichtag höchstens sechs Monate zurückliegen darf.

Die Firma der AG ist in § 42 Abs. 3 UmwG geregelt.

3. Es erfolgt die Bestellung des Aufsichtsrats und Vorstands und der Abschlußprüfer nach §§ 30, 31 AktG.

4. Die Gesellschafter haben einen Gründungsbericht nach § 32 AktG zu erstatten, in welchem auch der Geschäftsverlauf und die Lage der Personenhandelsgesellschaft darzulegen sind (§ 43 Abs. 1 UmwG); er ist von den Mitgliedern des Vorstands und Aufsichtsrats zu prüfen (§ 33 Abs. 1 AktG).

5. In jedem Falle findet sodann eine Prüfung durch einen oder mehrere Gründungsprüfer gemäß § 33 Abs. 2 AktG statt (§ 43 Abs. 2 UmwG).

6. Der Umwandlungsbeschluß ist von allen Gesellschaftern und Mitgliedern des Vorstands und Aufsichtsrats zur Eintragung in das Handelsregister anzumelden; in der Anmeldung ist nach § 37 Abs. 2 AktG auch anzugeben, welche Vertretungsbefugnisse die Vorstandsmitglieder haben.

Der Anmeldung sind beizufügen die in § 37 Abs. 3 Nr. 2 – 5 AktG aufgeführten Urkunden, ferner der Umwandlungsbeschluß und die Zustimmungserklärungen nicht erschienener Gesellschafter, sodann die der Umwandlung zugrundegelegte Bilanz.

7. Mit der Eintragung der AG wird die Umwandlung wirksam.

Das Gesamthandsvermögen der Personengesellschaft geht einschließlich der Gesellschaftsschulden ipso jure auf die AG über; gleichzeitig damit ist die Personenhandelsgesellschaft aufgelöst und ihre Firma erloschen, was von Amts wegen eingetragen wird (§ 44 UmwG).

8. Die Gesellschafter der Personenhandelsgesellschaft haften für die auf die AG übergegangenen Verbindlichkeiten weiter nach Maßgabe der für die Personengesellschaft geltenden Vorschriften (§ 44 UmwG).

Die Ansprüche der Gläubiger gegen die Gesellschafter verjähren in der in § 45 UmwG vorgesehenen Frist. Auch § 15 HGB ist zu beachten.

II. Umwandlung des Unternehmens eines Einzelkaufmanns in eine AG[2]

Die Umwandlung des Unternehmens eines Einzelkaufmanns in eine AG ist nur zulässig, wenn die Firma des Einzelkaufmanns in das Handelsregister eingetragen ist, ferner, wenn das auf die AG übergehende Geschäftsvermögen des Einzelkaufmanns nicht sein gesamtes Vermögen i.S. des § 419 Abs. 1 BGB darstellt, und wenn die geschäftlichen und privaten Verbindlichkeiten des Einzelkaufmanns sein Gesamtvermögen nicht übersteigen (§ 50 UmwG).

1. Der Umwandlung liegt zugrunde die gerichtlich oder notariell zu beurkundende **Umwandlungserklärung** des Einzelkaufmanns und die aufzustellende **Umwandlungsbilanz** (§§ 51, 52, 43 Abs. 4 UmwG).

a) In der Umwandlungserklärung ist zu erklären die Gründung einer AG, deren einziger Gesellschafter der Einzelkaufmann ist; ferner die Übertragung des Geschäftsvermögens, welches zum Betrieb des auf die AG übergehenden Unternehmens dient.

b) Der Einzelkaufmann hat zu diesem Zwecke eine öffentlich beglaubigte Übersicht über jene ihm gehörenden Vermögensgegenstände aufzustellen, welche dem umzuwandelnden Betrieb dienen, ferner über die im Betrieb begründeten Verbindlichkeiten (§ 52 Abs. 4 UmwG).

Er hat nach § 53 Abs. 3 UmwG auch eine Aufstellung seines gesamten Vermögens unter Gegenüberstellung aller Verbindlichkeiten vorzunehmen.

c) In der Umwandlungserklärung hat der Einzelkaufmann auch die Satzung der AG festzustellen; für ihren Inhalt gelten gemäß § 51 Abs. 2 UmwG die §§ 23 Abs. 3–5, 26, 27 AktG.

Nicht möglich wäre es nach § 1 Abs. 2 AktG, das Grundkapital ohne Zerlegung im Nennbetrag einer einzigen Aktie zu repräsentieren. Wohl aber können die aus der Stückelung desselben entstehenden Mitgliedschaften in einer Globalurkunde zusammengefaßt werden.

d) Für die Firma der AG gelten die §§ 52 Abs. 3, 42 Abs. 3 UmwG.

2. Es sind nunmehr gemäß § 30, 31 AktG der Aufsichtsrat und Vorstand und der Abschlußprüfer zu bestellen.

3. Der Kaufmann hat einen Gründungsbericht zu erstatten, in welchem auch der Geschäftsverlauf und die Lage des Unternehmens darzulegen sind.

4. Es erfolgt die Prüfung des Gründungsberichts durch Vorstand und Aufsichtsrat und in jedem Falle durch einen oder mehrere Gründungsprüfer gemäß § 53 AktG.

5. Nunmehr erfolgt die Anmeldung der Umwandlungserklärung durch den Einzelkaufmann und die Mitglieder des Vorstands und Aufsichtsrats zum Handelsregister. Ihr sind die in § 54 Abs. 1 UmwG aufgeführten Urkunden beizufügen.

6. Die Umwandlung wird mit der Eintragung der AG vollzogen.

---

2 Über Umwandlung des Unternehmens eines Einzelkaufmanns in eine GmbH s. die §§ 56a–56f UmwG, welche durch Art. 5 der GmbH-Novelle v. 4.7.1980 (BGBl I 836) eingeführt worden sind.

Mit ihr geht das in der Übersicht aufgeführte Betriebsvermögen nebst Verbindlichkeiten auf die AG unter Erlöschen der Firma des Einzelkaufmanns über (§ 55 UmwG).

Die persönliche Haftung des Einzelkaufmanns für die auf die AG übergegangenen Verbindlichkeiten bleibt nach Maßgabe der §§ 55, 56 UmwG bestehen.

§ 23 Zweigniederlassung

I. Rechtliche Stellung

1. Zur AG können mehrere Betriebe gehören, von denen jeder wirtschaftlich wie ein selbstständiges Unternehmen betrieben wird. Gleichwohl werden bei der Kapitalgesellschaft alle von ihr geführten Betriebe durch den in der Satzung festgelegten **Gegenstand** des Unternehmens normativ zu einem **einheitlichen** Handelsgeschäft im Rechtssinne zusammengefaßt, mögen die Betriebe ihrer Art nach noch so verschieden und mag ihre wirtschaftliche Leitung noch so dezentralisiert und verselbständigt sein. Auch die Geschäftsführung und Vertretungsmacht der zuständigen Gesellschaftsorgane bezieht sich notwendig auf sämliche Betriebe der Gesellschaft, ist also wiederum eine einheitliche. Desgleichen hat der Jahresabschluß der Gesellschaft sämtliche Betriebe zu umfassen.

Alle örtlich getrennten selbständigen Betriebe sind daher **Zweigniederlassungen** der am statutarischen Sitz der Gesellschaft gelegenen Hauptniederlassung (vgl. RJA 9, 40; 10, 247; 14, 145; KGJ 13, 42; 20 A 39; 39 A 118).

2. Die Zweigniederlassung ist nicht selbständiges Rechtssubjekt, sondern lediglich Teil jenes Gesamtunternehmens, dessen Rechtssubjekt die AG ist, und sie bildet wie jenes einen Vermögensbestandteil der AG. Deshalb können zwischen den einzelnen Zweigniederlassungen so wenig wie zwischen einer Zweigniederlassung und der Hauptniederlassung Forderungen oder Verbindlichkeiten im Rechtssinne bestehen, mögen sie auch in den für die einzelnen Niederlassungen geführten Büchern wie Forderungen und Schulden gebucht werden. Solche Buchungen bringen nur die Zuweisungen der Geschäftsvorgänge an die einzelnen Niederlassungen zum Ausdruck (RG 107, 46; OLG Hamburg MDR 1948, 290; NJW 1949, 467; OGH 2, 143; 3, 1; und NJW 1949, 712; 903; BGH 4, 65; 10, 319). Das gilt auch für rechtlich unselbständige ausländische Niederlassungen einer inländischen AG (RG 107, 46; 116, 332; 130, 25) und für die inländische Niederlassung einer ausländischen Gesellschaft (OLG 15, 172).

Über die Möglichkeit der Beschränkung der Prokura oder Handlungsvollmacht auf den Betrieb einer Zweigniederlassung s. § 50 Abs. 3 HGB. Nicht möglich dagegen ist eine nach außen wirkende Beschränkung der Vertretungsbefugnis des Vorstandes der AG auf eine Niederlassung der AG.

§ 23 *Zweigniederlassung*

3. Die **Errichtung** einer Zweigniederlassung ist ein tatsächlicher Vorgang, der zum Geschäftsführungsbereich des Vorstandes gehört und einer Satzungsänderung nicht bedarf. Das gilt auch in bezug auf die Firmengebung und Firmenänderung bei der Zweigniederlassung (OLG 2, 516), und es kann hierbei keinen Unterschied machen, ob die Firma der Zweigniederlassung mit der Firma der AG übereinstimmt oder nicht (bestr.)[1].

II. Registerliche Behandlung

Die Sondergrundsätze, welche das Aktiengesetz über die Errrichtung einer Zweigniederlassung und über die Behandlung der bestehenden Zweigniederlassungen aufstellt (§§ 42, 43 AktG), sind dadurch gekennzeichnet, daß das Handelsregister des Sitzes der AG zu einer Art Zentralhandelsregister für die Gesellschaft und ihre Zweigniederlassung wird. Es sind daher sowohl die Anmeldung der Errichtung einer Zweigniederlassung, als auch alle Anmeldungen, welche eine bereits bestehende Zweigniederlassung betreffen, beim Gericht des Sitzes zu bewirken. Wird die **Errichtung** einer Zweigniederlassung angemeldet, so hat das Gericht des Sitzes die Anmeldung an das Gericht der Zweigniederlassung weiterzugeben, welches prüft, ob die Zweigniederlassung errichtet und ob § 30 HGB beachtet ist. Die Eintragung ist alsdann auch im Register des Sitzes zu vermerken, § 42 AktG. Bei Anmmeldungen, welche **bestehende** Zweigniederlassungen betreffen, wird gemäß § 43 AktG verfahren. ,,Damit gibt das Register des Sitzes ein vollständiges Bild aller Geschäftsverhältnisse der Gesellschaft, während die Register der Zweigniederlassung ein Bild von den Verhältnissen der Gesellschaft als solcher und der jeweils betroffenen Zweigniederlassung geben. Die Gesellschaft hat den Vorteil, daß sie nur mit einem Registergericht, dem ihres Sitzes, zu tun hat und das Maß der Veröffentlichungen auf das geringste beschränkt ist'' (Amtl. Begr. z. AktG 1937).

Über Zweigniederlassungen von Gesellschaften mit **ausländischem** Sitz vgl. § 44 AktG. Ausländische juristische Personen bedürfen zur Eröffnung eines Gewerbebetriebs staatlicher Genehmigung, welche jedoch nur unter bestimmten Voraussetzungen verweigert werden darf. Dieser Genehmigungszwang gilt nicht für juristische Personen aus den Mitgliedstaaten der EWG, §§ 12, 12a GO.

---

1 Über die Firma der Zweigniederlassung s. *Würdinger*, Großkomm. HGB § 30 Anm. 10.

2. Kapitel
Die Verfassung der AG

§ 24 Gesellschaftsorgane, Betriebsverfassung und Mitbestimmung

Übersicht

I. Die Organe der AG

1. a) Als juristische Person wird die AG tätig durch ihre Organe; diese sind der Vorstand, der Aufsichtsrat und die Hauptversammlung der Aktionäre. Sie werden Organe genannt, weil ihre Tätigkeiten im Rahmen ihrer Zuständigkeit der Gesellschaft zugerechnet werden, mithin als Wille oder Handlung der juristischen Person selbst gelten.

b) Für die AG werden noch weitere Personen tätig, nämlich die Gründungsprüfer (§§ 33 Abs. 2, 49), die Abschlußprüfer (§§ 162 ff.) und die Sonderprüfer (§§ 142 ff., 258 ff., 315). Sie sind nicht Organe der Gesellschaft; ihre Tätigkeit wird der Gesellschaft nicht zugerechnet und die Gesellschaft kann für sie auch nicht aus § 31 BGB verantwortlich werden. Sie werden tätig aufgrund des ihnen erteilten Auftrags und sind der Gesellschaft aus dem Gesichtspunkt der Vertragsverletzung haftbar[1].

c) Als **fakultative Einrichtungen** kann die Satzung die Bildung von **Ausschüssen** (z.B. eines Beirats, technischen Ausschusses, Regionalausschusses) vorsehen (zu unterscheiden von den Ausschüssen des Aufsichtsrats, u. § 26 IV). Ihnen aber können niemals Aufgaben delegiert werden, welche den gesetzlichen Organen zustehen, sondern sie können diese Organe als Hilfseinrichtungen nur unterstützen. Die Mitglieder solcher Ausschüsse sind Dritte, welche aufgrund des Auftrags mit der Gesellschaft in Rechtsbeziehung stehen.

2. Die Dreiteilung der Organe in Vorstand, Aufsichtsrat und Hauptversammlung der Aktionäre und die gesetzliche Aufteilung der Zuständigkeiten auf sie läßt das Bemühen des Gesetzgebers um Ausgewogenheit im gesellschaftsinternen Kräftespiel erkennen.

---

[1] In BGH 16, 25 werden die Abschlußprüfer als Organe der Gesellschaft bezeichnet und daraus besondere Pflichten abgeleitet; diese aber ergeben sich aus dem Sinn ihres Auftrags. Organe sind nur Personen, deren Tätigkeit der Gesellschaft zugerechnet wird, als Tätigkeit der Gesellschaft selbst gilt.

Fragen, welche die rechtliche Grundlage und Struktur der Gesellschaft betreffen, sind der Zuständigkeit der HV zugewiesen, und in diesem Bereich ist der Vorstand verpflichtet, Beschlüsse derselben zu vollziehen. Die Geschäftsführung obliegt dem Vorstand, welche den Betrieb des Unternehmens, darüber hinausgehend, die Leitung der Gesellschaft umfaßt, zu der grundsätzlich alle Entscheidungen und Maßnahmen gehören, in welchen das Leben der Gesellschaft auf ihrer rechtlichen Grundlage und im Rahmen ihrer Struktur sich vollzieht.

Dem Aufsichtsrat obliegt die Kontrolle der Geschäftsführung, und hierauf ist seine Zuständigkeit zugleich beschränkt. Auch er übt seine Funktion unabhängig und in eigener Verantwortung aus (§ 116).

Durch die Trennung von Vorstand und Aufsichtsrat sowohl funktionell als auch personell unterscheidet sich das AktG vom **Boardsystem**, bei welchem die geschäftsführenden und die auf die Kontrolle sich beschränkenden Mitglieder in einem Organ zusammengefaßt sind. Der Vorzug der Trennung der Funktionen besteht darin, daß der Aufsichtsrat seinen eigenen, vom Vorstand unabhängigen Vorsitzenden hat[2].

Im Zuge der Harmonisierung des Gesellschaftsrechts in den Mitgliedstaaten der EG soll nach dem von der Kommission erstellten Vorschlag einer fünften (Struktur-) Richtlinie[3] die funktionelle und personelle Trennung von Vorstand und Aufsichtsrat für alle Mitgliedstaaten vorgesehen werden.

3. In der Praxis jedoch sind die Kräfteverhältnisse unter den Organen vielfach verschoben. Bei **Publikumsgesellschaften** mit einem Heer von Aktionären, von denen keiner in der Lage ist, in der HV Einfluß auszuüben, die Mehrzahl an der Ausübung des Stimmrechts auch nicht interessiert ist, und wobei jene Aktionäre, die ihre Wertpapiere von Banken verwahren lassen, diesen die Ausübung des Stimmrechts übertragen, ist der Vorstand weitgehend souverän. Es kommt kaum vor, daß ein von Vorstand und Aufsichtsrat zu den Gegenständen der Tagesordnung gemachter Vorschlag (§ 124 Abs. 3) von der HV nicht gebilligt wird. Der Vorstand nimmt auch Einfluß auf die Besetzung des Aufsichtsrats, dem, abgesehen von den Vertretern der Arbeitnehmer, in aller Regel die Hausbank der Gesellschaft und Persönlichkeiten aus nahestehenden Unternehmen angehören und der weitgehend beratend wirkt[4].

In **Familiengesellschaften** ist es möglich, daß der Senior als Vorsitzer des Aufsichtsrats die Geschäftsführung bestimmt und die dem Vorstand angehörenden Mitglieder sich zu fügen haben.

Wiederum anders ist es, wenn an einer Gesellschaft als **Großaktionär** ein anderes Unternehmen beteiligt ist, dem beherrschender Einfluß zusteht. Hier besetzt das herrschende Unternehmen, um seinen Einfluß durchzusetzen, den Aufsichtsrat mit seinen Leuten und durch sie den ihm genehmen Vorstand. Hier können, wie die Amtl. Begr. (Kropff S. 373) sagt, die Geschicke dieser Gesellschaft außerhalb der

---

[2] Vgl. Komm.-Bericht Rn. 222 ff.
[3] S. Text in *Lutter*, Europäisches Gesellschaftsrecht, Sonderheft 1 der ZGR (1979) S. 99.
[4] Vgl. jedoch *K. Fritzen*, Der Einfluß der Hauptversammlung in der Publikums-Aktiengesellschaft, DB 1981, 277 ff., der aus der Sicht der Verwaltung obiger Darstellung widerspricht. Er weist jedoch in Fußnote 47 darauf hin, daß die Kreditinstitute 1978 mit knapp zwei Drittel den höchsten durchschnittlichen Grundkapitalanteil in den HVn repräsentierten. Dieses aber bestätigt das oben Gesagte.

aktienrechtlichen Zuständigkeitsordnung auf Wegen bestimmt werden, ,,die sich überwiegend jeder rechtlichen Ordnung entziehen" (s. u. § 59).

Weitgehend bedeutungslos werden viele gesellschaftsinterne Vorgänge betreffende Vorschriften, wenn eine **Muttergesellschaft** sämtliche Aktien der Tochtergesellschaft besitzt (s. u. § 69 VII).

4. Ein universales Problem besteht darin, wie es verhindert werden kann, daß in Gesellschaften tätige Personen ihre internen Kenntnisse ausnützen zu persönlichem Vorteil und unter möglicher Benachteiligung anderer[5].

Seiner Lösung dient die Aufstellung eines **Ehrenkodex** zu freiwilliger Unterwerfung. Solch ein Kodex sind die von der Börsensachverständigenkommission, den Spitzenverbänden der Wirtschaft und der Arbeitsgemeinschaft der deutschen Wertpapierbörsen aufgestellten **Insider-Regeln** mit Verfahrensordnung in der revidierten Fassung vom Juli 1976 (s. auch o. § 2 II). Das elementare Gebot lautet: ,,Insider und ihnen gleichgestilte Dritte dürfen Geschäfte in Insiderpapieren unter Ausnutzung von Insiderinformationen, von denen sie aufgrund ihrer Stellung Kenntnis erlangt haben, zu keinem Zeitpunkt und in keiner Weise zum eigenen Vorteil oder zum Vorteil Dritter abschließen oder abschließen lassen". Zum Kreis der Insider gehören die Mitglieder der Verwaltungsorgane der Gesellschaften und mit ihr verbundener Unternehmen, inländische Aktionäre mit mehr als 25% Beteiligung, ferner Angestellte der Gesellschaften und verbundener Unternehmen, welche in ihrer Eigenschaft Kenntnis von Insiderinformationen zu erlangen pflegen. Gleichgestellte Personen sind jene Kreditinstitute mit ihren Organen und Angestellten, welche bei bestimmten Maßnahmen eingeschaltet werden und hierbei Kenntnis erlangen. Den Gesellschaften ist aufgegeben dafür zu sorgen, daß die Insider ihres Bereichs die Richtlinien und die Verfahrensordnung anerkennen; auch die Kreditinstitute haben sich ihnen unterworfen.

Die Verfahrensordnung sieht eine Prüfungskommission vor und regelt das Verfahren zur Prüfung von Verstößen gegen die Insiderregeln. Die Sanktion bei Verstößen besteht, soweit nicht weitergehende rechtliche Folgen Platz greifen, in der Rückzahlung erlangter Vorteile; im übrigen ist es Aufgabe der Gesellschaften, gegen ihre Leute aus der Verletzung der von ihnen abgegebenen Anerkennungserklärungen die entsprechenden Konsequenzen zu ziehen.

II. Betriebsverfassung und Mitbestimmung

Leben und Wirken der AG wird nicht nur durch das AktG geregelt. In die gesellschaftsinternen Entscheidungsprozesse greifen weitgehend auch andere Vorschriften ein, welche das Ergebnis der sozialen Entwicklung bilden. Das gilt zunächst vom Betriebsverfassungsgesetz (BetrVG) v. 15. 1. 1972 mit DVO, welches auf Unternehmen beliebiger Rechtsform zur Anwendung kommt.

---

[5] Vgl. *K. I. Hopt*, Der Kapitalanlegerschutz im Recht der Banken (1975); *Hopt-Will*, Europäisches Insiderrecht (1973); *N. Horn*, Wertpapiergeschäfte von Innenseitern als Regelungsproblem, ZHR 136 (1972), 369; ferner *Will*, NJW 1973, 648; *Holzbach*, NJW 1973, 2006; *v. Stebut*, DB 1974, 613.

§ 24 *Gesellschaftsorgane, Betriebsverfassung*

A. Die Betriebsverfassung

Die sozialen Interessen der Arbeitnehmer werden wahrgenommen bei Abschluß der Tarifverträge. Diese Verträge indessen eignen sich wenig für eine Berücksichtigung individueller Einzelinteressen, weil die Tarifverhandlungen häufig auf einer von den Arbeitnehmern weit entfernten Ebene stattfinden und grundsätzlich nur Fragen genereller Art betreffen, die alle Arbeitnehmer der als Verhandlungspartner auftretenden Gewerkschaften berühren. Das BetrVG knüpft daher an die kleinste organisatorische Einheit des Unternehmens, nämlich an den Betrieb an.

1. Die Mitwirkung und Mitbestimmung der Arbeitnehmer, zu denen leitende Angestellte nach § 5 Abs. 3 BetrVG nicht gehören[6], erfolgt in der betrieblichen Ebene der Unternehmen. Zuständig für ihren Vollzug ist der **Betriebsrat**, der auch die in § 80 BetrVG aufgezählten allgemeinen Aufgaben hat. Bei Bestehen mehrerer Betriebsräte in einem Unternehmen ist ein Gesamtbetriebsrat zu bilden, der für Angelegenheiten zuständig ist, die das Gesamtunternehmen oder mehrere Betriebe desselben betreffen und nicht durch die einzelnen Betriebsräte innerhalb ihres Betriebs geregelt werden können (§§ 1, 47, 50 BetrVG).

Zur Beilegung von Meinungsverschiedenheiten zwischen Arbeitgeber und Betriebsrat dient die nach § 76 BetrVG gebildete Einigungsstelle.

2. In bezug auf die Mitwirkung und Mitbestimmung unterscheidet das Gesetz die **sozialen** Angelegenheiten (§§ 87 ff.), die **personellen** Angelegenheiten (§§ 99 ff.) und die **wirtschaftlichen** Angelegenheiten (§§ 106 ff. BetrVG).

a) Die Mitbestimmung in **sozialen** Angelegenheiten greift in allen Betrieben Platz, in welchen ein Betriebsrat besteht, in denen also in der Regel mindestens fünf wahlberechtigte Arbeitnehmer ständig beschäftigt sind (§ 1 BetrVG). Arbeitgeber und Betriebsrat haben die notwendige Betriebsvereinbarung (**Arbeitsordnung**) zu treffen, welche die in § 87 BetrVG aufgezählten Gegenstände zum Inhalt hat. Kommt die Einigung nicht zustande, dann entscheidet die Einigungsstelle mit verbindlicher Kraft. Nach § 90 BetrVG hat der Arbeitgeber den Betriebsrat über die Planung von Bauten, technischen Anlagen, Arbeitsverfahren und Arbeitsplätzen zu unterrichten, wobei § 91 BetrVG unter bestimmten Voraussetzungen dem Betriebsrat eine Mitbestimmung zuspricht.

b) Die Mitwirkung und Mitbestimmung des Betriebsrats in **personellen** Angelegenheiten betrifft zunächst die Personalplanung und Berufsausbildung (§§ 92 ff. BetrVG). In Betrieben mit mehr als 20 wahlberechtigten Arbeitnehmern greifen sodann die besonderen Vorschriften der §§ 99 ff. BetrVG Platz, welche die Einstellung, Ein- oder Umgruppierung und Versetzung und insbesondere die Kündigung von Arbeitnehmern betreffen und hierbei die Zuständigkeiten und Befugnisse des Betriebsrats regeln.

c) In bezug auf die **wirtschaftlichen** Angelegenheiten sei vorweg bemerkt: Die Führung des Unternehmens, also alle im Rahmen der Geschäftsführung zu treffenden

---

[6] Über die Rechtsstellung der leitenden Angestellten nach dem BetrVG s. *G. Boldt*, DB, Beilage Nr. 5/72.

Entscheidungen obliegen dem Vorstand. Hierbei eröffnet die Vertretung der Arbeitnehmer im Kontrollorgan der Gesellschaft die Möglichkeit einer Einflußnahme (u. B.). Die Entscheidungen über die rechtlichen Grundlagen der Gesellschaft sind der HV (den Anteileignern) vorbehalten. Das BetrVG greift hier nur ein, wenn mit Strukturänderungen auch wesentliche Änderungen im betrieblichen Bereich mit nachteiligen Wirkungen für die Arbeitnehmer verbunden sind. Hierbei beschränkt die Mitbestimmung sich auf die Festsetzung jener Maßnahmen, durch welche diese Nachteile vermieden oder ausgeglichen werden sollen.

Im einzelnen gilt folgendes: In allen Unternehmen mit regelmäßig mehr als hundert ständig beschäftigten Arbeitnehmern ist ein **Wirtschaftsausschuß** zu bilden, welchen der Unternehmer über die wirtschaftlichen Angelegenheiten des Unternehmens zu unterrichten und sich mit ihm zu bewahren hat (§ 106 BetrVG). Eine besondere Unterrichtung der Arbeitnehmer über die wirtschaftliche Lage und Entwicklung des Unternehmens greift nach § 110 BetrVG bei Unternehmen mit mehr als tausend Arbeitnehmern Platz.

Die Mitbestimmung in wirtschaftlichen Angelegenheiten liegt jedoch beim Betriebsrat. In Betrieben mit mehr als zwanzig Arbeitnehmern hat der Unternehmer den Betriebsrat über geplante Betriebsveränderungen, die wesentliche Nachteile für die Belegschaft zur Folge haben können, insbesondere über Einschränkung, Stillegung, Verlegung oder Zusammenschluß von Betrieben, über grundlegende Änderungen des Betriebszwecks oder der Betriebsanlagen, sowie über Einführung grundlegend neuer Arbeitsmethoden zu unterrichten und mit ihm den Interessenausgleich zu beraten und in einem gemeinsam aufzustellenden **Sozialplan** den Ausgleich oder die Milderung für die den Arbeitnehmern entstehenden wirtschaftlichen Nachteile niederzulegen. Mangels Einigung entscheidet die Einigungsstelle. Weicht der Unternehmer ohne zwingenden Grund von diesem Interessenausgleich ab, so ist er zum Nachteilsausgleich verpflichtet, insbesondere können Arbeitnehmer, welche infolge dieser Abweichung entlassen werden, beim Arbeitsgericht auf Zahlung von Abfindungen klagen (§§ 111 bis 113 BetrVG); vgl. BAG, DB 71, 389, 534.

B. Beteiligung der Arbeitnehmer im Aufsichtsrat; der Arbeitsdirektor

Neben der Betriebsverfassung bestehen jene Vorschriften, welche die Vertretung der Arbeitnehmer im **Aufsichtsrat** betreffen; das sind:

a) Die §§ 76–77 a BetrVG 1952, welche gemäß § 129 BetrVG 1972 in Geltung geblieben sind. Hiernach besteht der Aufsichtsrat aller inländischen AGn und KGaA (ausgenommen Familiengesellschaften und kleine Gesellschaften), welche nicht den sub b) u. c) genannten Sonderregelungen unterliegen, zu einem Drittel aus Arbeitnehmervertretern, welche von den Arbeitnehmern des Unternehmens unmittelbar gewählt werden.

b) Das Gesetz über die Mitbestimmung der Arbeitnehmer in den Aufsichtsräten und Vorständen der Unternehmen des Bergbaus und der Eisen- und Stahl erzeugenden Industrie (Montan-MitbestG) v. 21. 5. 1951 mit DVO. Bei diesen Gesellschaften besteht der Aufsichtsrat aus elf Mitgliedern.

Er setzt sich zusammen aus je fünf Vertretern der Anteilseigner und der Arbeitnehmer und dem elften Mann.

Da das Montan-MitbestG in § 1 hinsichtlich seiner Anwendbarkeit an wirtschaftliche Voraussetzungen bei den Montanunternehmen anknüpft, die sich ändern können, hat der Gesetzgeber bisher mit Ges. v. 27. 4. 67 (BGBl I 505) u. v. 29. 11. 71 (BGBl I 1859) korrigierend eingegriffen und eine weitere Änderung des Gesetzes steht z. Z. bevor.

Für die dem Montan-MitbG unterliegenden Gesellschaften ist sodann der **Arbeitsdirektor** zwingend vorgeschrieben. Er ist notwendiges Mitglied des Vorstandes, dem innerhalb der Unternehmensleitung die sozialpolitischen Aufgaben obliegen (s.u. § 25 III).

c) Das Gesetz über die Mitbestimmung der Arbeitnehmer (MitbestG) v. 4. 5. 1976. Es gilt für AGn, KGaA und andere Unternehmen mit eigener Rechtspersönlichkeit, welche mehr als 2000 Arbeitnehmer beschäftigen und nicht der Mitbestimmung für Montangesellschaften unterliegen[7]. Der Aufsichtsrat dieser Gesellschaften setzt sich je nach Zahl der Arbeitnehmer paritätisch aus je sechs oder je acht oder je zehn Mitgliedern der Anteilseigner und der Arbeitnehmer zusammen. Zu den Arbeitnehmern gehören hier nach § 3 MitbestG auch die leitenden Angestellten.

d) Über die Vertretung der Arbeitnehmer in herrschenden Unternehmen eines Unterordnungskonzerns s.u. § 73.

§ 25 Der Vorstand

I. Bestellung

1. Die Bestellung aller Mitglieder des Vorstands erfolgt, soweit nicht in Notfällen gerichtliche Bestellung platzgreift, durch den **Aufsichtsrat** der Gesellschaft.

a) Bei den dem BetrVG 1952 unterliegenden Gesellschaften, deren Aufsichtsrat zu einem Drittel Vertreter der Arbeitnehmer angehören, setzt die Bestellung von Vorstandsmitgliedern nach §§ 84, 108 AktG einen Beschluß des Aufsichtsrats mit einfacher Stimmenmehrheit voraus. Beschlußfähig ist der Aufsichtsrat, falls die Satzung nicht etwas anderes bestimmt, wenn mindestens die Hälfte seiner Mitglieder — als minimum jedoch drei — an der Beschlußfassung teilnimmt, § 108 Abs. 2 AktG.

In dringenden Fällen kann Bestellung durch das Gericht erfolgen, § 85 AktG.

---

7 Diesem Gesetz unterliegen nach dem Stand vom August 1978 284 AGn, 179 GmbH, 8 KGaA und 11 Unternehmen anderer Art.

b) Vorstehendes gilt auch — mit Ausnahme der Arbeitsdirektoren — für die Bestellung von Vorstandsmitgliedern in Montangesellschaften, welche dem Montan-MitbestG unterliegen. Hier ist die Beschlußfähigkeit des Aufsichtsrats in § 10 zwingend geregelt.

Der bei diesen Gesellschaften zu bestellende **Arbeitsdirektor** kann nach § 13 Montan-MitbestG nicht gegen die Mehrheit der Stimmen der dem Aufsichtsrat angehörenden Vertreter der Arbeitnehmer bestellt werden.

In Notfällen ist jedoch auch gerichtliche Bestellung des Arbeitsdirektors nach § 85 AktG möglich (Amtl. Begr. zu § 85; Kropff S. 107 ff.).

c) Für die dem MitbestG 1976 unterliegenden Gesellschaften, deren Aufsichtsrat sich paritätisch aus Vertretern der Anteilseigner und der Arbeitnehmer zusammensetzt, gilt nach § 31 MitbestG folgende Regelung: Grundsätzlich ist zur Bestellung eines Vorstandsmitglieds ein Beschluß des Aufsichtsrats erforderlich, welcher eine Mehrheit von mindestens zwei Drittel der Stimmen seiner Mitglieder bedarf.

Solche Mehrheit ist nicht erzielbar, wenn die Vertreter der Anteilseigner und der Arbeitnehmer sich als geschlossene Fraktionen gegenüberstehen. Deshalb tritt bei Nichtzustandekommen solchen Beschlusses der vom Aufsichtsrat gemäß § 27 Abs. 3 MitbestG zu bildende **Ausschuß** in Funktion (s. u. § 26 III 3 b). Er soll binnen Monatsfrist einen Vorschlag für das zu bestellende Vorstandsmitglied machen. Da sich auch in ihm Anteilseigner und Arbeitnehmer paritätisch gegenüberstehen, mußte das Gesetz einen Ausweg aus der durch mögliches Stimmenpatt entstehenden Blockade schaffen. Er besteht darin, daß nach § 31 Abs. 3 Satz 1 zweiter Halbsatz MitbestG „weitere Vorschläge" nicht ausgeschlossen sind. Solche können nunmehr aus der Mitte des Aufsichtsrats, von einem Ausschuß desselben, wie auch vom Vorstand selbst eingebracht werden; insbesondere ist eine Wiederholung jenes Vorschlags möglich, welcher bei der ersten Abstimmung im Aufsichtsrat die erforderliche Mehrheit nicht gefunden hat[1].

Über diese Vorschläge beschließt alsdann der Aufsichtsrat mit der **einfachen** Mehrheit der Stimmen seiner Mitglieder. Wiederum ist auch hierbei Blockade durch ein Stimmenpatt nicht ausgeschlossen. Deshalb hat bei erneuter, sich unmittelbar anschließender Abstimmung der Aufsichtsratsvorsitzende — nicht aber sein Stellvertreter — **zwei** Stimmen, womit letztlich ein Übergewicht der Kapitalseite gewährleistet ist.

Die Bestellung des auch bei diesen Gesellschaften nach § 33 MitbestG erforderlichen Arbeitsdirektors erfolgt in gleicher Weise wie jene der anderen Vorstandsmitglieder.

2. a) Für alle AGn ist die Bestellung des Vorstandes durch den Aufsichtsrat **zwingend**. Sie kann durch die Satzung nicht einem anderen Organ zugewiesen werden, also weder der HV, noch einem aus der Mitte des Aufsichtsrats gebildeten Ausschuß (vgl. § 107 Abs. 3 AktG), wenngleich in der Regel die Vorbereitungen und Verhandlungen zur Bestellung Personalausschüssen überlassen werden; noch wäre es mög-

---

1 Vgl. *Fitting-Wlotzke-Wissmann*, MitbestG § 27 Anm. 25; Komm.-Bericht Rn. 436 ff.

lich, die durch den Aufsichtsrat erfolgende Bestellung von der Zustimmung eines Dritten abhängig zu machen. Ebensowenig kann dem Vorstand ein Recht auf Zuwahl eines neuen Mitglieds, oder einem ausgeschiedenen Vorstandsmitglied ein Recht auf Wiederbestellung eingeräumt (BGH 8, 364), oder einem Aktionär ein mitgliedschaftliches Recht auf Berufung in den Vorstand verschafft werden (BGH 15, 78). Eine individualvertragliche Zusicherung solcher Art hat nur die Bedeutung, daß der Vorstand sich bemühen werde, beim Aufsichtsrat die Berufung des Aktionärs in den Vorstand zu erwirken.

b) Mitglied des Vorstands kann jede unbeschränkt geschäftsfähige und nicht nach §§ 283 bis 283 d StGB vorbestrafte natürliche Person sein, § 76 Abs. 3 AktG. Juristische Personen sind mithin vom Vorstandsamt ausgeschlossen. Auch ein Aufsichtsratsmitglied kann nicht zugleich Mitglied des Vorstands sein, § 105 Abs. 1 AktG.

Die Satzung kann jedoch die Eignung einer Person für das Vorstandsamt von bestimmten Voraussetzungen abhängig machen; so z. B. von der Staatsangehörigkeit, was für Schiffahrtsgesellschaften wegen Erhaltung des Flaggenrechts von Bedeutung ist (vgl. § 1 Abs. 2 Flaggenrechts-Ges); oder vom Aktienbesitz, von Familienzugehörigkeit etc.; doch darf dadurch für den Aufsichtsrat die Möglichkeit personeller Auswahl nicht zu sehr beschränkt werden.

3. a) Die Bestellung als körperschaftlicher Akt setzt die Eröffnung des AR-Beschlusses gegenüber dem zu bestellenden Vorstandsmitglied und die Annahme desselben voraus. Sie ist also ein **Vertrag**. Mit ihr übernimmt das Vorstandsmitglied die ihm nach Gesetz und Satzung zugewiesenen Aufgaben und die ihm gegenüber der Gesellschaft zustehenden Pflichten und Rechte.

b) Ergänzt wird die Bestellung durch den **Anstellungsvertrag** (BGH 10, 187/191; 36, 142), der insbesondere den Aufgabenbereich des Vorstandsmitgliedes, die Regelung der Bezüge, des Ruhegehalts, des Urlaubs und sonstige ergänzende Vereinbarungen zum Gegenstande hat. Den Abschluß dieses Vertrages kann der Aufsichtsrat einem aus seiner Mitte gebildeten Ausschuß übertragen (BGH, NJW 1976, S. 146); s. u. § 26 IV.

Wenngleich Bestellung und Anstellungsvertrag zu unterscheiden sind, besteht zwischen beiden insofern ein Zusammenhang, als der Anstellungsvertrag nur wirksam sein kann bei erfolgender Bestellung, und das ,,Angestelltsein" auch mit Widerruf der Bestellung notwendig endet. Ob jedoch damit auch die Vorstandsbezüge entfallen, beurteilt sich nach den allgemeinen Vorschriften, insbesondere nach § 626 BGB (s. u. II 2).

Über **fehlerhafte** Anstellung von Vorstandsmitgliedern s. BGH 41, 282; 65, 190.

Die Gesamtbezüge der einzelnen Vorstandsmitglieder sollen in einem angemessenen Verhältnis zu ihren Aufgaben und zur Lage der Gesellschaft stehen. Bei Verschlechterung der Verhältnisse ist Herabsetzung derselben möglich; § 87 Abs. 3 AktG trifft Vorsorge, daß bei Gesellschaftskonkurs die Verteilungsmasse nicht mit übergroßen Ersatzansprüchen belastet wird.

Die Gesamtbezüge der Vorstandsmitglieder, der Abfindungen, Ruhegehälter und der Hinterbliebenenbezüge sind im Geschäftsbericht anzugeben, § 160 Abs. 3 Nr. 8 u. 9 AktG[2].

4. Die Bestellung der Vorstandsmitglieder und der Anstellungsvertrag kann nur für die Dauer von höchstens **fünf** Jahren erfolgen. Wiederbestellung nach Ablauf dieser Frist ist möglich; sie bedarf eines neuen Aufsichtsratsbeschlusses. Unterbleibt er, so ist mit Ablauf der Fünf-Jahresfrist die Stellung des Vorstandsmitgliedes beendet. Damit ist zwangsläufig auch der Anstellungsvertrag abgelaufen. Ein Recht des Vorstandsmitgliedes auf Wiederbestellung kann nicht begründet werden (BGH 8, 364; 15, 71), ebensowenig eine automatische Verlängerung. Eine im Anstellungsvertrag enthaltene Verlängerungsklausel hingegen ist zulässig; ihre Wirksamkeit hängt jedoch vor der erfolgten Wiederbestellung ab (vgl. § 84 Abs. 1 AktG; BGH 3, 90; 10, 187; 20, 239). Zur Amtsausübung eines Vorstandsmitglieds trotz Ablauf der Bestellungsfrist s. BGH 41, 287; 47, 343.

Über Eintragung des Vorstands ins Handelsregister s. §§ 37 Abs. 2 Nr. 3; 81; über die Namensangabe auf Geschäftsbriefen § 80 AktG.

II. Widerruf der Bestellung

1. Er erfolgt durch einseitige Erklärung gegenüber dem betroffenen Vorstandsmitglied aufgrund eines Beschlusses des Aufsichtsrats, §§ 84 Abs. 3; 107 Abs. 3 AktG (dazu BGH 12, 327). Für diesen AR-Beschluß gelten bei den dem MitbestG 1976 unterliegenden Gesellschaften nach § 31 MitbestG dieselben Modalitäten wie bei der Bestellung eines Vorstandsmitglieds (o. I 1 c). Der Arbeitsdirektor einer Montangesellschaft kann nicht gegen die Stimmen der Mehrheit der Arbeitnehmervertreter abberufen werden, § 31 Montan-MitbestG.

2. a) Der Widerruf ist nur zulässig und wirksam bei Vorliegen eines **wichtigen Grundes** (dazu BGH 15, 71). Das Recht zum Widerruf bei Vorliegen eines wichtigen Grundes kann weder ausgeschlossen noch auf bestimmte Gründe beschränkt werden; das gilt auch für den Anstellungsvertrag (BGH 8, 360). Als wichtigen Grund nennt § 84 Abs. 3 AktG namentlich grobe Pflichtverletzung oder Unfähigkeit zur ordnungsmäßigen Geschäftsführung. Als wichtiger Grund ist ferner anzusehen, wenn die HV einem Vorstandsmitglied das Vertrauen entzieht; dies gilt jedoch nach § 84 Abs. 3 Satz 2 AktG dann nicht, wenn die Entziehung des Vertrauens als Rechtsmißbrauch erscheint (BGH 13, 188). Letzteres ist beispielsweise dann der Fall, wenn Entzug des Vertrauens erfolgt, weil der Vorstand sich dem Ansinnen eines Großaktionärs widersetzt, welches auf eine Schädigung der Gesellschaft oder auf eine unerlaubte Handlung (z.B. Verstoß gegen gesetzliche Verbote) hinausläuft. Über

---

2 Die mit den Vorstandsmitgliedern getroffenen Vereinbarungen über *Ruhegehalt* werden von der Rechtsprechung in besonderem Maße dem Gesichtspunkt von Treu und Glauben, und der Verwirkung bei Verletzung der Treuepflicht unterstellt; vgl. BGH 8, 349; 12, 337; 13, 346; 15, 71; 16, 50. Über Unwirksamkeit von Pensionszusagen, durch deren Höhe die Entschließungsfreiheit des Aufsichtsrats bei der Vorstandsbestellung beseitigt wird, vgl. BGH 8, 348; NJW 1957, 1278; zur Verpflichtung der Gesellschaft, das Ruhegehalt wegen inflatorischer Entwertung anzuheben s. BGH 61, 31

§ 25 Der Vorstand

das Vorliegen eines wichtigen Grundes entscheidet im Streitfall das ordentliche Gericht, § 84 Abs. 3 Satz 4 AktG (dazu BGH 26, 236).

b) Mit dem Widerruf entfallen auch jene Bestimmungen des Anstellungsvertrages, die sinngemäß nur für die Amtsdauer des Vorstandes gelten. Für die übrigen Bestimmungen, insbesondere für den Anspruch auf die Vorstandsbezüge gelten die dienstrechtlichen Grundsätze, § 73 Abs. 3 Satz 5 AktG mit § 626 BGB; dazu BGH 8, 359 (367); 13, 188, 346; 15, 71; 50, 378.

3. Bei Vorliegen eines wichtigen Grundes ist der Vorstand auch selbst zur Amtsniederlegung und zur fristlosen Kündigung des Anstellungsvertrages befugt.

III. Zusammensetzung und innere Ordnung des Vorstands

1. Nach § 76 Abs. 2 AktG kann der Vorstand aus einer oder mehreren Personen bestehen; letzteres ist erforderlich bei Gesellschaften mit einem Grundkapital von mehr als drei Millionen DM.

Bei den dem Montan-MitbestG unterliegenden Gesellschaften ist der Arbeitsdirektor zu bestellen; und bei den dem MitbestG 1976 unterliegenden Gesellschaften hat ein Vorstandsmitglied die Funktionen eines Arbeitsdirektors mit zu übernehmen (s. u. 2 d).

2. a) Auf der ausschließlichen Zuständigkeit des Aufsichtsrats zur Bestellung der Vorstandsmitglieder beruht es, daß auch die Ernennung eines Vorstandsvorsitzenden nur durch den Aufsichtsrat erfolgen kann, §§ 84 Abs. 2, 107 Abs. 2 AktG.

b) Aus gleichem Grunde ist der Aufsichtsrat auch befugt, dem Vorstand eine Geschäftsordnung zu geben. Nur wenn dieser es unterläßt und wenn auch die Satzung dem nicht entgegensteht, gibt der Vorstand die Geschäftsordnung sich selbst, § 77 Abs. 2 AktG.

c) Die **Geschäftsordnung** regelt einerseits die Beschlußfassung bei Mehrheit von Vorstandsmitgliedern, andererseits deren Tätigkeitsbereiche. Bei vielen Großunternehmen ist an die Stelle einer Geschäftsaufteilung nach Funktionen (Fertigung, Vertrieb, Finanzen) eine solche nach Produkten (Divisionen) getreten[3]. Dies bedeutet faktisch eine Beschränkung der Geschäftsführung insofern, als der dem einzelnen Vorstandsmitglied zugewiesene Aufgabenbereich dessen Sonderpflicht darstellt und die anderen Vorstandsmitglieder sich eines Eingriffs in diesen Bereich geschäftsordnungsmäßig enthalten sollen. Mit dieser Maßgabe kann die Geschäftsverteilung auch im Anstellungsvertrag geregelt werden. Gleichwohl bleibt für die Gesamtheit der Geschäftsleitung die Zuständigkeit und Verantwortlichkeit des Gesamtvorstandes erhalten. Kein Vorstandsmitglied kann von einem bestimmten Geschäftsbereich völlig ausgeschlossen werden, und die übrigen Vorstandsmitglieder sind verpflichtet, Bedenken zu äußern und Abhilfe zu schaffen, wenn ein Vorstandsmitglied versagt oder seine Pflichten verletzt, vgl. BGH 15, 78.

---

3 Vgl. dazu Komm.-Bericht Rn 1733 ff.

d) Der dem **Arbeitsdirektor** zustehende Aufgabenbereich der Wahrnehmung aller Angelegenheiten, welche die Arbeitnehmer betreffen (Lohn- und Gehaltspolitik, Einstellungen, Entlassungen, Sozialfürsorge, Gesundheitswesen, Unfallverhütung etc.)[4] ist insofern zwingend, als diese Aufgaben nur dem nach § 13 Abs. 1 Satz 2 Montan-MitbestG bestellten Vorstandsmitglied zugewiesen werden können; nicht aber ist der Arbeitsdirektor gesetzlich auf diese Aufgaben beschränkt.

IV. Die rechtliche Stellung des Vorstands

A. Intern

Vorbemerkung: Unter **Geschäftsführung**[5] ist jede Entscheidung und Maßnahme zu verstehen, welche der Vorstand aufgrund der gesetzlichen Zuständigkeitsregelung zu treffen oder zu vollziehen hat, gleichgültig, ob er hierbei unabhängig und eigenverantwortlich handelt oder der Zustimmung des Aufsichtsrats (§ 111 Abs. 4 Satz 2) oder vorheriger Ermächtigung durch die HV (§ 221) bedarf oder ob er nach § 83 AktG verpflichtet ist, einen Beschluß der HV (z. B. eine Kapitalerhöhung) zu vollziehen.

In diesem weiten Sinn gebraucht das AktG den Begriff Geschäftsführung in § 77 (Gesamtgeschäftsführung), § 82 (Beschränkung der Geschäftsführung), § 93 (Sorgfalt bei der Geschäftsführung), § 111 Abs. 1 (Überwachung der Geschäftsführung).

Innerhalb dieses weiten Geschäftsführungsbereichs besteht jener, in welchem der Vorstand zu eigener unabhängiger Entscheidung berufen ist. Dieses ist der Bereich von Geschäftsführungsmaßnahmen, welche § 76 AktG „Leitung der Gesellschaft" nennt. Auch dieser Bereich wird durch die zwingende Zuständigkeitsregelung des Gesetzes bestimmt und dadurch festgelegt, daß keine Zuständigkeit eines anderen Organs besteht und begründet werden kann. In diesem engeren Sinn wird der Begriff Geschäftsführung gebraucht in § 119 Abs. 2 AktG, worin es dem Vorstand anheimgestellt wird, über Fragen, welche seiner selbständigen Entscheidung unterliegen, einen Beschluß der HV herbeizuführen.

Die folgenden Ausführungen beziehen sich auf diesen engeren Geschäftsführungsbereich, welcher dem Vorstand zu selbständiger Entscheidung zugewiesen ist.

1. Der Vorstand hat die Gesellschaft unter eigener Verantwortung zu leiten (§ 76 AktG). Mit dieser Vorschrift umschreibt das Gesetz die interne Funktion des Vorstands als zwingende Zuständigkeit und als unabdingbare Pflicht desselben.

a) Zur Leitung der Gesellschaft gehört der Betrieb des in der Satzung bestimmten Unternehmens, die Ausarbeitung und Durchführung langfristiger Planung der Produktion, Finanzierung und der Organisation der Gesellschaft einschließlich der Investitions- und Dividendenpolitik, mithin jede Maßnahme, welche der Verwirk-

---

[4] Vgl. *Kötter*, MitbestG § 13 Anm. 8.
[5] Vgl. dazu *Zöllner*, Köln. Komm. § 119 Anm. 28; *Meyer-Landrut* GroßKomm. § 76 Anm. 2; *Baumbach-Hueck* § 76 Rn. 8; *Timm*, Die Aktiengesellschaft als Konzernspitze (1980) S. 181.

lichung des Unternehmenszieles und des Gesellschaftszweckes dient. Leitung der Gesellschaft reicht jedoch über Führung des Unternehmens hinaus; sie umfaßt z.B. auch die Ausübung der Rechte aus Beteiligungen, welche der Gesellschaft gehören, die Einberufung der HV u.a.m.

Alle Maßnahmen der Gesellschaftsleitung sind auch Akte der Geschäftsführung.

b) Der Vorstand ist in der Leitung der Gesellschaft und in der Führung des Unternehmens **unabhängig**, also weder an Weisungen des Aufsichtsrats noch an solche der HV gebunden.

Dem Aufsichtsrat können Maßnahmen der Geschäftsführung nicht übertragen werden, § 111 Abs. 4 AktG.

Auch die Hauptversammlung der Aktionäre ist nicht in der Lage, in eigener Initiative Geschäftsführungsmaßnahmen zu beschließen und dadurch den Vorstand zu binden. Läßt der Vorstand die HV gemäß § 119 Abs. 2 AktG entscheiden, dann ist er, sofern die Maßnahme nicht als solche eine Rechtsverletzung darstellt (§ 93 Abs. 5 Satz 3 AktG), an die Entscheidung gebunden.

2. Die Unabhängigkeit des Vorstands in diesem Leitungs- oder Geschäftsführungsbereich ist jedoch nicht unbegrenzt. Schranken ergeben sich aus dem Gesetz, aus der Satzung, durch den Aufsichtsrat und die HV (§ 82 Abs. 2 AktG)[6].

a) Der Vorstand hat zunächst die **gesetzlich** gezogenen Schranken einzuhalten. So bedarf er zur Ausgabe von Wandel- oder Gewinnschuldverschreibungen, desgleichen zur Gewährung von Genußrechten einer Ermächtigung der HV (§ 221 AktG). Zustimmung des Aufsichtsrats ist vorgeschrieben in den §§ 114, 115, 202 Abs. 3, 204 Abs. 1, 205 Abs. 2 AktG, doch hat in all diesen Fällen die Bindung nur interne Wirkung, § 82 AktG. Bei Ausübung von Beteiligungsrechten ist der Vorstand in bestimmten Fällen sogar an Weisungen des Aufsichtsrats gebunden (s.u. § 73 III).

b) Beschränkungen der Geschäftsführungsbefugnis ergeben sich sodann aus der **Satzung**. Als Hauptfall ist der in der Satzung bestimmte **Gegenstand** des Unternehmens zu nennen. Durch ihn wird Inhalt und Umfang des Rechts und der Pflicht zur Geschäftsführung näher bestimmt. Aus dieser Bindung folgt, daß der Vorstand nicht befugt ist, unternehmensfremde Betriebe eigenmächtig zu errichten oder sie durch Aktienerwerb der Gesellschaft anzugliedern.

Im übrigen kann eine Beschränkung der Geschäftsführungsbefugnis durch die Satzung nur insoweit erfolgen, als das Gesetz sie zuläßt. Nach § 111 Abs. 4 AktG kann durch die Satzung vorgesehen werden, daß bestimmte Arten von Geschäften vom Vorstand zwecks Ermöglichung **präventiver** Kontrolle nur mit **Zustimmung** des **Aufsichtsrats** vorgenommen werden sollen, wobei durch die Beschränkung des Zustimmungserfordernisses auf **bestimmte Arten** von Geschäften eine zu weit gehende Beschneidung der Selbständigkeit des Vorstands verhindert wird.

c) Soweit im Rahmen des § 111 Abs. 4 AktG es zulässig ist, den Vorstand bei Geschäftsführungsmaßnahmen satzungsmäßig an die Zustimmung des Aufsichtsrats

---

6 Zur Frage, ob der Vorstand sich durch schuldrechtlichen Vertrag Dritten gegenüber zur Vornahme oder Unterlassung von Geschäftsführungsmaßnahmen verpflichten kann, s.o. § 4 II.

zu binden, kann solche Bindung auch durch **Beschluß** des Aufsichtsrats selbst begründet werden; und dieses gilt unabhängig davon, ob die Satzung bereits Bindungen solcher Art enthält oder nicht[7]. Der Aufsichtsrat kann sich mithin für bestimmte Arten von Geschäften auch selbst die Möglichkeit präventiver Kontrolle verschaffen. Erforderlich ist dazu nach § 107 Abs. 3 AktG ein Beschluß des Gesamtaufsichtsrats. Die Entscheidung hingegen, ob im Einzelfall die Zustimmung zu erteilen sei, kann einem von ihm gebildeten Ausschuß überlassen werden.

Die vom Aufsichtsrat verweigerte Zustimmung aber kann der Vorstand in jedem Fall durch einen HV-Beschluß ersetzen lassen (s. u. § 26 V 2 e).

d) Die **Hauptversammlung** kann in Fragen der Geschäftsführung entscheiden, wenn der Vorstand sie befragt, §§ 119 Abs. 2, 111 Abs. 4 Satz 3 AktG.

3. a) Nach § 83 AktG ist der Vorstand verpflichtet, Maßnahmen, welche in die Zuständigkeit der HV fallen, auf deren Verlangen hin vorzubereiten, z.B. eine Verschmelzung oder den Abschluß eines Unternehmensvertrages.

b) Die Vorstandsmitglieder unterliegen nach § 88 AktG einem Wettbewerbsverbot (dazu BGH 15, 71; 70, 33)[8]. Über Kreditgewährung an Vorstandsmitglieder s. § 89 AktG.

Über die Verschwiegenheitspflicht s. §§ 93 Abs. 1, 404 AktG.

B. Vertretung der Gesellschaft

1. Der Vorstand ist das gesetzliche Vertretungsorgan der Gesellschaft. Bei Mehrheit der Vorstandsmitglieder gilt nach § 78 Abs. 2 AktG Gesamtvertretung, sofern die Satzung nicht eine andere Regelung trifft.

a) Der sachliche **Umfang** der Vertretungsbefugnis ist im Interesse der Geschäftspartner grundsätzlich **unbeschränkt** und **unbeschränkbar**. Das bedeutet, daß **jedes** Rechtsgeschäft, welches der Vorstand im Namen der Gesellschaft (§ 79 AktG) schließt, mag es im Rahmen des statutarisch bestimmten Gegenstandes des Unternehmens oder außerhalb desselben liegen, mag der Vorstand intern dazu befugt sein oder nicht, für und gegen die Gesellschaft bindend ist. Die Gültigkeit des mit einem Dritten vorgenommenen Rechtsgeschäfts für und gegen die Gesellschaft wird mithin durch Verletzung interner Bindungen nicht berührt.

b) Die Unbeschränktheit der Vertretungsmacht gilt jedoch nicht ausnahmslos. In einigen Fällen hat das Gesetz der Tätigkeit des Vorstandes dadurch Schranken gesetzt, daß es gewissen Geschäften die rechtliche Wirksamkeit versagt; vgl. z.B. §§ 50; 53; 71 Abs. 2; 93 Abs. 4 Satz 3; 117 Abs. 4 AktG.

Sodann enthält das Gesetz Tatbestände, in denen die Wirksamkeit bestimmter Verträge der Zustimmung der HV bedarf, vgl. z.B. §§ 52 Abs. 1 (Nachgründung); 293;

---

[7] *Meyer-Landrut*, Großkomm. § 111 Anm. 17; *Mertens*, Kölner Komm. § 111 Anm. 60; *Godin-Wilhelmi*, § 11 Anm. 5; *Gessler*, § 111 Anm. 63; a.A. *Baumbach-Hueck*, § 111 Rn 10; Komm.-Bericht Rn. 325 ff.
[8] Vgl. dazu *Würdinger*, WuW 1969, 143 ff.

§ 25 *Der Vorstand*

295 (Unternehmensverträge); 340 (Verschmelzung) etc. AktG. Diese Vorschriften schränken mithin die Vertretungsmacht des Vorstandes ein.

V. Pflichten des Vorstands bei Vermögensverfall der Gesellschaft

1. Wenn sich bei Aufstellung der Jahresbilanz oder einer Zwischenbilanz ergibt, daß die Häfte des Grundkapitals verloren ist, oder wenn der Vorstand bei pflichtgemäßem Ermessen einen derartigen Verlust annehmen muß, dann hat er nach § 92 AktG unverzüglich die HV einzuberufen und dieser davon Anzeige zu machen; Unterlassung ist strafbar, § 401 Abs. 1 Nr. 1 AktG. Welche Maßnahmen in diesem Falle zu ergreifen sind, überläßt das Gesetz dem Ermessen der Beteiligten.

Möglich ist, daß die Beteiligten es bei dem Verlustausweis bewenden lassen, wenn begründete Aussicht besteht, daß die Ertragslage zur finanziellen Erholung führt. Möglich ist andererseits, daß der Vorstand sich zu einer Sanierungsmaßnahme, etwa zu einer vereinfachten Kapitalherabsetzung entschließt, um neues Kapital aufnehmen zu können; solche Maßnahmen sind bei Einberufung der HV bekannt zu machen, § 124 AktG.

2. Im Interesse der Gläubiger hat der Vorstand unverzüglich die Eröffnung des Konkurses oder eines gerichtlichen Vergleiches zu beantragen, wenn die Gesellschaft zahlungsunfähig (dazu BGH 29, 100) oder überschuldet ist, widrigenfalls er sich zivil- und strafrechtlich verantwortlich macht; §§ 92 Abs. 2, 401 Abs. 1 Nr. 2 AktG; § 207 KO; §§ 2, 108 VerglO.

Überschuldung der Gesellschaft liegt vor, wenn ihr Vermögen die Verbindlichkeiten nicht mehr deckt (s. dazu WP-Handbuch 1968, 1239 ff.). Zur Feststellung der Überschuldung ist eine Vermögensbilanz aufzustellen, für welche die zur Ermittlung des Jahresergebnisses dienenden Vorschriften des Jahresabschlusses nicht maßgebend sind.

Nach Eintritt der Zahlungsunfähigkeit oder der Überschuldung darf der Vorstand keine Zahlungen mehr leisten, es sei denn, daß Zahlungen mit der Sorgfalt eines ordentlichen und gewissenhaften Geschäftsleiters vereinbar sind, so etwa Zahlungen auf bevorrechtigte Lohnforderungen.

VI. Verantwortlichkeit der Vorstandsmitglieder

1. Mit der Leitung der Gesellschaft verbindet sich nach § 76 AktG die Verantwortlichkeit der Vorstandsmitglieder. Sie besteht unabhängig vom Anstellungsvertrag (BGH 41, 287), selbst bei Unwirksamkeit der Bestellung oder bei Ablauf der Bestellungsfrist, wenn ein Vorstandsmitglied faktisch ein solches Amt ausübt (RG SeuffA 93, 310).

a) Zu den Aufgaben der Vorstandsmitglieder gehört zum einen die Erfüllung der ihnen selbst auferlegten Pflichten (z. B. §§ 81, 83 Abs. 2, 92 AktG); sie haben ferner für Erfüllung aller Pflichten zu sorgen, welche der Gesellschaft aufgrund des AktG (§§ 20, 21), des Steuerrechts (§§ 34, 137 AO), des GWB (§ 23), des Umweltschutzes, etc., oder aufgrund von Verträgen gegenüber Dritten obliegen. Verletzung dieser Pflichten durch die Gesellschaft stellt deshalb intern auch eine Verletzung der dem Vorstand obliegenden Leitungspflicht gegenüber der Gesellschaft dar.

b) Verantwortlichkeit der Vorstandsmitglieder kann sich zum anderen ergeben aus fehlerhafter Entscheidung von **Ermessensfragen** in Vollzug der Geschäftsführung. Nach § 93 Abs. 1 AktG haben die Mitglieder des Vorstands bei ihrer Geschäftsführung die Sorgfalt eines ordentlichen und gewissenhaften Geschäftsleiters anzuwenden.

c) Da die Geschäftsführung weitgehend in Ermessensentscheidungen besteht, stellt sich die Frage, wonach diese zu orientieren sind.

Oberste Aufgabe des Vorstands ist die Wahrung des Gesellschaftsinteresses; dieses besteht in der Verwirklichung des Unternehmensziels, mithin in der Erhaltung und Stärkung des Unternehmens in seiner Lebensfähigkeit und Rentabilität[9]. In dem Unternehmen aber treffen die Interessen der Aktionäre, der Arbeitnehmer und solche der Allgemeinheit zusammen.

Die Wahrung des Gemeininteresses obliegt in erster Linie dem Gesetzgeber. In steigendem Maße werden unter diesem Aspekt den Unternehmen Verpflichtungen auferlegt. Rücksichtnahme auf die Allgemeinheit ist jedoch aufgrund der verfassungsrechtlichen Sozialstaatsklausel Bestandteil der allgemeinen Wertordnung, die sich als Richtlinie auch an alle im Unternehmen Tätigen richtet. Der Vorstand ist daher befugt, auch über die gesetzlichen Verpflichtungen hinaus dem Gemeininteresse Rechnung zu tragen, etwa durch freiwillige Maßnahmen des Umweltschutzes, durch Erweiterung des Lehrstellenangebots oder durch Befolgung öffentlichen Appells an die Preisdisziplin. Auch in BGH 69, 339 wird gesagt, daß die Verpflichtung der Gesellschaftsorgane auf das Wohl des Unternehmens es nicht ausschließe, ,,daß sie bei ihren Entscheidungen gesamtwirtschaftliche Gesichtspunkte und das Allgemeinwohl im Rahmen ihrer Verantwortlichkeit (§§ 93, 116 AktG) und der satzungsmäßigen Unternehmensziele angemessen mitberücksichtigen".

Zur verfassungsmäßigen Wertordnung gehört ferner die Sozialbindung des Eigentums, die Berücksichtigung der Interessen der Arbeitnehmer. Wohl sind auch diese Interessen durch die Betriebsverfassung weitgehend gesetzlich geschützt und durch die Mitbestimmung im Unternehmen institutionell verankert. Gleichwohl bleibt dem Ermessen des Vorstands ein weiter Spielraum. Ein Vorstand, welcher zu Lasten freier Rücklagen Belegschaftsaktien zuteilt (u. § 39) oder andere Sozialeinrichtungen schafft und dadurch die Dividende schmälert, kann von den Aktionären nicht der Verletzung ihrer Interessen und des Verstoßes gegen seine Sorgfaltspflicht geziehen werden.

Es ergibt sich mithin für den Vorstand gegenüber der ursprünglichen Auffassung, welche in ihm lediglich einen den Interessen der Aktionäre verpflichteten Mandatar

---

[9] Vgl. *Rittner*, Wirtschaftsrecht (1979) S. 130ff. mit Schrifttumsangaben; *A. Großmann*, Unternehmensziele im Aktienrecht, Bd. 29 AHW (1980); *Wiedemann*, Gesellschaftsrecht I Grundlagen (1980) S. 337; *Schilling*, Festschrift für Gessler (1971) S. 159; über die ,,unternehmensrechtlich relevanten Interessen" s. insbes. Komm.-Bericht Rn. 124ff, 132ff.

derselben erblickte, ein wesentlich erweiterter Rahmen des Ermessens. Hierbei den für das Unternehmen förderlichen Ausgleich der genannten Interessen zu suchen, ist Inhalt der ihm obliegenden Sorgfaltspflicht.

2. Die organschaftliche Verantwortlichkeit des Vorstands aus § 93 AktG besteht ausschließlich gegenüber der **Gesellschaft** als Rechtsperson. Die Geltendmachung des Ersatzanspruchs setzt mithin eine entsprechende interne Willensbildung der Gesellschaft voraus (s. u. VIII). Nicht aber erlangen auch die Aktionäre oder die Gläubiger hieraus einen Anspruch gegen den Vorstand. Ein solcher kann nur erwachsen aus deliktischen Gründen, insbesondere wegen Verletzung eines Schutzgesetzes (§ 823 Abs. 2 BGB). Es gibt jedoch auch Fälle, in denen eine unmittelbare Ersatzpflicht von Vorstandsmitgliedern gegenüber Aktionären vorgesehen ist; s. §§ 317, 349 AktG.

3. Das Aktiengesetz hat an dem **Verschuldensprinzip** festgehalten, jedoch die Haftung durch Umkehrung der Beweislast hinsichtlich der Verschuldensfrage verschärft; vgl. § 93 Abs. 2 Satz 2 AktG. Ersatzpflichtig sind jene Vorstandsmitglieder, welche den Schaden verursacht haben und nicht in der Lage sind, den Entlastungsbeweis zu erbringen.

Die Haftung wird nicht dadurch ausgeschlossen, daß der Aufsichtsrat die Handlung gebilligt hat. Die Billigung des Aufsichtsrats kann nur dazu führen, daß sie auch eine Haftung der Aufsichtsratsmitglieder begründet, §§ 93 Abs. 4 Satz 2, 116 AktG.

Beruht die Handlung des Vorstands auf einem **gesetzmäßigen Beschluß** der HV, so tritt der Gesellschaft gegenüber eine Ersatzpflicht nicht ein. Gleichwohl kann auch in diesem Falle die Haftung sich daraus ergeben, daß der Vorstand es verabsäumt hat, die HV auf seine sachlichen Bedenken hinzuweisen, BGH 15, 78.

4. Eine Verschärfung erfährt die Haftung der Vorstandsmitglieder dadurch, daß die Möglichkeit des **Verzichtes** oder **Vergleiches** in bezug auf Ersatzansprüche der Gesellschaft gesetzlich eingeschränkt worden ist, §§ 93 Abs. 4 Satz 3 AktG. Aus diesem Grunde kann auch der **Entlastung** des Vorstandes durch die HV nicht mehr die Wirkung eines Verzichts der Gesellschaft auf etwaige Regreßansprüche beigelegt werden BGH 29, 385/390. Einstimmige Entlastungserklärung **aller** Aktionäre jedoch wirkt wie ein Verzicht auf Ersatzansprüche (BGH 29, 385). Grundsätzlich bringt daher die Erteilung der Entlastung nur eine Vertrauensbekundung der Aktionäre zum Ausdruck, mit welcher rechtliche Wirkungen nicht verbunden sind, § 120 Abs. 2 AktG. Dagegen ist die **Verweigerung** der Entlastung von Bedeutung für die Frage der vorzeitigen Abberufung des betroffenen Vorstandsmitgliedes, s. o. II 2. Zum Verfahren bei der Beschlußfassung über die Entlastung s. § 120 AktG.

VII. Haftung der AG für ihre Organe

Deliktisches Verhalten eines Vorstandsmitgliedes begründet persönliche Ersatzpflicht desselben nach den §§ 823, 826 BGB. Begeht ein Vorstandsmitglied gegenüber einem Dritten bei Ausübung seiner Vorstandsfunktion ein Delikt (z. B. Betrug), so wird dessen Verhalten auch der Gesellschaft zugerechnet. Nach § 31

BGB ist die Gesellschaft für den Schaden verantwortlich, den der Vorstand oder ein einzelnes Mitglied desselben oder ein anderer verfassungsmäßig berufener Vertreter durch eine in Ausführung der ihm zustehenden Verrichtungen begangene ersatzpflichtige Handlung einem Dritten zufügt (vgl. dazu RG 134, 375; 154, 276).

VIII. Geltendmachung von Ersatzansprüchen und Sonderprüfung

1. Geltendmachung von Ersatzansprüchen

a) Über die Geltendmachung von Ersatzansprüchen gegen Mitglieder des Vorstands beschließt die HV, § 147 Abs. 1 AktG. Bei Klagen wird die Gesellschaft durch den Aufsichtsrat vertreten, § 112 AktG. Soll jedoch der Aufsichtsrat mit verklagt werden, so bestellt die HV besondere Vertreter, § 147 Abs. 3 AktG.

Die Verpflichtung zur Klageerhebung aufgrund eines HV-Beschlusses beschränkt sich nach § 147 AktG nicht auf Klagen gegen Vorstandsmitglieder, sondern sie bezieht sich auch auf Ansprüche gegen die Gründer (§ 46); gegen den Vorstand und Aufsichtsrat aus Gründungsvorgängen (§ 48); gegen die neben den Gründern haftenden Personen (§ 47); ferner auf Ansprüche aus einer Nachgründung gegen Vorstand und Aufsichtsrat und die nach § 53 AktG mithaftenden Personen; sodann generell auf alle Ansprüche gegen die Verwaltungsträger aus der **Geschäftsführung**, mögen sie aus den §§ 93, 116 oder aus § 117 Abs. 2 AktG abgeleitet sein.

b) Um die Klageerhebung auch gegen den Willen der Mehrheit der Aktionäre erzwingen zu können, sieht § 147 AktG vor, daß sie auch von einer Minderheit erzwungen werden kann (s. u. § 29 I 1b).

c) In einigen Fällen eröffnet das Gesetz jedoch jedem Aktionär die Möglichkeit, den der Gesellschaft zustehenden Ersatzanspruch selbst, also in Prozeßstandschaft, geltend zu machen, wobei die Klage gerichtet ist auf Zahlung des Schadensersatzes in das Gesellschaftsvermögen, so § 309 Abs. 4; § 318 Abs. 4 AktG.

d) Im besonderen haben auch die **Gesellschaftsgläubiger**, soweit sie von der Gesellschaft keine Befriedigung erlangen, das Recht zur Geltendmachung des der Gesellschaft gegenüber Verwaltungsträgern zustehenden Ersatzanspruchs in folgenden Fällen: Nach § 93 Abs. 5 AktG ist dieses Recht stets gegeben bei grober Pflichtverletzung eines Verwaltungsträgers. Bei Verstößen der in § 93 Abs. 3 AktG aufgezählten Art jedoch genügt leichte Fahrlässigkeit. Zugunsten der Gesellschaftsgläubiger ist in § 93 Abs. 5 Satz 3 AktG auch bestimmt, daß ein Verzicht oder Vergleich zwischen der Gesellschaft und dem ersatzpflichtigen Verwaltungsträger das Recht der Gesellschaftsgläubiger zur Geltendmachung des Ersatzanspruchs nicht berührt.

2. Die Sonderprüfung

a) Wollen die Aktionäre sich über die Geltendmachung eines Ersatzanspruchs schlüssig werden, so müssen sie die Möglichkeit des Einblickes in die zur Entscheidung stehenden Vorgänge erlangen und sich die Beweise beschaffen können (vgl. RG 142, 130). Deshalb ist in den §§ 142 ff. AktG die Möglichkeit der Bestellung eines Sonderprüfers auf Antrag einer Minderheit vorgesehen (s. u. § 29 I 1c).

Der Prüfer kann eingesetzt werden zur Prüfung von Vorgängen bei der Gründung oder der Geschäftsführung, etwa von Vorgängen bei der Kapitalbeschaffung, der Verschmelzung oder bei Abschluß von Unternehmensverträgen. Nicht zulässig wäre es, den Sonderprüfer generell mit der Kontrolle der Geschäftsführung zu beauftragen. Wird der Antrag zur gerichtlichen Bestellung eines Sonderprüfers von einer Aktionärminderheit gestellt, so müssen die in § 142 Abs. 2 AktG genannten Voraussetzungen erfüllt sein.

b) Der Vorstand hat den Prüfern zu gestatten, die Bücher und Schriften der Gesellschaft sowie die Vermögensgegenstände (Gesellschaftskasse, Bankkonten, Bestände an Wertpapieren und Waren) zu prüfen und den Prüfern alle Aufklärungen und Nachweise zu verschaffen, welche die Prüfer zwecks sorgfältiger Erfüllung ihrer Prüfungspflicht, die durch den Prüfungsauftrag gegenständlich konkretisiert wird, von ihm verlangen. Die Sonderprüfer haben insbesondere auch ein Recht auf Aufklärung und auf Nachweise gegenüber einem Konzernunternehmen sowie gegenüber einem abhängigen oder herrschenden Unternehmen, § 145 AktG.

Die Prüfer haben über das Ergebnis der Prüfung schriftlich zu berichten. Der Bericht wird nicht den Aktionären unmittelbar, sondern dem Vorstand und dem Handelsregister eingereicht. Der Vorstand hat den Bericht dem Aufsichtsrat vorzulegen und bei der nächsten Hauptversammlung als Gegenstand der Beschlußfassung anzukündigen. Auf Verlangen hat der Vorstand jedem Aktionär eine Abschrift des Prüfungsberichtes zu erteilen, § 145 Abs. 4 Satz 3 AktG. Über die Kostentragung s. § 146 AktG.

§ 26 Der Aufsichtsrat

I. Rechtliche Stellung im allgemeinen

1. Der Aufsichtsrat ist das Kontrollorgan der Gesellschaft. In ihm erfolgt die Mitbestimmung der Arbeitnehmer im gesellschaftsrechtlichen Bereich[1]. Es soll dadurch eine gleichberechtigte Teilnahme der Arbeitnehmer an den Entscheidungsprozessen im Unternehmen gewährleistet werden.

a) Aufgabe des Aufsichtsrats ist es, die Geschäftsführung des Vorstandes zu überwachen.

b) Als weitere Aufgabe obliegt ihm die Bestellung und Abberufung von Vorstandsmitgliedern. Er ist damit verantwortlich für die Auswahl der geeigneten Persönlichkeiten, denen die Leitung der Gesellschaft anvertraut wird.

c) Dritte wesentliche Aufgabe des Aufsichtsrats ist die Prüfung des Jahresabschlusses und die Mitwirkung bei der Feststellung desselben (u. § 32 F).

---

[1] Vgl. auch Bulletin der Europäischen Gemeinschaften, Beilage 8/75; Mitbestimmung der Arbeitnehmer und Struktur der Gesellschaften.

d) In gewissen Fällen ist der Aufsichtsrat auch zur Vertretung der Gesellschaft berufen; so nach § 112 AktG bei Vornahme von Rechtsgeschäften der Gesellschaft mit Mitgliedern des Vorstands (z.B. Anstellungsvertrag), ferner in Prozessen der Gesellschaft gegen Vorstandsmitglieder, so auch bei Streitigkeiten über die Zulässigkeit des Widerrufs der Bestellung von Vorstandsmitgliedern (vgl. jedoch BGH 47, 341).

e) Darüber hinaus weist das Gesetz dem Aufsichtsrat in Einzelvorschriften weitere Aufgaben zu, z.B. Berichterstattung an die HV (§ 171), Zustimmung zu bestimmten Maßnahmen des Vorstands (o. § 25 IV A 2 b).

2. Eine sachgemäße Kontrolle setzt **Unabhängigkeit** des Kontrollorgans von dem zu Kontrollierenden voraus. Vorstand und Aufsichtsrat sind deshalb sowohl personell als auch nach ihren Aufgaben getrennt.

a) Die Mitglieder des Aufsichtsrats können nach § 105 AktG nicht zugleich Mitglieder des Vorstands oder dauernde Stellvertreter von Vorstandsmitgliedern, auch nicht Prokuristen oder zum gesamten Geschäftsbetrieb ermächtigte Handlungsbevollmächtigte der Gesellschaft sein; § 105 Abs. 2 AktG läßt nur für einen im voraus begrenzten Zeitraum die Vertretung eines fehlenden oder behinderten Vorstandsmitglieds durch ein Aufsichtsratsmitglied zu.

Das Postulat der Unabhängigkeit des Aufsichtsrats schließt es auch aus, daß ein gesetzlicher Vertreter eines von der Gesellschaft abhängigen Unternehmens dem Aufsichtsrat der Gesellschaft angehört, § 100 Abs. 2 Nr. 2 AktG.

Wegen der mit der „Überkreuzverflechtung" verbundenen Gefahren für die Überwachung des Vorstands kann der gesetzliche Vertreter einer anderen Kapitalgesellschaft oder bergrechtlichen Gewerkschaft, deren Aufsichtsrat ein Vorstandsmitglied der Gesellschaft angehört, nicht seinerseits Aufsichtsratsmitglied der Gesellschaft sein, § 100 Abs. 2 Nr. 3 AktG.

Eine Vielzahl von Aufsichtsratsmandaten derselben Person beeinträchtigt die Möglichkeit sachgemäßer Erfüllung der Kontrollpflicht. Die Zahl der zulässigen Aufsichtsratsmandate ist daher in § 100 Abs. 2 Nr. 1 AktG auf zehn beschränkt, wobei jedoch Satz 2 dieser Vorschrift die Höchstzahl innerhalb eines Konzernverbandes auf fünfzehn erhöht.

b) Der notwendigen sachlichen Trennung von Geschäftsführung und Kontrolle trägt das Gesetz dadurch Rechnung, daß nach § 111 Abs. 4 AktG dem Aufsichtsrat Maßnahmen der Geschäftsführung nicht übertragen werden können. In der Praxis jedoch ist diese sachliche Trennung häufig verwischt. In großen Gesellschaften erfolgt die Zusammensetzung des Aufsichtsrats, dem in aller Regel die Hausbank der Gesellschaft angehört, unter dem Gesichtspunkt des Sachverstandes und der geschäftlichen Beziehungen, wobei Beratung und Kooperation mit der Geschäftsführung überwiegt. In anderen Fällen, insbesondere bei Abhängigkeit der Gesellschaft, ist es der Aufsichtsrat oder sein Vorsitzender, der die Geschäftsführung bestimmt und dem der Vorstand sich zu fügen hat.

3. a) Für das Verhältnis des Aufsichtsrats zur HV ergibt sich folgendes. Wiewohl die Mitglieder desselben, welche den Anteilseignern zugehören, von der HV gewählt und abberufen werden, sind sie nicht Mandanten derselben, sondern unabhängig

und zu eigenverantwortlicher Ausführung ihrer Aufgaben berufen (RG 165, 80). Weder die HV noch einzelne Aktionäre sind ihnen gegenüber zu Weisungen befugt (über ,,entsandte" Aufsichtsratsmitglieder s. II 2 b).

Dasselbe gilt für die dem Aufsichtsrat angehörenden Vertreter der Arbeitnehmer. Auch ihnen kommt gegenüber ihrem Wählerkreis, ihrer Organisation und gegenüber ihrem Arbeitgeber dieselbe rechtliche Unabhängigkeit zu, und sie sind der Gesellschaft in gleicher Weise verantwortlich wie die Vertreter der Anteilseigner (BAG, AP Nr. 17 zu § 76 BetrVG). In § 4 Abs. 3 Montan-MitbestG ist ausdrücklich bestimmt: ,,Alle Aufsichtsratsmitglieder haben die gleichen Rechte und Pflichten. Sie sind an Aufträge und Weisungen nicht gebunden". Dasselbe gilt nach § 5 Abs. 4 MitbestErgG. Auch das MitbestG 1976 sagt in § 25 über die Rechte und Pflichten des Aufsichtsrats, daß, soweit nicht Sondervorschriften dieses Gesetzes Platz greifen, die Vorschriften des AktG maßgebend sind.

Es ergibt sich mithin:

Als Kontrollorgan hat der Aufsichtsrat gemäß §§ 116, 93 AktG die Interessen der Gesellschaft und des Unternehmens zu wahren, die von jenen der Aktionäre und der Arbeitnehmer verschieden sein können. Dabei übt jedes Aufsichtsratsmitglied seine Funktion in eigener Verantwortung aus und ist verpflichtet, die in sorgfältiger Erwägung gewonnene eigene Überzeugung hinsichtlich der Rechtmäßigkeit und Angemessenheit der Geschäftsführungsmaßnahmen des Vorstands zur Geltung zu bringen. Das gilt gleichermaßen für alle Mitglieder des Aufsichtsrats.

b) Die Wahrung der Interessen der Gesellschaft bzw. des Unternehmens aber ist eine Angelegenheit des Ermessens. Hinsichtlich der Aspekte, deren Berücksichtigung hierbei der nach §§ 116, 93 AktG zu wahrenden Sorgfalt entspricht, gilt dasselbe, was o. § 25 VI 1 b zum Vorstand gesagt wurde. Aufgabe aller Aufsichtsratsmitglieder ist es, den dem Unternehmen förderlichen Ausgleich zwischen den Interessen des Kapitals und der Arbeit und auch unter Berücksichtigung des Gemeinwohls zu finden. In diesem Rahmen sind die Vertreter der Arbeitnehmer dazu berufen, die Interessen der Arbeitnehmer in gleicher Weise zur Geltung zu bringen, wie es den Vertretern der Anteilseigner hinsichtlich ihrer Interessen (z.B. der Hausbank) anheimgestellt ist.

Schwierigkeiten ergeben sich für die Arbeitnehmervertreter im Falle sozialer Konflikte, so z.B. bei Streik in den Betrieben der Gesellschaft[2]. Vom BAG, Großer Senat (BAG 1, 291) ist passive Teilnahme von Arbeitnehmervertretern an legitimem Streik für zulässig erklärt worden. Dadurch wird ihr Amt als Mitglied des Aufsichtsrats nicht suspendiert. Unvereinbar mit ihren Verpflichtungen als Aufsichtsratsmitglied ist jedoch aktive Streikbeteiligung oder Teilnahme an wildem Streik.

Wie die Vertreter der Anteilseigner sind de jure auch die Vertreter der Arbeitnehmer im Aufsichtsrat nach §§ 93, 116 AktG zur Verschwiegenheit, insbesondere gegen-

---

[2] Vgl. *Fitting-Kraegeloh-Auffahrt*, BetrVG 1952 § 76 Anm. 132; *Hueck-Nipperdey*, Arbeitsrecht II, 1 S. 1521; *Baumbach-Hueck*, Anh. zu § 96 Anm. 35; *Gessler*, Komm. § 96 Rn. 62; *Meyer-Landrut*, Großkomm. § 96 Anm. 1.

über dem Betriebsrat und der Belegschaft verpflichtet (Amtl. Begr. Kropff S. 571)[3]. Grenzen dieser Verpflichtung können sich jedoch aus dem Gesichtspunkt der Unzumutbarkeit ergeben. Nichtig ist nach BGH 64, 325 eine statutarische Ausweitung der Verschwiegenheitspflicht über des gesetzliche Maß hinaus.

II. Zusammensetzung des Aufsichtsrats; Wahl und Abberufung seiner Mitglieder

1. Die **Zusammensetzung** des Aufsichtsrats

a) Bei den dem BetrVG 1952 unterliegenden Gesellschaften besteht der Aufsichtsrat gemäß § 95 AktG aus mindestens drei Mitgliedern. Die Satzung kann eine größere Zahl bestimmen, welche jeweils durch drei teilbar sein muß, aber die in § 95 nach dem Betrag des Grundkapitals gestaffelten Höchstzahlen nicht überschreiten darf.

b) Bei den dem Montan-MitbestG unterliegenden Gesellschaften des Bergbaus und der Eisen- und Stahl erzeugenden Industrie besteht der Aufsichtsrat nach § 4 dieses Gesetzes aus elf Mitgliedern. Er setzt sich paritätisch aus je fünf Vertretern der Anteilseigner und der Arbeitnehmer und dem sog. elften Mann zusammen. Bei Großunternehmen kann nach § 9 dieses Gesetzes die Zahl auf 15 bzw. 21 festgesetzt werden, wobei wiederum die Parität von je sieben bzw. je zehn Vertretern der Anteilseigner und der Arbeitnehmer einzuhalten ist.

c) Der Aufsichtsrat der dem MitbestG 1976 unterliegenden Gesellschaften setzt sich nach §§ 6, 7 dieses Gesetzes je nach Zahl der beschäftigten Arbeitnehmer paritätisch aus je sechs, je acht und je zehn Mitgliedern der Anteilseigner und der Arbeitnehmer zusammen.

d) Ist der Vorstand der Ansicht, daß der Aufsichtsrat seiner Gesellschaft nicht nach den einschlägigen Vorschriften zusammengesetzt sei, oder besteht Streit oder Ungewißheit über die erforderliche Zusammensetzung, so greifen die §§ 97–99 AktG ein.

2. Bestellung der Vertreter der **Anteilseigner** als Aufsichtsratsmitglieder

a) Die Vertreter der Anteilseigner werden in allen Fällen von der HV gewählt, § 101 Abs. 1 AktG. Dazu genügt nach § 133 AktG einfache Stimmenmehrheit, doch kann die Satzung einen anderen Wahlmodus vorsehen (BGH 76, 191). Ein Großaktionär ist in der Lage, mit seinen Stimmen sich selbst zu wählen. Für alle Mitglieder des Aufsichtsrats dauert die Amtszeit nach § 102 AktG vier Jahre.

Über Ankündigung der Wahl in der Bekanntmachung der Tagesordnung s. § 124 Abs. 2 AktG. Der Aufsichtsrat hat hierbei Vorschläge zur Wahl zu machen. Gehören dem Aufsichtsrat auch Arbeitnehmervertreter an, so bedarf der Beschluß über Wahlvorschläge nur der Mehrheit der Stimmen der Anteilseigner, § 124 Abs. 3 AktG. Auch jeder Aktionär ist zur Einbringung eines Wahlvorschlags befugt (§ 127) und er kann nach § 137 AktG beantragen, daß über seinen Antrag vor dem

---

[3] Vgl. *Lutter*, Information und Vertraulichkeit im Aufsichtsrat, AHW Bd. 25 (1979); Komm.-Bericht Rn. 461 ff.

§ 26 *Der Aufsichtsrat*

Wahlvorschlag des Aufsichtsrats entschieden werde; diesem Antrag ist stattzugeben, wenn er von einer Minderheit von 10% des vertretenen Grundkapitals unterstützt wird.

Nicht zulässig ist die Bestellung von **Vertretern** für Aufsichtsratsmitglieder; sie sind entbehrlich durch die Möglichkeit schriftlicher Stimmabgabe eines abwesenden Aufsichtsratsmitgliedes (§ 108 Abs. 3). Zulässig dagegen ist die Bestellung eines **Ersatzmitgliedes**, welches an die Stelle eines vor Ablauf seiner Amtszeit wegfallenden Aufsichtsratsmitgliedes tritt; vgl. darüber § 101 Abs. 3 AktG.

b) Die Satzung kann bestimmten Aktionären, gleichgültig, welche Art von Aktien sie besitzen, oder den Inhabern bestimmter Aktien, die auf den Namen lauten und deren Übertragung an die Zustimmung der Gesellschaft gebunden ist, das Recht einräumen, Mitglieder in den Aufsichtsrat zu **entsenden**. Die Gesamtzahl der entsandten Mitglieder darf den dritten Teil aller Aufsichtsratsmitglieder nicht übersteigen, § 101 Abs. 2 AktG. Das Amt der entsandten Aufsichtsratsmitglieder ist zeitlich nicht begrenzt, sondern endet nur durch Tod oder Abberufung, § 103 Abs. 2 AktG. Entsandte Aufsichtsratsmitglieder haben dieselben Pflichten wie die gewählten Mitglieder. „Als Angehörige eines Gesellschaftsorgans haben sie den Belangen der Gesellschaft den Vorzug vor denen des Entsendungsberechtigten zu geben und das Interesse der Gesellschaft wahrzunehmen, ohne an Weisungen des Entsendungsberechtigten gebunden zu sein." (RGZ 165, 68; BGH 36, 306.)

Ein gesetzliches Entsendungsrecht besteht nach § 7 MitbestErgG.

c) Die Bestellung der Anteilseigner als Mitglieder des Aufsichtsrats ist nach § 103 Abs. 1 AktG durch qualifizierten Mehrheitsbeschluß der HV vorzeitig widerruflich. Der Widerruf ist von dem Vorliegen eines wichtigen Grundes unabhängig.

Möglich ist auch Amtsniederlegung durch ein Aufsichtsratsmitglied, wenn die Satzung sie gestattet oder die HV sie genehmigt, im übrigen nur aus wichtigem Grunde.

3. Die **Bestellung** der **Arbeitnehmervertreter**

a) Die nach dem BetrVG 1952 dem Aufsichtsrat angehörenden Arbeitnehmervertreter werden nach § 76 Abs. 2 dieses Gesetzes von allen wahlberechtigten Arbeitnehmern der Betriebe des Unternehmens gewählt. Eine Satzungsbestimmung, welche die Wählbarkeit von Arbeitnehmervertretern beschränkt, ist nach BGH 39, 116 unwirksam. Über Widerruf der Bestellung s. § 76 Abs. 5 BetrVG 1952.

b) Bei den dem MontanMitbestG unterliegenden Gesellschaften erfolgt die Wahl der Arbeitnehmervertreter gemäß § 5 durch die HV, welche nach § 6 Abs. 5 an die Wahlvorschläge des Betriebsrats und der Spitzenorganisationen gebunden ist. Der Wahlvorschlag für das elfte Mitglied wird der HV von den übrigen Aufsichtsratsmitgliedern erteilt aufgrund eines von ihnen mit Stimmenmehrheit gefaßten Beschlusses, welcher jedoch der Zustimmung von mindestens je drei Stimmen sowohl der Vertreter der Anteilseigner als auch der Arbeitnehmer bedarf. Kommt solcher Beschluß nicht zustande, so greift das in § 8 Montan-MitbestG geregelte weitere Verfahren ein.

c) Bei den dem MitbestG 1976 unterliegenden Gesellschaften erfolgt die Bestellung der Arbeitnehmervertreter nach den §§ 9–24 in detailliert geregeltem Verfahren, auf dessen Darstellung hier verzichtet wird. Abberufung eines Mitglieds ist nach § 23 MitbestG möglich.

d) Über Nichtigkeit und Anfechtbarkeit der Wahl von Aufsichtsratsmitgliedern s. §§ 250–252 AktG, § 22 MitbestG (auch BGH 47, 341).

III. Innere Ordnung des Aufsichtsrats

Das AktG hat in den §§ 107–110 einige Grundsätze über die innere Ordnung des Aufsichtsrats aufgestellt, welche in beschränktem Rahmen durch die Satzung oder Geschäftsordnung des Aufsichtsrats ergänzt werden können. Auch Mitbestimmungsgesetze enthalten Vorschriften über die innere Ordnung des Aufsichtsrats, durch welche jene des AktG verdrängt werden. Hierbei aber ergeben sich Lücken und offene Fragen, deren Lösung aus den Grundgedanken sowohl des AktG als auch der Mitbestimmung zu entwickeln ist.

1. Rechtslage bei den dem **BetrVG 1952** unterliegenden bzw. mitbestimmungsfreien Gesellschaften:

a) Der Aufsichtsrat hat nach § 107 AktG aus seiner Mitte einen Vorsitzenden und mindestens einen Stellvertreter zu wählen, welche vom Vorstand zum Handelsregister anzumelden sind. Ausgeschlossen ist es, diese Wahl einem anderen Gremium, etwa der HV, zu überlassen oder dritte Personen mit dem Vorsitz zu betrauen. Die Regelung des Wahlmodus (offen, geheim; Stimmenmehrheit) ist der Satzung überlassen; mangels statutarischer Regelung gilt der allgemeine Grundsatz der einfachen Stimmenmehrheit, wobei für die Beschlußfähigkeit des Aufsichtsrats § 108 Abs. 2 AktG maßgebend ist. Wählbar ist jedes Mitglied des Aufsichtsrats; Beschränkungen der Wählbarkeit durch die Satzung sind unwirksam[4].

b) Auch die Beschlußfähigkeit des Aufsichtsrats kann durch die Satzung geregelt werden; mangels solcher Regelung ist der Aufsichtsrat nach § 108 Abs. 2 AktG nur beschlußfähig, wenn mindestens die Hälfte der Mitglieder, aus denen er nach Gesetz oder Satzung insgesamt zu bestehen hat, an der Beschlußfassung teilnimmt; mindestens müssen es drei Mitglieder sein.

Besteht der Aufsichtsrat aus drei Personen, dann haben sie also bei jedem Beschluß mitzuwirken. Besteht er aus mehr als drei Mitgliedern, dann wird die Beschlußfähigkeit nicht dadurch ausgeschlossen, daß nicht alle Aufsichtsratsstellen besetzt sind, § 108 Abs. 2 Satz 4 AktG; es genügt, wenn die zur Beschlußfähigkeit erforderliche Anzahl von Aufsichtsratsmitgliedern vorhanden ist und sich an der Abstimmung beteiligt.

2. Rechtslage bei den dem **Montan-MitbestG** unterliegenden Gesellschaften:

Die Regelung dieses Gesetzes beschränkt sich auf Bestellung und Zusammensetzung des Aufsichtsrats; die innere Ordnung desselben hingegen wird von ihr nicht berührt; auf sie kommen daher nach § 2 dieses Gesetzes die Vorschriften des AktG zur Anwendung.

---

4 *Gessler*, Komm. § 107 Rn. 11.

a) Für die Verpflichtung des Aufsichtsrats, den Vorsitzenden und mindestens einen Stellvertreter zu wählen, gilt das o.1. a) Gesagte. Auch hier kann jedes Aufsichtsratsmitglied zum Vorsitzenden und Stellvertreter bestellt werden und auch hier sind statutarische Beschränkungen der Wählbarkeit unzulässig. Die paritätische Zusammensetzung des Aufsichtsrats legt es jedoch nahe, den sog. elften Mann mit dem Vorsitz zu betrauen und Stellvertreter den verschiedenen Gruppen zu entnehmen.

b) Die Beschlußfähigkeit des Aufsichtsrats ist in § 10 Montan-MitbestG im Gegensatz zu § 108 Abs. 2 AktG zwingend geregelt. Sie liegt vor, wenn mindestens die Hälfte der Mitglieder, aus denen er insgesamt zu bestehen hat, an der Beschlußfassung teilnimmt. Auch hier ist es gleichgültig, wie diese Mitglieder sich auf die einzelnen Gruppen verteilen. Und auch hier steht es der Beschlußfähigkeit nicht entgegen, wenn der Aufsichtsrat nicht voll besetzt ist, sofern nur die zur Beschlußfassung erforderliche Zahl von Mitgliedern sich an ihr beteiligt.

3. Rechtslage bei den dem **MitbestG 1976** unterliegenden Gesellschaften:

a) Der Aufsichtsrat wählt mit einer Mehrheit von zwei Dritteln der Mitglieder, aus denen er insgesamt zu bestehen hat, aus seiner Mitte einen Aufsichtsratsvorsitzenden und einen Stellvertreter; es müssen mithin, falls der Aufsichtsrat gemäß § 7 Abs. 1 Nr. 1 aus elf Mitgliedern besteht, für den Vorsitzenden und den Stellvertreter je acht Stimmen abgegeben werden.

Wird diese Mehrheit nicht erreicht, dann findet ein zweiter Wahlgang statt. Steht hierbei der Vorsitzende zur Wahl, so wählen nunmehr lediglich die dem Aufsichtsrat angehörenden Anteilseigner, wobei Mehrheit der abgegebenen Stimmen entscheidet. Steht zur Wahl der Stellvertreter, dann wählen lediglich die Arbeitnehmervertreter des Aufsichtsrats, ebenfalls mit einfacher Stimmenmehrheit, § 27 Abs. 1 u. 2 MitbestG.

Durch § 27 MitbestG wird § 107 Abs. 1 Satz 1 AktG verdrängt, damit zugleich die aktienrechtliche Möglichkeit der Wahl mehrer Stellvertreter des Vorsitzenden[5].

b) Unmittelbar nach der Wahl des Vorsitzenden und seines Stellvertreters hat der Aufsichtsrat jenen besonderen **Ausschuß** zu wählen, welcher bei der Bestellung des Vorstands in Funktion tritt (s.o. § 25 I 1 c). Ihm gehört kraft Amts an der Aufsichtsratsvorsitzende und sein Stellvertreter, ferner ein von den Vertretern der Anteilseigner und ein von den Vertretern der Arbeitnehmer mit einfacher Stimmenmehrheit gewähltes Mitglied.

c) Tritt nach der Wahl des Vorsitzenden und des Stellvertreters der Aufsichtsrat nunmehr in Funktion, dann stellt als erstes sich die Frage seiner Beschlußfähigkeit. Nach § 28 MitbestG ist der Aufsichtsrat nur beschlußfähig, wenn mindestens die Hälfte der Mitglieder, aus denen er insgesamt zu bestehen hat, an der Beschlußfassung teilnimmt, gleichgültig, wie diese Teilnehmer sich auf die Gruppen aufteilen. Auch hier steht es nach § 108 Abs. 2 Satz 4 AktG der Beschlußfähigkeit nicht entgegen, wenn dem Aufsichtsrat weniger als die vorgeschriebene Zahl von Mitgliedern angehören.

---

5 *Fitting-Wlotzke-Wißmann*, MitbestG (2. Aufl. 1978) § 27 Rn. 5.

d) Grundsätzlich bedürfen Beschlüsse des Aufsichtsrats der Mehrheit der abgegebenen Stimmen. Führt eine Abstimmung zu Stimmengleichheit, dann hat, wenn bei erneuter Abstimmung über denselben Gegenstand sich wiederum Stimmengleichheit ergibt, der Aufsichtsratsvorsitzende **zwei** Stimmen, wodurch das Stimmenpatt beseitigt wird. Dem Stellvertreter hingegen steht die zweite Stimme in keinem Falle zu, § 29 MitbestG.

4. Für **alle Aufsichtsräte**, gleichgültig welcher Mitbestimmung sie unterliegen, gelten ergänzend folgende Grundsätze:

a) Der Vorsitzende des Aufsichtsrats ist nur primus inter pares. Es ist nicht möglich, ihm Angelegenheiten zur alleinigen Entscheidung zu übertragen, welche in die Zuständigkeit des Aufsichtsrats als Organ gehören.

b) Der Aufsichtsrat entscheidet durch Beschluß, § 108 Abs. 1 AktG. Dieser kann bei Einverständnis aller Beteiligten schriftlich, telegrafisch oder telefonisch, nicht aber concludent (BGH 10, 194; 41, 286) erfolgen. Bei Beschlußfassung in der Sitzung können abwesende Aufsichtsratsmitglieder ihre Stimmabgabe nach § 108 Abs. 3 AktG schriftlich überreichen lassen; sie zählen in diesem Falle zu den an der Abstimmung teilnehmenden Mitgliedern; dieses gilt nach § 29 Abs. 2 MitbestG auch für die Abgabe der zweiten Stimme durch den Aufsichtsratsvorsitzenden.

Wer zur Beschlußfassung erschienen ist, nimmt an ihr teil, auch wenn er sich der Stimme enthält; es sei denn, er erklärt seine Nichtbeteiligung zu Protokoll oder er ist wegen Interessenkollision nicht stimmberechtigt (u. e).

c) Der Stellvertreter des Aufsichtsratsvorsitzenden hat die Rechte und Pflichten desselben nur dann, wenn der Vorsitzende verhindert ist, § 107 Abs. 1 Satz 2 AktG.

d) Über die Sitzung des Aufsichtsrats ist nach § 107 Abs. 2 AktG Protokoll zu führen unter Angabe des Datums, der Teilnehmer, der Gegenstände der Tagesordnung, des wesentlichen Verhandlungsinhalts und der gefaßten Beschlüsse. Jedes Mitglied hat ein Recht auf Abschrifterteilung.

e) Im Falle echter Interessenkollision ist ein Aufsichtsratsmitglied nicht stimmberechtigt; so z. B. bei Beschlußfassung über die Vornahme eines Rechtsgeschäfts mit ihm oder über die Erledigung eines Rechtsstreits zwischen ihm und der Gesellschaft.

f) Dritte Personen sollen an den Aufsichtsratssitzungen nicht teilnehmen; das schließt jedoch die Zuziehung von Sachverständigen zur Beratung nicht aus, § 109 AktG. Zur Frage der Rechtsgültigkeit eines Aufsichtsratsbeschlusses, bei dem fremde Personen mitgestimmt haben, s. BGH 47, 341 abweichend von BGH 12, 237.

g) Der Aufsichtsrat soll in der Regel einmal im Kalendervierteljahr einberufen werden; zwingend vorgeschrieben ist seine Einberufung einmal pro Kalenderhalbjahr, § 110 Abs. 3 AktG. Im übrigen kann der Vorstand der Gesellschaft, aber auch jedes Aufsichtsratsmitglied, unter Angabe von Zweck und Gründen nach § 110 Abs. 1 AktG vom Aufsichtsratsvorsitzenden verlangen, daß er den Aufsichtsrat unverzüglich einberufe, widrigenfalls das in Abs. 2 vorgesehene Recht der Selbsteinberufung Platz greift.

IV. Ausschüsse des Aufsichtsrats

a) Der Aufsichtsrat kann nach § 107 Abs. 3 AktG aus seiner Mitte einen oder mehrere Ausschüsse bestellen, namentlich zur Vorbereitung seiner Verhandlungen und Beschlüsse oder zur Überwachung der Ausführung seiner Beschlüsse. Solche Ausschüsse können der Klärung einer einzelnen Angelegenheit dienen. Bei großen Gesellschaften bestehen vielfach Ausschüsse für Personal-, Investitions- oder Organisationsfragen. Sie sollen die ihnen zur Entscheidung zugewiesenen Angelegenheiten so vorbereiten, daß in der Aufsichtsratssitzung ohne neue Diskussion Beschluß gefaßt werden kann. An den Beschlüssen, welche in solchen Fällen von den Mitgliedern des Ausschusses zu fassen sind, müssen sich mindestens drei Mitglieder beteiligen (BGH 65, 190). Die Satzung kann wohl die Beschlußfähigkeit solcher Ausschüsse regeln, nicht aber die Zusammensetzung des Ausschusses, da diese ausschließlich dem Aufsichtsrat vorbehalten ist.

Zur Frage, ob sich aus dem Mitbestimmungsrecht eine Verpflichtung ergebe, auch Vertreter der Arbeitnehmer in solche Ausschüsse zu berufen, schweigt das Gesetz (s. dazu Ausschußbericht, Kropff S. 150/151). Keinesfalls besteht ein Recht der Aufsichtsratsmitglieder auf Beteiligung an solchen Ausschüssen; das gilt gleichermaßen für die Vertreter der Anteilseigner wie der Arbeitnehmer[6].

Der Aufsichtsrat muß die Möglichkeit haben, die Auswahl der Mitglieder entsprechend ihrer Sachkenntnis zu treffen. Zum anderen aber würde völliger Ausschluß der Arbeitnehmervertreter in den Ausschüssen, welche Entscheidungen des Aufsichtsrats vorzubereiten haben, mit dem Grundgedanken der Mitbestimmung nicht verträglich sein.

Dem Aufsichtsratsvorsitzenden steht in den Ausschüssen das zweite Stimmrecht nicht zu[7]. Sie kann jedoch vom Aufsichtsrat sowohl ihm wie jedem anderen Mitglied des Ausschusses in der Eigenschaft als Vorsitzer desselben eingeräumt werden.

b) Von der Vorbereitung von Aufsichtsratsbeschlüssen durch den Ausschuß zu unterscheiden ist die Frage, welche Angelegenheiten der Aufsichtsrat einem Ausschuß zur selbständigen Erledigung übertragen kann. Solche Delegation ist gesetzlich sehr beschränkt.

Dem Ausschuß nämlich können **nicht** übertragen werden die in § 107 Abs. 3 Satz 2 AktG erschöpfend aufgeführten Aufgaben. Es bleiben daher nur Angelegenheiten weniger wichtiger Art, wie z.B. Abschluß der Anstellungsverträge mit Vorstandsmitgliedern (Gegensatz: Bestellung), Genehmigung der Kreditgewährung an Vorstandsmitglieder (§ 89); Vertretung der Gesellschaft (§ 112); Zustimmung zur Übertragung vinkulierter Aktien, falls der Aufsichtsrat dafür zuständig ist (§ 68 Abs. 2); Zustimmung zu Abschlagszahlungen auf den Bilanzgewinn (§ 59 Abs. 3); Vorschläge zur Tagesordnung nach § 124 Abs. 3; Zustimmung zur Entscheidung des Vorstands über die Bedingungen der Aktienausgabe bei genehmigtem Kapital (§ 204

---

[6] *Gessler*, Komm. § 107 Rn. Nr. 70; *Fitting-Wlotzke-Wißmann*, a.a.O., § 29 Rn. Nr. 36; *Kötter*, § 2 Anm. 7 e; vgl. auch Komm.-Bericht Rn. 385 ff.
[7] *Fitting-Wlotzke-Wißmann*, § 29 Rn. 39; *Säcker*, DB 1977, 2034.

Abs. 1); ob bei zustimmungspflichtigen Geschäften des Vorstands nach § 111 Abs. 4 Satz 2 die Zustimmung zu erteilen sei; u.a.m.

c) Über den nach § 27 Abs. 3 MitbestG zu bestellenden Ausschuß s.o. III 3 b.

V. Die Überwachungspflicht insbesondere[8]

1. Die Überwachung hat sich auf die **gesamte** Geschäftsführung des Vorstandes zu erstrecken, § 111 Abs. 1 AktG. Es gibt mithin keinen Entscheidungs- und Tätigkeitsbereich des Vorstands, welcher der Kontrolle des Aufsichtsrats entzogen wäre. Die Kontrolle beschränkt sich nicht auf die Rechtmäßigkeit der Maßnahmen, sondern bezieht sich auch auf die Fragen des wirtschaftlichen Ermessens. Art und Maß der Überwachung aber läßt sich nur nach Lage des Einzelfalles bestimmen (vgl. RG 93, 338).

Hält ein Aufsichtsratsmitglied Maßnahmen für erforderlich, deren Durchführung die übrigen Beteiligten verweigern, oder hält es die Beanstandung einer Maßnahme des Vorstands für geboten, welche die anderen Mitglieder des Aufsichtsrats billigen, so wird es von seiner Haftung nur frei, wenn es alle Möglichkeiten erschöpft, um seine Auffassung zur Geltung zu bringen. Unter Umständen kann sogar die Amtsniederlegung geboten sein.

2. Um die Überwachung der Geschäftsführung zu ermöglichen, hat das Gesetz einerseits dem Vorstand Berichterstattungspflichten auferlegt (§ 90 Abs. 1 u. 2), andererseits dem Aufsichtsrat Anspruch auf Berichterstattung gewährt (§ 90 Abs. 3) und ihm in § 111 AktG auch eine Reihe weiterer Rechte und Möglichkeiten verliehen.

a) Nach § 90 Abs. 1 u. 2 AktG hat der Vorstand dem Aufsichtsrat über die dort im einzelnen aufgezählten Vorgänge zu berichten. Jedes Aufsichtsratsmitglied hat das Recht, von den Berichten Kenntnis zu nehmen und grundsätzlich auch die Aushändigung schriftlicher Berichte zu verlangen, § 90 Abs. 5 AktG.

Aus sonstigen Anlässen, insbesondere auch über Vorgänge bei einem verbundenen Unternehmen, welche auf die Lage der Gesellschaft von erheblichem Einfluß sein können, ist vom Vorstand dem Vorsitzenden des Aufsichtsrats zu berichten, welcher seinerseits die Mitglieder des Aufsichtsrats darüber zu unterrichten hat.

b) Der Aufsichtsrat kann vom Vorstand jederzeit Bericht über die Angelegenheiten der Gesellschaft (einschließlich ihrer Beziehungen zu Konzernunternehmungen) verlangen. Dieses Begehren kann auch von einem einzelnen Aufsichtsratsmitglied gestellt werden; doch hat der Vorstand nur Folge zu leisten, wenn ein anderes Aufsichtsratsmitglied das Verlangen unterstützt. Auch in diesem Falle ist der Bericht dem Aufsichtsrat als Kollegium zu erstatten.

---

8 Vgl. *J. Semler*, Die Überwachungsaufgabe des Aufsichtsrats, AHW Bd. 31 (1980); Komm.-Bericht Rn 228 ff.

In allen Fällen ist der Vorstand dem Aufsichtsrat gegenüber zu unbedingter Offenheit verpflichtet (BGH 20, 239 [246]). Über die Erzwingung der Berichtspflicht des Vorstands s. § 407 AktG[9].

c) Der Aufsichtsrat als Kollegium kann die Bücher und Schriften der Gesellschaft sowie die Vermögensgegenstände, insbesondere die Gesellschaftskasse und die Warenbestände einsehen und prüfen und zur Durchführung der Prüfung ein einzelnes Mitglied oder Sachverständige beauftragen, § 111 Abs. 2 AktG. Über Vorlage des Prüfungsberichts der Abschlußprüfer s. §§ 163 Abs. 5, 314 AktG. Über die Berichte von Sonderprüfern s. §§ 145 Abs. 4, 259 Abs. 1 AktG.

d) Der Aufsichtsrat hat die HV einzuberufen, wenn das Wohl der Gesellschaft es erfordert, § 111 Abs. 3 AktG.

e) Nach § 111 Abs. 4 Satz 2 AktG kann die Satzung vorschreiben, daß bestimmte Arten von Geschäften vom Vorstand nur mit Zustimmung des Aufsichtsrats vorgenommen werden dürfen. Auch der Aufsichtsrat kann selbst durch Beschluß solche Zustimmungsbedürftigkeit begründen und dieses ihm zustehende Recht ist unabhängig davon, ob die Satzung selbst eine solche Regelung enthält[10].

Durch das Erfordernis vorheriger Zustimmung soll eine präventive Kontrolle des Aufsichtsrats ermöglicht werden. Indem das Gesetz dieses aber nur für bestimmte Arten von Geschäften zuläßt, gibt es kund, daß die Entscheidungsfreiheit des Vorstands nur im beschränkten Rahmen durch die Zustimmungspflicht eingeengt werden kann.

Verweigert der Aufsichtsrat seine Zustimmung, so kann der Vorstand in allen Fällen verlangen, daß die HV hierüber entscheide. Ihr Zustimmungsbeschluß bedarf einer Mehrheit von drei Vierteln der abgegebenen Stimmen. Damit tritt die Entscheidung der HV an die Stelle jener des Aufsichtsrats.

Diese Regelung betrifft Geschäftsführungsmaßnahmen, zu deren Entscheidung der Vorstand nach § 76 Abs. 1, 119 Abs. 2 AktG berufen ist. Wird der Abschluß von Unternehmensverträgen durch die Satzung oder durch Beschluß des Aufsichtsrats an seine Zustimmung gebunden, so gilt, wenn der Vorstand hierüber die Entscheidung der HV herbeiführt, das in § 83 Abs. 1 AktG bestimmte Mehrheitserfordernis[11].

3. Es bleibt die Frage, welche Bedeutung eine Beanstandung der Geschäftsführung in den übrigen Fällen für den Vorstand hat. Die Beanstandung ist begründet, wenn der Vorstand pflichtwidrig handelt oder bei Ermessensentscheidungen die Sorgfalt eines Unternehmensleiters vernachlässigt. Hier ist der Vorstand schon kraft Gesetzes zur Unterlassung verpflichtet und er würde selbst durch Billigung des Aufsichtsrats von seiner Haftung nicht befreit werden. Stellt die Maßnahme des Vorstands keine Pflichtverletzung dar, so daß die Meinungsverschiedenheit des Aufsichtsrats

---

9 Vgl. *H. Westermann*, Rechtsstreitigkeiten um die Rechte aus § 90 AktG in Festschrift für *Bötticher* (1969) S. 369.
10 So *Godin-Wilhelmi* § 111 Anm. 5; *Meyer-Landrut*, Großkomm. § 111 Anm. 17; *Gessler*, Komm. Rn. 63; a.A. *Baumbach-Hueck*, § 111 Anm. 10.
11 Ebenso *Gessler*, Komm. § 293 Rn. 11; vgl. auch Komm.-Bericht Rn. 325 ff.

lediglich eine Divergenz in der Beurteilung der Zweckmäßigkeit unter mehreren in Betracht kommenden Maßnahmen zum Inhalt hat, so kommt eine Bindung des Vorstands nicht in Betracht, weil die Beurteilung der Zweckmäßigkeit ihm durch § 76 AktG allein vorbehalten ist[12].

Andererseits stehen dem Aufsichtsrat, wenn der Vorstand sich bei einer Beanstandung der Geschäftsführung über dessen Bedenken hinwegsetzt, folgende Möglichkeiten zur Verfügung: er kann seine Bedenken im Jahresprüfungsbericht zum Ausdruck bringen und damit auf den Entlastungsbeschluß einwirken, § 171 Abs. 2 AktG; er kann schon vorher die HV einberufen, um ihr zu berichten und die Bestellung von Sonderprüfern zu veranlassen. Er kann endlich, wenn ein wichtiger Grund vorliegt, den Vorstand seines Amtes entheben und gegen dessen Mitglieder die Ersatzklage einbringen, §§ 84 Abs. 3, 112 AktG.

VI. Verantwortlichkeit der Aufsichtsratsmitglieder

Obgleich die Überwachung der Geschäftsführung und die zur Ausübung derselben gegebenen Rechte dem Aufsichtsrat als Gesamtorgan zustehen, haftet jedes einzelne Mitglied bei Verletzung der Obliegenheiten persönlich. Für die Haftung gelten die für den Vorstand aufgestellten Grundsätze, §§ 93, 116 AktG (s. o. § 25 VI u. VIII).

§ 27 Die Hauptversammlung

Vorbemerkung

1. Die Abhaltung von Hauptversammlungen bei Publikumsgesellschaften mit vielen Tausenden von Aktionären ist problematisch geworden nicht nur hinsichtlich ihrer praktischen Durchführbarkeit, sondern auch in der Hinsicht, ob die Vorstellungen des Gesetzgebers über die Willensbildung in der HV noch vollziehbar sind. Es hat, um nur einige Gesellschaften zu nennen, die VEBA 1 250 000 Aktionäre, VW 800 000, Bayer 458 000, Hoechst 420 000, BASF 400 000, Siemens 402 000 Aktionäre.

Praktisch wird die Abhaltung von HVn bei manchen Gesellschaften nur dadurch ermöglicht, daß eine Vielzahl von Aktionären sich durch die Depotbanken, auch durch Aktionärvereinigungen, vertreten lassen, daß ferner ein großer Teil der ausgegebenen Aktien von Investmentgesellschaften gehalten wird, andererseits eine nicht geringe Zahl von Aktionären von dem Stimmrecht keinen Gebrauch macht. Da jene Aktionäre, welche sich durch die Depotbank vertreten lassen (o. § 17 V),

---

12 Vgl. *Meyer-Landrut*, Großkomm. § 111 Anm. 9.

§ 27 *Die Hauptversammlung*

dem Vorschlag derselben zur Stimmabgabe in aller Regel nicht widersprechen, wird praktisch das Beschlußergebnis durch diese Vorschläge weitgehend vorher bestimmt (s.o. § 24 I 3).

Vorschläge zur Bildung von Aktionärausschüssen zwecks vorheriger Erörterung des Jahresabschlusses und des Geschäftsganges mit dem Vorstand und anschließender Berichterstattung in der HV sind nicht verwirklicht worden. Die VEBA bemüht sich um Kontakt mit ihren Aktionären durch Abhaltung von Regionalversammlungen in mehreren Städten, bei welchen die Themen der HV erörtert werden.

2. An der Hauptversammlung nehmen nur Aktionäre teil. Eine Mitbestimmung der Arbeitnehmer findet hier nicht statt. Im Schrifttum und in der politischen Diskussion wird de lege ferenda die Einbeziehung von Arbeitnehmern seit langem erörtert, sei es durch Beteiligung in der HV unter Aufteilung derselben in drei Bänke, je eine mit Vertretern der Aktionäre, der Arbeitnehmer und aus dem Kreise der Gesellschaftsverwaltung; oder durch ein besonderes Beschlußorgan; oder als Unternehmensversammlung, welche als Vertreterversammlung an die Stelle der HV treten soll[1].

I. Die rechtliche Stellung der HV im allgemeinen[2]

1. Die Aktionäre üben ihre Rechte in den Angelegenheiten der Gesellschaft in der Hauptversammlung aus, soweit das Gesetz nicht ein anderes bestimmt, § 118 Abs. 1 AktG. Die HV ist demnach im Bereich ihrer Zuständigkeit das Willensbildungsorgan der Gesellschaft, wobei die Willensbildung durch Gesellschaftsbeschluß und die Mitwirkung des einzelnen Aktionärs durch Ausübung seines Stimmrechts erfolgt.

2. Die HV beschließt gemäß § 119 Abs. 1 AktG in den im Gesetz oder in der Satzung ausdrücklich bestimmten Fällen. An die Stelle des früheren Grundsatzes, daß der HV an Aufgaben alles zugewiesen werden konnte, was nicht ausschließlich einem anderen Organ oblag, ist der gegenteilige Satz getreten, daß der HV zur Entscheidung nur noch zukommt, was ihr vorbehalten ist.

Beschlüsse, die jenseits des Zuständigkeitsbereiches der HV liegen, binden weder die Aktionäre noch die Verwaltung; sie sind rechtlich ein nihil, also nicht existent, und können auch keine Heilung nach § 242 AktG erfahren.

II. Der Zuständigkeitsbereich

In § 119 Abs. 1 AktG ist eine Aufzählung von Zuständigkeiten der HV enthalten, die jedoch keine erschöpfende ist.

---

1 Vgl. Studienkommission des DJT, Untersuchungen zur Reform des Unternehmensrechts, Teil I (1955); ferner Gewerkschaft, Wirtschaft, Gesellschaft, Beiträge zu wissenschaftlichen und sozialen Gegenwartsfragen (1963) S. 141 ff.; *Noell-Breuning* in Festschrift für Kronstein (1967) S. 47; Überblick über die Vorschläge s. *Biener*, RdA 1971, 180; insbes. Komm.-Bericht Rn. 588ff.
2 Vgl. *Obermüller-Werner-Winden*, Die Hauptversammlung der Aktiengesellschaft (3. Aufl. 1967).

1. Eine sachliche Einteilung der Zuständigkeiten ergibt folgendes:

a) In jedem Fall ist den Aktionären die Bestimmung und Änderung der rechtlichen **Grundlagen** der Gesellschaft vorbehalten.

Die HV beschließt daher laut AktG über Nachgründung, § 93; Satzungsänderung, § 179; Kapitalerhöhung und -herabsetzung, §§ 182, 192, 202 Abs. 2, 207, 222, 229; Auflösung der Gesellschaft, § 262 Nr. 2; Unternehmensverträge, §§ 293, 295; Eingliederung, §§ 319, 320; Verschmelzung, §§ 340, 353; Vermögensübertragung, §§ 359–361; Umwandlung, §§ 362 ff. AktG, §§ 3 ff. UmwG. Hierbei kann die HV nach § 83 AktG auch die Initiative ergreifen und den Vorstand zur Vorbereitung der ihrer Beschlußfassung unterliegenden Maßnahmen verpflichten.

b) Im übrigen beschließt die HV nach dem AktG:

Über die Verwendung des Bilanzgewinns, § 174; Feststellung des Jahresabschlusses, jedoch nur in den Fällen des § 173; Entlastung von Vorstand und Aufsichtsrat, § 120; ferner obliegt ihr die Wahl der Mitglieder des Aufsichtsrats, soweit nicht für die Vertreter der Arbeitnehmer etwas anderes gilt, § 101; ferner die Wahl der Abschlußprüfer, § 163; ebenso von Sonderprüfern, §§ 142, 258; über die Geltendmachung von Ersatzansprüchen gegen Mitglieder des Vorstands und Aufsichtsrats, § 147; und Erlaß solcher Ansprüche oder Vergleich über sie, § 93 Abs. 4 AktG.

c) Zu Fragen der **Geschäftsführung** hingegen kann die HV nur dann entscheiden, wenn der Vorstand sie befragt, § 119 Abs. 2 AktG.

Eine Geschäftsführungsmaßnahme ist auch die Ausgabe von Wandel- und Gewinnschuldverschreibungen und die Begründung von Genußrechten; hierbei bedarf der Vorstand jedoch einer Ermächtigung durch die HV (§ 221 AktG).

2. Die HV beschließt ferner in den ihr von der **Satzung** zusätzlich zugewiesenen Fragen, § 119 Abs. 1 AktG. Der Zuweisung freilich sind durch die zwingende Zuständigkeitsverteilung des Gesetzes enge Grenzen gezogen.

Als Beispiele seien erwähnt Erteilung der Zustimmung zur Übertragung gebunder Aktien (§ 68 Abs. 2); Bestimmung einer Geschäftsordnung für die Verhandlungen der HV; falls die Satzung die Bildung eines besonderen Ausschusses vorsieht, könnte sie auch die Wahl der Mitglieder desselben durch die HV vorschreiben.

3. Völlig entzogen, weil außerhalb des Bereiches der Gemeinschaftsorganisation liegend, ist der HV die Einwirkung auf individuelle Vertragsverhältnisse der Gesellschaft mit **Dritten**, mag auch ein Aktionär selbst als Vertragspartner beteiligt sein.

III. Die Einberufung der HV

1. Die Gründe der Einberufung der HV sind teils im Gesetz, teils in der Satzung enthalten; stets ist die HV einzuberufen, wenn das Wohl der Gesellschaft es verlangt, § 121 Abs. 1 AktG. Herkömmlich wird unterschieden zwischen der **ordentlichen** und **außerordentlichen** HV. Erstere ist die regelmäßig wiederkehrende Jahresversammlung, in welcher der Vorstand den Jahresabschluß mit dem Bericht des Aufsichtsrates vorzulegen hat und in der über die Gewinnverwendung, Entlastung der

§ 27 *Die Hauptversammlung*

Verwaltungsträger sowie über die Bestellung der Abschlußprüfer beschlossen wird, §§ 120, 163, 174 AktG. Die außerordentliche HV wird aus besonderen Anlässen einberufen; vgl. z.B. §§ 92 Abs. 1, 111 Abs. 3, 122 etc. AktG.

Ein rechtlicher Unterschied zwischen beiden Arten der HV besteht (im Gegensatz zum französischen Recht) nicht. So können Satzungsänderungen oder Änderungen des Kapitals auch auf die Tagesordnung der ordentlichen HV gesetzt werden.

2. Die Einberufung der HV erfolgt durch den Vorstand. Neben diesem ist nach § 111 Abs. 3 AktG der Aufsichtsrat dazu berechtigt und, wenn das Wohl der Gesellschaft es erfordert, auch verpflichtet. Auch eine Minderheit von Aktionären kann nach § 122 AktG die Berufung der HV verlangen.

Durch die Satzung können auch andere Personen zur Einberufung der HV ermächtigt werden, so z.B. der Vorstand eines herrschenden Unternehmens, § 121 Abs. 2 Satz 3 AktG.

3. Über Form, Frist und Verfahren der Einberufung enthalten die §§ 123 bis 128 AktG nähere Vorschriften.

Mit diesen detaillierten Regelungen trägt das Gesetz Sorge für möglichst umfassende Information der Aktionäre bereits vor der HV, indem nach § 124 AktG schon bei Einberufung derselben die Tagesordnung mit den von der Verwaltung dazu erteilten Vorschlägen zur Beschlußfassung oder zu Wahlen, ebenso der Wortlaut einer beabsichtigten Satzungsänderung oder der wesentliche Inhalt eines Vertrags, welcher der Zustimmung der HV bedarf, bekanntzumachen sind; desgleichen Anträge oder Wahlvorschläge von Aktionären, sofern sie rechtzeitig eingereicht werden.

Das Gesetz bedient sich hierbei der Mithilfe der Depotbanken und Aktionärsvereinigungen, indem der Vorstand diese Informationen auch ihnen zuzuleiten hat, und diese alsdann zur Weitergabe derselben an die Aktionäre (Depotkunden oder Vereinsmitglieder) verpflichtet sind, §§ 125, 128 AktG.

Wichtig ist der Grundsatz: Über Gegenstände der Tagesordnung, die nicht ordnungsgemäß bekanntgemacht sind, dürfen keine Beschlüsse gefasst werden. Gleichwohl gefaßte Beschlüsse sind anfechtbar, § 243 Abs. 1 AktG. Auf eine Verletzung der den Depotbanken und Aktionärvereinigungen obliegenden Pflicht zur Weitergabe der ihnen von der Gesellschaft mitgeteilten Informationen kann jedoch die Anfechtung nicht gestützt werden, § 243 Abs. 3 AktG.

Wird in einer HV, welche von einer unzuständigen Person einberufen worden ist, oder bei deren Einberufung die Erfordernisse des § 121 Abs. 2 AktG nicht erfüllt worden sind, ein Beschluß gefaßt, dann ist der Beschluß nichtig, es sei denn, daß — wie stets bei der Einmann-AG — alle Aktionäre erschienen sind oder vertreten waren.

IV. Teilnahmerecht und Antragsrecht

1. a) Das Recht zur Teilnahme an der HV steht jedem Aktionär zu. Eine Ausnahme gilt für Aktien, welche gemäß §§ 20 Abs. 7, 71 d mit 71 b AktG keine Rechte gewäh-

ren. Im übrigen ist das Teilnahmerecht als Bestandteil der mitgliedschaftlichen Verwaltungsrechte zwingend und es kann, wiewohl die Satzung Bestimmungen über die Legitimation des Aktionärs treffen kann, weder ausgeschlossen noch beschränkt werden[3].

Die Legitimation ist bei Inhaberaktien mit dem Besitz der Urkunde, bei Namensaktien durch die Eintragung im Aktienbuch gegeben, § 67 Abs. 2 AktG. In der Regel wird durch die Satzung die Ausübung des Stimmrechts von der vorherigen Hinterlegung der Aktien bei bestimmten Stellen abhängig gemacht, vgl. dazu § 123 Abs. 2 bis 4 und § 402 AktG.

b) Das Teilnahmerecht umfaßt alle dem Aktionär in der HV zustehenden Befugnisse, also das Recht zu erscheinen oder sich nach § 134 Abs. 3 AktG vertreten zu lassen, ferner Anträge zur Tagesordnung zu stellen, Auskünfte zu verlangen, sich an der Aussprache zu beteiligen und gegen gefaßte Beschlüsse Widerspruch zu Protokoll zu erklären. Diese Rechte stehen auch jenen Aktionären zu, die im Einzelfall ein Stimmrecht nicht ausüben können, sei es, daß das Stimmrecht wegen Interessenkollision im Einzelfall nicht geltend gemacht werden darf (§ 136 AktG) oder sei es, daß die Aktie als Vorzugsaktie ein Stimmrecht nicht gewährt.

Wie jede Rechtsausübung, so ist auch die des Teilnahmerechts unzulässig, wenn sie mißbräuchlich erfolgt (§ 226 BGB), ihrer Form nach einen Verstoß gegen die Ehre der Beteiligten oder gegen die Würde der Versammlung darstellt und ihrem Inhalt nach schikanös erscheint. Der Leiter der HV hat alle Rechte, die er braucht, um einen ordnungsgemäßen Ablauf der HV herbeizuführen, so auch das Recht der Beschränkung der weiteren Redezeit und der Verweisung eines störenden Aktionärs aus dem Saal, wenn die Störung nicht auf andere Weise behoben werden kann, BGH 44, 245.

2. In der HV ist gemäß § 129 AktG ein **Teilnehmerverzeichnis** aufzustellen und vor der ersten Abstimmung zur Einsicht auszulegen.

In dieses Verzeichnis sind aufzunehmen:

a) Alle erschienenen oder offen vertretenen Aktionäre sowie deren Vertreter mit Angabe des Betrags und der Gattung der vertretenen Aktien. Nicht vorgeschrieben, aber üblich ist die Angabe der mit den Aktien verbundenen Stimmenzahl.

b) Auch die Legitimationsaktionäre (o. § 12 IV) werden als Aktionäre eingetragen, jedoch gesondert unter Angabe von Betrag und Gattung ihrer Aktien (§ 129 Abs. 3).

c) Übt eine Bank nach § 135 Abs. 4 Satz 2 AktG aus Inhaberaktien das Stimmrecht aus „für wen es angeht", dann sind im Verzeichnis gesondert die Bank, der Betrag und die Gattung dieser Aktien anzugeben, nicht aber die Namen der Aktionäre (§ 129 Abs. 2).

Verletzung dieser Vorschrift wird nach § 405 Abs. 2 AktG geahndet.

---

3 Dazu *Obermüller-Werner-Winden* a.a.O. S. 65 ff.

V. Auskunftsrecht des Aktionärs

1. Nach § 131 AktG ist vom Vorstand jedem Aktionär auf Verlangen in der Hauptversammlung Auskunft über Angelegenheiten der Gesellschaft in Zusammenhang mit den Gegenständen der Tagesordnung zu geben[4]. Die Auskunft hat den Grundsätzen einer gewissenhaften und getreuen Rechenschaft zu entsprechen (vgl. RG 167, 151).

Das Auskunftsrecht entspringt der Mitgliedschaft. Es steht auch Vorzugsaktionären ohne Stimmrecht zu, nicht aber Aktionären, deren Aktien keine Rechte gewähren.

a) Das Recht auf Auskunft soll dem Aktionär die Möglichkeit eröffnen, sich Informationen und Einblicke in die Angelegenheiten der Gesellschaft zu verschaffen, die erforderlich sind, um sich zu den Gegenständen der Tagesordnung, welche in der HV zur Verhandlung stehen, ein sachgemäßes Urteil bilden zu können. Dem entspricht der Umfang der Auskunftspflicht (dazu BGH 32, 129; 36, 121).

Hat die HV gemäß § 173 AktG den Jahresabschluß festzustellen, dann besteht die Auskunftspflicht auch bei Fragen nach einer etwaigen Unterbewertung von Aktiven in der vom Vorstand aufgestellten Bilanz, sowie über die Bewertungs- und Abschreibungsmethoden, auch soweit sie im Geschäftsbericht dargelegt sind.

b) Aus den in § 131 Abs. 3 AktG aufgeführten Gründen darf der Vorstand die Auskunft verweigern. Hierbei ist der Verweigerungsgrund bekanntzugeben; der Aktionär ist alsdann berechtigt, Aufnahme seiner Frage und die Begründung der Auskunftsverweigerung in das Verhandlungsprotokoll zu verlangen.

Bei Meinungsverschiedenheit zwischen dem Vorstand und dem fragenden Aktionär über Bestehen oder Umfang der Auskunftspflicht kann nach § 132 AktG gerichtliche Entscheidung herbeigeführt werden, welche als Akt der „freiwilligen Gerichtsbarkeit" ergeht.

c) Da das Auskunftsrecht die Urteilsbildung des Aktionärs in der Verhandlung der HV und auch nur über den Verhandlungsgegenstand ermöglichen soll, kann es **außerhalb** der HV nicht ausgeübt werden. Es besteht demnach keine Verpflichtung des Vorstandes, etwa schriftliche Anfragen der Aktionäre zu beantworten.

Möglich jedoch ist, daß einem Aktionär wegen seiner Eigenschaft als Aktionär (Großaktionär) eine Auskunft **außerhalb** der Hauptversammlung gegeben worden ist, wobei es gleichgültig ist, ob sie vom Vorstand oder etwa vom Vorsitzenden des Aufsichtsrats erteilt wurde. Alsdann ist sie jedem anderen Aktionär auf dessen Verlangen in der HV zu geben ohne Rücksicht darauf, ob sie zur sachgemäßen Beurteilung des Gegenstandes der Tagesordnung erforderlich ist oder überhaupt damit in Beziehung steht. Auch ein Verweigerungsrecht des Vorstands besteht alsdann nur, soweit der Vorstand sich durch die Auskunftserteilung strafbar machen würde, § 131 Abs. 4 AktG.

---

4 *Obermüller-Werner-Winden* a.a.O. S. 135 ff.

d) Das Auskunftsrecht des Aktionärs unterliegt nicht der Disposition der HV. Der Vorstand ist daher nicht in der Lage, darüber, ob er eine sachgemäße Frage zu beantworten habe, eine Entscheidung der HV mit der Wirkung herbeizuführen, eine ungerechtfertigte Auskunftsverweigerung durch Ablehnungsbeschluß zu legalisieren.

2. Folgen der **Verletzung** des Auskunftsrechts:

a) Unberechtigte Verweigerung der Auskunft oder falsche Auskunft hat Anfechtbarkeit des in jener Verhandlung gefaßten HV-Beschlusses zur Folge, wobei es unerheblich ist, wenn die HV oder andere Aktionäre erklärt haben, daß die Auskunftsverweigerung ihre Beschlußfassung nicht beeinflußt habe, §§ 243 Abs. 4; 245 Nr. 1 AktG. Bei Auskunftsverweigerung ist jedoch vorher die Entscheidung nach § 132 herbeizuführen, wodurch größere Einheitlichkeit der Rechtsprechung in dieser Frage erstrebt wird. Deshalb hat das Gericht bei Erhebung der Anfechtungsklage das Verfahren bis zur Vorentscheidung gemäß § 132 auszusetzen (Amtl. Begr. Kropff § 132 S. 189).

b) Die Vorschrift des § 131 AktG ist ein Schutzgesetz im Sinne des § 823 Abs. 2 BGB. Schuldhaft falsche Auskunft begründet Schadensersatzpflicht.

VI. Verlauf und Leitung der HV

Hierüber enthält das Gesetz keine Bestimmungen. Soweit die Satzung keine Regelung trifft, entscheiden die als Verkehrsübung geltenden allgemeinen Grundsätze parlamentarischer Gepflogenheit.

a) In der Regel wird die Verhandlungsleitung durch die Satzung dem Vorsitzer des Aufsichtsrats übertragen. Mangels solcher Bestimmung wird der Leiter von der HV gewählt; bis dahin leitet der Einberufer. Der Verhandlungsleiter hat alle Befugnisse, die zur sachgemäßen Geschäftsbehandlung erforderlich sind[5]; heimliche Benutzung von Tonbandgeräten ist unzulässig (BGH 27, 284).

b) In bezug auf die materielle Gestaltung der HV ist der Verhandlungsleiter grundsätzlich dem Willen der Aktionärsmehrheit unterworfen. Das gilt z.B. von der Absetzung eines Punktes von der Tagesordnung. Beschließt die HV sich zu vertagen, dann muß die neue HV wieder ordnungsgemäß geladen werden.

---

5 Vgl. *Obermüller-Werner-Winden* a.a.O. S. 93 ff.

§ 28 Der Hauptversammlungsbeschluß

I. Rechtsnatur des HV-Beschlusses

1. Der Hauptversammlungsbeschluß[1] ist seiner rechtlichen Natur nach ein Rechtsgeschäft (BGH 14, 267). Diesem liegen die in der Stimmabgabe der Aktionäre enthaltenen Willenserklärungen zugrunde, auf welche die bürgerlich-rechtlichen Vorschriften über Willensmängel anwendbar sind (s.o. § 17 III).

2. Da beim Beschluß die Erklärungen der Abstimmenden einander nicht zugehen, ja nicht einmal bekanntgemacht zu werden brauchen (z.B. schriftliche Abstimmung), bedarf der Beschluß zur Perfektion der Zusammenfassung der abgegebenen Einzelerklärungen, d.h. der **Feststellung des Beschlußergebnisses** (vgl. § 130 Abs. 2 AktG; RG 75, 239; 82, 182; 142, 123). Sie kann bei offener Abstimmung ohne Formalität getroffen werden. Gleichwohl ist sie der rechtliche Abschluß der Beschlußfassung und sie bildet zusammen mit der Protokollierung desselben einen konstitutiven Akt, der selbst dann für die Beteiligten bindend ist, wenn die Feststellung des Abstimmungsergebnisses unrichtigt erfolgt, etwa weil der Verhandlungsleiter sich verzählt hat oder weil mit Aktien abgestimmt wurde, deren Stimmrecht ruht. Der vom Vorsitzer unrichtig festgestellte und als solcher protokollierte Beschluß unterliegt alsdann der **Anfechtung** nach § 243 AktG (u. § 30 III), behält aber bei Unterlassung der Anfechtungsklage für die Gesellschaft bindende Kraft.

3. Jeder Beschluß der HV bedarf nach § 130 AktG zu seiner Gültigkeit der notariellen **Beurkundung**. Ohne formgerechte Protokollierung (Gegensatz: Einreichung zum Handelsgerister) ist der Beschluß unheilbar nichtig, § 241 Nr. 2 AktG. Eine öffentlich beglaubigte Abschrift der Niederschrift ist vom Vorstand unverzüglich zum Handelsregister einzureichen.

Keine Beschlüsse sind die von der Minderheit gestellten Anträge; sie unterliegen daher auch nicht dem Protokollierungszwang.

4. Jeder **HV-Beschluß ist aus sich heraus auszulegen.**

Umstände, die sich nicht aus ihm ergeben, sind für die Auslegung nicht zu berücksichtigen. Es gelten hier dieselben Auslegungsgrundsätze wie für die Auslegung der Satzung (s.o. § 10 I 2), da auch der HV-Beschluß eine **objektive** Norm aufstellt (RG 146, 154).

II. Beschlußfähigkeit der HV; Mehrheitserfordernisse

1. **Die Beschlußfähigkeit** der HV betrifft die Frage, ob zur Beschlußfassung eine Mindestbeteiligung von Aktionären (sog. **Quorum**) erforderlich ist; dieses ist nach dem AktG nicht der Fall, doch kann die Satzung für bestimmte oder alle Beschlüsse ein Quorum vorschreiben.

---
[1] S. dazu *Wiedemann*, Gesellschaftsrecht I Grundlagen (1980) S. 178 ff.

Durch das Quorum soll verhindert werden, daß eine kleine erschienene Minderheit verbindliche Beschlüsse fassen kann.

2. Beschlüsse der HV bedürfen grundsätzlich der Mehrheit der abgegebenen Stimmen **(einfache Stimmenmehrheit)**; gleichgültig ist, wie viele Aktionäre sich an der Abstimmung beteiligen. Es genügt, daß die Zahl der Ja-Stimmen die Zahl der abgegebenen Nein-Stimmen übersteigt[2], § 133 AktG.

Für Wahlen kann die Satzung andere Bestimmungen vorsehen, so z.B. relative Mehrheit, indem die für eine Wahl abgegebene größere Stimmenzahl entscheiden soll, § 133 Abs. 2 AktG (BGH 76, 191).

3. Für bestimmte Beschlüsse verlangt das Gesetz eine größere **(qualifizierte)** Mehrheit. Diese kann sein eine qualifizierte **Stimmen**mehrheit (§ 114 Abs. 4 Satz 3, 141 Abs. 3 Satz 2 AktG) oder eine qualifizierte **Kapital**mehrheit. Bei Beschlüssen, welche qualifizierter Kapitalmehrheit bedürfen, muß diese Kapitalmehrheit von den abgegebenen Ja-Stimmen repräsentiert werden; bezogen ist diese Kapitalmehrheit auf das bei der Beschlußfassung jeweils **vertretene** Grundkapital (Ausnahme § 52 Abs. 5 Satz 2 AktG).

Über die **Berechnung** des bei der Beschlußfassung vertretenen Kapitals und der erforderlichen Mehrheiten bei Vorhandensein von Aktien verschiedener Gattung, von teileingezahlten Aktien oder bei Beschränkung der Ausübung des Stimmrechts s.u. § 33 II 3.

4. Bei Vorhandensein von Aktien verschiedener Gattung verlangt das Gesetz in gewissen Fällen außer dem HV-Beschluß noch eine **getrennte** Abstimmung der Aktionäre der verschiedenen Gattungen; vgl. §§ 179 Abs. 2; 182 Abs. 2; 193; 202 Abs. 2; 222 Abs. 2 u.a.m. AktG.

Soweit in solchen Fällen nicht das Gesetz oder die Satzung eine besondere Versammlung der einzelnen Gruppen vorschreibt (vgl. z.B. § 141 Abs. 3), genügt gesonderte Abstimmung der Gruppe im Rahmen der HV; s. dazu § 138 AktG.

§ 29 Minderheitenschutz

I. Begriffe und Tatbestände

Unter Minderheitenschutz[1] sind jene Tatbestände zu verstehen, in denen eine Minderheitsgruppe von Aktionären in der Lage ist, durch ihren Widerspruch einen lega-

---

[2] Die Satzung kann nach § 133 AktG eine größere Mehrheit vorschreiben. Zur Frage, ob dieses für alle Beschlüsse gelten kann, für welche einfache Mehrheit der Stimmen genügt, s. *Barz*, Großkomm. § 133 Anm. 9.

[1] S. dazu *Wiedemann*, Gesellschaftsrecht I Grundlagen (1980) S. 404 ff.; *Kühn* Der Minderheitenschutz nach dem neuen Aktienrecht, BB 1965, 1170 ff.

len Mehrheitsbeschluß zu blockieren oder umgekehrt ihren Willen gegen die ablehnende Mehrheit durchzusetzen. Die Durchsetzung des Minderheitswillens erfolgt teils durch Einschaltung der Gerichte, teils durch bloße Erklärung der Minderheit.

Die Minderheitsrechte entspringen der Mitgliedschaft als solcher. Die Minderheit wird daher stets nur danach berechnet, ob sie eine bestimmte Quote des Grundkapitals repräsentiert oder ob die Nennbeträge der Aktien eine bestimmte Summe erreichen, wobei es gleichgültig ist, ob die Aktien stimmlose Vorzugsaktien sind, ob ein Aktionär nach § 134 Abs. 1 AktG in der Ausübung des Stimmrechts beschränkt ist, oder ob die Aktien voll eingezahlt sind. Aus Mitgliedschaften aber, deren Rechte völlig ruhen (§§ 20 Abs. 7, 21 Abs. 4, 71 d Satz 4 mit § 71 b AktG), können auch keine Minderheitsrechte erwachsen.

1. a) Der Wille einer Minderheit von Aktionären ist zunächst von Bedeutung für die **Erhaltung von Ersatzansprüchen** der Gesellschaft gegen Gesellschaftsorgane oder andere Beteiligte. Auf Ersatzansprüche, welche der Gesellschaft aus der Gründung gegen Gründer, gegen die neben den Gründern haftenden Personen oder gegen Mitglieder des Vorstandes und Aufsichtsrats erwachsen sind, kann die Gesellschaft nach § 50 AktG erst nach Ablauf von drei Jahren und nur dann verzichten oder sich darüber vergleichen, wenn die HV zustimmt und nicht eine Minderheit, deren Anteile den zehnten Teil des Grundkapitals erreichen, widerspricht.

Dasselbe gilt nach § 53 AktG für Ersatzansprüche bei Nachgründung, ebenso gemäß §§ 93 Abs. 4, 116 AktG für Ersatzansprüche der Gesellschaft gegen Mitglieder des Vorstandes und Aufsichtsrats wegen Verletzung ihrer Sorgfaltspflicht, ferner nach § 117 Abs. 4 AktG für Ersatzansprüche, die der Gesellschaft aus dem Gesichtspunkt der Einflußnahme zum Schaden der Gesellschaft erwachsen sind. Eine entsprechende Regelung enthalten die §§ 309 Abs. 3, 310 Abs. 4, 317 Abs. 4, 318 Abs. 4, 323 Abs. 1 Satz 2 AktG.

b) Eine Minderheit kann umgekehrt auch die **Geltendmachung** von Ersatzansprüchen erzwingen. Nach § 147 AktG müssen Ersatzansprüche, die der Gesellschaft aus der Gründung gegen die dafür Verantwortlichen oder aus der Geschäftsführung gegen Mitglieder des Vorstandes und Aufsichtsrats erwachsen sind, geltend gemacht werden, wenn eine Minderheit, deren Anteile ein Zehntel des Grundkapitals betragen, es verlangt; und nach § 147 Abs. 3 AktG kann eine Minderheit zu diesem Zweck auch die Bestellung eines besonderen Vertreters erwirken. Mutwillige Erzwingung von Regreßklagen soll durch § 147 Abs. 4 AktG verhindert werden.

c) Auf Antrag einer Minderheit mit Anteilen von einem Zehntel des Grundkapitals oder mit Anteilen von zwei Millionen DM kann das Gericht zur Prüfung von Vorgängen bei der Gründung oder der Geschäftsführung, namentlich auch bei Maßnahmen der Kapitalbeschaffung und Kapitalherabsetzung, einen **Sonderprüfer** bestellen. Dieselbe Minderheit ist auch befugt, einen etwa von der HV bestellten Sonderprüfer gerichtlich durch einen anderen ersetzen zu lassen, § 142 AktG. Damit erlangt die Minderheit die Möglichkeit, sich die Unterlagen für einen Regreßprozeß zu verschaffen; s. o. § 25 VIII 2.

Da zur Erzwingung der Sonderprüfung nach § 142 Abs. 2 AktG eine Minderheit von zwei Millionen in jedem Falle ausreicht, zur Erzwingung der Geltendmachung des Ersatzanspruchs nach § 147 Abs. 1 AktG diese Minderheit aber nicht genügt, wenn zwei Millionen nicht den zehnten Teil des Grundkapitals ausmachen, ist der Zusammenhang des früheren Rechts gestört.

Nach § 163 Abs. 2 AktG hat dieselbe Minderheit auch die Möglichkeit, gegen den von der HV gewählten **Abschlußprüfer** Widerspruch zu erheben und damit die Bestellung eines anderen Prüfers in die Wege zu leiten.

d) Eine Minderheit, deren Anteile den zwanzigsten Teil des Grundkapitals oder eine Million DM erreichen, kann nach § 258 Abs. 2 AktG auch eine Sonderprüfung wegen unzulässiger Unterbewertung oder Unvollständigkeit des Geschäftsberichts veranlassen und nach § 260 Abs. 1 AktG über die abschließenden Feststellungen des Sonderprüfers gerichtliche Nachprüfung herbeiführen; über die zur Anfechtung des Gewinnverwendungsbeschlusses wegen zu hoher Einstellung in Rücklagen erforderliche Minderheit s. § 254 AktG.

e) Über das Recht der Minderheit, gerichtliche Bestellung oder Abberufung von **Abwicklern** zu erwirken, s. § 265 Abs. 3 AktG.

f) Nach § 103 Abs. 3 AktG kann eine Minderheit Antrag bei Gericht auf Abberufung eines entsandten Aufsichtsratsmitgliedes (§ 101 Abs. 2) stellen.

2. Eine Minderheit von Aktionären, deren Anteile den zwanzigsten Teil des Grundkapitals erreichen, ist nach § 122 AktG in der Lage, unter Angabe des Zweckes und der Gründe die **Berufung** einer HV zu erwirken und die **Ankündigung** bestimmter Gegenstände zur Beschlußfassung zu erzwingen (vgl. dazu § 124 Abs. 1 u. 3 AktG). Das Recht, die Ankündigung bestimmter Gegenstände zur Beschlußfassung zu verlangen, steht der Minderheit auch bei einer HV zu, deren Berufung nicht auf ihrer Initiative beruht.

3. Nach § 120 AktG kann eine Minderheit von einem Zehntel des Grundkapitals gesonderte Abstimmung über die **Entlastung** eines einzelnen Vorstands- oder Aufsichtsratsmitgliedes herbeiführen; und nach § 137 AktG kann eine Minderheit von einem Zehntel des in der HV vertretenen Grundkapitals Abstimmung über Wahlvorschläge von Aktionären verlangen.

4. Das Aktiengesetz kennt jedoch kein Recht der Minderheit auf Vertretung im Aufsichtsrat (das Entsendungsrecht nach § 101 Abs. 2 AktG gehört nicht hierher), ferner keine Möglichkeit der Einwirkung auf Bestellung und Abberufung des Vorstands, auch nicht bei HV-Beschlüssen nach § 93 Abs. 4 Satz 1 AktG.

II. Sonstiger Aktionärsschutz

1. Neben diesem Minderheitenschutz im eigentlichen Sinne kommt der Minderheit auch der aus den allgemeinen Prinzipien des Körperschaftsrechts abgeleitete Grundsatz zugute, daß HV-Beschlüsse, die eine Schädigung der Minderheit durch die Majorität darstellen, oder die gegen den Grundsatz der gleichmäßigen Behandlung verstoßen, der **Anfechtung** unterliegen; darüber s. u. § 30 III.

2. In der Regelung der „verbundenen Unternehmen" sind besondere Sicherungen der „außenstehenden Aktionäre" enthalten (vgl. §§ 304 ff.; 320 Abs. 5 AktG), die,

weil die außenstehenden Aktionäre in aller Regel die Minderheit bilden, einen wichtigen Schutz derselben bieten. Ein besonderer Schutz besteht hier auch darin, daß nach §§ 309 Abs. 4, 317 Abs. 4, 323 Abs. 1 i. V. mit § 309 Abs. 4 AktG jeder Aktionär berechtigt ist, einen der Gesellschaft gegen ein Mitglied der Gesellschaftsverwaltung zustehenden Ersatzanspruch geltend zu machen.

3. Zu erwähnen ist in diesem Zusammenhang auch das in § 243 Abs. 2 AktG gewährte **Anfechtungsrecht**, welches als Individualrecht aller Aktionäre auch der gesamten Minderheit zustatten kommt und dann gegeben ist, wenn die Majorität oder der beherrschende Großaktionär mit der Stimmrechtsausübung sich oder anderen zum Schaden der Gesellschaft oder ihrer Aktionäre ungerechtfertigte Vorteile verschafft, s. u. § 30 III.

4. Ferner ist auf die Haftungsvorschriften der §§ 117, 317 AktG zu verweisen, die gleichfalls keinen Minderheitsschutz im eigentlichen Sinne darstellen, wohl aber allen machtlosen Aktionären zugutekommen; s. u. §§ 31 u. 72.

§ 30 Nichtigkeit und Anfechtbarkeit von Hauptversammlungsbeschlüssen

I. Rechtliche Bedeutung der Nichtigkeit und Anfechtbarkeit von HV-Beschlüssen

1. Das AktG kennt eine Nichtigkeit und eine Anfechtbarkeit von HV-Beschlüssen, §§ 241 ff. AktG.

Beschlüsse der HV sind nicht nur die in der HV gefaßten Beschlüsse, sondern auch Sonderabstimmungen der Aktionäre einer bestimmten Aktiengattung (vgl. RG 148, 175). Auch eine Wahl (z. B. Wahl des Aufsichtsrats) ist ein Beschluß der HV. Die Vorschriften über Nichtigkeit und Anfechtbarkeit von Beschlüssen gelten nicht nur für positive, sondern auch für ablehnende Beschlüsse (dazu v. IV); sie gelten dagegen nicht für Beschlüsse anderer Organe (z. B. des Aufsichtsrats).

2. Das AktG hat, ebenso wie schon das AktG 1937, die Grenze zwischen Nichtigkeit und Anfechtbarkeit von HV-Beschlüssen in Anlehnung an die unter der Geltung des früheren Rechtes von der Rechtsprechung und Rechtslehre entwickelten Grundsätze gezogen.

Es stellt zunächst in § 241 AktG fest, wann ein HV-Beschluß der **Nichtigkeit** verfällt, wobei für die Wahl von Aufsichtsratsmitgliedern (§ 250), für den Gewinnverwendungsbeschluß (§ 253) und für den Jahresabschluß (§ 256) Sondervorschriften bestehen.

Die Tatbestände der **Anfechtbarkeit** sind in § 243 AktG umschrieben, wiederum ergänzt durch Sondervorschriften über die Anfechtbarkeit von Aufsichtsratswahlen

(§ 251), des Gewinnverwendungsbeschlusses (§ 254) und des Feststellungsbeschlusses (§ 257).

Fehlerhafte Beschlüsse, die nicht nichtig sind, unterliegen der Anfechtung.

Mit dieser Regelung wird dem Erfordernis der Rechtssicherheit Rechnung getragen. Gleichwohl wird der in RG JW 1931, 2949 ausgesprochene Grundsatz Geltung behalten, daß es nicht schadet, wenn ein Aktionär statt der Nichtigkeitsklage die Anfechtungsklage erhebt, da beide Klagen dasselbe Ziel haben. Deshalb können auch Nichtigkeits- und Anfechtungsprozesse verbunden werden, § 249 Abs. 2 AktG; vgl. auch BGH in NJW 1952, 98.

3. a) Bei **Nichtigkeit** eines HV-Beschlusses liegt eine rechtswirksame Willensbildung der Gesellschaft nicht vor. Der nichtige Beschluß ist weder für die Gesellschaft noch für die Aktionäre bindend. Auf die Nichtigkeit kann jeder Beteiligte und jeder Dritte sich ohne weiteres berufen; auch die Gesellschaft kann sie einredeweise geltend machen. Die Rechtslage ist so, als läge ein Beschluß überhaupt nicht vor, § 249 Abs. 1 Satz 2 AktG. Auch die Nichtigkeitsklage nach § 249 hat nur das Ziel gerichtlicher Feststellung der Nichtigkeit des Beschlusses.

Die Nichtigkeitsklage nach § 249 AktG unterscheidet sich aber von der allgemeinen Feststellungsklage nach § 256 ZPO dadurch, daß erstere nur erhoben werden kann von Aktionären oder Mitgliedern des Vorstandes und Aufsichtsrats, diese alsdann ein besonderes Feststellungsinteresse nicht nachzuweisen brauchen, da ein solches sich ohne weiteres aus ihrer Mitgliedschaft oder Organstellung ergibt, während bei Klage durch einen Dritten das rechtliche Interesse an der Feststellung der Nichtigkeit nachzuweisen ist. Ein weiterer Unterschied besteht darin, daß bei Klage durch einen Aktionär oder durch ein Vorstands- oder Aufsichtsratsmitglied nach § 249 AktG das die Nichtigkeit feststellende Urteil für und gegen alle Aktionäre sowie die Mitglieder des Vorstandes und Aufsichtsrats wirkt, und daß andererseits die Sonderregelung des § 247 AktG über Streitwert und Prozeßkosten Platz greift. Dritte hingegen können nur die Feststellungsklage nach § 256 ZPO erheben mit Rechtskraftwirkung inter partes.

b) Der **anfechtbare** HV-Beschluß ist ein trotz seiner Fehlerhaftigkeit rechtswirksam zustandegekommener Beschluß, der die Beteiligten bindet, jedoch mittels Anfechtungsklage zerstört werden kann. Anfechtbarkeit des Beschlusses bedeutet daher lediglich Vernichtbarkeit desselben durch konstitutives Gestaltungsurteil, § 241 Nr. 5 AktG. Wird die Anfechtungsklage nicht erhoben, dann bleibt der Beschluß voll wirksam und kann im Gegensatz zu nichtigen Beschlüssen auch nicht im Wege des Amtslöschungsverfahrens nach § 144 Abs. 2 FGG beseitigt werden.

Über die **Bestätigung** anfechtbarer Beschlüsse s. § 244 AktG.

Da anfechtbare Beschlüsse ohne gerichtliche Nichtigkeitserklärung voll wirksam sind, kommt bei ihnen eine Heilung nicht in Betracht. Dagegen unterliegen nichtige HV-Beschlüsse einer **Heilung**. Sie tritt bei Beschlüssen, die entgegen dem § 130 Abs. 1, 2 und 4 AktG nicht oder nicht gehörig beurkundet worden sind, ohne weiteres und endgültig ein, wenn der Beschluß ins Handelsregister eingetragen ist, § 242 Abs. 1 AktG.

Die Nichtigkeit nach § 241 Nr. 1, 3 oder 4 AktG kann nicht mehr geltend gemacht werden, wenn der Beschluß in das Handelsregister eingetragen ist und seitdem drei Jahre verstrichen sind.

4. Von den nichtigen oder anfechtbaren Beschlüssen zu unterscheiden sind **unvollständige** Beschlüsse sowie Beschlüsse, die für sich allein den bezweckten Rechtserfolg noch nicht herbeizuführen vermögen, sondern zu denen noch die Zustimmung eines Beteiligten erforderlich ist. Sie sind ohne Hinzutritt der weiteren Wirksamkeitserfordernisse unwirksam; eine Heilung kommt hier nicht in Betracht.

So z.B. bei Aufhebung eines satzungsmäßig begründeten Vorzugsrechts, § 141 AktG; bei Auferlegung einer Nebenleistung, § 180 AktG; ebenso in allen Fällen, wo zur Beschlußfassung der HV noch die Zustimmung oder Beschlußfassung von Aktionären besonderer Gattung hinzuzutreten hat.

Beschlüsse, die jenseits der **Zuständigkeit** der HV liegen, sind als nicht existent zu betrachten und können niemals heilen.

II. Die Nichtigkeitsgründe

1. Die einen HV-Beschluß betreffenden Nichtigkeitsgründe sind teils Mängel formeller, teils Mängel materieller Art. Stets handelt es sich hierbei um Verletzung des Gesetzes. Verletzungen der Gesellschaftssatzung hingegen haben niemals Nichtigkeit, sondern nur Anfechtbarkeit des Beschlusses zur Folge.

2. In Satz 1 des § 241 AktG wird zunächst auf die Nichtigkeit **bestimmter** Beschlüsse verwiesen.

Das sind: § 192 Abs. 4 (ein der bedingten Kapitalerhöhung entgegenstehender Beschluß); § 212 (dem Gesetz widersprechende Aktienzuweisung bei einer Kapitalerhöhung aus Gesellschaftsmitteln); die §§ 217 Abs. 2, 228 Abs. 2, 234 Abs. 3, 235 Abs. 2 betreffen eintretende Nichtigkeit von Beschlüssen wegen nicht rechtzeitiger Eintragung derselben, wobei **Heilung** gemäß § 242 Abs. 3 möglich ist.

3. Die Gründe, welche bei HV-Beschlüssen **beliebiger Art** Nichtigkeit bewirken, sind folgende:

a) Einberufung der HV durch eine unzulässige Person oder Verstoß gegen das Erfordernis der Bekanntmachung, §§ 241 Nr. 1, 121 Abs. 2 und 3 AktG.

Die Nichtigkeit tritt jedoch nicht ein, wenn alle Aktionäre erschienen oder vertreten waren. Über die Heilung der Nichtigkeit s. § 242 Abs. 2 AktG.

b) Nichtig ist ein nicht ordnungsgemäß protokollierter HV-Beschluß, §§ 241 Nr. 2, 130 Abs. 1, 2 u. 4; über Heilbarkeit s. § 242 Abs. 1 AktG.

c) Nichtig ist ein Beschluß, der mit dem Wesen der AG unvereinbar ist oder durch seinen Inhalt Vorschriften verletzt, die ausschließlich oder überwiegend zum Schutz der Gesellschaftsgläubiger oder sonst im öffentlichen Interesse gegeben sind, § 241 Nr. 3 AktG; bei Teilnichtigkeit kommt § 139 BGB zur Anwendung, RG 146, 394. Über Heilbarkeit s. § 242 Abs. 3 AktG.

Das Gesetz stellt Verstoß gegen das Wesen der AG einem Verstoß gegen Gläubigerschutz und gegen Vorschriften gegenüber, die im öffentlichen Interesse liegen. Da das Wesen der AG selbst nur durch positive Rechtsnormen begründet wird, kann der Verstoß gegen dasselbe nur ein solcher gegen zwingende Rechtsgrundsätze sein, welche die Struktur der Gesellschaft betreffen, so z.B. ein Beschluß, durch welchen eine Nachschußpflicht begründet oder ein Gesellschafter ausgeschlossen werden soll.

d) Nichtig ist ein Beschluß, der durch seinen Inhalt oder durch sein sachliches Ergebnis gegen die guten Sitten verstößt, § 241 Nr. 4 AktG; Heilbarkeit nach § 242 Abs. 2 AktG.

Nach übereinstimmender Auffassung ist ein inhaltlich indifferenter Beschluß, der nur seinem Beweggrund oder Zwecke nach (z.B. Vergewaltigung der Minderheit) oder nach der Art seines Zustandekommens sittenwidrig erscheint, grundsätzlich nur anfechtbar (dazu RG 115, 383; 124, 306; 146, 388; 157, 60). Nach BGH 15, 382 greift Nichtigkeit des Beschlusses jedoch auch dann Platz, wenn der Beschluß seinem Wortlaut nach keine Sittenwidrigkeit beinhaltet, aber seinem inneren Gehalt nach in einer sittenwidrigen Schädigung nicht anfechtungsberechtigter Personen besteht; vgl. dazu aber BGH 24, 119.

e) Nichtig ist endlich ein Beschluß, der gemäß § 144 FGG aufgrund rechtskräftiger Entscheidung als nichtig gelöscht worden ist, ferner der aufgrund einer Anfechtungsklage für nichtig erklärte Beschluß, § 241 Nr. 5 und 6 AktG.

4. Über Nichtigkeit der Wahl eines Aufsichtsratsmitgliedes s. § 250 AktG; über Nichtigkeit des Gewinnverwendungsbeschlusses s. § 253 AktG.

III. Die Anfechtungsgründe

1. a) Nach § 243 Abs. 1 AktG kann ein Beschluß der HV wegen Verletzung des Gesetzes oder der Satzung angefochten werden. Diese Vorschrift stellt eine Generalklausel dar, die stets dann Platz greift, wenn die Rechtsverletzung nicht zur Nichtigkeit führt. Sie gilt also namentlich bei Verletzung der Satzung oder der dem Interesse der Aktionäre dienenden Vorschriften, z.B. der Grundsätze über die Ausübung des Stimmrechts; über die Zulassung zur Teilnahme an der HV; über gleichmäßige Behandlung; über die Auskunftpflicht. Wegen Verletzung der den Kreditinstituten nach § 128 AktG obliegenden Verpflichtung zur Weitergabe von Mitteilungen ist eine Anfechtung nicht möglich, § 243 Abs. 3 AktG.

Da die Aktionäre auf die Einhaltung der ihren Interessen dienenden Bestimmungen verzichten können, muß die Vernichtung des Beschlusses durch ihre Initiative erst herbeigeführt werden, bevor jedermann sich auf die Unwirksamkeit berufen kann. Die Vernichtung erfolgt durch Urteil aufgrund der Anfechtungsklage; §§ 246–248 AktG.

b) Nach dem Gesetzeswortlaut ist ein **ursächlicher** Zusammenhang zwischen der Rechtsverletzung und dem Zustandekommen des anfechtbaren Beschlusses nicht gefordert, weshalb er vom Anfechtungskläger auch nicht bewiesen zu werden braucht.

Doch setzt das Gesetz einen solchen Zusammenhang voraus. Daher ist die Anfechtungsklage zu versagen, wenn die Verletzung offenbar oder nachweislich ohne Einfluß auf das Beschlußergebnis geblieben ist; so die ständige Rechtsprechung, RG 90, 208; 106, 258; 108, 322; 110, 197; BGH NJW 52, 98; BGH 36, 139. Dieses gilt auch bei Anfechtung wegen Verletzung der Auskunftspflicht, doch schließt § 243 Abs. 4 AktG hier bestimmte Einwände der Gesellschaft aus. Über die Notwendigkeit vorheriger Herbeiführung einer Entscheidung gemäß §132 AktG s.o. § 27 V 2.

Durch die Regelung des § 247 AktG über den Streitwert und die Prozeßkosten hat das Gericht die Möglichkeit, die Durchführung des Anfechtungsprozesses dem Kläger zu erleichtern, andererseits auch mißbräuchliche Klagen zu erschweren.

2. Anfechtungsgrund ist ferner Verletzung des Grundsatzes der **gleichmäßigen Behandlung** der Aktionäre, § 53a AktG (dazu o. § 11 VI).

3. a) Neben der Anfechtbarkeit von HV-Beschlüssen wegen Verstoßes gegen Rechtsvorschriften oder wegen Verletzung des Gebots gleichmäßiger Behandlung steht jene Anfechtbarkeit, welche begründet wird durch Verletzung der das formale Recht ergänzenden **Wertordnung** (s.o. § 11 VI).

Schon die Rechtsprechung des Reichsgerichts hat die Minderheit gegen Egoismus des oder der herrschenden Aktionäre geschützt und das Anfechtungsrecht bejaht, wenn die Mehrheit „aus eigensüchtigen Interessen unter bewußter Hintansetzung des Wohles der Gesellschaft gehandelt hat" (RG 107, 204; 115, 303; 132, 149). In RG 136, 163 ist gesagt: „Aus der Befugnis, im Wege des Mehrheitsbeschlusses zugleich auch für die Minderheit zu beschließen und damit mittelbar über deren in der Gesellschaft gebundene Vermögenswerte zu verfügen, ergibt sich ohne weiteres die gesellschaftliche Pflicht der Mehrheit, im Rahmen des Gesamtinteresses auch den berechtigten Belangen der Minderheit Berücksichtigung angedeihen zu lassen und deren Rechte nicht über Gebühr zu verkürzen".

Auf dieser Wertung beruht § 243 Abs. 2 AktG. Hiernach ist ein HV-Beschluß anfechtbar, wenn ein Aktionär mit der Ausübung seines Stimmrechts für sich oder einen Dritten Sondervorteile zum Schaden der Gesellschaft oder der anderen Aktionäre zu erlangen sucht und der Beschluß geeignet ist, diesem Zweck zu dienen. Diese Vorschrift besagt mithin: Kein Aktionär darf sich mittels seines Stimmrechts Vorteile auf Kosten der übrigen Gesellschafter oder zum Nachteil der Gesellschaft verschaffen.

Für die umstrittene Frage, was unter „Sondervorteil" zu verstehen ist, ergibt sich folgendes. Sondervorteil ist jeder mit dem Unrechtsmoment belastete Vorteil, den sich ein Aktionär mittels seines Stimmrechts **auf Kosten** der anderen Gesellschafter oder **zum Schaden** der Gesellschaft verschafft. Beispiele: Ein Großaktionär übernimmt nach Ausschluß des Bezugsrechts mittels seiner Stimmenmacht die gesamte Emission der neuen Aktien; oder: Ein Großaktionär pachtet das Unternehmen der Gesellschaft gegen unangemessen niedrigen Pachtzins und genehmigt den Vertrag mit seinen Stimmen (vgl. § 302 Abs. 2); oder: In einem von dem Großaktionär genehmigten Verschmelzungsvertrag steht die Zahl der von der übernehmenden Gesellschaft gewährten Aktien in keinem Verhältnis zum übernommenen Vermögen (s.u. § 48 IV).

Nach § 243 Abs. 2 Satz 2 AktG entfällt jedoch die Anfechtbarkeit, wenn in dem Beschluß den Aktionären ein angemessener Ausgleich des Schadens gewährt wird.

Der durch § 243 Abs. 2 AktG gewährte Rechtsschutz der betroffenen Aktionäre ergänzt die Haftungsvorschrift des § 117 AktG, da nach § 117 Abs. 7 die Ausübung schädigenden Einflusses auf die Gesellschaft dann nicht zu Schadensersatz verpflichtet, wenn er durch Ausübung des Stimmrechts in der HV erfolgt.

b) Einen Sonderfall enthält die in § 255 Abs. 2 AktG geregelte Anfechtbarkeit der **Kapitalerhöhung** gegen Einlagen, die dann möglich ist, wenn die neuen Aktien ganz oder teilweise zu unangemessen niedrigem Ausgabebetrag einem Dritten zugeteilt werden. Sie beruht auf demselben Rechtsgedanken wie § 243 Abs. 2 AktG. In solchem Falle nämlich würde dem Dritten auf Kosten der Stammaktionäre ohne entsprechende Gegenleistung (Agio) der Mitgenuß an den vorhandenen Rücklagen verschafft werden (vgl. auch BGH 21, 357); darüber s. u. § 35 III 2 c.

4. Über Anfechtbarkeit der Aufsichtsratswahl durch die HV, s. § 251 AktG und § 22 MitbestG; über Anfechtbarkeit des **Feststellungsbeschlusses** und des **Gewinnverwendungsbeschlusses** s. §§ 257 u. 254 AktG.

IV. Anfechtungsklage und Urteilswirkung

Die Anfechtung erfolgt durch Erhebung der Anfechtungsklage. Über die Klageberechtigten siehe § 245 AktG. Wird der Anfechtungsklage in rechtskräftigem Urteil stattgegeben, dann ist der Beschluß mit Wirkung für und gegen die Gesellschaft, ihre Aktionäre und Organe, aber auch für und gegen jeden Dritten von Anfang an nichtig, § 248 AktG.

Inhaltlich beschränkt sich das Urteil auf die konstitutive Nichtigkeitserklärung des Beschlusses mit rückwirkender Kraft. Hat jedoch der Vorsitzende in der HV zu Unrecht verkündet, ein Antrag sei wegen Fehlens der erforderlichen Stimmenmehrheit abgelehnt, so kann mit der hiergegen gerichteten Anfechtungsklage der Antrag auf Feststellung des zustandegekommenen zustimmenden Beschlusses nach § 256 ZPO verbunden werden. Die erweiterte Rechtskraft, welche das negative Beschlußergebnis für nichtig erklärt, erstreckt sich in diesem Falle entsprechend vom § 248 AktG auch auf die positive Feststellung des richtigen Ergebnisses (BGH 76, 191 unter Ablehnung von RG 142, 123).

Über die Berechnung des Streitwertes bei Anfechtungs- und Nichtigkeitsklagen und über Prozeßkosten s. § 247 AktG.

V. Folgen der Nichtigkeit und der Anfechtung von HV-Beschlüssen

Die Frage, wie jene weiteren Maßnahmen zu beurteilen sind, die aufgrund eines nichtigen oder eines nachträglich durch Anfechtung beseitigten HV-Beschlusses ergangen sind oder auf ihnen beruhen, bereitet Schwierigkeiten.

1. Zunächst kann an Stelle eines nichtigen oder anfechtbaren Beschlusses ein neuer fehlerfreier Beschluß herbeigeführt werden, § 244 AktG. Damit entfällt das Rechtsschutzbedürfnis zur Erhebung der Nichtigkeits- oder Anfechtungsklage gegen den früheren Beschluß. Ist jedoch ein neuer Beschluß gefaßt, welcher denselben Mangel aufweist wie der alte, dann ist auch der neue Beschluß, selbst wenn er nicht mehr angefochten werden kann, als nichtig zu behandeln, falls der alte Beschluß mit Erfolg angefochten wird (BGH 21, 354).

2. Da bei nichtigem Beschluß, sofern nicht Heilung nach § 242 AktG eingetreten ist, die Rechtslage so zu beurteilen ist, wie wenn ein Beschluß nicht vorläge, sind die Folgen desselben die gleichen, die bei Fehlen des Beschlusses eintreten.

Der in nichtiger Wahl bestellte Aufsichtsrat ist nicht Aufsichtsrat geworden; ein mit seiner Billigung festgestellter Jahresabschluß ist daher nach § 256 Abs. 2 AktG gleichfalls nichtig. In bezug auf den von ihm bestellten Vorstand greifen jedoch § 121 Abs. 2 Satz 2 AktG und § 15 HGB Platz. Den faktisch als Vorstand Amtierenden obliegen dieselben Verpflichtungen wie dem wirksam bestellten Vorstand (BGH 41, 282; 65, 190).

Aktien, die der Vorstand aufgrund eines nichtigen Beschlusses über genehmigtes Kapital ausgibt, sind nichtig, da die verbrieften Mitgliedschaftsrechte nicht existieren und auch aus wertpapierrechtlichen Grundsätzen nicht wirksam werden können (s. o. § 12 II 1 a).

3. Die Frage, welche **Wirkung** die Nichtigkeitserklärung eines Beschlusses hat und welche **Folgerungen** sich aus der Anfechtung eines HV-Beschlusses für jene Maßnahmen und Rechtsakte ergeben, welche auf dem Beschluß beruhen, ist umstritten[1].

Nach § 248 AktG wirkt das den Beschluß für nichtig erklärende Urteil für und gegen alle Aktionäre sowie gegen die Mitglieder des Vorstands und Aufsichtsrats. Über die Wirkung gegenüber Dritten und über den Zeitpunkt, von dem an der Beschluß nichtig ist, sagt das Gesetzt nichts.

Es entspricht dem Sinn der Anfechtung, daß sie zur Nichtigkeit von Anfang an führt, daß also der zunächst rechtswirksam gewordene Beschluß mit rückwirkender Kraft vernichtet wird.

Hinsichtlich der Wirkungen der Anfechtung auf jene weitere Maßnahmen oder Rechtsakte, welche auf dem angefochtenen Beschluß beruhen, gilt folgendes (s. RG 146, 394):

Der angefochtene Beschluß ist von Anfang an nichtig. Es ist jedoch der Interessenbereich zu ermitteln, zu dessen Schutz das Anfechtungsrecht dienen soll. Hieraus ergibt sich, daß mit Anfechtung des auf Feststellung des Jahresabschlusses gerichteten HV-Beschlusses auch der auf diesen Beschluß bezugnehmende Gewinnverwendungsbeschluß gegenstandslos wird (§ 253), und mit Anfechtung des Gewinnverwendungsbeschlusses der Anspruch auf Dividende entfällt, wobei § 62 AktG zu beachten ist.

---

[1] Vgl. *A. Hueck*, a.a.O., S. 196ff.; *Schilling*, GroßKomm. § 248 Anm. 3ff.; *Godin-Wilhelmi*, § 248 Anm. 3; *Baumbach-Hueck*, § 248 Rn. 4 bis 6.

Da Unternehmensverträge nur mit Zustimmung des HV wirksam werden (§ 293), zum Schutze der Aktionäre also sogar die Vertretungsmacht des Vorstands beschränkt wird, ist die Zustimmung essentielle Voraussetzung für die rechtliche Wirksamkeit derselben. Mit Anfechtung des Zustimmungsbeschlusses entfällt daher rückwirkend auch der hierauf beruhende Vertrag[2].

Dagegen wird durch Anfechtung des nach § 221 AktG zur Ausgabe von Wandelanleihen erforderlichen Zustimmungsbeschlusses die Gültigkeit der Emission nicht berührt, da dieser Beschluß nur eine interne Bindung des Vorstands bewirkt (s.o. § 25 IV 2).

Aus der Vorschrift des § 121 Abs. 2 AktG ist andererseits als allgemeiner Grundsatz zu entnehmen, daß der vom Aufsichtsrat bestellte Vorstand, selbst wenn die Wahl des Aufsichtsrats nachträglich angefochten wird, gleichwohl rechtsgültig bestellt worden ist und bleibt. Die Anfechtung der Wahl des Aufsichtsrats soll (im Gegensatz zur Nichtigkeit der Wahl) nicht als Mittel dazu dienen, auch die Bestellung des Vorstands mit rückwirkender Kraft zu Fall zu bringen.

Über die Anfechtung eines Kapitalerhöhungsbeschlusses s.u. § 35 VI.

§ 31 Die aktienrechtliche Haftungsklausel

I. Der Tatbestand

1. Wer vorsätzlich unter Benutzung seines Einflusses auf die Gesellschaft ein Mitglied des Vorstands oder Aufsichtsrats, einen Prokuristen oder Handlungsbevollmächtigten dazu bestimmt, zum Schaden der Gesellschaft oder ihrer Aktionäre zu handeln, ist der Gesellschaft zum Ersatz des ihr daraus entstehenden Schadens verpflichtet, § 117 Abs. 1 AktG. Diese Haftung ist als aktienrechtliche Ergänzung des § 826 BGB deliktischer Natur.

a) Täter kann nach dieser Vorschrift ein Dritter, eine Gewerkschaft, ein Aktionär, aber auch ein Mitglied des Verwaltungsorgans der Gesellschaft sein. Vorausgesetzt ist, daß er auf die Gesellschaft aufgrund seiner Position z.B. als Großaktionär, als Kreditgeber oder durch Vertretung im Aufsichtsrat einen Einfluß auszuüben in der Lage ist.

b) Täter muß **vorsätzlich** handeln. Er muß sich dessen bewußt sein, aufgrund seines Einflusses die betreffende Person zu Maßnahmen oder Unterlassungen zu veranlassen, welche die Gesellschaft oder ihre Aktionäre schädigen, wobei der Begriff Schaden jede Vermögenseinbuße, also auch die auf einer Aufwendung der Gesellschaft beruhende, umfaßt.

---

2 Anders die Vorauflage.

Ein dolus eventualis reicht hierbei nicht aus. Wird z.B. die Geschäftsführung einer Familiengesellschaft vom Senior der Familie als Vorsitzer des Aufsichtsrats bestimmt, so würde, falls dieser die Vornahme eines risikobehafteten Geschäfts veranlaßt, ein dabei einkalkulierter Fehlschlag schon dolus eventualis sein. Damit würde diese Vorschrift zugleich zur Sanktion bei Nichteinhaltung des gesetzlichen Zuständigkeitsschemas werden, was nicht ihrem Sinn entspricht.

c) Problematisch aber ist die Frage, ob tatbestandsmäßiges Handeln per se schon eine Ersatzpflicht begründet.

Folgende Beispiele mögen das Problem ersichtlich machen. Eine Bank, die das neue Kapital gezeichnet hat, veranlaßt die Gesellschaft zur Zurücknahme der auf dem Markt nicht absetzbaren Aktien gegen Erstattung der Einlage. Ein dem Aufsichtsrat angehörender Erfinder veranlaßt den Verstand zur Durchführung einer kostspieligen Versuchsreihe, die jedoch zu keinem wirtschaftlichen Erfolg führt. Die öffentliche Hand als Aktionärin veranlaßt den Vorstand zur Weiterführung eines unrentablen Betriebs zwecks Erhaltung der Arbeitsplätze. Eine Gewerkschaft veranlaßt Erhöhung der sozialen Aufwendungen.

Diese Beispiele lassen ersehen, daß der Einflußnehmer nach § 117 AktG nur dann ersatzpflichtig werden kann, wenn auch das Handeln des **Beeinflußten** pflichtwidrig ist. So begründet Veranlassung des Vorstands zu einem für die Gesellschaft nachteiligen Verhalten nur dann Ersatzpflicht des Einflußnehmers, wenn auch die Handlung des Vorstands selbst rechtswidrig ist, etwa weil sie gegen das Verbot der Einlagerückgewähr verstößt oder mit den Regeln sorgfältiger Geschäftsführung nicht vereinbar oder mit gesetzlichen Vorschriften unverträglich ist. Wer jedoch den Vorstand zu einer Aufwendung veranlaßt, die mit der Sorgfaltspflicht desselben vereinbar ist (s.o. § 25 VI), kann nicht nach § 117 AktG ersatzpflichtig werden.

2. Die Ersatzpflicht entsteht nicht, wenn der schädigende Einfluß ausgeübt wird mittels des Stimmrechts in der HV, § 117 Abs. 7 AktG.

Ausnutzung des Einflusses auf die Gesellschaft liegt besonders nahe beim **Großaktionär**.

Ist der Großaktionär eine Privatperson, dann kommt bei Ausübung seines Einflusses außerhalb der HV § 117 AktG zur Anwendung. Wenn der Aktionär mittels seines Stimmrechts in der HV sich oder einem anderen auf Kosten der Gesellschaft oder ihrer Aktionäre einen Sondervorteil verschafft, greift nach § 117 Abs. 7 AktG nicht Ersatzpflicht, wohl aber Anfechtbarkeit des HV-Beschlußes gemäß § 243 Abs. 2 AktG Platz, s.o. § 30 III.

Ist jedoch ein Unternehmen als herrschender Großaktionär beteiligt, welches keinen Beherrschungsvertrag geschlossen hat, so greifen die §§ 311, 317 und ergänzend § 117 AktG Platz, s.u. § 72.

3. Eine Sonderfrage ist, ob auch der **Einmann-Aktionär** (als Privatperson) aus § 117 Abs. 1 AktG ersatzpflichtig werden kann, wobei hier die Bedeutung der Ersatzpflicht darin besteht, daß nach Abs. 5 der Ersatzanspruch der Gesellschaft auch von Gesellschaftsgläubigern erhoben werden kann. Die Frage ist zu bejahen. Die Ersatzpflicht entspringt daraus, daß der Einmann-Aktionär durch seine Einflußnahme auf

die Unternehmensleitung die Gesellschaft, also deren Vermögen schädigt, den Gläubigern aber nur das Vermögen der juristischen Person haftet, die auch gegenüber dem Einmann-Aktionär ein getrenntes Rechtssubjekt bleibt; s. dazu BGH, NJW 1956, 785 und u. § 69 VII.

II. Die Ersatzpflicht

1. Ersatzpflichtig ist nach § 117 Abs. 1 AktG der seinen Einfluß Ausübende. Neben ihm haften als Gesamtschuldner auch die Mitglieder des Vorstandes und Aufsichtsrates der Gesellschaft, wenn sie unter Verletzung ihrer **Pflichten** gehandelt haben. Das ist schon dann der Fall, wenn sie fahrlässigerweise die Schädlichkeit der Maßnahme nicht erkannt haben. Ihre Haftung gegenüber der Gesellschaft entfällt jedoch, wenn die Handlung auf einem gesetzmäßigen HV-Beschluß beruht, in welchem Falle auch der Einflußnehmende selbst nicht haftet (§§ 93 Abs. 4, 117 Abs. 7 Nr. 2 AktG), es sei denn, daß die von der HV gebilligte Maßnahme eine ungesetzliche ist.

2. Die Ersatzpflicht der Beteiligten besteht gegenüber der Gesellschaft. Der der Gesellschaft zustehende Ersatzanspruch kann aber auch von den Gesellschaftsgläubigern auf Leistung in das Gesellschaftsvermögen geltend gemacht werden, soweit sie von der Gesellschaft keine Befriedigung erlangen, § 117 Abs. 5 AktG. Möglich ist, daß Aktionäre auch einen vom Schaden der Gesellschaft unabhängigen persönlichen Schaden erlitten haben. In diesem Falle steht ihnen auch insoweit ein persönlicher Ersatzanspruch zu, § 117 Abs. 2 AktG.

Die Möglichkeit der Aufhebung der Ersatzpflicht gegenüber der Gesellschaft ist analog dem § 93 Abs. 4 Satz 3 und 4 AktG. beschränkt. Der Ersatzanspruch der Gesellschaftsgläubiger wird durch einen von der Gesellschaft vereinbarten Verzicht oder Vergleich über ihren Ersatzanspruch nicht berührt, § 117 Abs. 5 AktG.

§ 32 Rechnungslegung und Gewinnverwendung

I. Der gegenwärtige Stand der Rechtsentwicklung

1. a) Die legislatorischen Bemühungen um eine sowohl den Gläubigern als auch den Aktionären gerecht werdende Rechnungslegung der Gesellschaft haben im AktG 1965, neben welchem die allgemeinen Vorschriften der §§ 38 ff. HGB ergänzend zur Anwendung kommen, einen vorläufigen Abschluß gefunden.

Das frühere Recht hatte lediglich den Interessen der Gläubiger entsprochen, indem es darauf ausgerichtet war, durch das Verbot von Überbewertungen und von Ausschüttung noch nicht realisierter Gewinne ein Rückfließen von Kapital an die Aktio-

§ 32 *Rechnungslegung und Gewinnverwendung*

näre zu verhindern. Es war indessen wegen der allgemein anerkannten Zulässigkeit beliebiger Unterbewertung von Aktiven und der Bildung stiller Reserven nicht geeignet, den Aktionären einen zuverlässigen Einblick in die Vermögens- und Ertragslage der Gesellschaft zu vermitteln.

Das AktG 1965 hat hier einen Wandel gebracht. Durch Übergang zu dem Bewertungssystem, dessen Grundzug die planmäßige Bewertung und die Ausschaltung willkürlicher stiller Reserven bildet, wurde die Rechnungslegung zur **Rechenschaftslegung** der Verwaltung gegenüber den Aktionären[1]. Durch Ges. v. 15. 8. 1969 (sog. Publizitätsgesetz) ist diese Regelung auch für Großunternehmen beliebiger Rechtsform maßgebend geworden.

b) Bei Vollzug der der Europäischen Wirtschaftsgemeinschaft durch Art. 54.3.g EWGV vorgeschriebenen Rechtsangleichung bildete die Harmonisierung der Rechnungslegung in den Rechten der Mitgliedstaaten eine der wichtigsten Aufgaben. Hierbei haben die Vorschriften des AktG weitgehend als Grundlage gedient. Am 25. 7. 1978 verabschiedete der Rat der EG die „Vierte Richtlinie über den Jahresabschluß von Gesellschaften bestimmter Rechtsformen"[2]. Gemäß Art. 35 RL sind die Mitgliedstaaten verpflichtet, die erforderlichen Rechts- und Verwaltungsvorschriften zu erlassen, um dieser Richtlinie innerhalb von zwei Jahren nach ihrer Bekanntgabe nachzukommen[3]. Am 5. 2. 1980 legte das BJM einen Vorentwurf eines Gesetzes zur Durchführung der Vierten Richtlinie vor. In der Erwägung, daß die im AktG enthaltenen Grundsätze der Rechnungslegung wegen ihrer Unabhängigkeit von Rechtsform und Größe des Unternehmens schon bisher weitgehend als allgemeine Grundsätze ordnungsmäßiger Buchführung im Sinne des § 38 Abs. 1 HGB anerkannt und deshalb auch von Unternehmen anderer Rechtsform angewendet worden sind, — eine Entwicklung, zu welcher die Finanzbehörden wesentlich beigetragen haben —, sollen nach diesem Vorentwurf die rechtsform-unabhängigen, also allgemein gültigen Regeln über den Jahresabschluß und den Lagebericht künftig in das HGB übernommen und im AktG nur jene Besonderheiten geregelt werden, welche durch die Rechtsform dieser Gesellschaft bedingt sind.

Die hier folgende Darstellung, welche sich auf eine Skizzierung der wesentlichen Grundsätze beschränken muß, geht von der geltenden Regelung des AktG aus, berücksichtigt aber die wesentlichen Änderungen, welche sich aus der Richtlinie ergeben, wobei es ohne Belang ist, in welchem Gesetz die künftige Regelung erfolgen wird.

c) Ein bestimmtes Buchführungssystem ist nicht vorgeschrieben. Verlangt wird nur die Anlage eines Buchwerkes, welches einen Überblick über die Geschäftsvorfälle und über die Vermögenslage des Unternehmens vermittelt und die Durchführung

---

1 *S. Gessler*, Der Bedeutungswandel der Rechnungslegung im Aktienrecht, in „75 Jahre Deutsche Treuhandgesellschaft 1890–1965, hrsg. v. Muthesius S. 154 ff.
2 Amtsblatt der EG L 222/11 v. 14. 8. 1978.
3 Vgl. zur Transformation der Vierten Richtlinie ins deutsche Recht insbes. die Stellungnahme des Instituts der Wirtschaftsprüfer in Deutschland, DB 1979, 1237 ff., 1296 ff.; die Stellungnahme des deutschen Industrie- und Handelstags und von Wirtschaftsverbänden, DB 1979, 1093 ff. Die Stellungnahme der Bundessteuerberaterkammer DB 1979, 1146 ff.

der gesetzlichen Gliederung der Bilanz und der GV-Rechnung ermöglicht. Dieses obliegt nach § 91 AktG dem Vorstand.

2. Nach § 148 AktG umfaßt der Jahresabschluß die Jahresbilanz und die Gewinn- und Verlustrechnung, erläutert durch den Geschäftsbericht. Auch nach Art. 2 RL besteht der Jahresabschluß aus der Bilanz, der GV-Rechnung und dem „Anhang zum Jahresabschluß" (im Vorentwurf „Bericht" genannt), welche eine Einheit bilden. Daneben besteht der Lagebericht.

Die Bilanz stellte einen Querschnitt dar, der die von Tag zu Tag sich ändernde Vermögenslage der Gesellschaft für den Bilanzstichtag ausweist. Die Bilanz macht ersichtlich, welche Vermögensgegenstände (Aktiven und Passiven) an dem jeweiligen Stichtag vorhanden sind, wobei ein Vergleich der einzelnen Posten mit denen des Vorjahres die Veränderung der Vermögenszusammensetzung ersehen läßt und die Feststellung ermöglicht, bei welchen Posten der Aktiven oder Passiven die Vermögensvermehrung oder -verminderung sich auswirkt.

Zur Feststellung der Quellen, aus denen der Gewinn oder Verlust entsprungen ist, sind die während des Geschäftsjahres erfolgten Vermögensveränderungen ohne Rücksicht auf die Konten, welche sie im einzelnen betreffen, in Aufwendungen und Erträgen zusammenzufassen und lediglich nach ihrer Zweckbestimmung (z. B. Aufwendungen für Löhne, Steuern, Mieten, Zinsen usw.; Erträge aus Umsatz, Beteiligungen, Auflösung von Reserven usw.) zu zerlegen. Das geschieht in der Gewinn- und Verlustrechnung, welche mithin die periodische Gesamtabrechnung aller Aufwendungen und Erträge darstellt, wobei die Abrechnungsperioden durch die Bilanz jeweils getrennt werden.

Das **Inventar** unterscheidet sich von der Bilanz dadurch, daß es die einzelnen Vermögensgegenstände (z. B. das Warenlager) nur mengenmäßig aufführt, welche alsdann in der Bilanz gruppenmäßig und mit ihrem Werte eingesetzt werden.

II. Die Jahresbilanz[1]

A. Allgemeine Grundsätze

1. Der oberste Grundsatz, der sowohl für die Jahresbilanz wie für die GV-Rechnung gilt, ist in § 149 AktG enthalten. Der Jahresabschluß hat den Grundsätzen ordnungsmäßiger Buchführung zu entsprechen. Er ist klar und übersichtlich aufzustellen und muß im Rahmen der Bewertungsvorschriften einen möglichst sicheren Einblick in die Vermögens- und Ertragslage der Gesellschaft geben. Nach Art. 2.3 RL hat der Jahresabschluß „ein den tatsächlichen Verhältnissen entsprechendes Bild der Vermögens-, Finanz- und Ertragslage der Gesellschaft zu vermitteln".

---

[1] *Adler-Düring-Schmaltz*, Rechnungslegung und Prüfung der Aktiengesellschaft, Bd. I, bearb. v. *Schmaltz-Forster-Goerdeler-Havermann* (4. Aufl. 1968); *Mellerowicz*, Großkomm. Bd. II (§§ 148–178 AktG); *Kropff in Gessler* Komm. (§§ 148–178 AktG); *Knobbe-Keuk*, Bilanz- und Unternehemenssteuerrecht (2. Aufl. 1979).

a) Dem Erfordernis der **Bilanzklarheit** wird durch die gesetzliche Gliederungsvorschrift (§ 151 AktG) sowie durch die für einzelne Unternehmensarten vorgesehenen Formblätter Rechnung getragen, § 161 AktG mit § 17 EG AktG. Ihnen muß die Bilanz mindestens entsprechen, und es ist eine gleichwertige Aufteilung geboten, wenn die Art des Unternehmens eine abweichende Gliederung verlangt, § 151 Abs. 1 AktG. Entsprechendes ist in Art. 1.2, Art. 2.5, Art. 4 u. 7 RL vorgeschrieben.

b) Der Grundsatz der **Bilanzwahrheit** gebietet einerseits formelle Richtigkeit der Bilanz, andererseits eine dem Gesetz entsprechende Bewertung. Ihm wird entsprochen durch Beachtung der gesetzlichen Vorschriften und der sie ergänzenden Grundsätze ordnungsmäßiger Buchführung.

Verboten ist insbesondere die Aufnahme fiktiver Posten oder die Einstellung von Rücklagen, Wertberichtigungen und Rückstellungen als Verbindlichkeiten, § 152 Abs. 8 AktG; umgekehrt sind die Posten unter richtiger Bezeichnung aufzunehmen; vgl. § 151 Abs. 3 AktG (dazu BGH 44, 35). Unzulässig ist eine Verrechnung zwischen Aktiv-und Passivposten oder zwischen Aufwendungen und Erträgen. Weiter folgt aus dem genannten Grundsatz das Gebot der Vollständigkeit der Bilanz, wonach sämtliche Gegenstände und Schulden zu berücksichtigen sind (§ 40 Abs. 2 HGB).

c) Der Grundsatz der **Einheitlichkeit** der Bilanz besagt, daß die aufzustellende Bilanz das gesamte Vermögen der AG zu umfassen hat. Mag auch praktisch die Aufstellung einer Bilanz für einzelne Zweiggeschäfte (Filialen) unentbehrlich sein, so hat das doch nur interne Bedeutung.

2. a) Der Grundsatz der **Stetigkeit** besagt, daß die Form der Darstellung, insbesondere die Gliederung in den aufeinanderfolgenden Bilanzen und GV-Rechnungen beizubehalten ist, soweit nicht besondere Umstände Abweichungen gebieten, welche alsdann im Bericht zu erläutern sind.

b) Der Grundsatz der **Bilanzkontinuität** besagt in **formeller** Hinsicht, daß die in der Schlußbilanz des Jahres aufgeführten Vermögenswerte auf die Konten des neuen Jahres zu übertragen sind (Art. 31.1.f. RL) und die Eröffnungsbilanz eines Geschäftsjahres mit der Schlußbilanz des vorhergehenden Jahres übereinstimmt.

Unter **materieller** Bilanzkontinuität wird die Stetigkeit des Bewertungsmaßstabes verstanden, wonach von Jahr zu Jahr die Abschreibungs- und die Bewertungsmethoden die gleichen sein sollen. Eine durch die Umstände gebotene oder gerechtfertigte Änderung der Bewertungs- und Abschreibungsmethoden ist möglich, muß aber im Geschäftsbericht gemäß § 160 Abs. 2 Satz 4 AktG erläutert werden; ebenso Art. 31.1.b und Art. 31.2 RL.

3. Unrichtige Darstellung des Vermögensstandes der Gesellschaft ist strafbar, § 400 Nr. 1 AktG.

B. Das gesetzliche Bilanzschema

1. a) In § 151 AktG ist ein Bilanzschema aufgestellt, welches grundsätzlich der Bilanz zugrunde zu legen ist, soweit der Geschäftszweig nicht eine abweichende Glie-

derung bedingt, die alsdann in ihrer Aufgliederung gleichwertig sein muß; vgl. dazu §§ 17, 36, 37 EG AktG.

b) Nach Art. 8 bis 10 RL wird die Bilanz in Kontoform und Staffelform zugelassen. Der Vorentwurf hält an der Kontoform fest. Es wird jedoch von der Möglichkeit Gebrauch gemacht werden, für kleinere Gesellschaften vereinfachte Darstellungen zuzulassen (Art. 11, 12, 27, 47.2, 511.2 RL).

c) Als Aktiven sind **alle** bilanzierungsfähigen Vermögenswerte der Gesellschaft aufzunehmen. Nicht aktivierbar ist grundsätzlich der Geschäfts- oder Firmenwert (goodwill); eine Ausnahme enthält § 153 Abs. 5 AktG. Nicht aktivierbar sind ferner Aufwendungen für Gründung oder Kapitalbeschaffung (Gegensatz: Kosten der Betriebseinrichtung), § 153 Abs. 4 AktG. Immaterielle Anlagewerte dürfen nach § 153 Abs. 3 AktG nur im Falle entgeltlichen Erwerbs aktiviert werden. So auch der Vorentwurf, obgleich die Art. 34 u. 37 RL außer Aktivierung von Aufwendungen für Unternehmenserweiterung, auch eine Aktivierung des Geschäfts- oder Firmenwertes und der Forschungs- und Entwicklungskosten gegen Abschreibung binnen fünf Jahren gestatten.

2. Das gesetzliche Schema unterscheidet Anlage- und Umlaufvermögen, was für die Bewertung von Bedeutung ist.

Anlagevermögen sind jene Gegenstände, die am Bilanzstichtag dem Geschäftsbetrieb der Gesellschaft dauernd zu dienen bestimmt sind, also weder der Veräußerung noch der Bearbeitung oder Verarbeitung unterliegen, § 152 Abs. 1 AktG. Gegenstände des **Umlaufvermögens** sind alle übrigen Werte.

Zu den Bilanzposten Beteiligung, Wertberichtigung, Rückstellungen, Rechnungsabgrenzung enthalten die §§ 151, 152 AktG Erläuterungen; ihnen entsprechen mit einigen Modalitäten die Art. 13 bis 25, 41 u. 42 RL.

Eigene Aktien der Gesellschaft, bisher zum Umlaufvermögen gehörend, werden nach Art. 9 Aktiva C III 7 und Art. 13.2 RL den Finanzanlagen zugerechnet. Eine Aktivierung dieser Aktien ist stets durch eine Sonderrücklage gemäß § 150a AktG zu neutralisieren. Ebenfalls zu neutralisieren sind nach § 150a Abs. 2 AktG Aktivierungen von Aktien der Gesellschaft, welche einer von ihr abhängigen oder in ihrem Mehrheitsbesitz stehenden Gesellschaft gehören, s. o. § 14 I 2.

3. Bei dem Anlagevermögen sind außer den auf die einzelnen Posten entfallenden Zu- und Abgängen auch die Zuschreibungen und die für das Geschäftsjahr gemachten Abschreibungen sowie die Umbuchungen gesondert aufzuführen; s. dazu auch Art. 15.3.a u. b RL.

4. Eventualverpflichtungen aus der Begebung und Übertragung von Wechseln, aus Bürgschaft, Wechsel- oder Scheckbürgschaften sowie aus Gewährleistungstatbeständen und Bestellung von Sicherheiten für fremde Verbindlichkeiten sind stets in voller Höhe zu vermerken, § 151 Abs. 5 AktG; s. dazu Art. 14 RL.

Nicht zu berücksichtigen in der Jahresbilanz sind jene Verpflichtungen, die **aus** dem Bilanzgewinn zu erfüllen sind, nämlich Gewinnansprüche von Genußberechtigten aus Gewinnanteilscheinen oder Ansprüche auf Gewinnnachzahlung auf Vorzugsak-

§ 32 *Rechnungslegung und Gewinnverwendung*

tien ohne Stimmrecht (§§ 139 ff. AktG), da diese Ansprüche erst mit dem Gewinnausweis in der Jahresbilanz existent werden und nur die Verteilung des ausgewiesenen Gewinns betreffen.

a) Abschreibungen, Wertberichtigungen, Rückstellungen und Einstellungen in Sonderposten mit Rücklageanteil (§ 152 Abs. 5 AktG) sind bereits bei Aufstellung der Jahresbilanz vorzunehmen; ebenso Entnahmen aus offenen Rücklagen.

b) **Einstellungen** in offene Rücklagen sind bei Aufstellung der Bilanz vorzunehmen, soweit die Einstellung durch Gesetz (z. B. §§ 150, 232 AktG) oder durch die Satzung (vgl. § 58 Abs. 1 AktG) vorgeschrieben ist oder soweit nach § 58 Abs. 2 der Vorstand zur Rücklagenbildung befugt ist (s. o. § 8 II). Weitere Einstellungen sind unzulässig; ein Verstoß hiergegen bewirkt Nichtigkeit des festgestellten Abschlusses, § 256 Abs. 1 Nr. 4 AktG.

5. Der Überfluß der Aktivposten über die Passivposten ist der **Bilanzgewinn**; der Überschuß der Passivposten über die Aktivposten ist der **Bilanzverlust**, § 151 Abs. 4 Satz 3 AktG. Das äußere Bild der Bilanz wird jedoch durch die RL verändert werden. Künftig wird ein Bilanzverlust nicht mehr auf der Aktivseite ausgewiesen, sondern ebenso wie ein Bilanzgewinn auf der Passivseite in die Gruppe „Eigenkapital" einbezogen und dort offen verrechnet werden. Gleiches gilt für einen Ergebnisvortrag.

Zu unterscheiden davon ist der **Jahresüberschuß** bzw. **Jahresfehlbetrag**, der in der GV-Rechnung (§ 157) unter Nr. 28 ausgewiesen wird und der das Ergebnis des Geschäftsjahres vor der Verwendung dieses Ergebnisses ersichtlich macht; s. u. C 1 b.

6. Über **Nichtigkeit** des festgestellten Jahresabschlusses wegen Verstoßes gegen die Gliederungsvorschriften und über Heilung derselben s. § 256 Abs. 4 u. 6 AktG.

C. Die Bewertungsgrundsätze

1. In Art. 31 RL wird als allgemeine Bewertungsregel vorgeschrieben, daß grundsätzlich Fortsetzung der Unternehmenstätigkeit zu unterstellen sei, daß nur die am Abschlußstichtag realisierten Gewinne ausgewiesen werden dürfen; daß Wertminderungen unabhängig davon zu berücksichtigen sind, ob das Geschäftsjahr mit Gewinn oder Verlust abschließt; daß Aufwendungen und Erträge für jenes Geschäftsjahr, auf welches der Jahresabschluß sich bezieht, ohne Rücksicht auf den Zeitpunkt ihrer Ausgabe oder Einnahme, anzusetzen sind; ferner, daß alle in der Bilanz ausgewiesenen Wirtschaftsgüter und alle Posten der Passivseite einzeln bewertet werden; daß die Wertansätze in der Eröffnungsbilanz des Geschäftsjahres mit jenen der Schlußbilanz des vorhergehenden Geschäftsjahres übereinstimmen. Abweichungen von diesen Grundsätzen sind, soweit sie nicht auf Gesetz beruhen, nur in Ausnahmefällen zulässig und im Bericht zu begründen unter Darstellung ihres Einflusses auf die Vermögens-, Ertrags- und Ergebnislage der Gesellschaft.

2. a) Für Gegenstände des **Anlagevermögens** sind maßgebend die Anschaffungs- oder Herstellungskosten, vermindert um Abschreibungen bzw. Wertberichtigungen; Zugänge sind mit den Anschaffungs- oder Herstellungskosten aufzuführen, § 153 Abs. 1 AktG, Art. 35.1.a RL.

Anschaffungskosten sind alle Ausgaben und Aufwendungen, welche durch die Beschaffung des Gegenstandes veranlaßt worden sind. Sie umfassen außer dem Preis auch Provisionen, Zölle, Frachten, Steuern usw.; übereinstimmend Art. 35.2 RL.

Die **Herstellungskosten** setzen sich zusammen aus den Lohn- und Materialkosten und einem Anteil an den allgemeinen Unkosten. Als solche dürfen in angemessenem Umfang Abnutzungen und sonstige Wertminderungen sowie angemessene Teile der Betriebs- und Verwaltungskosten eingerechnet werden, nicht dagegen Vertriebskosten, § 153 Abs. 2 AktG; Art. 35.3 spricht von den „mittelbar zurechenbaren Kosten, welche auf den Zeitraum der Herstellung entfallen".

In Art. 33 RL wird es den Mitgliedstaaten der EG gestattet, die Bewertung auf der Grundlage des Wiederbeschaffungswertes oder anderer, der Inflation Rechnung tragender Methoden vorzunehmen, wobei unter den Passiven eine neutralisierende „Neubewertungsrücklage" einzustellen ist. Dieses hat die deutsche Delegation laut Protokollerklärung abgelehnt (vgl. dazu WPg 1975 S. 614ff.) und es wird auch nicht in das deutsche Recht übernommen.

b) Die Abschreibungen bzw. Wertberichtigungen sind in § 154 AktG und Art. 35.1.b RL geregelt. Sie sind planmäßig auf die voraussichtliche technische oder wirtschaftliche Nutzungsdauer zu verteilen. Außerplanmäßige Abschreibungen sind nach § 154 Abs. 1 Nr. 1 AktG u. Art. 35.1.c.bb RL bei voraussichtlich dauernder Wertminderung vorgeschrieben, wobei nach der RL im Gegensatz zu § 154 Abs. 2 letzter Satz der niedrige Wertansatz bei Wegfall der Gründe der Wertberichtigung nicht beibehalten werden darf.

Über außerordentliche Abschreibungen für steuerliche Zwecke s. § 154 Abs. 2 Nr. 2 AktG u. Art. 35.1.d RL.

c) Die Wertansätze des § 153 AktG sind **zwingend**, dürfen also weder überschritten noch unterschritten werden. Ebenso ist auch die Regelung der Abschreibungen in § 154 AktG zwingend. Die Bildung „stiller Rücklagen" durch **willkürliche** Unterbewertung ist damit ausgeschlossen; s. o. A I.

Überbewertung hat nach § 256 Abs. 5 Nr. 1 AktG ohne weiteres **Nichtigkeit** des festgestellten Jahresabschlusses zur Folge, Unterbewertung jedoch nur unter der Voraussetzung der Nr. 2 dieser Vorschrift; die Nichtigkeit ist heilbar gemäß § 256 Abs. 6 AktG.

3. a) Die Gegenstände des **Umlaufvermögens** sind anzusetzen zu den Anschaffungs- oder Herstellungskosten. Ist am Abschlußstichtag der Börsen- oder Marktpreis geringer, so ist dieser maßgebend; bei Fehlen eines solchen Preises der Schätzungswert nach § 40 Abs. 2 HGB, falls er geringer ist als die Anschaffungs- bzw. Herstellungskosten. Unter den in § 155 Abs. 3 AktG genannten Voraussetzungen ist ein niedrigerer Wertansatz gestattet. Damit stimmt im wesentlichen Art. 39 RL überein. Im Gegensatz zu § 155 Abs 4 AktG schreibt jedoch Art. 39 i.d. RL vor, daß der durch den niedrigeren Marktpreis oder Wertschwankungen begründete niedrigere Wertansatz bei Wegfall dieser Gründe nicht beibehalten werden darf.

§ 155 Abs. 1 Satz 3 AktG entspricht der Lifo- bzw. Fifo-Methode; ebenso Art. 40 RL.

b) Über Ansätze von **Passivposten** s. § 156 AktG; übereinstimmend Art. 41 u. 42 RL.

4. Das Gesetz sieht in den §§ 258 bis 261 eine **Sonderprüfung** wegen unzulässiger Unterbewertung vor.

a) Besteht Anlaß für die Annahme, daß in einem festgestellten Jahresabschluß, mag er von der Verwaltung oder von der HV festgestellt sein, **bestimmte** Aktivposten mit einem nicht unwesentlich niedrigeren Wert oder bestimmte Passivposten mit einem nicht unwesentlich höheren Wert angesetzt sind, als es nach den §§ 153 bis 156 AktG zulässig ist, dann ist eine Aktionärminderheit, deren Anteile den zwanzigsten Teil des Grundkapitals oder den Nennbetrag von einer Million DM erreichen, berechtigt, innerhalb eines Monats seit Beschlußfassung der HV über den Jahresabschluß die gerichtliche Bestellung eines Sonderprüfers zu beantragen. Das Gericht hat vor der Bestellung Vorstand, Aufsichtsrat und die Abschlußprüfer zu hören, ist aber zur Bestellung des Sonderprüfers verpflichtet, wenn Anlaß für die Annahme besteht, daß die von den Antragstellern behaupteten Bewertungsmängel bei den benannten Posten vorliegen.

b) Die Sonderprüfer haben die bemängelten Posten darauf zu prüfen, ob sie unrichtig bewertet sind (§ 258 Abs. 1 Satz 2 AktG); über das Ergebnis haben sie schriftlich zu berichten, dabei in der abschließenden Feststellung den richtigen Wertansatz zu benennen und zu erklären, um welchen Betrag sich der Jahresüberschuß bei Ansatz dieser Werte erhöht haben würde. Andernfalls erklären sie, daß die beanstandeten Posten nicht unzulässig unterbewertet sind. Diese abschließende Feststellung hat der Vorstand in den Gesellschaftsblättern bekanntzumachen, § 259 AktG.

Gegen die abschließenden Feststellungen der Sonderprüfer kann das Gericht zur Nachprüfung angerufen werden, § 260 AktG.

c) Ergibt die Prüfung eine unzulässige Unterbewertung, dann muß dieselbe im nächst folgenden Jahresabschluß berichtigt werden, soweit nicht etwa inzwischen veränderte Verhältnisse (Abnutzung, verschlechterte Marktlage etc.) dem entgegenstehen; dieses ist alsdann im Geschäftsbericht zu erläutern, § 261 Abs. 1 u. 2 AktG.

Führt die Berichtigung zu einem Ertrag, so entscheidet die HV über die Verwendung unter Berücksichtigung des § 261 Abs. 3 AktG.

III. Die Gewinn- und Verlustrechnung

1. a) Die Gewinn- und Verlustrechnung läßt bei entsprechender Aufgliederung der Aufwendungen und der Erträge die Quellen des Gewinnes oder Verlustes ersehen. Sie ist daher in besonderem Maße geeignet, einen Einblick in die wirtschaftlichen Verhältnisse der Gesellschaft, insbesondere in die Rentabilität des Unternehmens zu vermitteln.

Die Gliederung der GV-Rechnung kann nach dem Gesamtkostenverfahren oder nach dem Unkostenverfahren erfolgen und beide Gliederungen können in Staffelform oder Kontoform durchgeführt werden. Die in § 157 AktG in Staffelform vorgesehene Gliederung, welche weitgehend übereinstimmt mit den Vorschlägen des Instituts der deutschen Wirtschaftprüfer und des Bundesverbandes des privaten Bankgewerbes, folgt dem Gesamtkostenverfahren. Da nach Art. 22 RL es zulässig ist, in den nationalen Rechten der Mitgliedstaaten der EG mehrere Formen der GV-Rechnung vorzusehen, soll nach dem deutschen Vorentwurf zwecks Erleichterung internationaler Vergleichbarkeit neben dem bisherigen Schema auch eine GV-Rechnung nach dem Unkostenverfahren zur Wahl gestellt werden.

b) Die in § 157 AktG enthaltene Gliederung geht aus von den **Umsatzerlösen** (§ 157 Nr. 1), korrigiert von den beiden folgenden Ergänzungsposten, und stellt ihnen gegenüber die Aufwendungen für Roh-, Hilfs- und Betriebsstoffe sowie für bezogene Waren (Nr. 5), wodurch in Nr. 6 der Rohertrag bzw. Rohaufwand zum Ausweis gelangt.

In Nr. 7 bis 15 sind die anderen Erträge nach ihren Quellen aufgegliedert, während die Nr. 16 bis 27 die Abgänge spezialisieren.

Dieses führt in Nr. 28 zum Ausweis des **Jahresergebnisses** (Jahresüberschuß bzw. Jahresfehlbetrag). Auf diesen Posten nehmen die §§ 58, 151, 300–302 AktG Bezug. Zur Übereinstimmung des Jahresergebnisses mit dem Bilanzgewinn bzw. Bilanzverlust führt die nachfolgende Einstellung der in Nr. 29–31 genannten Posten, welche jene Ergebnisverwendungen ersichtlich machen, die schon bei Aufstellung der Bilanz erfolgt sind.

Nach der RL ist die Ableitung des Bilanzgewinns aus dem Jahresergebnis in der GV-Rechnung nicht erforderlich; sie kann im Bericht oder in einer besonderen Darstellung der Gewinnverwendung geschehen. Da Ergebnisverwendungen auch künftig schon bei Aufstellung der Bilanz erfolgen werden (s. o. § 8 II), empfiehlt es sich, diese Ergebnisverwendungen auch weiterhin in der GV-Rechnung selbst ersichtlich zu machen.

2. In § 157 Abs. 4 AktG sind für kleine Gesellschaften und Familiengesellschaften, deren Aktien sich nicht auf dem Markt befinden, gewisse Befreiungen vorgesehen; auch Art. 27 RL gestattet für kleine Gesellschaften Vereinfachungen durch Zusammenfassung bestimmter Rechnungsposten.

3. Über Nichtigkeit des festgestellten Jahresabschlusses wegen Verstoßes gegen die Vorschriften über die Gliederung der GV-Rechnung und über Heilung derselben s. § 256 Abs. 4 Nr. 2 und Abs. 6 AktG.

IV. Der Geschäftsbericht

Der vom Vorstand zu erstattende Geschäftsbericht (§ 148) ist notwendiger Bestandteil der Rechnungslegung. Er gibt Rechenschaft gegenüber den Aktionären, der Belegschaft (Sozialbericht) und mittels der Registerpublizität (§ 177 Abs. 1) auch gegenüber der Öffentlichkeit. Im besonderen dient der Geschäftsbericht der Information der Aktionäre, weshalb er von der Einberufung der ordentlichen HV ab zu ihrer Einsichtnahme auszulegen, auf Verlangen jedem Aktionär abschriftlich mitzuteilen und in der HV vom Vorstand zu erläutern ist (§§ 175 Abs. 2, 176 Abs. 1 AktG).

Der Geschäftsbericht besteht aus zwei Teilen, dem Lagebericht (§ 160 Abs. 1), der den Geschäftsverlauf und die Lage der Gesellschaft darstellt und in welchem, vielfach als gesonderter Sozialbericht zusammengefaßt, auch die Belegschaftsfragen erörtert werden; und dem Erläuterungsbericht, welcher den Jahresabschluß erklärt (§ 160 Abs. 2); hinzu kommen die nach § 160 Abs. 3 AktG erforderlichen Einzelangaben. Der Geschäftsbericht muß den Grundsätzen gewissenhafter und getreuer Rechenschaft entsprechen (§ 160 Abs. 4), also nach bestem Wissen wahr, vollständig, klar und deutlich sein.

Auch der Geschäftsbericht kann auf Antrag einer Aktionärminderheit einer **Sonderprüfung** unterworfen werden, wenn Anlaß für die Annahme besteht, daß er die Angaben nach § 160 Abs. 2 u. 3 AktG nicht oder nicht vollständig enthält und der Vorstand in der HV die fehlenden Angaben, obwohl nach ihnen befragt, nicht gemacht hat, und wenn daraufhin die Aufnahme der Frage in die Verhandlungsniederschrift (§ 130) verlangt worden ist, § 258 Abs. 1 Nr. 2 AktG. Über den Gegenstand der Prüfung, den Prüfungsbericht und die abschließenden Feststellungen s. §§ 258 Abs. 1 Satz 3, 259 Abs. 4 AktG. Eine gerichtliche Entscheidung über die abschließenden Feststellungen der Sonderprüfer ist hier nicht vorgesehen, § 260 AktG.

Die RL trennt die beiden Teile des Geschäftsberichts. Der „Anhang zum Jahresabschluß" (Art. 2.1, Art. 43—45 RL) entspricht dem bisherigen Erläuterungsbericht, der „Lagebericht" (Art. 46 RL) entspricht dem § 160 Abs. 1 AktG, soll aber auch Angaben über die voraussichtliche Entwicklung der Gesellschaft über den Bereich Forschung und Entwicklung, und insbesondere jene Angaben über den Erwerb eigener Aktien enthalten, welche nach § 71 Abs. 3 AktG vorgeschrieben sind.

V. Die Prüfung des Jahresabschlusses

1. a) Der Jahresabschluß ist unter Einbeziehung der Buchführung und des Geschäftsberichts durch einen oder mehrere Abschlußprüfer zu prüfen. Diese Prüfung, nicht aber die Bestätigung, ist eine notwendige Voraussetzung für die Feststellung des Jahresabschlusses, § 162 AktG. Ein ohne Prüfung festgestellter Jahresabschluß ist nach § 256 Abs. 1 Nr. 2 AktG unheilbar richtig.

Über Aufgaben und Pflichten der Abschlußprüfer s. BGH 16, 17.

b) Zur sachgemäßen Prüfung steht den Abschlußprüfern in Ergänzung ihrer die Bücher, Schriften und Vermögensgegenstände der Gesellschaft betreffenden Prüfung ein weitgehendes Auskunftsrecht zu, § 165 AktG.

c) Die Bestellung der Abschlußprüfer erfolgt durch die HV, § 163 AktG. In § 164 AktG ist der Kreis der wegen ihrer Beziehungen zur Gesellschaft inhabilen Abschlußprüfer umschrieben. Bei Mitwirkung eines solchen ist der Jahresabschluß nichtig, § 256 Abs. 1 AktG.

Die **Berufsordnung** der Wirtschaftsprüfer ist enthalten in der Wirtschaftsprüferordnung (WPO) vom 5. 11. 1975 (BGBl. I 2803). Sie regelt die Voraussetzungen für die Berufsausübung der Wirtschaftsprüfer und der Zulassung der Wirtschaftsprüfungsgesellschaften, ferner die Rechte und Pflichten derselben, die berufsständische Organisation und die Berufsgerichtsbarkeit. Auf ihr beruhen die von der Wirtschaftsprüferkammer festgestellten „Richtlinien für die Berufsausübung der Wirtschaftsprüfer und vereidigten Buchprüfer" v. 11. 12. 1977, nach welchen der Wirtschaftsprüfer seine Tätigkeit zu versagen hat, wenn seine Unabhängigkeit gefährdet ist oder er sich befangen fühlt, und dieses gilt auch dann, wenn seiner Bestellung zum Abschlußprüfer gesetzliche Bestimmungen nicht entgegenstehen. Verletzung dieses über die gesetzlichen Vorschriften hinausreichenden Gebotes werden standesrechtlich geahndet.

d) Über Prüfungsbericht und Bestätigungsvermerk s. §§ 166, 167 AktG; über Verantwortlichkeit der Abschlußprüfer s. § 168 AktG.

2. a) Nach Eingang des Prüfungsberichts der Abschlußprüfer hat der Vorstand den Jahresabschluß, den Geschäftsbericht und den Prüfungsbericht dem Aufsichtsrat vorzulegen und zugleich damit den Vorschlag für die Verwendung des Bilanzgewinns. Es findet alsdann eine Prüfung durch den Aufsichtsrat statt, §§ 170, 171 Abs. 1 AktG. Der Aufsichtsrat muß hier notwendig als Gesamtgremium tätig sein; vgl. § 107 Abs. 3 AktG.

b) Der Aufsichtsrat hat über das Ergebnis seiner Prüfung schriftlich an die HV zu berichten und diesen Bericht innerhalb eines Monats nach Zugang der Unterlagen dem Vorstand zuzuleiten, § 171 Abs. 2 und 3 AktG. Werden in diesem Stadium vom Vorstand noch Änderungen des Jahresabschlusses vorgenommen, so ist eine erneute Prüfung durch die Abschlußprüfer erforderlich.

VI. Die Feststellung des Jahresabschlusses

1. a) Wenn der Aufsichtsrat den ihm vom Vorstand zur Prüfung zugeleiteten Jahresabschluß billigt, dann ist dieser festgestellt, sofern nicht Vorstand und Aufsichtsrat beschließen, die Feststellung desselben der HV zu überlassen, § 172 AktG.

Die Feststellung kann nicht ohne Prüfung des Jahresabschlusses durch Abschlußprüfer (§§ 162 Abs. 1, 256 Abs. 1 Nr. 2), wohl aber trotz erfolgter Beanstandung seitens der Abschlußprüfer oder trotz Verweigerung des Bestätigungsvermerkes erfolgen, da Vorstand und Aufsichtsrat hierbei auf eigene Verantwortung handeln. Andererseits begründet der Bestätigungsvermerk die Vermutung für die Ordnungsmäßigkeit des Abschlusses.

b) An den vom Vorstand und Aufsichtsrat festgestellten Jahresabschluß sind die Aktionäre **gebunden**. Die HV ist daher nicht mehr in der Lage, die vom Vorstand vorgenommenen Abschreibungen oder Rücklagen (s.o. § 8 II) zu beseitigen oder deren Änderung zu beantragen oder einen anderen Gewinn als den im Jahresabschluß ausgewiesenen zu verteilen. Auch Vorstand und Aufsichtsrat können den einmal festgestellten Jahresabschluß nachträglich nicht mehr willkürlich ändern (BGH 23, 150).

Wohl aber können Aktionäre, deren Anteile den zwanzigsten Teil des Grundkapitals oder eine Million DM erreichen, eine **Sonderprüfung** wegen unzulässiger Unterbewertung nach § 258 AktG veranlassen mit dem Ziele, dadurch frei werdende Erträge gemäß § 261 AktG zur Disposition der HV zu bringen, s. o. B III 4.

2. a) Billigt der Aufsichtsrat den Jahresabschluß nicht, dann hat die HV ihn festzustellen. Abgesehen davon erfolgt Feststellung des Jahresabschlusses durch die HV, wenn Vorstand und Aufsichtsrat zusammen sich dafür entscheiden, §§ 173, 175 Abs. 4 AktG. Die HV muß stets über die Feststellung entscheiden in den Fällen der §§ 234, 235 AktG (s. u. § 44 VI 2).

Falls die HV hierbei den Jahresabschluß ändert, muß eine erneute Prüfung desselben durch die Abschlußprüfer stattfinden, widrigenfalls Nichtigkeit des festgestellten Abschlusses nach § 256 Abs. 1 Nr. 2 AktG Platz greift. Vielfach wird der Abschlußprüfer, der gemäß § 176 Abs. 2 AktG an den Verhandlungen über die Feststellung des Jahresabschlusses teilzunehmen hat, ohne weitere Prüfung den Bestätigungsvermerk erneut erteilen können.

b) Nach § 257 AktG ist eine **Anfechtung** des Feststellungsbeschlusses wegen Verletzung des Gesetzes oder der Satzung möglich, z. B. wegen Stimmrechtsverletzung, Verletzung des Auskunftsrechts (vgl. § 131 Abs. 2 Nr. 3 u. 4 AktG), also wegen Mängel der Beschlußfassung. Ausgeschlossen dagegen ist eine Anfechtung aus dem Grunde, daß der Jahresabschluß seinem Inhalt nach gegen Gesetz oder Satzung verstößt, z. B., wenn eine nach § 58 Abs. 1 AktG vorgeschriebene Rücklage nicht eingestellt worden ist oder wegen Verletzung der Gliederungsvorschriften; vgl. jedoch über Nichtigkeit aus diesem Grund § 256 Abs. 4 u. 6 AktG.

VII. Der Gewinnverwendungsbeschluß

1. a) Über die Verwendung des Bilanzgewinnes hat die HV zu beschließen, § 174 AktG. Wiewohl dieser Beschluß grundsätzlich in derselben Hauptversammlung erfolgt, in welcher in den Fällen des § 173 AktG die HV auch über die Feststellung des Jahresabschlusses beschließt (vgl. § 175 Abs. 3 AktG), sind beide Beschlüsse zu unterscheiden und gemäß § 130 AktG auch als solche zu protokollieren.

Von einer Anfechtung des Gewinnverwendungsbeschlusses wird die Feststellung des Jahresabschlusses nicht berührt. Umgekehrt entfällt mit erfolgreicher Anfechtung des Feststellungsbeschlusses auch der Gewinnverwendungsbeschluß, § 253 AktG.

b) Der Beschlußfassung über die Gewinnverwendung liegt der Gewinnverwendungsvorschlag zugrunde, den der Vorstand gemäß § 170 Abs. 2 AktG der HV zu machen hat. Die HV ist indessen an ihn nicht gebunden und kann eine andere Art der Gewinnverwendung beschließen.

c) Falls der Vorschlag des Vorstands teils Ausschüttung, teils Einstellung in offene Rücklagen zum Inhalt hat, ist das in § 170 Abs. 2 AktG vorgesehene Schema einzuhalten, wobei infolge des gespaltenen Körperschaftssteuersatzes die bei Einstellung in Rücklagen erforderliche Steuerrückstellung als zusätzlicher Aufwand auszuweisen ist.

Auch die HV hat, wenn sie neben der Ausschüttung oder statt derselben Einstellung des Bilanzgewinnes in offene Rücklage beschließt, die in § 174 Abs. 2 AktG vorgesehene Gliederung, insbesondere die erforderliche Steuerrückstellung vorzunehmen.

2. In der Disposition über den Bilanzgewinn ist die HV frei, soweit nicht gesetzliche Bestimmungen (z.B. § 233 AktG) oder die Satzung entgegenstehen. Sie kann Ausschüttung des gesamten Gewinnes, ebenso Einstellung des Gewinnes in offene Rücklage beschließen (o. § 8 II).

Der auf Einstellung in Rücklage gerichtete Beschluß ist unter der Voraussetzung des § 254 Abs. 1 AktG **anfechtbar** (o. § 8 II 3). Alle anderen Dispositionen über den Bilanzgewinn außer Ausschüttung, Einstellung in Rücklage oder Gewinnvortrag sind anfechtbar, wenn die getroffene Disposition nicht auf einer statutarischen Ermächtigung beruht, §§ 58 Abs. 3 Satz 2, 254 AktG.

3. **Nichtig** ist der Gewinnverwendungsbeschluß, wenn die Feststellung des Jahresabschlusses, auf der er beruht, nichtig ist; ferner in den in § 253 AktG aufgeführten Fällen.

4. Über Einberufung und Verlauf der HV zur Feststellung des Jahresabschlusses bzw. zur Beschlußfassung über die Gewinnverwendung s. §§ 175, 176 AktG.

VIII. Publizität

Der festgestellte Jahresabschluß mit Bestätigungsvermerk und Geschäftsbericht nebst dem Bericht des Aufsichtsrats (§ 171 Abs. 2 AktG) ist vom Vorstand zum Handelsregister einzureichen, worauf das Gericht die in § 177 Abs. 3 AktG vorgeschriebene Prüfung vornimmt. Zugleich hat der Vorstand den Jahresabschluß (nicht auch den Geschäftsbericht) in den Gesellschaftsblättern zu veröffentlichen, § 177 Abs. 2 AktG.

3. Kapitel

Änderung der Rechts- und Kapitalgrundlagen der AG

§ 33 Satzungsänderung

I. Begriff

1. **Satzungsänderung** ist jede Änderung der Satzungsbestimmungen, welche den sachlichen Inhalt derselben verändert oder ergänzt oder auch nur die Textfassung betrifft.

Beispiele einer Satzungsänderung sind: Änderung der Firma, der Gesellschaftsdauer (RG 74, 298); Verlegung des Sitzes; Verlegung des statutarisch bestimmten Geschäftsjahres (KGJ 53 A 100); Änderung des Gegenstandes des Unternehmens; vgl. RG DR 39, 721; Änderung der mitgliedschaftlichen Rechte und Pflichten (§§ 141, 179 Abs. 3, 180 AktG); nachträgliche Beschränkung der Ausübung des Stimmrechts (§ 134 Abs. 1 Satz 2); nachträgliche Ermächtigung des Vorstands zur Ausgabe neuer Aktien (§ 202 Abs. 2).

2. Keine Änderung der Satzung, wohl aber eine Änderung des rechtlichen **Status** der Gesellschaft bewirkt der Abschluß von ,,Unternehmensverträgen". Dieser kann jedoch dazu führen, daß die Satzung unrichtig wird und zu berichtigen ist (s. u. § 68 III 1 a).

II. Zulässigkeit und Erfordernisse

1. a) Wie die Feststellung der ersten Satzung den Gründern obliegt, ist auch die Änderung der Satzung der Entscheidung der Aktionäre vorbehalten. Diese Zuständigkeit kann weder aufgehoben noch beschränkt werden; unwirksam wäre es daher, die Zulässigkeit einer Satzungsänderung von der Zustimmung eines Dritten abhängig zu machen.

Änderungen, welche nur die Fassung betreffen, können von der HV dem Aufsichtsrat übertragen werden, § 179 Abs. 1 AktG; z.B. die Berichtigung des Kapitalbetrags nach erfolgter Kapitaländerung.

b) Durch nachträgliche Satzungsänderung kann das Gesetz insoweit modifiziert oder ergänzt werden, als dieses nach § 23 Abs. 5 AktG auch in der ursprünglichen Satzung zulässig ist (s. § 10 III).

2. Bei Einberufung der HV, welche über die Satzungsänderung beschließen soll, ist mit der Tagesordnung auch der Wortlaut der vorgeschlagenen Satzungsänderung bekanntzumachen, § 124 Abs. 2 AktG.

3. Der HV-Beschluß, durch welchen die Satzung geändert werden soll, bedarf einer Mehrheit, die mindestens drei Viertel des bei der Beschlußfassung vertretenen Grundkapitals umfaßt, also einer qualifizierten **Kapital**mehrheit, nicht jedoch auch einer qualifizierten **Stimmen**mehrheit. Das bedeutet: Stimmenmäßig genügt die einfache Mehrheit der abgegebenen Stimmen (§ 133); die Ja-Stimmen müssen jedoch eine Kapitalmehrheit repräsentieren, welche mindestens drei Viertel des bei der Beschlußfassung vertretenen Grundkapitals umfaßt. Andererseits aber genügt auch die qualifizierte Kapitalmehrheit allein noch nicht, wenn sich mit ihr nicht mindestens einfache Stimmenmehrheit verbindet, § 179 Abs. 2 AktG.

Sofern jede Aktie eine Stimme gewährt, ist mit der erforderlichen Kapitalmehrheit zugleich eine Dreiviertelstimmenmehrheit gegeben. Sind aber Mehrstimmrechtsaktien vorhanden, so können die Inhaber dieser Aktien mit ihrer Stimmenmacht allein einen satzungsändernden Mehrheitsbeschluß nicht erzwingen, sodaß insoweit die Mehrstimmrechtsaktien entkräftet sind. Ist umgekehrt das Stimmrecht für Aktionäre, welche mehrere Aktien besitzen, der Höhe nach beschränkt (o. § 17 I 2b), so kann sein, daß diese Aktionäre, da kapitalmäßig ihre Aktien voll gezählt werden (134 Abs. 1 Satz 6), zwar über die erforderliche Kapitalmehrheit verfügen, welche sich nach den bei der Beschlußfassung vertretenen Aktien berechnet, nicht aber auch die Stimmenmehrheit aufzubringen vermögen. Mit solcher Beschränkung des Stimmrechts wird daher verhindert, daß Großaktionäre mit ihrer Kapitalmacht allein Satzungsänderungen erzwingen können.

Vorzugsaktien ohne Stimmrecht werden bei der Berechnung der Kapitalmehrheit nicht mitgerechnet, da sie mangels Teilnahme an der Beschlußfassung bei derselben nicht vertreten sind. Das ändert sich jedoch für die Zeit, in welcher aus solchen Aktien wegen Ausfalles der Dividende das Stimmrecht ausgeübt werden kann. In diesem Falle sind diese Aktien nach § 140 Abs. 2 AktG auch bei Berechnung der Kapitalmehrheit zu berücksichtigen.

Die Kapitalmehrheit muß hinter den **stimmberechtigten** Aktien stehen, die an der Abstimmung auch teilnehmen. Daher bleiben außer Betracht Aktien, deren Stimmrecht ruht oder deren Aktionäre nicht mitstimmen. Bei Zusammentreffen von volleingezahlten und teileingezahlten Aktien gilt folgendes: Gewähren lediglich die volleingezahlten Aktien ein Stimmrecht, dann sind die teileingezahlten bei der Beschlußfassung nicht vertreten, sodaß auch ihr Kapital nicht mitzählt. Steht den teileingezahlten Aktien jedoch nach § 134 Abs. 2 AktG das Stimmrecht zu, dann sind sie kapitalmäßig nicht nur in Höhe der geleisteten Einlagen, sondern mit vollem Nennbetrag beteiligt (bestritten)[1].

---

1 Wie oben *Pohle*, BankA 36, 448; *Barz*, Großkomm. § 133 Anm. 13; zum früheren Recht *Schlegelberger-Quassowski* § 113 Anm. 5; dagegen Zöllner, Köln. Komm. § 134 Rn. 62; *Baumbach-Hueck* § 134 Anm. 14.

4. Nach § 179 Abs. 2 Satz 2 AktG kann die Satzung die in Satz 1 vorgeschriebene Kapitalmehrheit ändern, also auch verringern, nicht aber auf die (nach § 133 AktG erforderliche) einfache Stimmenmehrheit verzichten, also etwa allein die Kapitalmehrheit entscheiden lassen.

Für Beschlüsse, welche eine Änderung des **Gegenstandes** des Unternehmens zum Inhalt haben, kann die gesetzliche Kapitalmehrheit nur erhöht, nicht aber verringert werden. Im übrigen ist für alle satzungsändernden Beschlüsse die Aufstellung noch anderer Erfordernisse zulässig (z. B. eine Mindestbeteiligung von Aktien als Erfordernis der Beschlußfähigkeit der HV).

5. Die Satzungsänderung wird erst wirksam mit der **Eintragung** des Beschlusses in das Handelsregister, § 181 Abs. 3 AktG.

Vor der Eintragung kann der satzungsändernde Beschluß mit einfacher Stimmenmehrheit wieder aufgehoben, nicht jedoch abgeändert werden, da die Aufhebung nicht selbst eine Satzungsänderung, sondern Bestätigung der bisherigen Satzung bedeutet.

Die Regelung, daß die Satzungsänderung erst mit der Eintragung Wirksamkeit erlangt, schließt aus dem Gesichtspunkt der Rechtssicherheit die Möglichkeit einer Rückwirkung grundsätzlich aus. Eine Ausnahme enthalten die §§ 234, 235 AktG.

III. Beeinträchtigung der Mitgliedschaftsrechte durch Satzungsänderung

1. Soweit nach § 23 Abs. 5 AktG die mitgliedschaftlichen Rechte und Pflichten durch die Satzung ausgestaltet werden können, können die einschlägigen Satzungsbestimmungen durch Satzungsänderung wieder geändert werden (BGH 70, 119). Bewirkt die Satzungsänderung eine nachträgliche Beeinträchtigung der bestehenden Rechte, dann erhebt sich das Problem, inwieweit die betroffenen Aktionäre dem HV-Beschluß als körperschaftlichem Gemeinschaftswillen unterworfen sind und wo die Grenze zwischen dem Wirkungsbereich des Mehrheitsbeschlusses und der Individualsphäre der betroffenen Aktionäre liegt.

Die früheren Bemühungen, in dieser Frage ein allgemeingültiges Abgrenzungskriterium zu finden, sind vergeblich geblieben[2]. Nunmehr tritt dasselbe Problem in dem Begriff **Sonderrecht**[3] zutage, welches nach § 35 BGB ohne Zustimmung des betroffenen Mitglieds nicht beeinträchtigt werden kann. Die Unentziehbarkeit eines mitgliedschaftlichen Rechts kann jedoch nur daraus abgeleitet werden, ob es nach seinem Sinn und nach dem Willen der Begründer als **Individualrecht** zuerkannt worden ist, was durch Auslegung zu ermitteln ist. Dieses ist z. B. anzunehmen bei dem einem Mitglied statutarisch eingeräumten Sondervorteil, nicht aber bei dem Recht, aus allen Aktien das Stimmrecht ausüben zu können (o. § 17 I 2b).

---

[2] *O. v. Gierke*, Genossenschaftsrecht I S. 533 ff. hat die Möglichkeit, ein allgemein gültiges Abgrenzungskriterium zu finden, verneint.
[3] Dazu *Wiedemann*, Gesellschaftsrecht I Grundlagen (1980) S. 357 ff. mit weiteren Angaben.

2. Der Bereich der der Disposition der HV unterliegenden mitgliedschaftlichen Rechte und Pflichten wird durch die gesetzlichen **Zuständigkeitsregelungen** bestimmt (§§ 119, 179, 293 AktG etc.).

In einigen Fällen ist vorgesehen, daß Beeinträchtigungen nur mit Zustimmung des oder der betroffenen Aktionäre möglich sind, wobei die Zustimmung teils **individuell** zu erfolgen hat, teils innerhalb der Gruppe der Betroffenen wiederum **Mehrheitswille** entscheidet.

a) Sollen im Wege der Satzungsänderung den Aktionären Nebenverpflichtungen auferlegt werden, so bedarf der Beschluß zu seiner Wirksamkeit der Zustimmung aller betroffenen Aktionäre, § 180 Abs. 1 AktG. Diese Vorschrift gilt darüber hinaus für alle jene Maßnahmen, durch welche eine Erhöhung oder Erschwerung von Sonderpflichten eintritt, z.B. Verlängerung der satzungsmäßig befristeten Nebenleistungen (RG 136, 188), für Verminderung der satzungsmäßigen Vergütung der Nebenleistung, für Erhöhung der Vertragsstrafe (RG 121, 242).

b) Auch ein Beschluß, durch den nachträglich die Übertragung von Namensaktien an die Zustimmung der Gesellschaft gebunden wird, bedarf der Zustimmung aller betroffenen Aktionäre, § 180 Abs. 2 AktG.

Dasselbe gilt für die Umwandlung von Stammaktien in Vorzugsaktien ohne Stimmrecht (BGH 70, 122).

Durch das Erfordernis der Zustimmung der betroffenen Aktionäre wird mit dem Beschluß ein vertragliches Element verquickt. Es gelten daher für die Zustimmung die allgemeinen Grundsätze (§ 182 BGB).

c) Wenn Aktien verschiedener Gattung ausgegeben sind und das Verhältnis derselben zum Nachteil einer Gattung geändert werden soll, so bedarf der Beschluß der HV zu seiner Wirksamkeit eines in **gesonderter** Abstimmung gefaßten Beschlusses der benachteiligten Aktionäre, für welchen ebenfalls qualifizierte Kapitalmehrheit erforderlich ist; § 179 Abs. 3 AktG; dazu RG 148, 175.

Die Frage, wann diese Voraussetzung vorliegt, kann zweifelhaft sein. Sicher fällt hierunter eine Änderung der Stimmrelation zum Nachteil der Stammaktionäre durch Aufhebung des Vorzugsrechts stimmloser Vorzugsaktien, oder eine Änderung der Relation der Gewinnanteile durch Erhöhung des Vorzugs stimmloser Vorzugsaktien.

Da bei Vorhandensein verschiedener Aktiengattungen auch durch Kapitalerhöhung oder -herabsetzung das Verhältnis der Gattungen zueinander geändert werden kann, ist auch bei diesen Beschlüssen jeweils eine Sonderzustimmung der Aktionäre jeder Gattung vorgeschrieben, §§ 182 Abs. 2, 193 Abs. 1, 202 Abs. 2, 222 Abs. 2, 229 Abs. 3 AktG.

d) Soll durch die Satzungsänderung der Vorzug stimmrechtsloser Vorzugsaktien beschränkt oder aufgehoben werden, so ist nach § 141 AktG die Zustimmung der Vorzugsaktionäre erforderlich. Dasselbe gilt für einen Beschluß über die Ausgabe neuer Aktien mit vorgehenden oder gleichstehenden Rechten, es sei denn, daß diese Möglichkeit bei Einräumung des Vorzugs ausdrücklich vorbehalten war und das Bezugsrecht der Vorzugsaktionäre nicht ausgeschlossen wird, § 141 Abs. 2 AktG. Diese

Vorschrift gilt auch bei der Schaffung eines genehmigten Kapitals, wenn der Vorstand eine Ermächtigung gemäß § 204 Abs. 2 AktG durch Satzungsänderung erhalten soll.

Über die Zustimmung haben die Vorzugsaktionäre in einer gesonderten **Versammlung** einen Sonderbeschluß zu fassen, § 141 Abs. 3 AktG.

e) Mehrstimmrechtsaktien hingegen können ihres Vorzugs im Stimmrecht ohne Sonderbeschluß der betroffenen Aktionäre entkleidet werden, § 5 EG AktG.

f) Die Begründung von Vorzugsrechten und Neuschaffung verschiedener Aktiengattungen ist, sofern bisher nur eine Aktiengattung besteht, durch Satzungsänderung ohne weiteres möglich, jedoch muß allen Aktionären die gleiche Möglichkeit der Umwandlung ihrer Aktien geboten werden, widrigenfalls jeder nicht zustimmende Aktionär den HV-Beschluß wegen Verletzung des Grundsatzes gleichmäßiger Behandlung oder nach § 243 Abs. 2 AktG anfechten kann (s.o. § 30 III 2).

3. Von den vorstehenden Sonderregelungen abgesehen ist aus der in § 179 AktG enthaltenen Zulässigkeit einer Veränderung der rechtlichen Position der Aktionäre durch Satzungsänderungen zu ersehen, daß das Gesetz in dem für Satzungsänderungen geltenden Mehrheitserfordernis einen hinreichenden Schutz der Aktionäre erblickt, daß also auch sonstige Beeinträchtigungen der Mitgliedschaftsrechte im Rahmen des § 23 Abs. 5 AktG durch Satzungsänderung möglich sind, sofern sie nach § 53a AktG alle Aktionäre gleichmäßig betreffen. Zulässig ist z.B. nachträgliche Einführung einer Ermächtigung der HV zu anderen Dispositionen über den Bilanzgewinn gemäß § 58 Abs. 3 Satz 2 AktG.

Über Änderungen des Gesellschaftszweckes und der Struktur der Gesellschaft s.o. § 10 II 1 b.

§ 34 Überblick über die Finanzierungsmaßnahmen

Die Finanzierung von Gesellschaftsaufgaben, insbesondere von Investitionen, kann erfolgen teils aus eigenen Mitteln der Gesellschaft (sog. Selbstfinanzierung), teils durch Aufnahme fremder Mittel[1].

1. Unter **Selbstfinanzierung** ist zu verstehen die Finanzierung von Gesellschaftsaufgaben aus eigenen Mitteln, welche die Gesellschaft durch Thesaurierung von Gewinnen zurückbehalten hat (s.o. § 2 I 2). Zur Frage, wer über die Thesaurierung von Gewinnen durch Einstellung in offene Rücklagen zu entscheiden hat, s.o. § 8 II.

---

[1] Über Finanzierung der AG s. *Schmalenbach*, Die Beteiligungsfinanzierung (9. Aufl. 1966); *Schmölders* und *Rittershausen*, Moderne Investitionsfinanzierung (1959); *Fettel*, Die Selbstfinanzierung der Unternehmen in: Finanzierungshandbuch, hrsg. von *H. Janberg* (1964) S. 131 ff.; *Wiedemann*, Großkomm. Vorb. vor § 182; *Canaris*, Großkomm. HGB Anhang § 257 Anm. 608 ff.

2. Der Beschaffung fremden Geldes dient die **Darlehensaufnahme** (Bankkredite, Anleiheaufnahmen). Sie führt der Gesellschaft liquide Mittel zu, denen die Rückzahlungsschuld gegenübersteht (s. § 156 Abs. 3 AktG über den Ansatz dieses Passivpostens).

a) Über die Ausgabe von Obligationen, Wandel- und Optionsanleihen s. o. § 19; über die Aufgaben des Kapitalmarktausschusses s. o. § 2 I 1 b.

b) Bei den Schuldscheindarlehen erfolgt die Aufnahme von Fremdkapital unmittelbar beim Geldgeber unter Ausschaltung der Banken, der Börse und des Kapitalmarktausschusses. Geldgeber sind hauptsächlich die Lebensversicherungen, Sozialversicherung und Realkreditinstitute[2].

3. Mit der 1962 erfolgten ersten Gründung von Leasing-Gesellschaften auf dem deutschen Markt hat das Finanzierungs-**Leasing** große Bedeutung erlangt. Der Leasing-Nehmer, der ein bestimmtes Wirtschaftsgut benötigt, wendet sich an den Leasing-Geber (Leasing-Gesellschaft), welcher dieses Gut vom Hersteller für eigene Rechnung kauft oder durch ihn errichten läßt und es alsdann dem Leasing-Nehmer vermietet. Beim Vollamortisationsvertrag hat der Leasing-Nehmer innerhalb einer unkündbaren Grundmietezeit durch seine Leasing-Zahlungen die Anschaffungs- oder Herstellungskosten des Leasing-Gebers zu amortisieren. Nach Ablauf der Grundmietezeit steht ihm vielfach Anspruch auf Mietverlängerung oder eine Kaufoption zu[3].

4. Die aktienrechtliche Institution der Geldbeschaffung ist die **Kapitalerhöhung** gegen Einlagen. Sie vermehrt die Substanz des gebundenen Gesellschaftsvermögens, dem in der Bilanz der Betrag des erhöhten Grundkapitals, nicht aber eine Schuld der Gesellschaft gegenübersteht.

Mit der Kapitalerhöhung verbindet sich für die Gesellschaft größere Freiheit in der wirtschaftlichen Verwendung der neuen Einlagen wegen der Unkündbarkeit derselben seitens der Geldgeber; bei ihr entfallen Zins- und Tilgungspflichten; sie bewirkt auch Erhöhung der Kreditwürdigkeit. Andererseits verbinden sich mit ihr im Vergleich zur Anleiheaufnahme steuerliche Nachteile (o. § 19 I 4). Bei Zeichnung des neuen Kapitals durch Dritte erlangen auch sie die mitgliedschaftlichen Einflußmöglichkeiten in der Gesellschaft.

Keine Vermehrung des Gesamtvermögens trotz Kapitalerhöhung tritt ein bei der Kapitalerhöhung aus Gesellschaftsmitteln. Dieser Vorgang hat nur die Bedeutung, daß freies Vermögen in gebundenes Gesellschaftsvermögen umgewandelt wird (s. u. § 37).

Bei der bedingten Kapitalerhöhung unter Umtausch von Schuldverschreibungen gegen Aktien tritt an die Stelle des Passivpostens „Rückzahlungsschuld" der erhöhte Betrag des Grundkapitals.

---

[2] *S. Frank*, Schuldscheindarlehen als Mittel der langfristigen Industriefinanzierung (1966); *Canaris* a.a.O. Anm. 757ff.

[3] Vgl. *Graf von Westphalen*, Der Leasingvertrag (1979); *Spittler*, in Beilage Nr. 7/77 zu DB Heft 21; Urteil des BFH, BStBl 1970 II 284; über das Verhältnis zum Abzahlungskauf BGH DB 1977, 813 u. 815; DB 1980, 395.

§ 35 Kapitalerhöhung gegen Einlagen

Mit einer Kapitalerhöhung aus Gesellschaftsmitteln kann eine weitere Kapitalerhöhung gegen Einlagen verbunden werden, desgleichen kann mit einer Erhöhung gegen Einlagen auch weiteres genehmigtes Kapital beschlossen werden.

5. Eine Vermehrung des Gesellschaftsvermögens ohne Kapitalerhöhung endlich wird erzielt durch freiwillige Zuzahlungen der Aktionäre, zumeist unter Umwandlung der Aktien der Zuzahlenden in Vorzugsaktien. Über freiwillige Zuzahlungen bei Sanierung der Gesellschaft s. u § 44 I 4.

§ 35 Kapitalerhöhung gegen Einlagen

I. Bedeutung

Kapitalerhöhung bedeutet Erhöhung des **Grundkapitals**. Da der Betrag des Grundkapitals mit der Summe der Nennbeträge der Aktien übereinstimmen muß (s. o. § 1 II 3), wäre die Kapitalerhöhung in zweifacher Weise denkbar, einerseits durch Erhöhung der Nennbeträge der bereits ausgegebenen Aktien, deren Zahl dabei unverändert bleibt; andererseits durch Schaffung neuer Aktien. Nur das letztere Verfahren ist nach § 182 Abs. 1 Satz 4 AktG möglich.

Eine Kapitalerhöhung unter Erhöhung des Nennbetrages der bereits ausgegebenen Aktien würde einer **Nachschußpflicht** der Aktionäre gleichkommen und dem Wesen der AG widersprechen.

Die Kapitalerhöhung soll nicht erfolgen, solange das bisherige Grundkapital noch nicht vollständig eingezahlt ist, § 182 Abs. 4 AktG. Eine Ausnahme macht das Gesetz zugunsten der Versicherungs-AG, bei der das Gesellschaftsvermögen nur letzte Kapitalreserve ist, daher bei normalem Geschäftsverlauf nicht benötigt wird.

II. Verfahren

Das Verfahren der Kapitalerhöhung zerfällt in zwei Abschnitte, nämlich in die Beschlußfassung durch die HV und in die Durchführung des Erhöhungsbeschlusses durch den Vorstand, der zum unverzüglichen Vollzug verpflichtet ist, § 83 Abs. 2 AktG (RG 144,141). Der Verlauf ist folgender:

1. Zunächst erfolgt der Kapitalerhöhungsbeschluß (§§ 182, 183 AktG; u. III).

2. Bei Kapitalerhöhung mit Sacheinlagen hat eine Prüfung durch gerichtlich bestellte Prüfer (Sachverständige) stattzufinden, § 183 Abs. 3 AktG.

3. Der Kapitalerhöhungsbeschluß wird — gegebenenfalls unter Beifügung des Prüfungsberichts — zum Handelsregister angemeldet, doch kann die Anmeldung bis zur Anmeldung der Durchführung der Kapitalerhöhung verschoben werden, §§ 184, 188 Abs. 5 AktG.

4. Nunmehr beginnt die Zeichnung der neuen Aktien, § 185 AktG, auf welche die Aktionäre ein Bezugsrecht haben, § 186 AktG (u. IV).

5. Sodann ist der gesetzliche Mindestbetrag einzuzahlen, §§ 188 Abs. 2, 36 Abs. 2, 37 Abs. 1 AktG (u. V 2).

6. Inzwischen ist die Kapitalverkehrsteuer zu entrichten zwecks Erlangung der Unbedenklichkeitsbescheinigung, ohne welche eine Eintragung ins Handelsregister nicht erfolgt. Bedarf die Kapitalerhöhung der staatlichen Genehmigung, so ist auch diese beizubringen, § 188 Abs. 3 Nr. 4. mit § 12 Abs. 2 AktG (u. IV 4).

7. Es erfolgt die Anmeldung und Eintragung der Durchführung der Kapitalerhöhung, § 188 AktG.

8. Mit der Eintragung der Durchführung der Kapitalerhöhung ist das Grundkapital erhöht und damit sind auch die neuen Mitgliedschaften entstanden. Nunmehr können die neuen Aktien ausgegeben werden, §§ 189, 191 AktG. Nunmehr ist auch die Satzung entsprechend zu berichtigen, was nach § 179 Abs. 1 AktG dem Aufsichtsrat überlassen wird.

III. Der Kapitalerhöhungsbeschluß

Er setzt zu seiner Gültigkeit folgende formelle und sachliche Erfordernisse voraus (§§ 182, 183 AktG):

1. a) Erforderlich ist eine Mehrheit, die mindestens drei Viertel des bei der Beschlußfassung vertretenen Grundkapitals umfaßt.

Mit dieser Kapitalmehrheit braucht nicht eine Dreiviertelmehrheit der Stimmen verbunden zu sein, vielmehr genügt gemäß § 133 Abs. 1 AktG einfache Stimmenmehrheit. Das ist wichtig bei Stimmrechtsbeschränkungen gemäß § 134 Abs. 1 Satz 2 AktG; s.o. § 33 II 3.

Die Satzung kann eine andere Kapitalmehrheit vorsehen, z.B. neben einfacher Stimmenmehrheit auch einfache Kapitalmehrheit genügen lassen oder auch erschwerende Erfordernisse vorschreiben.

b) Sind mehrere Aktiengattungen vorhanden, so ist der Kapitalerhöhungsbeschluß zunächst von allen Aktionären einheitlich zu fassen. Außerdem ist eine gesonderte Abstimmung jeder einzelnen Aktionärsgruppe erforderlich, § 182 Abs. 2 AktG.

Wenn also neben den Stammaktionären eine Gruppe von Vorzugsaktionären vorhanden ist, dann sind insgesamt drei Beschlüsse zu fassen, nämlich der Beschluß aller Aktionäre, ein Beschluß der Stammaktionäre allein und ein solcher der Vorzugsaktionäre allein. Werden bei Vorhandensein von Stamm- und stimmlosen Vorzugsaktien durch Kapitalerhöhung auch solche Aktien geschaffen, dann entfällt die Sonderabstimmung der Vorzugsaktionäre, wenn die Voraussetzungen des § 141 Abs. 2 Satz 2 AktG vorliegen.

Alle diese Beschlüsse, welche in einer HV möglich sind (s. § 138 AktG), bedürfen jeweils der erwähnten qualifizierten Kapitalmehrheit. Solange einer der Beschlüsse

§ 35 *Kapitalerhöhung gegen Einlagen*

fehlt, entbehren die anderen der rechtlichen Wirksamkeit. Über die Wirkung der Verletzung dieses Abstimmungserfordernisses auf die gleichwohl ausgegebenen Aktien s. u. VI 1.

2. a) Der Beschluß hat zunächst anzugeben, um welchen Betrag das Grundkapital erhöht werden soll.

Sofern die Unterbringung der neuen Aktien nicht schon durch Einschaltung von Banken sichergestellt ist, kann im Erhöhungsbeschluß die Mindest- und die Höchstgrenze der Kapitalerhöhung festgesetzt werden, so daß die Durchführung möglich ist, wenn das Zeichnungsergebnis nur den Mindestbetrag erreicht hat (vgl. RG 55, 68).

Praktisch jedoch erfolgt die Kapitalerhöhung in aller Regel unter Einschaltung der Banken, welche die neuen Aktien übernehmen mit der Verpflichtung, sie den Aktionären nach Maßgabe ihres Bezugsrechtes anzubieten; s. u. IV 3.

b) Im Kapitalerhöhungsbeschluß ist ferner, sofern nicht die ursprüngliche Satzung darüber Auskunft gibt, der Nennbetrag der neuen Aktien zu bestimmen (§ 23 Abs. 3 AktG) sowie dieses, ob die Aktien auf den Namen oder Inhaber lauten sollen (§ 24 AktG). Bei Ausgabe verschiedener Aktiengattungen sind auch die Gattungen im Beschlusse festzusetzen (§ 23 Abs. 3 Nr. 4 AktG).

c) Sollen die neuen Aktien zu einem höheren Betrag als dem Nennbetrag ausgegeben werden, dann ist auch dieses im Beschluß zu bestimmen (§ 182 Abs. 3), da bei Fehlen einer solchen Festsetzung der Ausgabekurs dem Nennbetrag entspricht (vgl. RG 143, 23). Gibt der Beschluß den Mindestausgabebetrag an, so kann die Bestimmung des Ausgabebetrages vom Vorstand getroffen werden (RG 144, 143), vgl. dazu §§ 185 Abs. 1 Nr. 2, 186 Abs. 2 AktG.

Da die neuen Mitgliedschaften den Zeichnern Beteiligung am gesamten Gesellschaftsvermögen, also auch an allen Reserven und thesaurierten Gewinnen verschaffen, ist ein angemessenes Agio insbesondere dann erforderlich, wenn die Aktien unter Ausschluß des Bezugsrechts der Aktionäre **dritten** Zeichnern zugesprochen werden. Hier hat das Aufgeld die Bedeutung des Preises, mit welchem der Dritterwerber sich in die vorhandenen Reserven einkauft. Zuwendung des Aktienbezugs an Dritte unter dem inneren Wert stellt Zuwendung eines Vermögensvorteils auf Kosten der Aktionäre dar und hat **Anfechtbarkeit** des Beschlusses nach § 255 Abs. 2 AktG zur Folge (o. § 30 III 3 b).

d) Bei Kapitalerhöhung mit **Sacheinlagen** (§ 27 Abs. 1 u. 2) muß der Beschluß die in § 183 AktG vorgeschriebenen Angaben enthalten, widrigenfalls die Verträge über Sacheinlagen und die Rechtshandlungen zu ihrer Ausführung der Gesellschaft gegenüber unwirksam sind und die Einlage bar zu entrichten ist.

Zur Kontrolle der Angemessenheit der Bewertung ist eine **Prüfung** durch gerichtlich zu bestellende Sachverständige erforderlich, deren Prüfungsbericht bei Anmeldung der Kapitalerhöhung zur Registrierung beizufügen ist, §§ 183 Abs. 3, 184 AktG.

e) Soll das Bezugsrecht der Aktionäre ganz oder zum Teil ausgeschlossen werden, so ist auch dieses im Kapitalerhöhungsbeschluß zu beschließen; s. IV 2.

f) Über die **Anmeldung** des Beschlusses vgl. §§ 184, 188 Abs. 5 AktG.

Die Eintragung des Kapitalerhöhungsbeschlusses hat nur die Wirkung, daß der Beschluß bindend geworden ist und nicht mehr durch einfachen Mehrheitsbeschluß wieder rückgängig gemacht werden kann. Die Entstehung der neuen Mitgliedschaften dagegen hängt von der Eintragung der Durchführung der Erhöhung ab, § 189 AktG. Die Eintragung des Erhöhungsbeschlusses kann jedoch bis zur Eintragung der Durchführung aufgeschoben und mit ihr verbunden werden, § 188 Abs. 5 AktG.

3. Bei Vorhandensein von Aktien verschiedener Gattung erhebt sich die Frage, wie die neuen Aktien aus der Kapitalerhöhung auszugestalten seien. Die Entscheidung hierüber wird dadurch bestimmt, daß durch die Kapitalerhöhung das bisherige Verhältnis der Aktiengattungen nicht zum Nachteil einer Gattung verändert werden darf (§ 179 Abs. 3) und innerhalb der Gattungen der Grundsatz gleichmäßiger Behandlung zu wahren ist. Bestehen neben stimmberechtigten Stammaktien Vorzugsaktien ohne Stimmrecht, so würde bei Neuausgabe stimmberechtigter Aktien an alle Aktionäre die Stimmenrelation zum Nachteil der Stammaktionäre verändert werden. Vor solchen Benachteiligungen einer Aktiengattung schützt das Gesetz dadurch, daß bei Vorhandensein mehrerer Aktiengattungen die Aktionäre jeder Gattung durch Sonderbeschluß der Kapitalerhöhung zuzustimmen haben, § 182 Abs. 2 AktG. Die Aktionäre jeder Gattung sind daher in der Lage, Veränderungen der Relationen des Dividenden- oder Stimmrechts zu ihren Ungunsten zu verhindern. Praktisch werden daher bei Kapitalerhöhungen auch die neuen Aktien in gleichem Verhältnis so ausgestattet, wie es den bereits ausgegebenen Aktien entspricht.

IV. Das Bezugsrecht der Aktionäre

1. a) Die Aktionäre haben auf die neuen Aktien ein anteilsmäßiges Vorrecht, das sog. **Bezugsrecht**, § 186 AktG. Das Bezugsrecht sichert dem Aktionär die Möglichkeit der Teilnahme an weiterer Finanzierung der Gesellschaft bei Kapitalerhöhungen und damit auch die Erhaltung seiner Beteiligungsquote und der Stimmenrelation. Es schützt also insoweit die Position des Aktionärs im Verhältnis zu den anderen Aktionären der Gesellschaft und ist demgemäß als Bestandteil des Mitgliedschaftsrechts von besonderem Gewicht.

b) Das Bezugsrecht ist als Bestandteil der Mitgliedschaft von dieser nicht selbständig abspaltbar; wohl aber kann der konkrete Bezugsanspruch selbständig übertragen werden. Der Verkauf oder Zukauf wird von den Banken vermittelt.

Gegenstand des Bezugsrechtshandels ist der auf die einzelne Aktie entfallende Bezugsrechtsanteil. Bei einem Bezugsverhältnis von 2 neuen Aktien auf 3 alte beträgt der Bezugsrechtsanteil zwei Drittel. Bei der Berechnung des Wertes des Bezugsrechts wird der Börsenkurs zugrunde gelegt.

Angenommen, das Kapital beträgt 1 800 000 DM, der Kurs 200%; Erhöhung um 1 200 000 DM zu 150% Ausgabebetrag; hier lautet die Rechnung:

$$\begin{aligned}
1\,800\,000 \text{ zu } 200\% &= 3\,600\,000 \\
\underline{1\,200\,000 \text{ zu } 150\%} &= \underline{1\,800\,000} \\
3\,000\,000 \text{ zu } 180\% &= 5\,400\,000
\end{aligned}$$

Der Bezug einer neuen Aktie bringt einen Gewinn von 30%. Da das Bezugsverhältnis 3:2 beträgt, ist der Wert des Bezugsrechts pro alte Aktie 30 × 2/3 = 20%. Er entspricht der Wertminderung von 200% auf 180%, in der Fachsprache „rechnerischer Bezugsrechtsabschlag" genannt[1].

2. a) Das gesetzliche Bezugsrecht kann in dem Beschluß über die Kapitalerhöhung, aber auch nur in diesem, unter den unabdingbaren Voraussetzungen des § 186 Abs. 3 und 4 AktG ganz oder teilweise ausgeschlossen werden. Solcher Eingriff, welcher für den Aktionär Verlust seines Positionsschutzes bedeutet (o. 1) und sowohl zur Zurückdrängung seines Einflusses auf die Gesellschaft als auch zur Wertminderung seiner Aktie führen kann, bedarf besonderer Rechtfertigung (BGH 71, 40). Der Ausschließungsbeschluß kann nach § 124 Abs. 4 AktG nur gefasst werden, wenn er bei Einberufung der HV ausdrücklich und ordnungsgemäß bekanntgemacht worden ist. Der Vorstand hat der HV einen schriftlichen Bericht über den Grund des Ausschlusses vorzulegen und in diesem Bericht auch den vorgeschlagenen Ausgabebetrag zu begründen.

Zum Schutze gegen Wertminderung der Aktien besteht das Anfechtungsrecht gemäß § 255 AktG (s.o. III 2 c). Anfechtung des Bezugsrechtsausschlusses ist auch nach § 243 Abs. 2 AktG möglich, wenn er nicht im Gesellschaftsinteresse seine Rechtfertigung findet; diese „muß sich darauf erstrecken, daß das mit der Kapitalerhöhung verfolgte Ziel auf dem normalen gesetzlichen Weg, d.h. mit einem Bezugsrecht für alle Aktionäre, nicht erreichbar ist" (BGH 71, 44; 21, 357). Der mit einer Sacheinlage verbundene Bezugsrechtsausschluß ist „gerechtfertigt", wenn die Gesellschaft nach vernünftigen kaufmännischen Überlegungen ein dringendes Interesse am Erwerb des Gegenstandes hat und zu erwarten ist, der damit angestrebte und allen Aktionären zukommende Nutzen werde den verhältnismäßigen Beteiligungs- und Stimmverlust der vom Bezugsrecht ausgeschlossenen Aktionäre aufwiegen (BGH a.a.O.).

b) Nach § 187 Abs. 1 AktG können vertragliche Ansprüche auf Zuteilung neuer Aktien erst nach Ausschluß des gesetzlichen Bezugsrechts, vorher nur unter der Bedingung begründet werden, daß die Aktionäre ihr Bezugsrecht nicht ausüben werden.

c) Ein gesetzliches Bezugsrecht steht den Aktionären nur in bezug auf die durch Kapitalerhöhung geschaffenen neuen Mitgliedschaften zu, nicht auch gegenüber eigenen Aktien, welche die Gesellschaft wieder abstoßen will, s.o. § 13 I 5b.

Abhängige Unternehmen dürfen aus Aktien der herrschenden Gesellschaft, die ihnen gehören, das Bezugsrecht nicht ausüben, § 56 Abs. 2 AktG; s.o. § 14 I.

3. In der Regel werden die neuen Aktien unter Ausschluß des unmittelbaren Bezugsrechts der Aktionäre von einem Bankenkonsortium gezeichnet und eingezahlt unter Übernahme der Verpflichtung, sie alsdann den Aktionären gemäß ihrem Bezugs-

---

[1] Über andere Methoden der Berechnung s. *Schmalenbach*, Beteiligungs-Finanzierungen S. 231 ff.

recht anzubieten (sog. **mittelbares** Bezugsrecht). Dieses gilt **nicht** als Ausschluß des Bezugsrechts (§ 186 Abs. 5); § 186 Abs. 3 u. 4 AktG ist hier nicht anwendbar. Die Banken werden aus ihrer Vereinbarung mit der Gesellschaft gegenüber den Aktionären verpflichtet (§ 328 BGB). Die Vergütung für ihre Dienstleistung besteht in einer Provision, welche dadurch abgegolten werden kann, daß der von der Bank an die Gesellschaft zu entrichtende Emissionskurs geringer ist als der von den Aktionären an die Bank zu zahlende Bezugskurs. Der Vorstand hat nach § 186 Abs. 5 Satz 2 AktG das Bezugsangebot des Kreditinstituts unter Angabe des für die Aktien zu entrichtenden Entgelts (also des Bezugskurses) und einer für die Annahme des Angebots gesetzten Frist, die mindestens zwei Wochen zu betragen hat (§ 186 Abs. 1 Satz 2), in den Gesellschaftsblättern bekanntzumachen. Den von der Bank zu entrichtenden Emissionskurs kann der Vorstand, wenn der Kapitalerhöhungsbeschluß lediglich einen Mindest- oder Höchstbetrag der Ausgabe enthält, selbst bestimmen (§ 182 Abs. 3).

Indem die Banken das gesamte neue Kapital zunächst zeichnen und einzahlen, ist die Vollaufbringung des Kapitals gesichert, zugleich aber auch die Zuteilung der Aktien an die Aktionäre. Die Aktionäre können ihre Bezugsanteile veräußern, wobei die Banken den Verkauf vermitteln.

4. Nach § 2 Abs. 1 Nr. 2 KVStG unterliegt der Erwerb neuer Gesellschaftsrechte bei Kapitalerhöhung der Gesellschaftssteuer, welche für die Gesellschaft mit Eintragung der Durchführung der Kapitalerhöhung entsteht.

Die Anschaffung von Wertpapieren unterliegt der Börsenumsatzsteuer, § 17 KVSTG. Diese Steuer aber entfällt bei Zuteilung von Wertpapieren an den Ersterwerber, § 22 Nr. 2 KVStG. Bei Zwischenschaltung von Banken ist der sein mittelbares Bezugsrecht ausübende Aktionär dann Ersterwerber, wenn die Bank aus ihrer Zwischenschaltung kein eigenes Risiko trägt (BFH in BSt Bl. III 1963 S. 422)[2].

V. Die Durchführung der Kapitalerhöhung

1. Der Vorstand ist aufgrund der von der HV beschlossenen Kapitalerhöhung zur Durchführung derselben nach Maßgabe des Beschlusses verpflichtet. Die Durchführung beginnt mit der **Zeichnung** der neuen Aktien mittels Zeichnungsschein, § 185 AktG.

2. Nach Zuteilung der gezeichneten Aktien erfolgt die Einzahlung der Bareinlage in Höhe des vom Vorstand eingeforderten Betrages, mindestens aber ein Viertel des Nennbetrags, §§ 188 Abs. 2, 36 Abs. 2, 37 Abs. 1 AktG. Sacheinlagen brauchen zur Zeit der Anmeldung der Durchführung der Kapitalerhöhung noch nicht erbracht zu sein s. § 36 a Abs. 2 AktG.

3. Nunmehr erfolgt die Anmeldung der Durchführung der Kapitalerhöhung und die Eintragung derselben gemäß § 188 AktG. Über die Bekanntmachung der Eintragung s. § 190 AktG.

---

[2] Über die hierbei sich ergebende Problematik: *Thiel*, AG 1966 S. 391; *Alsen*, BB 1965, 114; *Wiedemann*, Großkomm. § 182 Anm. 16, u. o. § 2.

Mit der Eintragung der Durchführung ist die Kapitalerhöhung wirksam geworden. Mit ihr sind die neuen Mitgliedschaften entstanden, und zwar alle auf einmal (Gegensatz: bedingte Kapitalerhöhung). Erst von diesem Zeitpunkt an dürfen die neuen Aktien ausgegeben werden. Erst jetzt ist eine Übertragung der neuen Mitgliedschaften möglich, vgl. § 191 AktG. Erst jetzt kann das mittelbare Bezugsrecht der Aktionäre gegen die Bank ausgeübt werden.

VI. Mängel des Kapitalerhöhungsbeschlusses und der Aktienzeichnung

Auch hier sind wie bei der Gründung der Gesellschaft zu unterscheiden Mängel, welche die Grundlage der Kapitalerhöhung selbst betreffen, und solche, die die Übernahme der Aktien durch die Zeichner fehlerhaft erscheinen lassen. Die ersteren berühren die Frage der Gültigkeit des Kapitalerhöhungsbeschlusses überhaupt, die letzteren die Beteiligung des Zeichners an derselben. Die ersteren stellen die Gültigkeit der neugeschaffenen Mitgliedschaften als solche in Frage, die letzteren den Mitgliedschaftserwerb des Aktienzeichners. Mängel der ersteren Art liegen vor bei Unvollständigkeit, Anfechtung oder Nichtigkeit des Kapitalerhöhungsbeschlusses, Mängel der letzteren Art bei Anfechtung oder Nichtigkeit der Aktienzeichnung.

1. Das Gesetz regelt in den §§ 241 ff., 255 AktG nur die Frage, unter welchen **Voraussetzungen** der Kapitalerhöhungsbeschluß anfechtbar oder nichtig ist, nicht aber die **Folge** der Nichtigkeit oder Anfechtung für die ausgegebenen Aktien.

Sind aufgrund eines nichtigen oder angefochtenen Beschlusses die Aktien ausgegeben worden, so entbehren sie der für ihre Enstehung erforderlichen Rechtsgrundlage. Es kommen jedoch, da die Kapitalerhöhung als partielle Neugründung erscheint, die Grundsätze der §§ 275 ff. AktG sinngemäß zur Anwendung. Daraus folgt, daß eine Heilung der Nichtigkeit nicht stattfinden kann, weil der Mangel in der Unwirksamkeit der Erhöhung des Grundkapitals besteht (vgl. § 276 AktG), daß auch die ausgegebenen Aktien nichtig sind, jedoch § 277 Ab. 3 AktG Anwendung findet. Soweit es zur Erfüllung der Gesellschaftsverbindlichkeiten erforderlich ist, sind die Einlagen gleichwohl zu leisten. Für den Schaden haftet die Verwaltung analog § 191 AktG.

Ist bei Fehlen eines Sonderbeschlusses die von der HV beschlossene Kapitalerhöhung nur schwebend wirksam, so wird dieser Zustand mit der Eintragung geändert. Fortan gelten allein die Grundsätze der §§ 241 ff. AktG, und zwar unterliegt der Beschluß, da die Sonderabstimmung nicht dem öffentlichen Interesse dient, sondern den Schutz der Aktionäre bezweckt, der Anfechtung.

2. Auf eine Nichtigkeit oder erklärte Anfechtung der **Aktienzeichnung** kann sowohl die Gesellschaft wie der Zeichner sich jedenfalls berufen, solange die Durchführung der Kapitalerhöhung noch nicht eingetragen ist. Da die Nichtigkeit der Zeichnung den Bestand des Erhöhungsbeschlusses nicht berührt, sondern nur das Erfordernis der Vollzeichnung des neuen Kapitals, ein Verstoß hiergegen aber die Kapitalerhöhung nach Eintragung der Durchführung nicht unwirksam macht, sind die nichtig gezeichneten Mitgliedschaften jedenfalls entstanden. Es greift hier § 185 Abs. 3

AktG Platz. Hat der Zeichner aufgrund des Zeichnungsscheins Rechte ausgeübt oder Verpflichtungen erfüllt, z.B. die Mindesteinlage gezahlt, dann kann er sich nach Eintragung der Durchführung der Kapitalerhöhung nicht mehr auf die Nichtigkeit oder Anfechtung berufen.

§ 36 Genehmigtes Kapital

I. Bedeutung

Bei der gewöhnlichen Kapitalerhöhung liegt die gesetzliche Zuständigkeit zur Entscheidung aller wesentlichen Fragen bei der HV, und der Vorstand ist verpflichtet, den Erhöhungsbeschluß auszuführen. Darüber hinaus sind im Erhöhungsbeschluß alle Bedingungen der Aktienausgabe bindend enthalten.

Die Bedeutung des genehmigten Kapitals besteht demgegenüber darin, daß der Vorstand die Ermächtigung erlangt, innerhalb bestimmter Grenzen nach eigenem Ermessen die Durchführung der Kapitalerhöhung zu vollziehen, so daß ihm die Entscheidung überlassen bleibt, ob überhaupt, zu welchen Teilbeträgen und zu welchen Bedingungen eine Kapitalerhöhung erfolgen soll.

II. Die Ermächtigung des Vorstands

1. a) Die Ermächtigung kann schon bei der Gründung der Gesellschaft in der ursprünglichen Satzung (s. dazu § 39 Abs. 2) oder durch nachträgliche Satzungsänderung erteilt werden, § 202 Abs. 1 u. 2 AktG.

Nicht aber kann die Gesellschaft mit Hilfe des genehmigten Kapitals „gegründet" werden. Das Mindestkapital ist stets in voller Höhe aufzubringen, und die Gesellschaft muß bereits entstanden sein, soll von der Ermächtigung Gebrauch gemacht werden können. Die neuen Aktien sollen grundsätzlich auch nicht vor der Volleinzahlung der alten ausgegeben werden, § 203 Abs. 3 AktG.

b) Sind mehrere Gattungen von Aktien vorhanden, so bedarf der satzungsändernde Beschluß der HV zu seiner Wirksamkeit noch der Zustimmung der Aktionäre jeder Gattung, §§ 202 Abs. 2, 182 Abs. 2 AktG. Bei Vorhandensein von Vorzugsaktien ohne Stimmrecht sind die §§ 204 Abs. 2, 141 Abs. 2 AktG zu beachten.

c) Soll die durch Satzungsänderung zu begründende Ermächtigung auch die Befugnis des Vorstands zur Entscheidung über das Bezugsrecht enthalten, so ist dieses bei Einberufung der HV ausdrücklich bekanntzumachen, §§ 203 Abs. 2, 186 Abs. 4 AktG. Auch hier hat der Vorstand einen schriftlichen Bericht über den Grund für den teilweisen oder vollständigen Ausschluß des Bezugsrechts vorzulegen und darin den vorgeschlagenen Ausgabebetrag zu begründen.

2. Für den **Inhalt** der Ermächtigung gilt folgendes:

a) Sie ist auf höchstens 5 Jahre befristet, kann jedoch erneuert werden.

b) Sie unterliegt einer Beschränkung in bezug auf die Höhe des genehmigten Kapitals, § 202 Abs. 3 AktG.

c) Weitere Beschränkungen kann die Ermächtigung des Vorstands durch die Satzung oder durch den HV-Beschluß (§ 202 Abs. 1 u. 2) erfahren, indem dem Vorstand Bindungen in bezug auf den Inhalt der neuzuschaffenden Mitgliedschaften oder die sonstigen Bedingungen der Aktienausgabe auferlegt werden.

Mangels solcher Beschränkungen kann der Vorstand sowohl den **Inhalt** der Aktienrechte als auch die **Bedingungen** der Aktienausgabe bestimmen, bedarf jedoch dazu der Zustimmung des Aufsichtsrats. Er kann also die Kapitalerhöhung ausführen oder unterlassen, Stamm- oder Vorzugsaktien schaffen, Vorzugsaktien ohne Stimmrecht jedoch nur unter der Voraussetzung des § 204 Abs. 2 AktG (s. o. 1 b).

Sind die Aktionäre bezugsberechtigt, dann haben sie Anspruch auf Abschluß des Zeichnungsvertrags, §§ 203 Abs. 1 185 AKtG. Bei Ausstattung der neuen Aktien ist der Grundsatz gleichmäßiger Behandlung zu wahren, § 53a AktG; dazu o. § 30 III 3.

Ist der Vorstand zum Ausschluß des Bezugsrechts befugt, so hat er bei der Entscheidung hierüber, welche der Zustimmung des Aufsichtsrats bedarf (§ 204 Abs. 1 Satz 2), wie auch über die Frage, welche Art von Aktien er schafft und wem sie zugeteilt werden sollen, zu prüfen, ob der Bezugsrechtsausschluß im Interesse der Gesellschaft erforderlich ist und ob keine andere Lösungsmöglichkeit zu Gebote steht, durch welche die Aktionäre weniger beeinträchtigt werden (BGH 21, 357; 71, 40). Die Verpflichtung des Vorstands, bei dieser Entscheidung die Interessen der Aktionäre zu wahren, ist als ein Schutzgesetz zugunsten der Aktionäre zu erachten, denen bei Verletzung desselben aus § 823 Abs. 2 BGB subsidiär ein persönlicher Schadensersatzanspruch erwächst. Diese Auslegung beruht auf der Erwägung, daß eine Anfechtung des Ermächtigungsbeschlusses vielfach infolge Ablaufs der Anfechtungsfrist versagt, daß eine Haftung aus § 93 Abs. 2 AktG die Schädigung der Gesellschaft zur Voraussetzung hat, welche hier nicht notwendig vorliegt, daß ferner, wiewohl die Mitgliedschaften der Aktionäre nach RG 158, 249 „sonstige Rechte" im Sinne des § 823 Abs. 1 BGB darstellen, ein Schutz ihres Wertes daraus nicht abgeleitet werden kann.

Ein Ausschluß des Bezugsrechts liegt nicht vor, wenn der Vorstand, wie es in der Praxis üblich ist, die neuen Aktien durch eine Bank zeichnen und über sie den Aktionären zuteilen läßt, §§ 203, Abs. 1, 186 Abs. 5 AktG.

3. Die Ausgabe von Aktien gegen **Sacheinlagen** muß in der Ermächtigung ausdrücklich gestattet sein, § 205 Abs. 1 AktG. Hierbei ist zu unterscheiden, je nachdem die Ermächtigung bereits bei Gesellschaftsgründung vorgesehen oder erst nachträglich durch die HV beschlossen wird.

a) Da im ersteren Fall schon vor der Eintragung der Gesellschaft Vereinbarungen über Sacheinlagen getroffen werden können, muß zur Vermeidung einer Umgehung der bei der qualifizierten Gründung bestehenden Schutzvorschriften die Festsetzung über die Sacheinlagen in die Satzung aufgenommen werden, widrigenfalls sie unwirksam ist, § 206 AktG. Sie unterliegt dann derselben Prüfung wie die qualifizierte Gründung.

b) Wird die Ermächtigung zur Aktienausgabe gegen Sacheinlage durch Satzungsänderung erteilt, dann können dem Vorstand besondere Bindungen auferlegt werden, § 205 Abs. 2 AktG. Andernfalls ist der Vorstand befugt, mit Zustimmung des Aufsichtsrats die Festsetzungen über den Gegenstand der Sacheinlage, über die Person des Leistenden und über den Betrag der zu gewährenden Aktien zu treffen; diese Festsetzungen sind in den Zeichnungsschein aufzunehmen, dessen Doppelstück dem Registergericht einzureichen ist (§§ 203 Abs. 1, 188 AktG). Die Festsetzung durch den Vorstand und ihre Aufnahme in den Zeichnungsschein sind Voraussetzung für die Rechtsgültigkeit des Einlagevollzugs gegenüber der Gesellschaft, § 205 Abs. 4 AktG.

Es hat nach § 205 Abs. 3 AktG auch eine Prüfung der Bewertung durch gerichtlich zu bestellende Sachverständige zu erfolgen. Bei unangemessener Relation zwischen Sachwert und gewährten Aktien lehnt das Gericht die Eintragung ab; s. dazu BGH 64, 52 über Aufgabe und Haftung der Prüfer.

4. Die Rechtsfolgen der Nichtigkeit oder erfolgreicher Anfechtung des Ermächtigungsbeschlusses sind dieselben wie bei Nichtigkeit eines Kapitalerhöhungsbeschlusses; s.o. § 35 VI.

Von Verletzung der Ermächtigung durch den Vorstand oder Fehlen der Zustimmung des Aufsichtsrats wird nach Eintragung der Durchführung der Kapitalerhöhung die Gültigkeit der neu geschaffenen Aktien nicht berührt.

5. Über Aktienausgabe an **Arbeitnehmer** s.u. § 39.

III. Durchführung der Kapitalerhöhung

Die Durchführung der Kapitalerhöhung erfolgt im übrigen gemäß § 203 Abs. 1 AktG entsprechend dem bei der Kapitalerhöhung gegen Einlagen dargelegten Verfahren (o. § 35 V).

§ 37 Kapitalerhöhung aus Gesellschaftsmitteln

I. Wesen und Zweck

Die Kapitalerhöhung aus Gesellschaftsmitteln hat nicht den Zweck, der Gesellschaft neues Vermögen durch Einlagen zuzuführen, sondern vorhandenes freies Vermögen in gebundenes Gesellschaftsvermögen umzuwandeln. Sie ist eine Buchmaßnahme, durch welche das Gesellschaftsvermögen in seinem Bestand nicht berührt, sondern lediglich dessen rechtliche Lage verändert wird.

§ 37 Kapitalerhöhung aus Gesellschaftsmitteln

Sie bildet das Gegenstück zur vereinfachten Kapitalherabsetzung (u. § 44). Bedeutet letztere, das Grundkapital durch Herabsetzung desselben dem durch Wertminderungen oder sonstige Verluste reduzierten Stand des Gesellschaftsvermögens anzugleichen und damit buchmäßig einen Verlustausweis zu beseitigen, so bedeutet erstere, das als freie und frei auflösbare Rücklage ausgewiesene Gesellschaftsvermögen durch Erhöhung des Grundkapitals zu binden. Diese Kapitalerhöhung erfolgt mithin zu Lasten vorhandener Rücklagen. Sie ist ebenso wie die vereinfachte Herabsetzung eine reine Buchmaßnahme.

II. Verlauf des Verfahrens

1. Die Hauptversammlung hat unter Zugrundelegung einer Bilanz die Erhöhung des Grundkapitals durch Umwandlung von offenen Rücklagen in Grundkapital zu beschließen; s.u. III.

2. Der Erhöhungsbeschluß ist unter Beifügung der in § 210 AktG vorgeschriebenen Anlagen zum Handelsregister anzumelden, §§ 207 Abs. 2, 184 Abs. 1 AktG.

3. Mit Eintragung des Beschlusses ist das Grundkapital erhöht und sind die Anteile den Aktionären ipso jure zugefallen; s.u. IV.

4. Nunmehr erfolgt die Begebung der neuen Aktienurkunden; s.u. V.

III. Der Kapitalerhöhungsbeschluß

1. Erforderlich ist qualifizierte Kapitalmehrheit, nicht aber bei Vorhandensein verschiedener Aktiengattungen getrennte Abstimmung, § 207 Abs. 2 AktG.

2. Dem Beschluß ist eine Bilanz zugrunde zu legen. Dient dazu der letzte Jahresabschluß, so muß er vor der Beschlußfassung festgestellt, mit uneingeschränktem Bestätigungsvermerk versehen sein und er darf nicht länger als acht Monate zurückliegen, §§ 207 Abs. 3, 209 AktG. Eine Zwischenbilanz hat den Erfordernissen der §§ 208 Abs. 1, 209 Abs. 2 ff. AktG zu entsprechen und ist gemäß § 209 Abs. 6 AktG vor der HV auszulegen.

3. **Umwandlungsfähig** sind nur „offene Rücklagen", nämlich: die „gesetzliche Rücklage"[1], soweit sie den zehnten oder statutarisch höher bestimmten Teil des Grundkapitals übersteigt (§ 150 Abs. 4 Nr. 3); „freie Rücklagen" grundsätzlich in voller Höhe, jedoch unter Abzug eines etwaigen Bilanzverlustes oder anderer Gegenposten zum Eigenkapital und unter Ausschluß der Sonderposten mit Rücklageanteil, §§ 208, 152 Abs. 5 AktG.

Soweit freie Rücklagen **zweckgebunden** sind, dürfen sie nur umgewandelt werden, wenn es mit der Zweckbestimmung vereinbar ist, § 208 Abs. 2 Satz 3 AktG. Vereinbarkeit liegt z. B. vor bei Rücklagen für Investitionen, nicht aber bei Rücklagen, die

---

[1] Bei der künftigen Aufspaltung der gesetzlichen Rücklage in „Kapital- u. Gewinnrücklagen" (s. o. § 8 I 3) ist von der Summe beider Rücklagen auszugehen; vgl. auch Komm.-Bericht Rn. 260 ff..

für nicht aktivierbare Ausgaben bestimmt sind, z. B. zur Sicherung der Dividenden für Vorzugsaktien ohne Stimmrecht. Ein Verstoß hiergegen begründet Anfechtbarkeit des Beschlusses.

IV. Vollzug und Wirkungen der Erhöhung

1. Mit Eintragung des Beschlusses ist das Kapital erhöht, sind die neuen Anteilsrechte entstanden, welche zu Lasten der umgewandelten Rücklage auch als voll eingezahlt gelten (§ 211 AktG) und kraft Gesetzes anteilsmäßig den Aktionären zugefallen sind, § 212 AktG. Das gilt auch für eigene Aktien der Gesellschaft, §§ 215 Abs. 1, 220 AktG; ihnen sind die einem anderen für Rechnung der Gesellschaft gehörenden Aktien gleichzustellen.

Besonderheiten gelten für teileingezahlte Aktien, §§ 215 Abs. 2, 216 Abs. 2 AktG.

Ein dem gesetzlichen Anfall entgegenstehender HV-Beschluß ist nichtig, § 212 AktG.

2. Sofern auf Aktionäre wegen ihrer Relation nur ein Teil einer neuen Aktie entfällt, sind diese Teilrechte selbständig veräußerlich, so daß sich durch Veräußerung oder Zukauf Vollrechte bilden können. Andernfalls müssen die Teilberechtigten, deren Teile zusammen ein Vollrecht ergeben, sich zur Ausübung der Rechte aus dieser Aktie zusammenschließen, §§ 213, 69 Abs. 1 u. 3 AktG.

3. Nach § 216 Abs. 1 AktG wird durch die Kapitalerhöhung das bisherige Verhältnis der mit den Aktien verbundenen Rechte zueinander nicht berührt. Bestehen Stammaktien, Vorzugsaktien ohne Stimmrecht und etwa Mehrstimmrechtsaktien, so entfallen die neuen Anteile anteilsmäßig auf sie in **derselben** rechtlichen Ausstattung.

Schwierigkeiten entstehen dann, wenn die Vorzugsrechte nicht anteilig sind, z. B. die Vorzugsaktien einen bestimmten Prozentsatz des Gesamtgewinnes erhalten[2].

4. Möglich ist, daß vertragliche Beziehungen der Gesellschaft zu Dritten bestehen, die nach ihrem Inhalt abhängen von der auf die Aktien entfallenden Gewinnquote (z. B. Genußrechte mit derselben Gewinnquote wie die Aktionäre, Dividendengarantie in Höhe der auf die Aktien entfallenden Gewinnquote), oder abhängen von dem Nennbetrag der Aktien (z. B. Wandelschuldverschreibungen, die zum Umtausch gegen eine Aktie gleichen Nennbetrags berechtigen), oder vom Wert der Aktien (z. B. Optionsrechte), oder sonst von den bisherigen Kapital- oder Gewinnverhältnissen (z. B. Interessengemeinschaftsvertrag). Diese Relation wird durch die Kapitalerhöhung nicht berührt, § 216 Abs. 3 AktG.

Ist ein Genußberechtigter zu derselben Gewinnquote berechtigt wie die Aktionäre, werden aber die bisherigen Gewinnquoten der Aktionäre durch Verdoppelung der Aktien halbiert, so behält der Genußberechtigte fortan die auf je zwei Aktien entfallende Gewinnquote (s. o. § 19 II 4c).

---
[2] Vgl. dazu *Gessler* in WM 1960, Sonderbeilage Nr. 1 S. 21; derselbe, BB 1960, 10 und in DNotZ 1960, 636; dagegen *Boesebeck*, DB 1960, 404.

Ist der Besitzer einer **Wandelschuldverschreibung** zum Umtausch gegen eine Aktie berechtigt, so hat er bei Verdoppelung der Aktien durch die Erhöhung fortan ein Umtauschrecht auf zwei Aktien. Zu diesem Zwecke erhöht sich auch das „bedingte Kapital" im gleichen Verhältnis, § 218 AktG. In einigen Anleihebedingungen wird deshalb erklärt, daß im Falle einer Kapitalerhöhung aus Gesellschaftsmitteln der Nennbetrag der Aktien, der den Inhabern der Wandelschuldverschreibungen bei Ausübung des Wandelrechts zusteht, sich im gleichen Verhältnis wie das Grundkapital erhöht, bzw. daß Optionsberechtigte so gestellt werden, als hätten sie die Option im Zeitpunkt der Kapitalerhöhung aus Gesellschaftsmitteln bereits ausgeübt.

V. Ausgabe der Aktienurkunden

Nach der Eintragung erfolgt die Ausgabe der Aktienurkunden; s. dazu §§ 214, 213 Abs. 2, 219 AktG. Über die Gewinnbeteiligung der neuen Aktien s. § 217 AktG.

Nach § 2 Ges. über steuerrechtliche Maßnahmen bei Erhöhung des Nennkapitals aus Gesellschaftsmitteln und bei Überlassung eigener Aktien an Arbeitnehmer i. d. Fassung s. 10. 10. 1967 (BGBl. I § 977) entfällt hier die Gesellschaftssteuer.

§ 38 Bedingte Kapitalerhöhung

I. Bedeutung und Wesen

1. Eine Gesellschaft, welche Wandelschuldverschreibungen oder Optionsanleihen ausgegeben hat, wird jene Aktien, welche sie bei Fälligkeit der Bezugsrechte zur Bedienung derselben benötigt, in der Regel durch Kapitalerhöhung zu beschaffen haben. Die Kapitalerhöhung gegen Einlagen ist zu diesem Zweck nicht geeignet, weil hierbei das Bezugsrecht den Aktionären zusteht, deshalb den Inhabern der Obligationen Rechte auf Aktienbezug nur unter dem Vorbehalt des Bezugsrechts der Aktionäre zugesichert werden könnten, § 187 AktG. Gleiches gilt, wenn ein künftiger Unternehmenszusammenschluß durch vorzeitige Zuwendung von Bezugsrechten gesichert werden soll. Für solche Zwecke stellt das AktG deshalb in den §§ 192 ff. die bedingte Kapitalerhöhung zur Verfügung.

2. a) Durch die Kapitalerhöhung kann den Übernehmern von **Wandelobligationen** und Optionsanleihen (s. o. § 19 IV) schon bei Ausgabe der Obligationen das Recht auf Umtausch ihrer Schuldverschreibungen in Aktien oder auf zusätzlichen Aktienbezug zugesichert werden. Da jedoch zur Zeit des hierbei zu fassenden Kapitalerhöhungsbeschlusses noch nicht feststeht, wie viele Obligationäre von ihrem Umtausch- oder Bezugsrecht Gebrauch machen werden, ist das Ergebnis der Durchführung der Kapitalerhöhung ungewiß. Daher die Bezeichnung „bedingte Kapitalerhöhung".

b) In derselben Weise ist es aufgrund dieser Einrichtung möglich, zur Vorbereitung des **Zusammenschlusses** von Unternehmungen, etwa schon bei Abschluß eines Interessengemeinschaftsvertrages, den Eigentümern des zu übertragenden Unternehmens das Recht auf Aktien der übernehmenden Gesellschaft zu sichern, auch wenn der endgültige Betrag der erforderlichen Aktien noch nicht feststeht.

c) Endlich ist es möglich, auch **Arbeitnehmern**, denen die Gesellschaft eine Gewinnbeteiligung einräumt, gleichzeitig damit ein Bezugsrecht auf Aktien zu verschaffen gegen Einlage ihrer angesammelten Gewinnguthaben; s. u. § 39 II 3.

3. Der Unterschied zwischen der Kapitalerhöhung gegen Einlagen und der **bedingten** Kapitalerhöhung ist folgender: Bei der ersteren steht das Bezugsrecht den Stammaktionären zu. Bei der letzteren gehört die Zusicherung des Bezugsrechts an dritte Personen zum notwendigen Inhalt des Erhöhungsbeschlusses. Der Umfang der Durchführung hängt bei ihr davon ab, wie viele Berechtigte von ihrem Bezugsrecht Gebrauch machen werden; wird ein Gebrauch überhaupt nicht gemacht, dann bleibt der Beschluß unausgeführt. Während bei der gewöhnlichen Kapitalerhöhung die Zeichnungsmöglichkeit befristet ist, besteht eine zeitliche Grenze bei der bedingten Kapitalerhöhung grundsätzlich nicht. Die Kapitalerhöhung kann daher im Zusammenhang mit der Ausgabe der Obligationen beschlossen werden. Während bei der gewöhnlichen Kapitalerhöhung die neugeschaffenen Mitgliedschaften alle zu gleicher Zeit entstehen, nämlich mit der konstitutiven Eintragung der Durchführung der Erhöhung, entstehen die Mitgliedschaften bei der bedingten Kapitalerhöhung mit der Ausgabe der Bezugsaktien aufgrund des im einzelnen geltend gemachten Bezugs- oder Umtauschrechtes, also einzeln nacheinander; und die jeweils am Jahresende erfolgenden Eintragungen besagen nur deklaratorisch, inwieweit die Kapitalerhöhung inzwischen eingetreten ist, §§ 200, 201 AktG. Während die Eintragung des Kapitalerhöhungsbeschlusses bei der gewöhnlichen Kapitalerhöhung mit der Eintragung der Durchführung zusammen erfolgen kann, kommt der Eintragung des bedingten Kapitalerhöhungsbeschlusses konstitutive Wirkung zu, indem damit das Bezugsrecht des Dritten als ein unentziehbares entsteht (§ 192 Abs. 4 AKtG).

II. Der Verlauf des Verfahrens

Auch hier ist die Beschlußfassung der HV und die Durchführung der Kapitalerhöhung durch den Vorstand zu unterscheiden.

1. a) Die HV beschließt die Kapitalerhöhung unter Zusicherung des Bezugs- oder Umtauschrechts an die Obligationäre, an die Eigentümer des einzubringenden Unternehmens oder an die gewinnbeteiligten Arbeitnehmer §§ 192, 193, 194 AktG.

b) Im Falle von Sacheinlagen hat eine Prüfung durch gerichtlich zu bestellende Prüfer stattzufinden, § 194 Abs. 4 AktG.

2. Es erfolgt die Anmeldung des Beschlusses zum Handelsregister unter Beifügung der nach § 195 Abs. 2 erforderlichen Unterlagen. Mit Eintragung des Beschlusses sind die Bezugsrechte der Destinatäre unentziehbar entstanden, § 192 Abs. 4 AktG.

3. Bei Fälligkeit des Bezugsrechts können die Bezugs- oder Umtauscherklärungen abgegeben werden, § 198 AktG.

4. Es hat die Leistung des Gegenwertes für die Bezugsaktien zu erfolgen, § 199 AktG.

§ 38 *Bedingte Kapitalerhöhung*

5. Hierauf können die Bezugsaktien ausgehändigt werden, § 199 AktG. Die Erhöhung des Grundkapitals erfolgt jeweils mit Ausgabe einer jeden einzelnen Bezugsaktie in Höhe des Nennbetrages derselben, also schrittweise, § 200 AktG.

6. Sodann erfolgt die Anmeldung der ausgegebenen Bezugsaktien, § 201 AktG, welche die eingetretene Erhöhung deklaratorisch kundgibt.

III. Der Kapitalerhöhungsbeschluß

1. a) Die für den Kapitalerhöhungsbeschluß erforderliche Mehrheit entspricht der für die gewöhnliche Kapitalerhöhung vorgesehenen Majorität mit der Maßgabe, daß für die bedingte Kapitalerhöhung die Satzung nur eine größere Kapitalmehrheit und weitere Erfordernisse vorsehen kann, § 193 Abs. 1 AktG.

b) Bei Vorhandensein mehrerer Aktiengattungen hat auch hier neben dem Beschluß aller Aktionäre eine getrennte Abstimmung nach den einzelnen Gattungen stattzufinden, §§ 193 Abs. 1, 182 Abs. 2 AktG.

c) In dem Beschluß ist anzugeben, bis zu welchem Höchstbetrag das Kapital zu erhöhen sei; doch darf der Betrag des bedingten Kapitals nicht größer sein als die Hälfte des zur Zeit des Erhöhungsbeschlusses vorhandenen Grundkapitals, § 192 Abs. 3 AktG.

d) In dem Beschluß muß ferner der **Zweck** der bedingten Kapitalerhöhung festgestellt werden, §§ 192 Abs. 2; 193 Abs. 2 Nr. 1 AktG.

Als zulässige Zwecke kennt § 192 Abs. 2 AktG nur die Gewährung von Umtausch- oder Bezugsrechten an Gläubiger von Wandelschuldverschreibungen, die Vorbereitung des Zusammenschlusses der AG mit einem anderen Unternehmen und die Gewährung von Aktien an Arbeitnehmer gegen Einlage ihrer Gewinnguthaben. Im Falle des Zusammenschlusses braucht das andere Unternehmen nicht die Form einer AG zu haben, sondern kann auch in Personengesellschaft oder als Einzelunternehmen betrieben werden, indem die Inhaber ihr Unternehmen gegen Übernahme von Aktien in die AG einbringen.

Als Zusammenschluß in diesem Sinne gilt auch der Abschluß eines Beherrschungs- oder Gewinnabführungsvertrages (§ 291) und die Eingliederung durch Mehrheitsbeschluß (§ 320), so daß auch die Schaffung der als Abfindung gemäß § 305 Abs. 2 Nr. 1 u. 2 und § 320 Abs. 5 AktG zu gewährenden Aktien mit bedingter Kapitalerhöhung erfolgen kann.

2. Mit der bedingten Kapitalerhöhung ist notwendig die Einräumung des Umtausch- oder Bezugsrechts zu verbinden (§ 192 Abs. 1) und der Kreis der Bezugs- und Umtauschberechtigten zu benennen (§ 193 Abs. 2 Nr. 2 AktG).

a) Das Bezugsrecht der Bedachten entsteht mit der Eintragung des Erhöhungsbeschlusses in das Handelsregister (§ 197 Satz 2 AktG).

b) Das Bezugs- oder Umtauschrecht der Bedachten ist durch § 192 Abs. 4 AktG geschützt. Hiernach ist ein Beschluß der HV, welcher dem Beschluß über die bedingte Kapitalerhöhung entgegensteht, nichtig, und diese Nichtigkeit wird auch nicht nach

§ 242 AktG durch Eintragung geheilt. Möglich aber ist die Gewährung des Bezugsrechts unter Bedingungen oder unter Befristung.

Nichtig wäre also ein HV-Beschluß, der die bedingte Kapitalerhöhung rückgängig macht oder das Bezugsrecht entzieht. Das Bestehen des Bezugsrechts schließt jedoch weder eine in der Zwischenzeit erfolgende Kapitalerhöhung gegen Einlagen, noch eine Kapitalherabsetzung aus (s. o. § 19 IV 2b), noch beschränkt es die Gesellschaft in ihrer Freiheit zur Gestaltung oder Änderung ihrer Rechtsgrundlage. Bei Auflösung der Gesellschaft ist Ausübung des Bezugsrechts bis zum Schlusse der Abwicklung möglich (BGH 24, 286). Bei Umwandlung der Gesellschaft in eine Personengesellschaft wird es gegenstandslos, ebenso im Falle der Verschmelzung, wenn es gegen die übertragende und durch die Verschmelzung erlöschende Gesellschaft gerichtet ist; es erwächst jedoch in solchen Fällen den Bezugsberechtigten ein Schadensersatzanspruch.

Über den Schutz des Bezugsrechts aus Wandelschuldverschreibungen bei Verschmelzung der Emittentin mit einer anderen AG oder KGaA s. o. § 19 IV 2b.

3. Im Kapitalerhöhungsbeschluß sind ferner der Ausgabebetrag der Bezugsaktien oder die Grundlagen anzugeben, wonach dieser sich berechnet, § 193 Abs. 2 Nr. 3 AktG.

4. Bedingte Kapitalerhöhung mit **Sacheinlagen**.

a) Eine solche würde stets beim Umtausch von Obligationen gegen Aktien vorliegen, da der Umtauschende sein Gläubigerrecht gegen die Gesellschaft unter Übernahme von Aktien einbringt. Nach § 194 Abs. 1 Satz 2 AktG jedoch ist dieser Vorgang nicht als Sacheinlage anzusehen, so daß die Vorschriften der qualifizierten Kapitalerhöhung nicht zur Anwendung kommen.

Auch die Einlage von Geldforderungen, welche Arbeitnehmern der Gesellschaft aus einer ihnen eingeräumten Gewinnbeteiligung zustehen, unterliegt nach § 194 Abs. 3 AktG nicht den Erfordernissen eines Sacheinlagebeschlusses.

b) Als Fall der Sacheinlage bleibt daher die Ausgabe von Bezugsaktien in Durchführung des Anschlusses eines Unternehmens an die Gesellschaft oder die Gewährung von Aktien als Abfindung bei Beherrschungsvertrag (§ 305) oder Eingliederung (§ 320 Abs. 5). Es muß dabei nach § 194 AktG der Gegenstand der Sacheinlage, die Person des Einbringenden sowie der Nennbetrag der für die Sacheinlage zu gewährenden Aktien beschlußmäßig festgelegt werden.

c) Nach § 194 Abs. 4 AktG hat vor Anmeldung des Erhöhungsbeschlusses eine Prüfung durch gerichtlich zu bestellende Prüfer stattzufinden, deren Prüfungsbericht der Anmeldung des Beschlusses zum Handelsregister beizufügen ist, § 195 Abs. 2 Nr. 1 AktG.

Wird die Kapitalerhöhung zur Sicherung eines künftigen Unternehmenszusammenschlusses etwa schon bei Abschluß eines vorläufigen Interessengemeinschaftsvertrags beschlossen, so sind wegen der in der Zwischenzeit möglichen Veränderung der Wertrelationen der Unternehmen im Erhöhungsbeschluß die Grundlagen festzulegen, nach denen sich der Betrag der zu gewährenden Aktien errechnet; der Prüfung unterliegt hier der Modus dieser Berechnung.

§ 38 *Bedingte Kapitalerhöhung*

Über die Bedeutung der Prüfung in jenem Falle, wo die Kapiatlerhöhung der Bereitstellung von Aktien als Abfindung bei Eingliederung (§ 320 Abs. 2) oder Beherrschungsvertrag (§ 305) dient, und über das Verhältnis dieser Prüfung zur gerichtlichen Prüfung der Angemessenheit der Abfindung s. u. § 69 III 5. u. § 70 VI 2 a.

5. Eine Verletzung der wesentlichen Erfordernisse des Beschlusses über die bedingte Kapitalerhöhung (also insbesondere des § 193 Abs. 2) zieht Nichtigkeit des Beschlusses nach sich (§ 241 Nr. 3). Ein Verstoß gegen die Zweckbestimmung hingegen hat lediglich, da die Vorschrift Sollcharakter trägt (§ 192 Abs. 2), Anfechtbarkeit zur Folge.

6. Die Eintragung des Kapitalerhöhungsbeschlusses wirkt **konstitutiv**. Mit ihr entsteht das Bezugsrecht der Bedachten; vgl. §§ 199 bis 201 AktG.

IV. Die Durchführung der Kapitalerhöhung

1. Von der Eintragung des Kapitalerhöhungsbeschlusses an sind die Berechtigten zur Abgabe ihrer Bezugserklärung befugt; doch wird der Zeitpunkt und die Frist des Umtausches bei der Emission der Wandelobligationen des näheren bestimmt. Die Bezugserklärung erfolgt nicht mittels Zeichnungsscheines, sondern schriftlich, § 198 AktG. Doch kommen ihr die gleichen Wirkungen wie der durch Zeichnungsschein abgegebenen Erklärung zu. Über die Heilung von Mängeln der Bezugserklärung siehe § 198 Abs. 2 bis 4 AktG.

2. Auf die Abgabe der Bezugserklärung hin erfolgt die Einbringung des Gegenwertes für die Bezugsaktien, da die Aktien nicht vor der vollen Leistung der Einlageverpflichtung ausgegeben werden dürfen, § 199 Abs. 1 AktG. Beim Umtausch von Wandelobligationen sind daher die Obligationen zurückzugeben. Im Falle der Übernahme eines Unternehmens ist dieses in formgerechter Weise auf die AG zu übertragen. Über die Besonderheit bei der Verschmelzung u. § 48 B III.

Da beim Umtausch von Obligationen in Aktien die in den Schuldverschreibungen verkörperten Forderungen der Aktionäre gegen die Gesellschaft den Gegenstand der Einlage bilden, läge bei Übereinstimmung des Nennbetrages von Obligation und Aktie formell eine Unterpari-Emission auch dann nicht vor, wenn die Obligationen nicht voll valutiert worden waren. Materiell hat jedoch die Gesellschaft in solchem Falle für die Obligation den vollen Gegenwert noch nicht erhalten. Daher bestimmt § 199 Abs. 2 AktG, daß der Unterschied zwischen dem Ausgabebetrag der Schuldverschreibung und dem Nennbetrag der Aktie beim Umtausch gedeckt werden muß, sei es aus dem Reingewinn oder aus einer freien Rücklage oder durch Zuzahlung der Bezugsberechtigten.

3. Mit Ausgabe einer jeden Aktie wird das Grundkapital schrittweise um deren Nennbetrag erhöht, § 200 AktG. Daher hat der Vorstand alljährlich dem Handelsregister anzuzeigen, in welchem Umfange die Kapitalerhöhung inzwischen eingetreten ist. Diese Eintragung hat nur deklaratorische Natur, § 201 AktG.

§ 39 Ausgabe von Belegschaftsaktien

I. Das AktG fördert die Ausgabe von Aktien an die Arbeitnehmer der Gesellschaft, welche auch durch steuerliche Maßnahmen im Interesse der Vermögensbildung der Arbeitnehmer begünstigt wird. Die Zuführung von Anteilen am Gesellschaftsvermögen in die Hände der Arbeitnehmer wird als geeignet erachtet zur Förderung des Interesses der Arbeitnehmer am Wohlergehen des Unternehmens und darüber hinaus an der wirtschaftlichen Entwicklung im allgemeinen und letztlich auch als ein Beitrag zur Überbrückung und Aufhebung des Gegensatzes von Kapital und Arbeit gewertet. Andererseits aber hat das mit der Belegschaftsaktie verbundene Kursrisiko, insbesondere die bei finanzieller Beteiligung der Arbeitnehmer an der eigenen Gesellschaft entstehende Kumulierung des Arbeitsplatz- und Beteiligungsrisikos eine sehr unterschiedliche Aufnahme der Belegschaftsaktien bei den Arbeitnehmern bewirkt und bei einer Anzahl von Unternehmen zur Entwicklung anderer Modelle unternehmensbezogener Vermögensbildung der Arbeitnehmer geführt[1].

II. Das AktG regelt drei Arten der Beschaffung von Aktien durch die Gesellschaft zwecks Zuwendung derselben an ihre Arbeitnehmer:

1. Nach § 192 Abs. 2 Nr. 3 AktG kann eine bedingte Kapitalerhöhung zum Bezug neuer Aktien gegen Einlage jener Geldforderungen beschlossen werden, welche den Arbeitnehmern aus einer ihnen von der Gesellschaft eingeräumten Gewinnbeteiligung zustehen. Das Verfahren erfolgt in der o. § 38 dargestellten Weise mit der Maßgabe, daß die Geldforderungen, welche den Arbeitnehmern aus ihrer Gewinnbeteiligung erwachsen sind und welche bei Aktienbezug als Einlage eingebracht werden, nach § 194 Abs. 3 AktG nicht als Sacheinlage gelten.

Von diesem Verfahren, bei welchem die Aktionäre die Kapitalerhöhung zu beschließen und auch den Ausgabebetrag zu bestimmen haben, und wobei die Erhöhung des Kapitals ausschließlich der Beschaffung von Belegschaftsaktien dient, wird jedoch in der Praxis bisher kein Gebrauch gemacht[2].

2. a) Nach § 71 Abs. 1 Nr. 3 AktG darf die Gesellschaft eigene Aktien auf dem Markt erwerben, wenn diese Aktien den Arbeitnehmern der Gesellschaft oder eines mit ihr verbundenen Unternehmens zum Erwerb — unter Vorzugskurs — angeboten werden sollen. Hierbei ist durch § 71 a Abs. 1 AktG der Gesellschaft auch die Möglichkeit eingeräumt, den Aktienerwerb der Arbeitnehmer durch Gewährung von — allmählich abzuschreibenden — Darlehen oder durch Leistung von Sicherheiten finanziell zu erleichtern. Die Entscheidung über diese Maßnahmen trifft der Vorstand im Rahmen seiner Geschäftsführung. Es unterliegt jedoch auch der zu diesem Zweck erfolgende Erwerb eigener Aktien seitens der Gesellschaft den oben § 13 dar-

---

[1] Über diese Modelle und auch über statistische Angaben zur bisherigen Verbreitung der Belegschaftsaktien und über die steuerlichen Aspekte s. insbesondere die vom Arbeitskreis zur Förderung der Aktie e. V. vorgelegte Studie: Ulrich *Fritsch,* Die Belegschaftsaktie und andere Formen unternehmensbezogener Vermögensbildung (1976).
[2] S. *Fritsch* a.a.O. S. 44.

gelegten Schranken, also der Höchstgrenze von 10% des Grundkapitals und der Bedingung, daß die Gesellschaft den Erwerbspreis aus ihrem freien Vermögen entrichten kann, und daß die Ausgabe dieser Aktien an die Arbeitnehmer binnen Jahresfrist erfolgt (§ 71 Abs. 3 Satz 2 AktG). Nur unter dieser Voraussetzung ist nach § 71 a AktG auch die Gewährung von Darlehen oder Vorschüssen und die Übernahme von Garantien seitens der Gesellschaft zulässig.

b) Steuerlich wird für die Arbeitnehmer solcher Aktienerwerb begünstigt durch das sog. Kapitalaufstockungsgesetz in der Fassung vom 10. 10. 1967 (BGBl I 977), welches in § 8 bestimmt, daß die Differenz zwischen dem Börsenkurs und dem von den Arbeitnehmern an die Gesellschaft zu entrichtenden Kaufpreis (Vorzugskurs) ihrem Lohn nicht zugerechnet wird, falls die Arbeitnehmer sich verpflichten, diese Aktie innerhalb einer Sperrfrist von fünf Jahren nicht zu veräußern, und sofern der Vorteil aus dem Kursunterschied für den einzelnen Arbeitnehmer 500 DM pro Jahr nicht übersteigt. Für die Gesellschaften sind die mit der Ausgabe von Belegschaftsaktien verbundenen Aufwendungen gewinnschmälernde Betriebsausgaben[3].

Von dieser Möglichkeit der Aktienzuwendung, bei welcher sich nicht das Grundkapital der Gesellschaft, sondern lediglich der Kreis ihrer Aktionäre ändert, machen viele Gesellschaften Gebrauch.

3. Eine Ausgabe von Belegschaftsaktien kann ferner erfolgen im Zusammenhang mit einer Kapitalerhöhung aufgrund genehmigten Kapitals (s.o. § 36), sei es, daß bereits die Satzung dieses vorsieht (§ 202 Abs. 4) oder daß der Ermächtigungsbeschluß den Vorstand zum Ausschluß des Bezugsrechts ermächtigt und hiermit auch Zuteilung von Aktien an die Arbeitnehmer der Gesellschaft ermöglicht. Belegschaftsaktien können nach § 203 Abs. 2 AktG ausgegeben werden, auch wenn auf das bisherige Grundkapital noch Einlagen ausstehen.

Eine besondere Begünstigung enthält § 203 Abs. 3 AktG: Bei Ausweis eines Jahresüberschusses im — unbeschränkt bestätigten — Jahresabschluß der Gesellschaft kann jener Betrag dieses Überschusses, welchen Vorstand und Aufsichtsrat bei Feststellung des Jahresabschlusses nach § 58 Abs. 2 AktG in freie Rücklagen einzustellen befugt sind (s.o. § 8 II), zur Deckung der von den Arbeitnehmern geschuldeten Einlage verwendet werden. Hier wird also vom Vorstand unter Zustimmung des Aufsichtsrats ein Teil des an sich den Aktionären zustehenden Überschusses den Arbeitnehmern zugewandt, wozu der Vorstand, wie oben § 25 VI dargelegt, aufgrund des ihm obliegenden Interessenausgleichs befugt ist. Auch dieses Verfahren kommt in der Praxis häufig vor.

Sieht die dem genehmigten Kapital zugrunde liegende Ermächtigung des Vorstands auch die Ausgabe von Aktien gegen Sacheinlagen vor (§ 205 Abs. 1) und war den Arbeitnehmern der Gesellschaft eine Gewinnbeteiligung eingeräumt, dann kann der Aktienbezug durch sie auch unter Verrechnung der aus der Gewinnbeteiligung entstandenen Forderungen erfolgen, ohne daß die bei Sacheinlagen vorgeschriebenen Besonderheiten zur Anwendung kommen, § 205 Abs. 5 AktG.

---

3 I. *Schröder*, Private Möglichkeiten einer Kapitalbeteiligung der Arbeitnehmer in der deutschen Wirtschaft in AG 1974, 342 ff.

4. Eine weitere steuerliche Begünstigung für Belegschaftsaktien enthält das Dritte Gesetz zur Förderung der Vermögensbildung der Arbeitnehmer v. 15. 1. 1975 (BGBl I 258)[4]. Hiernach werden Leistungen, welche der Arbeitgeber aufgrund von Einzelverträgen, von Betriebsvereinbarungen oder von Tarifverträgen für den Arbeitnehmer erbringt, sei es als Sparbeiträge, welche gemäß dem Sparprämiengesetz in Wertpapieren angelegt werden können, oder als Aufwendungen für den Aktienerwerb eines Arbeitnehmers gemäß dem KapAufstG (o. 2b), durch Sparzulagen seitens der Öffentlichen Hand ergänzt, welche nicht als steuerpflichtige Einnahmen gelten, und denen auch gewisse steuerliche Anrechnungen auf Seite der Arbeitgeber gegenüberstehen.

§ 40 Überblick über die Maßnahmen der Kapitalherabsetzung

1. Das Gesetz kennt drei Arten der Kapitalherabsetzung, nämlich: Die ,,ordentliche Kapitalherabsetzung''; sie ist eine Teilliquidation insofern, als durch die Senkung des Grundkapitals gebundenes Gesellschaftsvermögen frei wird und der Disposition zu verschiedenen Zwecken dienen kann. Sodann die ,,vereinfachte Kapitalherabsetzung'', welche eine Maßnahme der Buchsanierung bildet. Endlich die ,,Kapitalherabsetzung durch Einziehung von Aktien'', bei welcher die Vernichtung der eingezogenen Mitgliedschaften die entsprechende Senkung des Grundkapitals zur Folge hat.

2. Da die Summe der Nennbeträge der Anteile, in welche das Grundkapital zerlegt ist, mit dem Betrag des Grundkapitals übereinstimmen muß, andererseits jeder Anteil eine Mitgliedschaft darstellt (o. § 1 II 3), bedeutet die Kapitalherabsetzung zugleich einen Eingriff in den Bestand der Mitgliedschaften. Jede Kapitalherabsetzung ist notwendig mit einer Teilvernichtung von Mitgliedschaften verbunden. Diese Teilvernichtung aber kann in dreifacher Weise erfolgen.

a) Möglich ist, daß bei unveränderter Gesamtzahl der vorhandenen Mitgliedschaften nur deren Nennbeträge nach Maßgabe des herabgesetzten Grundkapitals verringert werden, § 222 Abs. 4 Nr. 1 AktG. Von diesem Verfahren werden alle Aktionäre gleichmäßig betroffen.

b) Möglich ist, daß der Nennbetrag der Aktie der gleiche bleibt, dagegen die Zahl der vorhandenen Mitgliedschaften entsprechend verringert wird, § 222 Abs. 4 Nr. 2 AktG. Auch von diesem Verfahren werden alle Mitgliedschaften betroffen. Jene Aktionäre aber, welche nicht eine durch drei teilbare Zahl an Aktien besitzen, sind gezwungen, entweder Anteile zu veräußern oder die fehlende Zahl hinzuzuerwerben, was zu Nachteilen der Betroffenen führen kann.

---

4 S. *Fitting/Hentrich/Schweder,* Drittes Vermögensbildungsgesetz (7. Aufl. 1973).

c) Möglich ist endlich, daß die Kapitalherabsetzung erfolgt durch Einziehung von Aktien, §§ 237 ff. AktG. Hier werden die eingezogenen Mitgliedschaften total vernichtet, die übrigen Aktien aber in ihrem Bestande nicht berührt.

3. a) Das durch die ordentliche Kapitalherabsetzung frei werdende Vermögen kann verschiedenen Zwecken dienen, z.B. der Rückzahlung an die Aktionäre oder zur Befreiung der Aktionäre von der Verpflichtung zur Zahlung des noch rückständigen Einlagebetrages; oder es kann zur Auffüllung der gesetzlichen Rücklage oder zur Einstellung in freie Rücklagen verwendet werden. In jedem Falle berührt die Reduzierung der durch das Grundkapital als Passivposten bewirkten Vermögensbindung die Interessen der Gesellschaftsgläubiger.

b) Auch die Einziehung von Aktien ist zu solchen Zwecken möglich; sie kann auch zum Ausgleich eines Buchverlustes dienen, nämlich dann, wenn der Gesellschaft Aktien unentgeltlich zur Einziehung überlassen werden. Die Einziehung von Aktien kann darüber hinaus auch typisch eigenen Zwecken dienen; s.u. § 42 I.

c) Die vereinfachte Kapitalherabsetzung, auch Kapitalberichtigung genannt, ist eine Maßnahme der Buchsanierung. Hier wird das Grundkapital lediglich dem durch Verluste reduzierten Gesellschaftsvermögen angeglichen. Da hier eine Vermögensausschüttung unterbleibt, die Gläubigerinteressen mithin nicht betroffen werden, ist diese Kapitalherabsetzung in vereinfachter Form möglich. Sie bildet das Gegenstück zur Kapitalerhöhung aus Gesellschaftsmitteln.

§ 41 Ordentliche Kapitalherabsetzung

I. Bedeutung

1. a) Die ordentliche Kapitalherabsetzung bewirkt, daß ein Teil des bisher durch das Grundkapital als Passivposten der Bilanz gebundenen Gesellschaftsvermögens zu frei verfügbarem Kapital wird, mögen diese Mittel nun zur Rückzahlung an die Aktionäre oder zu sonstigen Zwecken verwendet werden. In jedem Falle berührt die Verminderung des Grundkapitals die Interessen der Gläubiger, denen deshalb Rechnung zu tragen ist.

b) Die Kapitalherabsetzung zum Zwecke der Teilrückzahlung des Gesellschaftsvermögens wird hauptsächlich veranlaßt durch Schrumpfung des Geschäftsbetriebs; Beispiel: Eine Grundstücksgesellschaft hat Grundstücke gekauft, parzelliert und bebaut und einen Teil derselben veräußert. Die Kapitalherabsetzung dient der Rückzahlung der nicht mehr benötigten liquiden Mittel.

2. Grundsätzlich hat die Kapitalherabsetzung unter Herabsetzung des Nennbetrages der Aktien zu erfolgen, da hiervon alle Beteiligten gleichmäßig betroffen werden. Die Zusammenlegung von Aktien ist nur zulässig, wenn die Herabsetzung des Nenn-

betrages zur Unterschreitung des gesetzlichen Mindestbetrages führen würde, §§ 222 Abs. 4; 8 AktG.

II. Verlauf des Verfahrens

Es sind drei Etappen zu unterscheiden, nämlich die Beschlußfassung, die Durchführung des Beschlusses und die Erfüllung des Zweckes der Herabsetzung.

1. Zunächst beschließt die HV die Herabsetzung, § 222 AktG.
2. Der Beschluß wird zum Handelsregister angemeldet, § 223 AktG.
3. Hierauf erfolgt die Eintragung und Bekanntmachung des Beschlusses unter Hinweis der Gläubiger auf die Wahrung ihrer Rechte, § 225 AktG.

Mit der Eintragung ist das Grundkapital herabgesetzt. Den Gläubigern ist Sicherheit zu leisten, § 225 AktG.

4. Dem schließt sich die Durchführung der aus der Kapitalherabsetzung sich ergebenden Einzelmaßnahmen an, § 226 AktG.
5. Hierauf erfolgt die Anmeldung und Eintragung der Durchführung der Kapitalherabsetzung, § 227 AktG.
6. Es ist die Sperrfrist abzuwarten, § 225 Abs. 2 AktG.
7. Nunmehr kann im Vollzug des Herabsetzungszweckes Rückzahlung des freigewordenen Gesellschaftsvermögens an die Aktionäre oder die sonstige Verfügung erfolgen, § 225 Abs. 2 AktG (u. VI 2).

III. Der Herabsetzungsbeschluß

1. a) Erforderlich ist dieselbe Dreiviertel-Kapitalmehrheit wie bei der Kapitalerhöhung. Im Gegensatz zu letzterer aber kann die Satzung die Mehrheit nur durch eine größere Kapitalmehrheit ersetzen, § 222 Abs. 1 AktG. Nicht möglich ist es, als Gegenstück zum „genehmigten Kapital", den Vorstand zur Entscheidung über die Herabsetzung zu ermächtigen.

b) Bei Vorhandensein mehrerer Gattungen von Aktien ist außer dem Beschluß aller Aktionäre getrennte Abstimmung jeder Gattung erforderlich, § 222 Abs. 2 AktG (s. o. § 35 III 1 b).

2. a) Inhaltlich muß der Beschluß den Betrag enthalten, um den das Kapital herabgesetzt werden soll. Da bei der Beschlußfassung die Einzelheiten der Kapitalherabsetzung möglicherweise noch nicht überschaubar sind, ist es möglich, die Herabsetzung bis zu einem bestimmten Höchstbetrag zu beschließen und Maß und Durchführung innerhalb dieser Grenzen der Verwaltung zu überlassen. Doch muß der Beschluß außer den übrigen Bestimmungen auch die Frist enthalten, innerhalb welcher die Herabsetzung durchzuführen ist (vgl. RG 80, 83; 101, 199).

b) Sodann ist die beschlußmäßige Festlegung des **Zweckes** geboten, dem die Herabsetzung dient, ob eine Vermögensrückzahlung oder eine Befreiung der Aktionäre von ihrer Einlagepflicht stattfinden soll, oder ob die Herabsetzung der Bildung freier Rücklagen dient, § 222 Abs. 3 AktG.

c) Endlich muß der Beschluß die Art der Durchführung enthalten, § 222 Abt. 4 AktG. Angabe der Zusammenlegungsquote im Beschluß ist nicht erforderlich.

3. Der Beschluß ist nach § 223 AktG zum Handelsregister anzumelden; vgl. auch § 227 Abs. 2 AktG, wonach Anmeldung und Eintragung des Herabsetzungsbeschlusses zusammen mit der Anmeldung und Eintragung der Durchführung verbunden werden kann.

IV. Wirksamwerden der Kapitalherabsetzung

1. Im Anschluß an die vom Reichsgericht entwickelte Auffassung bestimmt § 224 AktG, daß die Herabsetzung mit der Eintragung des Herabsetzungsbeschlusses ins Handelsregister Wirksamkeit erlangt. Die Eintragung hat demnach konstitutive Kraft, und die weiteren Maßnahmen erscheinen nur noch als Vollzugshandlungen aufgrund des nunmehr verringerten Kapitals. Mit der Eintragung ist daher auch die Teilvernichtung der Mitgliedschaften nach Maßgabe des Beschlusses eingetreten, gleichgültig, ob die Herabsetzung durch Verminderung des Nennbetrages oder durch Zusammenlegung von Aktien erfolgt.

a) Da die Eintragung des Herabsetzungsbeschlusses konstitutiv das Grundkapital verringert, sind mit ihr auch die den Mitgliedschaften entsprechenden Einlagen reduziert. Davon werden alle Mitgliedschaften gleichmäßig betroffen, so daß jede Kapitalherabsetzung zunächst eine solche unter gleichmäßiger Herabsetzung der Einlagen darstellt und das quotenmäßige Beteiligungsverhältnis jeder Mitgliedschaft unverändert bleibt. Betrug das Grundkapital 2 000 000, zerlegt in 20 000 Einlagen zu je 100 DM, so ist das Beteiligungsverhältnis der einzelnen Mitgliedschaft 1/20 000. Bei Herabsetzung des Grundkapitals auf 1 000 000 reduzieren sich die 20 000 Einlagen auf je 50 DM; die Beteiligungsquote beträgt also wiederum 1/20 000. Dieser Vorgang ist von der Aktienurkunde unabhängig, er betrifft die Mitgliedschaft als solche.

b) Sofern durch die Herabsetzung die gesetzliche Mindesteinlage nicht unterschritten ist, wird dadurch lediglich die Urkunde falsch. Sie ist zu berichtigen, notfalls nach § 73 AktG für kraftlos zu erklären. Wird dagegen die Mindesteinlage unterschritten, so müssen durch Zusammenlegung mehrerer Mitgliedschaften mit den ihnen verbliebenen Resteinlagen Mitgliedschaften mit Volleinlage geschaffen werden.

Sofern in einer Hand sich Mitgliedschaften in teilbarer Zahl nicht befinden, entsteht an all diesen Beteiligungen eine Rechtsgemeinschaft der Aktionäre, deren Auseinandersetzung durch Zukauf fehlender oder durch Verkauf überzähliger Anteilsrechte erfolgt, andernfalls gemäß § 226 Abs. 3 AktG bewirkt wird[1] (u. V 2).

2. a) Dient die Herabsetzung der Vermögensrückzahlung, dann haben die Aktionäre mit der Eintragung des Beschlusses den unentziehbaren Anspruch auf Auszahlung

---
1 Vgl. dazu *Gessler*, SozPr 1940, 760.

erlangt, auch wenn dessen Geltendmachung erst nach Durchführung der Gläubigerschutzbestimmungen und nach Ablauf der Sperrfrist fällig ist. Auch bezweckte Verfügungen anderer Art (z. B. Einstellung des Betrags als freie Rücklage) können nunmehr erfolgen. Eine Ausnahme besteht nur bei Befreiung der Aktionäre von ihrer rückständigen Einlagepflicht; vgl. § 225 Abs. 2 Satz 2 AktG.

b) Wird nach Eintragung des Herabsetzungsbeschlusses ein neuer Beschluß gefaßt, so ist bei der Berechnung der Mehrheit bereits das verminderte Kapital entscheidend.

c) Das verringerte Grundkapital ist von der Eintragung des Beschlusses ab maßgebend für die Aufstellung der Bilanz, weshalb schon mit der Eintragung die entsprechenden Buchungen vorzunehmen sind.

V. Durchführung des Herabsetzungsbeschlusses

1. Da die Teilvernichtung der Mitgliedschaften bereits mit der Eintragung des Herabsetzungsbeschlusses eingetreten ist, hat die Umstempelung der Aktien bei Verminderung des Nennbetrages nur berichtigende Bedeutung.

Bei Veräußerung einer nicht berichtigten Aktie wird der Erwerber in seinem guten Glauben nicht geschützt, da ansonsten wieder eine Kapitalerhöhung eintreten müßte. Daher gestattet § 73 AktG die Kraftloserklärung der unrichtig gewordenen Urkunde. Diese Vorschrift kommt jedoch nur bei Herabsetzung des Nennbetrages zur Anwendung, während die Zusammenlegung dem § 226 AktG unterliegt. Nach § 73 Abs. 3 AktG ist dem Berechtigten die neue Urkunde an Stelle der entkräfteten auszuhändigen.

2. Erfolgt die Herabsetzung durch Zusammenlegung, dann werden die Mitgliedschaften jener Aktionäre, welche die zur Zusammenlegung erforderliche Anzahl von Aktien besitzen, in neue Aktien umgetauscht. Da die Zusammenlegung aber notwendig alle existierenden Aktien umfassen muß, ist eine Regelung über die Behandlung des zur Zusammenlegung nicht ausreichenden Kleinbesitzes sowie der zum Umtausch überhaupt nicht eingereichten Aktien geboten. Diese Regelung enthält § 226 AktG. Hiernach können die Aktionäre jene Stücke, welche nicht zum Umtausch ausreichen (sog. Spitzenaktien), sofern sie dieselben nicht veräußern oder durch Hinzuerwerb ergänzen wollen, der Gesellschaft zur Verwertung einreichen. Dadurch erlangt die Gesellschaft die Möglichkeit, die bei ihr eingegangenen Spitzenaktien der verschiedenen Eigentümer in Vollaktien umzutauschen. Die unter den Eigentümern der hinterlegten Spitzenaktien entstandene Rechtsgemeinschaft wird wieder aufgehoben, indem die Gesellschaft die neuen Vollaktien nach § 226 Abs. 3 AktG veräußert und den Beteiligten den Erlösanteil auszahlt.

Bezüglich jener Aktien, die bei der Gesellschaft überhaupt nicht eingereicht werden oder der zwar eingereichten Spitzenaktien, über welche aber der Gesellschaft das Verfügungsrecht nicht eingeräumt wurde, bestimmt § 226 Abs. 1 AktG, daß auch sie für kraftlos erklärt werden können[2].

---

[2] Diese durch den Nennbetrag der Aktien bedingten Schwierigkeiten entfallen bei Quotenaktien; s. o. § 12 I 3.

3. Die Durchführung der Kapitalherabsetzung ist nach § 227 AktG zum Handelsregister anzumelden. Die Eintragung hat nur noch feststellende Bedeutung.

VI. Verwirklichung des Herabsetzungszweckes

Sie hat mit dem Herabsetzungsverfahren selbst nichts mehr zu tun. Im Interesse der Gläubiger aber sind folgende Maßnahmen zu beachten.

1. Schon in der Bekanntmachung des eingetragenen Herabsetzungsbeschlusses werden die Gläubiger darauf hingewiesen, daß sie, soweit ihre Forderungen nicht schon fällig und zu befriedigen sind, Sicherheitsleistung von der Gesellschaft verlangen können, § 225 Abs. 1 AktG, §§ 232 ff. BGB.

2. Im übrigen ist zu unterscheiden, ob das durch die Herabsetzung freiwerdende Vermögen an die Aktionäre ausgezahlt oder zur Bildung einer freien Rücklage verwendet werden soll. Letzteres ist ohne weiteres möglich. Rückzahlungen hingegen, unter welchem Gesichtspunkt sie auch immer erfolgen mögen, dürfen erst nach Ablauf des Sperrhalbjahres nach Befriedigung oder Sicherstellung der Gläubiger geleistet werden, § 225 Abs. 2 AktG.

3. Bezweckt endlich die Herabsetzung die Befreiung der Aktionäre von ihrer rückständigen Einlagepflicht, dann tritt trotz der konstitutiven Wirkung der Eintragung des Herabsetzungsbeschlusses die Befreiung nicht vor Ablauf des Sperrhalbjahres und nach Befriedigung oder Sicherstellung der Gläubiger ein, § 225 Abs. 2 Satz 2 AktG.

§ 42 Kapitalherabsetzung durch Einziehung von Aktien

I. Wesen und Zweck

1. Die ordentliche Kapitalherabsetzung greift durch Teilvernichtung aller Mitgliedschaften gleichmäßig in den Bestand der Aktienrechte ein. Die Herabsetzung durch Einziehung führt die Totalvernichtung nur einzelner Mitgliedschaften herbei, während die übrigen Aktien in ihrem Bestande nicht betroffen werden. Während bei der ordentlichen Kapitalherabsetzung wegen des Freiwerdens gebundenen Vermögens die Gläubiger zu schützen sind, werden bei der Einziehung zwei Verfahren unterschieden, nämlich das der ordentlichen Kapitalherabsetzung (§ 237 Abs. 2) und das vereinfachte Einziehungsverfahren (§ 237 Abs. 3). Bei dem letzteren finden Rückzahlungen nicht statt, vielmehr wandert der erzielte Buchgewinn in die gesetzliche Rücklage, § 237 Abs. 5 AktG; daher entfällt hier der Gläubigerschutz.

2. Die Aktieneinziehung unterscheidet sich:

a) von dem Ausschluß eines Aktionärs gemäß § 64 AktG dadurch, daß bei der letzteren nicht die Mitgliedschaft als solche zerstört, sondern dem Ausgeschlossenen entzogen und auf einen anderen übertragen wird;

b) von der Kraftloserklärung der Aktien (§§ 72, 73, 226 Abs. 1 AktG) dadurch, daß letztere nur die Aktienurkunde als Wertpapier entkräftet, mithin Recht und Urkunde trennt, nicht aber den Bestand der Mitgliedschaft oder die Aktionäreigenschaft des Mitgliedes berührt;

c) von dem Erwerb eigener Aktien durch die Gesellschaft dadurch, daß die Mitgliedschaft im Besitz der Gesellschaft nicht untergeht, sondern nur deren Rechte ruhen.

3. Die Herabsetzung durch Einziehung kann denselben **Zwecken** dienen wie die ordentliche Kapitalherabsetzung. Insbesondere ermöglicht auch sie die Teilrückzahlung der Einlage an den von der Einziehung betroffenen Aktionär. Hier entspricht die Einziehung dem Ausscheiden eines Gesellschafters aus einer Personengesellschaft unter Auszahlung eines Kapitalguthabens (§ 738 BGB). Die Einziehung von Aktien kommt ferner als Maßnahme der Sanierung vor. So besonders, wenn Aktien der Gesellschaft unentgeltlich zum Zwecke der Einziehung zur Verfügung gestellt werden. Durch die Totalvernichtung einzelner Mitgliedschaften kann die Gesellschaft sich auch der mit Vorzugsaktien verbundenen Vorrechte entledigen. Möglich ist weiter, daß die Gesellschaft durch spätere Einziehung der ausgegebenen Aktien wieder in den ursprünglichen Familienbesitz zurückgeführt werden soll.

Die Einziehung von Aktien kann auch noch **besonderen** Zwecken dienen. Möglich ist es, bei zeitlich befristeten Konzessionsbetrieben Jahr für Jahr einen Teil der Aktien gegen Gewährung von Genußrechten einzuziehen und so die Gesellschaft laufend zu liquidieren, was freilich am gesetzlichen Mindestkapital seine Schranke findet (sog. Aktienamortisation). Bei vinkulierten Aktien kann die Zwangseinziehung auch für den Fall vorgesehen werden, daß die Aktie im Erbgang oder durch Verschmelzung auf ein anderes Rechtssubjekt übergeht.

4. Die gesetzliche Regelung des Einziehungsverfahrens ist kompliziert; § 237 AktG vereint in sich Tatbestände verschiedener Interessenlagen.

Zu unterscheiden ist einerseits die **Zwangseinziehung**, andererseits die Einziehung von Aktien **nach Erwerb** durch die Gesellschaft.

II. Zulässigkeit und Verfahren

A. Eine Zwangseinziehung

1. Die Zwangseinziehung liegt vor, wenn sie Aktien betrifft, die nicht der Gesellschaft selbst gehören, wenn also Mitgliedschaften in der Hand eines anderen Rechtssubjektes vernichtet werden.

Sollen der Zwangseinziehung Aktien unterliegen, welche bei Gründung der Gesellschaft ausgegeben worden sind, so muß die **Anordnung** oder **Gestattung** der Zwangseinziehung in der ursprünglichen Satzung enthalten sein. Sollen ihr Aktien unterliegen, die erst später aufgrund einer Kapitalerhöhung ausgegeben werden, dann muß die Anordnung oder Gestattung vor der Übernahme oder Zeichnung dieser Aktien erfolgt sein (§ 237 Abs. 1 AktG).

Nicht nötig ist ein Vermerk der Zulässigkeit der Zwangseinziehung in den Aktienurkunden.

2. a) Eine **Anordnung** der Einziehung liegt vor, wenn die Satzung die Einziehung nach einem von ihr aufgestellten Amortisationsplan vorschreibt, also selbst schon regelt, was ansonsten die HV zu beschließen hätte. In diesem Falle bedarf die Einziehung keines Beschlusses der HV (§ 237 Abs. 6); es tritt vielmehr die Entscheidung des Vorstands, die Aktien einzuziehen, an die Stelle des Beschlusses.

Die Entschließung des Vorstands zum Vollzug der statutarisch angeordneten Einziehung der Aktien hat eine dem auf Einziehung gerichteten Kapitalherabsetzungsbeschluß entsprechende Wirkung. Die Entschließung des Vorstands ist ins Handelsregister einzutragen (§§ 237 Abs. 6, 223). Über die Wirkung der Eintragung in bezug auf das Grundkapital und die betroffenen Aktien s. u. III d. Den Gläubigern ist nach § 225 AktG Sicherheit zu leisten.

b) Wird die Einziehung in der Satzung nur **gestattet,** dann ist zu ihrem Vollzug ein Kapitalherabsetzungsbeschluß der HV erforderlich, in welchem zugleich die Einzelheiten beschlossen werden, soweit die Satzung keine Regelung enthält (§ 237 Abs. 2 Satz 1 u. Abs. 4 Satz 1 AktG).

Für den HV-Beschluß gelten grundsätzlich die Vorschriften über die ordentliche Kapitalherabsetzung (§§ 222 ff. AktG).

Nach § 124 Abs. 2 AktG ist in der Bekanntmachung der Tagesordnung der Wortlaut des zu fassenden Beschlusses und gemäß § 222 Abs. 3 AktG der Zweck der Herabsetzung (z. B. Rückzahlung von Grundkapital) anzugeben.

Bei Vorhandensein mehrerer Aktiengattungen sind die nach § 222 Abs. 2 AktG erforderlichen Sonderbeschlüsse zu fassen. Die von der Einziehung betroffenen Aktionäre können ihr Stimmrecht ausüben (RG JW 1927, 1421).

Den Gesellschaftsgläubigern ist gemäß § 225 Abs. 1 u. 3 AktG Sicherheit zu leisten. Zahlungen an die betroffenen Aktionäre dürfen nur nach Maßgabe des § 225 Abs. 2 AktG erfolgen (§ 237 Abs. 2 AktG).

3. Ein **vereinfachtes** Verfahren ist zulässig, wenn der durch die Satzung gestatteten Zwangseinziehung voll eingezahlte Aktien unterliegen und wenn die Einziehung erfolgt zu Lasten des Bilanzgewinns oder einer zu diesem Zwecke verfügbaren freien Rücklage (§ 237 Abs. 3 Nr. 2). Da hier das gebundene Kapital unverändert erhalten bleibt und Gläubigerinteressen nicht berührt werden, ist die Beschlußfassung vereinfacht und es entfällt die Notwendigkeit der Sicherheitsleistung nach § 225 AktG. Auch in diesem Fall hat die HV nach § 237 Abs. 4 AktG die Kapitalherabsetzung durch Einziehung zu beschließen und die Einziehungsmodalitäten festzulegen, soweit sie nicht in der Satzung geregelt sind. Für diesen Beschluß gelten jedoch die in § 237 Abs. 4 AktG enthaltenen Sondervorschriften.

Bei dieser vereinfachten Einziehung ist in die gesetzliche Rücklage ein Betrag einzustellen, welcher dem Gesamtnennbetrag der eingezogenen Aktien entspricht (s. unten IV 2). Diese Einstellung ist notwendig, weil durch die Einziehung das Grundkapital um den Nennbetrag der eingezogenen Aktien herabgesetzt wird, insoweit also die Vermögensbindung entfällt. Die Einstellung dieses Betrags in die gesetzliche Rücklage verhindert mithin eine Ausschüttung desselben. Die Einziehungsrücklage wird damit nach § 150 Abs. 2, der auf § 237 Abs. 5 AktG verweist, Bestandteil der gesetzlichen Rücklage (Kapitalrücklage) und kann nur nach den für diese geltenden Bestimmungen des § 150 AktG verwendet werden.

B. Die Einziehung von Aktien nach Erwerb durch die Gesellschaft

1. Von dieser Einziehung werden Aktien betroffen, welche der Gesellschaft selbst gehören. Die Gesellschaft muß bei **Vollzug** der Einziehung (u. III) selbst Eigentümerin dieser Aktien sein. Eine **Verpflichtung** zur Einziehung besteht für die Gesellschaft nach § 71 c AktG dann, wenn der Erwerb unter Verstoß gegen § 71 Abs. 1 oder 2 AktG erfolgte und diese Aktien nicht fristgemäß wieder veräußert worden sind (s. o. § 13 I 5).

Umgekehrt aber darf die Gesellschaft nach § 71 Abs. 1 Nr. 6 AktG „aufgrund eines Beschlusses der HV zur Einziehung nach den Vorschriften über die Herabsetzung des Grundkapitals" ohne Einschränkung eigene Aktien erwerben. Es ist also möglich, die Kapitalherabsetzung durch Einziehung der erst zu erwerbenden Aktien zu beschließen, wobei der Beschluß unter der Bedingung steht, daß dieser Erwerb erfolgt.

2. Auch in diesem Falle sind, falls die Gesellschaft die Aktien entgeltlich erwirbt oder falls die erworbenen Aktien nicht voll eingezahlt sind, die Vorschriften über die ordentliche Kapitalherabsetzung zu befolgen.

Für die Zahlung des Entgelts, welches von der Gesellschaft bei Erwerb der Aktien zum Zwecke der Einziehung gewährt wird, gilt gemäß § 237 Abs. 2 der § 225 Abs. 2 AktG.

3. Werden Aktien, auf welche der Nennbetrag oder höhere Ausgabebetrag **voll** eingezahlt ist, der Gesellschaft **unentgeltlich** zur Verfügung gestellt (§ 237 Abs. 3 Nr. 1), dann greift das vereinfachte Verfahren des § 237 Abs. 4 AktG Platz. Das gilt auch dann, wenn die unentgeltliche Zurverfügungstellung der Aktien zu dem Zwecke erfolgt, eine Unterbilanz auszugleichen. Die Vereinfachung des Verfahrens besteht in der Vereinfachung der Beschlußfassung (§ 237 Abs. 4) und im Wegfall des Erfordernisses der Sicherheitsleistung nach § 225 AktG.

Auch in diesem Falle ist nach § 237 Abs. 5 AktG ein dem Gesamtnennbetrag der eingezogenen Aktien gleichkommender Betrag in die gesetzliche Rücklage einzustellen. Hierbei ist jedoch zwecks Ausgleich einer Unterbilanz nach § 151 Abs. 4 AktG die Verwendung der gesetzlichen Rücklage sogleich nach Einstellung dieses Betrags in dieselbe zulässig.

4. Da der Nennbetrag der eingezogenen eigenen Aktien in den Fällen des Abs. 5 in die gesetzliche Rücklage einzustellen ist, kann, falls der Erwerb der Aktien unter deren Nennbetrag erfolgt ist, die Einziehung zu einem Buchgewinn führen. Eine Zuschreibung dieser Differenz zur gesetzlichen Rücklage ist hier nicht erforderlich.

III. Wirksamwerden der Einziehung

Aus dem Zusammenhang von Mitgliedschaft und Grundkapital folgt, daß in einigen Fällen mit der Eintragung des Kapitalherabsetzungsbeschlusses die einzuziehenden Mitgliedschaften vernichtet werden, in anderen Fällen mit der Vernichtung der Mitgliedschaften das Kapital herabgesetzt wird.

a) Hatte die Gesellschaft die Aktien bereits erworben und als eingezogen gekennzeichnet, so wird die Vernichtung der Mitgliedschaft bewirkt mit der Eintragung des Kapitalherabsetzungsbeschlusses, §§ 238, 239 Abs. 2 AktG.

b) Folgt der Aktienerwerb durch die Gesellschaft dem Herabsetzungsbeschluß nach, dann bestehen zwei Möglichkeiten: wird der Kapitalherabsetzungs-(Einziehungs-)Beschluß erst mit Durchführung der Einziehung (also nach dem Erwerb) angemeldet (§ 239 Abs. 2), dann entscheidet wiederum der Zeitpunkt der Eintragung.

Bei vorheriger Eintragung des Beschlusses erfolgt die Kapitalherabsetzung erst mit Durchführung der Einziehungshandlung (§ 238 Satz 3 AktG), welche bei eigenen Aktien im Besitz der Gesellschaft in der protokollarischen Individualisierung der Stücke erfolgt.

c) Im Falle der Zwangseinziehung gilt folgendes.

Sind die einzuziehenden Aktien im HV-Beschluß individualisiert, z.B. Einziehung der vorhandenen Vorzugsaktien, dann tritt ihre rechtliche Vernichtung mit Eintragung des auf sie bezogenen Kapitalherabsetzungsbeschlusses ein. Erfolgt die Individualisierung der betroffenen Aktien erst hinterher, z.B. durch Los, dann wird die Einziehung und mit ihr die Herabsetzung des Grundkapitals erst wirksam mit der Erklärung der Gesellschaft gegenüber dem betroffenen Aktionär, welche, wenn der Aktienbesitzer nicht bekannt ist, durch öffentliche Bekanntmachung zu erfolgen hat. Die Wirksamkeit dieser Erklärung hängt von der vorherigen Eintragung des Kapitalherabsetzungsbeschlusses ab, nicht aber von der Einreichung oder Vernichtung der Urkunden oder von der Zahlung des Gegenwertes (bestr.).

d) Wenn dagegen ein HV-Beschluß über die Kapitalherabsetzung überhaupt entfällt (o. II A 2 a), tritt die Herabsetzung des Kapitals und die Vernichtung der Mitgliedschaften ebenfalls erst mit der vorstehend sub c beschriebenen Durchführung der Zwangseinziehung ein, § 238 Satz 2 AktG.

e) Dem betroffenen Aktionär können für die eingezogenen Aktien Genußscheine ausgehändigt werden, um ihm die weitere Teilnahme an den Erträgnissen der Gesellschaft zu gewähren.

IV. Die Abwicklung der Einziehung

Durch die Einziehung können die Interessen der Gläubiger beeinträchtigt werden. Daher unterscheidet das Gesetz das gewöhnliche Abwicklungsverfahren, das nach den Vorschriften über die Kapitalherabsetzung erfolgt (§ 237 Abs. 2) und das vereinfachte Einziehungsverfahren, bei dem diese Grundsätze nicht einzuhalten sind (§ 237 Abs. 3 AktG).

1. Das Verfahren unter Einhaltung der Vorschriften über die Kapitalherabsetzung ist geboten, wenn die Einziehung mit einem Substanzverlust des Gesellschaftsvermögens verbunden ist.

Das trifft zu bei Einziehung nicht voll einbezahlter Aktien, sofern nicht Entgelt plus Einlagerückstand aus einem Vermögensüberschuß bestritten werden kann; ferner bei entgeltlichem Erwerb einzuziehender eigener Aktien oder bei entgeltlicher Zwangseinziehung.

Die Anwendung der Vorschriften über die Kapitalherabsetzung gebietet, daß:

a) mit der Bekanntmachung des Herabsetzungsbeschlusses die Gläubiger auf die Wahrung ihrer Rechte hinzuweisen sind, §§ 237 Abs. 2, 4; 225 Abs. 1 AktG;

b) Rückzahlungen des Entgeltes erst erfolgen dürfen nach Ablauf des Sperrhalbjahres und nach Sicherstellung oder Befriedigung der Gläubiger, §§ 237 Abs. 2; 225 Abs. 2 AktG.

Die Vergütungen, welche die Aktionäre bei der Einziehung erhalten, entsprechen nicht notwendig dem Wert des Liquidationsanteiles. Waren die Aktien von der Gesellschaft entgeltlich erworben, so besteht die Vergütung in dem Kaufpreis. Bei der Zwangseinziehung bestimmt sich das zur Verteilung kommende Vermögen nach dem Überschuß, der sich aus der Kapitalherabsetzung bilanzmäßig ergibt. Bei Einziehung zu Lasten des Bilanzgewinnes (§ 237 Abs. 3 Nr. 2) ist der Gewinnausweis entscheidend.

War die auf die eingezogene Aktie zu entrichtende Einlage noch nicht voll geleistet, so tritt die Befreiung von der Einlagepflicht trotz Vernichtung der Mitgliedschaft erst nach Maßgabe des § 225 Abs. 2 AktG ein.

2. Bei dem **vereinfachten** Einziehungsverfahren entfallen die vorgenannten Gläubigerschutzbestimmungen, § 237 Abs. 3 AktG, da hier eine Substanzverringerung des Gesellschaftsvermögens nicht erfolgt. Das ist der Fall:

a) bei Einziehung voll eingezahlter Aktien, die der Gesellschaft unentgeltlich zur Verfügung gestellt worden sind,

b) bei Einziehung zu Lasten des Bilanzgewinnes oder einer freien Rücklage, auch wenn sie entgeltlich erfolgt.

In beiden Fällen aber muß zwecks Erhaltung der gebundenen Vermögenssubstanz die Verminderung, welche die Passivseite der Bilanz durch Senkung des Grundkapitals erfährt, ausgeglichen werden durch einen gleichhohen Betrag, der in die gesetzliche Rücklage (Kapitalrücklage) einzustellen ist, § 237 Abs. 5 AktG.

Die Rückzahlung von Kapital zu Lasten des Gewinnes stellt sich demnach als das Gegenstück zur Kapitalerhöhung zu Lasten des Gewinnes dar. Wird bei der letzteren freies Vermögen in gebundenes verwandelt, so findet bei der ersteren freies Vermögens Verwendung zur Rückzahlung der Einlage und damit zur Senkung des gebundenen Vermögens.

V. Entziehung der Aktien zugunsten Dritter

Unter **Entziehung** von Aktien zugunsten Dritter wird das Problem verstanden, ob die Satzung wirksam bestimmen könne, daß die Mitgliedschaft einem Aktionär von der Gesellschaft mit der Maßgabe entzogen werden könne, daß die Entziehung nicht zur Vernichtung der Mitgliedschaft führt, sondern zur Weiterübertragung derselben auf einen Dritten. In der Entscheidung RG 120, 177 hat das Reichsgericht eine Satzungsbestimmung für gültig erklärt, derzufolge Aktien ausgelost und zu einem bestimmten Kurs zugunsten des Staates eingezogen werden können[1].

Solche Satzungsregelung ist nach § 23 Abs. 5 AktG nicht möglich. Das Gesetz kennt nur die Zwangseinziehung zwecks Vernichtung des Anteilrechts, nicht aber eine Zwangsentziehung der Mitgliedschaft zwecks Übertragung derselben auf einen Dritten. Auch verstößt solche Regelung gegen die §§ 54, 55 AktG, wonach andere als die gesetzlich zugelassenen Verpflichtungen des Aktionärs nicht begründet werden können.

§ 43 Die Sanierung im allgemeinen

1. Der Begriff der Sanierung ist nicht ein rechtlicher, sondern ein von der Wirtschaftspraxis gebildeter Begriff unscharfer Prägung. Dem Handelsrecht und Aktienrecht ist er unbekannt, und es gibt keine spezielle Rechtseinrichtung der Sanierung, vielmehr werden dem Sanierungszwecke Maßnahmen verschiedener Art dienstbar gemacht. Es ist nicht Aufgabe dieser Darstellung, die Möglichkeiten im einzelnen zu erörtern, vielmehr beschränken sich die folgenden Darlegungen allein auf die Frage, welche besonderen aktienrechtlichen Möglichkeiten zur Beseitigung eines Verlustes oder einer Unterbilanz bestehen.

Ein gesetzlicher Zwang zur Durchführung irgendwelcher Sanierungsmaßnahmen besteht nicht. Das Gesetz duldet eine Unterbilanz und sieht davon ab, der Gesellschaft die Beseitigung derselben aufzuerlegen. Nur im Falle eines Verlustes, der die Hälfte des Grundkapitals erreicht, ist gemäß § 92 Abs. 1 AktG die HV zu berufen; doch bleibt es auch hier den Beteiligten anheimgestellt, ob sie überhaupt Maßnahmen ergreifen wollen und, gegebenenfalls, welche. Anders wird die Lage bei Zahlungsunfähigkeit der Gesellschaft, oder wenn die Gesellschaftsverbindlichkeiten die Aktiven übersteigen, also Überschuldung der Gesellschaft vorliegt. Hier ist der Vorstand zur Anmeldung des Vergleichs- oder Konkursverfahrens verpflichtet, § 92 Abs. 2 AktG.

2. Ist während des Geschäftsjahres ein Verlust eingetreten, der bis zum Bilanzstichtag nicht mehr ausgeglichen wird, so daß er in der Bilanz in Erscheinung treten würde, dann kann seine buchmäßige Beseitigung durch Auflösung der gesetzlichen

---

[1] Zustimmend *Schilling*, Großkomm. § 237 Anm. 3d; dagegen *Barz*, Großkomm. § 54 Anm. 7; *v. Godin-Wilhelmi*; § 54 Anm. 10

Rücklage erfolgen, s.o. § 8 I 2. Durch diese Maßnahme wird das tatsächliche Gesellschaftsvermögen nicht vermehrt oder die Vermögenslage der Gesellschaft sonst verändert; beseitigt wird lediglich der Verlustausweis in der Bilanz.

3. Neben dieser Möglichkeit dient als Maßnahme der eigentlichen Buchsanierung die **Kapitalherabsetzung** ohne Vermögensrückzahlung an die Aktionäre. Auch sie bewirkt eine Verminderung der Passiven durch Verringerung des Grundkapitals nach Maßgabe des verminderten Vermögensstandes der Gesellschaft. Da bei dieser Kapitalherabsetzung eine Vermögensausschüttung an die Aktionäre nicht erfolgt, sondern lediglich der Betrag des Grundkapitals dem verminderten Stand der Aktiven angeglichen wird, bleibt das den Gläubigern haftende Gesellschaftsvermögen unvermindert erhalten. Die Herabsetzung kann daher ohne Einhaltung der Gläubigerschutzbestimmungen erfolgen, weshalb sie „vereinfachte" Herabsetzung heißt.

Die Kapitalherabsetzung zwecks Beseitigung der Unterbilanz bringt auch keine Beeinträchtigung der Aktionäre mit sich. Denn in demselben Verhältnis, wie das Gesellschaftsvermögen unter dem Betrag des Grundkapitals liegt, ist auch der Wert der Aktie gegenüber ihrem Nennbetrag gesunken. Auch hier bewirkt mithin die Senkung des Nennbetrages der Aktie oder die Zusammenlegung von Aktien nur die Angleichung des nominellen Betrages der Aktien an ihren Wert.

4. Vorstehendes ergibt, daß die vereinfachte Kapitalherabsetzung nur einen buchtechnischen Vorgang darstellt. Sie ist eine Maßnahme der Buchsanierung. Eine Beseitigung der Ursachen der Unternehmenskrise ist damit nicht verbunden. Deshalb müssen mit der Kapitalherabsetzung, soll das Unternehmen wirklich saniert werden, sachliche Reorganisationen (Rationalisierungsmaßnahmen) getroffen werden. Um der Gesellschaft neues Kapital zuzuführen, wird vielfach mit der Kapitalherabsetzung eine gleichzeitige Kapitalerhöhung verbunden. Dabei schafft die vorhergehende Kapitalherabsetzung erst die Möglichkeit der Unterbringung der neuen Aktien im Publikum. Denn, da diese nicht unter ihrem Nennbetrag ausgegeben werden dürfen, würde eine Zeichnung der neuen Aktien nicht zu erwarten sein, solange alte Aktien unter pari auf dem Markte erhältlich sind[1].

a) Kein geeignetes Mittel der buchmäßigen Verlustbeseitigung ist die Umwandlung von Forderungen in Mitgliedschaften (sog. Sanierungsgründung). Sie bewirkt nur eine Veränderung der Zusammensetzung der Passivposten. Wohl aber stellt diese Maßnahme eine materielle Sanierung dar, indem die bei der Kapitalerhöhung eingebrachte Forderung erlischt. Ferner wird durch die damit verbundene Veränderung des Verhältnisses von Gesellschaftsschulden zum Grundkapital die sonst vielleicht vorliegende Überschuldungsbilanz beseitigt und der Konkurs vermieden.

Das Bilanzergebnis wird dagegen wiederum verändert, wenn ein Gläubiger ganz oder teilweise auf seine Forderung verzichtet.

b) Beseitigung einer Unterbilanz läßt sich auch herbeiführen durch Einziehung von Aktien, mögen diese der Gesellschaft unentgeltlich zur Verfügung gestellt worden sein oder mag die Gesellschaft diese Aktien unter dem Nennbetrag zurückgekauft

---

[1] Auch dieser durch den Nennbetrag der Aktie bedingte Vorgang entfällt bei der Quotenaktie, s.o. § 12 I 3.

haben. In beiden Fällen wird ein Buchgewinn erzielt, der zur Deckung von Verlusten oder zu Abschreibungen verwendet werden kann.

5. Eine Beseitigung der Unterbilanz ist auch möglich durch freiwillige Zuzahlungen der Aktionäre, wobei den Zuzahlenden ein Vorzugsrecht eingeräumt werden kann, sei es durch Umwandlung ihrer Mitgliedschaften in Vorzugsaktien oder durch Gewährung von Genußrechten. Eine Einstellung der Zuzahlung in die gesetzliche Rücklage (Kapitalrücklage) gemäß § 150 Abs. 2 Nr. 4 AktG entfällt, da die Zahlung dem Verlustausgleich dient.

Über Vermeidung der Zusammenlegung der Aktien durch Zuzahlung s. § 44 I 4.

§ 44 Vereinfachte Kapitalherabsetzung

I. Wesen und Zweck

1. Die vereinfachte Kapitalherabsetzung ist dadurch gekennzeichnet, daß trotz Senkung des Grundkapitals das Gesellschaftsvermögen unvermindert erhalten bleibt. Eine Vermögensrückzahlung findet also nicht statt. Es wird lediglich die Summe der Passivposten durch Herabsetzung des Postens „Grundkapital" zur Beseitigung einer Unterbilanz oder zur Erzielung eines Buchgewinnes vermindert.

2. In vereinfachter Form kann demnach das Kapital nur herabgesetzt werden, wenn die Herabsetzung zum Ausgleich von Wertminderungen, zur Deckung sonstiger Verluste oder zur Einstellung von Beträgen in die gesetzliche Rücklage dient. Nicht Voraussetzung ist das Vorliegen einer Unterbilanz vgl. § 229 Abs. 1 AktG.

3. Ergibt sich bei Aufstellung des Jahresabschlusses für das abgelaufene Geschäftsjahr ein Verlust, der durch Kapitalherabsetzung ausgeglichen werden soll, dann ist es nach § 234 AktG möglich, obgleich die Kapitalherabsetzung erst nach Beginn des neuen Geschäftsjahres erfolgt, den dadurch verminderten Betrag des Grundkapitals und die sich hierbei ergebenden offenen Rücklagen schon dem Jahresabschluß des abgelaufenen Geschäftsjahres zugrunde zu legen. In diesem Falle aber muß der Jahresabschluß von der HV festgestellt werden, wobei der Feststellungsbeschluß zugleich mit dem Kapitalherabsetzungsbeschluß verbunden werden soll. Die Kapitalherabsetzung ist binnen drei Monaten nach der Beschlußfassung ins Handelsregister einzutragen, widrigenfalls der Herabsetzungsbeschluß und der Beschluß über die Feststellung des Jahresabschlusses der Nichtigkeit verfällt, § 234 Abs. 3 AktG. Des weiteren hat die Gewinn- und Verlustrechnung die aus der Kapitalherabsetzung gewonnenen Erträge und ihre Verwendung im einzelnen auszuweisen, § 240 AktG. Über die Bekanntmachung des Jahresabschlusses s. § 236 AktG.

4. Die vereinfachte Kapitalherabsetzung kann in der Weise beschlossen werden, daß von der Herabsetzung des Nennbetrags oder der Zusammenlegung jene Aktien nicht betroffen werden sollen, für welche eine **Zuzahlung** in bestimmter Höhe geleistet

wird[1], wobei zur Ermittlung des Höchstbetrags der Herabsetzung und des pro Aktie erforderlichen Zuzahlungsbetrags davon auszugehen ist, daß Zuzahlungen nicht erfolgen werden.

Die Zuzahlungen stellen hier die freiwillige Wiederauffüllung der ursprünglichen Einlage dar, welche durch das Defizit des Gesellschaftsvermögens teilweise verloren gegangen ist. Daraus ergibt sich die Notwendigkeit der Äquivalenz von Zusammenlegung und Zuzahlung. Bei einer Zusammenlegung 5 : 2, was eine Reduzierung von 3/5 des Nennbetrags bedeutet, muß mithin die Zuzahlung pro Aktie ebenfalls 3/5 des Nennbetrags, also 60% betragen, gleichgültig, ob im Endergebnis der Kapitalherabsetzung lediglich der Buchverlust der Gesellschaft beseitigt oder auch ein Überschuß erzielt wird. Das Erfordernis der Äquivalenz erfolgt nicht, wie manche annehmen[2], aus dem Verbot der Unterpariemission, da dieses bei Wiederauffüllung der Einlage nicht gilt, sondern aus dem Grundsatz gleichmäßiger Behandlung (§ 53 a AktG); und diese Äquivalenz verbietet es zugleich, den Zuzahlenden auch noch Vorzugsrechte dafür einzuräumen. Die Schaffung von Vorzugsrechten müßte durch weitere Zuzahlungen gerechtfertigt sein und allen Aktionären offen stehen.

II. Gang des Verfahrens

Er ist derselbe wie bei der ordentlichen Kapitalherabsetzung. Es entfällt lediglich die Notwendigkeit der Sicherstellung der Gläubiger.

III. Die Durchführung im einzelnen

1. Der Kapitalherabsetzungsbeschluß unterliegt nach § 229 Abs. 3 AktG zunächst den für die ordentliche Kapitalherabsetzung geltenden Bestimmungen in bezug auf das Erfordernis der qualifizierten Kapitalmehrheit, der getrennten Abstimmung bei Vorhandensein verschiedener Aktiengattungen, der Festsetzung der Art der Durchführung (Zusammenlegung oder Herabsetzung des Nennbetrages), vgl. § 222 AktG.

Gemäß § 229 Abs. 1 Satz 2 AktG hat der Beschluß noch anzugeben, zu welchem Zwecke die Kapitalherabsetzung erfolgt, da nur so die Kontrolle über die entsprechende Verwendung der freigewordenen Beträge möglich ist. Soll daher ein Verlust ausgeglichen und die gesetzliche Rücklage aufgefüllt werden, so ist beides beschlußmäßig festzulegen.

2. Bei Feststellung der Höhe der Kapitalherabsetzung sind folgende gesetzliche Schranken zu berücksichtigen.

a) Zunächst ist die Auflösung etwa vorhandener freier Rücklagen, sowie die Auflösung der 10% des herabgesetzten Kapitals übersteigenden gesetzlichen Rücklage geboten, § 229 Abs. 2 AktG.

---
1 RG 52, 287; 80, 81; *Wiedemann*, Groß-Komm. Anhang zu § 182; *Schilling* ebenda § 222 Anm. 20; *Lutter*, Köln. Komm. § 222 Anm. 9, 30.
2 So *Wiedemann* a.a.O. mit weiteren Angaben.

b) Bezweckt umgekehrt die Herabsetzung die Auffüllung der gesetzlichen Rücklage, dann greift die Beschränkung des § 231 AktG Platz. Hiernach dürfen Beträge, welche aus der Auflösung der freien Rücklagen und aus der Kapitalherabsetzung gewonnen werden, in die gesetzliche Rücklage nur insoweit eingestellt werden, als die Rücklage nicht 10% des herabgesetzten Kapitals übersteigt.

Sollte sich aber ergeben, daß (bei zu hoch angenommenen Verlusten) das Kapital in einem zu hohen Maße herabgesetzt wurde, so daß der dadurch erzielte Buchgewinn den Höchstbetrag der zulässigen Einstellung in die gesetzliche Rücklage überschreitet, so darf nicht etwa eine Ausschüttung des Überschusses erfolgen (§ 230 AktG). Es braucht auch nicht eine Kapitalerhöhung zwecks Aufsaugung desselben zu erfolgen. Vielmehr liegt dann der Tatbestand des § 232 AktG vor, demzufolge der Überschuß in die gesetzliche Rücklage ohne Rücksicht auf deren Höhe fließt.

3. Die Kapitalherabsetzung wird mit Eintragung des Herabsetzungsbeschlusses wirksam, §§ 229 Abs. 3, 224 AktG.

4. Für die Durchführung der Kapitalherabsetzung gelten im übrigen die o. § 41 V dargestellten Grundsätze entsprechend; §§ 229 Abs. 3, 226 bis 228 AktG.

IV. Die Verwirklichung des Zweckes der Kapitalherabsetzung

Die durch die Herabsetzung gewonnenen Beträge dürfen ausschließlich zu dem im Herabsetzungsbeschluß bestimmten Zwecke verwendet werden. Verstöße hiergegen machen sowohl die Gesellschaftsorgane wie auch die Aktionäre haftbar, §§ 93, 116, 62 AktG.

V. Gläubigerschutz

Ein solcher ist auch im Rahmen der vereinfachten Herabsetzung in der Hinsicht gegeben, daß die Herabsetzung nicht zur Ausschüttung von Gewinnen führen darf, die ohne die Kapitalherabsetzung nicht hätten gebildet werden können.

1. Rückzahlungen von Gesellschaftsvermögen an die Aktionäre oder Befreiung derselben von ihrer Einlagepflicht sind schlechthin verboten, § 230 AktG.

2. Auch für späterhin ist eine Gewinnausschüttung vor Vollauffüllung der gesetzlichen Rücklage untersagt (§ 233 Abs. 1), so daß der Betrag der gesetzlichen Rücklage den Gläubigern ebenfalls erhalten bleibt.

3. Selbst dann, wenn die gesetzliche Rücklage den in § 233 Abs. 1 AktG vorgeschriebenen Mindeststand erreicht hat, greift noch eine Beschränkung der Gewinnausschüttung Platz. Die Zahlung einer höheren Dividende als 4% ist erst nach Ablauf des zweiten Geschäftsjahres seit der Kapitalherabsetzung zulässig, es sei denn, daß vorher den Interessen der Gläubiger in einer dem § 233 Abs. 2 AktG entsprechenden Weise Rechnung getragen worden ist; andernfalls müssen auch diese höheren Gewinnbeträge in die gesetzliche Rücklage fließen; § 232 AktG. Über den Ausweis in der GV-Rechnung s. § 240 AktG.

4. Selbst wenn die Verbote des § 233 Abs. 2 AktG nicht entgegenstehen, ist eine Gewinnausschüttung dann untersagt, wenn der Gewinn nicht aus dem Geschäftserlös entspringt, sondern durch die Auflösung von Rücklagen oder durch die Kapitalherabsetzung selbst bedingt wurde, § 233 Abs. 3 AktG.

Allen diesen Verboten liegt der Gedanke zugrunde, daß die späteren Gewinne der AG ohne die Kapitalherabsetzung insoweit im Gesellschaftsvermögen verblieben wären, als sie zum Verlustausgleich, zu Abschreibungen oder Wertberichtigungen gedient hätten.

VI. Gleichzeitige Kapitalerhöhung

Als Maßnahme der Buchsanierung vermag die vereinfachte Kapitalherabsetzung die **Quellen** des Verlustes nicht zu beseitigen. Die Ausschaltung derselben führt häufig zu neuem Kapitalbedarf der Gesellschaft. Daher kann mit der Kapitalherabsetzung gleichzeitig eine **Kapitalerhöhung** verbunden werden, für welche folgende Sondergrundsätze gelten.

1. Kapitalherabsetzung und -erhöhung müssen gleichzeitig, d.h. also jedenfalls in derselben HV beschlossen werden. Bei dieser Verbindung kann zunächst der gesetzliche Mindestbetrag des Grundkapitals unterschritten werden, sofern er durch die Erhöhung wieder erreicht wird. Eine Kapitalerhöhung mit Sacheinlagen ist hier untersagt, § 228 AktG.

2. Ebenso wie der Betrag des durch die Kapitalherabsetzung verminderten Grundkapitals rückbezogen werden kann auf den Jahresabschluß des vor der Herabsetzung abgelaufenen Geschäftsjahrs (o. I 3), ist nach § 235 AktG eine solche Rückbeziehung auch möglich, wenn mit der Kapitalherabsetzung gleichzeitig eine Kapitalerhöhung erfolgt. Es ist mithin der Gesellschaft gestattet, die zu Beginn des neuen Geschäftsjahrs zusammen mit der Herabsetzung beschlossene Erhöhung des Kapitals bilanzmäßig als im bereits abgelaufenen Geschäftsjahr vollzogen zu behandeln, indem sie in diesem Jahresabschluß das Grundkapital, die hierbei sich möglicherweise ergebenden Rücklagen und die entstandenen Einlageforderungen so ausweist, wie es sich nach der Herabsetzung und Erhöhung des Kapitals ergibt. Auch in diesem Fall aber hat die HV zugleich die Feststellung des Jahresabschlusses zu beschließen.

Zur Sicherung dessen, daß das in der Bilanz ausgewiesene Kapital tatsächlich zur Verfügung steht, müssen bereits vor der Beschlußfassung über die Kapitalveränderungen und über die Feststellung des Jahresabschlusses die neuen Aktien gezeichnet sein; es dürfen keine Sacheinlagen vorgesehen werden und es muß auf jede Aktie der Mindestbetrag eingezahlt sein. Alle diese Leistungen erfolgen mithin in **Erwartung** des erst nachfolgenden Kapitalerhöhungsbeschlusses.

§ 45 Auflösung der AG

I. Die Auflösungsgründe

Sie sind in § 262 AktG aufgeführt; die Aufzählung ist aber nicht erschöpfend; sie wird ergänzt durch einige gesetzliche Sonderbestimmungen; auch die Gesellschaftssatzung kann weitere Auflösungsgründe vorsehen.

Nach § 262 AktG wird die Gesellschaft aufgelöst:

1. mit Ablauf der in der Satzung bestimmten Zeit.

Die durch Zeitablauf aufgelöste Gesellschaft kann wieder fortgesetzt werden, solange die Vermögensverteilung an die Aktionäre noch nicht begonnen hat. Erforderlich ist dazu ein satzungsändernder Mehrheitsbeschluß gemäß § 274 Abs. 1 AktG.

2. durch Beschluß der HV, der einer Mehrheit bedarf, die mindestens drei Viertel des bei der Beschlußfassung vertretenen Grundkapitals umfaßt.

Als Auflösungsbeschluß gilt auch ein Beschluß, welcher auf Sitzverlegung der Gesellschaft in das Ausland gerichtet ist, vgl. RG 88, 53; 107, 94.

3. durch Eröffnung des Konkursverfahrens über das Vermögen der Gesellschaft vgl. §§ 108, 207, 208 KO, §§ 92 Abs. 2; 262 Nr. 3 AktG.

a) Mit der Konkurseröffnung geht das Recht der Verwaltung und Verfügung über das Gesellschaftsvermögen auf den Konkursverwalter über, dessen Verfügungsbefugnis durch den Konkurszweck beschränkt wird. Die übrigen Gesellschaftsorgane bleiben im Amte, werden aber in ihrer Tätigkeit durch den Aufgabenbereich und die Zuständigkeit des Konkursverwalters beschränkt, vgl. HRR 37, 15. Über Fortsetzung der aufgelösten Gesellschaft s. § 274 Abs. 2 AktG.

b) Durch die Eröffnung des Vergleichsverfahrens wird der Bestand der AG nicht berührt.

4. mit Rechtskraft des Beschlusses, durch den die Eröffnung das Konkursverfahrens mangels einer den Verfahrenskosten entsprechenden Konkursmasse abgelehnt wird.

5. mit Rechtskraft einer Verfügung des Registergerichts gemäß § 144a FGG, durch welche ein Mangel der Satzung festgestellt wird.

6. Nach § 2 des Gesetzes vom 9. Oktober 1934 über die Auflösung und Löschung von Gesellschaften und Genossenschaften kann eine AG, die kein Vermögen besitzt, auf Antrag der amtlichen Berufsvertretung des Handelsstandes oder der Steuerbehörde oder von Amts wegen gelöscht werden. Mit der Löschung gilt die Gesellschaft als aufgelöst und, da Vermögensmittel nicht vorhanden sind, zugleich als voll beendet (vgl. auch RG 153, 338). Ergeben sich nachträglich noch verwertbare Vermögensobjekte, dann findet eine Liquidation statt; vgl. auch RG 134, 94.

7. Nach § 396 AktG kann die Gesellschaft zwangsweise durch Urteil zur Auflösung gebracht werden, wenn durch sie das Gemeinwohl gefährdet wird.

Zu erwähnen ist auch die Wirkung eines gegenüber der Gesellschaft ergangenen Nichtigkeitsurteils, die in der Auflösung und Abwicklung der Gesellschaft besteht, § 277 AktG.

8. Auch die **Satzung** kann zusätzliche Auflösungsgründe vorschreiben.

a) Der Fall der satzungsmäßigen Befristung der Gesellschaftsdauer wurde bereits erwähnt.

b) Die Satzung kann auch den Aktionären ein Kündigungsrecht mit der Wirkung der Gesellschaftsauflösung einräumen; s. auch RG 79, 422[1].

9. Auch die Umwandlung der AG durch Übertragung des Vermögens gemäß dem UmwG (s. u. § 54 II) bewirkt Auflösung der AG (§ 5 UmwG).

Nicht Auflösung, sondern sofortige Vollbeendigung der Gesellschaft tritt ein bei der Verschmelzung, §§ 346 Abs. 4, 353 Abs. 6 AktG; bei der Verstaatlichung, § 359 Abs. 2 AktG; im Falle der Vermögensübertragung auf einen Versicherungsverein a. G., § 360 Abs. 2 AktG.

10. Kein Auflösungsgrund dagegen ist:
a) die Vermögensübertragung nach § 361 AktG;
b) die Vereinigung aller Aktien in einer Hand;
c) die formändernde Umwandlung der AG gemäß §§ 362 ff. AktG;
d) Unmöglichkeit, Zweckerreichung, Betriebseinstellung oder endgültiger Wegfall des Gegenstandes des Unternehmens (RG 124, 298). Daher wird der Bestand der AG auch nicht durch Betriebsüberlassung oder Betriebsverpachtung beeinträchtigt; denn ein Geschäftsbetrieb ist für die Existenz der AG nicht vorausgesetzt.

II. Wirkung der Auflösung

1. Mit Eintritt der Gesellschaftsauflösung ist die Organisation der AG und die wirtschaftliche und rechtliche Verflechtung des Unternehmens nicht beseitigt. Diese Bindungen zu lösen ist die Aufgabe, welche fortan der Gesellschaft obliegt. Die Gesellschaftsauflösung bedeutet daher lediglich eine **Zweckänderung** (vgl. auch RG 159, 199). An die Stelle der produktiven Tätigkeit tritt der Liquidationszweck. Von jetzt an ist die Tätigkeit der Gesellschaft gerichtet auf die Beendigung ihrer Rechtsbeziehungen gegenüber Dritten, auf die Lösung der Bindung des Vermögens mit dem Ziele, das Vermögen den Aktionären wieder zuzuführen, § 271 AktG. Während der Liquidation besteht mithin die AG als solche fort; auch die Firma bleibt bestehen, vgl. aber § 269 Abs. 6 AktG. Desgleichen behält die Gesellschaft ihre uneingeschränkte Rechtsfähigkeit bei, die erst mit Vollbeendigung der Abwicklung erlischt. Die Abwicklung aber ist vollzogen mit der vollständigen Verteilung des Vermögens. Daher kommen auf die Liquidationsgesellschaft die für die produktive AG

---
[1] Ebenso *Barz*, Großkomm. AktG 1937, § 203 Anm. 16; *v. Godin-Wilhelmi*, § 203 Anm. 2, 3; a. A. *Schlegelberger-Quassowski*, § 203 Anm. 47.

geltenden Vorschriften insoweit zur Anwendung, als sich nicht aus dem Abwicklungszweck ein anderes ergibt, § 264 Abs. 2 AktG. Aus diesem folgt:

a) Rückständige Einlagen der Aktionäre sind nur noch zu leisten, soweit die Gläubigerbefriedigung es erfordert.

b) Die Aktionäre haben während der Abwicklung der Gesellschaft keinen Anspruch auf Verteilung des Gewinnes. Alle Zahlungen an die Aktionäre haben nur die Bedeutung einer Vorausverteilung des Reinvermögens der Gesellschaft. Deshalb tritt an die Stelle der Gewinnermittlungsbilanz die der Abwicklung dienende Liquidationsbilanz.

c) Eine Kapitalerhöhung ist nur noch zu Abwicklungszwecken möglich; BGH 24, 286. Zulässig bleibt eine Kapitalherabsetzung durch Einziehung von Aktien; vgl. RG 125, 114.

2. Über Anmeldung und Eintragung der Auflösung vgl. § 263 AktG.

3. Die schwebenden Rechtsbeziehungen der Gesellschaft werden durch die Auflösung nicht berührt. Insbesondere stellt die Auflösung keinen selbständigen Rechtsgrund einer vorzeitigen Vertragsbeendigung dar. Nur in bezug auf Dauerschuldverhältnisse kann in der Auflösung ein wichtiger Grund erblickt werden (vgl. BGH 24, 286).

III. Fortsetzung der aufgelösten Gesellschaft

Voraussetzung ist, daß die Verteilung des Vermögens unter die Aktionäre noch nicht begonnen hat. Ist das noch nicht geschehen, so kann die Fortsetzung unabhängig von dem Stand der Abwicklung, also selbst nach durchgeführter Vermögensversilberung, noch beschlossen werden; vgl. § 274 AktG.

§ 46 Abwicklung der Gesellschaft

I. Begriff

Nach der Auflösung findet die Abwicklung statt, § 264 AktG. Darunter wird die Summe jener Maßnahmen verstanden, welche die Umsetzung des Gesellschaftsvermögens in Geld (sog. Vermögensversilberung), die Befriedigung der vorhandenen Gesellschaftsgläubiger und die Rückzahlung des verbleibenden Restvermögens an die Aktionäre betreffen. Die Durchführung des Abwicklungsverfahrens und die Einhaltung der gesetzlichen Bestimmungen ist insoweit zwingend, als Maßnahmen dem Schutze der Gläubiger dienen.

II. Die Abwickler

1. Ihre Aufgabe ist die Durchführung der Liquidation. Als Abwickler fungieren grundsätzlich die bisherigen Mitglieder des Vorstandes. Durch Satzung oder HV-Beschluß können jedoch andere Personen bestellt werden. Möglich ist auch eine gerichtliche Bestellung auf Antrag des Aufsichtsrats oder einer Aktionärminderheit bei Vorliegen eines wichtigen Grundes, § 265 AktG.

Unter der gleichen Voraussetzung ist auch eine gerichtliche Abberufung der Abwickler möglich. Über die Anmeldung der Abwickler vgl. § 266 AktG.

2. Im Rahmen ihres Aufgabenbereiches, welcher die in § 268 AktG aufgeführten Maßnahmen umfaßt, haben die Abwickler die Rechte und Pflichten des Vorstandes und werden hierbei vom Aufsichtsrat überwacht. Zum andern aber kommt den Abwicklern nicht die in § 76 AktG ausgesprochene Unabhängigkeit des Vorstandes zu, da diese nur für die produktive Unternehmensleitung gilt, vgl. § 269 Abs. 2 AktG.

III. Der Gang des Abwicklungsverfahrens

1. Die Abwicklung beginnt mit der Aufstellung der Abwicklungseröffnungsbilanz, § 270 Abs. 1 AktG.

a) Sie ist ihrer Bestimmung gemäß von der ordentlichn Jahresbilanz verschieden. Dient die letztere der Gewinnermittlung, so hat die erstere nur den Zweck, eine Vermögensübersicht für die Durchführung der Abwicklungsmaßnahmen zu bieten. Sie ist eine reine Bestandsbilanz, weshalb die gesetzlichen Bewertungsvorschriften nicht gelten, auch die Gewinn- und Verlustrechnung und die Pflichtprüfung entfallen, § 270 Abs. 2 u. 3 AktG.

Aus dem Zwecke der Abwicklungsbilanz folgt, daß auf der Passivseite an die Stelle des Grundkapitals das Reinvermögen der Gesellschaft als Liquidations- oder Ausgleichskonto tritt und die Rücklagen zur Auflösung kommen.

b) Die Feststellung der Eröffnungsbilanz und der Jahresabwicklungsbilanz erfolgt durch die HV, § 270 Abs. 2 AktG.

2. Die Gläubiger der Gesellschaft sind von den Abwicklern dreimal durch Bekanntmachung in den Gesellschaftsblättern zur Anmeldung ihrer Ansprüche aufzufordern, § 267 AktG.

3. a) Die Abwickler haben die laufenden Geschäfte zu beenden, d.h. die noch schwebenden Verträge auszuführen, die verkauften Waren zu liefern und sonstige laufende Verpflichtungen zu erfüllen. Soweit die Abwicklung es erfordert, können auch neue Geschäfte geschlossen werden, vgl. dazu RG 72, 240; 85, 397; 106, 72.

b) Es sind ferner die Gesellschaftsforderungen einzuziehen, desgleichen die rückständigen Einlagen der Aktionäre, letzteres jedoch nur, soweit die Gläubigerbefriedigung es erfordert, § 268 Abs. 1 AktG.

c) Auch das übrige Gesellschaftsvermögen ist in Geld umzusetzen. Möglich ist dabei die Verwertung des Gesellschaftsvermögens im ganzen, etwa durch Veräußerung des

§ 46 *Abwicklung der Gesellschaft*

Unternehmens mit Firma. Sie aber bedarf nach § 361 AktG eines qualifizierten Mehrheitsbeschlusses der HV.

d) Sodann haben die Abwickler die Gesellschaftsgläubiger zu befriedigen, wobei zu diesen Ansprüchen auch die Forderungen von Aktionären gehören, welche nicht mitgliedschaftlicher Natur sind.

4. Das nach der Schuldenberichtigung verbleibende Gesellschaftsvermögen wird unter die Aktionäre verteilt; jedoch ist die Ausschüttung erst zulässig nach Ablauf des Sperrjahres, gerechnet von dem Tage an, an welchem der Gläubigeraufruf zum dritten Mal bekanntgemacht worden ist, §§ 271, 272 Abs. 1 AktG. Diese Frist bewirkt nicht einen Ausschluß jener Gläubiger, die sich nicht gemeldet haben, sondern bedeutet nur, daß mit der Vermögensausschüttung begonnen werden kann.

Soweit nicht Aktien mit einem Verteilungsvorzug vorhanden sind, geschieht die Vermögensverteilung nach dem Verhältnis der Aktiennennbeträge. Auf die nicht voll eingezahlten Aktien ist die Verteilung gemäß § 271 Abs. 3 AktG vorzunehmen.

Zulässig ist auch eine Verteilung des Restvermögens in Natur, wenn die Aktionäre es beschließen (z.B. Verteilung der Effekten bei Holdinggesellschaften); dazu RG 124, 300.

5. Nach der Beendigung der Abwicklung ist von den Abwicklern der HV die Schlußrechnung zu legen, welche unter Beifügung der Belege die Einnahmen und Ausgaben zu enthalten und einen Überblick über die Vermögensverwendung zu geben hat. Es wird den Abwicklern Entlastung erteilt und der Abschluß der Abwicklung unter Löschung der Gesellschaft in das Handelsregister eingetragen.

Normalerweise sind damit auch die AG als juristische Person, die Stellung der Organe und die Mitgliedschaften erloschen. Doch hat die Eintragung nur deklaratorische Bedeutung. Stellt sich nämlich nachträglich das Vorhandensein von Vermögensmitteln heraus oder ergibt sich die Notwendigkeit noch weiterer Abwicklungsmaßnahmen, so besteht insoweit die Gesellschaft fort, vgl. § 273 Abs. 4 AktG und RG 109, 391; 134, 94.

4. Kapitel

Verschmelzung und Ausgliederung

§ 47 Die Verschmelzung im allgemeinen

I. Vorbemerkung

1. Das geltende Recht der Verschmelzung wird wesentliche Änderungen erfahren. Seine Reformbedürftigkeit in bezug auf die AG hatte sich schon bisher aus der Unzulänglichkeit des Schutzes insbesondere der Gesellschafter der übertragenden Gesellschaft ergeben. Ein weiterer Grund aber kommt hinzu. In Art. 220 EWGV sind die Mitgliedstaaten angewiesen, auch Gesellschaften, welche den Rechtsordnungen verschiedener Mitgliedstaaten unterstehen, die Möglichkeit der Verschmelzung zu verschaffen. Eine Verschmelzung über die Grenzen setzt jedoch voraus, daß die nationalen Rechte die Verschmelzung als Rechtsinstitut in einander entsprechender Weise regeln[1] und daß der in den nationalen Rechten den Gesellschaftern und Gläubigern gewährte Rechtsschutz gemäß Art. 54.3.g EWGV gleichwertig sei.

Der Rat der EG hat daher zur Koordination der nationalen Rechte der Mitgliedstaaten am 9. Oktober 1978 die Dritte (Verschmelzungs-)Richtlinie[2] erlassen, welche sich an dem erweiterten Rechtsschutz des französischen Rechts[3] orientiert und welche von den Mitgliedstaaten binnen drei Jahren in ihren nationalen Rechten durchzuführen ist.

Da eine Verschmelzung über die Grenzen hauptsächlich für AGn in Betracht kommen wird, beschränkt die RL ihre Regelung auf die AG und die dieser gleichstehenden Gesellschaftsformen in den Rechten der anderen Mitgliedstaaten.

2. Zur Durchführung dieser RL ist im BMJ der RefE v. 28. 9. 1980 erstellt worden. Er beschränkt sich jedoch nicht auf die Übernahme der Regelung der RL, sondern geht über sie hinaus, indem er, einem Bedürfnis nach weiteren rechtlichen Konzentrationsformen Rechnung tragend, neue Möglichkeiten der Verschmelzung eröffnet; sie sind u. III 2 dem geltenden Recht hinzugefügt.

Die der RL entsprechenden Erweiterungen des Rechtsschutzes, welche im RefE vorgesehen sind, werden hier der Darstellung bereits zugrundegelegt.

---

1 Das ist nicht der Fall in Großbritannien; vgl. sec 208 Companies Act 1948; dazu *R. Pennington*, Company Law (London 4. ed. 1979) S. 790ff.
2 Amtsblatt der EG Nr. L 295 S. 36; Text abgedruckt in *Lutter*, Europ. GesR S. 72.
3 Vgl. Loi sur les Sociétés Commerciales v. 24. 7. 1966 Art. 371–389; Decret v. 23. 3. 1967 Art. 254–265.

II. Begriff und Wesen der Verschmelzung

Verschmelzung (Fusion) wird jener Vorgang genannt, bei dem die Vereinigung der Vermögen zweier oder mehrerer Kapitalgesellschaften unter Ausschluß der Abwicklung in der Weise erfolgt, daß die an dem Vermögen der übertragenden und dabei erlöschenden Gesellschaften bestehenden Beteiligungen (Mitgliedschaften) an dem durch die Vereinigung entstehenden Gesamtvermögen der übernehmenden oder neu errichteten Gesellschaft sich fortsetzen. Die Verschmelzung ist nicht ein Umsatzgeschäft, sondern ein körperschaftlicher, also gesellschaftsrechtlicher Akt.

1. Verschmelzung bedeutet **Vermögensvereinigung** zweier oder mehrerer Kaptitalgesellschaften. Durch sie wird das gesamte Gesellschaftsvermögen der betroffenen Gesellschaften zu einem einheitlichen Vermögen vereinigt.

Dieser Vorgang kann auf **zweifache** Weise geschehen, § 339 AktG, nämlich:

a) durch Übergang des Vermögens der einen Gesellschaft (übertragende Gesellschaft) auf eine bereits bestehende andere Gesellschaft (übernehmende Gesellschaft); dieses ist die Verschmelzung durch **Aufnahme**. Diese Art der Verschmelzung, bisher auf zwei beteiligte Gesellschaften beschränkt, soll nach dem RefE gleichzeitig mehreren übertragenden Gesellschaften eröffnet werden (u. III 2 a).

b) durch Gründung einer neuen Gesellschaft, auf welche das Vermögen jeder der sich vereinigenden Gesellschaften im ganzen übergeht; dieses ist die Verschmelzung durch **Neubildung**. Auch hierbei übertragen gleichzeitig mehrere Gesellschaften uno actu ihr Vermögen auf die neu errichtete Gesellschaft.

2. Unter **Ausschluß der Abwicklung** erfolgt die Vermögensvereinigung. Das will besagen, daß auf seiten der übertragenden Gesellschaft eine Vermögensversilberung, Schuldenberichtigung und Vermögensausschüttung an die Gesellschafter nicht stattfindet; daß ferner das Vermögen der übertragenden Gesellschaft auf die erwerbende nicht im Wege der Einzelrechtsnachfolge übergeht, sondern kraft Gesamtrechtsnachfolge (Universalsukzession).

3. Die Vermögensvereinigung erfolgt mit der Maßgabe, daß die **Beteiligungen** (Mitgliedschaften) an dem Vermögen der übertragenden Gesellschaft zu Beteiligungen an dem durch die Vereinigung geschaffenen Gesamtvermögen der übernehmenden oder der neu errichteten Gesellschaft werden (§ 346 Abs. 4 Satz 3 AktG); s. u. § 48 D III.

Bei der Verschmelzung kann sich die Notwendigkeit ergeben, daß die übernehmende Gesellschaft Barzahlungen zum Zwecke des Spitzenausgleiches zu leisten hat. Da Barzahlungen mit der Verschmelzung nicht verträglich sind, ist zwecks klarer Grenzziehung zwischen Verschmelzung und Vermögensübertragung nach § 361 AktG in § 344 Abs. 2 AktG bestimmt, daß Barzahlungen den zehnten Teil des Gesamtnennbetrages der gewährten Aktien nicht übersteigen dürfen. Bei Überschreitung dieser Grenze liegt nicht mehr eine Verschmelzung, sondern eine Vermögensübertragung nach § 361 AktG vor (s. u. § 52).

III. Die möglichen Verschmelzungsfälle

1. Nach geltendem Recht können nicht nur Aktiengesellschaften miteinander verschmolzen werden, sondern auch Kapitalgesellschaften anderer Art. Für alle ist vorausgesetzt, daß sie dem deutschen Recht unterstehen.

Möglich ist auch

a) Verschmelzung von KGaA miteinander, ferner die Verschmelzung einer KGaA mit einer AG und umgekehrt, § 354 Abs. 1 AktG. Zulässig sind hier beide Formen, nämlich Verschmelzung durch Aufnahme und durch Neubildung; s. u. § 58 C;

b) die Verschmelzung einer GmbH mit einer AG oder KGaA durch Übertragung des GmbH-Vermögens auf eine dieser Gesellschaften, §§ 355, 356 AktG. Diese Verschmelzung kann bisher nur durch Aufnahme erfolgen;

c) die Verschmelzung von GmbH, sei es durch Aufnahme oder durch Neubildung; sie ist geregelt in der auf der GmbH-Novelle v. 15. 8. 1980 (BGBl I 836) beruhenden Ergänzung des „Gesetzes über die Kapitalerhöhung aus Gesellschaftsmitteln und über die Verschmelzung von Gesellschaften mit beschränkter Haftung (KapErhG)"[4];

d) die Verschmelzung einer AG oder KGaA als übertragende Gesellschaft mit einer GmbH als übernehmende Gesellschaft; die Rechtsgrundlage ist dieselbe wie bei c);

e) die Verschmelzung einer rechtsfähigen bergrechtlichen Gewerkschaft mit einer AG oder KGaA, §§ 357, 358 AktG. Auch diese Verschmelzung kann bisher nur durch Aufnahme erfolgen;

f) Verschmelzung einer rechtsfähigen bergrechtlichen Gewerkschaft mit einer GmbH, ebenfalls nur als Verschmelzung durch Aufnahme; die Rechtsgrundlage ist dieselbe wie bei c;

g) über die Verschmelzung eingetragener Genossenschaften s. §§ 93a – r GenG;

h) nach §§ 44 a – c des Gesetzes über die Beaufsichtigung der privaten Versicherungsunternehmen können Versicherungsvereine ohne Abwicklung vereinigt (verschmolzen) werden; ferner kann ein Versicherungsverein sein Vermögen als ganzes ohne Abwicklung auf eine AG oder auf ein öffentlich-rechtliches Versicherungsunternehmen übertragen; und gleiches gilt nach § 53c auch für kleine Vereine.

2. Vorstehende nach geltendem Recht zulässigen Verschmelzungsfälle werden durch den RefE (o. I) in folgender Weise erweitert.

a) Während nach geltendem Recht an der Verschmelzung durch Aufnahme jeweils nur **eine** Gesellschaft als übertragende teilnehmen kann, sollen künftig in solchem Verschmelzungsverfahren gleichzeitig mehrere Gesellschaften ihre Vermögen auf die übernehmende Gesellschaft übertragen können, nämlich Übertragung der Vermögen mehrerer AGn oder KGaA oder GmbH oder rechtsfähiger bergrechtlicher Gewerkschaften auf eine AG oder KGaA, §§ 339, 354 – 358 AktG i. d. Fassung des RefE.

---

4 Vgl. *Deutler*, Das neue GmbH-Recht (1980) S. 133 ff. *Th. Baums*, Neues Recht für die GmbH und GmbH & Co. KG, StuW 1980, 298 ff.

b) Die Verschmelzung von GmbH und rechtsfähigen bergrechtlichen Gewerkschaften mit einer AG oder KGaA soll fortan auch durch Neubildung der übernehmenden AG oder KGaA zulässig sein, §§ 355–358 AktG i.d. Fassung des RefE.

c) Aufgrund des neuen § 358a RefE sollen gleichzeitig Gesellschaften verschiedener Art, nämlich AGn, KGaA, GmbH und rechtsfähige bergrechtliche Gewerkschaften als übertragende Gesellschaften ihr Vermögen ohne Abwicklung auf eine bereits bestehende (Verschmelzung durch Aufnahme) oder neu zu errichtende (Verschmelzung durch Neubildung) AG oder KGaA übertragen können, wobei je nach Art der übertragenden Gesellschaft die für sie maßgebenden Bestimmungen anzuwenden sind. Ist beispielsweise eine übertragende GmbH beteiligt, so entfällt bei ihr die Notwendigkeit der Verschmelzungsprüfung, es sei denn, daß ein Gesellschafter sie verlangt, § 355 Abs. 2 Satz 2 AktG i.d. Fassung des RefE.

IV. Verschmelzung durch Umwandlung

1. Nach § 15 UmwG kann eine AG umgewandelt werden durch Übertragung ihres Vermögens ohne Abwicklung auf einen Gesellschafter, sei es, daß dieser als Alleingesellschafter sämtliche Aktien besitzt oder sei es, daß ihm als Hauptgesellschafter mehr als neun Zehntel des Grundkapitals der umzuwandelnden AG gehören.

Ist nun dieser Allein- oder Hauptgesellschafter selbst eine AG oder KGaA, dann liegt eine verschmelzende Umwandlung vor, indem durch die Vermögensvereinigung beider Gesellschaften ein gleicher Erfolg erzielt wird wie bei der Verschmelzung durch Aufnahme.

2. Die Umwandlung vollzieht sich folgendermaßen:

a) Ist die übernehmende AG oder KGaA Alleingesellschafterin der umzuwandelnden AG, dann beschließt sie in der HV derselben unter Zugrundelegung der Schlußbilanz die Übertragung des Vermögens dieser Gesellschaft auf sich selbst und meldet diesen Beschluß unter Beifügung der zugrundeliegenden Bilanz zur Registrierung an. Mit Eintragung desselben geht das Vermögen der umgewandelten AG einschließlich der Verbindlichkeiten unter Auflösung der umgewandelten Gesellschaft und unter Erlöschen ihrer Firma auf die übernehmende Gesellschaft über. Zur Sicherung der Gläubiger der umgewandelten Gesellschaft, denen auch Sicherheit zu leisten ist, hat die übernehmende Gesellschaft das ihr zugefallene Vermögen während einer bestimmten Zeitspanne getrennt zu verwalten und dem Zugriff der Gläubiger der umgewandelten Gesellschaft vorzubehalten, § 15 mit §§ 3–8 UmwG.

b) Besitzt die übernehmende AG oder KGaA mehr als neun Zehntel des Grundkapitals der umzuwandelnden Gesellschaft, so beschließt sie auch in diesem Fall als Hauptgesellschafterin die Übertragung des Vermögens auf sich selbst mit der Folge, daß die außenstehenden Aktionäre der umzuwandelnden Gesellschaft mit Anspruch auf angemessene Abfindung ausscheiden[5]. Der Umwandlungsbeschluß hat daher ein Abfindungangebot zu enthalten, worin die übernehmende Gesellschaft diesen

---

5 Zur Frage der Verfassungsmäßigkeit dieser Regelung s. BVerfGE 14, 263 (-Feldmühle-).

Aktionären zu ihrer Wahl eine Barabfindung oder Aktien der Übernehmerin, bzw., bei Abhängigkeit der Übernehmerin von einer inländischen AG, Aktien dieser Obergesellschaft anbietet. Jeder ausscheidende Aktionär ist berechtigt, gerichtliche Prüfung der Angemessenheit der Abfindung herbeizuführen, § 15 mit §§ 3 – 14 UmwG.

3. Wegen der rechtlichen Erleichterung der Umwandlung, nämlich Wegfall des notariellen Übertragungsvertrags und Wegfall der bei Verschmelzung erforderlichen Zustimmung der HV auch der übernehmenden Gesellschaft, und wegen des mit der Mehrheitsumwandlung verbundenen Ausscheidens der Minderheitsaktionäre, hat die Praxis bei Vorliegen der erforderlichen Voraussetzungen statt Verschmelzung von der Umwandlung Gebrauch gemacht.

Dieses Umwandlungsverfahren ist in der bisherigen Regelung mit der Dritten Richtlinie nichtmehr vereinbar. Von ihr wird die Umwandlung in Art. 24 – 29 als ein Sonderfall der Verschmelzung erfaßt und mit gewissen Erleichterungen den Vorschriften über die Verschmelzung durch Aufnahme unterstellt. Da eine Anpassung der Umwandlungsregelung an die Erfordernisse der RL und des AktG zu Komplikationen führen würde, eine Zweigleisigkeit des Verschmelzungsverfahrens zudem entbehrlich erscheint, ist im RefE Art. 4 die Beseitigung dieser Umwandlung vorgesehen.

V. Steuerrechtlicher Hinweis

Das Gesetz über steuerliche Maßnahmen bei Änderung der Unternehmensform v. 14. 8. 1969 (BGBl I 1163), dessen erster Teil die steuerbegünstigte Umwandlung, und dessen zweiter Teil die steuerbegünstigte Verschmelzung betrifft, sieht hinsichtlich der Ertragssteuern (Körperschaftsteuer und Gewerbesteuer) weitgehende Steuerneutralität des Übertragungsvorgangs und eingeschränkte Besteuerung des Übernahmegewinns vor. Belastend bleibt jedoch wegen Übergangs von Grundstücken die Grunderwerbsteuer.

VI. Wirtschaftliche Aspekte

1. Die Verschmelzung wie auch die verschmelzende Umwandlung bewirken vollkommene Unternehmenskonzentration. Das Unternehmen der übertragenden Gesellschaft wird ein rechtlich unselbständiger Bestandteil des Gesamtunternehmens der Übernehmerin. Mit Erlöschen der übertragenden Gesellschaft entfällt ihre Firma; diese kann jedoch von der Übernehmerin ihrer eigenen Firma als Bestandteil hinzugefügt werden. Es entfällt ferner der Sitz der erlöschenden Gesellschaft, sofern er nicht von der Übernehmerin als zweiter Sitz beibehalten wird (s. o. § 10 II). Mit Erlöschen der übertragenden Gesellschaft entfallen auch Vorstand und Aufsichtsrat derselben, deren Mitglieder, sofern sie nicht von der Unternehmerin in ihre Organe berufen werden, unter Abfindung oder Entschädigung ausscheiden.

Eine Wiederauflösung der Verschmelzung ist nur durch Ausgliederung des erworbenen Unternehmens möglich (s. u. § 52).

Diese Schwierigkeiten und Nachteile der Verschmelzung bestehen nicht bei jener Art der Unternehmenszusammenfassung, welche praktisch der Verschmelzung gleichkommt, bei der aber die Rechtspersönlichkeit der integrierten Gesellschaft mit ihren Organen erhalten bleibt, nämlich bei der **Eingliederung** der Gesellschaft (s. u. § 69).

2. Im internationalen Bereich hat das Fehlen der Möglichkeit einer Verschmelzung über die Grenzen zu anderen Formen eines Unternehmenszusammenschlusses geführt, bei welchen auch die Möglichkeit weiterer Umgestaltung gewahrt bleibt (s. u. § 50).

VII. Schutz des Wettbewerbs

Die Verschmelzung von Gesellschaften verändert die Stellung der übernehmenden Gesellschaft auf dem Markt, sei es, daß durch sie die übertragende Gesellschaft als Konkurrentin entfällt und die Marktmacht der Übernehmerin sich erhöht, sei es, daß wegen Zugehörigkeit der übertragenden Gesellschaft zu einer vorhergehenden oder nachfolgenden Marktstufe der Markt für diese Lieferung entfällt, oder sei es, daß die Marktlage in anderer Weise beeinflußt wird. Zur Erhaltung des Wettbewerbs unterliegt daher die Verschmelzung der **Kontrolle** des Bundeskartellamts. Da diese Kontrolle sich aber auch auf Unternehmenszusammenfassungen anderer Art erstreckt, ist sie u. § 60 dargelegt.

§ 48 Verschmelzung durch Aufnahme

Die Darstellung des Verschmelzungsverfahrens erfolgt, wie o. § 47 I ausgeführt, auf der Grundlage des RefE v. 28. 11. 1980 zur Durchführung der Dritten (Verschmelzungs-)Richtlinie der EG, welcher Vorschriften des AktG ändert und wesentlich ergänzt. Die hier angeführten Bestimmungen des AktG sind daher jeweils in der Fassung des RefE zu verstehen.

A. Gang des Verfahrens

1. a) Das Verfahren beginnt mit dem von den Vorständen der beteiligten Gesellschaften aufgrund einer Schlußbilanz (u. C V) zu vereinbarenden Verschmelzungsvertrag, sei es, daß der Vertrag schon in diesem Stadium notariell beurkundet wird oder als zunächst noch nicht beurkundet erst einen Vertragsentwurf darstellt (u. C I).

Bedarf der Abschluß dieses Vertrags der Zustimmung des Aufsichtsrats einer der beteiligten Gesellschaften, so kann eine Zustimmungsverweigerung desselben nach

§ 83 AktG überspielt werden. Die HV jeder Gesellschaft ist in der Lage, unter Ausschaltung des Aufsichtsrats die Initiative zu ergreifen und durch Beschluß mit qualifizierter Mehrheit den Vorstand zur Vorbereitung der Verschmelzung und zum Abschluß des Verschmelzungsvertrags zu verpflichten.

Durch solchen Beschluß wird jedoch die nach § 340 AktG erforderliche Zustimmung der HV zum Verschmelzungsvertrag nicht ersetzt.

b) Die Vorstände jeder an der Verschmelzung beteiligten Gesellschaft haben alsdann einen schriftlichen Bericht zu erstatten, in welchem der Verschmelzungsvertrag, insbesondere das Umtauschverhältnis der Aktien rechtlich und wirtschaftlich erläutert und begründet wird und wobei auf besondere Schwierigkeiten bei der Bewertung des Unternehmens hinzuweisen ist, § 340a AktG.

c) Für jede der an der Verschmelzung beteiligten Gesellschaften hat eine **Prüfung** des Verschmelzungsvertrags durch unabhängige Verschmelzungsprüfer stattzufinden, als welche nur Abschlußprüfer gemäß § 164 AktG zugelassen sind. Ihre Bestellung erfolgt für jede Gesellschaft durch deren Vorstand. Soll **ein** Prüfer die Prüfung für alle Gesellschaften vorzunehmen befugt sein, so muß er auf gemeinsamem Antrag der Vorstände der beteiligten Gesellschaften vom Gericht bestellt werden, § 340 b AktG.

Den Verschmelzungsprüfern stehen dieselben Rechte auf Einsichtnahme und Information zu wie den Abschlußprüfern. Schwerpunkt der Prüfung ist die Angemessenheit des Umtauschverhältnisses, wobei im Falle der Beteiligung mehrerer übertragender Gesellschaften auch die Angemessenheit des Aktienanfalles auf die einzelnen Gesellschaften im Verhältnis zu den Werten der einzelnen Gesellschaftsvermögen zu beurteilen ist.

d) Vor Einberufung der HV, welche über die Zustimmung zu beschließen hat, ist der Verschmelzungsvertrag zum Handelsregister einzureichen (§ 340 d Abs. 1), womit der Vertrag nach § 9 HGB der Publizität unterliegt.

2. a) Nunmehr werden die HVn der Gesellschaften einberufen unter Berücksichtigung der nach § 124 Abs. 2 Satz 2 AktG erforderlichen Angaben des wesentlichen Vertragsinhalts in der Bekanntmachung der Tagesordnung.

b) Von der Einberufung der HV an sind nach § 340 d Abs. 2 AktG der Verschmelzungsvertrag, die Jahresabschlüsse und Geschäftsberichte aller beteiligten Gesellschaften für die letzten drei Geschäftsjahre, die Zwischenbilanz (u. C V), ferner die Verschmelzungsberichte der Vorstände aller Gesellschaften und die Prüfungsberichte der Verschmelzungsprüfer zur Einsicht der Aktionäre auszulegen.

Zu Schwierigkeiten aber kann die in Art. 11 Abs. 3 RL und § 340 d Abs. 5 AktG auferlegte Verpflichtung der Gesellschaften führen, jedem Aktionär auf Verlangen kostenlose Abschriften all dieser Unterlagen zu erteilen.

3. Sodann erfolgen die **Beschlußfassungen** der an der Verschmelzung beteiligten Gesellschaften, die stets erforderlich sind, nämlich:

a) Zustimmung zum Verschmelzungsvertrag durch die HV der übernehmenden Gesellschaft, § 340 c AktG (u. C VIII).

Soweit die übernehmende Gesellschaft die zu gewährenden Aktien nicht zur Verfügung hat, ist auch eine Kapitalerhöhung zu beschließen, § 343 AktG (u. B).

b) Zustimmung zum Verschmelzungsvertrag durch die HVn der übertragenden Gesellschaften, § 340 c AktG.

4. Jede übertragende Gesellschaft hat einen Treuhänder zu bestellen (§ 346 Abs. 2), dem die von der übernehmenden Gesellschaft zu gewährenden Aktien und etwaige bare Zuzahlungen zu übergeben sind. Der Treuhänder hat den Empfang dem Registergericht der übertragenden Gesellschaft anzuzeigen (u. D I 2).

5. Hieran reihen sich die **Anmeldungen** der Beschlüsse zum Handelsregister, nämlich:

a) Anmeldung des Kapitalerhöhungsbeschlusses der übernehmenden Gesellschaft und zugleich seiner Durchführung, (§§ 343, 184, 188 Abs. 1 AktG) unter Beifügung der in § 343 Abs. 2 AktG genannten Urkunden; die Durchführung fällt hier mit dem Kapitalerhöhungsbeschluß zusammen, da eine Zeichnung der neuen Aktien nicht stattfindet und auch das Erfordernis vorher zu leistender Einlagen entfällt.

b) Anmeldung der Verschmelzung durch den Vorstand der übernehmenden Gesellschaft (§ 345 AktG), unter Beifügung der Schriftstücke und der Schlußbilanz gemäß § 345 Abs. 2. u. 3 AktG.

c) Anmeldung der Verschmelzung zum Handelsregister der übertragenden Gesellschaft unter Beifügung der Schriftstücke (und der Schlußbilanz) gemäß § 345 Abs. 2 u. 3 AktG.

6. Es folgen die **Eintragungen**, deren Reihenfolge und Rechtswirkungen wegen der Möglichkeit gleichzeitiger Teilnahme mehrerer übertragender Gesellschaften gegenüber dem bisherigen Recht verändert worden sind, § 346 Abs. 1 AktG:

a) Zunächst erfolgt die Eintragung der Verschmelzung in den Handelsregistern der übertragenden Gesellschaften mit dem Vermerk, daß die Verschmelzung erst mit Registrierung bei der übernehmenden Gesellschaft wirksam wird.

b) Im Handelsregister der übernehmenden Gesellschaft ist zunächst die Durchführung der Kapitalerhöhung einzutragen.

c) Alsdann erfolgt auch für die übernehmende Gesellschaft die Eintragung der Verschmelzung, welche das Registergericht den Registern der übertragenden Gesellschaften mitteilt, worauf diese die Gesellschaften löschen und alle bei ihnen eingereichten Unterlagen dem Register der übernehmenden Gesellschaft übersenden, § 346 Abs. 6 AktG.

7. a) Mit Eintragung der Verschmelzung im Register der übernehmenden Gesellschaft geht das Vermögen aller übertragenden Gesellschaften einschließlich der Verbindlichkeiten auf die Übernehmerin über; zugleich sind damit die Aktionäre aller übertragenden Gesellschaften zu Aktionären der übernehmenden Gesellschaft geworden. Die übertragenden Gesellschaften sind als Rechtsperson erloschen, § 346 Abs. 3 u. 4 AktG (u. D II, III).

b) In der Bekanntmachung der Eintragungen sind für jede Gesellschaft die Gläubiger auf ihr Recht zur Sicherheitsleistung hinzuweisen, § 347 Abs. 1 Satz 3 AktG.

8. Vom Treuhänder werden die Aktien der übertragenden Gesellschaften gegen jene der übernehmenden umgetauscht und ein etwaiger Spitzenausgleich in bar ausbezahlt (u. D III 2).

9. Den Gläubigern jeder übertragenden Gesellschaft ist Sicherheit zu leisten. Auch die Gläubiger der übernehmenden Gesellschaft können bei Nachweis der Gefährdung ihrer Forderung durch die Verschmelzung Sicherheitsleistung dieser Gesellschaft verlangen, § 347 AktG.

10. Über Besonderheiten der Verschmelzung von Mutter- und Tochtergesellschaft s. B I 1 b.

B. Die Kapitalerhöhung

I. Zulässigkeit und Unzulässigkeit

1. Die übernehmende Gesellschaft wird die zu gewährenden Aktien in der Regel erst schaffen, also eine Kapitalerhöhung durchführen müssen. Der Erhöhungsbetrag wird durch die Summe der Nennbeträge der zu gewährenden Aktien bestimmt (u. C IV). Es sind jedoch folgende Modalitäten zu beachten:

a) Besitzt die übernehmende Gesellschaft eigene Aktien, so kann sie dieselben für den Umtausch verwerten, ist dazu indessen nicht verpflichtet, daher ihrer ungeachtet zur Kapitalerhöhung befugt (§ 344 Abs. 2 AktG); dasselbe gilt für die Verschmelzung von GmbH nach § 23 KapErhG.

b) Soweit die übernehmende Gesellschaft Aktien der übertragenden besitzt, steht ihr ein dieser Beteiligung entsprechender Anteil an dem Vermögen der übertragenden Gesellschaft bereits zu. Insoweit entfällt auch eine Gegenleistung durch Gewährung von Aktien. Dieses kommt darin zum Ausdruck, daß die übernehmende Gesellschaft im Aktientausch sich eigene Aktien zuzuteilen hätte, welche in ihrer Hand ein Wertnullum darstellen. Für die GmbH[1] geht die Begründung zu § 23 KapErhG zwar von einer Verpflichtung zur Gegenleistung aus, sagt aber, daß diese „insoweit bestehende Verpflichtung gegenüber der übertragenden Gesellschaft und ihr Anspruch als Gesellschafterin bei der übertragenden Gesellschaft sich (mit der Verschmelzung) vereinigen". In § 346 Abs. 4 Satz 4 AktG ist daher bestimmt, daß an die Stelle der Aktien, welche die übernehmende Gesellschaft oder ein Dritter für ihre Rechnung an der übertragenden Gesellschaft besitzt, keine Aktien der Übernehmerin treten, diese Aktien vielmehr mit Erlöschen der übertragenden Gesellschaft untergehen. Daraus ergibt sich, daß insoweit die übernehmende Gesellschaft (— entgegen dem bisherigen Wortlaut des § 344 Abs. 2 AktG und —) in Übereinstimmung mit § 23 KapErhG eine Kapitalerhöhung nicht durchführen **darf**, und daß gleichwohl geschaffene Aktien analog § 71 c AktG wieder einzuziehen wären.

---

[1] Vgl. *Deutler*, Das neue GmbH-Recht, S. 141.

§ 48 *Verschmelzung durch Aufnahme*

Besitzt eine **Muttergesellschaft** sämtliche Aktien der Tochtergesellschaft, so vollzieht sich die Verschmelzung der letzteren mit der Muttergesellschaft ohne Kapitalerhöhung. In der Bilanz der Muttergesellschaft ändert sich lediglich die Zusammensetzung ihres Vermögens, indem an die Stelle der aktivierten Tochteraktien die übernommenen Vermögensgegenstände treten. Demgemäß entfallen nach § 352 b AktG in dem Verschmelzungsvertrag Angaben über Aktientausch, und es entfällt auch die Verschmelzungsprüfung. Erforderlich hingegen bleibt auch hier die Zustimmung der HV der Muttergesellschaft zum Verschmelzungsvertrag.

c) Eigene Aktien, welche die übertragende Gesellschaft besitzt, stellen in ihrer Hand ein Wertnullum dar (o. § 31), bilden mithin auch für die übernehmende Gesellschaft keinen Wert. Sie gehen mit Erlöschen der übertragenden Gesellschaft unter; auch dieses kommt in § 346 Abs. 4 Satz 4 AktG übereinstimmend mit § 23 KapErhG zum Ausdruck.

d) Schließlich kann noch sein, daß die übertragende Gesellschaft ihrerseits als Aktionärin an der übernehmenden beteiligt ist. Hier erwirbt die übernehmende Gesellschaft mit dem Vermögen der Veräußerin auch ihre eigenen Aktien. Einem solchen kraft Gesamtrechtsnachfolge sich vollziehenden Erwerb trägt § 71 Abs. 1 Nr. 5 AktG Rechnung. Sind diese Aktien noch nicht eingezahlt, dann erlischt die Einlagepflicht aus diesen Aktien in der Hand der Übernehmerin. Insoweit entfällt für sie daher Notwendigkeit und Zulässigkeit einer Kapitalerhöhung (so ausdrücklich für die GmbH § 23 Abs. 1 KapErhG).

2. Über die **Art** der im Umtausch zu gewährenden Aktien s.u. C VI.

II. Die einschlägigen Arten der Kapitalerhöhung

Wenn die übernehmende Gesellschaft die zu gewährenden Mitgliedschaften neu zu schaffen hat, so kann die Kapitalerhöhung als **Kapitalerhöhung gegen Einlagen**, als **bedingte Kapitalerhöhung** oder auf Grund **genehmigten Kapitals** durchgeführt werden. In allen Fällen liegt ein der Kapitalerhöhung gegen Sacheinlagen analoger Vorgang vor (RG 124, 300), so daß die §§ 183, 194, 205 AktG zu beachten sind.

1. Die Kapitalerhöhung gegen Einlagen setzt voraus, daß die Summe der zu gewährenden Aktien feststeht, da der Betrag der Erhöhung wenigstens als Mindest- oder Höchstbetrag beschlußmäßig festzulegen ist. Im übrigen werden die für die Kapitalerhöhung geltenden Vorschriften durch einige Sondergrundsätze abgewandelt, § 343 Abs. 1 AktG.

Die Kapitalerhöhung ist ohne Rücksicht auf etwaige Einlagenrückstände zulässig. Weiter entfällt die Zeichnung der neuen Aktien mittels Zeichnungsscheines. Aus dem gleichen Grunde entfällt, wenn auch § 187 Abs. 2 AktG seine Gültigkeit behält, das Bezugsrecht der Stammaktionäre. Die nach § 183 Abs. 3 AktG bei Sacheinlagen erforderliche Prüfung findet hier nur statt, wenn das Gericht Zweifel hat, ob der Wert des übergehenden Vermögens dem Betrag der dafür gewährten Aktien entspricht. Da aber der Verschmelzungsvertrag einer Prüfung unterliegt (s.o. A 1 c), wird hierbei auch der Wert der Sacheinlage geprüft.

Bei Vorhandensein von Aktien verschiedener Gattung ist § 182 Abs. 2 AktG zu beachten.

2. Die auf Grund des **genehmigten** Kapitals durchgeführte Erhöhung unterliegt der generellen Schranke des § 202 Abs. 3 AktG in bezug auf die Höhe des genehmigten Kapitals, außerdem der zeitlichen Schranke des § 202 Abs. 1 AktG. Die dem Vorstand erteilte Ermächtigung muß jedoch nach § 203 Abs. 2 AktG die Befugnis umfassen, über den Ausschluß des Bezugsrechts zu entscheiden. Da weiter die Verschmelzung als Kapitalerhöhung unter Sacheinlage erscheint, muß auch die Ermächtigung zur Aktienausgabe gegen Sachwerte besonders erteilt sein, § 205 AktG. Sollen Vorzugsaktien ohne Stimmrecht gewährt werden, so sind, falls bei der übernehmenden Gesellschaft solche Aktien bereits bestehen, auch die §§ 204 Abs. 2, 141 Abs. 2 AktG einschlägig.

3. Die **bedingte** Kapitalerhöhung ist auch zur Vorbereitung des Zusammenschlusses von Unternehmungen geschaffen worden, § 192 Abs. 2 Nr. 2 AktG. Sie ermöglicht die Zuwendung und Sicherung der Bezugsrechte schon bei Abschluß eines der Verschmelzung vorausgehenden Interessengemeinschaftsvertrages (§ 192 Abs. 4). Andererseits bestehen mit Bezug auf die zulässige Höhe des Bezugskapitals gesetzliche Schranken, § 193 Abs. 3 AktG.

Wird die bedingte Kapitalerhöhung im Zusammenhang mit einem der geplanten Verschmelzung vorausgehenden Interessengemeinschaftsvertrag beschlossen, so sind, da die Relationen der Vermögen der beteiligten Gesellschaften in der Zwischenzeit sich ändern können, im Erhöhungsbeschluß gemäß § 193 Abs. 2 Nr. 3 AktG die Grundlagen festzulegen, nach denen der Ausgabebetrag der neuen Aktien errechnet werden wird.

III. Entstehung der neuen Mitgliedschaften

1. Die neuen Mitgliedschaften werden von den Aktionären der übertragenden Gesellschaft nicht im Wege rechtsgeschäftlicher Zeichnung übernommen, sondern sie fallen ihnen ipso iure zu (s. u. D III) und sie gelten durch den gesetzlichen Vermögensübergang als eingezahlt. Eine persönliche Zahlungspflicht kann für diese Aktionäre deshalb nur insoweit in Frage kommen, als Einlagen aus den alten Aktien noch rückständig sind, wobei auch die gegen die Aktionäre bestehenden Einlageforderungen übergehen (RG 136, 316).

2. Zweifelhaft ist, wann bei der Verschmelzung unter Kapitalerhöhung durch die übernehmende Gesellschaft die neuen Mitgliedschaften existent werden. Während bei einer mit der Verschmelzung durch Aufnahme verbundenen Kapitalerhöhung gegen Einlagen die neuen Mitgliedschaften (Aktien) nach § 189 AktG mit Eintragung der Durchführung der Kapitalerhöhung entstehen und vorherige Ausgabe der Aktien nach § 191 AktG Nichtigkeit derselben bewirkt, während demgegenüber im Falle bedingter Kapitalerhöhung die neuen Mitgliedschaften gemäß § 200 AktG jeweils mit ihrer Ausgabe existent werden, diese aber nicht vor voller Leistung der Sacheinlage zulässig ist, womit es nicht vereinbar erscheint, daß nach § 346 Abs. 2 AktG diese Aktien schon vor dem Vermögensübergang auf die übernehmende Ge-

sellschaft dem Treuhänder auszuhändigen seien[2], entstehen bei der Verschmelzung durch Neubildung die neuen Mitgliedschaften gemäß § 353 Abs. 6 AktG mit Eintragung der neuen Gesellschaft.

Es liegt nahe und entspricht der Auffassung zum früheren Recht, das Entstehen der neuen Mitgliedschaften für alle Verschmelzungstatbestände **einheitlich** zu erfassen, und dieses um so mehr, als nunmehr nach § 346 Abs. 4 AktG auch die Verschmelzung durch Aufnahme sich mit ihrer Eintragung im Register der übernehmenden Gesellschaft vollzieht, insoweit also der Verschmelzung durch Neubildung angeglichen ist. Indem für beide Fälle in den §§ 346 Abs. 4 Satz 3, 353 Abs. 6 Satz 3 AktG gesagt wird, daß die Aktionäre der übertragenden bzw. sich vereinigenden Gesellschaften mit Eintragung der Verschmelzung zu Aktionären der übernehmenden bzw. neuen Gesellschaft werden, ist zum Ausdruck gebracht, daß die neuen Mitgliedschaften einheitlich auch in diesem Zeitpunkt entstehen. Von dieser Sonderregelung werden mithin die §§ 189, 199 Abs. 2, 200 AktG verdrängt. Daraus folgt, daß bei Nichtzustandekommen oder Nichtigkeit der Verschmelzung auch die Kapitalerhöhung gegenstandslos ist.

In der Hand des Treuhänders sind die zum Umtausch bestimmten Aktienbriefe daher noch nicht begebene Urkunden, welche erst in der Hand der empfangenden Aktionäre mit dem Mitgliedschaftsrecht derselben wertpapierrechtlich sich verbinden.

C. Der Verschmelzungsvertrag

I. Vertragsform

Verschmelzungsvertrag ist der zwischen den Vorständen der übertragenden Gesellschaften und der übernehmenden Gesellschaft zu schließende Vertrag, mit welchem die Grundlagen und Modalitäten der Verschmelzung festgelegt werden, § 340 Abs. 1 AktG. Er ist notariell zu beurkunden, § 341 Abs. 1 AktG; die Beurkundung kann jedoch aufgeschoben werden bis nach seiner Billigung durch die HVn der beteiligten Gesellschaften. Unterbleibt sie ganz, so wird der Mangel notarieller Beurkundung durch die Eintragung der Verschmelzung geheilt, § 346 Abs. 4 AktG.

II. Rechtsnatur des Vertrags

1. Der Verschmelzungsvertrag ist, soweit er den Vermögensübergang, das Umtauschverhältnis der Aktien, den Beginn des Dividendenrechts und den Schutz der Inhaber von Sonderrechten (u. VII) regelt, ein der Auslegung des Revisionsgerichts unterliegender **Organisationsvertrag** (o. § 4 IV), welcher in Ergänzung des Gesetzes die Rechtsgrundlage für die Verschmelzung darstellt. Er bestimmt insbesondere, in welcher Relation und in welcher mitgliedschaftsrechtlichen Ausstattung die Anteile

---

2 Aus diesem Grunde war in *Godin-Wilhelmi* AktG 1937 (2. Aufl. 1950) § 233 Anm. 7 die Auffassung vertreten, daß eine bedingte Kapitalerhöhung für Zwecke der Verschmelzung, wenngleich dafür geschaffen, gar nicht möglich sei.

der Aktionäre sich am Vermögen der übernehmenden Gesellschaft fortsetzen und welche Rechtsposition den Inhabern von Wandel- oder Gewinnschuldverschreibungen und von Genußrechten gegenüber der Übernehmerin zusteht.

2. Der Verschmelzungsvertrag begründet aber auch schuldrechtliche Verpflichtungen der übernehmenden Gesellschaft, z.B. zur Leistung barer Zuzahlungen an die Aktionäre der übertragenden Gesellschaft.

Die Zusage einer Übernahme von Vorstandsmitgliedern der übertragenden Gesellschaft in den Vorstand der Übernehmerin verpflichtet den letzteren, sich bei seinem Aufsichtsrat um Bestellung derselben zu bemühen.

III. Inhalt des Verschmelzungsvertrags

Während das bisherige Recht von einer näheren Bestimmung des Vertragsinhalts absieht, enthält die Neuregelung in § 240 Abs. 2 AktG Angaben über den notwendigen Mindestinhalt.

a) Erforderlich ist die Vereinbarung der Übertragung des Vermögens jeder übertragenden Gesellschaft als Ganzes gegen Gewährung von Aktien der übernehmenden Gesellschaft unter Angabe von Firma und Sitz der Gesellschaften;

b) das Umtauschverhältnis der Aktien und gegebenenfalls die Höhe der baren Zuzahlungen;

c) die Einzelheiten zur Übertragung der Aktien der übernehmenden Gesellschaft, insbesondere also Angaben, durch welche Stellen (Banken) als Treuhänder der Umtausch vollzogen wird und welche Fristen dafür bestehen, etc.;

d) den Beginn des Dividendenrechts und alle Besonderheiten in Bezug auf diesen Anspruch;

e) den Zeitpunkt, von welchem an die Geschäfte der übertragenden Gesellschaften als für Rechnung der übernehmenden geführt gelten;

f) die Rechte, welche die übernehmende Gesellschaft einzelnen Aktionären, sowie den Inhabern von Vorzugsaktien, Mehrstimmrechtsaktien, von Genußrechten und Schuldverschreibungen gewährt oder die für diese Personen vorgesehenen Maßnahmen (u. VII);

g) jeden besonderen Vorteil, der einem Mitglied des Vorstands oder Aufsichtsrats der an der Verschmelzung beteiligten Gesellschaften oder einem Verschmelzungsprüfer gewährt wird.

Über die Einreichung des Verschmelzungsvertrags zum Handelsregister s. § 340 d Abs. 1 AktG.

IV. Bemessung der zu gewährenden Aktien

Das im Verschmelzungsvertrag festzusetzende Umtauschverhältnis der Aktien setzt eine Berechnung der Zahl der von der übernehmenden Gesellschaft zu gewährenden Aktien voraus. Für die Bemessung derselben gilt die Regel, daß bei Zusammenlegung von Unternehmen zu gemeinsamem Eigentum (Vereinigung der Vermögenssubstanz) und zu gemeinsamem Betrieb (Vergemeinschaftung von Gewinn und Verlust) jeder Einbringende an dem dadurch entstehenden Gesamtvermögen mit solcher Quote zu beteiligen ist, wie es der Relation der Werte der eingebrachten Vermögen entspricht.

Diesem Postulat ist auch bei der Verschmelzung Rechnung zu tragen. Bei der Verschmelzung durch Aufnahme ist jedoch zu beachten, daß das Vermögen der übertragenden Gesellschaft zu jenem der übernehmenden hinzutritt, daß also die Zahl der den Aktionären der übernehmenden Gesellschaft gehörenden Aktien unverändert bleibt und nur die durch die Gesamtzahl dieser Aktien gebildete Gesamtquote derselben an dem vereinigten Vermögen sich entsprechend der auf die übertragende Gesellschaft entfallenden Quote reduziert, und daß ferner auch der Wert dieser Aktien der Übernehmerin durch die Verschmelzung nicht verändert, also weder erhöht noch verringert werden darf, weil ansonsten die Verschmelzung der einen Gesellschaft auf Kosten der anderen einen Vorteil i.S. des § 243 Abs. 2 AktG verschaffen würde.

Auszugehen zur Ermittlung der den übertragenden Gesellschaften zuzuweisenden Quoten ist von den **realen**, in sachverständiger Beurteilung zu ermittelnden Werten ihrer Vermögen. Sie stimmen mit dem Grundkapital der Gesellschaften (und demgemäß auch die Aktienkurse mit den Nennbeträgen der Aktien) in der Regel nicht überein.

Wie sich unter Berücksichtigung dieser Prämissen die Zahl der von der übernehmenden Gesellschaft zu gewährenden Aktien und, unter Berücksichtigung der o.B. dargelegten Modalitäten, auch die erforderliche Erhöhung des Grundkapitals derselben errechnet, sei schematisch an folgendem Beispiel dargelegt:

a) Grundkapital der übernehmenden Gesellschaft 1 000 000,—; gestückelt in 10 000,— Aktien zu 100,—;
Realwert des Vermögens 1 500 000,—; also Wert der Aktie 150,—

b) Grundkapital der übertragenden Gesellschaft 1 000 000,—, gestückelt in 10 000,— Aktien zu 100,—;
Realwert des Vermögens 750 000,—, also Wert der Aktie 75,—.

Soll der Wert der Aktien der übernehmenden Gesellschaft unverändert erhalten bleiben, dann muß ihm auch der Wert der den Aktionären der übertragenden Gesellschaften zu gewährenden Aktien entsprechen. Es wird daher der reale Wert des Vermögens jeder übertragenden Gesellschaft geteilt durch den Wert der Aktien der übernehmenden Gesellschaft; im obigen Schema also der zu übertragende Vermögenswert von 750 000 geteilt durch 150. Hieraus ergeben sich 5000 Aktien gleichen Nennbetrags. Es sind daher von der übernehmenden Gesellschaft den Aktionären der übertragenden 5000 Aktien zu gewähren.

Beim Umtausch erfolgt mithin eine Zusammenlegung von 2:1, indem für 2 Aktien der übertragenden Gesellschaft im Wert von je 75,— eine Aktie der Übernehmerin im Wert von 150,— gewährt wird.

In dieser Zusammenlegung wird mithin sowohl die Wirkung umfaßt, welche sich ergeben hätte, falls die übertragende Gesellschaft vor der Fusion ihren Verlust selbst durch Kapitalherabsetzung buchmäßig beseitigt hätte, als auch das Agio berücksichtigt, welches bei Umtauch der Aktien gegen jene der übernehmenden Gesellschaft hätte bezahlt werden müssen.

Da die vorstehend genannten Wertrelationen im allgemeinen aus dem **Kurs** der Aktien zu ersehen sind, bildet dieser in der Praxis die wesentliche Berechnungsgrundlage. Zur Vermeidung unzumutbarer Divisoren bei Zusammenlegungen können praktisch jedoch vorherige Kapitalanpassungen erforderlich sein.

V. Die zugrundeliegenden Bilanzen

Da für die Bemessung der von der übernehmenden Gesellschaft zu gewährenden Aktien und etwaigen Zuzahlungen der reale Wert des Vermögens der übertragenden Gesellschaft zu schätzen ist, würde auch die Aktivierung der übernommenen Gegenstände von dieser freien Vereinbarung abhängen. Dem tritt § 348 AktG entgegen. Hiernach gelten für die Jahresbilanz der übernehmenden Gesellschaft die in der **Schlußbilanz** der übertragenden Gesellschaft eingesetzten Werte als Anschaffungskosten i. S. der §§ 153 Abs. 1, 157 Abs. 1 AktG.

Schlußbilanz kann daher nur eine nach den Grundsätzen des Jahresabschlusses erstellte und geprüfte Bilanz sein. Als Schlußbilanz kommt somit der Jahresabschluß für das letzte abgelaufene Geschäftsjahr in Betracht, sofern sein Stichtag gemäß § 345 Abs. 3 Satz 4 AktG nicht länger als acht Monate vor Anmeldung der Verschmelzung bei der übernehmenden Gesellschaft zurückliegt. Anderenfalls muß eine den Vorschriften über die Jahresbilanz entsprechende Zwischenbilanz erstellt werden. Es ist zur Zeit offen, ob die in § 340d Abs. 2 Nr. 3 AktG i. d. Fassung des RefE vorgesehene Zwischenbilanz diesem Erfordernis angepaßt werden wird und demgemäß als Schlußbilanz dienen kann.

Die Schlußbilanz ist bei Anmeldung der Verschmelzung zum Register der **übernehmenden** Gesellschaft beizufügen[3].

Vom Stichtag der Schlußbilanz an erfolgt die Geschäftsführung der übertragenden Gesellschaft mithin zwangsläufig für Rechnung der übernehmenden.

Wenn die übernehmende Gesellschaft zwecks Verschmelzung ihr Grundkapital erhöht und der Gesamtnennbetrag oder höhere Ausgabebetrag der gewährten Aktien zuzüglich barer Zuzahlungen die in der Schlußbilanz eingesetzten Werte der einzelnen Vermögensgegenstände übersteigt, darf der Unterschiedsbetrag (Goodwill) unter die Posten des Anlagevermögens aufgenommen werden und er ist binnen fünf Jahren durch Abschreibung zu tilgen, § 348 Abs. 2 AktG.

VI. Die zu gewährenden Aktien

Die Verschmelzung darf nicht dazu führen, daß einzelne Aktionäre der übertragenden Gesellschaft bei dem Überwechsel auf die übernehmende ohne ihre Zustimmung

---

[3] Zur Zeit ist Einreichung im Register der übertragenden Gesellschaft vorgeschrieben. Da aber künftig die Eintragung im Register der übernehmenden Gesellschaft Vollzug der Verschmelzung bewirkt, muß die Bilanz dort eingereicht werden.

in ihrer Rechtsposition eine Beeinträchtigung erfahren. Solche nämlich würde Anfechtbarkeit des Zustimmungsbeschlusses gemäß § 243 Abs. 2 AktG zur Folge haben. Gleiches gilt aber auch für die Aktionäre der übernehmenden Gesellschaft, deren Beeinträchtigung insbesondere durch den Hinzutritt neuer Aktionäre mit Vorzugsrechten möglich ist.

a) Bestehen bei der **übertragenden** Gesellschaft Vorzugsaktien, dann sind diesen Aktionären auch von der Übernehmerin verhältnismäßig gleiche Vorzüge zu verschaffen[4]. Stammaktionären dürfen nicht Vorzugsaktien ohne Stimmrecht aufgedrängt werden, sofern der Vorzug nicht so erheblich ist, daß er i.S. des § 243 Abs. 2 Satz 2 AktG als voller Ausgleich für den Stimmverlust gelten kann. Indem nach § 340c Abs. 3 AktG der Zustimmungsbeschluß der HVn zum Verschmelzungsvertrag bei Vorhandensein von Aktien verschiedener Gattung zu seiner Wirksamkeit künftig der Sonderzustimmung der Aktionäre jeder Gattung bedarf (u. VIII), können hiernach die Aktionäre jeder Gattung eine Beeinträchtigung ihrer Rechte selbst verhindern.

Veränderungen der allgemeinen Rechtsposition, etwa Beschränkungen in der Ausübung des Stimmrechts gemäß § 134 Abs. 1 Satz 2 AktG, welche bei der übernehmenden Gesellschaft bestehen, werden mit dem Zustimmungsbeschluß der übertragenden Gesellschaft in Kauf genommen.

b) Bei der **übernehmenden** Gesellschaft wird, falls auch bei ihr Aktien verschiedener Gattungen bestehen, durch Schaffung der Umtauschaktien eine Verschiebung der Relationen eintreten. Hier aber greift schon bei der Kapitalerhöhung, durch welche die zum Umtausch bestimmten Aktien geschaffen werden, der Schutz getrennter Abstimmung gemäß den §§ 141 Abs. 2, 182 Abs. 2, 193 Abs. 1 Satz 3, 204 Abs. 2 AktG Platz. Außerdem gilt das Erfordernis der Sonderzustimmung der Aktionäre jeder Gattung nach § 340c Abs. 3 AktG auch für den HV-Beschluß, durch welchen die übernehmende Gesellschaft den Verschmelzungsvertrag zu billigen hat.

VII. Wandelschuldverschreibungen und Genußrechte

1. Die Inhaber von Wandelschuldverschreibungen oder Obligationsanleihen, welche von der übertragenden Gesellschaft ausgegeben sind, verlieren ihre gegen die übertragende Gesellschft gerichteten Bezugsrechte mit Erlöschen dieser Gesellschaft durch Verschmelzung. Schon bisher wurden ihnen deshalb von der übernehmenden Gesellschaft entsprechende Rechte eingeräumt. Nunmehr wird gesetzlich bestimmt, daß die ihnen von der übernehmenden Gesellschaft zu gewährenden Rechte im Verschmelzungsvertrag festzulegen sind (§ 340 Abs. 2 Nr. 7) und daß sie gemäß § 347a AktG den bisherigen Rechten gleichwertig sein müssen.

2. Denselben Schutz genießen die Inhaber von Gewinnschuldverschreibungen und Genußrechten.

---

[4] Allgemeine Meinung; vgl. *Schilling*, Großkomm § 339 Anm. 8; derselbe in JZ 1953, 489; *Kraft*, KölnKomm §339 Anm. 41; *Godin-Wilhelmi*, § 339 Anm. 8.

VIII. Die Zustimmungsbeschlüsse

Von der Kapitalerhöhung zu unterscheiden ist die beschlußmäßige Zustimmung der HV zum Verschmelzungsvertrag. Sie ist nach § 340c AktG stets für jede der beteiligten Gesellschaften erforderlich. Der Beschluß bedarf einer Mehrheit, welche mindestens drei Viertel des vertretenen Grundkapitals umfaßt. Die Satzung kann nur eine größere Kapitalmehrheit und weitere Erfordernisse, nicht aber Erleichterungen vorsehen.

Bei Vorhandensein von Aktien verschiedener Gattung, gleichgültig, ob bei der übertragenden oder übernehmenden Gesellschaft, bedarf fortan der Zustimmungsbeschluß zu seiner Wirksamkeit der Zustimmung der Aktionäre jeder Gattung durch Sonderbeschluß, für welchen dieselbe qualifizierte Kapitalmehrheit gilt. Diese mit Durchführung der RL (o. § 47 I) eintretende Änderung des geltenden Rechts (§ 340 Abs. 2) kann praktisch zu erheblichen Erschwerungen führen.

Wird der Verschmelzungsvertrag in den ersten zwei Jahren seit Eintragung der übernehmenden Gesellschaft geschlossen, dann sind nach § 243 AktG auch die Grundsätze der Nachgründung einschlägig.

D. Wirksamwerden der Verschmelzung

I. Die Maßnahmen und ihre Rechtsfolgen

1. Die Vermögensvereinigung wird vollzogen durch die Eintragung der Verschmelzung in das Handelsregister des Sitzes der **übernehmenden** Gesellschaft, § 346 Abs. 3 AktG.

Diese Änderung des bisherigen Rechts wird dadurch notwendig, daß künftig an der Verschmelzung durch Aufnahme sich gleichzeitig mehrere übertragende Gesellschaften sollen beteiligen können.

Da mit dieser Eintragung die übertragende Gesellschaft erlischt, müssen alle technischen Durchführungsmaßnahmen schon **vorher** erledigt sein, nämlich:

a) Die Durchführung einer Kapitalerhöhung muß eingetragen sein, §§ 346 Abs. 1; 343 Abs. 2 AktG (s. o. A 5a).

b) Ferner muß die übertragende Gesellschaft einen Treuhänder für den Empfang der zu gewährenden Aktien bestellen, dem auch der Besitz der Umtauschaktien zu überlassen ist, § 346 Abs. 2 AktG.

2. Die Bestellung des Treuhänders (einer Bank) erfolgt durch den Vorstand der übertragenden Gesellschaft aufgrund eines Vertrages (entgeltliche Geschäftsbesorgung), durch den sich der Treuhänder der Gesellschaft gegenüber zur Durchführung des Aktienumtausches verpflichtet. Die Aktionäre der übertragenden Gesellschaft erlangen gegen ihn einen selbständigen Anspruch auf Vornahme des Umtausches (Vertrag zugunsten Dritter).

3. Mit dem Umtausch wird die zunächst entstandene Rechtsgemeinschaft der Aktionäre (u. III) auseinandergesetzt. Hatte die übertragende Gesellschaft eine Verlustbi-

lanz und war dementsprechend die Kapitalerhöhung der übernehmenden geringer als das Grundkapital der übertragenden, dann erfolgt beim Umtausch der Aktien zugleich eine Zusammenlegung, auf welche nach § 346 Abs. 7 der § 226 AktG anwendbar ist.

II. Der Vermögensübergang

Mit Eintragung der Verschmelzung in das Handelsregister des Sitzes der übernehmenden Gesellschaft geht das Vermögen der übertragenden Gesellschaften einschließlich der Schulden auf die übernehmende über. Mit diesem Zeitpunkt sind die übertragenden Gesellschaften erloschen, weshalb ihrer Löschung im Handelsregister nur noch deklaratorische Bedeutung zukommt, § 346 Abs. 3 und 4 AktG.

1. Der Vermögensübergang auf die übernehmende Gesellschaft vollzieht sich im Wege der Gesamtrechtsnachfolge. Mit Eintragung der Verschmelzung gehen daher die gesamten Anlagen, Maschinen, Gebäude, Grundstücke, Rechte aus indossablen Papieren sowie alle Forderungen, welche bisher der übertragenden Gesellschaft zugestanden haben, auf die Erwerberin über, ebenso alle Ansprüche aus Vertragsverhältnissen.

2. Mit den Rechten gehen auch alle Verbindlichkeiten der übertragenden auf die erwerbende Gesellschaft über.

Dahin gehören einmal die Verbindlichkeiten gegenüber den Gesellschaftsgläubigern aus übernommenen Aufträgen, aus Kreditgewährung, Miet- oder Pachtverhältnissen, aus Garantie- oder Mängelgewährstatbeständen, Pensions- oder Versorgungsansprüche sowie die aus den bestehenden Arbeitsverhältnissen entspringenden Verpflichtungen. Es gehen ferner über alle Verpflichtungen, welche sich aus schwebenden Verträgen ergeben.

Treffen aus gegenseitigen Verträgen, die zur Zeit der Verschmelzung von keiner Seite voll erfüllt sind, Abnahme-, Liefer- oder ähnliche Verpflichtungen zusammen, die miteinander unvereinbar sind oder die beide zu erfüllen eine schwere Unbilligkeit für die Übernehmerin bedeuten würde, so bestimmt sich der Umfang der Verpflichtungen nach Billigkeit unter Würdigung der vertraglichen Rechte aller Beteiligten, § 346 Abs. 3 Satz 2 AktG. Das Gesetz gewährt damit dem Gericht eine weitgehende Gestaltungsbefugnis.

Als Beispiele sind etwa zu nennen Verpflichtungen, wonach die übertragende Gesellschaft ihren gesamten Warenbedarf von einem Dritten zu beziehen, oder nur bestimmte Abnehmer zu beliefern habe, oder Fälle, wonach die übertragende Gesellschaft einer anderen Interessengemeinschaft angehört als die Übernehmerin, ferner kollidierende Verpflichtungen aus Agenturverträgen oder Lizenzverträgen.

3. Eine umstrittene Frage ist die, welchen Einfluß die Verschmelzung auf die Einlageverpflichtungen der Aktionäre der übertragenden Gesellschaft ausübt; vgl. dazu RG 136, 316. Die herrschende Lehre nimmt unter Berufung auf § 66 AktG an, daß die Ansprüche der übertragenden Gesellschaft auf Einzahlung des Restbetrages der Einlageschuld, welche zum Vermögen der übertragenden Gesellschaft gehören, mit diesem Vermögen auf die übernehmende Gesellschaft übergehen. Die Einlagever-

pflichtung behält ihre rechtliche Natur und der Einlagerückstand muß bei der umgetauschten Aktie auf den gleichen Betrag lauten[5].

III. Die sich fortsetzenden Mitgliedschaften

Da die Beteiligungen der Aktionäre der übertragenden Gesellschaft sich ipso iure, jedoch nach Maßgabe des Umtauschverhältnisses, an dem Gesamtvermögen fortsetzen, entsteht unter den Aktionären der übertragenden Gesellschaft eine **Rechtsgemeinschaft** an den Mitgliedschaften, deren Auseinandersetzung durch den vom Treuhänder zu vollziehenden Umtausch der Urkunden erfolgt. Die in den Händen der Aktionäre der übertragenden Gesellschaft befindlichen Aktienbriefe sind leer geworden und dienen nur noch als Legitimation für den Umtausch. Indem der Treuhänder die Aktienbriefe umtauscht, werden die Urkunden der übernehmenden Gesellschaft zugleich im wertpapierrechtlichen Sinn begeben.

IV. Gläubigerschutz

Die Gläubiger sowohl der übertragenden wie der übernehmenden Gesellschaft werden gemäß § 347 Abs. 1 AktG in der Bekanntmachung der Verschmelzungseintragung auf die Geltendmachung ihrer Rechte hingewiesen. Den sich hierauf binnen sechs Monaten meldenden Gläubigern der übertragenden Gesellschaft ist Sicherheit zu leisten, soweit die Berechtigten nicht Befriedigung verlangen können. Die Sicherheitsleistung entfällt gegenüber gewissen konkursberechtigten Gläubigern, § 347 AktG.

Den Gläubigern der übernehmenden Gesellschaft steht ein Recht auf Sicherheitsleistung nur bei Nachweis der Gefährdung ihrer Forderungen zu.

V. Einfluß des MitbestG und des BetrVG

1 a) Unterliegen beide Gesellschaften hinsichtlich der Vertreter der Arbeitnehmer im Aufsichtsrat derselben Mitbestimmungsregelung und tritt hierin auch durch die Fusion keine Änderung ein, so entfallen mit Erlöschen der übertragenden Gesellschaft die Vertreter der Arbeitnehmer in deren Aufsichtsrat. Fortan werden die Interessen der übergehenden Arbeitnehmer von den dem Aufsichtsrat der übernehmenden Gesellschaft angehörenden Arbeitnehmervertretern wahrgenommen.

Kommt infolge der Fusion auf die übernehmende Gesellschaft fortan die paritätische Mitbestimmung zur Anwendung, so wird durch die Verschmelzung die bisherige Zusammensetzung ihres Aufsichtsrats unrichtig; dieser ist daher nach §§ 97–99 AktG neu zu bestellen.

b) Da beide Gesellschaften in der Regel mehr als hundert Arbeitnehmer haben, besteht bei beiden ein Wirtschaftsausschuß (§§ 106ff. BetrVG). Die Vorstände sind alsdann verpflichtet, diesen Ausschuß rechtzeitig und unter Vorlage der erforder-

---

[5] S. *Schilling*, Großkomm § 240 Anm. 47; *Schlegelberger-Quassowski*, § 240 Anm. 18ff.

§ 48 *Verschmelzung durch Aufnahme*

lichen Unterlagen über die geplante Fusion zu unterrichten und sich mit ihm über die Auswirkungen auf die Personalplanungen zu beraten. Ein Mitentscheidungsrecht steht diesem Ausschuß jedoch nicht zu.

c) Die Verschmelzung als solche wird vom BetrVG nicht betroffen. Mit ihr aber können auch Änderungen von Betrieben verbunden sein (§ 111 BetrVG), z.B. Stillegung oder Zusammenschluß von Betrieben, Einführung neuer Fertigungsverfahren, welche für die Belegschaft mit wesentlichen Nachteilen verbunden sind. In solchen Fällen ist nach § 112 BetrVG zwecks Ausgleich der Interessen durch Einigung zwischen Vorstand und Betriebsrat ein Sozialplan zu erstellen, welcher, falls die Einigung nicht zustande kommt, durch Entscheidung der Einigungsstelle ersetzt wird.

VI. Veranwortlichkeit der beteiligten Verwaltungen

1. Die Verwaltungsträger der übertragenden Gesellschaft werden durch § 349 AktG einer verschärften Haftung unterworfen. Die Verschärfung besteht darin, daß die Ersatzpflicht nicht nur gegenüber der Gesellschaft, sondern auch gegenüber den Aktionären und Gläubigern der übertragenden Gesellschaft besteht, und zwar nicht nur bei grobem Verschulden, sondern auch schon bei leichter Fahrlässigkeit. Wegen der Durchführung der Ersatzpflicht s. § 350 AktG.

2. Die Haftung der Verwaltungsträger der übernehmenden Gesellschaft beurteilt sich nach den allgemeinen Vorschriften, § 351 AktG.

VII. Nichtigkeit der Verschmelzungsbeschlüsse

Die Genehmigungsbeschlüsse können nach § 243 AktG wegen Verletzung des Gesetzes oder der Satzung, insbesondere auch nach § 243 Abs. 2 AktG angefochten werden (s.o. § 30 III 3). Bei Anmeldung der Verschmelzung haben die Vorstände beider Gesellschaften nach § 345 Abs. 2 AktG zu erklären, ob eine Anfechtung erfolgt ist. Es soll dadurch verhindert werden, daß die Eintragung der Verschmelzung erfolgt, solange eine Anfechtung noch möglich oder rechtshängig ist. Gleiches gilt auch bei Anfechtung des Kapitalerhöhungsbeschlusses der übernehmenden Gesellschaft.

Die Fälle einer Nichtigkeit der Verschmelzung werden durch § 352a AktG gegenüber dem bisherigen Recht eingeschränkt, indem die Eintragung der Verschmelzung im Register der übernehmenden Gesellschaft etwaige Mängel der Verschmelzung heilt.

Laut Begr. z. RefE soll diese Heilung jedoch nicht für die Rechtshandlungen als solche gelten, welche für die Verschmelzung erforderlich sind, nämlich nicht für den Verschmelzungsvertrag und für die HV-Beschlüsse.

§ 49 Verschmelzung durch Neubildung

I. Begriff

1. Bei der Verschmelzung durch Neubildung bringen die verschmelzenden Gesellschaften ihr Vermögen in eine neu zu gründende Gesellschaft ein. Jede der sich vereinigenden Gesellschaften gilt als übertragende und die neu errichtete als übernehmende Gesellschaft.

2. Die mit der Verschmelzung durch Neubildung verbundene Gesellschaftsgründung ist, wiewohl eine Gründung unter Sacheinlagen vorliegt, vereinfacht, da die bei Sachgründung in die Satzung aufzunehmenden Angaben der Einlagen durch den Verschmelzungsvertrag ersetzt werden, da ferner der Gründungsbericht der Gründer mit dem Verschmelzungsbericht verbunden ist, und da die bei Sacheinlagen erforderliche Prüfung durch Gründungsprüfer im Rahmen der Verschmelzungsprüfung erfolgt.

Zur Vermeidung einer Umgehung der Nachgründung (§ 52 AktG) ist die Verschmelzung nur zulässig, wenn jede der sich vereinigenden Gesellschaften mindestens zwei Jahre im Handelsregister eingetragen ist, § 353 Abs. 2 AktG.

II. Gang des Verfahrens

1. Die Vorstände der sich vereinigenden Gesellschaften schließen auf Grundlage der für jede Gesellschaft zu erstellenden Schlußbilanz (o. § 48 C V) den Gründungsvertrag. Er umfasst zum einen die Feststellung der Satzung der neu zu errichtenden Gesellschaft, zum anderen den Verschmelzungsvertrag. Satzung und Verschmelzungsvertrag gehören materiell-rechtlich zusammen, indem die Satzung ohne die Vereinbarung des Vermögensübergangs im Verschmelzungsvertrag unvollständig wäre. Beide Vereinbarungen bedürfen der notariellen Beurkundung, welche jedoch bis nach Genehmigung dieser Vereinbarungen durch die HVn der Gründergesellschaften aufgeschoben werden kann, §§ 353, 340 AktG.

a) Über den Inhalt des Verschmelzungsvertrags, s. § 240 Abs. 2 AktG (o. § 48 C III).

b) Für den Inhalt der Satzung der zu errichtenden Gesellschaft gelten die allgemeinen Bestimmungen des § 23 Abs. 3 u. 4 AktG. Nicht anzuwenden ist § 27 AktG, da die Sacheinlage im Verschmelzungsvertrag enthalten ist. Wohl aber sind gegebenenfalls die in den Satzungen der sich vereinigenden Gesellschaft enthaltenen Festsetzungen über Sondervorteile, Gründungsaufwand, Sacheinlagen oder Sachübernahmen in die Satzung der neu zu gründenden Gesellschaft zu übernehmen, § 353 Abs. 4 AktG.

Der Betrag des **Grundkapitals** der neuen Gesellschaft richtet sich nach dem tatsächlichen Wert der übergehenden Vermögen; er kann daher höher, aber auch geringer

§ 49 *Verschmelzung durch Neubildung*

sein als die Summe der Grundkapitalbeträge der sich vereinigenden Gesellschaften. Durch Ansatz eines geringeren Grundkapitals ist eine Verschmelzung auch dann möglich, wenn eine der übertragenden Gesellschaften eine Unterbilanz ausweist. In diesem Falle erfolgt der Umtausch der Aktien dieser Gesellschaft unter Zusammenlegung der Aktien.

Die in den Schlußbilanzen der sich vereinigenden Gesellschaften eingesetzten Werte gelten für die Eröffnungsbilanz der neuen Gesellschaft als Anschaffungskosten i.S. der §§ 153 Abs. 1, 155 Abs. 1 (§§ 353 Abs. 1, 348 AktG). Übersteigt das Grundkapital der neuen Gesellschaft diese Werte, dann darf der Unterschiedsbetrag unter den Posten des Anlagevermögens gesondert ausgewiesen werden und ist binnen fünf Jahren durch Abschreibung zu tilgen.

c) Mit Feststellung der Satzung sind alle Aktien der neuen Gesellschaft von den an der Gründung beteiligten Gesellschaften zu übernehmen, §§ 353 Abs. 4; 29 AktG. Die Zahl der hierbei auf die einzelnen Gesellschaften entfallenden Mitgliedschaften richtet sich nach dem Verhältnis ihrer Nettovermögen zueinander.

d) Nunmehr sind gemäß §§ 353 Abs. 4; 30 Abs. 1; 31 AktG neben dem Abschlußprüfer für die erste Geschäftsperiode der neuen Gesellschaft auch der Aufsichtsrat dieser Gesellschaft zu bestellen, der die Mitglieder des Vorstands ernennt.

2. Die Vorstände der sich vereinigenden Gesellschaften erstatten den Verschmelzungsbericht, §§ 353, 340a AktG. Hierauf folgt die Prüfung durch die Verschmelzungsprüfer, §§ 353, 340b AktG, die hier zugleich die Prüfung nach § 34 AktG umfaßt (o. § 48 A 1 c).

Die Satzung der neuen Gesellschaft und der Verschmelzungsvertrag sind nach § 340d Abs. 1 AktG zum Handelsregister einzureichen. Von der Einberufung der HVn ab sind die in § 340 Abs. 2 AktG angeführten Unterlagen nebst Satzung der neuen Gesellschaft von den sich vereinigenden Gesellschaften zur Einsicht ihrer Aktionäre auszulegen.

3. Die HVn der sich vereinigenden Gesellschaften fassen gemäß § 340c AktG die Zustimmungsbeschlüsse, welche die Satzung der neuen Gesellschaft, die Bestellung ihrer Aufsichtsratsmitglieder (§ 353 Abs. 3) und den Verschmelzungsvertrag zu billigen haben (o. § 48 C VIII).

4. Jede der sich vereinigenden Gesellschaften bestellt zum Vollzug des Aktientausches einen Treuhänder, der den Besitz der zu gewährenden Aktien dem Gericht der übertragenden Gesellschaft anzuzeigen hat, § 346 Abs. 2 AktG.

5. Die Vorstände der sich vereinigenden Gesellschaften melden die neue Gesellschaft unter Beifügung der Schlußbilanzen (§ 345 Abs. 3 AktG) zur Eintragung an, § 353 Abs. 5 AktG.

Mit Eintragung dieser Gesellschaft gehen die Vermögen der sich vereinigenden Gesellschaften einschließlich der Verbindlichkeiten auf die neue Gesellschaft über (§ 353 Abs. 5); die Aktionäre der sich vereinigenden Gesellschaften werden Aktionäre der neuen Gesellschaft, während die sich vereinigenden Gesellschaften damit erlöschen, § 353 Abs. 6 AktG.

6. a) Die neue Gesellschaft hat den Gläubigern der vereinigten Gesellschaften nach § 347 AktG Sicherheit zu leisten.

b) Über den Umtausch der Aktien durch die Treuhänder s. o. § 48 D III.

§ 50 Internationale Verschmelzung und andere Formen internationaler Unternehmenszusammenfassung

1. Soweit die nationalen Rechte der Mitgliedstaaten der EG die Verschmelzung von Gesellschaften als eigenständiges Rechtsinstitut regeln, betrifft diese Regelung nur Fusionen von Gesellschaften mit Sitz innerhalb des Geltungsbereiches dieser Vorschriften; so auch die Regelung des AktG.

a) Eine Verschmelzung durch Übertragung des Vermögens einer inländischen Gesellschaft auf eine übernehmende oder neu zu gründende Gesellschaft im Ausland gegen Gewährung von Aktien der Übernehmerin ist für die inländische Partnerin nur möglich auf der Grundlage des § 361 AktG. Wie u. § 52 III dargelegt, bedarf der Veräußerungsvertrag, der für die inländische Gesellschaft ein Umsatzgeschäft darstellt, der Zustimmung ihrer HV. Die Übertragung des Vermögens auf die Erwerberin hat in Singulartradition zu erfolgen. Der Rechtsbestand der Veräußerin wird dadurch nicht berührt. Die Veräußerin bleibt weiterhin haftbar für alle bestehenden Verbindlichkeiten, welche nach ihrer Auflösung im Zuge der Abwicklung zu tilgen sind, bevor Veräußerin die als Gegenleistung erhaltenen Aktien der Erwerberin ihren Aktionären im Zuge der Naturalverteilung ihres Restvermögens zuteilen kann.

Für die ausländische Erwerberin gilt die für sie zuständige Rechtsordnung, also die Regelung der Gründung einer Gesellschaft oder der Kapitalerhöhung gegen Sacheinlage. Die in § 419 BGB der Vermögensübernehmerin auferlegte Mithaftung für die Verbindlichkeiten der Veräußerin gehört jedoch zum deutschen ordre public. Dieses Verschmelzungsverfahren ist umständlich und kostspielig.

b) Die Kommission der EG hat daher aufgrund Art. 220 Abs. 3 EWGV dem Rat einen Vorschlag über internationale Fusion vorgelegt, wonach die Fusion auch ermöglicht werden soll zwischen Gesellschaften, welche ihren Sitz in verschiedenen Mitgliedstaaten haben[1]. Das Verfahren gleicht weitgehend jenem der internen Fusion; noch nicht gelöst indessen sind das Problem der Mitbestimmung, welcher die Mitgliedstaaten mit sehr unterschiedlichen Vorstellungen gegenüberstehen, und steuerrechtliche Fragen.

2. Die Praxis im EWG-Bereich hat indessen Lösungen entwickelt, welche wirtschaftlich einen der Fusion entsprechenden Erfolg bewirken, wobei die beteiligten Gesell-

---

[1] Text in *Lutter*, Europ. GesR S. 266.

schaften ihre rechtliche Existenz bewahren[2]. Beispiele sind der Zusammenschluß der deutschen „Vereinigte Flugtechnische Werke GmbH" mit der niederländischen „Fokker NV"; ferner der Zusammenschluß der Hoesch-AG mit der niederländischen Hoogovens NV. Das Schema ist in beiden Fällen folgendes: Jede der beiden Gesellschaften überträgt im Bereich ihrer eigenen Rechtsordnung ihr gesamtes unternehmerisches Vermögen auf eine von ihr gegründete und ihr zu 100% gehörende Tochtergesellschaft (s. u. § 52 III), welche somit Betriebsgesellschaft wird, während die übertragenden Gesellschaften zu deren Holdings werden. Sodann überträgt jede der beiden Holdings ihre 100%ige Beteiligung an dieser Betriebsgesellschaft auf eine gemeinsam von ihnen neu gegründete Rechtsperson, welche dadurch nunmehr zur alleinigen und verwaltenden Holding beider Betriebsgesellschaften wird und an welcher die beiden Gründergesellschaften mit je 50% beteiligt sind[3].

Eine internationale Zusammenfassung der von Tochtergesellschaften betriebenen Unternehmen ist möglich durch Überkreuzverflechtung, indem jede der beiden Muttergesellschaften von ihrem 100%igen Tochterbesitz je 50% auf die andere Muttergesellschaft überträgt, oder indem beide Gesellschaften in joint venture gemeinsam eine Tochtergesellschaft gründen unter Einbringung der zu vereinigenden Unternehmensteile als Sacheinlage (Gemeinschaftsunternehmen).

§ 51 Öffentliche freiwillige Kauf- und Umtauschangebote

I. Gegen Ende der vierziger Jahre ist in der Praxis der USA und Großbritanniens ein Verfahren in Übung gekommen, wonach eine Gesellschaft (die Offerentin) durch ein öffentliches Übernahmeangebot („takeover-bid", in Frankreich „offre publique d'achat ou d'échange") allen derzeitigen Aktionären oder nur den Inhabern einer bestimmten Aktiengattung einer anderen Gesellschaft (Zielgesellschaft) öffentlich das Angebot unterbreitet, ihr die Anteile an dieser Gesellschaft gegen Barzahlung oder gegen Gewährung von Aktien oder von Obligationen bzw. Wandelschuldverschreibungen der Offerentin zu übertragen, um sich, ohne zu laufendem Aufkauf von Aktien genötigt zu sein, auf diese Weise die Aktienmehrheit an der betroffenen Gesellschaft (Zielgesellschaft) und damit die Möglichkeit der Beherrschung derselben zu verschaffen, oder um eine ihr bereits zustehende Mehrheit zu erhöhen

---

2 S. dazu *Gessler*, Europäisches Gesellschaftsrecht am Scheideweg, DB 1969, 1001 ff.; *Lutter*, Das Recht der Gesellschafter beim Abschluß fusionsähnlicher Unternehmensverbindungen, Beilage 21/73 zu DB Heft 46; *Gessler, Debatin, Harms* u. a. in *Lutter*, Recht und Steuer internationaler Unternehmensverbindungen (1972).
3 Nach einer Notiz der SZ Nr. 88 v. 15. 4. 1981 S. 25 „Fehlkonstruktionen" haben sich diese Strukturen nicht bewährt. Bei Agfa-Gevaert hat Bayer die Mehrheit übernommen; VFW-Fokker hat sich wieder aufgelöst.

(sog. Konsolidierungsangebot). Diese Angebote erfolgen teils unter Umgehung der Verwaltungsorgane der Zielgesellschaft, zumeist aber nach vorheriger Verständigung mit derselben über die Konditionen des Angebots[1]. Um die angesprochenen Aktionäre zur Abgabe ihrer Aktien zu bewegen, ist das Entgelt höher als der Börsenkurs der Aktien des Zielunternehmens zur Zeit des Angebots. Das Angebot der Offerentin erfolgt unter der Bedingung, daß innerhalb bestimmter Frist eine Mindestzahl von Aktionären das Angebot akzeptiert, die Offerentin also etwa 51% des Kapitals der Zielgesellschaft erlangt.

Möglich ist, daß aufgrund eines solchen Angebots alsdann auch eine Konkurrentin der Offerentin sich an die angesprochenen Aktionäre mit einem Übernahmeangebot wendet, dessen Konditionen jene der ersten Offerentin übertreffen.

Um Spekulationen und Mißbräuchen entgegenzutreten, zu welchen solches Verfahren Möglichkeiten eröffnet, haben mehrere Länder mangels einschlägiger gesetzlicher Regelung oder in Ergänzung bestehender Vorschriften Wohlverhaltens-Regeln aufgestellt[2]. Die Kommission der EG ist mit der Aufstellung einheitlicher Regeln im Bereich des Gemeinsamen Marktes befaßt.

II. In der Bundesrepublik sind die bisher erfolgten öffentlichen Kauf- oder Umtauschangebote zahlenmäßig im Vergleich zu anderen Ländern gering. Gleichwohl hat die beim Bundesfinanzministerium bestehende Börsensachverständigenkommission „Leitsätze für öffentliche freiwillige Kauf- und Umtauschangebote" (BFM Finanznachrichten 6/79 v. 31. 1. 1979) aufgestellt, welche, ohne verbindliche Kraft, „der Wirtschaft Grundsätze aufzeigen, die eine Hilfe bei der Durchführung solcher Verfahren sein können und geeignet erscheinen, neben ausländische Regelungen mit ähnlicher Zielsetzung zu treten". Anliegen dieser Leitsätze ist ein abgewogener Ausgleich zwischen den Interessen der Aktionäre der Zielgesellschaft und denen des Bieters.

Als allgemeiner Grundsatz wird das Erfordernis gleicher Behandlung der Inhaber von Aktien gleicher Art aufgestellt. Werden von der Offerentin bis zum Ablauf der Angebotsfrist Aktien zu besseren als den in dem Angebot enthaltenen Bedingungen erworben, so sollen diese Bedingungen für alle Aktionäre gelten. Die an den Kauf- oder Umtauschverhandlungen beteiligten Personen sind zu Geheimhaltung verpflichtet; und es ist ihnen untersagt, vor Veröffentlichung des Angebots Geschäfte in Aktien der betroffenen Art vorzunehmen oder vornehmen zu lassen. Ergänzend greifen auch die o. § 2 II und § 24 I 4 erwähnten Insider-Regeln Platz. In detaillier-

---

[1] Laut Mitteilung der SZ v. 8. 7. 1980 läuft z. Z. das bisher größte Übernahmeangebot in der britischen Industrie, mit welchem die British Petroleum (BP) den Aktionären der Bergbau-Finanz-Holding-Selection-Trust im Einvernehmen mit derselben Aktientausch angeboten hat.

[2] In Großbritannien besteht neben einschlägigen gesetzlichen Bestimmungen und den Rules of the United Kingdom Stock Exchange (Börsenordnung) der von Banken, Börse und Industrieverband erstmals 1968 aufgestellte City Code of Takeovers and Mergers, derzeit dritte Fassung 1972. In Frankreich wurde in Ergänzung des Règlement général de la compagnie des agents de change durch die Décision générale der Commission des Operations de Bourse ein Wohlverhaltenscodex eingeführt; für Italien wurde 1971 von der Mailänder Börse der codice di comportamento per le offerte publiche di aquisto di titoli aufgestellt. Einschlägige Codices bestehen ferner in Belgien, in den Niederlanden und in Luxemburg.

§ 51 *Öffentliche Kauf- und Umtauschangebote*

ter Regelung des Inhalts des Angebots ist vorgesehen, daß die angesprochenen Aktionäre der Zielgesellschaft alle erforderlichen Informationen über die Offerentin erhalten, insbesondere eine Begründung des Übernahmepreises, die Offenlegung aller unmittelbaren oder mittelbaren Beziehungen zwischen der Offerentin und dem Zielunternehmen, die Darlegung der mit dem Angebot verfolgten Ziele, ferner Klarstellung rechtlicher Fragen, insbesondere, ob die Annahmeerklärung, welche die zur Aktienabgabe bereiten Aktionäre der Zielgesellschaft gegenüber der den Umtausch vermittelnden Hausbank der Offerentin abgeben, bindend sei oder nur als Aufforderung zur Offerte gelte; ferner, ob die Offerentin von dem Angebot zurücktreten kann, falls sie die begehrte Quote nicht erreicht. Das Angebot soll auch die Verpflichtung der Offerentin enthalten, jenen Aktionären, welche das Angebot angenommen haben, einen Ausgleich zu gewähren, falls die Offerentin innerhalb von 18 Monaten ein höheres öffentliches Angebot unterbreitet. Schließlich sind Maßnahmen vorgesehen, welche eine möglichst störungsfreie Durchführung des Verfahrens sichern sollen.

Aktienrechtlich stellt sich die Frage, ob der Vorstand einer AG solches Übernahmeangebot erlassen darf, ohne die HV zu befragen.

Die Zulässigkeit desselben setzt zunächst voraus, daß der Beteiligungserwerb durch den statutarisch bestimmten Gegenstand des Unternehmens gedeckt ist (s. u. § 59 III). Solchenfalls ist der Erwerb mittels Übernahmeangebot gegen Barzahlung oder Gewährung gewöhnlicher Obligationen gleicherweise möglich, wie Erwerb eines Aktienpakets aus Alleinbesitz des Verkäufers.

Anders hingegen, wenn die Übernahme von Aktien der Zielgesellschaft angeboten wird gegen Aktien, Wandel-, oder Optionsanleihen der Offerentin. Da durch das Hinzutreten weiterer Aktionäre sich Relationsverschiebungen zu Ungunsten der bisherigen Aktionäre der Offerentin ergeben, wogegen insbesondere das Bezugsrecht schützen soll, kann hier die HV nicht umgangen werden. Die Einschaltung der HV erfolgt hier jedoch bei der Bereitstellung der zum Umtausch bestimmten Aktien bzw. Wandelobligationen (§§ 187, 192, Abs. 2, 202, 221 AktG). Die neuen Vorschriften des AktG aber, welche den Vorstand bei Ausschluß des Bezugsrechts zur Begründung und Rechtfertigung desselben verpflichten, bewirken, daß die zur Ausschaltung störender Spekulationen vor Veröffentlichung des Angebots erforderliche Geheimhaltung der geplanten Transaktion nicht gewahrt werden kann. Dieser Umstand, wie auch die bei solchem Unternehmenszusammenschluß platzgreifende Fusionskontrolle, bewirkt wohl, daß in der deutschen Praxis Übernahmeangebote auch in Zukunft selten bleiben werden.

§ 52 Vermögensübertragung und Ausgliederung

Unter dem Titel „Vermögensübertragung" hat das Aktiengesetz in den §§ 359, 360 zwei Sondertatbestände, die **Verstaatlichung** und die Vermögensübertragung einer Versicherungs-AG auf einen **Versicherungsverein a. G.** vorangestellt und in § 361 eine ergänzende Vorschrift aufgenommen, der alle übrigen Tatbestände der **Vermögensveräußerung** unterliegen[1].

I. Die Verstaatlichung, § 359 AktG. Darunter wird verstanden die Übertragung des gesamten Vermögens einer AG oder KGaA unter Ausschluß der Abwicklung auf die Bundesrepublik, ein Land, einen Gemeindeverband oder eine Gemeinde. Das Verfahren ist den Verschmelzungsgrundsätzen nachgebildet.

1. Es beginnt mit dem Abschluß des Veräußerungsvertrages durch die gesetzlichen Vertreter der beteiligten Verbände.

2. Hierauf erfolgt die Beschlußfassung der Aktionäre der übertragenden Gesellschaft (§ 340 AktG) und die Anmeldung der Vermögensübertragung zum Handelsregister, §§ 359, 345 AktG. Mit der Eintragung der Verstaatlichung in das Handelsregister des Sitzes der übertragenden Gesellschaft vollzieht sich der Vermögensübergang analog der Verschmelzung, wobei die übertragende Gesellschaft erlischt. Mit dem Aktivvermögen gehen auch die Schulden über, wobei die Gläubiger das Recht auf Sicherheitsleistung erlangen. In der Regel steht den Aktionären auf Grund des Veräußerungsvertrages (der insoweit als Vertrag zugunsten Dritter erscheint) ein unmittelbarer Rechtsanspruch auf Auszahlung der Vergütung zu, doch kann die Übermittlung der Gegenleistung auch einem Treuhänder übertragen werden.

Über den **umgekehrten** Vorgang, nämlich Umwandlung einer Körperschaft oder Anstalt des öffentlichen Rechts in eine AG s. u. § 54 I u. II.

II. Möglich ist weiter die Übertragung des Vermögens im ganzen unter Ausschluß der Abwicklung durch eine Versicherungs-AG auf einen **Versicherungsverein a. G.**, die sich nach den Grundsätzen des § 360 AktG vollzieht.

Über den umgekehrten Vorgang, nämlich Übertragung des Vermögens eines Versicherungsvereins unter Ausschluß der Abwicklung auf eine AG oder auf eine öffentlich-rechtliche Versicherungsunternehmung s. die §§ 44a bis c, 53 e VAG.

III. Vermögensübertragung in anderer Weise: Alle Tatbestände der Vermögensveräußerung, welche weder Verschmelzung i.S. des § 339 AktG sind, noch einen der vorstehenden Sonderfälle bilden, unterliegen dem § 361 AktG. Diese Bestimmung erlangt damit die Bedeutung einer Generalklausel, welche als subsidiäre Hilfsregelung die verbleibenden Tatbestandslücken der Sonderbestimmungen schließt.

---

[1] Im RefE zur Durchführung der Dritten (Verschmelzungs-)Richtlinie v. 28. 11. 1980 ist eine Anpassung der §§ 359, 360 AktG an die neuen Vorschriften über die Verschmelzung vorgesehen.

Hierher gehören jene Fälle einer Verschmelzung, bei denen die baren Zuzahlungen der Übernehmerin (§ 344 Abs. 2) den zehnten Teil des Nennbetrags der von ihr gewährten Aktien übersteigen. Weiter gehört hierher die Verschmelzung mit einer übernehmenden Gesellschaft im Ausland, indem die Gläubiger der inländischen übertragenden Gesellschaft durch Fortbestand und Weiterhaftung derselben geschützt werden (s. o. § 50).

Insbesondere fällt unter § 361 AktG die **Ausgliederung** des gesamten Unternehmens (Vermögens) unter Einbringung desselben in eine von der ausgliedernden Gesellschaft errichteten Tochtergesellschaft, wobei letztere zur Betriebsführungsgesellschaft und die ausgliedernde zur Holding derselben wird[2].

In all diesen Fällen stellt die Vermögensveräußerung sich für die übertragende Gesellschaft als ein ihre Struktur veränderndes Umsatzgeschäft dar, durch welches sich lediglich die Zusammensetzung ihres Vermögens ändert. Der Veräußerungsvertrag, welcher nach § 311 BGB notariell zu beurkunden ist, erlangt erst rechtliche Wirksamkeit, wenn die HV der übertragenden Gesellschaft ihn mit qualifizierter Mehrheit genehmigt. In § 361 Abs. 2 i. V. mit § 407 Abs. 1 AktG sorgt das Gesetz für umfassende Information der Aktionäre, denen das Gesamtwerk des Vertrags offenzulegen und zu erläutern ist.

Die veräußernde Gesellschaft bleibt als Rechtsperson bestehen. Trotz vereinbarter Schuldübernahme durch die Erwerberin haftet die Veräußerin mit der von ihr empfangenen Gegenleistung (den erlangten Aktien) gemäß § 415 BGB ihren Gläubigern. Neben ihr aber haftet auch die Erwerberin nach § 419 BGB.

Die Übertragung des Vermögens kann nur durch Einzelübertragung der Gegenstände erfolgen, ein langwieriger und kostspieliger Vorgang. Deshalb ist auch im Veräußerungsvertrag der Zeitpunkt festzulegen, von welchem ab alle Geschäfte für Rechnung der Übernehmerin geführt werden. Auf diesen Zeitpunkt ist die Schlußbilanz der übertragenden Gesellschaft zu erstellen, deren Werte in die Eröffnungsbilanz der Übernehmerin eingehen.

Sollen von der übertragenden Gesellschaft die als Gegenleistung erlangten Aktien ihren Aktionären zukommen, so muß diese Gesellschaft sich auflösen und sie kann nach Befriedigung der Gläubiger im Abwicklungsverfahren (§ 361 Abs. 3) diese Aktien ihren Gesellschaftern als Restvermögen zuteilen.

IV. Möglich ist auch die Ausgliederung eines **Unternehmensteils**[3], sei es durch Veräußerung desselben gegen Barzahlung oder unter Einbringung in eine bestehende Gesellschaft als Sacheinlage, oder sei es unter Einbringung des Unternehmensteils in eine neu errichtete Tochtergesellschaft oder bei Gründung eines Gemeinschaftsunternehmens.

---

2 Vgl. *Lutter*, Die Rechte der Gesellschafter bei Abschluß fusionsähnlicher Unternehmensverbindungen, DB 1973 Beilage 21 zu Heft 46; *W. Timm*, Die Aktiengesellschaft als Konzernspitze (1980).
3 Vgl. *Kropff*, Über die Ausgliederung, Festschrift für Gessler (1971) S. 111 ff.; *Timm* a. a. O. S. 117 ff.; *Lutter*, Teilfusionen im Gesellschaftsrecht, Festschrift für Barz (1974) S. 199 ff.

Die Veräußerung eines Unternehmensteils bedarf de lege lata nicht der Zustimmung der HV der ausgliedernden Gesellschaft, wohl aber muß sie mit dem statutarisch bestimmten Gegenstand des Unternehmens der Veräußerin vereinbar sein. Dieses ist der Fall, wenn der Weiterbetrieb des ausgegliederten Unternehmensteiles durch die Veräußerin mittels ihrer Beteiligung gesichert ist (s. u. § 59 III). Für ihren Vorstand kann es sich empfehlen, eine Entscheidung der HV nach § 119 Abs. 2 AktG herbeizuführen.

Hier entfällt eine Mithaftung der übernehmenden Gesellschaft aus § 419 BGB. Für die Übertragung der Unternehmensteile gilt das o. III Gesagte.

§ 53 Spaltung von Gesellschaften

I. 1. Spaltung von Gesellschaften durch Aufteilung ihrer Vermögen und Verbindlichkeiten auf mehrere neu entstehende Gesellschaften sind in der Bundesrepublik nach dem letzten Krieg im Zuge der „Entflechtung" von Unternehmen erfolgt. Das AktG hat diesem Vorgang nicht Rechnung getragen; wohl aber ist in Frankreich in Art. 371 ff. Loi sur les Sociétés Commerciales, ergänzt durch Art. 254 ff. Decret Nr. 67-236, die „Fusion et Scission" weitgehend einheitlich geregelt.

2. In Anlehnung hieran hat die Kommission der EG 1978 den Entwurf eines Richtlinienvorschlags erstellt. „Spaltung durch Übernahme" ist hiernach jener Vorgang, bei welchem das gesamte Aktiv- und Passivvermögen einer Gesellschaft unter Auflösung derselben ohne Abwicklung im Wege der Gesamtrechtsnachfolge auf mehrere Gesellschaften übergeht gegen Gewährung von Aktien derselben an die Aktionäre der sich spaltenden Gesellschaft und gegebenenfalls barer Zuzahlungen von höchstens einem Zehntel des Nennbetrags der gewährten Aktien.

Entsprechend der Verschmelzungsrichtlinie (s. o. § 47 I) beginnt das Verfahren mit der Aufstellung eines Spaltungsplans durch die Leitungsorgane der beteiligten Gesellschaften. Dieser Plan soll die auf die übernehmenden Gesellschaften übergehenden Vermögensteile (Aktiven und Passiven) und die dafür zu gewährenden Aktien festlegen und u. a. bestimmen, von welchem Zeitpunkt an der Betrieb der Unternehmensteile für Rechnung der übernehmenden Gesellschaften erfolgt. Der Spaltungsplan ist von dem Leitungsorgan jeder Gesellschaft schriftlich zu erläutern und für jede Gesellschaft durch unabhängige Sachverständige zu prüfen. Der Plan, die Erläuterungen der Leitungsorgane und die Prüfungsberichte sind den Aktionären offenzulegen. Die HV jeder beteiligten Gesellschaft hat über die Spaltung zu beschließen. Die Regelung des Gläubigerschutzes jedoch soll den Mitgliedstaaten überlassen bleiben.

Bei diesem Problem ist die Harmonisierung bislang stecken geblieben. Die Sicherung der Gläubiger nämlich bereitet Schwierigkeiten.

Die Regelung des französischen Rechts (Art. 381, 381 bis 396), wonach im Spaltungsplan mit der Aufteilung des Unternehmens auch eine Aufteilung der entsprechenden Verbindlichkeiten erfolgen kann[1], in welchem Falle die Vertreter der Obligationäre aufgrund einer Versammlung derselben, aber auch andere Gläubiger der Spaltung widersprechen können, worauf das Gericht entscheidet, sei es, daß es die Opposition zurückweist oder sofortige Befriedigung der Gläubiger oder Sicherheitsleistung anordnet, ist schwerlich empfehlenswert.

Nahe liegt eine solidarische Haftung der übernehmenden Gesellschaften für alle Verbindlichkeiten der übertragenden. Im Unterschied zur Eingliederung (u. § 69 IV 5) könnte jedoch auf eine Passivierung aller von der solidarischen Haftung gedeckten Verbindlichkeiten in den Bilanzen der übernehmenden Gesellschaften schwerlich verzichtet werden, wobei zwecks Vermeidung bilanzmäßiger Überschuldung die entsprechenden Ausgleichansprüche zu aktivieren wären. Dieses aber würde zu einer Aufblähung der Bilanzen der übernehmenden Gesellschaften führen.

II. Nach dem AktG wäre eine Spaltung nur möglich aufgrund des § 361 AktG, indem die Vermögensteile auf die erwerbenden Gesellschaften, sei es unter Neugründung derselben oder bei Vollzug einer Kapitalerhöhung, in Einzelübertragung als Sacheinlage eingebracht werden, wie es o. § 45 III dargelegt ist.

§ 54 Umwandlung von Kapitalgesellschaften und anderen Unternehmen

I. Kapitalgesellschaften und rechtsfähige Unternehmen anderer Art können ihre Rechtsform ändern, ohne daß hierbei ein Vermögensübergang, also eine Rechtsnachfolge stattfindet, da die juristische Person als solche identisch bleibt und lediglich ihre rechtliche Form wechselt (sog. **formändernde** Umwandlung). Die im AktG enthaltene Regelung, welche durch Hinzufügung der §§ 385 a bis q aufgrund Art. 3 des Ges. v. 15. 8. 1969 (BGBl I S. 1171) ergänzt worden ist, ist abschließend und erschöpfend.

Formändernd können umgewandelt werden:

1. Die AG
    a) in eine KGaA, §§ 362 ff. AktG (s. u. § 58 D I)
    b) in eine GmbH, §§ 369 ff. AktG
2. In eine AG können umgewandelt werden
    a) eine KGaA, §§ 366 ff. AktG (s. u. § 58 D II)
    b) eine GmbH, §§ 376 ff. AktG

---

1 Eine Aufteilung der privaten Schulden und der Geschäftsverbindlichkeiten ist bei Umwandlung des Unternehmens eines Einzelkaufmanns in eine AG in § 52 Abs. 4 UmwG vorgesehen.

c) eine rechtsfähige bergrechtliche Gewerkschaft, §§ 384 ff. AktG
   d) eine Körperschaft oder Anstalt des öffentlichen Rechts, §§ 385 a – c AktG
   e) ein Versicherungsverein auf Gegenseitigkeit, §§ 385 d – l AktG
   f) eine Genossenschaft, §§ 385 m – q AktG
3. In eine KGaA kann umgewandelt werden
   a) eine GmbH, §§ 389 ff. AktG.
   b) eine rechtsfähige bergrechtliche Gewerkschaft, § 393 AktG
4. In eine GmbH kann umgewandelt werden
   a) eine KGaA, §§ 386 ff. AktG
   b) eine rechtsfähige bergrechtliche Gewerkschaft, §§ 63 – 65 UmwG.

II. Von der formändernden Umwandlung zu unterscheiden ist die Umwandlung von Gesellschaften und anderen Unternehmen, bei welcher ein **Vermögensübergang** von dem umwandelnden Rechtssubjekt auf ein anderes Rechtssubjekt erfolgt, sei es, daß dieses andere Rechtssubjekt bereits besteht oder gleichzeitig mit der Umwandlung erst errichtet wird (sog. Umwandlung unter Vermögensübertragung). Sie ist erschöpfend und abschließend geregelt im Umwandlungsgesetz v. 6. 11. 1969 (BGBl I S. 2081). Dazu ist ergangen das Gesetz über steuerliche Maßnahmen bei Änderung der Unternehmensform v. 14. 8. 1969 (BGBl I S. 1163); s. o. § 47 V.

Für alle nachfolgend aufgezählten Fälle gilt folgendes: Die Umwandlung einer AG, KGaA, GmbH oder einer bergrechtlichen Gewerkschaft in eine Personengesellschaft ist nicht zulässig, wenn an dieser Personengesellschaft eine Kapitalgesellschaft beteiligt ist, § 1 Abs. 2 UmwG.

Möglich sind folgende Umwandlungen durch Übertragung

1. einer AG auf eine bestehende oHG,
     a) wenn sich alle Aktien in der Hand der oHG befinden §§ 3 – 8 UmwG
     b) wenn die oHG mehr als neun Zehntel der Aktien besitzt, durch Mehrheitsbeschluß unter Ausscheiden und Abfindung der Minderheitsaktionäre, §§ 9 – 14 UmwG
2. einer AG unter gleichzeitiger Errichtung einer oHG,
     a) bei Beteiligung aller Aktionäre an der oHG, §§ 16 – 18 UmwG
     b) bei Beteiligung nur der zustimmenden Aktionäre unter Ausscheiden und Abfindung der übrigen Aktionäre, § 19 UmwG
3. einer AG
     a) auf den Alleinaktionär, § 15 UmwG. Ist der Alleinaktionär selbst eine AG, dann liegt eine ,,verschmelzende Umwandlung" vor (s. o. § 47 IV)
     b) auf den an ihr mit mehr als neun Zehntel beteiligten Hauptaktionär unter Ausscheiden und Abfindung der übrigen Aktionäre, § 15 UmwG; auch dieses ist eine ,,verschmelzende Umwandlung" (o. § 47 IV).

   Ist der Hauptaktionär selbst eine AG oder KGaA, so hat er neben der Barabfindung auch Aktientausch zur Wahl anzubieten.
4. einer AG auf eine bestehende KG,
     a) wenn die KG alleinige Aktionärin ist § 20 UmwG
     b) wenn die KG mehr als neun Zehntel der Aktien besitzt unter Ausscheiden und Abfindung der übrigen Aktionäre, § 20 UmwG

c) unter gleichzeitiger Errichtung der KG durch alle Aktionäre, § 20 UmwG
   d) unter gleichzeitiger Errichtung der KG durch die zustimmenden Aktionäre unter Ausscheiden und Abfindung der übrigen, § 20 UmwG
5. einer AG auf eine gleichzeitig errichtete Gesellschaft bürgerlichen Rechts
   a) bei Beteiligung aller Aktionäre an ihr, § 21 UmwG
   b) bei Beteiligung nur der zustimmenden Aktionäre unter Ausscheiden und Abfindung der übrigen Aktionäre, § 22 UmwG
6. Umwandlung einer KGaA in den vorstehend 1–5 genannten Arten, § 23 UmwG
7. Umwandlung einer GmbH in den vorstehend 1–5 genannten Arten, § 24 UmwG
8. Umwandlung bergrechtlicher Gewerkschaften mit und ohne Rechtspersönlichkeit in den vorstehend 1–5 genannten Arten, § 25–29 UmwG
9. Umwandlung einer Personenhandelsgesellschaft (oHG, KG) durch Übertragung ihres Vermögens auf eine gleichzeitig zu gründende AG oder KGaA, §§ 40–45 UmwG; s.o. § 22
10. Umwandlung einer Personenhandelsgesellschaft (oHG, KG) durch Übertragung des Vermögens auf eine gleichzeitig zu gründende GmbH, §§ 46–49 UmwG
11. Umwandlung des Unternehmens eines Einzelkaufmanns durch Übertragung des Geschäftsvermögens auf eine von ihm als Alleingesellschafter zu gründende AG oder KGaA, §§ 50–56 UmwG (s. § 22); desgleichen auf eine von ihm zu gründende GmbH, §§ 56a–56f UmwG
12. Umwandlung von Gebietskörperschaften und Gemeindeverbänden, die nicht Gebietskörperschaften sind, in eine gleichzeitig zu gründende AG oder GmbH, §§ 57, 58 UmwG
13. Umwandlung einer Körperschaft oder Anstalt des öffentlichen Rechts in eine gleichzeitig zu gründende GmbH, § 59 UmwG
14. Umwandlung von Realgemeinden und ähnlichen Verbänden in eine gleichzeitig zu gründende AG, § 60 UmwG
15. Umwandlung von Kolonialgesellschaften in eine gleichzeitig zu gründende AG, § 61 UmwG
16. Umwandlung eines wirtschaftlichen Vereins mit übertragbaren Anteilen in eine AG, § 62 UmwG
17. Umwandlung einer rechtsfähigen bergrechtlichen Gewerkschaft in eine GmbH, § 63 UmwG.

III. Über Verschmelzung von Versicherungsvereinen auf Gegenseitigkeit und über die Übertragung des Vermögens eines VVaG auf eine AG s. §§ 44a–c, 53a VAG.

II. Teil

Die Kommanditgesellschaft auf Aktien

§ 55 Begriff und rechtliche Struktur

I. Die KGaA ist eine rechtsfähige Kommanditgesellschaft, bei welcher die Einlagen der Kommanditisten als Aktienvermögen ausgestaltet sind und bei welcher den Gläubigern neben dem Vermögen der juristischen Person der oder die Komplementäre unbeschränkt persönlich haften, während die an dem Aktienvermögen beteiligten Kommanditaktionäre von den Verbindlichkeiten der Gesellschaft nicht betroffen werden.

Nach dem statistischen Jahrbuch 1979 bestanden Ende 1979 in der Bundesrepublik 25 KGaA.

2. Vergleich zwischen der KG und der KGaA

a) Die KG ist eine Personengesellschaft, welcher neben dem oder den p.h. Gesellschaftern (Komplementäre) die beschränkt haftenden Kommanditisten angehören. Sie beruht ebenso wie die oHG auf der Individualität ihrer Mitglieder. Aufgrund des Gesellschaftsvertrags (§ 705 BGB) steht jeder Gesellschafter mit jedem Mitgesellschafter in Rechtsbeziehung und jeder Gesellschafter übt seine Rechte, auch seine Mitwirkung bei der Geschäftsführung, grundsätzlich individuell aus. Obgleich aus den unter der Firma geschlossenen Verträgen alle Gesellschafter verpflichtet werden, haften die Kommanditisten den Gesellschaftsgläubigern nur bis zur Höhe ihrer Einlage und insoweit auch persönlich, solange sie ihre Einlage nicht geleistet haben (§ 171 Abs. 1 HGB). Der Haftungsbeschränkung entspricht die beschränkte Mitwirkung der Kommanditisten in der Geschäftsführung (§§ 164, 166 HGB). Wiewohl der Gesellschaftsvertrag Übertragbarkeit der Ko-Anteile vorsehen kann, ist es der KG nicht möglich, zwecks Aufbringung von Ko-Einlagen, sich an den Kapitalmarkt zu wenden. Für Ko-Anteile gibt es keinen Kapitalmarkt.

b) Auch die KGaA ist eine KG in dem Sinne, daß bei ihr den persönlich haftenden Gesellschaftern Kommanditisten gegenüberstehen. Die KGaA soll sich jedoch zwecks Aufbringung der Ko-Einlagen an den Kapitalmarkt wenden können. Das Kommanditvermögen ist daher als Aktienvermögen ausgestaltet, welches durch die auf die ausgegebenen Aktien zu leistenden Einlagen aufgebracht wird. Damit ist die Struktur der Personengesellschaft nicht verträglich; die KGaA ist notwendig eine juristische Person. Die Ko-Aktionäre, welche durch Veräußerung ihrer Aktien beliebig wechseln können, stehen untereinander nicht in Rechtsbeziehung. Wenngleich auch die Ko-Aktionäre in gleicher Weise wie die Kommanditisten Mitwirkungsrechte bei der Geschäftsführung haben, können sie diese nicht individuell ausüben, sondern nur körperschaftsrechtlich, also durch Beschlußfassung. Da bei der KGaA die juristische Person Trägerin der Rechte und Pflichten gegenüber Dritten ist, werden die Ko-Aktionäre von den Gesellschaftsverbindlichkeiten nicht berührt. Den Gläubigern haftet neben dem persönlichen Vermögen der Komplementäre das Vermögen der juristischen Person.

II. Dieser Struktur der KGaA ist in § 278 Abs. 2 u. 3 AktG in folgender Weise Rechnung getragen: Das Rechtsverhältnis der persönlich haftenden Gesellschafter so-

§ 55 *Begriff und rechtliche Struktur*

wohl untereinander als auch gegenüber der Gesamtheit der Ko-Aktionäre und gegenüber Dritten bestimmt sich nach den Vorschriften des HGB über die KG. Im übrigen unterliegt die KGaA, soweit nicht besondere Vorschriften bestehen, den Bestimmungen über die AG.

1. In dieser Regelung ist die Verteilung der Zuständigkeiten und Aufgabenbereiche zwischen den p.h. Gesellschaftern und den Ko-Aktionären enthalten; sie ist dieselbe, wie bei der KG gemäß den §§ 161ff. HGB. Hiernach sind die p.h. Gesellschafter kraft ihrer Gesellschafterstellung zur Geschäftsführung berufen, die Ko-Aktionäre auf die Rechte aus §§ 164, 166 HGB beschränkt. Da die Regelung des HGB dispositiv ist, kann sie auch im Statut der KGaA abgeändert werden. Möglich ist eine noch weitergehende Beschränkung der Zuständigkeit der Ko-Aktionäre, aber auch umgekehrt eine Bindung der p.h. Gesellschafter in ihrer Geschäftsführung an die Zustimmung oder Weisung der Ko-Aktionäre (RG 152,18). Vereinigt der Ko-Aktionär sämtliche Aktien in seiner Hand, so kann er wirtschaftlich der Unternehmer sein, der die Geschäfte durch den persönlich haftenden Gesellschafter betreiben läßt. Nicht möglich aber ist die Übertragung der Geschäftsführungsbefugnis auf einen Ko-Aktionär (BGH 36, 292).

2. Sind bei der KGaA mehrere persönlich haftende Gesellschafter vorhanden, so ist gemäß § 278 Abs. 2 AktG für ihr Rechtsverhältnis untereinander § 161 Abs. 2 HGB mit §§ 109–119 HGB maßgebend. Damit ist zugleich zum Ausdruck gebracht, daß die p.h. Ges. untereinander in Rechtsbeziehung stehen und die actio pro socio platzgreift.

3. Auch die rechtliche Stellung der p.h. Gesellschafter gegenüber Dritten, sei es Vertretung der Gesellschaft oder Haftung gegenüber den Gläubigern, wird durch die §§ 125–130 HGB bestimmt.

4. Im übrigen gilt für die KGaA, soweit nicht Sondervorschriften bestehen, das Aktienrecht. Dieses ist mithin einschlägig für die Gründung der KGaA, ihre Satzung, ihr Aktienkapital, aber auch für die notwendigen Organe, nämlich den Aufsichtsrat und die HV der Ko-Aktionäre.

5. Da die KGaA Rechtsfähigkeit besitzt, ist sie die Eigentümerin des gesamten aufgebrachten Vermögens. Zu diesem gehören sowohl die von den Ko-Aktionären auf die Aktien geleisteten Einlagen, als auch die von den p.h. Ges. ohne Aktienübernahme, sondern unter Gutschrift auf ihrem Kapitalkonto eingebrachten Werte. Gesellschaftsrechtlich zerfällt dieses Vermögen mithin in zwei verschiedene Massen, nämlich in das Aktienkapital und in die Einlagen der p.h. Ges., die nicht gegen Übernahme von Aktien erfolgt sind. Solche Einlagen sind gesetzlich nicht vorgeschrieben, sondern sie beruhen auf freier Vereinbarung (§ 281 Abs. 2 AktG). Während das Aktienkapital den aktienrechtlichen Grundsätzen unterliegt, stellt die Einlage der p.h. Ges. grundsätzlich freies Gesellschaftsvermögen dar, dessen nähere Regelung durch die Satzung erfolgen kann, soweit nicht das Gesetz Sondergrundsätze enthält. Während weiter die wirtschaftliche Beteiligung der Ko-Aktionäre an dem Gesamtvermögen der KoAG durch den Nennbetrag der Aktien bestimmt wird, kommt der Beteiligungsmaßstab der p.h. Ges. in ihrem Kapitalkonto zum Ausdruck. Bilanzmäßig erscheint die Scheidung des Vermögens in freies und gebunde-

nes in der Weise, daß das Grundkapital den Gegenposten der Einlagen der Ko-Aktionäre bildet, während als Gegenposten der freien Einlagen der p.h. Ges. deren Kapitalanteil erscheint.

6. Der KGaA steht ohne Rücksicht auf den Geschäftsbetrieb die Kaufmannseigenschaft zu, § 278 Abs. 3 mit § 3 AktG. Über die Firma s. § 279 AktG.

§ 56 Der persönlich haftende Gesellschafter

I. Rechtliche Stellung

1. Grundlage der rechtlichen Stellung der p.h. Ges. ist die durch Gesellschaftsvertrag festgesetzte Satzung der KGaA, über deren Doppelinhalt unten § 58 A I berichtet wird. Soweit der Gesellschaftsvertrag nichts bestimmt, verweist § 278 Abs. 2 AktG auf die Vorschriften des HGB (vgl. auch RG 152, 12). Jedoch bringt daneben § 283 AktG für einzelne Sonderfragen wiederum aktienrechtliche Vorschriften zur Anwendung.

2. a) Im Gegensatz zur KG können in der KGaA persönlich haftende Gesellschafter nur natürliche Personen sein[1]. Diese erlangen, sofern sie nicht schon ursprünglich der Gesellschaft angehören, ihre Gesellschafterstellung nur durch Eintritt in die Gesellschaft. Die Satzung kann hierzu Bestimmungen treffen, z.B. die Aufnahme dem Aufsichtsrat überlassen. Trifft das nicht zu, dann bedeutet der nachträgliche Eintritt eines p.h. Ges. eine Änderung der rechtlichen Grundlage der Gesellschaft (vgl. § 281 Abs. 1 AktG), welche gemäß § 285 Abs. 2 AktG einen Beschluß der Ko-Aktionäre unter Zustimmung sämtlicher p.h. Ges. erfordert (s.u. § 58 A I).
Die p.h. Ges. haben Kaufmannseigenschaft i.S. des HGB (RGSt. 34, 379).

b) Über das Ausscheiden eines p.h. Ges. s.u. § 58 B I 5.

3. Die p.h. Ges. sind kraft Gesetzes zur **Geschäftsführung** und **Vertretung** berufen (vgl. § 278 Abs. 2 AktG, §§ 161 Abs. 2, 125ff. HGB).

a) Der Umfang der Vertretungsbefugnis beurteilt sich nach § 126 HGB. Sind mehrere Gesellschafter vorhanden, so steht die Vertretungsmacht mangels gegenteiliger Satzungsregelung jedem einzelnen Gesellschafter zu, § 125 Abs. 1 HGB.

b) Die Geschäftsführungsbefugnis wird durch die §§ 114 bis 116 HGB bestimmt. Auch sie steht mangels abweichender Regelung jedem einzelnen Gesellschafter zu, doch können die übrigen zur Geschäftsführung berufenen p.h. Ges. einer Maßnahme widersprechen, welche alsdann zu unterbleiben hat. Ihrem Umfange nach erstreckt sich die Geschäftsführungsbefugnis, sofern die Satzung nicht ein anderes be-

---

[1] Ebenso *Barz*, Großkomm. § 278 Anm. 9; *Godin-Wilhelmi* § 278 Anm. 6; *Baumbach-Hueck*, AktG § 278 Rn. 2.

stimmt, auf alle Handlungen, die der gewöhnliche Betrieb des Unternehmens der Gesellschaft mit sich bringt. Bei darüber hinausgehenden Maßnahmen ist die Zustimmung der Ko-Aktionäre erforderlich, welche durch HV-Beschluß zum Ausdruck kommt.

c) Unter den Voraussetzungen der §§ 117, 127 HGB kann einem p.h. Ges. die Geschäftsführungs- und Vertretungsbefugnis gerichtlich entzogen werden. Notwendig ist ein Antrag der übrigen p.h. Ges. sowie des Aufsichtsrats aufgrund eines Beschlusses der Ko-Aktionäre, § 285 Abs. 2 AktG.

d) Das Wettbewerbsverbot der p.h. Ges. ist in § 284 AktG ähnlich den §§ 112, 113 HGB ausgestaltet.

e) Ist die KGaA zahlungsunfähig oder überschuldet, dann haben die p.h. Ges. nach §§ 283 Nr. 14, 92 Abs. 2 AktG die Eröffnung des Konkursverfahrens oder des gerichtlichen Vergleichsverfahrens zu beantragen. Der Gesellschaft gegenüber sind die p.h. Ges. jedoch nicht nach den für die Personengesellschaft geltenden Grundsätzen verantwortlich, sondern gleich einem Vorstand der AG, §§ 283 Nr. 3, 93 AktG. Die Durchführung des Schadenersatzanspruches unterliegt den §§ 142 ff. AktG; s. jedoch auch § 287 Abs. 2 AktG.

4. Da die p.h. Ges. aufgrund dieser ihrer Gesellschafterstellung zur Geschäftsführung und zur Vertretung der Gesellschaft berufen sind, erklärt § 283 AktG bestimmte Vorschriften als auf sie anwendbar, welche in der AG für den Vorstand gelten. So haben die p.h. Ges. bei ihrer Geschäftsführung in gleicher Weise wie der Vorstand die erforderliche Sorgfalt walten zu lassen und sie sind der Gesellschaft ebenso wie jener nach § 93 AktG verantwortlich. Die Ko-Aktionäre können nach § 142 AktG Sonderprüfer bestellen und es gilt auch § 147 AktG für die Geltendmachung von Ersatzansprüchen der Gesellschaft gegen p.h. Ges., §§ 283, 285 Abs. 2 Satz 2 AktG. Die p.h. Ges. haben den Jahresabschluß mit Geschäftsbericht aufzustellen und einen Vorschlag für die Verwendung des Bilanzgewinns zu machen. Ferner obliegen ihnen bei Ausgabe von Bezugsaktien aus bedingter Kapitalerhöhung oder bei der Aktienausgabe aufgrund genehmigten Kapitals oder bei der Kapitalerhöhung aus Gesellschaftsmitteln dieselben Aufgaben und Pflichten, welche in der AG hierbei für den Vorstand gelten.

II. Die Einlagen des p.h. Ges.

a) Möglich ist, daß der p.h. Ges. sich durch Aktienerwerb auch am Aktienkapital beteiligt, so etwa, wenn ein Einzelunternehmer mit größerem Kapitalbedarf mit Geldgebern eine KGaA gründet, in welcher er p.h. Ges. wird und in welcher er sein Unternehmen als Sacheinlage gegen Übernahme von Aktien einbringt, während die Geldgeber das restliche Aktienkapital aufbringen. Aufgrund dieser Aktien nimmt auch der p.h. Ges. an der Versammlung der Ko-Aktionäre teil und übt das Stimmrecht bei Beschlußfassungen aus, § 285 Abs. 1. Satz 1 AktG. Da es bei der KoAG eine Versammlung aller Gesellschafter zur Fassung gemeinsamer Beschlüsse nicht gibt, sondern nur eine Versammlung der Ko-Aktionäre, ist das Stimmrecht der p.h.

Ges. aufgrund eigenen Aktienbesitzes mithin ein Mittel zur Stärkung ihrer persönlichen Stellung. Das gilt namentlich in Fragen der Satzungsänderung, der Kapitalbeschaffung, aber auch bei Feststellung des Jahresabschlusses.

Zum anderen hat im Falle kollidierender Interessen das Gesetz in § 285 Abs. 1 Nr. 1 bis 6 eine präventive Stimmenthaltung geboten. Hiernach können die p.h. Ges. ihr Stimmrecht nicht ausüben bei Beschlußfassungen über die Wahl und Abberufung des Aufsichtsrats, über ihre Entlastung, über Bestellung von Sonderprüfern, über Geltendmachung von Ersatzansprüchen und über Verzicht auf solche, ferner nicht bei der Wahl von Abschlußprüfern.

b) Die p.h. Ges. können auch mit Einlagen beteiligt sein, welche nicht zum Aktienkapital gehören, sondern ihren Kapitalkonten gutgeschrieben werden. So kann z.B. bei Umwandlung einer KG in eine KGaA nach §§ 40–45 UmwG, an deren Gründung alle Gesellschafter der KG beteiligt sein müssen, der p.h. Ges. für den Kapitalanteil, der ihm in der KG zustand, Aktien übernehmen; er kann aber auch seinen aus der Schlußbilanz der KG sich ergebenden Kapitalanteil in der KGaA beibehalten. Es ist dann der diesem Anteil entsprechende Vermögenswert beim Übergang des Vermögens von der KG auf die KGaA zwar Bestandteil ihres Vermögens, nicht aber Aktienkapital geworden.

Durch die Satzung der KGaA können die p.h. Ges. zur Leistung von Einlagen auf Kapitalkonto verpflichtet werden, wie auch umgekehrt ihnen eine solche Einlage untersagt werden kann.

Möglich ist die Umwandlung der freien Vermögenseinlage in Aktienkapital und die Umwandlung der Aktienbeteiligungen der p.h. Ges. in freie Einlagen. Erstere erfolgt durch Kapitalerhöhung unter Einbringung des Wertes des Kapitalanteils als Sacheinlage, letztere unter ordentlicher Kapitalherabsetzung.

2. a) Die Vermögenseinlage der p.h. Ges., welche nicht zum Aktienvermögen geleistet wird, ist gemäß § 281 Abs. 2 AktG nach Höhe und Art in der Satzung festzusetzen. Diese Vorschrift dient den Interessen der Ko-Aktionäre, gegen deren Widerspruch die p.h. Ges. solche Kapitalanteile nicht sollen erwerben können. Bei Fehlen statutarischer Bestimmung sind solche Einlagen daher nur mit Zustimmung sowohl der übrigen p.h. Ges. als auch der Ko-Aktionäre zulässig, wobei die Zustimmung der letzteren durch Beschluß erfolgt.

b) Die Einlagen der p.h. Ges., welche nicht Aktienvermögen sind, werden auf dem Kapitalkonto verbucht. Diesem Konto werden nach §§ 161 Abs. 2, 120 Abs. 2 HGB auch die dem p.h. Ges. zukommenden Gewinne zugeschrieben und die auf ihn entfallenen Verluste sowie die erfolgten Entnahmen abgebucht. Über die Entnahmen s.u. III 3.

III. Jahresabschluß und Gewinnverteilung

1. a) Die Frage, wie der auf die p.h. Ges. entfallende Gewinn zu ermitteln sei, ist streitig. Nach herrschender Lehre kommt gemäß § 278 Abs. 2 AktG das Recht der KG zur Anwendung. Es sei also zunächst in einer Sonderbilanz als interner Abrech-

§ 56 *Der persönlich haftende Gesellschafter*

nungsgrundlage der Gewinn der Komplementäre zu ermitteln und ihren Kapitalkonten gutzuschreiben[2], welche alsdann so in die aufzustellende Jahresbilanz eingehen. Nach anderer Meinung ist gemäß § 278 Abs. 3 AktG die Jahresbilanz nach aktienrechtlichen Grundsätzen zu erstellen und erst der hieraus sich ergebende Bilanzgewinn zwischen den Gesellschaftergruppen nach § 168 HGB aufzuteilen[3]. Die herrschende Lehre ist zutreffend aus folgendem Grunde. Würde der Bilanzgewinn, welcher sich aus dem nach aktienrechtlichen Grundsätzen aufzustellenden Jahresabschluß ergibt, maßgebend sein für die Gewinnaufteilung zwischen den beiden Gesellschaftergruppen, so würden, weil in diesem Jahresabschluß auch die gesetzlichen und die freien Rücklagen gebildet werden, auch die p.h. Ges. zu diesen Rücklagen mit Gewinnanteilen beisteuern. Im Falle einer Kapitalerhöhung aus Gesellschaftsmitteln (§§ 150 Abs. 4 Nr. 3, 208 AktG) aber fielen diese Anteile den Ko-Aktionären alleine zu.

Es ist daher zunächst eine Sonderbilanz nach den für die KG geltenden Regeln zu erstellen und der für die p.h. Ges. sich ergebende Gewinn mangels statutarischer Regelung nach § 168 HGB zu ermitteln und ihren Kapitalkonten gutzuschreiben. Ihr Saldo ist alsdann in die nach Aktienrecht zu erstellende Jahresbilanz der KGaA nach dem Posten „Grundkapital" als besonderer Posten einzustellen, § 286 Abs. 2 AktG. Der in der Jahresbilanz der KGaA ausgewiesene Bilanzgewinn gebührt den Ko-Aktionären.

2. Für die Aufstellung und Prüfung des von der KGaA zu erstellenden Jahresabschlusses gelten die §§ 278 Abs. 3, 283 Nr. 9 u. 10, 286 AktG. Hiernach haben die p.h. Ges. in den ersten drei Monaten des Geschäftsjahres den Jahresabschluß aufzustellen und ihn nach Prüfung durch einen Abschlußprüfer dem Aufsichtsrat mit einem Vorschlag über die Gewinnverwendung vorzulegen. Die Feststellung desselben kann jedoch nicht durch die p.h. Ges. allein, auch nicht durch Zustimmung des Aufsichtsrats erfolgen, sondern nur durch Konsens der p.h. Ges. und Beschluß der HV der Ko-Aktionäre, § 286 Abs. 1 AktG.

Der Jahresabschluß hat das gesamte Vermögen der KGaA zu erfassen, also nicht nur das Aktienkapital, sondern auch die Einlagen der p.h. Ges. Da zum andern der gesamte Jahresabschluß den aktienrechtlichen Grundsätzen unterworfen ist (§ 278 Abs. 3), gelten die Gliederungs- und Bewertungsvorschriften auch für die von den p.h. Ges. als Sacheinlagen geleisteten Gegenstände. Gegenstandslos ist die Regelung in § 58 Abs. 1 u. 2 AktG über die Einstellung von Beträgen in freie Rücklagen, da der Jahresabschluß stets des Konsenses zwischen den p.h. Ges. und der HV- Ko-Aktionäre bedarf.

Für die Gliederung der Bilanz und der GV-Rechnung gelten Besonderheiten, § 286 Abs. 2 AktG. Während der Posten „Grundkapital" das eingebrachte Aktienvermögen bindet, sind die Kapitalanteile der p.h. Ges. als Summe gesondert auszuweisen. Ist ein Kapitalanteil negativ, so ist auf der Aktivseite der Negativbetrag vor dem Posten „Bilanzverlust" als „nicht durch Vermögenseinlagen gedeckter Verlustanteil p.h. Ges." einzusetzen.

---

2 So *Barz*, Großkomm § 288 Anm. 2; *Godin-Wilhelmi* § 288 Anm. 3; *Baumbach-Hueck* § 288 Rn. 5.
3 So *Mertens*, Köln-Komm. § 288 Anm. 6 u. 13; *Gessler* BB 1973, 1088; und die Vorauflage.

In der GV-Rechnung braucht der auf die Kapitalanteile entfallende Gewinn oder Verlust nicht gesondert ausgewiesen zu werden.

3. Über die Verwertung des in der Jahresbilanz ausgewiesenen, den Ko-Aktionären zustehenden Bilanzgewinns beschließen die Ko-Aktionäre allein. Hierbei gelten die §§ 58 Abs. 3, 174 Abs. 2 AktG.

Den p.h. Ges. steht mangels statutarischer Regelung das Entnahmerecht gemäß § 122 HGB zu, welche jedoch durch § 288 AktG modifiziert wird.

IV. Haftung

Die Haftung der p.h. Ges. gegenüber den Gesellschaftsgläubigern unterliegt den handelsrechtlichen Bestimmungen, §§ 161 Abs. 2, 128 bis 130 HGB. Auf die gesamtschuldnerische Haftung kommen die §§ 421 bis 426 BGB zur Anwendung. Tilgt ein Komplementär eine Gesellschaftsverbindlichkeit aus seinem persönlichen Vermögen oder macht er sonstige Aufwendungen, so erlangt er gegen die Gesellschaft den Erstattungsanspruch aus § 110 HGB.

§ 57 Kommanditaktionäre und Aufsichtsrat

I. Die Kommanditaktionäre

Die Ko-Aktionäre entsprechen den Kommanditisten der KG, bilden aber in der KGaA eine organisatorische Einheit. Hierbei ist zu unterscheiden einerseits das Verhältnis der Ko-Aktionäre zur Gesellschaft (das Mitgliedschaftsverhältnis), andererseits die Stellung der Gesamtheit der Ko-Aktionäre zu den p.h. Ges. (Zuständigkeitsregelung). Während letztere sich grundsätzlich nach dem Recht der KG beurteilt und insoweit also der Vertragsfreiheit unterliegt, sind für das Verhältnis der Ko-Aktionäre gegenüber der Gesellschaft die Regeln des Aktienrechts maßgebend, § 278 Abs. 2 u. 3 AktG.

1. a) Die Rechte und Pflichten des Ko-Aktionärs werden demnach durch die Aktienbeteiligung bestimmt. Demgemäß beschränkt sich die Verpflichtung der Ko-Aktionäre gegenüber der Gesellschaft auf die Leistung der Einlage, welche als Bar- oder Sacheinlage festgelegt sein kann. Durch die Satzung auferlegte zusätzliche Verpflichtungen wären, weil dem § 54 AktG widersprechend, nichtig; so eine etwaige Verpflichtung auf Freihaltung der p.h. Ges. hinsichtlich der persönlichen Haftung; oder die Verpflichtung zur Übertragung der Aktien auf die p.h. Ges. zu bestimmtem Kurs usw.; s. oben § 42 V.

b) Die Willensbildung der Ko-Aktionäre erfolgt in der HV. Für sie gelten die allgemeinen aktienrechtlichen Regeln. Teilnahmeberechtigt sind allein die Ko-Aktionäre, die p.h. Ges. dagegen nur auf Grund eigenen Aktienbesitzes. Eine Versammlung sämtlicher Gesellschaftsbeteiligter, also der Ko-Aktionäre und der p.h. Ges. ist der KGaA unbekannt.

Zum anderen setzt aber das Zustandekommen der HV eine Mitwirkung der p.h. Ges. voraus. So muß die HV durch den p.h. Ges. einberufen werden und es gelten insoweit die §§ 121 ff. AktG; vgl. § 283 Nr. 6 AktG. Die in das Handelsregister einzutragenden Beschlüsse sind von den p.h. Ges. anzumelden, § 283 Nr. 1 AktG; endlich steht den p.h. Ges. auch das Anfechtungsrecht gegenüber HV-Beschlüssen in derselben Weise wie dem Vorstand der AG zu, § 283 Nr. 13 AktG.

2. Hinsichtlich der **Zuständigkeit** der HV gilt folgendes:

a) Soweit nach den Regeln der KG den Kommanditisten Rechte gegenüber den Komplementären zustehen, wird ihre Ausübung in der KGaA durch die HV beschlossen. Von der Geschäftsführung sind nach § 164 HGB die Kommanditisten ausgeschlossen, soweit nicht der Gesellschaftsvertrag ein anderes bestimmt. Dasselbe gilt nach § 278 Abs. 2 AktG für die Ko-Aktionäre. Die Vertragsfreiheit gestattet es jedoch, die p.h. Ges. in bezug auf die Geschäftsführung weitgehend an die Mitwirkung der Ko-Aktionäre (oder des Aufsichtsrats) zu binden. Schon kraft Gesetzes steht den Ko-Aktionären gemäß § 164 HGB ein Mitbestimmungsrecht bei außerordentlichen Geschäftsmaßnahmen zu, welches durch Beschluß der HV geltend zu machen ist. Darüber hinaus hat die HV die Möglichkeit, Sonderprüfer zu bestellen, und es finden insoweit die aktienrechtlichen Grundsätze Anwendung; § 283 Nr. 7 AktG.

Auch soweit durch Gesellschaftsvertrag den Ko-Aktionären ein Auskunftsrecht gegenüber den p.h. Ges. eingeräumt wird, ist dieses durch die HV zu beschließen. Wohl zu unterscheiden davon ist das Fragerecht des einzelnen Ko-Aktionärs in der HV gemäß § 131 AktG, welches sich gegen den Versammlungsleiter richtet.

b) Anders als in der KG und in der AG obliegt in der KGaA die Feststellung des Jahresabschlusses der HV unter Zustimmung der p.h. Ges., § 286 Abs. 1 AktG. Weiter beschließt die HV über die Entlastung der p.h. Ges. und des Aufsichtsrats, über die Verwendung des auf die Ko-Aktionäre entfallenden Bilanzgewinnes sowie über die Wahl der Abschlußprüfer. Damit wird das in § 166 HGB vorgesehene Recht auf abschriftliche Mitteilung des Jahresabschlusses gegenstandslos.

c) Soweit nach dem Recht der KG ein Zusammenwirken aller Gesellschafter, also der Komplementäre und Kommanditisten, erforderlich ist, muß eine solche Übereinstimmung auch bei der KGaA erfolgen. Dem trägt § 285 Abs. 2 AktG Rechnung, indem er bestimmt, daß jene Beschlüsse der HV, welche Angelegenheiten betreffen, für die bei der KG das Einverständnis aller Gesellschafter notwendig ist, der Zustimmung der p.h. Ges. bedürfen, und daß diese Beschlüsse erst dann zum Handelsregister einzureichen sind, wenn die Zustimmung erteilt ist. Damit ist jedoch nicht gesagt, daß die Initiative zur Vornahme solcher Handlungen gerade von den Aktionären auszugehen hätte; sie kann auch bei den p.h. Ges. liegen.

α) Übereinstimmung aller p.h. Ges. mit dem HV-Beschluß der Ko-Aktionäre ist geboten bei jenen Maßnahmen, welche die rechtliche Grundlage der Gesellschaft selbst bestreffen; so insbesondere bei Satzungsänderungen, Kapitalerhöhung oder

Kapitalherabsetzung, Umwandlung, Verschmelzung oder Auflösung der Gesellschaft. Aber auch in jenen Fällen, in denen das HGB von der Übereinstimmung aller „übrigen" Gesellschafter spricht (z. B. §§ 117, 127, 140 HGB), ist die Zustimmung der p. H. Ges. zu dem HV-Beschluß geboten. Schließlich kann auch der Gesellschaftsvertrag die Notwendigkeit der Übereinstimmung der beiden Gesellschaftergruppen für andere Fragen vorschreiben, so etwa für Maßnahmen der Geschäftsführung.

β) Bei der Frage, in wieweit die Gesellschaftssatzung von dem Erfordernis der Übereinstimmung beider Gesellschaftergruppen absehen und Maßnahmen der einen oder anderen Gesellschaftergruppe allein vorbehalten kann, sind die unten § 58 A I dargestellten Grundsätze über die verschiedenen Bestandteile der Gesellschaftersatzung zu beachten. Zwingend ist hiernach die Mitwirkung der Ko-Aktionäre nur dann, wenn eine Satzungsänderung in bezug auf die aktienrechtliche Beteiligung der Ko-Aktionäre in Frage steht (z. B. Kapitalerhöhung, Kapitalherabsetzung), da insoweit die aktienrechtlichen Grundsätze einschlägig sind, wonach eine Satzungsänderung zwingend eines entsprechenden HV-Beschlusses bedarf. Änderungen der dem dispositiven Rechte der KG unterliegenden Rechtsbeziehungen hingegen können durch die Satzung den p. H. Ges. allein überlassen werden; z. B. Änderung der persönlichen Einlagen, der Zusammensetzung der p. h. Ges. und ihres Geschäftsführungsbereiches etc.

Soweit es sich nun um eine Änderung der letzteren Rechtsverhältnisse handelt, kann der in der HV zu fassende Beschluß der Ko-Aktionäre mangels anderweitiger vertraglicher Regelung mit einfacher Stimmenmehrheit gefaßt werden, da insoweit § 133 Abs. 1 AktG einschlägig ist. Zur Änderung der aktienrechtlichen Satzungsbestimmungen hingegen sind die im AktG vorgesehenen qualifizierten Mehrheits- oder sonstigen Abstimmungserfordernisse (z. B. getrennte Abstimmung) einzuhalten.

Das nach § 285 Abs. 2 AktG erforderliche Zusammenwirken der beiden Gesellschaftergruppen gilt ferner nur, soweit die Angelegenheit nach dem Recht der KG oder nach dem Gesellschaftsvertrag eine Übereinstimmung gebietet; nicht dagegen, wenn die Ko-Aktionäre ihrerseits Rechte gegenüber den p. h. Ges. wahrnehmen wollen (§ 285 Abs. 2 Satz 2).

Die Zustimmung der p. h. Ges. entfällt ferner bei solchen Beschlüssen der Ko-Aktionäre, welche nur interne Angelegenheiten der letzteren selbst betreffen; so. z. B. bei der Wahl des Aufsichtsrats.

Soweit es sich um die Durchführung satzungsändernder Beschlüsse handelt, welche die aktienrechtliche Verfassung betreffen, sind wiederum die persönlich haftenden Gesellschafter dazu berufen und verpflichtet; vgl. §§ 283 Nr. 1, 12 AktG.

II. Der Aufsichtsrat

Die KGaA hat wie die AG notwendig einen Aufsichtsrat, der, soweit nicht die Vorschriften des Mitbestimmungsrechts ein anderes ergeben, von der HV gewählt oder abberufen wird, §§ 285 Abs. 1 Nr. 1; 287 Abs. 3; 278 Abs. 3 AktG.

Bei den dem BetrVG 1952 §§ 76ff. unterliegenden KGaA besteht der Aufsichtsrat zu einem Drittel aus Vertretern der Arbeitnehmer, welche von den Arbeitnehmern der Gesellschaft gewählt werden. Für die Zusammensetzung und Bestellung des Aufsichtsrats bei den von dem MitbestG 1976 betroffenen Gesellschaften gilt das oben § 26 II Gesagte. Nicht erforderlich ist gemäß § 33 Abs. 1 Satz 2 MitbestG 1976 die Bestellung eines ,,Arbeitsdirektors".

Durch die Mitbestimmungsregelung wird die gemäß § 278 Abs. 2 AktG für das Verhältnis der p.h. Ges. gegenüber den Ko-Aktionären bestehende Freiheit statutarischer Zuständigkeitsverteilung nicht berührt.

Der Aufsichtsrat hat die Geschäftsführung der p.h. Ges. zu überwachen. Letztere sind daher nach § 283 Nr. 4 AktG zu Berichterstattung an ihn gemäß § 90 Abs. 1 u. 2 AktG verpflichtet, und dem Aufsichtsrat stehen auch die Befugnisse aus §§ 90 Abs. 3, 111 Abs. 2 u. 3 AktG zu. Da für die Zuständigkeitsverteilung im Geschäftsführungsbereich das Recht der KG maßgebend ist und da nach § 278 Abs. 3 AktG das Aktienrecht nur ,,im übrigen" gilt, steht dem Aufsichtsrat das Recht, durch seinen Beschluß Geschäfte der p.h. Ges. an seine Zustimmung zu binden, nicht zu[1].

Der Aufsichtsrat ist zum anderen auch Vertreter der Ko-Aktionäre. Ihm obliegt es nach § 287 AktG, die Beschlüsse der Ko-Aktionäre auszuführen und in Rechtsstreitigkeiten zwischen der Gesamtheit der Ko-Aktionäre und den p.h. Ges. die Ko-Aktionäre zu vertreten.

§ 58 Errichtung, Beendigung, Verschmelzung und Umwandlung

A. Die Errichtung

Die Errichtung der KGaA erfolgt nach aktienrechtlichen Grundsätzen, § 278 Abs. 3 AktG. Aus ihrer Struktur ergeben sich jedoch Besonderheiten für ihre Satzung, §§ 280, 281 AktG.

I. Auch bei der KGaA bezeichnet das Gesetz die Summe der durch Gesellschaftsvertrag (§ 2 AktG) geschaffenen Rechtsgrundlagen der Gesellschaft als ,,Satzung". Diese aber zerfällt in zwei verschiedene Bestandteile, welche wohl zu unterscheiden sind.

1. Zum einen enthält die Satzung jene Bestimmungen, welche sich auf die Struktur der KGaA als Kapitalgesellschaft beziehen und die Verhältnisse der den aktienrecht-

---

[1] Vgl. *Barz*, Großkomm. § 278 Anm. 21; *Martens*, Köln. Komm. § 287 Anm. 9 a.A. *Godin-Wilhelmi* § 287 Anm. 2.

lichen Grundsätzen unterstehenden Aktionäre regeln. Zum andern betrifft sie die rechtliche Stellung der p.h. Ges. gegenüber den Ko-Aktionären sowie untereinander. Der Unterschied dieser beiden Vorschriftengruppen liegt darin, daß die erste Gruppe, welche sich auf die aktienrechtliche Verfassung der Ko-Aktionäre bezieht, ausschließlich den zumeist zwingenden Normen des Aktiengesetzes untersteht, während für die letzte Gruppe von Bestimmungen das abdingbare Recht der KG oder oHG maßgebend ist. Zur Kennzeichnung des Unterschiedes mögen daher die ersteren Bestimmungen als Satzung im engeren Sinne bezeichnet, für die letzteren dagegen mag (nach § 163 HGB) der Terminus Gesellschaftsvertrag beibehalten werden.

Die Bestimmungen der Satzung im engeren Sinne bilden den notwendigen Satzungsbestandteil, vgl. § 23 Abs. 3 u. 4 AktG. Die gesellschaftsvertraglichen Vereinbarungen hingegen sind nur fakultativer Natur, da bei Fehlen derselben subsidiär die Vorschriften des HGB über die KG zur Anwendung kommen. Während weiter eine Änderung der Satzung im engeren Sinne ausschließlich nach aktienrechtlichen Grundsätzen erfolgen kann, also zwingend einen qualifizierten Mehrheitsbeschluß der HV voraussetzt, wobei auch die sonstigen aktienrechtlichen Beschlußfassungserfordernisse zu berücksichtigen sind, erfolgt die Änderung der gesellschaftsvertraglichen Vereinbarung durch Konsens zwischen den p.h. Ges. und der Gesamtheit der Ko-Aktionäre, wobei die Zustimmung der letzteren durch einfachen HV-Beschluß zum Ausdruck kommt.

2. Andererseits aber findet die Vertragsfreiheit, welche im Verhältnis der Ko-Aktionäre zu den p.h. Ges. besteht, wiederum ihre Grenze an § 54 AktG, wonach den Aktionären andere Verpflichtungen als die zur Leistung der Einlage oder zur Erbringung etwaiger Nebenleistungen im Sinne des § 55 AktG nicht auferlegt werden können.

II. Für die Satzung der KG im weiteren Sinne verlangt das Gesetz einheitlich notarielle Beurkundung, § 280 AktG. Die Satzung muß enthalten:

1. Als Satzung im engeren Sinne die in § 281 Abs. 1 AktG genannten Angaben. Verletzung dieser Vorschrift beurteilt sich nach den §§ 275 ff. AktG. Sodann sind weiter aufzunehmen die zugunsten einzelner Ko-Aktionäre bedungenen Sondervorteile, der Gründungsaufwand, etwaige Vereinbarung über Sacheinlagen oder Sachübernahmen, §§ 26, 27, 278 Abs. 3 AktG.

2. An gesellschaftsvertraglichen Bestimmungen sind nach § 281 Abs. 2 und 3 AktG lediglich aufzunehmen die von den p.h. Ges. zu leistenden Einlagen, welche nicht auf das Grundkapital erfolgen, da ohne solche Bestimmung die Beteiligten zur Leistung von Einlagen weder verpflichtet noch berechtigt wären. Im übrigen kann der Gesellschaftsvertrag auch die Rechtsverhältnisse der p.h. Ges. (z.B. ihre Einlagen, Entnahmen, Mitwirkung der Ko-Aktionäre in Fragen der Geschäftsführung, Gesamtvertretung, die Folgen des Todes oder sonstigen Ausscheidens eines p.h. Ges. u.a.m.) beliebig regeln. Bei Fehlen solcher Vorschriften kommen die Grundsätze der KG ergänzend zur Anwendung.

III. 1. Die Feststellung der Satzung (im weiteren Sinn) erfolgt durch mindestens fünf Personen, § 280 AktG, und zwar können hierbei nur mitwirken die p.h. Ges. (welche alle beteiligt sein müssen) und Ko-Aktionäre, welche Aktien übernehmen. Die p.h. Ges. sind zur Aktienübernahme nicht verpflichtet. Zur Entstehung der KGaA freilich ist vorherige Übernahme aller Aktien erforderlich.

2. Falls bei Satzungsfestsetzung sämtliche Aktien durch Ko-Aktionäre oder durch die p.h. Ges. selbst übernommen werden, ist die Gesellschaft im Sinne des § 29 AktG errichtet.

B. Die Beendigung

I. Die KGaA unterliegt denselben Auflösungsgründen wie die KG, soweit nicht § 289 AktG etwas anderes bestimmt.

1. Die Gesellschaft löst sich auf mit Ablauf der **Zeit,** für welche sie eingegangen ist (§§ 161 Abs. 2; 131 Nr. 1 HGB). Gesetzlich ist eine Zeitbestimmung für die KGaA nicht vorgeschrieben, praktisch aber notwendig, da durch sie die Kündigungsmöglichkeit der p.h. Ges. oder der Ko-Aktionäre ausgeschlossen wird (u. 7). Die durch Zeitablauf aufgelöste Gesellschaft kann nach § 274 AktG wieder fortgesetzt werden.

2. Zwingender Auflösungsgrund ist die Eröffnung des **Konkurses** über das Vermögen der Gesellschaft, § 131 Nr. 3 HGB, welche erfolgt bei Überschuldung oder Zahlungsunfähigkeit; vgl. § 283 Nr. 14 AktG.

3. Gesellschaftsauflösung erfolgt ferner mit Rechtskraft des Beschlusses, durch den die Konkurseröffnung mangels Kostendeckung abgelehnt wird, ferner mit Rechtskraft einer Verfügung des Registergerichts nach § 144 a FGG.

4. Auch die Eröffnung des Konkurses über das Vermögen eines p.h. Ges. zieht die Gesellschaftsauflösung nach sich, § 131 Nr. 5 HGB; nicht dagegen der Konkurs eines Kommanditaktionärs, § 289 Abs. 3 AktG. Durch Gesellschaftsvertrag kann statt der Gesellschaftsauflösung das Ausscheiden des in Konkurs geratenen Gesellschafters vorgesehen sein.

5. Auflösungsgrund ist ferner, mangels anderer Vertragsbestimmungen, der **Tod** eines p.h. Ges., § 131 Nr. 4 HGB. Hier sind folgende Modalitäten denkbar.

a) Scheidet laut Satzung der Versterbende aus der Gesellschaft aus, dann erlangen dessen Erben den Abfindungsanspruch nach § 738 BGB.

b) Möglich ist Fortsetzung des Gesellschaftsverhältnisses mit den Erben des Verstorbenen kraft Erbrechts, alsdann greift § 139 HGB Platz[1].

a) Möglich ist die Vereinbarung, daß der Versterbende ausscheidet und ein Miterbe den Kapitalanteil allein übernimmt, BGH 22, 186.

b) Möglich ist weiter eine Regelung, wonach einem Dritten das Recht des Eintritts als p.h. Ges. zugesprochen wird. Sind neben ihm Miterben vorhanden, so steht der infolge Ausscheidens des Erblassers aus der Gesellschaft entstehende Abfindungsanspruch den Miterben gemeinsam zu.

---
1 Vgl. dazu *Barz*, Großkomm. § 231 Anm. 8

e) Stirbt der einzige p.h. Ges., ohne daß ein Nachfolger an seine Stelle tritt, so kann die KGaA als solche nicht mehr fortbestehen. Sie verfällt daher der Auflösung. War aber im Gesellschaftsvertrag bestimmt, daß der Tod eines p.h. Ges. die Auflösung nicht zur Folge haben soll, so ist diese Vereinbarung dahin auszulegen, daß analog § 142 HGB die Umwandlung der KGaA in eine AG beschlossen werden kann (vgl. auch RG 82, 360).

6. Trotz einer etwaigen zeitlichen Befristung kann die Auflösung der Gesellschaft jederzeit durch Beschluß ihrer Mitglieder herbeigeführt werden (§ 131 Nr. 2 HGB). Dazu gehört, daß sämtliche, also auch die etwa von der Geschäftsführung ausgeschlossenen p.h. Ges. zustimmen (§ 119 HGB) und die Ko-Aktionäre gemäß den aktienrechtlichen Bestimmungen die Auflösung mit satzungsändernder Mehrheit beschließen, § 289 Abs. 4 AktG.

7. Die für unbestimmte Zeit eingegangene Gesellschaft unterliegt ferner der **Kündigung** durch die Gesellschafter (§§ 131 Nr. 6; 132, 134 HGB). Die Kündigung kann ausgehen einerseits von jedem einzelnen p.h. Ges., aber auch von den Ko-Aktionären; letztere freilich müssen die Kündigung mit satzungsändernder Mehrheit im Sinne des § 289 Abs. 4 AktG beschließen.

Die Wirkungen der Kündigung lassen sich vertraglich in folgender Weise abwandeln:

a) Zulässig ist die Vereinbarung, daß der Kündigende ausscheiden soll. Geht die Kündigung von einem p.h. Ges. aus, dann besteht die Gesellschaft fort und der Ausscheidende erlangt den Abfindungsanspruch.

b) Wird die Kündigung aber von den Ko-Aktionären erklärt, dann bedeutet die genannte Vertragsbestimmung, daß die p.h. Ges. das Recht der Vermögensübernahme zwecks Weiterführung der Gesellschaft in Form einer oHG erlangen. Es muß daher die Gesellschaft liquidieren, wobei die Vermögensübertragung nach § 361 AktG erfolgt.

8. Die Kündigung kann ausgehen von dem Privatgläubiger eines p.h. Ges., der dessen Auseinandersetzungsguthaben gepfändet hat, § 135 HGB. Alsdann greifen die Schutzbestimmungen der §§ 141, 142 HGB Platz.

Die Gläubiger eines Kommanditaktionärs sind zur Kündigung der Gesellschaft nicht berechtigt, § 289 Abs. 3 AktG.

9. Endlich ist die Auflösung der Gesellschaft durch **gerichtliche** Entscheidung möglich, wenn ein wichtiger Grund vorliegt, §§ 131 Nr. 6; 133 HGB mit § 289 Abs. 4 AktG.

II. Die **Abwicklung** der Gesellschaft ist Aufgabe der p.h. Ges. (§ 290 AktG) und erfolgt nach den aktienrechtlichen Grundsätzen.

III. 1. Die Fälle des **Ausscheidens** eines p.h. Ges. sind bereits vorstehend erwähnt. Abgesehen davon ist nach § 289 Abs. 5 AktG ein Ausscheiden nur möglich, wenn die Satzung es für zulässig erklärt.

2. Möglich ist ein **Ausschluß** eines p.h. Ges. aus den in § 140 HGB genannten Gründen.

C. Die Verschmelzung

Sie ist in mehrfacher Weise denkbar, nämlich als Verschmelzung zweier KGaA miteinander, als Verschmelzung zwischen KGaA und AG; und als Verschmelzung durch Neubildung, wobei die übertragenden Gesellschaften sowohl KGaA als auch AGn sein können, § 354 AktG. Möglich ist ferner Verschmelzung einer KGaA mit einer GmbH gem. Art. 7 der GmbH-Novelle v. 4. 7. 1980. Für alle diese Fälle gilt, daß der Verschmelzungsbeschluß der HV der Zustimmung der p.h. Ges. bedarf, § 285 Abs. 2 AktG.

1. Übernimmt eine KGaA das Vermögen einer AG, so weist das Verfahren keine Besonderheiten auf. Es gilt das oben § 48 Gesagte.

2. Übernimmt eine KGaA oder AG das Vermögen einer KGaA oder überträgt eine KGaA ihr Vermögen auf eine neu zu gründende Gesellschaft im Wege der Verschmelzung, so wird von dem Vermögensübergang nicht nur das Aktienkapital, sondern auch das aus etwaigen Einlagen der p.h. Ges. gebildete freie Vermögen erfaßt. Es sind daher auch den p.h. Ges. nach Maßgabe des Wertes ihres Kapitalanteils Aktien zu gewähren. Soll hingegen das freie Vermögen von der Umwandlung in gebundenes Aktienkapital ausgeschlossen werden, dann ist eine Verschmelzung im technischen Sinne nur durchführbar, nachdem entweder das Kapitalguthaben den p.h. Ges. zurückgezahlt oder in eine Darlehensforderung umgewandelt worden ist.

In jedem Fall bewirkt der Untergang der übertragenden KGaA das Ausscheiden der p.h. Ges. aus der übertragenden Gesellschaft, so daß die für die Haftung geltende Verjährungsfrist des § 159 HGB zu laufen beginnt. Dasselbe gilt bei Verschmelzung einer KGaA mit einer GmbH.

Treten dagegen Beteiligte der übertragenden Gesellschaft in die aufnehmende KGaA als persönlich haftende Gesellschafter ein, so haften sie auch für die bestehenden Altschulden der übernehmenden Gesellschaft nach § 130 HGB unbeschränkt persönlich.

D. Die Umwandlung

I. Umwandlung einer AG in eine KGaA

1. Zur Umwandlung einer AG in eine KGaA bedarf es gemäß § 362 AktG eines Beschlusses der HV, der mit qualifizierter Kapitalmehrheit zu fassen ist und in welchem der für die neue Gesellschaftsform notwendige Satzungsinhalt festzustellen ist; s.o. A. Außerdem ist erforderlich der Beitritt mindestens eines p.h. Ges.

a) Stets muß der Beschluß die in § 23 Abs. 3 und 4 AktG vorgeschriebenen Bestimmungen sowie die erforderlichen Angaben über die p.h. Ges. enthalten. Weiter sind aufzunehmen die etwaigen Vermögenseinlagen der p.h. Ges. (s. dazu § 281 AktG).

b) An dem Umwandlungsbeschluß sind alle Aktionäre beteiligt, also auch jene, welche der KGaA als p.h. Ges. angehören sollen. Der Beschluß bedarf einer Mehrheit, die mindestens drei Viertel des bei der Beschlußfassung vertretenen Grundkapitals umfaßt; im übrigen gelten die allgemeinen Grundsätze über die Satzungsänderung, §§ 179ff. AktG.

c) Außer dem Beschluß sind nötig die in notarieller Urkunde abzugebenden Beitrittserklärungen der p.h. Ges., in denen auch die Genehmigung der Satzungsänderung zum Ausdruck zu kommen hat.

2. Die Umwandlung vollzieht sich auf der Grundlage einer Umwandlungsbilanz, welche als Schlußbilanz der Gesellschaft unter ihrer bisherigen Rechtsform erstellt wird. Diese Schlußbilanz bildet zugleich die Grundlage für die der KGaA angepaßte Eröffnungsbilanz der Gesellschaft in neuer Form.

3. Die Umwandlung der AG in eine KGaA unterliegt schließlich noch einer besonderen Prüfung, welche nach den Vorschriften über die Gründungsprüfung durchzuführen ist, § 362 Abs. 4 AktG. Über die Zusammensetzung des Aufsichtsrats s. § 363 AktG.

4. Nunmehr erfolgt die Anmeldung des Umwandlungsbeschlusses unter Beifügung der Beitrittserklärung der p.h. Ges. und der Umwandlungsbilanz, § 364 AktG.

5. Mit der Eintragung der Umwandlung ist die AG zur KGaA geworden, § 365 AktG.

II. Umwandlung einer KGaA in eine AG

Sie erfolgt ebenfalls durch Satzungsänderung, indem die Satzung der bisherigen KGaA den Verhältnissen der AG anzupassen ist. Das gilt namentlich in bezug auf die Firma, Art der Zusammensetzung des Vorstandes, aber auch in bezug auf die übrigen Bestimmungen des § 23 Abs. 3 u. 4 AktG (§ 366 AktG).

Regelmäßig wird auch die Auseinandersetzung mit den p.h. Ges. Gegenstand des Beschlusses sein. Andernfalls kommt § 738 BGB zur Anwendung. Soll zugleich eine Umwandlung der freien Einlagen der p.h. Ges. in gebundenes Aktienkapital erfolgen, so ist zu diesem Zwecke mit der Umwandlung eine entsprechende Kapitalerhöhung zu beschließen, wobei der Anspruch auf das Kapitalguthaben als Sacheinlage geleistet wird.

a) Die Satzungsänderung bedarf eines qualifizierten Beschlusses der Ko-Aktionäre und der Zustimmung aller p.h. Ges.

b) Auch hier erfolgt die Umwandlung aufgrund einer Umwandlungsbilanz, s.o. I 2.

c) Nach Bestellung der Organe wird die Umwandlung zum Handelsregister angemeldet, § 367 AktG. Mit der Eintragung besteht die KGaA nunmehr als AG weiter. Damit sind die p.h. Ges. als solche, mögen sie nunmehr auch als Vorstand amtieren, ausgeschieden, so daß ihre Haftung der Verjährung des § 159 HGB unterliegt.

Über weitere Möglichkeiten der Umwandlung einer KGaA in eine andere Rechtsform und über die Umwandlung anderer Unternehmen in eine KGaA s.o. § 54 I u. II.

III. Teil

Verbundene Unternehmen und Konzerne

1. Kapitel

Unternehmensverbindungen, wirtschaftliche und wettbewerbsrechtliche Aspekte

§ 59 Gründe und Arten von Unternehmensverbindungen

I. Die AG als selbständige Einheit

Im Ersten Buch des AktG ist die AG geregelt als eine rechtlich und wirtschaftlich **selbstständige** Einheit, indem sie als Rechtsperson und Unternehmerin ihres Geschäftsbetriebs Zielsetzung und Führung desselben unabhängig von Dritten durch ihre Organe bestimmt.

Im Wirtschaftsleben indessen sind die Gesellschaften in weitgehendem Maße und mannigfacher Form miteinander verflochten[1]. Die Gründe, die dazu führen und die Zwecke, welche dabei verfolgt werden, sind sehr verschieden[2].

---

[1] Zur Untersuchung der Konzentration in der Wirtschaft hat die Bundesregierung mit Gesetz vom 31. 12. 1960 eine Enquête eingeleitet, deren Ergebnisse in dem ,,Bericht über das Ergebnis einer Untersuchung der Konzentration in der Wirtschaft" vom 5. 6. 1964 (BT-Drucksache IV/2320) und in dem Anlagenband vom 9. 10. 1964 (zu Drucksache IV/2320) dargelegt sind. Die weitere Entwicklung ist zu ersehen aus den Berichten des Bundeskartellamts über seine Tätigkeit.

[2] Vgl. zum *älteren* Recht: *Haussmann*, Die Tochtergesellschaft (1923); *derselbe*, Grundlegung des Rechts der Unternehmenszusammenfassungen (1926); *derselbe*, Recht der Unternehmenszusammenfassungen, 2. Teil: Die Praxis (1932); *Hamburger*, Die Organgesellschaft in Gedächtnisschrift für E. Zetel (1927) S. 261 ff.; *Kronstein*, Die abhängige juristische Person (1931); *Liefmann*, Kartelle, Konzerne, Trusts (7. Aufl. 1927); *Friedländer*, Konzernrecht (1927); *Rosendorff*, Die rechtliche Organisation der Konzerne (1926); *Geiler*, Gesellschaftliche Organisationsformen des neueren Wirtschaftsrechts (2. Aufl. 1922).
Enquête-Ausschuß, I. Unterausschuß 3. Arbeitsgruppe. Wandlungen in den Unternehmensformen der Einzelunternehmungen und Konzerne (1928).
Zum *Aktiengesetz 1937: Friedländer*, Konzernrecht (2. Aufl. 1954); *Ballerstedt*, Kapital, Gewinn und Ausschüttung bei Kapitalgesellschaften (1949); *Mestmäcker*, Verwaltung, Konzerngewalt und Rechte der Aktionäre (1958).
Zum Recht der *,,Verbundenen Unternehmen"* im AktG 1965 vgl. *Wilhelmi*, AG 1965, 277 ff.; 307 ff.; 349 ff.; *Gessler*, Probleme des neuen Konzernrechts, DB 1965, 1691 ff.; 1729 ff.; *Kropff*, Das Konzernrecht des AktG 1965, BB 1965, 1281 ff.; *H. Rasch*, Deutsches Konzernrecht (5. Aufl. 1974) S. 103 ff.; *Emmerich-Sonnenschein*, Konzernrecht (2. Aufl. 1977), *Mestmäcker*, Zur Systematik des

§ 59 *Gründe und Arten von Unternehmensverbindungen*

a) Zu den ältesten, bis zum Beginn der Industrialisierung zurückreichenden Unternehmensverbindungen gehören jene zwischen Kohle und Stahl. Der lohnintensive Kohlebergbau, vom Produkt her beschränkt in der Möglichkeit einer Ausdehnung auf andere Märkte, konnte Rentabilität nur erhalten durch Sicherung des Absatzes; und die stahlerzeugende Industrie bedurfte der Kohle als wichtigster Quelle der von ihr benötigten Energie. So sicherte die Verbindung dieser Unternehmen dem Bergbau Absatz, und der Stahlerzeugung den Bezug von Kohle zu Preisen, welche, losgelöst von den Schwankungen des Marktes, sichere Kalkulation ermöglichten. Gleiche Erwägungen führten zu Verbindungen der Stahlerzeugung mit der Stahlverarbeitung.

In anderen Wirtschaftszweigen, etwa in der wegen der Vielzahl der Erzeugnisse zu weitgehender Arbeitsteilung und Spezialisierung genötigten chemischen und elektrotechnischen Industrie, erspart die Angliederung anderer einschlägiger Unternehmen die höheren Kosten eigenen Unternehmensausbaus und sie ermöglicht auch eine variable Kombination betrieblicher Einheiten in solcher Gestalt, wie es zur Steigerung des Nutzeffekts förderlich ist, und welche auch Auswertung neuer chemischer Verfahren oder Erfindungen ermöglicht.

Das Aufkommen neuer konkurrierender Naturschätze oder technischer Erzeugnisse führt zu Angliederungen einschlägiger Unternehmen zwecks Abfangens drohenden Wettbewerbes und Einbeziehung dieser neuen Naturschätze oder Erzeugnisse in die eigene Aktivität.

Beteiligungserwerb an Unternehmen verschiedener Produktion (Konglomerate) dient der Verringerung der mit den Marktschwankungen sich ergebenden Risiken, indem Verluste bei der einen Produktion durch die bei anderen Erzeugnissen erzielten Gewinne sich ausgleichen lassen.

Der Bedarf gleicher Produkte in mehreren Ländern und die Ausnutzung des hieraus sich ergebenden weltweiten Marktes hat Muttergesellschaften zur Errichtung von Tochterunternehmen in zahlreichen Ländern veranlaßt, welche ihrer Planung und Leitung unterstehen und es ermöglichen, mittels konzerninterner Verrechnungspreise erzielte Überschüsse dorthin zu verlagern, wo Kapitalbedarf sich zeigt oder wo es aus steuerlichen oder anderen Gründen opportun erscheint.

Zum anderen werden durch Errichtung von Produktionsstätten durch die Muttergesellschaft in anderen Ländern Hindernisse vermieden, welche sich einer Einfuhr fertiger Erzeugnisse entgegenstellen, auch Arbeitskräfte des jeweiligen Landes beschäftigt und etwaige Lohngefälle ausgenutzt.

Rechts der verbundenen Unternehmen, Festschrift f. Kronstein (1967) S. 130ff.; *Obermüller-Werner-Winden*, Aktiengesetz 1965 (1965)S. 167ff.; *Goerdeler*, Überlegungen zum europäischen Konzernrecht, ZGR 1973, Heft 4; *Lutter*, Zur Herrschaft mehrerer Unternehmen über eine AG, NJW 1973, 113ff.; *Würdinger*, Betrachtungen zur Regelung der Konzernverfassung, DB 1958, 1947ff.; derselbe, Betrachtungen zum faktischen Konzern DB 1973, 45ff.; *E. Rehbinder*, Konzernaußenrecht und allgemeines Privatrecht (1969).
Zum *internationalen* Recht: *Luchterhandt*, Deutsches Konzernrecht bei grenzüberschreitenden Konzernverbindungen (1971); *Koppensteiner*, Internationale Unternehmen im deutschen Gesellschaftsrecht (1971).

Begünstigt werden Unternehmenszusammenfassungen durch **steuerliche** Vorteile, bes. durch die steuerliche Organschaft; s. dazu den Anlagenband zum Bericht über die Konzentration-Enquête[1] S. 643 ff. u. unten § 71.

b) Auch bei Zusammenfassungen von Unternehmen im Bereich derselben Rechtsordnung, welche eine Verschmelzung ermöglichen würde, besteht vielfach ein wohlbegründetes Interesse an der Aufrechterhaltung der rechtlichen **Selbstständigkeit**, also am Fortbestand der Rechtsfähigkeit der zusammengefaßten Gesellschaften (vgl. BGH 15, 389; 22, 226/234). Dieses kann darin begründet liegen, daß die einzelnen Gesellschaften unter ihrer Firma im Publikum eingeführt sind, ihren eigenen Kundenstamm haben und goodwill genießen, daß die rechtliche Selbständigkeit der Gesellschaft das Risiko begrenzt, aber auch Gelegenheit bietet, qualifizierte Kräfte dort in den Vorstand zu berufen, die bei rechtlicher Einheit des Gesamtkonzerns nur als Abteilungsleiter fungieren könnten; ferner darin, daß die eigene Rechtspersönlichkeit der zusammengefaßten Gesellschaften bei dezentralisierten Konzernen trotz einheitlicher Gesamtleitung größere Selbständigkeit in der wirtschaftlichen Disposition der Konzernglieder ermöglicht. Die Aufrechterhaltung der rechtlichen Selbstständigkeit erspart ferner die mit der Verschmelzung verbundenen Kosten und erhält zum anderen die Möglichkeit leichterer Trennung oder Umgruppierung der verflochtenen Unternehmen zu solcher Kombination, durch welche jeweils der optimale Nutzerfolg erreicht wird.

II. Möglichkeiten der Unternehmenszusammenfassung

1. Unternehmenszusammenfassungen können begründet werden durch schuldrechtlichen **Vertrag**. Das ist z. B. der Fall bei Interessen- und Gewinngemeinschaften, welche Gesellschaften bürgerlichen Rechts darstellen, deren Gesellschafter gleichberechtigt nebeneinander stehen, mögen sie auch durch ein vertraglich geschaffenes Leitungsorgan oder durch Austausch von Vorstandsmitgliedern ihre Aktivitäten koordinieren.

Hierher gehören ferner die der Produktionsausweitung dienenden Pacht-, Betriebsführungs- u. Betriebsüberlassungsverträge, welche zwischen unabhängigen, aber auch abhängigen Gesellschaften geschlossen werden.

2. Das klassische Mittel der Unternehmenszusammenfassung indessen ist die **Beteiligung**. Sie verschafft dem als Großaktionär an einer Gesellschaft beteiligten Unternehmen die Möglichkeit der Einflußnahme auf die Geschäftsführung derselben, indem es Mitglieder der eigenen Verwaltung in den Aufsichtsrat der beherrschten Gesellschaft wählt und über diese den ihm genehmen Vorstand bestellt und dadurch die einheitliche Leitung sichert. Im Anlagenband zur Konzentrations-Enquête[3] ist S. 573 gesagt:

„Während die kapitalmäßigen Verbindungen die Grundlage dafür schaffen, Unternehmen zu Konzernen zusammenzufassen, sind die persönlichen Verbindungen zwischen den Organen der einzelnen Konzernunternehmen eines der wichtigsten Mittel für die Durchsetzung der einheitlichen Leitung."

---

3 Zu Drucksache IV/2320 (s. Note 1) S. 573 ff.

III. Rechtliche Aspekte

Unternehmensverbindungen lösen je nach Art und Intensität verschiedene Wirkungen bei der sie herbeiführenden Gesellschaft aus. Werden Unternehmensverbindungen angebahnt von einer AG, so erhebt sich deshalb, unabhängig von der für einzelne Verbindungen bestehenden besonderen Regelung, die generelle Frage, unter welchen Voraussetzungen sie zulässig sind[4].

1. Das klassische Mittel der Verbindungen, nämlich der Beteiligungserwerb, ist in zweifacher Weise möglich; einerseits derivativ durch Aufkauf von Beteiligungen über die Börse, durch Paketerwerb im Freiverkehr oder Tausch von Aktienpaketen etc.; andererseits kann der Erwerb ein originärer sein, wie es bei Ausgliederung eines Unternehmens oder eines Unternehmensteils gegen Übernahme von Aktien zutrifft. In allen Fällen bewirkt ein Beteiligungserwerb durch die AG eine Ausweitung oder Veränderung des Aufgabenbereichs der Gesellschaft.

Die Zulässigkeit solchen Beteiligungserwerbs hängt in erster Linie ab von dem in der Satzung der Gesellschaft bestimmten Gegenstand ihres Unternehmens.

Die Satzungen wohl aller größeren Gesellschaften enthalten eine der wirtschaftlichen Expansion Rechnung tragende Regelung. Als Beispiel sei verwiesen auf die Satzung der Siemens-AG, welche in § 2 Abs. 2 vorsieht: „Die Gesellschaft ist berechtigt, alle Geschäfte vorzunehmen und alle Maßnahmen zu ergreifen, die mit dem Gegenstand des Unternehmens zusammenhängen oder ihm unmittelbar oder mittelbar förderlich erscheinen. Sie kann dazu im In- und Ausland Fabriken betreiben, Zweigniederlassungen errichten, andere Unternehmen gründen, erwerben, eingliedern oder sich an solchen Unternehmen beteiligen, Unternehmensverträge abschließen und Interessengemeinschaften eingehen". Entsprechend eingehende Formulierungen befinden sich in den Satzungen der Volkswagen-AG und der Deutschen Bank-AG. Aufgrund solcher und ähnlicher Bestimmungen ist der Vorstand zu Unternehmensverbindungen mannigfachster Art legitimiert.

2. Nicht alle Statuten indessen enthalten eine so vorsichtig und weit formulierte Regelung. Hier ist folgendes zu beachten.

a) Die Bestimmung des Gegenstandes des Unternehmens ist zunächst von Bedeutung in jenen Fällen, in welchen der Vorstand im Rahmen seiner Kompetenz die Unternehmensverbindung allein herbeizuführen vermag. Das ist z. B. der Fall bei Beteiligungserwerb gegen Barzahlung oder bei Tausch von Paketen oder bei der Ausgliederung eines Unternehmensteils gegen Übernahme von Aktien (o. § 52 IV). Unerheblich ist es in diesen Fällen, ob der Vorstand dazu nach § 111 Abs. 4 Satz 4 AktG der Zustimmung des Aufsichtsrates bedarf, weil auch Zustimmung desselben eine Satzungsüberschreitung des Vorstands nicht legalisieren würde.

Ob jedoch eine Überschreitung der Satzung vorliegt, ist durch Auslegung zu ermitteln. Die Beschreibung der Art des Unternehmens bestimmt die Branche, setzt im

---

[4] Vgl. *Lutter*, Die Rechte der Gesellschafter bei Abschluß fusionsähnlicher Unternehmensverbindungen, DB 1973, Beilage 21 zu Heft 46; *W. Timm*, Die Aktiengesellschaft als Konzernspitze — Die Zuständigkeitsordnung bei Konzernbildung und Konzernumbildung, AHW Bd. 30 (1980).

allgemeinen aber keine Limite in bezug auf Umfang und Art ihres Betriebs. Da wirtschaftliches Wachstum und Expansion im Rahmen der statutarisch vorgeschriebenen Art des Unternehmens zur grundsätzlichen Erwartung der Marktwirtschaft gehört, demgemäß auch vom Vorstand bei Leitung der Gesellschaft zu erstreben ist, hat auch die Auslegung der Satzungsbestimmung diesem Gesichtspunkt Rechnung zu tragen. Ein im statutarischen Branchenbereich liegender Beteiligungserwerb ist dem Vorstand auch dann gestattet, wenn die Satzung in ihrer Bestimmung des Gegenstands des Unternehmens dieses nicht ausdrücklich vorsieht.

b) In jenen Fällen, in welchen die Herbeiführung einer Unternehmensverbindung der Mitwirkung der HV bedarf, erhebt sich die Frage, inwieweit die Satzungsregelung des Gegenstandes des Unternehmens gegenüber der HV von rechtlicher Bedeutung ist.

Ein Beschluß der HV ist stets erforderlich, wenn die Gesellschaft zwecks Beteiligungserwerbs ihr Kapital zu erhöhen hat; ebenso bei Beteiligungserwerb gegen Gewährung von Wandelschuldverschreibungen (§ 221 AktG); insbesondere ist ein HV-Beschluß erforderlich zur Wirksamkeit eines vom Vorstand geschlossenen Unternehmensvertrags gemäß §§ 291, 292 AktG, durch welchen auch Struktur und Zweck der Gesellschaft verändert wird.

Es zeigt sich nun, daß die für die einschlägigen HV-Beschlüsse vorgeschriebenen Mehrheitserfordernisse grundsätzlich dieselben sind wie jene, welche § 179 Abs. 2 Satz 1 AktG für die Satzungsänderung vorschreibt. Daraus ergibt sich, daß durch diese Beschlüsse, wiewohl durch sie die Satzung nicht geändert wird, eine etwaige Überschreitung des statutarisch bestimmten Gegenstands ad hoc legalisiert wird, daß insoweit die HV auch die Möglichkeit hat, gemäß § 83 AktG den Vorstand zu Vorbereitung oder Vollzug von Maßnahmen zu verpflichten.

Ein anderes würde nur gelten, wenn in der Satzung für die Änderung des Gegenstands des Unternehmens nach § 179 Abs. 2 Satz 2 AktG eine größere Kapitalmehrheit vorgeschrieben ist, welcher die genannten HV-Beschlüsse nicht entsprechen.

§ 60 Kontrolle der Unternehmenszusammenschlüsse

1. Unternehmensverbindungen, welche wirtschaftlich einen Zusammenschluß von Unternehmen bewirken, sind geeignet, den Wettbewerb zu beeinträchtigen. Zum Schutze desselben als wesentlicher Institution der Marktwirtschaft unterliegen deshalb Unternehmenszusammenschlüsse behördlicher Kontrolle[1].

---

1 Vgl. *Rittner*, Wirtschaftsrecht (1979) S. 438ff. mit umfassenden Schrifttumsangaben; *Gromann*, Der Gleichordnungskonzern im Konzern- und Wettbewerbsrecht (1979); zu den vom GWB betroffenen Rechtsformen des Zusammenschlusses vgl. *Würdinger*, WuW 1973, 731ff.

§ 60 *Kontrolle der Unternehmenszusammenschlüsse*

Maßgebend sind die §§ 23–24b des Gesetzes gegen Wettbewerbsbeschränkungen vom 3. 8. 1973 in der aus dem vierten Gesetz zur Änderung des GWB vom 24. 4. 1980 (BGB I 458) sich ergebenden Fassung.

Nach § 23 GWB sind Unternehmenszusammenschlüsse dem Bundeskartellamt anzuzeigen, wenn ihnen die in § 23 Abs. 1 GWB umschriebene wettbewerbspolitische Relevanz zukommt (dazu BGH 74, 359). Als Zusammenschluß betrachtet das Gesetz den Vermögenserwerb durch Verschmelzung, Umwandlung oder auf sonstige Weise, ferner den Beteiligungserwerb, wenn hierdurch oder durch zusätzliche Vereinbarungen eine Rechtsstellung verschafft wird, welche ein Aktionär mit mehr als 25% des stimmberechtigten Kapitals innehat. Als Zusammenschluß gilt ferner der Abschluß bestimmter Unternehmensverträge, aber auch Personengleichheit in den Verwaltungsorganen der Unternehmen sowie jede sonstige Unternehmensverbindung, welche beherrschenden Einfluß auf ein anderes Unternehmen verschafft.

Ziel der Kontrolle ist es, die Entstehung marktbeherrschender Stellung oder die Verstärkung einer solchen durch Unternehmenszusammenschluß zu verhindern, wobei nicht nur die auf gleichen Märkten sich auswirkenden horizontalen Zusammenschlüsse erfaßt werden, sondern auch vertikale Konzentrationen mit Wirkung auf vor- und nachgelagerten Marktstufen, ferner konglomerate Konzentrationen mit Wirkung auf Märkten, die weder gleichgelagert sind, noch in einer Stufenbeziehung stehen. Dabei kommen die in den §§ 22a, 23a GWB aufgestellten Marktbeherrschungsvermutungen, deren Widerlegung den Unternehmen obliegt, der Anwendung der Kontrolle zugute[2].

Ist zu erwarten, daß durch den Zusammenschluß eine marktbeherrschende Stellung entsteht oder verstärkt wird, und wird von den Unternehmen nicht nachgewiesen, daß durch den Zusammenschluß auch Verbesserungen der Wettbewerbsbedingungen eintreten, welche die Nachteile der Marktbeherrschung überwiegen, dann untersagt das Bundeskartellamt den Zusammenschluß. Wird er in diesem Falle nicht vom Bundeswirtschaftsminister auf Antrag der betroffenen Unternehmen erlaubt, so ist er aufzulösen, wobei auf Anordnung des BKartA die Auflösung statt durch Wiederherstellung des früheren Zustandes auch durch Beseitigung der Wettbewerbsbeschränkung auf andere Weise erfolgen kann.

Um die Kontrolle nicht erst bei vollzogenen Zusammenschlüssen wirksam werden zu lassen, sieht § 24a GWB vor, daß zwecks präventiver Kontrolle bereits Zusammenschluß-Vorhaben angemeldet werden können. Hierdurch werden die Schwierigkeiten vermieden, welche sich im Falle nachträglicher Untersagung des Zusammenschlusses durch die Notwendigkeit der Wiederauflösung desselben ergeben.

Die mit richterlicher Unabhängigkeit ausgestattete Monopolkommission hat, neben der Erstattung von Sondergutachten nach § 24d Abs. 5 Satz 2 und 3 GWB, die Aufgabe, die Unternehmenskonzentration in der Bundesrepublik und die Anwendung der §§ 22–24a GWB regelmäßig zu begutachten. Sie hat sich angesichts der zunehmenden Konzentrationstendenz für Erweiterung der gesetzlichen Entflechtungsmöglichkeiten ausgesprochen[3].

---

2 Zur Abgrenzung des für die Kontrolle maßgebenden Marktes s. BGH, DB 1980, 2438.
3 Vgl. BT-Drucksache 8/4404.

2. Für den **Gemeinsamen Markt** liegt erst ein Vorschlag der Kommission für eine Verordnung des Rates über die Kontrolle von Unternehmenszusammenschlüssen vor, durch welchen der Handel zwischen den Mitgliedstaaten geschützt werden soll[4].

Nach Art. 1 dieses Vorschlags ist mit dem Gemeinsamen Markt unvereinbar jedes Vorgehen, das unmittelbar oder mittelbar einen Zusammenschluß zwischen Unternehmen oder Unternehmensgruppen bewirkt, durch welchen diese die Möglichkeit erlangen oder verstärken, einen wirksamen Wettbewerb auf dem Gemeinsamen Markt oder auf einem wesentlichen Teil desselben zu verhindern, sofern mindestens eines der beteiligten Unternehmen seinen Sitz im Gemeinsamen Markt hat und der Zusammenschluß dazu führen kann, den Handel zwischen den Mitgliedstaaten zu beeinträchtigen.

Nicht betroffen sollen jedoch Zusammenschlüsse werden, bei denen der Gesamtumsatz aller am Zusammenschluß beteiligten Unternehmen weniger als 200 Millionen Rechnungseinheiten beträgt, oder wenn die vom Zusammenschluß betroffenen Erzeugnisse oder Dienstleistungen in keinem Mitgliedstaat mehr als 25% des Umsatzes mit gleichen oder austauschbaren Waren oder Dienstleistungen ausmachen.

Auch hier soll die Kommission gegenüber vollzogenen Zusammenschlüssen alle Maßnahmen anordnen können, welche zur Wiederherstellung eines wirksamen Wettbewerbs geeignet sind.

3. Für den Europäischen Markt für Kohle und Stahl sieht Art. 66 §§ 1–6 MUV eine Zusammenschlußkontrolle vor (dazu § 101 Nr. 3 GWB).

§ 61 Multinationale Unternehmen und die Codex-Bewegung

I. 1. Multinationale Unternehmen sind, wie oben § 6 I 2 dargelegt, Unternehmenszusammenschlüsse, bei denen ein herrschendes Unternehmen (Muttergesellschaft) in zahlreichen anderen Ländern, inbesondere auch in Entwicklungsländern mit Rohstoffquellen, abhängige Unternehmen (Tochtergesellschaften) unterhält, kontrolliert und die Aktivitäten derselben weitgehend einheitlicher Planung und Lenkung unterwirft. Sie stellen wirtschaftliche Einheiten weltweiten Ausmaßes dar, deren Glieder den nationalen Rechten ihres jeweiligen Sitzstaates unterstehen. In diesen Einheiten aber tritt das wirtschaftliche, technische, soziale und politische Gefälle der Gastländer als Phänomen mit vielschichtigen daraus sich ergebenden Folgen und Möglichkeiten unmittelbar in Erscheinung. Diese Unternehmen sind einerseits in der Lage, einen Beitrag zur wirtschaftlichen Entwicklung der Gastländer ihrer

---
4 Text in *Lutter*, Europäisches Gesellschaftsrecht, Sonderheft 1 der ZGR (1979) S. 379 ff.

Niederlassungen zu leisten; andererseits verbinden sich mit der Praxis dieser Unternehmen Nachteile und Schwierigkeiten für die Gastländer, denen die nationalen Ordnungen derselben nicht selten machtlos gegenüber stehen[1].

Die am 14. 12. 1960 in Paris gegründete „Organisation für wirtschaftliche Zusammenarbeit und Entwicklung" (OECD), welcher eine Reihe von Staaten angehören, in denen sich ein Hauptsitz multinationaler Unternehmen befindet, hat es als wesentliche Aufgabe betrachtet, förderliche Aktivitäten dieser Unternehmen zu unterstützen, andererseits nachteiligen Praktiken dieser Unternehmen entgegenzutreten.

Dieses führte zu den im Juni 1976 von der Ministerratstagung der OECD beschlossenen „Leitsätzen für multinationale Unternehmen", ferner zu den Beschlüssen über „Inländerbehandlung für Unternehmen unter ausländischer Kontrolle" und zu den Beschlüssen über „Maßnahmen zur Förderung oder Abwehr internationaler Investitionen". Diese Vereinbarungen wurden durch die Beschlüsse des OECD-Ministerrats vom 13. 6. 1979 revidiert und kommentiert.

2. Mit den mulitinationalen Unternehmen befassen sich auch andere Organisationen, so die Welthandels-Kommission (UNCTAD), welche einen Codex über wettbewerbsbeschränkende Geschäftspraktiken veröffentlicht hat. Ferner bereitet z. Z. die dem Wirtschafts- und Sozialrat der Vereinten Nationen unterstehende „Kommission für Transnationale Unternehmen" einen Verhaltenscodex für multinationale Unternehmen vor. Auch der Verwaltungsrat der internationalen Arbeitsorganisation hat durch Beschlüsse eine Grundsatzerklärung betreffend multinationale Unternehmen und Sozialpolitik angenommen.

3. a) In den von der OECD erstellten Leitsätzen wird den multinationalen Unternehmen empfohlen, den erklärten allgemeinen Zielen der Mitgliedstaaten, in denen sie tätig sind, volle Rechnung zu tragen. Dazu gehört inbesondere die Berücksichtigung der von den Gaststaaten für die wirtschaftliche und soziale Entwicklung gesetzten Prioritäten. Es wird ferner Integration der einzelnen Einheiten des multinationalen Unternehmens in das Wirtschaftsgefüge der Gastländer durch Kooperation mit den lokalen Verwaltungen befürwortet. Bei Besetzung leitender Stellen soll in jedem Land die persönliche Qualifikation ohne Diskriminierung nach Staatsangehörigkeit bestimmend sein. Bestechungsgelder dürfen öffentlich Bediensteten weder gegeben, noch von ihnen angenommen werden. Es sollen auch keine die Legalität überschreitenden Beiträge zu politischen Parteien gewährt und jedes unpropere Engagement in politischer Aktivität vermieden werden. Große Bedeutung wird der Veröffentlichung von Informationen über Struktur, Tätigkeit und Geschäftspolitik beigemessen, und es wird nach Wegen gesucht, die Vergleichbarkeit der Bilanzen zu verbessern und die Bilanzmethoden zu harmonisieren.

Mit Bezug auf den Wettbewerb wird den Regierungen der Mitgliedstaaten empfohlen, in ihren nationalen Rechten wettbewerbstörende Praktiken auszuschließen und sich hierbei gegenseitige Unterstützung und Rechtshilfe zu gewähren.

---

[1] Vgl. *R. J. Bornet* — *R. E. Müller*, Die Krisenmacher — Die Multinationalen und die Verwandlung des Kapitalismus (1975).

Unter dem Titel „Besteuerung" wird den Unternehmen nahegelegt, den Steuerbehörden zweckdienliche Informationen über die Aktivitäten abhängiger Unternehmensteile in anderen Ländern zur Verfügung zu stellen. In diesem Zusammenhang hat der Rat der OECD im Mai 1979 eine Empfehlung verabschiedet, wonach die Steuerverwaltungen bei Überprüfung von Verrechnungspreisen zwischen verbundenen Unternehmen jene Überlegungen und Methoden berücksichtigen sollen, welche in dem Bericht ihres Steuerausschusses[2] dargelegt sind und zur Ermittlung von „arm's-length-Preisen" dienen sollen, d.h. zur Ermittlung von Preisen, welche den bei freiem Kräftespiel des Marktes sich bildenden Preisen nahe kommen.

Eingehende Überlegungen und Vorschläge betreffen sodann die sozialen Fragen. Die multinationalen Unternehmen sollen das Recht ihrer Arbeitnehmer, sich durch Arbeitnehmerorganisationen vertreten zu lassen, respektieren. Dazu gehört die Zurverfügungstellung von Informationen als Grundlage für sinnvolle Verhandlungen. Erforderlich ist insbesondere rechtzeitige Information der Arbeitnehmer über betriebliche Veränderungen, welche mit erheblichen Konsequenzen für die Arbeitnehmer verbunden sind, und Zusammenarbeit mit den Arbeitnehmervertretern, um nachteilige Auswirkungen für die Arbeitnehmer möglichst gering zu halten. Verpönt wird Androhung der Unternehmen mit Betriebsverlegung in ein anderes Land, um hierdurch die Verhandlungen mit den Arbeitnehmervertretern in unfairer Weise zu beeinflussen. Zur finanziellen Sicherung der Arbeitnehmer wird eine Mithaftung der Muttergesellschaft für die sozialen Ansprüche der bei den Tochtergesellschaften tätigen Arbeitnehmer vorgeschlagen[3].

b) Die in den Beschlüssen des OECD-Ministerrats von 1976/9 enthaltene Erklärung über „Inländerbehandlung" enthält die Verpflichtung der Mitgliedstaaten, den Zufluß von Direktinvestitionen entsprechend dem für Erstinvestitionen aufgestellten „Codex der Liberalisierung des Kapitalverkehrs" zu liberalisieren, ferner den Unternehmen unter ausländischer Kontrolle nach ihrer Niederlassung im Gastland Inländerbehandlung zuteil werden zu lassen, Diskriminierungen bei staatlichen Hilfen und Subventionen oder beim öffentlichen Beschaffungs- oder Auftragswesen zu vermeiden und durch bilaterale Steuerabkommen Ausgleiche zu schaffen.

Den Unternehmen wird nahegelegt, einen Teil ihres internen Finanzbedarfs zwecks Steigerung der Deviseneinnahmen ihrer Gastländer durch Mittelaufnahme bei der Muttergesellschaft zu decken.

c) Die 1976 ebenfalls getroffenen Vereinbarungen betreffend „Maßnahmen zur Förderung oder Abwehr internationaler Investitionen" berühren die allgemeine Wirtschaftspolitik; denn durch Anreiz oder Abwehrmaßnahmen versuchen die Regie-

---

[2] Vgl. „Transfer Pricing and Multinational Enterprises" Report of the OECD Committee on Fiscal Affairs 1979; dazu Ministerialdirigent *Dr. K. Manke*, Die OECD-Empfehlung von 1979 zur Frage der Verrechnungspreise im Unternehmen, in DStZ 1980 Nr. 16 S. 315 ff.; ferner die zu dem Report ergangene Stellungnahme des Instituts der Wirtschaftsprüfer in „Beilage zu Fachnachrichten" Heft 12/1980 und DB 1980, 2453 ff.
[3] Das Committee on International Investment and Multinational Enterprises der OECD hat 1980 unter dem Titel „Responsibility of Parent companies for their Subsidiaries" das Haftungsproblem in den Rechten von 19 Ländern zusammengestellt.

rungen in Verfolgung ihrer Interessen Einfluß auf Art, Standort und Umfang der Direktinvestitionen auszuüben.

II. Die von der OECD aufgestellten „Leitsätze für multinationale Unternehmen" stellen eine auf Konsens ihrer Mitgliedstaaten beruhende normative Ordnung dar, welche von den Regierungen derselben den in ihrem Zuständigkeitsbereich ansässigen Unternehmensleitungen zur Einhaltung empfohlen worden ist. Sie haben keine Gesetzeskraft; die Leitsätze sind jedoch Regeln eigener Art, welche bei entsprechender weiterer Pflege normative Kraft zu entfalten geeignet sind, sei es, daß sie sich zu einem übernationalen Standes-Codex des „ehrbaren Kaufmanns" entwickeln, sei es daß ihnen rechtlich die Anerkennung eines internationalen ordre public zuteil werden wird[3]. Ihre Verbindlichkeit vermag sich daraus abzuleiten, daß die die staatlichen Rechtsbereiche überschreitenden Wirtschaftseinheiten zu einer überstaatlichen, sie umfassenden Ordnung drängen.

Die Bemühungen der OECD um normative Grundlagen für multinationale Unternehmen führt auch zu Niederschlägen in nationalen Rechten von Gastländern. Solches bahnt in der Bundesrepublik in bezug auf die Verrechnungspreise sich an.

Die im Geschäftsverkehr zwischen den einzelnen Gliedern multinationaler Unternehmen vereinbarten Preise entsprechen vielfach nicht den in freiem Marktverkehr sich bildenden Preisen. Dieses kann auf verschiedenen Gründen (Zöllen, Devisenregelungen, Preiskontrollen etc.) beruhen, aber auch auf steuerlichen Erwägungen. Die Muttergesellschaft ist in der Lage, durch die Preise für Lieferungen oder Dienstleistungen, die sie der Tochtergesellschaft erbringt, oder durch Umlagen von Unkosten, Lizenzgebühren etc. die Entstehung von Gewinnen bei der Tochtergesellschaft zu regulieren und Gewinne dorthin zu verlagern, wo Kapitalbedarf besteht oder wo es aus anderen Gründen opportun erscheint.

Führt aber die den Steuerbehörden der Gastländer obliegende Ermittlung steuerpflichtigen Gewinns der ihrer Zuständigkeit unterliegenden Tochtergesellschaften zu einer Berichtigung der Verrechnungspreise und zu einem steuerpflichtigen Einkommen der Tochtergesellschaft, so kann das insoweit zu einer Doppelbesteuerung der Muttergesellschaft führen, welche den gesamten Gewinn in ihrem Sitzstaat zu versteuern hat.

Die deutsche Steuerverwaltung bereitet nun Leitlinien zur internationalen Einkommensabgrenzung vor, welche den Steuerbehörden als Richtschnur bei Ermittlung des steuerpflichtigen Einkommens dienen, aber auch den Unternehmen größere Klarheit bei ihren Kalkulationen bieten sollen.

---

[4] Vgl. *Norbert Horn*, Die Entwicklung des internationalen Wirtschaftsrechts durch Verhaltensrichtlinien, Neue Elemente eines internationalen ordre public, Rabels Zeitschrift für ausländisches und internationales Privatrecht, Heft 3 (1980).

2. Kapitel

Die materielle Regelung der verbundenen Unternehmen und der Konzerne

§ 62 Konzeption und Aufbau der gesetzlichen Regelung

I. Horizontale Unternehmensverbindungen, bei welchen die Unternehmen sich unabhängig voneinander gegenüberstehen, wie es in der Regel bei Interessengemeinschaften zutrifft und für den Gleichordnungskonzern wesentlich ist (§ 18 Abs. 2 AktG), beeinträchtigen weder die den Gesellschaftsorganen zugewiesenen Aufgaben, noch die dem Vorstand und Aufsichtsrat obliegenden Funktionen. Diese Verbindungen beruhen auf Vertrag, bei dessen Abschluß jedes Unternehmen sein Interesse wahrt. Unterstellen sich die Partner einem vertraglich vorgesehenen Leitungsorgan, welches die Geschäftspolitik derselben harmonisiert, so sind die Gesellschaften in demselben durch Mitglieder ihres Vorstands vertreten; das Leitungsorgan hat nur jene Befugnisse, welche ihm vertraglich eingeräumt worden sind. Da der Zusammenschluß unter den Vertragspartnern eine Gesellschaft bürgerlichen Rechts darstellt, steht jedem Partner zu seinem Schutze bei Vorliegen eines wichtigen Grundes das Recht der fristlosen Kündigung zu.

Für den Gesetzgeber bestand daher keine Veranlassung, solchen Verbindungen durch gesellschaftsrechtliche Sondervorschriften Rechnung zu tragen; für sie stellt das allgemeine Zivilrecht die erforderliche Ordnung bereit.

Lediglich für den Fall der Gewinngemeinschaft unter Poolung der Erträge und Aufteilung des Pools auf die Vertragspartner nach vereinbartem Schlüssel (§ 292 Abs. 1 Nr. 1) sieht das AktG für die Wirksamkeit des Vertrags die Zustimmung der HV vor.

II. 1. Ganz anders ist die Position bei **Unterordnungskonzernen**, bei welchen das herrschende Unternehmen aufgrund seiner einheitlichen Leitung die Geschäftsführung auch der von ihm beherrschten Gesellschaften bestimmt. Das herrschende Unternehmen, an der abhängigen Gesellschaft als Großaktionär beteiligt, hat maßgebenden Einfluß in deren HV. Es besetzt den Aufsichtsrat der Gesellschaft mit seinen Leuten, wozu es in bezug auf die Vertreter der Anteilseigner auch nach dem MitbestG 1976 in der Lage ist, und über diesen Aufsichtsrat den ihm genehmen Vorstand. Hier ist es nicht mehr der Vorstand der abhängigen Gesellschaft, welcher diese leitet, sondern die dem Aufsichtsrat angehörenden Vertreter des herrschenden Unternehmens, welche die Leitungsweisungen desselben dem Vorstand der beherrschten Gesellschaft übermitteln und ihren Vollzug überwachen[1]. An die Stelle

---
1 Darüber eingehend *J. Semler*, Die Überwachungsaufgabe des Aufsichtsrats, AHW Bd. 31 (1980) S. 103 ff.

der Unabhängigkeit, welche das AktG dem Vorstand in seiner Geschäftsführung einräumt, ist praktisch eine Weisungsunterworfenheit desselben getreten, die den Vorstand gleich einem Angestellten des herrschenden Unternehmens erscheinen läßt.

Die dem Aufsichtsrat angehörenden Vertreter des herrschenden Unternehmens, welche an sich zu Verschwiegenheit verpflichtet sind, haben dem herrschenden Unternehmen zugleich jene Informationen über die Lage der Gesellschaft zu vermitteln, welche dieses für die einheitliche Leitung benötigt.

In der Amtl. Begr. (Kropff S. 373) ist darüber gesagt: „Als Folge dieser Strukturwandlung, die den wirtschaftlichen Zug zur Unternehmenskonzentration widerspiegelt, ist die Rechtsform der Aktiengesellschaft für zahlreiche Unternehmen nur noch die äußere Organisationsform. Bei ihnen haben konzernmäßige Bindungen das aktienrechtliche Kräftespiel zwischen den Organen der Gesellschaft aus den Angeln gehoben. Die Geschicke dieser Gesellschaften werden außerhalb der aktienrechtlichen Zuständigkeitsordnung auf Wegen bestimmt, die ... sich aber überwiegend jeder rechtlichen Ordnung entziehen."

Diesem Phänomen hatte das AktG Rechnung zu tragen, wobei seine Regelung sich auf Verbindungen beschränkt, an denen eine AG oder KGaA beteiligt ist.

2. Das AktG hat zunächst im Hinblick darauf, daß bestimmte Unternehmensverbindungen die Möglichkeit zu Manipulationen eröffnen, welche geeignet sind, die Kapitalsicherheit der Gesellschaft zu gefährden oder die Willensbildung ihrer HV zu beeinträchtigen, eine Reihe von Einzelkonsequenzen gezogen. Es hat ferner für bestimmte Unternehmensverbindungen eine erweiterte Publizität statuiert. Diese Unternehmensverbindungen sind in den §§ 15–19 AktG definiert; die Definitionen sind Zweckbegriffe, lediglich dazu bestimmt, jene Tatbestände zu umschreiben, an welche kasuistische Einzelvorschriften anknüpfen; s.u. § 65.

3. Das AktG hat sodann in § 292 bestimmten **Unternehmensverträgen** Rechnung getragen, schuldrechtlichen Verträgen, deren Regelung im allgemeinen Zivilrecht erfolgt ist, mit denen aber, sofern an ihnen eine AG oder KGaA beteiligt ist, sich auch aktienrechtliche Probleme verbinden; über diese Verträge s.u. § 67.

4. a) Die Hauptprobleme aber ergeben sich bei jenen Unternehmensverbindungen, bei denen ein Unternehmen eine AG oder KGaA beherrscht. Da das herrschende Unternehmen selbst Erwerbszweck verfolgt, liegt die Gefahr, diesem auch die abhängige Gesellschaft dienstbar zu machen, besonders nahe. Bei solchem Sachverhalt wird die allgemeine Haftungsklausel des § 117 (s.o. § 31) nicht mehr als hinreichender Schutz der beherrschten Gesellschaft erachtet, weshalb hierfür in den §§ 311–318 AktG eine besondere, den § 117 AktG ergänzende Regelung vorgesehen wurde (u. § 72).

b) Zum anderen aber hat der Gesetzgeber in Anerkennung der wirtschaftlichen Gründe, welche zur Einbeziehung abhängiger Gesellschaften in die Leitung des herrschenden Unternehmens führten, es als seine Aufgabe betrachtet, die Ausübung einheitlicher Leitung zu legalisieren und rechtlich zu ordnen. Die Anerkennung eines solchen Rechts gebietet jedoch als notwendiges Korrelat Garantien zum Schutze der außenstehenden Aktionäre und der Gläubiger der abhängigen Gesellschaft.

Diesem Erfordernis entspricht der **Beherrschungsvertrag,** der zur Begründung des Vertragskonzerns zur Verfügung steht; s. u. § 70.

Das Gesetz hat hierbei an die unter dem früheren Recht üblich gewesenen steuerlichen **Organschaftsverträge** angeknüpft, in welchen deklariert war, daß die abhängige Gesellschaft der Obergesellschaft finanziell, wirtschaftlich und organisatorisch eingegliedert sei und ihre Geschäfte nach Weisung und für Rechnung des herrschenden Unternehmens betreibe (s. Anlagen-Bd. zur Konzentrations-Enquête[2] S. 581 ff.).

In Berücksichtigung des körperschaftsteuerlichen Erfordernisses der Ergebnisübernahme hat das Gesetz auch den **Gewinnabführungsvertrag** unter aktienrechtlichen Aspekten geregelt (s. u. § 71).

5. Die mit dem Abschluß des Beherrschungsvertrages verbundenen Sicherungen für die Aktionäre der abhängigen Gesellschaft sind nicht erforderlich, wenn eine AG als Obergesellschaft sämtliche Aktien der Untergesellschaft besitzt. In solchem Falle kann auch der Schutz der Gläubiger der abhängigen Gesellschaft auf einfache Weise gewährleistet werden (Amtl. Begr.). Diese Erwägungen führten zur **Eingliederung** einer AG in die „Hauptgesellschaft" als Alleinaktionärin derselben. Mit der Eingliederung aber ist ein Rechtsinstitut erstanden, welches in seiner Wirkung der Verschmelzung beider Gesellschaften gleichkommt, obgleich die Rechtspersönlichkeit der eingegliederten Gesellschaft aufrechterhalten bleibt; u. § 69.

6. Das Vermögen der abhängigen Gesellschaft tritt in ihrer Bilanz als Eigenvermögen in Erscheinung, in der Bilanz des herrschenden Unternehmens als Wert der Beteiligung. Wird die abhängige Gesellschaft mit ihrem Vermögen in die Leitung des herrschenden Unternehmens einbezogen, dann ist auch die Zusammenfassung der Vermögen beider Unternehmen in einem besonderen Jahresabschluß ersichtlich zu machen. Dieses ist geregelt in den §§ 329 ff. AktG betreffend die Rechnungslegung im Konzern (u. § 74).

§ 63 Der Begriff „Unternehmen"

1. a) In zahlreichen Vorschriften spricht das AktG von „Unternehmen"[1], wobei dieser Begriff in verschiedener Bedeutung gebraucht wird. Wenn z. B. in der Satzung der „Gegenstand des Unternehmens" zu bestimmen ist, so betrifft das den von

---

[2] BT-Drucksache zu Drucks. IV/2320 v. 9. 10. 1964.

[1] Vgl. *Gessler,* Das „Unternehmen" im Aktiengesetz, Festschrift für O. Kunze S. 145 (1972); ebenda *Würdinger,* Der Begriff Unternehmen im AktG S. 165; *Hefermehl,* Der Aktionär als Unternehmen i. S. des Konzernrechts, Festschrift für Gessler (1971) S. 203; *Luchterhandt,* Der Begriff Unternehmen ZHR 132, 149 ff.; *Müller-Rieker,* Der Unternehmensbegriff des AktG, WPg 1967, 197 ff.; *Schäfer,* Wann ist der Großaktionär ein Unternehmen? NJW 1967, 1741; vgl. auch Komm.-Bericht Rn. 1297 ff.

der AG zu entfaltenden Geschäftsbetrieb. In anderen Zusammenhängen läßt die Regelung ersehen, daß unter Unternehmen bestimmte Gesellschaftsarten zu verstehen sind (z.B. §§ 19, 21 Abs. 2 AktG).

Im Dritten Buch bringt das AktG mit der Überschrift ,,Verbundene Unternehmen" zum Ausdruck, daß die §§ 291 ff. Verbindungen von Unternehmen betreffen. Hierbei muß eine AG beteiligt sein, weil nur für sie hieraus sich Rechtsfolgen ergeben; indem der andere Teil Unternehmen genannt wird, kommt zum Ausdruck, daß die Rechtsform dieses Partners unerheblich ist.

b) Daneben bestehen Regelungen von weittragender Bedeutung, welche ebenfalls das Vorliegen eines ,,Unternehmens" zur Voraussetzung haben; so die in §§ 15–18 AktG enthaltenen Definitionen von Unternehmensverbindungen, an welche zahlreiche Konsequenzen anknüpfen; sodann die in § 20 AktG einem Unternehmen auferlegte Pflicht zur Mitteilung eines Beteiligungserwerbs an einer AG; ferner die §§ 311 ff. AktG, welche Abhängigkeit einer AG von einem Unternehmen betreffen. Der Unternehmensbegriff ist hier von großer Tragweite. Seine Klärung aber ist der Wissenschaft und Rechtsprechung überlassen, weil der Gesetzgeber laut Amtl. Begr. (Kropff S. 27) von einer gesetzlichen Umschreibung ,,angesichts der großen praktischen Schwierigkeiten" abgesehen hat.

2. Zur Ermittlung dessen, was Unternehmen i.S. dieser Vorschriften bedeutet, ist mit BGH 69, 336; 74, 364 auszugehen von Sinn und Zweck der einschlägigen Bestimmungen. Hierbei ergibt sich, daß dieser verschieden ist je nachdem, ob die AG herrschende Gesellschaft ist oder ihrerseits beherrscht wird. Dieses führt dazu, daß die in beiden Gruppen von Vorschriften verwendeten Unternehmensbegriffe nicht voll übereinstimmen[2].

a) Beherrscht die AG ein anderes Unternehmen, so eröffnen sich ihrem Leitungsorgan Möglichkeiten zu Manipulationen, denen das Gesetz entgegentritt. So könnte das Verbot des Erwerbs eigener Aktien umgangen werden, indem die Gesellschaft den Erwerb durch ein von ihr abhängiges Unternehmen vollziehen läßt. Besitzt das abhängige Unternehmen Aktien der herrschenden AG, so könnte der Vorstand der letzteren mittels dieser Aktien in die eigene HV hineinregieren. Hier ist evident, daß eine GmbH, deren Anteile der AG gehören, ein von dieser abhängiges Unternehmen ist ohne Rücksicht darauf, ob die GmbH einen eigenen Geschäftsbetrieb unterhält oder nicht.

b) Problematisch aber ist der umgekehrte Fall, nämlich, unter welchen Voraussetzungen ein die AG beherrschender Aktionär als herrschendes Unternehmen zu erachten ist. Zwecks Klärung dieser Frage ist auszugehen von der dem AktG zugrunde liegenden Vorstellung, daß bei Abhängigkeit der AG von einem ,,Unternehmen" für sie die Gefahr besteht, den Interessen dieses Unternehmens untergeordnet und dienstbar gemacht zu werden. Aufschluß hierüber geben die Erwägungen des Wirtschaftsausschusses des Bundestags zu § 20 AktG: ,,Bei Beteiligung eines Unternehmens besteht die Gefahr, daß das Unternehmen die Rechte aus der Beteiligung zum

---

[2] Vgl. *Gessler*, Komm. § 15 Rn. 6ff.; *Würdinger*, GroßKomm. Vorbem. 3 vor § 15; *Biedenkopf-Koppensteiner*, Köln. Komm. § 15 Anm. 12ff.

Nachteil der Gesellschaft für seine unternehmerischen Interessen ausnutzt. Diese Gefahr besteht bei einem Aktionär, der kein Unternehmen ist, nicht in gleicher Weise" (Kropff S. 41/42). Auf solche Gefahr weist auch die Amtl. Begr. zum Dritten Buch (Kropff S. 373/4) hin: „Die Beherrschungsmacht wird nicht selten ... nach den besonderen unternehmerischen Interessen des Großaktionärs ausgeübt. Die Minderheitsaktionäre sind dann nicht in der Lage, eine nur den Interessen des Großaktionärs oder Konzerninteressen dienende Geschäftsführung und Gewinnverwendung nachhaltig zu verhindern. Den Gläubigern droht die Gefahr, daß das ihnen haftende Vermögen der Gesellschaft geschmälert, daß die Substanz der abhängigen Gesellschaft ausgehöhlt wird."

Die hier einschlägigen §§ 311 ff. AktG bezwecken Schutz der Gesellschaft und der Minderheitsaktionäre gegen solche Gefahr. Und die in § 20 AktG einem Unternehmen auferlegte Pflicht zur Anzeige eines Beteiligungserwerbs soll die mögliche Entstehung solcher Gefahr frühzeitig bekannt machen.

Wenn hiernach unterschieden wird zwischen einem privaten Aktionär und einem als Aktionär beteiligten Unternehmen, so ist evident, daß aus der Höhe der Beteiligung allein kein Schluß auf die Unternehmenseigenschaft gezogen werden kann. Hierauf weist auch die Bemerkung in BGH 69, 337 hin, wonach „eine noch so hohe Beteiligung an einer Gesellschaft den Inhaber allein noch nicht zum herrschenden Unternehmen stempelt. Es muß vielmehr eine wirtschaftliche Interessenverbindung außerhalb der Gesellschaft hinzukommen, die stark genug ist, um die ernste Besorgnis zu begründen, der Aktionär könnte um ihretwillen seinen Einfluß zum Nachteil der Gesellschaft geltend machen".

Der Schutzzweck der einschlägigen Vorschriften darf andererseits aber nicht zu einer Umkehrung der Schlußfolgerung führen, nämlich zur Prüfung, ob Anwendbarkeit der Schutzvorschriften angemessen sei, woraus sich alsdann die Unternehmenseigenschaft des Aktionärs ergäbe; denn das Gesetz hat den Unternehmensbegriff nicht als inhaltliche Leerformel eingeführt.

So aber wird verfahren bei dem Bemühen, die Gesellschaft schlechthin gegen Beeinflussung durch „gesellschaftsfremde" Interessen zu schützen. Ein Großaktionär, der zur Finanzierung aufwendiger Lebensführung nur Dividende zieht und sich einer wirtschaftlich förderlichen Kapitalerhöhung widersetzt, verfolgt gewiß kein im Gesellschaftsinteresse liegendes Ziel; und wenn ein Aktionär die Gesellschaft zu Umstellung ihrer Produktion veranlaßt, so ist auch dieses Interesse nicht identisch mit dem von der Gesellschaft in ihrer gegenwärtigen Produktion verfolgten, wobei der einflußnehmende Aktionär jedoch in der Überzeugung handelt die Gesellschaft zu fördern.

Die angeführten legislatorischen Erwägungen, welche zu den einschlägigen Vorschriften führten, lassen vielmehr ersehen, daß es Gefahren bestimmter Art sind, gegen welche die Gesellschaft geschützt werden soll. Es ist daher zu fragen, unter welchen Voraussetzungen in der Person des Großaktionärs die Gefahr nahe liegt, die von ihm beherrschte Gesellschaft seinem eigenen Interesse dienstbar zu machen.

Solche eigenen Interessen bestehen dann, wenn der Großaktionär durch planmäßige eigene Betätigung neben seiner Beteiligung an der Gesellschaft eigenständige wirtschaftliche Interessen verfolgt. Ein Unternehmen liegt mithin stets vor, wenn der Aktionär, unabhängig vom Dividendenbezug, planmäßig eigenem Erwerb durch wirtschaftliche Betätigung nachgeht.

Solche Gefahr besteht auch in dem Falle, daß ein an mehreren Gesellschaften beherrschend Beteiligter bei einer von ihnen, als wäre sie gleichsam sein Unternehmen, in die Geschäftsführung bestimmend eingreift[3].

Über die Stellung der öffentlichen Hand s.u. § 75.

§ 64 Die Mitteilungspflicht

In den §§ 20, 21 AktG wird im Falle der Beteiligung eines Unternehmens an einer AG und umgekehrt bei Beteiligung einer AG an einer anderen Kapitalgesellschaft oder bergrechtlichen Gewerkschaft unter bestimmten Voraussetzungen die Verpflichtung statuiert, dieses dem anderen Teil mitzuteilen.

Mit dieser Verpflichtung verfolgt das Gesetz verschiedene Zwecke. Während durch die in § 20 Abs. 1 u. 4 vorgeschriebene Mitteilung eines Beteiligungserwerbs eine sich anbahnende oder verstärkende Unternehmenskonzentration publik gemacht werden soll, liegt der Mitteilungspflicht nach § 20 Abs. 3 u. § 21 als Zweck die Aufdeckung wechselseitiger Beteiligung zugrunde[1]. In beiden Fällen soll durch die Mitteilung Klarheit über die auf Beteiligung beruhende Unternehmensverbindung geschaffen werden, und in beiden Fällen sind sowohl mit erfolgter Mitteilung als auch mit Unterlassen derselben rechtliche Konsequenzen verbunden. Die Mitteilungen sind daher als formaler Akt auch dann erforderlich, wenn die Vorgänge, die anzuzeigen sind, den Gesellschaften und Beteiligten bereits bekannt sind. Es gibt jedoch Grenzen, wo der Sinn der Regelung in sein Gegenteil umschlägt. Errichtet eine AG eine Tochtergesellschaft oder gründen zwei Unternehmen eine AG als Gemeinschaftsunternehmen, so ist eine Mitteilung entbehrlich.

I. Bekanntmachung einer sich anbahnenden oder verstärkenden Unternehmenskonzentration

1. a) Ihr dient die in § 20 Abs. 1 u. 4 AktG statuierte Mitteilungspflicht. Sie ist laut Amtl. Begr. (Kropff S. 38) vorgesehen, ,,um die Aktionäre, die Gläubiger und die Öffentlichkeit über geplante und bestehende Konzernverbindungen besser zu unter-

---

3 So *Gessler*, Komm § 15 Rn. 28, 29.

1 Der Ausschaltung wechselseitiger Beteiligung dient auch in Frankreich Art. 358 al 2 Loi Nr. 66–537 sur les Sociétés Commerciales i.V. mit Decret Nr. 67–236 Art. 249, wonach eine Anzeigepflicht für die Gesellschaft entsteht bei Erwerb von mehr als 10% der Aktien einer anderen Gesellschaft; während für Großbritannien die in sec 33 Companies Act 1967 und sec 26.1 Companies Act 1976 statuierte Anzeigepflicht der Notifizierung der Beteiligung dient; vgl. auch Komm.-Bericht Rn. 2032 ff.

richten und die vielfach auch für die Unternehmensleitung selbst nicht erkennbaren wahren Machtverhältnisse in der Gesellschaft deutlicher hervortreten zu lassen".

b) Mitteilungspflichtig nach § 20 Abs. 1 u. 4 AktG ist nur der Beteiligungserwerb durch ein **Unternehmen** (s. o. § 63), nicht der Erwerb durch eine Privatperson.

Für Unternehmen aber besteht die Verpflichtung auch dann, wenn sie ihren Sitz im Ausland haben; denn das deutsche Recht ist zuständig zur Regelung der Voraussetzungen, unter denen Beteiligungsrechte an einer inländischen Gesellschaft entstehen und ausgeübt werden können[2].

2. a) Sobald einem Unternehmen mehr als der vierte Teil der Aktien einer inländischen AG gehört, hat es dieses der Gesellschaft unverzüglich schriftlich mitzuteilen. Maßgebend für die Berechnung ist der Gesamtnennbetrag der dem Unternehmen gehörenden Aktien in seinem Verhältnis zum Betrag des Grundkapitals der Gesellschaft, § 20 Abs. 1 Satz 2 i. V. mit § 16 Abs. 2 Satz 1 AktG.

b) Sollen die wahren Machtverhältnisse in einer AG aufgedeckt werden, dann ist es erforderlich, auch den Beteiligungsbesitz abhängiger Unternehmen in jene des herrschenden Unternehmens einzubeziehen, weil das herrschende Unternehmen in der Lage ist, auch die Ausübung der Beteiligungsrechte durch das abhängige Unternehmen zu bestimmen. Deshalb gelten als dem mitteilungspflichtigen Unternehmen gehörend auch Aktien der Gesellschaft, welche einem von ihm abhängigen Unternehmen gehören; ebenso Aktien, welche einem Dritten für Rechnung des Unternehmens oder eines von diesem abhängigen Unternehmens gehören. Ist der Inhaber des Unternehmens ein Einzelkaufmann, dann wird nicht unterschieden zwischen Aktien, welche zum Geschäftsvermögen gehören und solchen, welche er privat besitzt, § 20 Abs. 1 i. V. mit § 16 Abs. 4 AktG. Er kann mithin die Mitteilungspflicht nicht durch die Erklärung umgehen, die Aktien als Privatperson erworben zu haben.

Die Regelung, daß als Anteile, welche dem Unternehmen gehören, auch jene gelten, die einem von ihm abhängigen Unternehmen gehören, hat, so einfach und verständlich sie erscheint, zu mancherlei Streitfragen geführt. Besitzt beispielsweise ein Unternehmen keine Beteiligung an der AG, wohl aber ein von ihm abhängiges Unternehmen 26%, so führt die Zurechnung zu einer Beteiligung des herrschenden Unternehmens von 26%, welche dieses mithin nach § 20 Abs. 1 AktG anzuzeigen hat. Ist daneben auch das abhängige Unternehmen selbst noch zur Mitteilung verpflichtet? Soll die doppelte Anzeige nicht zu falschen Vorstellungen führen, wäre es erforderlich, in der Mitteilung das Bestehen des Abhängigkeitsverhältnisses unter Namhaftmachung der Unternehmen darzulegen. U.E. wird der Zweck der Mitteilungspflicht, nämlich Offenlegung der Machtverhältnisse, durch die Mitteilung und Bekanntgabe des herrschenden Unternehmens allein hinreichend erfüllt, da dieses die Ausübung der Beteiligungsrechte bestimmen kann[3].

---

[2] Allgem. Ansicht; *Koppensteiner*, Internationale Unternehmen im deutschen Gesellschaftsrecht (1971) S. 284; *Luchterhandt* Deutsches Konzernrecht bei grenzüberschreitenden Konzernverbindungen (1971) S. 195.
[3] So auch *Godin-Wilhelmi* § 20 Anm. 2; Baumbach-Hueck § 20 Anm. 8; *Obermüller-Werner-Winden*, Aktienrecht S. 232; a.A. *Gessler* Komm. § 20 Rn. 19 u. 50.

§ 64 Die Mitteilungspflicht

c) Um eine sich anbahnende Konzentration möglichst früh zu erfassen, werden auch Aktien einbezogen, welche sich noch in dritter Hand befinden, auf welche aber das Unternehmen Anrechte hat. Deshalb sind als dem Unternehmen gehörend auch solche Aktien mitzuzählen, deren Übereignung das Unternehmen selbst oder ein von ihm abhängiges Unternehmen oder ein Dritter für Rechnung des Unternehmens bzw. für Rechnung eines von diesem abhängigen Unternehmens **verlangen** kann, oder zu deren **Abnahme** die genannten Beteiligten **verpflichtet** sind, § 20 Abs. 2 AktG.

Ersteres trifft beispielsweise zu bei Aktien, welche im Wege der Giroumbuchung gekauft worden sind; ebenso bei Aktien, an denen ein Optionsrecht des Unternehmens besteht. Eine Abnahmeverpflichtung kann beispielsweise beruhen auf einem vereinbarten Aktientausch, wobei der andere Teil berechtigt ist zu erklären, wann der Umtausch zu bewirken sei. Ebenso, wenn ein Kommissionsauftrag zu Aktienkauf erteilt worden ist.

d) Eine Mitteilungspflicht entsteht ferner, sobald dem Unternehmen eine **Mehrheitsbeteiligung i.S.** des § 16 Abs. 1 AktG gehört. Auch hier ist die Zurechnung von Aktien gemäß § 16 Abs. 4 AktG zu beachten. Die Mitteilung ist auch dann erforderlich, wenn eine Mitteilung nach § 20 Abs. 1 AktG bereits vorausgegangen war.

e) Mitzuteilen ist auch dieses, wenn eine mitgeteilte Beteiligung nicht mehr in der mitteilungspflichtigen Höhe besteht.

3. Mitzuteilen ist nicht die Höhe der Beteiligung, sondern nur dieses, daß eine „Beteiligung nach § 20 Abs. 1 bzw. Abs. 4 AktG" vorliegt oder nicht mehr besteht unter Angabe des beteiligten Unternehmens.

Die AG, der eine solche Mitteilung zugegangen ist, hat das Bestehen bzw. Nichtmehr-Bestehen der Beteiligung unter Angabe des Unternehmens unverzüglich in den Gesellschaftsblättern bekanntzumachen, § 20 Abs. 6 AktG. Über die auch im Geschäftsbericht erforderliche Verlautbarung s. § 160 Abs. 3 Nr. 11 AktG.

4. **Sanktionen** ergeben sich bei Verletzung der Mitteilungspflicht.

Nach § 20 Abs. 7 AktG können Rechte aus Aktien, in bezug auf welche eine Mitteilungspflicht nach § 20 Abs. 1 oder 4 entstanden ist, für die Zeit, da die Mitteilung nicht erfolgt ist, durch das Unternehmen bzw. abhängige Unternehmen nicht ausgeübt werden. Eine Umgehung des Stimmrechtsverbots (s.o. § 17 V) wird nach § 405 Abs. 3 Nr. 5 AktG als Ordnungswidrigkeit geahndet.

Es ruhen **alle** Rechte aus diesen Aktien, also insbesondere das Stimmrecht, das Recht auf Dividende und das Bezugsrecht. Die Durchführbarkeit dieser Sanktion indessen begegnet Schwierigkeiten. Wird das ruhende Stimmrecht gleichwohl ausgeübt, so wäre der HV-Beschluß anfechtbar. Das Depotstimmrecht der Banken aber erschwert den Beweis. Bezieht das Unternehmen Dividende, so greift § 62 AktG ein. Wird unzulässigerweise das Bezugsrecht ausgeübt, dann hat sich das Unternehmen gegen Leistung der Einlage eine Beteiligungsquote verschafft, die ihm nicht zusteht und dadurch das Anrecht der übrigen Aktionäre auf diese Quote beeinträchtigt. Wie aber und von wem soll dieses in Anwendung der Bereicherungsgrundsätze (§ 812 BGB) bereinigt werden?

II. Mitteilungspflicht im Hinblick auf wechselseitige Beteiligungen

1. Wechselseitige Beteiligungen, zu welchen insbesondere bei Versicherungsgesellschaften die Spartentrennung geführt hat, welche aber auch in anderen Branchen anzutreffen sind, werden in der Regel planmäßig herbeigeführt, sind also den beteiligten Gesellschaften bekannt. Es ist jedoch möglich, daß solche Beteiligungen auch unbeabsichtigt zustande kommen. Dieser Unterschied führt in anderem Zusammenhang zu verschiedenen rechtlichen Konsequenzen (s. u. § 66). Für die Mitteilungspflicht ist es gleichgültig, ob sie geplant waren oder zufällig entstanden sind.

Da das AktG nur wechselseitige Beteiligungen zwischen **inländischen** Kapitalgesellschaften und bergrechtlichen Gewerkschaften regelt, nicht auch solche zwischen Unternehmen anderer Art oder solche Beteiligungen über die Grenzen, besteht auch die Mitteilungspflicht nur bei den erstgenannten Verbindungen. Die hier einschlägige Regelung ist enthalten in § 20 Abs. 3 und § 21 AktG.

2. a) Wenn eine Gesellschaft mehr als ein Viertel des Kapitals einer AG besitzt, so erfährt die AG diese Beteiligung aufgrund der Mitteilung der Gesellschaft gemäß § 20 Abs. 1 AktG. Da aber bei dieser Mitteilungspflicht Zurechnungen zu beachten sind, welche unter dem Aspekt der wechselseitigen Beteiligung außer Betracht bleiben, mußte § 20 Abs. 3 AktG jene Mitteilungspflicht statuieren, welche für die wechselseitige Beteiligung von Bedeutung ist, nämlich Besitz einer Beteiligung von einem Viertel des Kapitals, wohl unter Zurechnung des Besitzes abhängiger Gesellschaften, jedoch ohne Zurechnung gemäß § 20 Abs. 2 AktG.

b) Als Gegenstück wird in § 21 der umgekehrte Fall geregelt, daß eine AG ihrerseits eine Beteiligung an einer anderen Kapitalgesellschaft oder an einer bergrechtlichen Gewerkschaft erlangt, wobei auch hier Erwerb oder Besitz eines von ihr abhängigen Unternehmens ihr zugerechnet wird. Erwirbt oder besitzt die AG hiernach mehr als den vierten Teil der Anteile einer anderen Kapitalgesellschaft oder bergrechtlichen Gewerkschaft mit Sitz im Inland, so hat auch sie dieses der anderen Gesellschaft mitzuteilen.

c) Dasselbe gilt, wenn der AG auf solche Weise eine Mehrheitsbeteiligung gemäß § 16 Abs. 1 AktG gehört.

3. Auch hier können aus der mitteilungspflichtigen Beteiligung, ehe die AG ihre Mitteilungspflicht aus § 21 Abs. 1 u. 2 AktG nicht erfüllt hat, keinerlei Rechte ausgeübt werden.

4. In § 21 AktG ist im Gegensatz zu § 20 Abs. 6 keine Veröffentlichung der Mitteilung vorgesehen; die wechselseitige Beteiligung soll nur den Gesellschaften selbst zum Bewußtsein gebracht werden. Über Angaben im Geschäftsbericht s. § 160 Abs. 3 Nr. 3 AktG.

Es kann sich jedoch auch die Verpflichtung zur Veröffentlichung ergeben, da die Perfektion der gesetzlichen Regelung zu Überschneidungen beider Vorschriften in folgendem Falle führt. Da § 21 AktG vom Beteiligungsbesitz einer AG an einer anderen Kapitalgesellschaft spricht, fällt, wenn diese andere Kapitalgesellschaft selbst eine AG ist, ein Erwerb ohne Hinzurechnung nach § 20 Abs. 2 zugleich unter § 20 Abs. 1 oder 4 AktG.

Unter Berücksichtigung dessen, daß in der Praxis wechselseitige Beteiligungen in aller Regel planmäßig begründet werden, wäre es vorzuziehen, statt der komplizierten Mitteilungsregelung gesetzlich an das Vorliegen wechselseitiger Beteiligung anzuknüpfen (s.u. § 66).

§ 65 Die Definition von Unternehmensverbindungen und ihre Bedeutung

Die in den §§ 15 bis 19 AktG enthaltenen Definitionen von Unternehmensverbindungen haben den Zweck, die Tatbestände festzulegen, auf welche zahlreiche Einzelvorschriften Bezug nehmen. Sie sind Zweckbegriffe, dazu bestimmt jene Unternehmensverbindungen zu umschreiben, an welche das AktG besondere Rechtsfolgen knüpft.

I. Verbundene Unternehmen, § 15 AktG

1. In § 15 AktG sind folgende Gruppen von Verbindungen zusammengefaßt: die Mehrheitsbeteiligung, das Abhängigkeitsverhältnis, der Konzern, die wechselseitige Beteiligung und die Vertragspartner eines Unternehmensvertrages.

Da das AktG mit diesen Verbindungen Vorschriften für die AG oder KGaA verknüpft, muß ihnen also eine AG oder KGaA angehören, während der oder die anderen Beteiligten „Unternehmen" beliebiger Art sein können.

a) Nach Amtl. Begr. ist § 15 AktG „nicht als materielle Umschreibung einer besonderen Gruppe zu verstehen". Das bedeutet, daß der Anwendungsbereich des § 15 AktG nicht über die Tatbestände der Sondergruppen (§§ 16 bis 19) hinausreicht. Eine Verbindung, welche nicht unter eine der genannten Sondergruppen fällt, begründet also niemals „verbundene Unternehmen".

Wenn beispielsweise das Unternehmen A sowohl die Gesellschaft B als auch die Gesellschaft C beherrscht, zwischen B und C aber kein Beteiligungsverhältnis besteht, dann sind, falls die Konzernvermutung des § 18 Abs. 1 Satz 3 AktG widerlegt wird, nur A und B bzw. A und C verbundene Unternehmen, nicht aber auch B und C. Im Konzern aber sind auch B und C verbunden.

b) Liegt andererseits eine unter die Gruppen §§ 16 bis 19 AktG fallende Verbindung vor, dann sind die Unternehmen stets auch „verbundene Unternehmen" nach § 15 AktG, so daß neben den für diese besondere Gruppe geltenden Vorschriften auch jene zur Anwendung kommen, welche an das Vorliegen „verbundener Unternehmen" anknüpfen.

c) Verbundene Unternehmen sind auch die Vertragsteile eines Unternehmensvertrages (§§ 291, 292 AktG), wobei jedoch vorausgesetzt ist, daß an dem Vertrag eine

AG oder KGaA in der dem Gesetz entsprechenden Parteirolle teilnimmt. Pachtet eine AG das Unternehmen einer GmbH, so liegt kein Unternehmensvertrag nach § 292 Abs. 1 Nr. 3 AktG vor, wohl aber, wenn die AG ihr Unternehmen der GmbH verpachtet.

2. Die für „verbundene Unternehmen" geltenden aktienrechtlichen **Sondervorschriften**.

a) Sie betreffen zunächst **Auskunft** und **Publizität**.

Nach § 90 Abs. 1 AktG hat der Vorstand dem Vorsitzenden des Aufsichtsrats auch über Geschäftsvorgänge bei einem verbundenen Unternehmen zu berichten, die auf die Lage der Gesellschaft von erheblichem Einfluß sein können; nach § 90 Abs. 3 AktG ist der Aufsichtsrat berechtigt, vom Vorstand Berichterstattung hierüber zu verlangen.

Über die rechtlichen und geschäftlichen Beziehungen zu verbundenen Unternehmen ist nach § 131 Abs. 1 AktG auf Verlangen auch jedem Aktionär in der HV Auskunft zu erteilen; andererseits darf die Auskunft verweigert werden, wenn durch sie dem verbundenen Unternehmen erheblicher Nachteil drohen würde, § 131 Abs. 3 Nr. 1 AktG.

Nach § 145 Abs. 4 AktG dürfen von einem Sonderprüfer in dem Prüfungsbericht Tatsachen nicht aus dem Grund verschwiegen werden, daß das Bekanntwerden derselben für das verbundene Unternehmen nachteilig sein würde.

In der **Jahresbilanz** sind Forderungen und Verbindlichkeiten der AG gegenüber verbundenen Unternehmen gesondert und als solche auszuweisen, § 151 Aktivseite sub III B 10; Passivseite sub VI 5; § 151 Abs. 3 u. 5 AktG. Im **Geschäftsbericht** sind Angaben zu machen über die rechtlichen und geschäftlichen Beziehungen zu verbundenen Inlandsunternehmen, §§ 160 Abs. 3 Nr. 10, 334 Abs. 3 Nr. 3 AktG. Es sind ferner die Bezüge, welche Mitglieder des Vorstands der Gesellschaft von einem verbundenen Unternehmen erhalten, besonders anzugeben, ebenso derartige Abfindungen oder Ruhegehälter, § 160 Abs. 3 Nr. 8 u. 9 AktG.

b) Beziehung zu verbundenen Unternehmen macht Prüfer für die Prüfung der Gesellschaft inhabil. Vgl. für Gründungsprüfer §§ 33 Abs. 5, 52 Abs. 4 AktG; für Sonderprüfer § 143 Abs. 2 u. 3 AktG; für Abschlußprüfer § 164 Abs. 2 u. 3 AktG.

c) Das Vorliegen von verbundenen Unternehmen ist sodann von Bedeutung im Zusammenhang mit einer Kreditgewährung an Mitglieder des Vorstands oder des Aufsichtsrats, §§ 89 Abs. 4, 115 Abs. 3 AktG.

d) In § 400 Nr. 1 AktG ist unrichtige Darstellung der Verhältnisse der Gesellschaft einschließlich ihrer Beziehungen zu verbundenen Unternehmen mit Strafe bedroht.

Zu a–d: Vorstehende Vorschriften kommen auch zur Anwendung, wenn solche Verbindung zu einem **ausländischen** Unternehmen besteht, es sei denn, daß das Gesetz Sitz im Inland vorschreibt (§ 19) oder mit Bezug auf ausländische Unternehmen eine Ausnahme vorsieht (§§ 160 Abs. 3 Nr. 10, 334 Abs. 3 Nr. 3 AktG)[1].

---

1 Vgl. *Koppensteiner*, Internationale Unternehmen im Deutschen Gesellschaftsrecht, S. 334 ff.

II. In Mehrheitsbesitz stehende Unternehmen und mit Mehrheit beteiligte Unternehmen, § 16 AktG

1. Eine **Mehrheitsbeteiligung** liegt **nach § 16 Abs. 1 AktG** in zwei Fällen vor:

a) Einerseits, wenn einem Unternehmen die Mehrheit der **Anteile** eines rechtlich selbständigen Unternehmens gehört, selbst wenn sich damit eine Stimmenmehrheit nicht verbindet (z. B. wegen stimmrechtsloser Vorzugsaktien oder wegen Stimmrechtsbeschränkungen nach § 134 Abs. 1 AktG).

b) Andererseits, wenn einem Unternehmen aus den ihm gehörenden bzw. ihm zugerechneten Anteilen die Mehrheit der **Stimmrechte** zusteht.

Es ist hiernach möglich, daß an einer AG zwei Unternehmen mehrheitsbeteiligt sind, indem das eine bei Vorhandensein stimmloser Vorzugsaktien über die Kapitalmehrheit verfügt, das andere aufgrund von Mehrstimmrechtsaktien die Mehrheit der Stimmen besitzt.

α) Die Anteile müssen dem mit Mehrheit beteiligten Unternehmen **gehören**, also zu Eigentum zustehen. Den Anteilen, welche dem mehrheitsbeteiligten Unternehmen gehören, werden jedoch nach § 16 Abs. 4 AktG auch jene **zugerechnet**, welche einem von ihm abhängigen Unternehmen gehören. Ebenso werden ihm Anteile zugerechnet, welche zwar einem Dritten gehören (z. B. einem Treuhänder), der sie aber für Rechnung des mehrheitsbeteiligten Unternehmens selbst oder für Rechnung eines von dem mehrheitsbeteiligten Unternehmen abhängigen Unternehmens besitzt. Anteil bei Girosammelverwahrung ist Eigentum.

β) Ob die dem mehrheitsbeteiligten Unternehmen gehörenden bzw. ihm zuzurechnenden Anteile die „Mehrheit" darstellen, beurteilt sich nach § 16 Abs. 2 AktG.

γ) Die Mehrheit der **Stimmrechte** bestimmt sich gemäß § 16 Abs. 3 AktG danach, ob die Stimmenzahl, welche sich aus den dem beteiligten Unternehmen gehörenden und zuzurechnenden Anteilen ergibt, die Mehrheit der Gesamtzahl aller Stimmrechte ausmacht, wobei von der Gesamtzahl die in § 16 Abs. 3 Satz 2 AktG genannten Stimmrechte abzusetzen sind.

2. **Die an die Mehrheitsbeteiligung anknüpfenden Vorschriften:**

a) Sie betreffen zunächst die **Publizität**.

α) Es besteht die Mitteilungspflicht nach §§ 20, 21 AktG; s. o. § 64.

β) Ist an der Gesellschaft eine andere Kapitalgesellschaft oder eine bergrechtliche Gewerkschaft mit Mehrheit beteiligt, dann sind, wenn auch die in Mehrheitsbeteiligung stehende Gesellschaft ihrerseits Anteile an dieser Gesellschaft hat, diese Anteile in der Bilanz auszuweisen, § 151 Aktivseite III 9 und Abs. 3 AktG. Auch im Geschäftsbericht sind gemäß § 160 Abs. 3 Nr. 1 u. 2 AktG Angaben zu machen.

b) Sie dienen ferner der **Kapitalsicherung** durch Verhinderung der Umgehung des Verbotes eines Erwerbs eigener Aktien.

Nach § 56 Abs. 2 AktG darf ein in Mehrheitsbesitz der Gesellschaft stehendes Unternehmen Aktien dieser mehrheitsbeteiligten Gesellschaft weder als Gründer noch als Zeichner, noch in Ausübung eines bei bedingter Kapitalerhöhung gewährten Bezugsrechts übernehmen; und nach § 56 Abs. 3 AktG kann derjenige, welcher als Gründer, Zeichner oder in Ausübung eines bei bedingter Kapitalerhöhung eingeräumten Bezugsrechts Aktien der Gesellschaft übernommen hat, auch dann, wenn die Übernahme für Rechnung eines in Mehrheitsbesitz der Gesellschaft stehenden Unternehmens erfolgt ist, sich nicht darauf berufen, daß er die Aktien nicht für eigene Rechnung übernommen hat; s.o. § 14.

Auch ein in Mehrheitsbesitz der Gesellschaft stehendes Unternehmen darf gemäß § 71d AktG Aktien der Gesellschaft nur erwerben oder nach § 71e AktG als Pfand nehmen, soweit das der Gesellschaft selbst gestattet ist; s.o. § 13.

c) Aus Aktien der mit Mehrheit beteiligten Gesellschaft, welche sich im Besitz des Unternehmens befinden, an welchen die Mehrheitsbeteiligung besteht, ruhen sämtliche Rechte, § 71d Satz 2 u. 4 mit § 71b AktG.

d) Schließt eine in Mehrheitsbesitz einer inländischen AG stehende Gesellschaft einen Beherrschungs- oder Gewinnabführungsvertrag, so kann die Gesellschaft den außenstehenden Aktionären der Vertragspartnerin gemäß § 305 Abs. 2 Nr. 2 AktG sowohl Aktien der an ihr mit Mehrheit beteiligten Gesellschaft als auch eine Barabfindung anbieten.

e) Nach § 17 Abs. 2 AktG wird von einem in Mehrheitsbesitz stehenden Unternehmen vermutet, daß es von dem mehrheitsbeteiligten Unternehmen **abhängig** sei.

Diese Vermutung aber ist durch den Nachweis widerlegbar, daß das mit Mehrheit beteiligte Unternehmen nicht in der Lage ist, auf die Geschäftsführung des in ihrem Mehrheitsbesitz stehenden Unternehmens wesentlichen Einfluß auszuüben, indem etwa mit der Kapitalmehrheit sich keine Stimmenmehrheit verbindet, oder indem das Unternehmen sich verpflichtet hat, seine Beteiligungsrechte nur in beschränktem Umfang geltend zu machen.

Wird die Vermutung nicht widerlegt, dann greifen nicht nur die weitergehenden Sicherungsvorschriften ein, welche bei Abhängigkeitsverhältnissen vorgesehen sind (s. III), sondern auch die §§ 311 ff. AktG und die weitere Vermutung des § 18 Abs. 1 Satz 3 AktG, wonach das mit Mehrheit beteiligte und das im Mehrheitsbesitz stehende Unternehmen einen Konzern bilden, sodaß auch die hierauf Bezug nehmenden Vorschriften (u. IV) einschlägig sind.

III. Abhängige und herrschende Unternehmen, § 17 AktG

1. Die Definition in § 17 AktG stellt darauf ab, ob ein Unternehmen die Möglichkeit hat, auf ein anderes Unternehmen unmittelbar oder mittelbar einen beherrschenden Einfluß auszuüben. Auch hier muß, da das Gesetz nur Konsequenzen für die AG (und KGaA) zieht, wenigstens eines der beiden Unternehmen eine AG (oder KGaA) sein.

Ist die AG das herrschende Subjekt, so eröffnen sich ihr Möglichkeiten zu Manipulationen, denen insbesondere zwecks Sicherung des Gesellschaftskapitals und zwecks unverfälschter Willensbildung der HV gesetzlich entgegen zu treten ist. Besitzt z.B. eine von der AG beherrschte GmbH Aktien der Gesellschaft, so könnte der Vorstand der AG über die GmbH in die eigene HV hineinregieren; ebenso könnte über die GmbH das Verbot des Erwerbs eigener Aktien umgangen werden.

Ist hingegen die AG der abhängige Teil, so ergeben sich, wenn das herrschende Subjekt ein Unternehmen ist, die o. § 63, 2 dargelegten Gefahren für sie, gegen welche das Gesetz sie schützt.

Soll aber bei der Auslegung den verschiedenen Zwecken, welche den mit der Abhängigkeit verbundenen Vorschriften zugrunde liegen und welche in der Tat realen Notwendigkeiten entsprechen, Rechnung getragen werden, so muß die Interpretation der Rechtsbegriffe trotz ihrer gesetzestechnisch einheitlichen Verwendung den Realitäten angepaßt werden. In der Amt. Begr. (Kropff S. 31) ist ausgeführt, daß das Gesetz darauf verzichtet, mögliche Grundlagen eines Beherrschungsverhältnisses zu erwähnen, und daß eine abschließende Aufzählung dieser Grundlagen sich als unmöglich erwiesen habe. Es soll auch hier nicht versucht werden, alle erdenklichen Beherrschungsmöglichkeiten darzustellen; vielmehr sollen die folgenden Ausführungen als Orientierungshilfe dienen[2].

a) Das herrschende Subjekt muß ein **Unternehmen** sein (s.o. § 63). Eine Abhängigkeit i.S. des Gesetzes liegt daher nicht vor, wenn ein privater Gesellschafter in der Lage ist, der Gesellschaft seinen Willen aufzuzwingen.

b) Erforderlich ist sodann die Möglichkeit der Ausübung eines **beherrschenden** Einflusses auf das Unternehmen.

Steht in Frage die Abhängigkeit einer AG von einem anderen Unternehmen, wie es in den §§ 311 ff. AktG vorausgesetzt ist, dann ist Abhängigkeit derselben stets zu bejahen, wenn, — und das ist praktisch zugleich der wichtigste Fall —, das Unternehmen mittels seiner Beteiligung die Vertreter der Anteilseigner im Aufsichtrat der AG zu bestellen in der Lage ist. Im Anlageband zur Konzentrations-Enquête[3] ist gesagt: „Während die kapitalmäßigen Verbindungen die Grundlage dafür schaffen, Unternehmen zu Konzernen zusammenzufassen, sind die persönlichen Verbindungen zwischen den Organen der einzelnen Konzernunternehmen eines der wichtigsten Mittel für die Durchsetzung der einheitlichen Leitung." Für das Vorliegen bloßer Abhängigkeit ist es hierbei unerheblich, ob das herrschende Unternehmen von der Möglichkeit, über seine Leute Einfluß auf die Geschäftsführung auszuüben, Gebrauch macht; es genügt, daß ihm die Möglichkeit dazu offensteht; denn „für die Feststellung eines Abhängigkeitsverhältnisses ist nicht erforderlich, daß sich daraus im Wege einheitlicher Leitung ein Konzernverhältnis entwickeln kann" (BGH 62, 196). Es kann indessen auch eine unter 50% liegende Beteiligung in Verbindung mit weiteren Umständen rechtlicher oder tatsächlicher Art beherrschenden Einfluß begründen (BGH 62, 334).

---

[2] Im Großkomm. zu § 17 hatte Verfasser sich im Interesse der Rechtssicherheit und im Anschluß an RG 167, 49 um größere Präzision des Abhängigkeitsverhältnisses und der es begründenden Mittel bemüht. In BGH 62, 197 indessen ist ausgeführt: „Wenn auch der Gesichtspunkt der Rechtssicherheit schon wegen der weitreichenden Folgerungen, die das Gesetz an eine Abhängigkeit knüpft (vgl. z.B. § 20 mit § 16 Abs. 4 AktG), nicht außer Betracht bleiben darf, so hat doch der Schutzzweck des Gesetzes den Vorrang"; s. auch *Gessler*, Komm. § 17 Anm. 18–20.

[3] BT-Drucksache IV/2320 S. 573; ferner *Gessler*, Komm. § 17 Rn. 27 u. 30.

Ein Pachtvertrag, durch welchen eine AG ihr Unternehmen einem anderen zum Betrieb für eigene Rechnung überläßt, führt nicht zur Abhängigkeit der Gesellschaft, wenn hierbei lediglich das Unternehmen der verpachtenden Gesellschaft aus ihrem Dispositionsbereich ausscheidet und in jenen der Pächterin übergeht. Die Vereinbarung kann jedoch der Gesellschaft auch Bindungen hinsichtlich ihrer verbliebenen Tätigkeiten auferlegen; praktisch aber wird solch vertragliche Bindung nur zustandekommen, wenn die Gesellschaft bereits vorher von der Pächterin abhängig ist, so daß der Vertrag Abhängigkeit nicht begründet, sondern als Folge derselben erst zustande kommt.

Steht in Frage die Beherrschung eines Unternehmens anderer Rechtsform, z. B. einer GmbH oder einer Personengesellschaft durch eine AG, so sind aufgrund der bei diesen Gesellschaften bestehenden Freiheit des Gesellschaftsvertrags verschiedene Gestaltungen möglich, welche sie begründen können. Auch hier aber muß die AG die ständige Möglichkeit haben, auf die Geschäftsführung dieser Unternehmen Einfluß zu nehmen.

c) Das Gesetz stellt lediglich auf die **Möglichkeit** der Ausübung des beherrschenden Einflusses ab. Es ist daher unerheblich, ob von dieser Möglichkeit Gebrauch gemacht wird oder nicht. Dadurch ist das bloße Abhängigkeitsverhältnis unterschieden vom Konzernbegriff (§ 18 AktG), für welchen die **Ausübung** der Leitung erforderlich ist.

d) Der beherrschende Einfluß kann ein **unmittelbarer** oder **mittelbarer** sein. Ein mittelbarer Einfluß liegt vor, wenn eine Muttergesellschaft über ihre Tochtergesellschaft eine Enkelgesellschaft beherrscht, ohne unmittelbar an der letzteren beteiligt zu sein.

e) Von einem in **Mehrheitsbesitz** stehenden Unternehmen wird vermutet, daß es von dem an ihm mit Mehrheit beteiligten Unternehmen abhängig ist. Über die Bedeutung dieser Vermutung und die hieraus sich ergebenden Folgerungen s. o. II 2 e.

2. Eine Gesellschaft kann auch von zwei oder **mehreren Unternehmen** abhängig sein[4]. In § 23 Abs. 1 Satz 2 GWB ist gesetzlich anerkannt, daß, wenn mehrere Unternehmen aufgrund einer Vereinbarung oder in sonstiger Weise derart zusammenwirken, daß sie gemeinsam einen beherrschenden Einfluß auf ein beteiligtes Unternehmen ausüben können, jedes von ihnen als herrschendes Unternehmen gilt (dazu BGH 74, 359). Das BAG (DB 1970, 1595) hat Abhängigkeit einer Gesellschaft von zwei Obergesellschaften bejaht, wenn sie ihr Stimmrecht gepoolt und sich zu gemeinsamer Geschäftspolitik verpflichtet haben. Nach BGH 62, 193 ist die Abhängigkeit einer AG von drei GmbH, welche zusammen eine Mehrheitsbeteiligung an der AG innehaben, an welchen aber zwei Familienstämme mit je 50% und entsprechendem Stimmrecht beteiligt sind, auch dann zu bejahen, wenn zwischen den Familienstämmen keine Absprachen über einheitliche Geschäftspolitik vorliegen: „Die Einheitlichkeit der Einflußnahme auf das andere Untenehmen braucht dann in aller

---

[4] S. dazu *Haesen*, Der Abhängigkeitsbegriff im faktischen Konzern (1970) S. 52; *Gessler*, Festschrift für *Knur* S. 162; derselbe Komm. § 17 Rn. 75 ff.; *Lutter* NJW 1973 S. 113; *Barz*, Festschrift für *Heinz Kaufmann* (1972) S. 59; *Koppensteiner*, ZHR 1968, 289.

Regel nicht erst von Fall zu Fall durch eine interne Willensabstimmung zwischen den einzelnen Gesellschaften herbeigeführt zu werden, sondern sie ist von vornherein und beständig gesichert, weil dieselben Personen ebenso wie die von ihnen bestellten Vertretungsorgane in derselben Angelegenheit nicht verschieden entscheiden werden" (BGH a. a. O.). Daraus ergibt sich, daß bei paritätischer Beteiligung und Stimmengleichheit zweier Unternehmen an einem **Gemeinschaftsunternehmen** letzteres stets von diesen abhängig ist, weil auch hier die Obergesellschaften in derselben Angelegenheit nicht verschieden entscheiden werden. Bei unterschiedlicher Beteiligung der Obergesellschaften wäre jedoch, soll Abhängigkeit der Gesellschaft von allen Obergesellschaften bestehen, die Vereinbarung einheitlicher Geschäftspolitik und einheitlicher Ausübung der Stimmrechte erforderlich.

Über die bei Anwendung der mit der Abhängigkeit verbundenen Rechtsfolgen hier sich ergebenden Fragen s. u. 4.

3. Folgende Vorschriften knüpfen am **Abhängigkeitsverhältnis** an:

a) Wenn die Abhängigkeit auf **Beteiligungsbesitz** des herrschenden Unternehmens beruht, dann sind zunächst die oben I 2 und II 2 aufgeführten, auf verbundene Unternehmen und die Mehrheitsbeteiligung Bezug nehmenden Vorschriften anzuwenden.

Anzuwenden ist also insbesondere die Verpflichtung zur Mitteilung (§§ 20, 21 AktG), der Ausweis der Beteiligung in der Bilanz und im Geschäftsbericht; insbesondere gelten im Interesse der Kapitalsicherheit die in den §§ 56 und 71 d AktG vorgesehenen Beschränkungen des Aktienerwerbs oder der Aktienzeichnung auch hier.

b) Aus Aktien der herrschenden Gesellschaft, welche sich im Besitz eines von ihr abhängigen Unternehmens befinden, oder welche eine Dritte für Rechnung desselben innehat, können keine Rechte ausgeübt werden, § 71 d Satz 2 u. 4 mit § 71 b AktG.

Nach § 136 Abs. 3 AktG ist ein Vertrag, durch den sich ein Aktionär verpflichtet, sein Stimmrecht nach Weisung des abhängigen Unternehmens auszuüben, nichtig.

c) Ein gesetzlicher Vertreter eines von der AG abhängigen Unternehmens kann nicht Mitglied des Aufsichtsrats der herrschenden AG sein, § 100 Abs. 2 Nr. 2 AktG.

d) Eine herrschende Gesellschaft darf an leitende Personen des von ihr abhängigen Unternehmens nur mit Einwilligung ihres Aufsichtsrats Kredite gewähren; die abhängige Gesellschaft bedarf zur Kreditgewährung an leitende Personen der herrschenden Gesellschaft der Einwilligung des Aufsichtsrats des herrschenden Unternehmens, § 89 Abs. 2 AktG; dasselbe gilt bei Kreditgewährung an Aufsichtsratsmitglieder, § 115 Abs. 1 AktG.

e) Im Falle einer Beschränkung der einem Aktionär zustehenden Gesamtstimmenzahl ist es statutarisch möglich, auch jene Aktien mit einzubeziehen, welche einem von dem Aktionär abhängigen Unternehmen gehören; weitergehende Möglichkeiten bestehen, wenn der Aktionär ein Unternehmen ist, § 134 Abs. 1 AktG.

f) Sowohl die Sonderprüfer als auch die Abschlußprüfer der Gesellschaft haben, soweit die sorgfältige Prüfung es erforderlich macht, Aufklärungsrechte auch gegenüber einem herrschenden oder einem abhängigen Unternehmen der zu prüfenden Gesellschaft, §§ 145 Abs. 3, 165 Abs. 4 AktG.

g) Von besonderer Bedeutung sind die §§ 311 ff. AktG, durch welche das Gesetz zu verhindern sucht, daß das herrschende Unternehmen seinen Einfluß zum Nachteil der abhängigen Gesellschaft ausübt; s. u. § 72.

h) Bei Vorliegen eines Abhängigkeitsverhältnisses greift endlich gemäß § 17 Abs. 1 Satz 2 AktG die Vermutung Platz, daß das abhängige und das herrschende Unternehmen einen Konzern bilden, so daß im Zweifelsfalle auch die für Konzerne (s. IV) geltenden Sondervorschriften anzuwenden sind; vgl. über die Bedeutung der Vermutung auch oben II 2 d.

i) Über die Bedeutung der Abhängigkeit für die Mitbestimmung s. u. § 73.

4. Für die Anwendung vorstehender Vorschriften bei Abhängigkeit von **mehreren** Gesellschaften gilt folgendes: Die in den §§ 56, 71 d AktG enthaltenen Verbote des Erwerbs von Aktien des herrschenden Unternehmens sind auf die Aktien aller Obergesellschaften zu erstrecken. Desgleichen gilt die Erstreckung der Aufklärungsrechte der Abschlußprüfer und Sonderprüfer gemäß §§ 145 Abs. 3, 165 Abs. 4 AktG auf alle herrschenden Unternehmen; diese sind auch einbezogen in das Auskunftsrecht nach § 131 AktG; bezüglich der Haftung gemäß §§ 311, 317 AktG könnte nach BGH 62, 198 eine mögliche Lösung in einer gesamtschuldnerischen Haftung aller Obergesellschaften oder in einer Einzelhaftung desjenigen Unternehmens zu sehen sein, welches die abhängige Gesellschaft zu dem für sie nachteiligen Verhalten veranlaßt hat. Problematisch aber ist z. B., ob die Obergesellschaften auch unter sich nur deshalb, weil sie herrschende Unternehmen sind, verbundene Unternehmen nach § 15 AktG darstellen; die Frage wäre z. B. von Bedeutung für die Inhabilität der Prüfer gemäß §§ 33, 143, 164 AktG; weitere Probleme ergeben sich hinsichtlich der Rechnungslegung im Konzern.

IV. Konzern und Konzernunternehmen, § 18 AktG

Wie die vorhergehenden Definitionen dient auch die Umschreibung des Konzerns der Klarstellung dessen, mit welcher Art von Unternehmenszusammenfassung jene Vorschriften verbunden sind, die sich auf Konzern oder Konzernunternehmen beziehen. Während zunächst solche Vorschriften nur im AktG enthalten waren, ist der Begriff Konzern, welcher gesetzlich erstmals in § 15 AktG 1937 umschrieben wurde, auch von anderen Gesetzen übernommen worden und hat damit eine weit über das AktG hinausgehende Bedeutung erlangt.

In § 18 AktG werden zwei Arten von Konzernen unterschieden, nämlich der Unterordnungskonzern und der Gleichordnungskonzern.

1. Der **Unterordnungskonzern** ist in § 18 Abs. 1 AktG definiert: „Sind ein herrschendes und ein oder mehrere abhängige Unternehmen unter der einheitlichen Leitung des herrschenden Unternehmens zusammengefaßt, so bilden sie einen Konzern; die einzelnen Unternehmen sind Konzernunternehmen."

a) Indem das Gesetz lediglich von Unternehmen spricht, bringt es zum Ausdruck, daß die Rechtsform derselben ohne Bedeutung ist. Eines der Konzernunternehmen aber muß, sei es als herrschendes oder als abhängiges Unternehmen, eine AG (oder

§ 65 *Die Definition von Unternehmensverbindungen*

KGaA) sein, weil das AktG nur für sie Sonderbestimmungen enthält, während die §§ 8, 54ff. BetrVG 1972 auch für Konzerne gelten die lediglich Personengesellschaften des Handelsrechts umfassen.

Nicht erforderlich ist, daß alle Konzernunternehmen ihren Sitz im Inland haben; wohl aber muß die AG, für welche die rechtlichen Konsequenzen gelten, dem Geltungsbereich des AktG unterliegen.

b) Die zusammengefaßten Unternehmen müssen rechtliche Eigenständigkeit besitzen. Sind mehrere gewerbliche Unternehmen nur Bestandteil des Vermögens desselben Rechtssubjekts, dann liegt kein Konzern vor.

Daher kein Konzern, wenn eine AG mehrere Einzelbetriebe als eigene Niederlassungen in ihrem Vermögen vereint; wohl aber, wenn eine AG Filialen in Form von GmbH betreibt und sie einheitlich leitet.

c) § 18 Abs. 1 AktG spricht von Zusammenfassung des **herrschenden** und eines oder mehrerer **abhängiger** Unternehmen. Es muß also ein Abhängigkeitsverhältnis im Sinne des § 17 AktG bestehen. Daher kommen neben den an den Konzernbegriff anknüpfenden Vorschriften auch die für Abhängigkeitsverhältnisse geltenden Vorschriften zur Anwendung.

d) Vorausgesetzt ist sodann die **Zusammenfassung** der **Unternehmen** unter **einheitlicher Leitung** des herrschenden Unternehmens. Das bedeutet zunächst, daß die Leitung sich erstrecken muß auf die Führung der abhängigen Unternehmen als solche.

Zum anderen setzt einheitliche Leitung abhängiger Unternehmen voraus, daß das herrschende Unternehmen dazu auch in der Lage ist, daß also Beteiligungen, bzw. je nach Rechtsform der abhängigen Unternehmen, entsprechende statutarische oder gesellschaftsvertragliche Regelungen ihm die Möglichkeit verschaffen, in die Geschäftsführung dieser Unternehmen bestimmend einzugreifen. Bei abhängigen Kapitalgesellschaften ist die Besetzung des Verwaltungsorgans mit Vertretern des herrschenden Unternehmens eines der wichtigsten Mittel zur Durchsetzung der einheitlichen Leitung.

Leitung bedeutet, daß sie planmäßig mit einer gewissen Dauer erfolgt. Nur gelegentliche Einwirkungen, welche ad hoc aus wechselnden Anlässen erfolgen, stellen keine Leitung dar.

Leitung aber ist jede planmäßige Einwirkung auf die Geschäftsführung der abhängigen Unternehmen, mag sie zur völligen Unternehmenskonzentration führen und den Gesamtbereich der Geschäftsführung umfassen oder mag sie bei dezentralisierten Konzernen sich auf die Erstellung von Richtlinien oder auf wesentliche Einzelbereiche, wie z. B. Finanzierung und Investition oder Produktion und Absatz, beschränken. Ein Konzern liegt also nicht nur vor bei Zusammenfassung aller Unternehmen zu einem Einheitsunternehmen, sondern es genügt, daß in wesentlichen Geschäftsbereichen bestimmende Einflußnahme erfolgt (Amtl. Begr.).

Einheitliche Leitung endlich bringt zum Ausdruck Einheitlichkeit der Planung gegenüber allen Unternehmen, also eine Zusammenfassung dieser Unternehmen in der Planung oder durch dieselbe.

Ist eine AG durch Beherrschungsvertrag unterworfen oder in eine andere Gesellschaft eingegliedert, so unterliegt sie unwiderlegbar der einheitlichen Leitung der Obergesellschaft, § 18 Abs. 1 Satz 2 AktG.

Bei Beteiligung einer Gesellschaft an Unternehmen verschiedener Branchen, welche lediglich zwecks Risikoverteilung erfolgt (Konglomerat), ist es sehr wohl möglich, daß das herrschende Unternehmen sich auf getrennte Einflußnahme je nach Branche beschränkt.

Bei Abhängigkeit eines Unternehmens von mehreren Obergesellschaften setzt einheitliche Leitung Übereinstimmung in der Einflußnahme voraus, mag sie vertraglich vereinbart oder auch nur faktisch gesichert sein, wie es bei gleicher Beteiligung zweier Obergesellschaften zutrifft (BGH 62, 198).

2. Der **Gleichordnungskonzern** ist in § 18 Abs. 2 AktG definiert: „Sind rechtlich selbständige Unternehmen, ohne daß das eine Unternehmen von dem anderen abhängig ist, unter einheitlicher Leitung zusammengefaßt, so bilden auch sie einen Konzern; die einzelnen Unternehmen sind Konzernunternehmen."

a) Die zum Gleichordnungskonzern gehörenden Unternehmen müssen voneinander unabhängig sein, jedoch einheitlich geleitet werden. Hier wird allein durch die einheitliche Leitung der Konzern begründet.

b) Gleichgültig sind die Mittel, welche die einheitliche Leitung ermöglichen. Sie kann bewirkt werden durch Personalunion in den Verwaltungsorganen der Gesellschaften oder durch Vertrag, mit welchem die Unternehmen sich zur Harmonisierung ihrer Geschäftsführung verpflichten (**Interessengemeinschaftsvertrag**). Möglich ist die Gründung eines gemeinsamen Geschäftsführungsorgans, etwa eines Verwaltungsrats oder einer GmbH, welches durch Aufstellung von Richtlinien die Geschäftspolitik der beteiligten Unternehmen bestimmt[5].

Solche Verträge, durch welche die Unternehmen sich einheitlicher Leitung unterstellen, begründen keine Abhängigkeit der Unternehmen und sie sind auch keine Beherrschungsverträge (§ 291 Abs. 2 AktG); in der Regel bilden die Konzernunternehmen eine Gesellschaft bürgerlichen Rechts (§ 705 BGB); s. u. § 68 I 2.

Das AktG enthält keine materielle Regelung des Gleichordnungskonzerns. Der Abschluß schuldrechtlicher „Interessengemeinschaftsverträge" durch die Vorstände der Gesellschaften, aufgrund welcher die Unternehmen der einzelnen Gesellschaften nach einem vereinbarten gemeinsamen Produktions- und Wirtschaftsplan geleitet werden, ist aktienrechtlich ohne weiteres zulässig. Die interne Organisation der Gesellschaft wird durch sie nicht berührt und bleibt in ihrer Funktion voll in Kraft. Diese Verträge sind nicht einmal „Unternehmensverträge" i.S. des § 292 AktG und bedürfen zu ihrer Wirksamkeit nicht der Zustimmung der HV. Sie unterscheiden sich wesentlich vom Beherrschungsvertrag selbst dann, wenn ein vertraglich eingerichtetes Gemeinschaftsorgan die gemeinsame Planung durch **Mehrheitsbeschluß**

---

[5] S. darüber *Geiler* in Düringer-Hachenburg HGB Bd. II, 1 Rn. 448 ff.; *Friedländer*, Konzernrecht[2] (1954) S. 114 ff.; *Fikentscher*, Die Interessengemeinschaft, FIW-Schriftenreihe Heft 30 (1966), *Lutter*, Gutachten zum 48. DJT (1970) S. 38 ff., 91 ff., *Gromann*, Der Gleichordnungskonzern im Konzern- und Wettbewerbsrecht (1979) AHW Bd. 27 (1979).

bestimmen kann. Während das Weisungsrecht aus dem Beherrschungsvertrag sich notwendig auf die gesamte Leitung der abhängigen Gesellschaft erstreckt, hat das Koordinierungsorgan im Gleichordnungskonzern eine Befugnis zur Aufstellung nur solcher Richtlinien, welche ihm die Gesellschaften in gegenseitigem Konsens eingeräumt haben. Das Weisungsrecht beim Beherrschungsvertrag folgt aus der mit diesem Vertrag in Kraft gesetzten **Zuständigkeit** des herrschenden Unternehmens zur Leitung der abhängigen Gesellschaft; die Bindung der im Gleichordnungskonzern zusammengefaßten Gesellschaften an Mehrheitsbeschlüsse des Koordinierungsorgans folgt aus der Verpflichtung zur **Vertragserfüllung**.

Aktienrechtliche Besonderheiten ergeben sich beim Gleichordnungskonzern erst dann, wenn die Unternehmen der Gesellschaften nicht nur aufgrund eines gemeinsamen Wirtschaftsplans im gemeinsamen Interesse, sondern zugleich teilweise oder ganz auch für gemeinsame **Rechnung** betrieben werden, was durch die **Gewinngemeinschaft** bewirkt wird, mit welcher auch eine Aufteilung von Verlusten verbunden sein kann. Der Gewinngemeinschaftsvertrag ist ein „Unternehmensvertrag" (§ 292 Nr. 1 AktG) und unterliegt den für diese Verträge geltenden Sondervorschriften (s. u. § 67 und § 68 I).

Sind die beteiligten Gesellschaften Kapitalgesellschaften oder bergrechtliche Gewerkschaften, dann ist § 100 Abs. 2 Nr. 3 AktG zu beachten, wonach ein Vorstandsmitglied der einen Gesellschaft dem Aufsichtsrat der anderen Gesellschaft dann nicht angehören kann, wenn ein Vorstandsmitglied der anderen Gesellschaft dem Aufsichtsrat der einen bereits angehört.

3. Die an den Konzernbegriff anknüpfenden Vorschriften machen grundsätzlich keinen Unterschied zwischen Unterordnungs- und Gleichordnungskonzern; sie sind auf beide Konzernarten gleichermaßen anzuwenden (eine Ausnahme enthält § 329 AktG).

a) Zunächst ist zu beachten, daß auch Konzerne „verbundene Unternehmen" im Sinne des § 15 AktG sind, so daß auf sie alle für verbundene Unternehmen geltenden Vorschriften anzuwenden sind.

b) Steht einem Konzernunternehmen an einer anderen Konzerngesellschaft eine „Mehrheitsbeteiligung" zu, dann sind insoweit auch die oben II 2 aufgeführten Grundsätze einschlägig.

c) Beim Unterordnungskonzern unterliegt das Verhältnis zwischem dem herrschenden Konzernunternehmen und dem von ihm abhängigen Unternehmen auch den für Abhängigkeitsverhältnisse geltenden Vorschriften (oben III 2).

d) Die mit dem **Konzernbegriff** verbundenen Vorschriften betreffen:

aa) Die Rechnungslegung im Konzern, §§ 329 ff. AktG; darüber s. u. § 74.

bb) Sowohl die Sonderprüfer als auch die Abschlußprüfer haben Auskunftsrechte auch gegenüber verbundenen Konzernunternehmen, §§ 145 Abs. 3, 165 Abs. 4 AktG; s. auch § 168 Abs. 1 Satz 3 AktG.

cc) Wird durch die Satzung im Falle einer Paketbildung die Ausübung der Stimmrechte beschränkt, dann kann, wenn der Aktionär ein Unternehmen ist, auch bestimmt werden, daß zu den Aktien desselben auch jene gerechnet werden, die einem mit ihm konzernverbundenen Unternehmen gehören oder einem Dritten für Rechnung desselben gehalten werden, § 134 Abs. 1 AktG.

dd) Ist der Vorstand einer Gesellschaft der Ansicht, daß der Aufsichtsrat der Gesellschaft nicht dem Gesetz entsprechend zusammengesetzt ist, so ist das auch bei allen mit der Gesellschaft konzernverbundenen Unternehmen bekanntzumachen, § 94 Abs. 1 AktG. Über gerichtliche Bestellung von Arbeitnehmern zu Mitgliedern des Aufsichtsrats bei Konzernunternehmen vgl. § 101 Abs. 4 Satz 5 AktG.

ee) Im Geschäftsbericht ist von Konzerngesellschaften nach § 160 Abs. 3 Nr. 10 AktG auch kenntlich zu machen, welche Stellung die berichtende Gesellschaft im Konzern einnimmt, ob sie herrschend oder abhängig ist.

e) Von besonderer Bedeutung ist der Konzernbegriff auch für die **Betriebsverfassung** und **Mitbestimmung**. Auf den Unterordnungskonzern nehmen Bezug die §§ 76 Abs. 4, 77a BetrVG 1952, ferner die §§ 8, 54–59 BetrVG 1972, sodann § 5 MitbestG 1976 (s. u. § 73).

In § 11 PublG wird mit Bezug auf die Rechnungslegung der Unterordnungskonzern in Anlehnung an § 18 Abs. 1 AktG definiert (s. u. § 74).

Der **Zusammenschlußkontrolle** des Bundeskartellamts unterliegen nach § 23 GWB sowohl der Unterordnungs- als auch der Gleichordnungskonzern; s. o. § 60.

§ 66 Wechselseitig beteiligte Unternehmen

I. Bedeutung der wechselseitigen Beteiligung

Die wechselseitige Beteiligung zweier Kapitalgesellschaften birgt eine doppelte Gefahr.

a) Einerseits gefährdet sie die **Kapitalgrundlage**.

Beispiel: Zwei Gesellschaften mit je 1 000 000 DM Grundkapital erhöhen ihr Kapital um je 1 000 000 DM und zeichnen wechselseitig die neuen Aktien. Hier wandert zunächst die Million der einen Gesellschaft als Einlage in die andere, von dieser aber als deren Einlage wieder zurück in die erste. Keine der beiden Gesellschaften hat neue Mittel erlangt; der Wert der Beteiligungen, der vorher 1000 DM pro Aktie betrug, ist auf 500 DM gefallen.

Wenn jede der beiden Gesellschaften mit 50% an dem Vermögen der anderen Gesellschaft beteiligt ist, ist es wirtschaftlich so, als hätte jede Gesellschaft 25% eigene Aktien; denn zu 50% von diesem 50%igen Aktienbesitz bestimmt sich der Wert dieser Beteiligungen nach dem eigenen Vermögen der sie emittierenden Gesellschaft.

Diese Gefahr ist indessen nicht auf die wechselseitige Beteiligung **zweier** Gesellschaften beschränkt; sie besteht gleichermaßen bei einer Ringbeteiligung im Drei- oder Mehrecksverhältnis.

b) Die wechselseitige Beteiligung führt ferner zu einer **Herrschaft** der Unternehmensverwaltungen in der HV.

,,Die Rechte aus wechselseitigen Beteiligungen werden durch die Verwaltungen ausgeübt, die dadurch die Willensbildung in der HV der anderen Gesellschaft erheblich, bei größerer Beteiligung sogar maßgebend, beeinflussen" (Amtl. Begr.).

Ein Beispiel ist der Iduna-Fall (RG 149, 305), wo die wechselseitige Beteiligung zweier AGn je über 90% ihres Kapitals betragen hat.

,,Diese Gefahren verbieten es, die wechselseitige Beteiligung als angemessene Grundlage der Zusammenarbeit zweier Gesellschaften anzuerkennen" (Amtl. Begr.). Eine angemessene Lösung des Problems bereitet indessen Schwierigkeiten, insbesondere dann, wenn von der nationalen Regelung auch wechselseitige Beteiligung über die Grenzen erfaßt werden soll. Die Regelung des AktG, welche sowohl zufälliges als auch planmäßiges Entstehen solcher Beteiligungen betrifft, daher in § 328 AktG teils an die Priorität der Mitteilung gemäß §§ 20, 21 AktG, teils an die Priorität der Kenntnis von dem Entstehen oder Bestehen solcher Beteiligung anknüpft, ist kompliziert. Sie ließe sich, davon ausgehend, daß wechselseitige Beteiligungen in aller Regel planmäßig erfolgen, einfacher gestalten.

c) Über die Verpflichtung der Gesellschaften, einen Beteiligungserwerb sich gegenseitig gemäß §§ 20, 21 AktG mitzuteilen s.o. § 64 II.

II. Begriff der wechselseitig beteiligten Unternehmen

Die **Definition** wechselseitig beteiligter Unternehmen ist in § 19 Abs. 1 AktG enthalten:

,,Wechselseitig beteiligte Unternehmen sind Unternehmen mit Sitz im Inland in der Rechtsform einer Kapitalgesellschaft oder bergrechtlichen Gewerkschaft, die dadurch verbunden sind, daß jedem Unternehmen mehr als der vierte Teil der Anteile des anderen Unternehmens gehört."

1. Der Begriff ,,wechselseitige Beteiligung" ist auf Inlandsunternehmen beschränkt. Ihm unterliegt daher nicht eine gegenseitige Beteiligung zwischen einem Inlands- und einem Auslandsunternehmen, auf welchen Fall auch § 328 AktG nicht anwendbar ist.

2. Da die Gefahren der wechselseitigen Beteiligung bei Geringfügigkeit derselben nicht bestehen, ist in § 19 Abs. 1 AktG vorausgesetzt, daß **jedem** Unternehmen **mehr** als der vierte Teil der Anteile des anderen Unternehmens gehört.

Eine wechselseitige Beteiligung liegt daher nicht vor, wenn keines der beiden Unternehmen an dem anderen mit mehr als 25% beteiligt ist; auch dann nicht, wenn zwar die Beteiligung des einen Unternehmens an dem anderen mehr als 25% beträgt, die des anderen dagegen geringer ist.

3. Für die Feststellung, ob einem Unternehmen mehr als der vierte Teil der Anteile des anderen Unternehmens **gehört**, gilt gemäß § 19 Abs. 1 AktG zunächst die Vorschrift des § 16 Abs. 2 Satz 1 AktG.

4. Zur Feststellung der **Höhe** des Anteilbesitzes ist § 16 Abs. 4 AktG heranzuziehen. Nach dieser Vorschrift sind der AG als Eigenbesitz auch Anteile zuzurechnen, welche einem von ihr abhängigen Unternehmen oder einem Dritten für Rechnung des abhängigen Unternehmens gehören.

III. Die materielle Regelung der wechselseitigen Beteiligung

Das Gesetz unterscheidet drei Fälle: erstens die wechselseitige Beteiligung, bei welcher keine der beiden Gesellschaften die andere beherrscht, §§ 19 Abs. 1, 328 AktG; zweitens den Fall, daß eine Gesellschaft an der anderen mit Mehrheit beteiligt ist oder sie beherrscht, § 19 Abs. 2 u. 4 AktG; zum dritten den Fall, daß beide Gesellschaften aneinander mit Mehrheit beteiligt sind oder aufeinander einen beherrschenden Einfluß ausüben können, § 19 Abs. 3 u. 4 AktG.

1. Sind zwei Gesellschaften wechselseitig, jedoch ohne Mehrheitsbeteiligung aneinander beteiligt und besteht auch keine Abhängigkeit der einen Gesellschaft von der anderen, dann greift § 328 AktG Platz, neben welchem auch die §§ 20, 21 AktG zu berücksichtigen sind. Hiernach ist zu unterscheiden, welche der beiden Gesellschaften der anderen ihre Beteiligung zuerst nach §§ 20, 21 AktG mitgeteilt hat oder welche der beiden Gesellschaften zuerst von der Beteiligung der anderen Gesellschaft Kenntnis erlangt hat.

a) Ist die wechselseitige Beteiligung beiden Gesellschaften unbekannt, zeigt jedoch A ihren Aktienbesitz zuerst der B an, dann kann A nach § 328 Abs. 1 AktG alle Rechte aus der Beteiligung uneingeschränkt ausüben, während die Rechte der B nach §§ 20 Abs. 7, 21 Abs. 4 AktG zunächst vollständig ruhen; bei nachträglicher Mitteilung der B an A kann die B Rechte, also Stimm-, Dividenden-, Bezugs- und andere Rechte, bis zu höchstens 25% Beteiligung geltend machen.

Unberührt bleibt für B ein Anteilszuwachs aufgrund einer bei der A vollzogenen Kapitalerhöhung aus Gesellschaftsmitteln.

b) Erwirbt A Aktien der B in Kenntnis der bestehenden Beteiligung der B, teilt aber A ihre Beteiligung zuerst der B mit, dann sind beide Gesellschaften in ihren Rechten auf 25% beschränkt und zwar A, weil sie zuerst Kenntnis hatte, und B, weil sie zuerst die Mitteilung erhielt. B muß jedoch, um die Rechte bis zu 25% ausüben zu können, die Mitteilung an A nachholen.

c) Normalerweise wird eine wechselseitige Beteiligung planmäßig aufgebaut; sie ist also beiden Gesellschaften bekannt. Hier greift die Beschränkung nach § 328 Abs. 1 AktG gegenüber beiden Gesellschaften Platz. Solange jedoch die Mitteilungen nach §§ 20, 21 AktG unterbleiben, ist auch die beschränkte Rechtsausübung blockiert.

2. Ist eine der beiden Gesellschaften an der anderen mit Mehrheit beteiligt oder kann sie auf die andere unmittelbar oder mittelbar einen beherrschenden Einfluß ausüben, dann ist nach § 19 Abs. 4 der § 328 AktG unanwendbar. Es gelten vielmehr die für herrschende und abhängige Unternehmen einschlägigen Vorschriften (o. § 65 III 2).

Die herrschende Gesellschaft kann nach Mitteilung ihrer Beteiligung gemäß § 20 AktG ihre Rechte uneingeschränkt ausüben, während bei der abhängigen Gesellschaft nach § 71d Satz 2 u. 4 mit § 71b AktG aus ihren Aktien sämtliche Rechte ruhen; ferner greifen die §§ 311ff. AktG Platz.

3. Sind beide Gesellschaften aneinander mit Mehrheit beteiligt oder beide voneinander unmittelbar oder mittelbar abhängig, dann ruhen nach § 71d Satz 2 u. 4 mit 71b AktG sämtliche Rechte aus beiden Beteiligungen; auch gelten die Abhängigkeitsfolgen für beide Gesellschaften gleichermaßen.

Zu 2 u. 3: Es genügt **mittelbare** Beherrschungsmöglichkeit, indem A auf B nur über ihre Tochter T einzuwirken vermag. Damit sind also auch Drei- und Mehrecksverhältnisse einbezogen. Beherrscht A die B, B die C, diese wiederum A, dann können alle drei Gesellschaften keinerlei Rechte aus ihren Beteiligungen ausüben.

4. Aus Vorstehendem ergeben sich folgende Möglichkeiten.

Bei wechselseitiger Beteiligung, welche auf keiner Seite eine Mehrheitsbeteiligung, wohl aber beiden Gesellschaften bekannt ist, sind beide Gesellschaften wegen ihrer Kenntnis in allen ihren Beteiligungsrechten auf 25% beschränkt. Die gegenseitigen Mitteilungen nach §§ 20, 21 AktG sind hier lediglich Voraussetzung dafür, daß Rechte überhaupt ausgeübt werden können.

Erlangt aber A durch Zukauf eine Mehrheitsbeteiligung an B, so tritt an die Stelle des § 328 AktG nunmehr § 19 Abs. 2 AktG. Nach erfolgter Mitteilung (§ 20 Abs. 4) kann A alle Rechte gegenüber B geltend machen, während B gegenüber A nach § 71d Satz 2 u. 4 mit § 71b AktG aus ihrer Beteiligung fortan keine Rechte mehr ausüben kann.

B kann jedoch die Herrschaftsmacht der A durch Zukauf von A-Aktien brechen. Erlangt nämlich auch B eine Mehrheitsbeteiligung an A unter Mitteilung nach § 20 Abs. 4, dann sind gemäß § 19 Abs. 3 AktG beide Gesellschaften voneinander abhängig; es tritt mithin fortan auch für A das Ruhen aller Rechte aus ihrer Beteiligung an B ein. Auch gelten für beide Gesellschaften die §§ 311ff. AktG.

5. Für wechselseitige Beteiligungen, welche bei Inkrafttreten des AktG bestanden haben, gilt die Sonderregelung des Art. 6 EGAktG.

Das Bestehen einer wechselseitigen Beteiligung ist im Geschäftsbericht anzugeben, § 160 Abs. 3 AktG.

§ 67 Unternehmensverträge
Arten, Abschluß, Änderung und Beendigung

I. Die Arten der Unternehmensverträge

1. In den §§ 291, 292 AktG werden die Arten der Unternehmensverträge aufgezählt, nämlich der Beherrschungsvertrag, der Gewinnabführungsvertrag, die Führung eines Unternehmens für Rechnung eines anderen Unternehmens, die Gewinn-

gemeinschaft, der Teilgewinnabführungsvertrag, der Pachtvertrag und der Betriebsüberlassungsvertrag.

Diese Aufzählung ist insofern eine erschöpfende, als nach § 15 AktG die Partner nur dieser Verträge ,,verbundene Unternehmen" sind, s. o. § 65 I. Sie ist auch in der Hinsicht erschöpfend, als die in den §§ 293 ff. AktG enthaltenen Vorschriften über Abschluß, Änderung und Beendigung von Unternehmensverträgen nur für Unternehmensverträge i. S. der §§ 291, 292 AktG gelten.

Erforderlich ist, daß die vertragsbeteiligte AG die im Gesetz vorgesehene Parteirolle einnimmt, daß also z. B. die AG ihr Unternehmen verpachtet, während der Vertrag für die Pächterin keinen Unternehmensvertrag darstellt, selbst wenn auch sie eine AG ist.

2. Allen unter dem Begriff ,,Unternehmensvertrag" zusammengefaßten Vertragsarten ist gemeinsam, daß durch sie **Zweck** und **Struktur** der sich verpflichtenden Gesellschaft geändert wird.

Durch den Beherrschungsvertrag wird die Gesellschaft, die bisher den Interessen aller ihrer Aktionäre diente, den Interessen des herrschenden Unternehmens unterstellt. Wenn die Gesellschaft sich verpflichtet, ihren Gewinn abzuführen oder mit dem Gewinn eines anderen Unternehmens zusammenzuwerfen, hört sie auf, ihr Unternehmen für Rechnung oder nur für Rechnung ihrer eigenen Aktionäre zu betreiben. Mit Verpachtung oder sonstiger Betriebsüberlassung hört die Gesellschaft auf, ihr Unternehmen selbst zu führen. Der § 33 Abs. 1 Satz 2 BGB, wonach eine Änderung des Gesellschaftszwecks nur mit Zustimmung aller Aktionäre zulässig ist, wird durch die §§ 293 ff. AktG verdrängt (s. o. § 10 II 1 b).

Nach § 293 Abs. 1 Satz 3 AktG sind die Bestimmungen des Gesetzes und der Satzung über Satzungsänderungen nicht anzuwenden. Der Zustimmungsbeschluß der HV bewirkt keine Satzungsänderung. Wohl aber kann infolge des Vertrags die Satzung unrichtig werden und deshalb zu berichtigen sein; so z. B., wenn eine AG ihr Unternehmen mit Firma verpachtet, selbst also diese Firma nicht mehr unverändert weiter führen darf.

Zur Frage, wie der Abschluß von Unternehmensverträgen sich zu dem statutarisch bestimmten Gegenstand des Unternehmens verhält, s. o. § 59 III.

II. Abschluß, Änderung und Beendigung von Unternehmensverträgen

1. a) Der Unternehmensvertrag wird von den Vertretungsorganen der beteiligten Unternehmen geschlossen, bedarf jedoch zu seiner Wirksamkeit der Zustimmung der HV der vertragsbeteiligten AG mit qualifizierter Kapitalmehrheit. Hierbei steht den Aktionären nach § 293 Abs. 3 u. 4 AktG ein weitgehendes Informations- und Auskunftsrecht zu.

Bei der Fassung des Genehmigungsbeschlusses kann der andere Vertragsteil, wenn er an der Gesellschaft als Aktionär beteiligt ist, sein Stimmrecht ausüben. Verfügt er über die erforderliche Kapitalmehrheit, dann ist er in der Lage, den Zustimmungsbeschluß selbst herbeizuführen. Zum Schutz gegen Benachteiligung steht jedem anderen Aktionär das Recht der Anfechtung des Beschlusses nach § 243 Abs. 2 AktG zu. Dieses Recht ist jedoch beim Beherrschungs- und Gewinnabführungsvertrag wegen der damit verbundenen besonderen Sicherungen der außenstehenden Aktionäre beschränkt (s.u. § 70). Wo solche Sicherungen nicht bestehen, nämlich bei den in § 292 AktG genannten Unternehmensverträgen, ist das Anfechtungsrecht nach § 243 Abs. 2 AktG uneingeschränkt gegeben; vgl. auch § 292 Abs. 3 AktG.

b) Ist beim Beherrschungs- oder Gewinnabführungsvertrag auch das herrschende bzw. gewinnübernehmende Unternehmen eine AG oder KGaA, dann ist die Zustimmung der HV auch dieser Gesellschaft vorgeschrieben, wobei dieselben Mehrheitserfordernisse gelten, § 293 Abs. 2 AktG.

c) Da die Unternehmensverträge die Struktur der Gesellschaft ändern, gehört die Entscheidung über ihre rechtliche Wirksamkeit zur Zuständigkeit der HV (Anteilseigner). Sie ist daher der **Mitbestimmung** der Arbeitnehmer entzogen. Andererseits aber kann der Abschluß des Vertrags durch den Vorstand als Akt der Geschäftsführung nach § 111 Abs. 4 Satz 3 AktG an die Zustimmung des Aufsichtsrats gebunden werden. Bei Zustimmungsverweigerung hat die HV jedoch die Möglichkeit, über § 83 AktG den Vorstand zum Abschluß des Vertrags zu verpflichten und damit den Aufsichtsrat auszuschalten. Hierbei wird das Mehrheitserfordernis des § 111 Abs. 4 Satz 3 AktG durch jenes der §§ 83, 293 AktG ersetzt[1].

Unterliegen bei Abschluß eines Unternehmensvertrags beide Vertragspartner dem MitbestG 1976, so darf die herrschende Gesellschaft in der HV der anderen Gesellschaft bei Genehmigung des Vertrags das Stimmrecht aus ihrer Beteiligung nach § 32 MitbestG nur aufgrund eines Beschlusses ihres Aufsichtsrats ausüben, welcher nur von den ihm angehörenden Vertretern der Anteilseigner zu fassen ist (s.u. § 73 III). Es ist also auch hier die alleinige Entscheidung der Anteilseigner gewahrt.

d) Rechtliche Wirksamkeit erlangt der Vertrag erst mit **Eintragung** seines Bestehens in das Handelsregister, § 294 AktG.

Der Vertrag wird dadurch der Publizität unterworfen, weil nach § 9 Abs. 1 HGB die Einsicht in die zum Handelsregister eingereichten Schriftstücke jedermann gestattet ist.

e) Unternehmensverträge mit einer inländischen Gesellschaft können auch von **ausländischen** Gesellschaften geschlossen werden. Die Frage, ob für die ausländische Gesellschaft ein solcher Vertrag zulässig ist und unter welchen Voraussetzungen er für sie verbindlich wird, richtet sich nach dem ausländischen Recht. Für den inländischen Partner gelten die §§ 293, 294 AktG, wie auch alle weiteren aktienrechtlichen Erfordernisse (§ 124 Abs. 2) uneingeschränkt.

2. a) Auch eine **Änderung** des Unternehmensvertrages bedarf der Zustimmung der HV (§ 295 AktG).

Änderung des Vertrags bedeutet Modifikation seines Inhaltes ohne Änderung der Vertragsart. Wird durch Abwandlung des Vertragsinhalts die Art des Vertrags selbst

---

1 Vgl. *Gessler*, Komm. § 293 Rn 11; a.A. *Biedenkopf-Koppensteiner*, Köln. Komm. § 293 Anm. 17; *Godin-Wilhelmi* § 293 Anm. 6; *Baumbach-Hueck* § 293 Anm. 15.

geändert, dann ist Neuabschluß unter Aufhebung des bestehenden Vertrags erforderlich.

Soll ein Beherrschungs- oder Gewinnabführungsvertrag geändert werden und ist auch das herrschende oder gewinnübernehmende Unternehmen eine AG oder KGaA, dann bedarf die Vertragsänderung auch der Zustimmung der HV dieser Gesellschaft.

b) Sollen jedoch in einem Unternehmensvertrag jene Bestimmungen geändert werden, welche den an die außenstehenden Aktionäre zu leistenden **Ausgleich** oder die **Abfindung** derselben (§§ 293, 294 AktG) zum Inhalt haben, dann ist außer dem HV-Beschluß, welcher die Vertragsänderung zu genehmigen hat, ein **Sonderbeschluß** der außenstehenden Aktionäre erforderlich, § 295 Abs. 2 AktG.

c) Da diese Vorschriften die Vertragsänderung erschweren, kann es vorkommen, daß im Einvernehmen der Vertragsteile die Handhabung des Vertrags geändert wird. Darin kann eine Vertragsverletzung liegen, aus welcher sich, wenn sie zu Beeinträchtigung der Gesellschaft oder der außenstehenden Aktionäre führt, Ersatzpflichten ergeben.

3. Die **Beendigung** der Unternehmensverträge ist im Gesetz nicht geregelt. Die Vorschriften über die **Aufhebung** (§ 296) und **Kündigung** (§ 297) sind nur wegen der darin enthaltenen Modalitäten aufgenommen worden. Für alle Unternehmensverträge kommen daher die Beendigungsgründe in Betracht, die sich aus dem Zivilrecht, teils aber auch aus Änderung der gesellschaftsrechtlichen Grundlagen (z.B. Beendigung des Beherrschungsvertrags durch Eingliederung) ergeben.

Für den Beherrschungs- und Gewinnabführungsvertrag sehen die §§ 304 Abs. 5, 305 Abs. 5 Satz 4 AktG ein besonderes Kündigungsrecht vor. Eine ordentliche Kündigung dieser beiden Verträge ist nur möglich, wenn sie vertraglich vorgesehen wird.

In dem Sonderfall des § 307 AktG tritt Beendigung kraft Gesetzes ein. Ausgeschlossen ist ein Rücktritt mit rückwirkender Kraft.

§ 68 Gewinngemeinschaft, Teilgewinnabführung, Betriebspacht und Betriebsüberlassung

I. Die Gewinngemeinschaft[1], § 292 Nr. 1 AktG

1. a) Sie ist ein Vertragsverhältnis mit der Verpflichtung der beteiligten Unternehmen, den Gewinn ihres Gesamtunternehmens, sei es ganz oder zum Teil, oder den

---

[1] Vgl. *Friedländer*, Konzernrecht (1927) S. 218ff.; *derselbe*, Konzernrecht (2. Aufl. 1954) S. 114ff.; *derselbe*, Die Interessengemeinschaft als Rechtsform der Konzernbildung (1921); *Haussmann*, Recht der Unternehmenszusammenfassungen, 2. Teil, Praxis (1932) S. 132ff.; *Langen*, Problem der Interessengemeinschaft (1929); *Geiler*, Dür.-Hach. Bd. II, 1 Anm. 441 ff.; *Rasch*, Deutsches Konzernrecht (5. Aufl. 1974) S. 87ff.; *Mestmäcker*, a.a.O.,S. 321ff.; *Fikentscher*, Die Interessengemeinschaft, FIW-Schriftenreihe Heft 60 (1966).

Gewinn einzelner ihrer Betriebe ganz oder teilweise mit dem Gewinn anderer Unternehmen oder einzelner Betriebe derselben zu poolen und den gepoolten Gewinn unter den Vertragspartnern aufzuteilen. Dieser Vertrag begründet unter den Beteiligten eine Gesellschaft bürgerlichen Rechts (§ 705 BGB); die Poolung und Aufteilung der Gewinne ist Beitragspflicht.

Keine Gewinngemeinschaft liegt vor, wenn die Gewinne unter den Partnern nicht aufgeteilt, sondern zur Finanzierung einer gemeinsamen Aufgabe verwendet werden.

Vielfach wird mit der Gewinngemeinschaft auch Vergemeinschaftung von Verlusten verbunden. Ein auf gemeinsame Verlusttragung beschränkter Vertrag ist jedoch kein Unternehmensvertrag.

Die Gewinn- und Verlustgemeinschaft — ohne Verwaltungsgemeinschaft — kann verschiedenen Zwecken dienen. Unter Konkurrenten vereinbart bewirkt sie Entschärfung der Wirkungen des Wettbwerbs. Unter Nicht-Konkurrenten kommt sie vor zwecks Verringerung des Risikos starker Schwankungen auf ausländischen Märkten und wirkt ähnlich wie das ,,hedging" an Produktenbörsen.

Die die Gewinngemeinschaft betreffenden Vorschriften des AktG sind nur anwendbar, wenn an der Gewinngemeinschaft eine AG oder KGaA beteiligt ist; für sie ist der Vertrag ein Unternehmensvertrag, der den §§ 293 ff. AktG unterliegt. Die Vertragspartner sind nach § 15 AktG verbundene Unternehmen.

Die beteiligten Unternehmen bleiben grundsätzlich trotz der Gewinnpoolung in ihren geschäftlichen Dispositionen selbständig, indem das Gemeinschaftsverhältnis sich in der Zusammenwerfung und Verteilung der Gewinne nach dem vereinbarten Verteilungsschlüssel erschöpft.

Der in den Pool einzubringende Gewinn kann verschieden bestimmt sein. Er kann sein der aus der Jahresbilanz sich ergebende Gewinn, in welchem auch außerordentliche Erträge (aus Beteiligungen etc.) enthalten sind. Vielfach wird jedoch nur der Gewinn aus den Umsatzgeschäften (der ,,Rohertrag", § 157 Abs. 1 Nr. 6 AktG) vergemeinschaftet. Auch bei gemeinschaftlicher Aufteilung von Verlusten ist vertraglich zu bestimmen, welche Art von Verlusten in den Pool einbezogen ist.

Möglich ist, daß nicht der aus dem Gesamtunternehmen resultierende Gewinn ganz oder teilweise vergemeinschaftet wird, sondern nur der Ertrag eines einzelnen Betriebes oder Geschäftszweiges (z.B. bei Schiffahrtsgesellschaften nur der Gewinn einzelner Linien). Auch ein solcher Vertrag stellt einen Unternehmensvertrag gemäß § 292 Nr. 1 AktG dar.

Erforderlich für den Begriff ,,Gewinngemeinschaft" i.S. des § 292 Nr. 1 AktG ist die Vergemeinschaftung des Gewinns als **periodischer** Unternehmensertrag, also des Jahresergebnisses der beteiligten Unternehmen. Es scheiden daher Vergemeinschaftungen des Ergebnisses eines einzelnen Geschäftes aus; so etwa, wenn sich mehrere Baufirmen in Arbeitsgemeinschaft unter Vergemeinschaftung von Gewinn und Verlust zur Durchführung eines einzelnen Bauvorhabens zusammenschließen (sog. Gelegenheitsgesellschaft).

b) Da die Mitglieder der Gewinngemeinschaft nicht das einzelne Rechtsgeschäft, sondern das Jahresergebnis des Geschäftsbereichs gemeinsam abrechnen, haben sie dieses in Vorabschlüssen zu ermitteln. Um ein Verstecken abrechnungspflichtiger Gewinne zu verhindern, enthält der Vertrag in der Regel nähere Bestimmungen über die anrechenbaren Aufwendungen, über Bewertung und einheitliche Abschreibungen. Der buchtechnische Vollzug der Gewinngemeinschaft erfolgt im Wege des Clearings. Dem poolungpflichtigen Gewinn entspricht die Verpflichtung zur Leistung in den Pool; ihr steht gegenüber der Anspruch auf die Quote aus dem Pool. Der hieraus sich ergebende positive oder negative Saldo ist gemäß § 157 Nr. 7 oder 27 AktG auszuweisen. Werden auch Verluste vergemeinschaftet, so erlangt die verlustbetroffene Gesellschaft einen Anspruch auf anteilmäßige Verlustübernahme; Anspruch u. Verpflichtung sind nach § 157 Nr. 15 u. 25 AktG auszuweisen.

2. a) Mit der Gewinngemeinschaft kann eine **Verwaltungsgemeinschaft**, d.h. eine Harmonisierung der Geschäftsleitung und die Unterstellung der Vertragsbeteiligten unter eine einheitliche Leitung verbunden sein (sog. **Interessengemeinschaft**). Die Gleichschaltung der Geschäftsführung kann mit verschiedenen Mitteln erreicht werden, so insbesondere durch Austausch von Vorstandsmitgliedern. Eine personelle Überkreuzverflechtung derart, daß wechselseitig je ein Vorstandsmitglied der einen Gesellschaft dem Aufsichtsrat der anderen Gesellschaft angehört, ist nach § 100 Abs. 2 Nr. 3 AktG nicht zulässig; s.o. § 26 I 2 a.

Die Verwaltungsgemeinschaft kann ferner bewirkt werden durch obligatorischen Vertrag, durch welchen sich die beteiligten Unternehmen gegenseitig verpflichten, sich bei bestimmten Dispositionen oder in bestimmten Geschäftsbereichen zu verständigen; möglich ist auch die vertragliche Schaffung eines **Gemeinschaftsorganes**, das sich aus Mitgliedern der Vorstände der beteiligten Unternehmen zusammensetzt, und dessen Weisungen zu befolgen die Mitglieder der Interessengemeinschaft sich verpflichtet haben. Der Umfang des Weisungsrechts gegenüber den Mitgliedern der Interessengemeinschaft wird alsdann durch den Vertrag bestimmt. Die Folgepflicht der Mitglieder der Interessengemeinschaft ist hier nichts anderes als die Bindung der Gesellschafter einer bürgerlich-rechtlichen Gesellschaft an die von den geschäftsführenden Gesellschaftern beschlossenen Geschäftsführungsmaßnahmen.

b) Infolge der Harmonisierung der Geschäftsführung, mag sie durch Vertrag oder durch Austausch von Vorstandsmitgliedern, durch Schaffung eines Gemeinschaftsorgans oder durch Gründung einer Geschäftsführungsgesellschaft erfolgen, bilden die beteiligten Unternehmen einen **Gleichordnungskonzern** i.S. des § 18 Abs. 2 AktG mit der Folge, daß auch die an diesen Begriff anknüpfenden aktienrechtlichen Sondervorschriften einschlägig sind. Die Unterstellung der beteiligten Unternehmen unter die einheitliche Leitung stellt, sofern die Unternehmen voneinander unabhängig sind, keinen Beherrschungsvertrag dar, § 291 Abs. 2 AktG.

Über Kontrolle solchen Zusammenschlusses durch das Bundeskartellamt s.o. § 60.

II. Der Teilgewinnabführungsvertrag, § 292 Nr. 2 AktG

1. a) Er liegt vor, wenn eine AG oder KGaA sich zur Abführung eines **Teiles** des Gewinns ihres Gesamtunternehmens verpflichtet oder wenn sie sich verpflichtet, den

gesamten Gewinn oder einen Teilgewinn abzuführen, welcher sich aus einzelnen Betrieben ergibt.

Ist der Empfänger desselben an der Gesellschaft als Aktionär beteiligt, so sind ihm gegenüber die §§ 57, 58 Abs. 3, 63 AktG zu beachten, gleichgültig, ob die Gewinnzuwendung entgeltlich oder unentgeltlich erfolgt. Auch wenn die Höhe des zuzuwendenden Betrags sich nach dem in einem einzelnen Betrieb erzielten Überschuß richtet, darf bei unentgeltlicher Zuwendung die Auszahlung nur aus dem Bilanzgewinn erfolgen.

Bei Abführung des **ganzen** Gewinns des Gesamtunternehmens liegt ein Gewinnabführungsvertrag nach § 191 AktG vor. Von der Gewinngemeinschaft unterscheidet sich der Teilgewinnabführungsvertrag dadurch, daß bei ersterer der Gewinn der Vertragsteile gepoolt und unter ihnen aufgeteilt wird, während bei letzterem die Gesellschaft sich verpflichtet, einen Teil ihres Gewinns abzuführen, gleichgültig ob dieses unter Gegenleistung erfolgt oder nicht.

Kein Teilgewinnabführungsvertrag ist nach § 292 Abs. 2 AktG die Gewinnbeteiligung von Mitgliedern des Vorstands oder Aufsichtsrats, ferner eine Gewinnbeteiligung einzelner Arbeitnehmer, eine Gewinnbeteiligung im Rahmen von Verträgen des laufenden Geschäftsverkehrs oder im Rahmen von Lizenzverträgen.

Ein Teilgewinnabführungsvertrag liegt jedoch vor bei vertraglicher Zusage einer Gewinnbeteiligung an alle Arbeitnehmer der Gesellschaft, mag sie auch unter bestimmten Voraussetzungen (z. B. Dienstalter) erfolgen. Wird jedoch in diesem Zusammenhang eine bedingte Kapitalerhöhung beschlossen (§§ 192 Abs. 2 Nr. 3, 194 Abs. 3), dann gelten statt § 293 AktG die Sondervorschriften der §§ 193 ff. AktG. Eine Teilgewinnabführung liegt auch vor bei Gewinnschuldverschreibungen und Genußrechten; hier wird § 293 durch § 221 AktG verdrängt.

b) Der Teilgewinnabführungsvertrag ist mithin kein bestimmter Vertrag sui generis, sondern ein Sammelbegriff, der verschiedene schuldrechtliche Geschäfte umfassen kann, gleichgültig, welcher Art sie sind, mit denen sich die Verpflichtung zur Abführung eines Teilgewinnes verbindet, sofern der abzuführende Gewinn das Ergebnis einer **periodischen Abrechnung** darstellt und nicht nur verbunden ist mit einzelnen Geschäftsvorgängen.

2. a) Ist das Unternehmen, welches sich solchermaßen zur Abführung eines Teilgewinnes verpflichtet, eine AG oder KGaA, dann unterliegt der Abschluß, die Änderung und die Beendigung des Vertrages den §§ 293 ff. AktG.

Da der Gewinn nach § 58 Abs. 4 AktG den Aktionären zusteht, sollen sie darüber entscheiden, ob ein Teil desselben einem Dritten zufließen, ob also das Unternehmen teilweise nicht mehr für ihre alleinige Rechnung betrieben werden soll.

b) Bei Teilgewinnabführung ist die von der verpflichteten Gesellschaft zu bildende gesetzliche Rücklage nach § 300 Nr. 2 AktG zu berechnen. Einzustellen ist hiernach jeweils der zwanzigste Teil jenes Jahresüberschusses, der sich ohne die Gewinnabführung ergibt, jedoch vermindert um einen Verlustvortrag aus dem Vorjahr; und die Einstellung hat solange zu erfolgen, bis der Gesamtbetrag der Rücklage den zehnten Teil des Grundkapitals oder den in der Satzung bestimmten höheren Betrag erreicht.

3. Ist Empfänger des Teilgewinnes ein Unternehmen, dann sind die Vertragsteile „verbundene Unternehmen" nach § 15 AktG und es sind auch die daran anknüpfenden Sondervorschriften zu beachten; s. darüber oben § 65 I.

III. Der Betriebspachtvertrag, § 292 Nr. 3 AktG

Vorbemerkung: Auch die in § 292 Abs. 1 Nr. 3 AktG genannten Verträge sind dadurch gekennzeichnet, daß sie in die Struktur und ursprüngliche Bestimmung der Gesellschaft eingreifen und sie ändern, sei es, daß das im Eigentum der Gesellschaft stehende Unternehmen nicht mehr für Rechnung derselben betrieben wird, oder daß die Führung des Unternehmens zwar weiterhin für Rechnung der Gesellschaft erfolgt, aber nicht mehr von ihr selbst ausgeübt wird.

Diese Sachverhalte werden erfaßt, wenn das Gesetz von Verträgen spricht, durch welche eine Gesellschaft den Betrieb ihres Unternehmens einem anderen verpachtet „oder sonst überläßt". Wohl verweist das Gesetz hierbei auf den Pacht- und Betriebsüberlassungsvertrag. Nur der Pachtvertrag aber ist ein gesetzlich definierter Vertrag (§ 581 BGB). Die Bezeichnung Betriebsüberlassungsvertrag hingegen ist der Praxis entnommen, wird dort aber keineswegs so einheitlich verwendet, daß aus dieser Bezeichnung auf einen klar bestimmten Vertragsinhalt geschlossen werden kann. Es sind daher unter den in § 292 Nr. 3 AktG genannten Verträgen jene zu verstehen, welche die dargelegte Strukturveränderung der Gesellschaft bewirken.

1. Der **Pachtvertrag** ist dadurch gekennzeichnet, daß eine AG oder KGaA ihren Betrieb dem Pächter zu Besitz und Nutzung überläßt, so daß der Pächter ihn im eigenen Namen und für eigene Rechnung betreibt und dafür die Pachtvergütung bezahlt[2]. Wirtschaftlich bedeutet die Pacht für den Pächter vorübergehenden Hinzuerwerb von Produktionsanlagen zwecks Nutzbarmachung derselben für die eigene Produktion.

Der § 292 Nr. 3 AktG ist nur einschlägig, wenn die AG Verpächterin ist, nicht aber, wenn sie ein Unternehmen pachtet.

Vorausgesetzt ist, daß die Gesellschaft ihr gesamtes Unternehmen verpachtet und damit aufhört, selbst noch produktiv tätig zu sein. Nicht hierher gehört daher die Verpachtung eines einzelnen Betriebs; dasselbe gilt für Teilpachtgemeinschaften, dadurch gekennzeichnet, daß mehrere Gesellschaften einzelne Betriebe ihrer Unternehmen einer von ihnen errichteten Gesellschaft pachtweise überlassen.

---

2 Vgl. *Gromann*, Die Gleichordnungskonzerne im Konzern- und Wettbewerbsrecht, AHW Bd. 27 (1979); *Rasch*, Konzernrecht[5] (1974) S. 94 ff.; *Friedländer*, Konzernrecht[2] (1954) S. 101 ff.; *Haussmann*, Unternehmenszusammenfassungen, Teil 2 (Praxis) S. 106 ff.; *Flechtheim*, Bank-Arch. Bd. 26 S. 8 ff.; *G. Loos*, Betriebsführungsvertrag und damit verbundene Generalvollmacht bei Handelsgesellschaften, BB 1963, 615; *W. Veelken*, Der Betriebsführungsvertrag im deutschen und amerikanischen Aktien- und Konzernrecht (1975); *J. Schultze-Osterloh*, Das Recht der Unternehmensverträge und die stille Beteiligung an einer AG, ZGR 1974, 427; *Strobel*, Unternehmensverträge im deutschen und französischen Recht (Diss. Bochum 1972); *J. Oesterreich*, Die Betriebsüberlassung zwischen Vertragskonzern und faktischem Konzern, AHW Bd. 28 (1979); aus der Rechtsprechung RG 142, 223.

Gleichgültig ist, wer das Unternehmen pachtet. In jedem Falle wird der Pächter selbst zum Unternehmer; Pächter und die verpachtende Gesellschaft sind daher stets verbundene Unternehmen nach § 15 AktG.

Eine **Abhängigkeit** der verpachtenden Gesellschaft vom Pächter wird durch den Pachtvertrag nicht begründet, denn es scheidet aufgrund des Vertrags lediglich das Unternehmen der Gesellschaft aus ihrem Dispositionsbereich aus und geht in jenen des Pächters über. Häufig aber wird der Pachtvertrag zwischen dem herrschenden Unternehmen und der abhängigen Gesellschaft geschlossen; darüber u. 2.

a) Für den Pachtvertrag gelten die §§ 581 ff. BGB, ergänzt durch die vertragliche Regelung etwa der Fragen, ob die Firma mit verpachtet ist (§§ 22, 25 HGB), wer für die Erhaltung und Erneuerung der Anlagen zu sorgen hat, zu welchen betrieblichen Veränderungen der Pächter berechtigt ist etc. Bei Übernahme des Inventars zum Schätzungswert gelten die §§ 587 ff. BGB. Das Umlaufvermögen des Verpächters wird in aller Regel vom Pächter aufgrund einer Übernahmebilanz übernommen und der Pächter tritt auch in die bestehenden Verpflichtungen aus Verträgen und in die arbeitsrechtlichen Beziehungen (§ 613a BGB) ein.

b) Die Vergütung, welche der Pächter zu entrichten hat, kann ein fester Pachtzins sein oder in einer Dividendengarantie seitens des Pächters an die Verpächterin oder ihre Aktionäre bestehen.

c) Der Pachtvertrag kann auch in der Weise geschlossen werden, daß der Pächter den Betrieb nicht übernimmt, um selbst ihn für eigene Rechnung zu betreiben, sondern daß er die Verpächterin beauftragt, das verpachtete Unternehmen mit ihrer Belegschaft weiter zu führen, jedoch nunmehr für Rechnung des Pächters. Für das rechtsgeschäftliche Auftreten der beauftragten Verpächterin kann unter entsprechender Bevollmächtigung vorgesehen sein, daß sie im Namen des Pächters erfolgt; möglich ist aber auch, daß sie im Geschäftsverkehr unter ihrer eigenen Firma auftritt. Letzterenfalls sind enspreche Vereinbarungen über Ersatz jener Aufwendungen erforderlich, welche aufgrund der Pacht der Pächter zu tragen hat, und auch über die Herausgabe des aus der Geschäftsführung Erlangten, das dem Pächter zusteht, wobei beides in internen Abrechnungen saldiert wird.

Der Pachtvertrag ist hier verbunden mit einem **Betriebführungsauftrag**. Dadurch erlangt der Pächter ein Weisungsrecht, nämlich das Recht, von der Verpächterin die Durchführung all jener Maßnahmen zu verlangen, welche der Pächter gemäß dem Pachtrecht selbst durchzuführen berechtigt wäre. Daraus ergeben sich zugleich die Schranken des Weisungsrechts. Da der Pächter nicht befugt wäre, den Betrieb völlig umzugestalten oder stillzulegen, kann er solches auch nicht von der betriebsführenden Verpächterin verlangen. Wohl aber ist er berechtigt, die Art der Produktion, das zu verwendende Material, die einzuhaltenden Preislimite beim Rohstoffbezug oder die Mindestpreise bei Warenveräußerung etc. zu bestimmen.

Sind die Vertragspartner voneinander unabhängig, dann wird ein solcher Vertrag nicht unentgeltlich geschlossen. Das Entgelt kann eine feste Vergütung oder eine Beteiligung der Verpächterin am erzielten Überschuß sein. Was die Verpächterin an den Pächter abführt, ist Herausgabe des Erlangten gemäß § 667 BGB, welches nach Saldierung mit den erstattungspflichtigen Aufwendungen und nach Verrechnung des ihr zustehenden Entgelts verbleibt. Bei solcher Rechtslage liegt ein Vertrag nach § 292 Nr. 3 AktG vor, nicht aber ein Vertrag gemäß § 291 Abs. 1 Satz 2 AktG.

Für diesen Vertrag gelten, wenn Verpächterin eine AG oder KGaA ist, die §§ 293 ff. AktG.

2. Bei Verpachtung eines Unternehmens durch die abhängige Gesellschaft an das herrschende Unternehmen (**konzerninterne Pacht**) ergeben sich Probleme besonderer Art[3].

Das herrschende Unternehmen übernimmt den Betrieb der abhängigen Gesellschaft, um ihn seinem eigenen Unternehmen zu integrieren, häufig verbunden mit der vereinbarten Befugnis zum Ausbau und Umgestaltung desselben. Die Gegenleistung besteht vielfach in einer Dividendengarantie an die außenstehenden Aktionäre der verpachtenden Gesellschaft.

Nach Amtl. Begr. zu § 302 AktG bestehen hier ,,Voraussetzungen, die regelmäßig die Annahme begründen, daß ein herrschendes Unternehmen die abhängige Gesellschaft zu unangemessenen Bedingungen vertraglich gebunden hat, namentlich, wenn das vereinbarte Entgelt nicht die Erhaltung der Substanz deckt".

Diesem Umstand trägt das AktG in folgender Weise Rechnung.

a) Da das herrschende Unternehmen an der Verpächterin als Großaktionär beteiligt ist, könnte der Vertrag und der ihn genehmigende HV-Beschluß der abhängigen Verpächterin wegen Verstoßes gegen die Vermögensbindung (o. § 9) nichtig sein. Bei Vollzug des Vertrags in Unkenntnis seiner Nichtigkeit würden sich hieraus große Schwierigkeiten ergeben. Durch § 292 Abs. 3 AktG ist daher für diesen Fall die Nichtigkeit ausgeschlossen und durch einen anderen Vermögensschutz ersetzt. Er besteht darin, daß nach § 302 Abs. 2 AktG das herrschende Unternehmen verpflichtet ist, jeden während der Vertragsdauer entstehenden Jahresfehlbetrag insoweit auszugleichen, als die vereinbarte Gegenleistung das angemessene Entgelt nicht erreicht.

Da es Zweck dieser Vorschrift ist, die abhängige Gesellschaft vor finanzieller Aushöhlung zu schützen, greift die Verlustübernahme stets Platz, wenn die Gegenleistung lediglich in einer den außenstehenden Aktionären gewährten Dividendengarantie besteht, weil durch sie ein Substanzverlust der abhängigen Gesellschaft nicht verhindert wird.

b) Trotz Ausschaltung der Sanktion der Nichtigkeit des Genehmigungsbeschlusses wegen Verletzung der Vermögensbindung bleibt die durch solche Rechtsverletzung begründete Anfechtbarkeit desselben, wie auch generell die Anfechtbarkeit nach § 243 Abs. 1 u. 2 AktG erhalten.

c) Aus der Abhängigkeit der verpachtenden Gesellschaft folgt die Anwendbarkeit der §§ 311 ff. AktG. In dem nach § 312 AktG zu erstattenden Bericht ist die Angemessenheit von Leistung und Gegenleistung darzulegen.

---
3 Vgl. *Mestmäcker*, Verwaltung a.a.O, S. 317 ff.; — *derselbe*, Zur Systematik a.a.O, S. 129; *Luchterhandt*, Deutsches Konzernrecht bei grenzüberschreitenden Konzernverbindungen (1971) S. 166 ff.

d) Einschlägig sind sodann alle an „verbundene Unternehmen" anknüpfenden und auf die Abhängigkeit Bezug nehmenden Einzelvorschriften; o. § 65 I u. III.

e) Wird das Pachtverhältnis in der oben 1 c dargelegten Weise durchgeführt, dann sind die aus dem Geschäftsbesorgungsvertrag sich ergebenden Schranken des Weisungsrechts wirkungslos, weil für das herrschende Unternehmen sich Weisungsmöglichkeit aus dem Herrschafts- und Abhängigkeitsverhältnis ergibt. Ein solcher Vertrag ist mithin geeignet, den Beherrschungsvertrag zu ersetzen. Hier erweisen sich die vorstehend dargelegten gesetzlichen Maßnahmen als schwacher Schutz. Der Gesetzgeber hätte auch diesen Sachverhalt in den § 291 AktG einbeziehen sollen.

IV. Betriebsüberlassungsverträge, § 292 Nr. 3 AktG

Sie sind dadurch gekennzeichnet, daß die Gesellschaft die Führung ihres Unternehmens einem anderen in „sonstiger" Weise überläßt (o. III Vorbem.).

a) Solches trifft zu bei der sog. **Innenpacht**. Während bei der regulären Pacht der Pächter das Unternehmen in eigenem Namen und für eigene Rechnung betreibt, führt bei der Innenpacht der Übernehmer den Betrieb als Pächter selbst und für eigene Rechnung, jedoch aufgrund entsprechender Vollmacht nach außen im Namen der ihr Unternehmen verpachtenden Gesellschaft, wodurch das Pachtverhältnis getarnt wird. Die überlassende Gesellschaft wird mithin gegenüber Dritten berechtigt und verpflichtet, woraus sich Ansprüche auf Aufwendungsersatz und die Verpflichtung zur Herausgabe des Überschusses ergeben.

Dieser Vertrag ist nicht ein der Gewinnabführung gleichstehender Geschäftsführungsvertrag nach § 291 Abs. 1 Satz 2 AktG, weil letzterer voraussetzt, daß die gewinnabführende Gesellschaft ihr Unternehmen **selbst** betreibt.

b) In die Gruppe der unter § 292 Abs. 1 Nr. 3 AktG fallenden „sonstigen" Verträge sind sodann jene zu rechnen, durch welche eine AG ihr Unternehmen nicht selbst betreibt, sondern mit dem Betrieb desselben, jedoch für ihre eigene Rechnung, ein anderes Unternehmen beauftragt, mag dieses nach außen im eigenen Namen oder im Namen der Auftraggeberin handeln (vgl. den Fall in RG 142, 223)[4].

Verträge solcher Art, welche **Betriebsführungsverträge** genannt werden, können auf verschiedenen Gründen beruhen. Es kann sein, daß die Fabrikationsanlagen einer Gesellschaft sich eignen zur Herstellung eines neuen Produkts, an welchem das mit der Betriebsführung beauftragte Unternehmen interessiert ist, daß aber der Gesellschaft das know-how fehlt. Statt die Anlagen der Gesellschaft zu pachten, übernimmt das interessierte Unternehmen die Betriebsführung für Rechnung der Gesellschaft, wobei die Gesellschaft die Dienste ihres Personals zur Verfügung stellt und wobei Aufwendungen und Erträge saldiert werden. Die Vergütung der Betriebsführerin kann fester Dienstlohn sein oder in dem Sonderpreis enthalten sein, zu welchem sie die von ihr benötigten Produkte alsdann käuflich übernimmt.

---

4 Ebenso *Gessler*, Komm § 292 Rn 76 ff.

Oder: für eine private Lokalbahngesellschaft oder für einen Fährbetrieb zu vorgelagerten Inseln ist der Betrieb nur noch dadurch rentabel, daß er der Führung durch die Bundesbahn unterstellt und von dieser in ihren Gesamtbereich einbezogen wird, wobei die Bundesbahn jedoch für Rechnung der Eigentümerin der Beförderungsanlagen handelt.

Solche Verträge stellen nur in modifizierter Weise eine Geschäftsbesorgung dar. Sie dienen als Pachtersatz und in erster Linie den Eigeninteressen des betriebführenden Unternehmens. Durch die von ihm bewirkte Produktions- oder Umsatzsteigerung aber kommt der Vertrag auch der ihren Betrieb überlassenden Gesellschaft zugute.

Daraus ergibt sich je nach Lage eine Beschränkung des mit der Geschäftsbesorgung an sich verbundenen Weisungsrechts der Eigentümerin gegenüber dem den Betrieb führenden Unternehmen, andererseits für dieses die Verpflichtung zu rationaler und pfleglicher Wirtschaftsführung. Eine Abhängigkeit wird durch solchen Vertrag so wenig begründet wie durch eine normale Verpachtung des Unternehmens.

Sind in solchem Falle die Vertragsteile voneinander unabhängig, dann greifen bei der die Führung ihres Unternehmens überlassenden Gesellschaft lediglich die §§ 293 ff. AktG Platz.

Wird aber solche Betriebsführung von einer abhängigen Gesellschaft dem herrschenden Unternehmen überlassen, dann befindet sich die Gesellschaft wirtschaftlich in einer für sie gefährlichen Situation. Auch hier bewirken die §§ 311 ff. AktG kaum einen hinreichenden Schutz; es gilt daher das oben III 2e Gesagte.

§ 69 Die Eingliederung

I. Begriff der Eingliederung

Eingliederung ist die körperschaftliche (organisatorische) Einordnung der eingegliederten Gesellschaft in die als Alleinaktionärin an ihr beteiligte Hauptgesellschaft, durch welche die eingegliederte Gesellschaft mit ihrem Unternehmen und ihrem Vermögen der Hauptgesellschaft integriert wird, und welcher trotz Fortbestand der Rechtspersönlichkeit der eingegliederten Gesellschaft eine der Verschmelzung ähnliche Wirkung zukommt.

Hauptgesellschaft und eingegliederte Gesellschaft bilden nach § 18 Abs. 1 Satz 2 AktG unwiderleglich einen Unterordnungskonzern.

Die Eingliederung kann bezeichnet werden als eine Art von Verschmelzung, obgleich die eingegliederte Gesellschaft als Rechtsperson bestehen bleibt. Da die Hauptgesellschaft die alleinige Aktionärin der eingegliederten Gesellschaft ist, außenstehende Aktionäre also fehlen, und da die Hauptgesellschaft unbeschränkt auch für die Verbindlichkeiten der eingegliederten Gesellschaft haftet, kann ihr die uneingeschränkte Disposition über das Unternehmen und Vermögen der eingeglie-

§ 69 *Die Eingliederung*

derten Gesellschaft eingeräumt werden, welche sie mittels Weisung an den Vorstand der eingegliederten Gesellschaft ausübt.

Gegenüber der echten Verschmelzung und dem mit ihr verbundenen Erlöschen der übertragenden Gesellschaft hat die Eingliederung den Vorzug, daß mit der Rechtsperson der eingegliederten Gesellschaft ihre Firma erhalten bleibt, unter welcher sie weiterhin am Geschäftsverkehr teilnimmt. Es entfallen auch die Schwierigkeiten, welche sich bei Verschmelzungen ergeben, falls eine Übernahme der Mitglieder des Verwaltungsorgans der übertragenden Gesellschaft nicht möglich ist. Auch können im Vorstand der eingegliederten Gesellschaft Nachwuchskräfte im Status eines Vorstandsmitglieds sich bewähren, während sie bei Verschmelzung selbst als Abteilungsdirektoren im Status leitender Angestellter verbleiben. Die förmliche Trennung beider Gesellschaften mit all ihren technischen und buchmäßigen Einrichtungen gewährleistet auch bessere Übersichtlichkeit und vereinfacht die Leitung der Betriebe. Endlich ist die Eingliederung durch Aktienveräußerung wieder lösbar, während eine Trennung verschmolzener Gesellschaften nur durch Neugründung einer Gesellschaft unter Einlage des wieder auszugliedernden Unternehmens möglich ist. Praktisch hat die Eingliederung sich überaus bewährt; und mehrere Konzerne haben, soweit die Beteiligungsverhältnisse es ermöglichten, von dieser Einrichtung Gebrauch gemacht.

II. Voraussetzung der Eingliederung

1. Das AktG regelt nur die Eingliederung einer AG in eine andere AG (Hauptgesellschaft). Beide Gesellschaften müssen ihren Sitz im Inland haben.

2. Die Eingliederung ist in zwei Fällen möglich, nämlich einerseits, wenn der Hauptgesellschaft sämtliche Aktien der einzugliedernden Gesellschaft bereits gehören, § 319 AktG; andererseits, wenn Aktien der einzugliedernden Gesellschaft im Gesamtnennbetrag von 95% ihres Grundkapitals in der Hand der Hauptgesellschaft sich befinden, wobei eigene Aktien der einzugliedernden Gesellschaft von dem Grundkapital abzuziehen sind, § 320 AktG.

Auf welche Weise die Hauptgesellschaft sich die erforderlichen 95% der Anteile der einzugliedernden Gesellschaft beschafft, ist unerheblich. Sie kann durch öffentliche Erklärung den Aktionären der einzugliedernden Gesellschaft die käufliche Übernahme der Aktien anbieten (o. § 51 b). Sie kann die Eingliederung auch beschließen, wenn auf Grund eines vorhergegangenen Beherrschungsvertrags so viele außenstehende Aktionäre der abhängigen Gesellschaft von ihrem Abfindungsrecht (§ 305 Abs. 2 Nr. 1) Gebrauch gemacht haben, daß die Obergesellschaft dadurch 95% aller Aktien erlangt hat[1].

Unerheblich ist es, in wessen Besitz sich die restlichen 5% der Aktien befinden, ob sie also dritten Personen oder einer Tochtergesellschaft gehören oder ob die einzugliedernde Gesellschaft eigene Aktien besitzt.

---

1 Vgl. *Würdinger*, AG 1972 S. 12ff.; OLG Celle, DB 1972, 1816.

III. Das Eingliederungsverfahren

1. Verfahren bei Besitz **sämtlicher** Aktien der einzugliedernden Gesellschaft durch die Hauptgesellschaft.

a) Die Hauptgesellschaft beschließt als Alleinaktionärin in der HV der einzugliedernden Gesellschaft die Eingliederung. Da es sich hierbei um eine Vollversammlung aller Aktionäre handelt, entfallen die Erfordernisse der §§ 123, 124 AktG (s. VII).

Auf diesen Beschluß sind die gesetzlichen oder statutarischen Bestimmungen der Satzungsänderung nicht anzuwenden, § 319 Abs. 1 AktG.

Die Hauptgesellschaft wird bei dieser Beschlußfassung vertreten durch ihren Vorstand, welcher die Rechte aus den ihr gehörenden Beteiligungen ausübt. Unterliegen beide Gesellschaften dem MitbestG 1976, dann darf der Vorstand der Hauptgesellschaft nach § 32 dieses Gesetzes analog der Verschmelzung den Beschluß in der HV der einzugliedernden Gesellschaft nur herbeiführen aufgrund eines Beschlusses des Aufsichtsrats der Hauptgesellschaft, welcher zu fassen ist von den diesem Aufsichtsrat angehörenden Vertretern der Anteilseigner (s. u. § 73).

b) Der von der HV der einzugliedernden Gesellschaft gefasste HV-Beschluss wird jedoch erst rechtswirksam, wenn die HV der Hauptgesellschaft zustimmt, § 319 Abs. 2 AktG. Der Zustimmungsbeschluß bedarf einer Mehrheit, welche mindestens drei Viertel des bei der Beschlussfassung vertretenen Grundkapitals umfasst. Dieser Zustimmungsbeschluß ist wegen der Übernahme der Mithaftung der Hauptgesellschaft für alle Verbindlichkeiten der einzugliedernden Gesellschaft erforderlich.

In der HV der Hauptgesellschaft ist jedem Aktionär auf Verlangen Auskunft über alle wesentlichen Angelegenheiten der einzugliedernden Gesellschaft zu erteilen, so insbesondere über ihre Vermögens- und Ertragslage und ihren Schuldenstand. Ein Recht zur Verweigerung der Auskunft nach § 136 Abs. 3 AktG besteht hier nicht.

Der Beschluß der Hauptgesellschaft ist zu ihrem Handelsregister einzureichen, § 130 Abs. 5 AktG.

c) Der Vorstand der einzugliedernden Gesellschaft hat nach Eintritt der Unanfechtbarkeit für beide Beschlüsse die Eingliederung und die Firma der Hauptgesellschaft zur Eintragung in das für sie zuständige Handelsregister anzumelden und hierbei die Niederschriften der beiden HV-Beschlüsse nebst Anlagen beizufügen, § 319 Abs. 3 AktG.

d) Mit Eintragung der Eingliederung in das Handelsregister der eingegliederten Gesellschaft ist die Eingliederung vollzogen, § 319 Abs. 4 AktG. Eine Eintragung in das Handelsregister der Hauptgesellschaft findet nicht statt.

e) Die eingegliederte Gesellschaft hat ihren Gläubigern Sicherheit zu leisten, § 321 AktG.

2. Verfahren der Eingliederung durch **Mehrheitsbeschluß**.

a) Die Hauptgesellschaft hat sich zunächst über die den ausscheidenden Aktionären der einzugliedernden Gesellschaft anzubietende Abfindung schlüssig zu werden.

Nicht vorgeschrieben, aber zweckmäßig ist vorherige Prüfung der Angemessenheit des Angebots durch Abschlußprüfer; s.u. 4.

b) Bei Einberufung der HV der einzugliedernden Gesellschaft ist in der Bekanntmachung der Eingliederung Firma und Sitz der Hauptgesellschaft anzugeben und eine Erklärung der Hauptgesellschaft beizufügen, welche die von ihr den ausscheidenden Aktionären der einzugliedernden Gesellschaft angebotene Abfindung enthält, § 320 Abs. 2 AktG.

Die Hauptgesellschaft beschließt sodann in der HV der einzugliedernden Gesellschaft die Eingliederung derselben, § 320 Abs. 1 Satz 1 AktG. Die Anfechtbarkeit dieses Beschlusses ist wegen der gerichtlichen Kontrolle des Abfindungsangebotes eingeschränkt; die Anfechtung kann nach § 320 Abs. 6 nicht auf § 243 Abs. 2 AktG und auch nicht darauf gestützt werden, daß das Angebot nicht angemessen sei.

Unterliegen beide Gesellschaften dem MitbestG 1976, so ist auch hier § 32 dieses Gesetzes zu beachten (o. 1 a).

c) Der von der HV der einzugliedernden Gesellschaft gefaßte Eingliederungsbeschluß bedarf zu seiner Wirksamkeit der Zustimmung der HV der Hauptgesellschaft mit qualifizierter Kapitalmehrheit, § 320 Abs. 1 Satz 3 mit § 319 Abs. 2 AktG.

Auch die Hauptgesellschaft hat bei Einberufung ihrer HV das Abfindungsangebot bekannt zu machen.

Für das Auskunftsrecht der Aktionäre gilt § 320 Abs. 1 Satz 3 mit § 319 Abs. 2 Satz 5 AktG (s.o. 1 b).

d) Der Zustimmungsbeschluß der Hauptgesellschaft ist zu dem für sie zuständigen Handelsregister einzureichen, § 130 Abs. 5 AktG.

e) Der Vorstand der eingegliederten Gesellschaft hat nach Eintritt der Unanfechtbarkeit beider Beschlüsse die Eingliederung zum Handelsregister seiner Gesellschaft anzumelden, § 320 Abs. 1 Satz 3 mit § 319 Abs. 3 AktG.

f) Mit Eintragung der Eingliederung in das Handelsregister der eingegliederten Gesellschaft ist die Eingliederung vollzogen, § 320 Abs. 1 Satz 3 mit § 319 Abs. 4 AktG.

Mit ihr gehen alle Aktien, welche sich nicht in der Hand der Hauptgesellschaft befinden, auf diese über, § 320 Abs. 4 AktG. Die Hauptgesellschaft wird mithin stets **Alleinaktionärin** der eingegliederten Gesellschaft.

g) Die eingegliederte Gesellschaft hat ihren Gläubigern Sicherheit zu leisten, § 321 AktG.

h) Nunmehr erfolgt die Abfindung der aus der eingegliederten Gesellschaft ausgeschiedenen Aktionäre, gegebenenfalls gerichtliche Bestimmung der Abfindung, § 320 Abs. 5 u. 6 AktG.

3. a) Als Abfindung sind in allen Fällen Aktien der Hauptgesellschaft anzubieten. Soll das Angebot angemessen sein, so müssen diese Aktien in der gleichen Relation gewährt werden, wie im Falle der Verschmelzung beider Gesellschaften der Umtausch von Aktien der eingegliederten Gesellschaft gegen solche der Hauptgesell-

schaft festzusetzen wäre, wobei Spitzenbeträge durch bare Zuzahlungen seitens der Hauptgesellschaft ausgeglichen werden können.

b) Falls die Hauptgesellschaft von einem anderen inländischen oder ausländischen Unternehmen abhängig ist, muß den ausscheidenden Aktionären nach deren Wahl neben den Aktien der Hauptgesellschaft auch eine angemessene Barabfindung angeboten werden, bei welcher die Vermögens- und Ertragslage der eingegliederten Gesellschaft im Zeitpunkt ihres Eingliederungsbeschlusses zu berücksichtigen ist, § 320 Abs. 5 Satz 3 AktG.

c) Von der Bekanntmachung der Eintragung der Eingliederung an sind Abfindung und etwaige Zuzahlungen mit 5% zu verzinsen; § 320 Abs. 5 Satz 6 AktG.

4. Jeder ausgeschiedene Aktionär ist berechtigt, aus dem Gesichtspunkt der Unangemessenheit des Angebots binnen zwei Monaten gerichtliche Prüfung und Bestimmung desselben zu verlangen[2]; § 320 Abs. 6 Satz 2 AktG.

5. Die Hauptgesellschaft kann die für den Umtausch benötigten Aktien sich durch Erwerb auf dem Markt oder mittels bedingter Kapitalerhöhung beschaffen.

a) Erwerb eigener Aktien zu diesem Zwecke ist der Hauptgesellschaft in § 71 Abs. 1 Nr. 3 AktG im Rahmen des in Abs. 2 genannten Limits erlaubt.

b) Bei Bereitstellung der Aktien mittels bedingter Kapitalerhöhung liegt eine Kapitalerhöhung gegen **Sacheinlage** vor, weshalb nach § 194 Abs. 4 AktG eine Prüfung durch gerichtlich zu bestellende Prüfer zu erfolgen hat. Diese Prüfung, welche eine Voraussetzung für die Eintragung des Kapitalerhöhungsbeschlusses bildet (§ 195 Abs. 2 Nr. 1), dient der Sicherung, daß der Wert der Sacheinlage nicht unter jenem der dafür gewährte Aktien liegt. Eine Unterbewertung der Sacheinlage hingegen wäre bei dieser Prüfung nicht zu beanstanden.

Da die Angemessenheit des Aktientausches sich gemäß § 320 Abs. 5 Satz 4 AktG nach den Verschmelzungsgrundsätzen richtet, ist bei ihrer Prüfung folgendermaßen zu verfahren. Auszugehen ist von dem realen Wert der Vermögen beider Gesellschaften aufgrund ihrer Vermögens- und Ertragslage zur Zeit des Eingliederungsbeschlusses, was gemäß § 320 Abs. 5 Satz 5 AktG zugleich die Grundlage etwaiger Barabfindung bildet. Hierauf ist bei der einzugliedernden Gesellschaft zu ermitteln, welcher Betrag ihres Vermögens auf die Summe der noch ausstehenden Aktien entfällt. Dieser Betrag wird geteilt durch den Wert der Aktien der Hauptgesellschaft, woraus sich das Umtauschverhältnis und ein etwaiger Spitzenausgleich in Bar ergibt (s.o. § 48 C IV). Durch die Prüfung der Sacheinlage wird mithin die Prüfung der Angemessenheit der Abfindung weder ersetzt noch präjudiziert.

---

2 Hierbei ist wegen der Verweisung in § 320 Abs. 7 auf § 306 AktG und wegen der Verweisung des § 306 Abs. 2 auf § 99 Abs. 1 AktG und wegen der darin enthaltenen Verweisung auf das FGG der § 28 Abs. 2 u. 3 FGG zu berücksichtigen.

IV. Die Rechtswirkung der Eingliederung

1. Die eingegliederte Gesellschaft besteht als juristische Person fort; erhalten bleiben daher ihre gesetzlichen Organe und ihre Firma, unter welcher sie weiterhin am Geschäftsverkehr teilnimmt.

Die Hauptgesellschaft und die eingegliederte Gesellschaft bilden unwiderleglich einen Konzern nach § 18 Abs. 1 Satz 2 AktG. Unanwendbar sind die §§ 311 ff. AktG (§ 323 Abs. 1 Satz 3 AktG).

2. Der Hauptgesellschaft steht die uneingeschränkte **Leitung** der eingegliederten Gesellschaft zu; sie wird ausgeübt durch Weisungen an den Vorstand der eingegliederten Gesellschaft, § 323 Abs. 1 Satz 1 AktG.

a) Das Weisungsrecht umfaßt alle Maßnahmen, welche nach § 76 AktG in die Zuständigkeit des Vorstands gehören, also nicht nur alle die Führung des Unternehmens betreffenden Maßnahmen, sondern auch Dispositionen über das Vermögen der eingegliederten Gesellschaft.

Die Weisungen können betreffen die Produktion, Warenlieferung oder -bezug zwischen beiden Gesellschaften zu beliebigen Bedingungen, Investitionen, Betriebsumstellungen oder -stillegungen.

Unerheblich ist, ob die Weisungen die eingegliederte Gesellschaft fördern oder benachteiligen. Die beim Beherrschungsvertrag bestehende Schranke, daß Benachteiligungen der unterworfenen Gesellschaft nur insoweit zulässig sind, als das Konzerninteresse sie rechtfertigt (§ 308 Abs. 1 Satz 2), gilt hier nicht. Der Vorstand der Hauptgesellschaft kann mithin über das Unternehmen der eingegliederten Gesellschaft disponieren, wie wenn es ein Bestandteil, eine unselbständige Abteilung des Unternehmens der Hauptgesellschaft wäre.

Maßnahmen, welche gesetzlich untersagt sind, z.B. Erwerb von Aktien des herrschenden Unternehmens, können auch nicht angewiesen werden.

b) Der Vorstand der eingegliederten Gesellschaft hat die Weisungen zu befolgen, auch wenn sie für die eingegliederte Gesellschaft nachteilig sind, § 323 Abs. 1 Satz 2 mit § 308 Abs. 2 Satz 1 AktG. Wird er zu einer Maßnahme angewiesen, die er nur mit Zustimmung seines Aufsichtsrats vollziehen darf, so gilt nach § 323 AktG die Vorschrift des § 308 Abs. 3 AktG. Dieses umständliche Verfahren ist jedoch mit dem Sinn und der Rechtsnatur der Eingliederung nicht vereinbar[3].

3. Die Hauptgesellschaft ist befugt, mittels Weisung auch über das gesamte **Vermögen** der eingegliederten Gesellschaft zu disponieren.

a) Nach § 323 Abs. 2 AktG sind in bezug auf alle Leistungen der eingegliederten Gesellschaft an die Hauptgesellschaft die Vorschriften über die Vermögensbindung bei der eingegliederten Gesellschaft außer Kraft gesetzt. Die Hauptgesellschaft ist in der Lage, Vermögen der eingegliederten Gesellschaft, sei es gegen Entgelt oder unentgeltlich, an sich zu ziehen. Sie ist daher aktienrechtlich auch befugt, mittels Wei-

---

[3] Ebenso *Biedenkopf-Koppensteiner,* Köln Komm. § 323 Rn. 5.

sung, jedoch ohne Einhaltung der die Gewinnausschüttung betreffenden Vorschriften und ohne Rücklagenbildung, den gesamten Ertrag der eingegliederten Gesellschaft zu übernehmen (— eine andere Frage ist die Reaktion der Steuerrechts s. u. V 3 —). Hierbei ersetzt die Weisung die causa der Verfügung, so daß auch die zivilrechtlichen Ausgleichsansprüche (Bereicherung, Aufwendungsersatz etc.) entfallen[1].

b) Auf die eingegliederte Gesellschaft sind auch die Vorschriften über die gesetzliche **Rücklage** nicht anzuwenden, § 324 Abs. 1 AktG. Die Hauptgesellschaft kann daher die bei der Eingliederung vorhandenen gesetzlichen Rücklagen und die freien Rücklagen beliebig übernehmen.

c) Nach § 324 Abs. 3 AktG ist die Hauptgesellschaft verpflichtet, Verluste der eingegliederten Gesellschaft auszugleichen. Diese Verpflichtung kann jedoch durch Verlustausgleich mittels vereinfachter Kapitalherabsetzung vermieden werden, solange dadurch das gesetzlich vorgeschriebene Mindestkapital nicht unterschritten wird. Das ist von Bedeutung, wenn der Verlust nicht herbeigeführt ist durch ein Anwachsen von Verbindlichkeiten, sondern durch interne Aufwendungen der eingegliederten Gesellschaft, z. B. durch ein kostspieliges Forschungsprogramm. Die Verpflichtung der Hauptgesellschaft zu Verlustausgleich ist jedoch dann unvermeidlich, wenn ohne Ausgleich das Vermögen der eingegliederten Gesellschaft die Verbindlichkeiten derselben nicht mehr decken würde.

d) Übernimmt die Hauptgesellschaft unentgeltlich Vermögenswerte der eingegliederten Gesellschaft, so vermindert sich der Wert ihrer Beteiligung. Diese Wertminderung entspricht dem nach § 40 Abs. 2 HGB zu bestimmenden Wert, zu welchem die übernommenen Gegenstände von der Hauptgesellschaft aktiviert werden können.

4. a) Die bisherigen Ausführungen haben lediglich aufgezeigt, wie weit der Dispositionsbereich gespannt ist, der den Weisungen des Vorstands der Hauptgesellschaft an sich offen steht. Damit aber ist keineswegs gesagt, daß der Vorstand der Hauptgesellschaft willkürlich handeln dürfte. Die gesetzlichen Vertreter der Hauptgesellschaft nämlich sind der eingegliederten Gesellschaft ebenso wie ihrer eigenen Gesellschaft für sorgfältige Leitung der zusammengefaßten Gesellschaften verantwortlich, § 323 Abs. 1 Satz 3 mit § 309 AktG. Auch die Dispositionen mittels Weisung müssen mit der Sorgfalt eines ordentlichen und gewissenhaften Geschäftsleiters erfolgen, also wirtschaftlich sinnvoll und gerechtfertigt sein. Bei Verletzung dieser Sorgfaltspflicht tritt Verantwortlichkeit der Vorstandsmitglieder der Hauptgesellschaft sowohl gegenüber ihrer eigenen Gesellschaft (§ 93 AktG) als auch gegenüber der eingegliederten Gesellschaft ein; neben ihnen haftet der eingegliederten Gesellschaft nach § 31 BGB auch die Hauptgesellschaft selbst.

Praktische Bedeutung erlangt die Haftung des Vorstands der Hauptgesellschaft gegenüber der eingegliederten Gesellschaft bei Zusammenbruch beider Gesellschaften, weil auch die Gläubiger der eingegliederten Gesellschaft den Ersatzanspruch gegen die Mitglieder des Vorstands geltend machen können, § 309 Abs. 4 Satz 3 AktG.

---

4 Vgl. *Würdinger*, DB 1972, 1565 f.

§ 69   Die Eingliederung

b) Die Mitglieder des Vorstands und Aufsichtsrats der eingegliederten Gesellschaft hingegen sind von ihrer Haftung befreit, wenn die ihre Gesellschaft schädigende Handlung auf einer von ihnen zu befolgenden Weisung beruht, § 323 Abs. 1 Satz 3 mit § 310 Abs. 3 AktG.

5. Die Hauptgesellschaft haftet den **Gläubigern** der eingegliederten Gesellschaft für alle Verbindlichkeiten derselben solidarisch, gleichgültig ob die Verbindlichkeiten vor der Eingliederung begründet waren oder erst nachher entstehen, § 322 AktG. Dieses ist das zwingende Korrelat der Befugnis der Hauptgesellschaft zur unbeschränkten Verfügung über das Vermögen der eingegliederten Gesellschaft. Zu den Gläubigern der eingegliederten Gesellschaft gehört auch deren Belegschaft mit ihren Lohnforderungen und allen weiteren, aus ihrem sozialen Besitzstand sich ergebenden Ansprüchen, ebenso etwaige Forderungen aus einem erstellten Sozialplan gem. § 111 BetrVG.

In der Bilanz der Hauptgesellschaft ist diese Mithaftung nach § 151 Abs. 5 AktG zu vermerken[5]; über Verlautbarung derselben im Geschäftsbericht s. § 160 Abs. 3 Nr. 7 AktG.

6. Die Aktionäre der Hauptgesellschaft können während der Eingliederung Auskunft über die Angelegenheiten der eingegliederten Gesellschaft verlangen, § 326 AktG.

7. Die eingegliederte Gesellschaft hat ebenso wie die Hauptgesellschaft ihren Jahresabschluß und Geschäftsbericht zu erstellen und prüfen zu lassen, der grundsätzlich nach § 177 AktG auch bekanntzumachen ist. Letztere Verpflichtung entfällt jedoch nach § 325 AktG, wenn der Abschluß in einen von der Hauptgesellschaft auf den Stichtag des Abschlusses der eingegliederten Gesellschaft aufgestellten Konzernabschluß einbezogen ist.

In diesem Falle hat die Hauptgesellschaft neben ihrem eigenen Abschluß auch den konsolidierten Abschluß bekanntzumachen, während der Vorstand der eingegliederten Gesellschaft nach § 325 Abs. 2 AktG den konsolidierten Abschluß nebst Konzerngeschäftsbericht lediglich zum Handelsregister einzureichen hat.

V. Unternehmensverträge, steuerliche Organschaft

1. Nach § 324 Abs. 2 AktG sind auf eine Gewinngemeinschaft und einen Teilgewinnabführungsvertrag zwischen der eingegliederten Gesellschaft und der Hauptgesellschaft die §§ 293 ff. AktG nicht anwendbar; es genügt schriftlicher Abschluß solcher Verträge; sie werden indessen praktisch kaum vorkommen.

2. Es kann jedoch sein, daß die Hauptgesellschaft nicht nur mittels Weisung in die Geschäftsführung der eingegliederten Gesellschaft eingreifen, sondern das Unternehmen derselben selbst führen will, sei es durch Pacht oder mittels Betriebsführungsvertrag, indem sie dieses Unternehmen selbst betreibt, jedoch für Rechnung

---

5 Von einer Passivierung der aus der Mithaftung sich ergebenden Verbindlichkeiten unter Aktivierung der entsprechenden Ausgleichsansprüche wurde lt. Ausschlußbericht (Kropff S. 426) abgesehen.

der eingegliederten Gesellschaft. Beide Verträge sind für die eingegliederte Gesellschaft Unternehmensverträge nach § 292 Abs. 1 Nr. 3 AktG. Hier sind die §§ 293 ff. AktG anzuwenden, was nicht nur formelle Bedeutung hat, sondern für den Bestand dieser Verträge wesentlich ist, falls die Eingliederung während der Laufzeit derselben endet. Gegenstandslos für die Dauer der Eingliederung ist jedoch die in § 302 Abs. 2 AktG enthaltene Sicherung.

3. Zur Begründung der körperschaftlichen Organschaft ist nach § 14 KStG 1977 der Abschluß eines Gewinnabführungsvertrags i. S. des § 291 Abs. 1 AktG erforderlich. Dieses gilt auch für die eingegliederte Gesellschaft. Obgleich aktienrechtlich der Hauptgesellschaft als Aktionärin der gesamte Gewinn zusteht, erlangt die Gewinnabführung eine eigene modifizierte Wirkung. Der von der Hauptgesellschaft ohne solchen Vertrag bezogene Gewinn nämlich kann von dem in § 301 AktG bestimmten Gewinnbetrag erheblich abweichen; auch könnte die Hauptgesellschaft bei Fehlen solchen Vertrages über den Gewinn in anderer Weise als durch Ausschüttung verfügen. Mit Rücksicht auf das Steuerrecht ist nach § 324 Abs. 2 AktG auch der Abschluß des Gewinnabführungsvertrags erleichtert. Er bedarf der Schriftform, nicht aber der Zustimmung der HVn beider Gesellschaften und auch nicht der Eintragung ins Handelsregister gemäß den §§ 293, 294 AktG.

Der Eingliederung kommt dabei steuerrechtlich die Bedeutung zu, daß sie stets die für die Organschaft erforderliche ,,organisatorische" Eingliederung der Organgesellschaft in den Organträger bewirkt, nicht jedoch die ebenfalls gesetzlich erforderliche ,,wirtschaftliche" Eingliederung, was angesichts der aktienrechtlichen Regelung unverständlich erscheint.

VI. Beendigung der Eingliederung

1. Die Beendigungsgründe sind in § 327 AktG aufgeführt. Das Ende der Eingliederung ist im Handelsregister einzutragen.

2. Die aus der solidarischen Haftung der Hauptgesellschaft erwachsenen Ansprüche der Gläubiger unterliegen der in § 327 Abs. 4 AktG geregelten kürzeren Verjährung.

VII. Exkurs: Die Einmann-AG

1. Die Vereinigung aller Anteile einer AG in der Hand einer anderen AG (Mutter- und Tochtergesellschaft) bewirkt nicht ipso jure die Eingliederung. Demgemäß ist auch die Rechtslage eine völlig andere.

a) Die Muttergesellschaft haftet nicht für die Verbindlichkeiten der Tochtergesellschaft. Ausnahmen können sich jedoch nach der Rechtsprechung über die Durchgriffshaftung ergeben.

b) Mutter- und Tochtergesellschaft sind nach § 17 AktG herrschendes und abhängiges Unternehmen und nach § 15 AktG verbundene Unternehmen, unterliegen also den hieran anknüpfenden Vorschriften (o. § 65 I, III); ferner greift die Konzernvermutung des § 18 Abs. 1 AktG Platz, welche praktisch kaum widerlegbar ist; daraus folgt die Verpflichtung der Muttergesellschaft zur Erstellung eines Konzernabschlusses, §§ 329 ff. AktG.

c) Wiewohl die Muttergesellschaft die Tochtergesellschaft völlig beherrscht, bleibt der Vorstand der letzteren de jure unabhängig und nach § 76 AktG zur selbständigen Leitung der Gesellschaft berufen. Wenngleich der Vorstand der Tochtergesellschaft faktisch einem Angestellten der Muttergesellschaft gleicht, hat diese ihm gegenüber de jure kein Weisungsrecht. Es kommen vielmehr zum Schutze der abhängigen Gesellschaft die §§ 311 ff. AktG zur Anwendung mit den in den §§ 317, 318, 117, 407 AktG vorgesehenen Sanktionen.

Die Mitglieder des Vorstands und Aufsichtsrats der Tochtergesellschaft haften dieser gegenüber nach §§ 93, 116 AktG; die praktische Bedeutung dieser Haftung beschränkt sich jedoch darauf, daß nach § 95 Abs. 5 AktG die Ersatzansprüche der Tochtergesellschaft auch von ihren Gläubigern geltend gemacht werden können.

d) Die Bindung des Vermögens der Tochtergesellschaft bleibt uneingeschränkt bestehen.

e) Für die Tochtergesellschaft gelten ohne Einschränkung auch die Vorschriften über Aufstellung, Prüfung und Veröffentlichung des Jahresabschlusses, selbst wenn die Muttergesellschaft einen Konzernabschluß veröffentlicht. Einzuhalten sind von der Tochtergesellschaft wegen § 256 Abs. 1 Nr. 4 (Nichtigkeit des Jahresabschlusses) auch § 150 AktG (gesetzliche Rücklage) und § 58 AktG (Einstellung in freie Rücklage).

f) Unterliegen beide Gesellschaften dem MitbestG, so gilt für die Ausübung der Rechte aus den der Muttergesellschaft gehörenden Aktien in der HV der Tochtergesellschaft § 32 MitbestG (s. u. § 73).

2. Da bei der Einmann-Gesellschaft die HV derselben stets eine Vollversammlung aller Aktionäre darstellt, entfällt die Notwendigkeit der Einberufung derselben (§ 241 Nr. 1 AktG). Die Muttergesellschaft ist daher jederzeit in der Lage, unter Abhaltung einer HV der Tochtergesellschaft Beschlüsse zu fassen, wobei jedoch die Vorschriften über die Protokollierung des Beschlusses (§ 130), das Teilnehmerverzeichnis (§ 129) und über die Einreichung des Beschlusses (§ 130 Abs. 5) einzuhalten sind.

§ 70 Der Beherrschungsvertrag

I. Der Begriff

1. Der Beherrschungsvertrag ist ein Unternehmensvertrag, durch welchen eine AG oder KGaA die Leitung ihrer Gesellschaft einem anderen Unternehmen unterstellt, § 291 AktG. Wiewohl der Vorstand der sich unterwerfenden Gesellschaft seine Ver-

pflichtung zur Leitung derselben behält, begründet des Beherrschungsvertrag die übergeordnete Zuständigkeit und das Recht des herrschenden Unternehmens zur Leitung der unterworfenen Gesellschaft, § 308 AktG.

Der Beherrschungsvertrag begründet den **Vertragskonzern** (§ 18 Abs. 1 Satz 2 AktG). Er kann von herrschenden Unternehmen beliebiger Rechtsform geschlossen werden, auch von Unternehmen mit Sitz im **Ausland**.

b) Der Beherrschungsvertrag unterscheidet sich vom Betriebsführungsvertrag dadurch, daß bei ihm das herrschende Unternehmen den Betrieb der unterworfenen Gesellschaft nicht zu eigener Führung für Rechnung der abhängigen Gesellschaft in Besitz nimmt, sondern in die Geschäftsführung der unterworfenen Gesellschaft mittels Weisung eingreift (s. o. § 68 IV b).

2. Mit dem Beherrschungsvertrag wird die **gesamte** Leitung der Gesellschaft dem herrschenden Unternehmen unterstellt. Die Weisung ist abstrakter Natur; sie ersetzt die causa der auf ihr beruhenden Verfügungen.

Die Verpflichtung einer Gesellschaft hingegen, einen einzelnen Betrieb nach Weisung eines anderen Unternehmens zu führen, ist kein Beherrschungsvertrag. Beispiel: Eine lokale Schiffahrtsgesellschaft mit Hochseefischerei und einem Fährbetrieb zu vorgelagerten Inseln unterwirft sich mit dem Fährbetrieb der Weisung der Bundesbahn. Hier liegt ein den Interessen beider Partner dienender, keine Abhängigkeit begründender schuldrechtlicher **Auftrag** vor, der die Bahn zu leitenden Weisungen (Festlegung des Fahrplans, der Schiffsausrüstung etc.) berechtigt und aus dessen causa sich zugleich die Schranken des Weisungsrechts ergeben.

3. Mit dem Beherrschungsvertrag verbinden sich zwingend die zum Schutze der außenstehenden Aktionäre und der Gläubiger der unterworfenen Gesellschaft gesetzlich vorgeschriebenen Garantien (u. V, VI). Das Bestehen des „Beherrschungsvertrags" ist in das Handelsregister einzutragen, § 294 AktG. Der Registerrichter hat zu prüfen, ob der angemeldete Vertrag den Erfordernissen des Beherrschungsvertrags entspricht; er hat insbesondere zu prüfen, ob ein als Unternehmensvertrag nach § 292 Abs. 1 Nr. 3 AktG angemeldeter Vertrag seinem Inhalt nach einen Beherrschungsvertrag darstellt (o. § 68 III u. IV) und gegebenenfalls die Eintragung desselben abzulehnen.

II. Die Rechtsnatur des Beherrschungsvertrags

1. a) Der Beherrschungsvertrag ist ein **Organisationsvertrag**, der in seiner Regelung des Ausgleichs und der Abfindung auch schuldrechtliche Bestimmungen enthält[1]. Er begründet organisatorisch die Zuständigkeit und damit die Befugnis des herrschenden Unternehmens zur Leitung der Gesellschaft. Er ist ein abstrakter Vertrag; die Weisungsbefugnis leitet sich nicht aus einer causa ab, sondern aus gesellschaftsrechtlicher Zuständigkeit, weshalb ihr Umfang in § 308 AktG objektiv festgelegt ist.

---

1 Vgl. *Würdinger*, Betrachtungen zur Regelung der Konzernverfassung, DB 1958, 1947ff.; derselbe, Großkomm. § 291 Anm. 11–13.

Durch den Beherrschungsvertrag wird die im Gesetz bereitgestellte Ordnung, ergänzt durch die zusätzlichen vertraglichen Normen, in Kraft gesetzt mit der Wirkung, daß für die Dauer seiner Geltung entgegenstehende Bestimmungen des Gesetzes und der Satzung überlagert und verdrängt, nicht aber aufgehoben werden. Der Vertrag bewirkt mithin keine Änderung der Satzung, § 293 Abs. 1 Satz 4 AktG.

Indem der Beherrschungsvertrag die gesetzlich bereitgestellte Ordnung und die zusätzlich vereinbarten Normen mit Wirkung gegenüber allen Beteiligten in Kraft setzt, unterscheidet er sich von dem die Beziehung inter partes regelnden Schuldvertrag. Seine Herausbildung beruht darauf, daß wegen der zwingenden Natur der gesetzlich geregelten Zuständigkeitsverteilung und der Verantwortlichkeiten bei der AG eine entsprechende statutarische Gestaltung nicht möglich ist (§ 23 Abs. 5 AktG). Die dargelegte Rechtsnatur des Beherrschungsvertrags ist deshalb auf die AG (und KGaA) beschränkt, bei der GmbH hingegen weder erforderlich noch gegeben (u. III).

b) Die mit dem Vertrag in Kraft gesetzte Ordnung ist, soweit das Gesetz nicht ausdrücklich vertragliche Modalitäten gestattet (§ 308 Abs. 1 Satz 2), **zwingend**. Indem der Beherrschungsvertrag nach § 291 AktG per definitionem „Unterstellung der Leitung der Gesellschaft" zum Inhalt hat, ist ein „Teilbeherrschungsvertrag" als causaloser Organisationsvertrag nicht möglich. Solche Vereinbarungen sind schuldrechtlicher Natur; durch sie wird die gesellschaftsrechtliche Regelung der sich verpflichtenden Gesellschaft, insbesondere die Verantwortlichkeit der Mitglieder ihres Verwaltungsorgans (§ 93) AktG nicht berührt, auch die Anwendbarkeit der §§ 311 ff. nicht ausgeschlossen. Daran würde selbst die vertragliche Gewährung von Ausgleich und Abfindung nichts ändern[2].

Nach § 308 Abs. 1 Satz 2 AktG können bestimmte Weisungen (z. B. Umstellung oder Stillegung von Betrieben) ausgeschlossen werden. Insbesondere können den außenstehenden Aktionären neben den gesetzlich erforderlichen Garantien zusätzliche Vorteile oder Entschädigungen gewährt werden.

2. Die mit dem Beherrschungsvertrag in Kraft gesetzte Regelung gehört zum **Personalstatut** der unterworfenen Gesellschaft. Diesem mit allen dazugehörenden Vorschriften ist daher auch ein **ausländisches** herrschendes Unternehmen als Vertragspartner unterworfen[3].

Eine Ausnahme gilt für § 293 Abs. 2 AktG, wonach der Vertrag, falls das ausländische Unternehmen eine AG ist, zu seiner Wirksamkeit auch der Zustimmung der HV der herrschenden Gesellschaft bedarf. Diese Vorschrift dient dem Schutz der Aktionäre der herrschenden Gesellschaft, für welchen das ausländische Recht allein zuständig ist.

---

[2] A.A. *Gessler*, Komm. § 291 Rn 53; wie oben auch *Biedenkopf-Koppensteiner*, Köln, Komm. § 291 Anm. 7; *Würdinger*, Großkomm. § 291 Anm. 8.
[3] Vgl. *Gessler*, Komm. S. 291 Rn. 58 mit weiteren Angaben.

III. Die Parteien und der Abschluß des Vertrags

1. a) Als sich unterwerfende Gesellschaft kommt nach dem AktG nur die AG und KGaA in Betracht. Für die GmbH hatte der RegE eines GmbH-Ges. v. 5. 11. 1971 in den §§ 230ff. eine dem Aktienrecht weitgehend nachgebildete Regelung vorgesehen. Dieser Entwurf ist jedoch nicht Gesetz geworden, und die GmbH-Novelle v. 4. 7. 1980 hat die Regelung desselben nicht übernommen.

Im Schrifttum wird jedoch die Möglichkeit des Abschlusses eines Beherrschungsvertrags auch für die GmbH als sich unterwerfende Gesellschaft bejaht, wobei die aktienrechtlichen Vorschriften analog herangezogen werden, soweit es mit der Struktur der GmbH vereinbar ist[4].

Ein von den Geschäftsführern der GmbH mit einem Gesellschafter geschlossener Vertrag indessen, worin die Leitung der Gesellschaft dem Vertragspartner unterstellt wird, hat selbst dann, wenn die Gesellschafterversammlung ihn einstimmig billigt, nicht die Wirkung des aktienrechtlichen Beherrschungsvertrages. Er ist kein Organisationsvertrag, durch welchen eine bereitstehende Ordnung in Kraft gesetzt wird und entgegenstehende gesetzliche oder statutarische Bestimmungen für die Dauer des Vertrags von ihm überlagert und verdrängt werden. Er hat diese Kraft nicht, weil das Gesetz einen solchen Vertrag mit seiner rechtlichen Ausgestaltung der GmbH nicht zur Verfügung gestellt hat. Trotz Abschluß eines solchen Vertrags durch die GmbH bleibt deshalb die gesetzliche oder statutarische Regelung der Zuständigkeiten und die Verantwortlichkeit der Geschäftsführer unverändert bestehen. Der Vertrag hat lediglich schuldrechtliche Wirkung. Mittels eines schuldrechtlichen Vertrags aber kann die Organisation und Satzung der Gesellschaft nicht geändert werden. Dieser Gegensatz zum aktienrechtlichen Beherrschungsvertrag schließt es auch aus, dem von der GmbH geschlossenen Beherrschungsvertrag im Wege der Analogie eine dem Aktienrecht entsprechende Wirkung beizulegen. Da bei der GmbH der Beherrschungsvertrag nur inter partes wirkt, müssen alle Gesellschafter zustimmen, damit er auch sie bindet.

Für die GmbH ist eine dem Aktienrecht entsprechende Wirkung des Beherrschungsvertrags auch entbehrlich. Bei ihr kann im Gegensatz zum Aktienrecht der beherrschende Einfluß eines Gesellschafters aufgrund der weitgehenden Freiheit der Satzungsgestaltung rechtlich begründet werden. Ist das herrschende Unternehmen Alleingesellschafter der GmbH, so ist es, weil es stets die Vollversammlung aller Gesellschafter repräsentiert, unmittelbar zu Weisungen an die Geschäftsführung befugt. Hier bringt ein Beherrschungsvertrag nur zum Ausdruck, was sich bereits aus der Gesetzesregelung ergibt.

b) Der andere Vertragsteil des Beherrschungsvertrags, dessen Leitung die AG sich unterwirft, muß ein „Unternehmen" sein, gleichgültig in welcher Rechtsform es betrieben wird. Wird der Vertrag geschlossen von einer Personengesellschaft des Handelsrechts, so wird diese dadurch, sofern nicht die Vorschriften des Publizitäts-Ges.

---

[4] Vgl. *Barz* in Hachenberg GmbHG (7. Aufl. 1975) Anhang II zu § 13 Rn. 30ff. mit Schrifttumsangaben; vgl. auch Komm.-Bericht Rn. 1653ff.

platzgreifen, nicht zur Veröffentlichung ihres Jahresabschlusses verpflichtet. Über die Erstellung eines Konzernabschlusses s.u. § 74.

2. a) Der **Abschluß** des Beherrschungsvertrags und seine Änderung erfolgt gemäß der §§ 293ff. AktG (s.o. § 67). Der Vertrag, der von den Vertretungsorganen der beteiligten Gesellschaften in schriftlicher Form zu schließen ist, bedarf zu seiner Wirksamkeit der Zustimmung der HV der sich unterwerfenden Gesellschaft. In aller Regel kommt ein solcher Vertrag nur zustande, wenn die der Leitung des anderen Vertragsteils sich unterstellende AG von diesem aufgrund seines Beteiligungsbesitzes bereits faktisch beherrscht wird. Verfügt das herrschende Unternehmen über die erforderliche Kapitalmehrheit, so kann es den Zustimmungsbeschluß der sich unterwerfenden Gesellschaft selbst herbeiführen. Die Minderheitsaktionäre der Gesellschaft sind im Falle der Verletzung gesetzlicher Vorschriften durch den Vertrag zur Anfechtung des Zustimmungsbeschlusses berechtigt. Aus dem praktisch wichtigsten Grund jedoch, nämlich wegen Unangemessenheit der vom herrschenden Unternehmen gebotenen Garantien bzw. aus dem Gesichtspunkt, daß das herrschende Unternehmen sich auf Kosten der Minderheit Vorteile verschaffe (§ 243 Abs. 2 AktG), ist eine Anfechtung gemäß §§ 304 Abs. 3 Satz 2, 305 Abs. 5 Satz 1 AktG ausgeschlossen. Dieses beruht darauf, daß die außenstehenden Aktionäre hiergegen durch das Recht, eine gerichtliche Prüfung und Feststellung der Garantien herbeizuführen, besonders geschützt sind, §§ 304 Abs. 3 Satz 3, 305 Abs. 5 Satz 2, 306 AktG.

Ist auch das herrschende Unternehmen eine AG oder KGaA, dann bedarf der Beherrschungsvertrag zu seiner Wirksamkeit auch der Zustimmung der HV dieser Gesellschaft, § 293 Abs. 2 AktG.

Nach § 294 Abs. 2 AktG wird der Beherrschungsvertrag wirksam, wenn sein Bestehen in das Handelsregister eingetragen worden ist.

b) Beherrschungsverträge, verbunden mit einem Gewinnabführungsvertrag, werden in der Praxis hauptsächlich geschlossen zur Begründung der körperschaftsteuerlichen Organschaft (s.u. § 71). In dem Bericht über die Konzentrations-Enquête[5] ist hierzu gesagt: „Der Zahl nach weit überwiegend waren die Organschaftsverträge, welche auf der Grundlage des Steuerrechts entwickelt worden sind und deren Abschluß aus steuerlichen Gründen erfolgte". Es kommt aber auch vor, daß ein herrschendes Unternehmen einen Beherrschungsvertrag schließt, um seiner Weisungsmöglichkeit gegenüber der AG eine rechtliche Grundlage zu verschaffen.

IV. Die rechtliche Stellung des herrschenden Unternehmens und der unterworfenen Gesellschaft

1. Durch den Beherrschungsvertrag erlangt das herrschende Unternehmen die Zuständigkeit und Befugnis zur Leitung der unterworfenen Gesellschaft, welche durch Weisung ausgeübt wird. Das herrschende Unternehmen ist gegenüber der unterworfenen Gesellschaft zur Leitung nicht verpflichtet. Eine Verpflichtung zur Ausübung

---

5 Drucks. zu BT-Drucksache IV/8320 S. 581.

der Leitung ergibt sich jedoch für das Geschäftsführungsorgan der herrschenden Gesellschaft in der Regel gegenüber seiner eigenen Gesellschaft.

a) Die Leitung durch das herrschende Unternehmen wird ausgeübt mittels **Weisung** an den Vorstand der unterworfenen Gesellschaft, § 308 Abs. 1 AktG. Die Weisung ist das ausschließliche Leitungsmittel, welches dem herrschenden Unternehmen zu Gebote steht. Diese Regelung ist zwingend. Nicht möglich ist es, dem herrschenden Unternehmen vertraglich unmittelbare Eingriffsrechte gegenüber der abhängigen Gesellschaft einzuräumen oder es zu Weisungen an andere Personen der unterworfenen Gesellschaft, etwa an leitende Angestellte derselben, zu berechtigen. Das Gesetz läßt solches nicht zu, weil dadurch die in den §§ 309, 310 AktG geregelte Verantwortlichkeit ausgeschaltet wäre. Aus demselben Grunde verschafft der Beherrschungsvertrag auch keine Vertretungsmacht des herrschenden Unternehmens gegenüber der Gesellschaft.

Zu Weisungen befugt ist allein das Geschäftsführungs- und Vertretungsorgan des herrschenden Unternehmens, wobei innerhalb desselben Delegation an eines seiner Mitglieder zulässig ist. Nicht möglich dagegen ist Übertragung des Weisungsrechts an andere Personen des herrschenden Unternehmens.

b) Die **Leitungskompetenz** des herrschenden Unternehmens umfaßt alle Maßnahmen, welche nach § 76 AktG zur Zuständigkeit des Vorstands gehören. Gesetzliche Gebote oder Verbote jedoch, welche den Vorstand der Gesellschaft binden, seien sie aktienrechtlicher (z.B. Verbot des Erwerbs eigener Aktien), steuer-, wettbewerbsrechtlicher oder sonstiger Art, beschränken notwendig auch das Weisungsrecht.

Aus dem in der Satzung des herrschenden Unternehmens bestimmten Gegenstand seines Geschäftsbetriebs ergibt sich für das Geschäftsführungsorgan des herrschenden Unternehmens auch gegenüber dem eigenen Unternehmen die Bindung, die unterworfene Gesellschaft nur zu solchen Geschäften oder Maßnahmen zu veranlassen, welche mit dem statutarischen Geschäftsbetrieb des herrschenden Unternehmens vereinbar sind.

c) Während der Vorstand der unterworfenen Gesellschaft, falls ihm keine Weisung erteilt wird, das Interesse seiner Gesellschaft zu wahren hat, ist das herrschende Unternehmen bei Ausübung seiner Leitung befugt, die abhängige Gesellschaft den Interessen des herrschenden Unternehmens oder dem Konzerninteresse unterzuordnen und dienstbar zu machen, selbst wenn dieses für die unterworfene Gesellschaft **nachteilig** ist, § 308 Abs. 1 AktG.

Beispiele: Umstellung des Betriebes, Wegnahme einer rentablen Produktion der unterworfenen Gesellschaft zwecks Konzentration derselben bei einem anderen Konzernunternehmen; Lieferungen oder Dienstleistungen der unterworfenen Gesellschaft an das herrschende Unternehmen unter dem Marktpreis; Auflagen in bezug auf das Marktverhalten der unterworfenen Gesellschaft, etc.

Benachteiligungen der unterworfenen Gesellschaft sind dem herrschenden Unternehmen nach § 308 Abs. 1 Satz 2 AktG jedoch nur insoweit erlaubt, als sie den Interessen des herrschenden Unternehmens selbst oder eines Unternehmens innerhalb des Konzernverbandes dienen. So kann z.B. das herrschende Unternehmen bei einer

Konzerngesellschaft liquide Mittel abziehen, um sie einem anderen Konzernunternehmen als Investitionshilfe zuzuführen.

Wenngleich § 308 Abs. 1 AktG die Zulässigkeit nachteiliger Weisungen lediglich davon abhängig macht, daß sie den Interessen des herrschenden Unternehmens oder eines anderen Konzernunternehmens „dienen", so ergibt sich aus der in § 309 Abs. 1 AktG statuierten Sorgfaltspflicht, daß es sich um **legitime**, wirtschaftlich **gerechtfertigte** Interessen handeln muß[6].

d) Die abhängige Gesellschaft ist zur Befolgung auch der für sie nachteiligen Weisungen verpflichtet. Davon macht § 308 Abs. 2 AktG nur für den Fall eine Ausnahme, daß die ihr auferlegte Maßnahme den Interessen des herrschenden oder eines anderen Konzernunternehmens „offensichtlich" nicht dient.

e) Möglich ist, daß der Vorstand der Untergesellschaft zum Vollzug einer ihm auferlegten **Maßnahme** der Zustimmung seines Aufsichtsrats bedarf. Die Zustimmungsbedürftigkeit entfällt hier nicht von selbst, vielmehr ist das in § 308 Abs. 3 AktG vorgesehene Verfahren zur Ersetzung derselben einzuhalten, durch welches der Einfluß der Arbeitnehmervertreter im Aufsichtsrat des herrschenden Unternehmens gesichert wird.

2. Das herrschende Unternehmen kann mittels Weisung auch über das **Vermögen** der abhängigen Gesellschaft disponieren.

a) Indem durch § 291 Abs. 3 AktG für Leistungen der unterworfenen Gesellschaft aufgrund des Beherrschungsvertrags, d.h. für Leistungen, welche aufgrund einer Weisung zu befolgen sind, die Vermögensbindung der unterworfenen Gesellschaft aufgehoben ist, entfällt die bei Verletzung der Vermögensbindung sonst Platz greifende Nichtigkeit der Disposition (o. § 9). Aufgehoben ist die Vermögensbindung sowohl gegenüber dem herrschenden Unternehmen als auch gegenüber jenen Konzernunternehmen, die an der unterworfenen Gesellschaft ebenfalls als Aktionäre beteiligt sind.

Mit der Aufhebung der Vermögensbindung entfällt lediglich die Sanktion der Nichtigkeit. Eine andere Frage ist, inwieweit das herrschende Unternehmen zu nachteiligen Vermögensdispositionen Anweisungen erteilen **darf**. Auch hier gilt die Schranke, daß Beeinträchtigungen der unterworfenen Gesellschaft nur zulässig sind, wenn sie den legitimen Interessen des herrschenden oder eines anderen Konzernunternehmens dienen. Hierbei ist zu beachten, daß steuerlich bei solchen Dispositionen die Grundsätze der „verdeckten Gewinnausschüttung" und der „verdeckten Einlage" zur Anwendung kommen[7].

Da bei Vermögensdispositionen, welche der Vorstand der unterworfenen Gesellschaft aufgrund erteilter Weisung vollzieht, die Weisung die schuldrechtliche causa der Vermögensverfügung ersetzt, entfallen auch zivilrechtliche Ausgleichsansprüche (z.B aus ungerechtfertigter Bereicherung)[8].

---

[6] Vgl. jedoch *Gessler*, Komm. § 308 Rn 53ff. mit weiteren Angaben.
[7] Vgl. *Döllerer*, Fragen der verdeckten Gewinnausschüttung der Aktiengesellschaft, BB 1967, 1437; derselbe: aktuelle Fragen aus dem Bereich der verdeckten Einlage (1975).
[8] Vgl. dazu *Würdinger*, DB 1972, 1565ff.

b) Der durch die Aufhebung der Vermögensbindung entfallende Vermögensschutz der unterworfenen Gesellschaft wird durch einen anderen Vermögensschutz ersetzt (nachstehend 3).

3. a) Das herrschende Unternehmen ist nach § 302 AktG verpflichtet, jeden während der Vertragsdauer entstehenden **Jahresfehlbetrag** der unterworfenen Gesellschaft auszugleichen. Unerheblich ist es, wodurch dieser Fehlbetrag entstanden ist, ob er also beruht auf Weisungen des herrschenden Unternehmens oder auf Streik oder technischem Unglück. Mit dieser Ausgleichspflicht trägt das herrschende Unternehmen mithin insoweit das gesamte finanzielle **Risiko** der unterworfenen Gesellschaft.

Die Ausgleichspflicht entsteht alljährlich als selbständige und zu bilanzierende Verbindlichkeit; sie wird nicht etwa durch spätere Gewinne der Gesellschaft kompensiert.

Da der Jahresfehlbetrag in der GV-Rechnung jenen Saldo aus den Erträgen und Aufwendungen (§ 157 Nr. 28 AktG) darstellt, welcher sich vor den Entnahmen aus der gesetzlichen oder freien Rücklage (§ 157 Nr. 30) ergibt, und da das herrschende Unternehmen nach § 300 Nr. 3 AktG während der Vertragsdauer in der unterworfenen Gesellschaft eine gesetzliche Rücklage zu bilden hat, welche während der Vertragsdauer zu Verlustausgleich nicht aufgelöst werden darf (u. b), bleibt das **Anfangsvermögen** der unterworfenen Gesellschaft einschließlich der bei Vertragsabschluß vorhandenen Rücklagen **bilanzmäßig** erhalten und wird durch die zu bildende gesetzliche Rücklage noch vermehrt.

Unter der Voraussetzung der Zahlungsfähigkeit des herrschenden Unternehmens[9] ist eine **Überschuldung** der unterworfenen Gesellschaft mithin ausgeschlossen, weshalb das Gesetz von einer unmittelbaren Haftung des herrschenden Unternehmens für die Verbindlichkeiten der unterworfenen Gesellschaft absehen konnte.

Mit der Erhaltung des Bilanzvermögens bleibt auch der Betrag des Grundkapitals als Sollbetrag dieses Vermögens erhalten. Es ist beim Beherrschungsvertrag, im Gegensatz zur Eingliederung (o. § 69 IV 3 c), nicht möglich, die Verpflichtung zum Verlustausgleich mittels vereinfachter Kapitalherabsetzung zu umgehen; wohl aber können zum Verlustausgleich jene Beträge der freien Rücklage entnommen werden, welche erst während der Vertragsdauer in sie eingestellt worden sind, § 302 AktG. Dadurch wird der Bestand der Gesellschaft geschützt. Keinen Schutz erfährt die abhängige Gesellschaft jedoch dagegen, daß ihre Buchwerte hinter den steigenden Wiederbeschaffungskosten zurückbleiben.

b) In der unterworfenen Gesellschaft ist abweichend von § 150 Abs. 2 Nr. 1 AktG eine gesetzliche Rücklage zu bilden, deren Aufstockung in § 300 Nr. 3 AktG geregelt ist. Wie sich aus § 301 AktG ergibt, darf die gesetzliche Rücklage während der Vertragsdauer nicht zum Ausgleich von Verlusten verwendet werden; sie bleibt also der Gesellschaft ungeschmälert bis zum Vertragsende erhalten.

---

9 Über Konkurs der herrschenden Unternehmens s. *K. Beyerle*, AG 1979, 306 ff.

§ 70 *Der Beherrschungsvertrag*

4. Eine Zusammenfassung vorstehender Grundsätze ergibt folgendes:

a) Beim Beherrschungsvertrag wird nach § 291 Abs. 3 AktG, ebenso wie bei der Eingliederung, die Bindung des Vermögens der unterworfenen Gesellschaft gegenüber dem herrschenden Unternehmen und den anderen Konzerngesellschaften **aufgehoben**. Vermögensleistungen der unterworfenen Gesellschaft an diese Unternehmen, welche bei der selbständigen AG wegen Verstoßes gegen die Vermögensbindung nichtig und nach § 62 AktG zurückzuerstatten wären, sind daher stets **gültig**.

b) Demgegenüber bewirken die §§ 300 Nr. 3, 302 AktG bilanzmäßige **Erhaltung** der Vermögenssubstanz, nämlich Erhaltung des bei Vertragsabschluß vorhandenen Reinvermögens einschließlich vorhandener freier Rücklagen und der gesetzlichen Rücklage, welche nach § 300 Nr. 3 AktG aufzufüllen ist.

Da aber nur auszugleichen ist der Jahresfehlbetrag, erlangt die abhängige Gesellschaft aus § 302 AktG keinen Ersatz für entgangenen Gewinn. Ein solcher Anspruch kann sich nur ergeben aus § 309 AktG. Dafür steht den außenstehenden Aktionären die Dividendengarantie nach § 304 AktG zu (u. VI 1).

c) Jede **Minderung** des Vermögens der unterworfenen Gesellschaft unter die vorstehend b) genannte Grenze, gleichgültig, ob sie beruht auf Verfügungen, Verlustgeschäften, Unglücksfällen, etc. bewirkt **Ausgleichspflicht** des herrschenden Unternehmens. Dieses trägt mithin insoweit das gesamte Risiko der abhängigen Gesellschaft.

Das herrschende Unternehmen ist — im Unterschied zur Eingliederung — nicht befugt, einen sich ergebenden Jahresfehlbetrag durch Auflösung der gesetzlichen Rücklage oder durch Kapitalherabsetzung auszugleichen.

d) Der Verlustausgleich nach § 302 AktG verhindert eine bilanzmäßige Überschuldung der unterworfenen Gesellschaft. Falls nämlich die Verbindlichkeiten das nach b) gewährleistete Gesellschaftsvermögen übersteigen, stellt dieser Differenzbetrag stets einen ausgleichspflichtigen Verlust dar, welcher durch die aktivierte Ausgleichsforderung wieder ausgeglichen wird.

Darin besteht zugleich die Sicherung der Gläubiger der abhängigen Gesellschaft. Deshalb haftet das herrschende Unternehmen ihnen nicht unmittelbar.

e) Vorstehende Vermögenssicherungen gelten ipso jure aufgrund des Beherrschungsvertrags, mag das herrschende Unternehmen in die Geschäftsführung der Gesellschaft eingreifen oder nicht.

V. Verantwortlichkeit aufgrund des Beherrschungsvertrags

1. a) Die gesetzlichen Vertreter des **herrschenden** Unternehmens sind einerseits ihrem **eigenen** Unternehmen gegenüber für sorgfältige Geschäftsführung verantwortlich, wobei die Ausübung der Leitung der beherrschten Gesellschaft zu den Maßnahmen ihrer Geschäftsführung gehört.

Eine Verantwortlichkeit kann sich hiernach ergeben, wenn das herrschende Unternehmen mittels Weisung die abhängige Gesellschaft zu Aktivitäten veranlaßt, welche mit dem statutarischen Gegenstand des Unternehmens der herrschenden Gesellschaft unverträglich sind, oder, wenn durch unsorgfältige Weisungen bei der unterworfenen Gesellschaft Verluste entstehen, die das herrschende Unternehmen auszugleichen hat, oder wenn bei mangelhafter Geschäftsführung der Gesellschaft die gesetzlichen Vertreter des herrschenden Unternehmens nicht eingreifen.

b) Die gesetzlichen Vertreter des herrschenden Unternehmens haben nach § 309 AktG auch gegenüber der unterworfenen Gesellschaft bei Erteilung von Weisungen Sorgfalt zu wahren; so z.B bei Weisung zu Investitionen oder Betriebsumstellungen oder zu Vertragsabschlüssen mit Dritten. Die Benachteiligung der abhängigen Gesellschaft ist jedoch nicht per se ein Haftungsgrund, sondern dann, wenn sie unter Verletzung der Sorgfalt erfolgt, wenn sie also nicht durch ein legitimes wirtschaftliches Interesse des herrschenden Unternehmens gerechtfertigt erscheint.

In allen Fällen, in denen die gesetzlichen Vertreter des herrschenden Unternehmens gegenüber der abhängigen Gesellschaft haftbar sind, entsteht eine Mithaftung des herrschenden Unternehmens selbst, welche sich aus § 31 BGB ergibt.

Die der unterworfenen Gesellschaft zustehenden Ersatzansprüche gegen das herrschende Unternehmen können auch von ihren Aktionären und Gläubigern geltend gemacht werden, § 309 Abs. 4 AktG.

2. Die Mitglieder des Vorstands und Aufsichtsrats der **unterworfenen** Gesellschaft sind für Schädigungen derselben, welche auf sachgemäßem Vollzug einer bindenden Weisung beruhen, von der Haftung gegenüber ihrer Gesellschaft befreit, § 310 Abs. 3 AktG. Sie bleiben jedoch verantwortlich, wenn sie unter Verletzung ihrer Pflichten gehandelt haben.

Beispiel: Vollzug einer unzulässigen Weisung; mangelhafte Ausführung einer Weisung; mangelhafte eigene Geschäftsführung, falls Weisungen nicht erteilt sind.

VI. Sicherung der außenstehenden Aktionäre

Das herrschende Unternehmen hat bei Abschluß des Beherrschungsvertrags zugunsten der außenstehenden Aktionäre der beherrschten Gesellschaft zwei Arten von Garantien zu übernehmen, zwischen welchen die Aktionäre wählen können, nämlich den **Ausgleich** und die **Abfindung**.

Mit dem Ausgleich soll jenen Aktionären, welche trotz Abschluß des Beherrschungsvertrags weiterhin in der fortan den Interessen des herrschenden Unternehmens dienenden Gesellschaft verbleiben wollen, eine angemessene Rendite ihrer Aktien gewährleistet werden. Jenen Aktionären aber, welche es vorziehen, aus der Gesellschaft auszuscheiden, steht die Überlassung ihrer Aktien an das herrschende Unternehmen gegen angemessene Abfindung zu Gebote, wobei die Abfindung bestehen kann in einem durch Aktientausch bewirkten Überwechseln dieser Aktionäre in die Obergesellschaft oder in einem Ausscheiden gegen Barabfindung.

Der Kreis der außenstehenden Aktionäre ist im Gesetz nicht bestimmt. Er ergibt sich aus der Natur der Sache. Einen Hinweis enthält die Amtl. Begr. (Kropff S. 385). Es sei auf die Kommentare zu § 305 AktG verwiesen.

1. Der Ausgleich, § 304 AktG

a) Als Ausgleich ist vom herrschenden Unternehmen den außenstehenden Aktionären der unterworfenen Gesellschaft eine Rendite ihrer Aktien zuzusichern. Sie kann eine **feste** sein, indem die Auszahlung eines auf den Nennbetrag der Aktie entfallenden festen Gewinnbetrags garantiert wird, z.B. 6% je 50 DM Nennbetrag. Sie kann auch, falls die herrschende Gesellschaft selbst eine AG oder KGaA ist, eine **variable**, d.h. eine von deren Gewinn abhängige Rendite sein, § 304 Abs. 2 AktG.

Die festbemessene Garantie ist eine Dividendenergänzungsgarantie, indem das herrschende Unternehmen nur insoweit einzuspringen hat, als der bei der unterworfenen Gesellschaft zur Ausschüttung kommende Gewinn die garantierte Rendite nicht erreicht.

Angemessen ist diese Rendite, wenn sie der bisherigen Ertragslage der unterworfenen Gesellschaft und den vorhersehbaren Ertragsaussichten unter Berücksichtigung angemessener Abschreibungen und Wertberichtigungen, jedoch ohne Bildung freier Rücklagen entspricht.

Bei der vom Gewinn der Obergesellschaft abhängigen, also der variablen Garantie wird Zahlung des Betrags zugesichert, der auf Aktien der Obergesellschaft mit entsprechendem Nennbetrag jeweils als Gewinnanteil entfällt[10].

b) Jeder außenstehende Aktionär ist berechtigt, eine gerichtliche Prüfung der Angemessenheit des Ausgleichs zu beantragen, wobei im Falle der Unangemessenheit desselben das Gericht den Ausgleich bestimmt. In solchem Falle ist jedoch das herrschende Unternehmen zur Kündigung des Vertrags berechtigt, § 304 Abs. 5 AktG.

c) Der Ausgleich garantiert die **Rendite** der Aktien, während der Erhaltung ihres **Substanzwertes** der dem herrschenden Unternehmen obliegende Verlustausgleich dient (o. IV 3).

2. Die Abfindung, § 305 AktG

a) Darunter ist zu verstehen die Verpflichtung des anderen Vertragsteils, auf Verlangen eines außenstehenden Aktionärs dessen Aktien gegen eine im Vertrag bestimmte angemessene Abfindung zu erwerben. Die gegen Erwerb der angebotenen Aktien zu entrichtende Abfindung ist jedoch verschieden je nach der Rechtsform des herrschenden Unternehmens.

aa) Wenn der andere Vertragsteil eine selbständige, also seinerseits nicht abhängige und auch nicht in Mehrheitsbesitz einer Obergesellschaft stehende inländische AG oder KGaA ist, dann müssen von ihr die ihr von den außenstehenden Aktionären angebotenen Aktien der beherrschten Gesellschaft umgetauscht werden in Aktien des herrschenden Unternehmens, wodurch diese Aktionäre fortan solche der Obergesellschaft werden. Nicht zulässig ist hier irgendeine andere Art der Abfindung, also insbesondere Abfindung durch Bezahlung der Aktien oder durch Gewährung von Aktien einer anderen, dem Konzernverband angehörenden Gesellschaft.

---

10 Streitig ist, ob diese Garantie auch dann zu zahlen ist, wenn in der Obergesellschaft der Gewinn nicht ausgeschüttet, sondern in Rücklage gestellt wird; verneinend *Gessler*, Komm. § 304 Rn. 54, bejahend *Würdinger*, Großkomm. § 304 Anm. 15.

Das herrschende Unternehmen wird sich die zum Umtausch erforderlichen Aktien vielfach erst beschaffen müssen. Hierzu bietet das Gesetz folgende Möglichkeiten.

Nach § 71 Abs. 1 Nr. 3 AktG ist es der herrschenden Gesellschaft gestattet, zu diesem Zweck eigene Aktien in beschränktem Umfange aufzukaufen.

Möglich ist ferner die Zuwendung von Umtauschrechten durch bedingte Kapitalerhöhung gemäß § 192 Abs. 2 Nr. 2 AktG. Da die eingereichten Aktien Sacheinlagen darstellen, hat nach § 194 Abs. 4 AktG eine Prüfung durch gerichtlich zu bestellende Prüfer stattzufinden. Durch diese Prüfung wird die gerichtliche Prüfung der Angemessenheit der Abfindung (u.c.) weder ersetzt noch präjudiziert (s. dazu o. § 69 III 5).

Die Verwendung von Aktien aus genehmigtem Kapital für den Umtausch setzt voraus, daß der Vorstand über den Ausschluß des Bezugsrechts entscheiden kann und daß Ausgabe gegen Sacheinlage zulässig ist, §§ 203 Abs. 2, 205 AktG. Auch hier hat nach § 205 Abs. 3 AktG eine Prüfung, wie vorstehend dargelegt, zu erfolgen.

bb) Ist das herrschende Unternehmen, also der andere Vertragsteil, eine AG oder KGaA, welche von einer dritten AG oder KGaA mit Inlandssitz beherrscht wird oder in deren Mehrheitsbesitz steht, dann können entweder Aktien dieser dritten Obergesellschaft zum Umtausch oder statt dessen eine Barabfindung angeboten werden.

cc) In allen **anderen** Fällen ist eine Barabfindung vorzusehen.

Barabfindung kommt also insbesondere in Betracht, wenn der Vertragspartner als herrschendes Unternehmen keine AG oder KGaA ist oder eine solche mit **Auslandssitz**.

b) Der Aktientausch hat in jenem Verhältnis zu erfolgen, das bei einer Verschmelzung der beiden Gesellschaften, deren Aktien umgetauscht werden, maßgebend sein würde, wobei Spitzenbeträge durch Barzuzahlungen ausgeglichen werden können, § 305 Abs. 3 AktG. Wegen der Umtauschfrist s. § 305 Abs. 4 AktG.

Die Angemessenheit der Barabfindung beurteilt sich nach der Vermögens- und Ertragslage der beherrschten Gesellschaft im Zeitpunkt des Genehmigungsbeschlusses durch die HV[11].

c) Enthält der Vertrag keine Abfindungsregelung oder entspricht die getroffene Regelung nicht den gesetzlichen Vorschriften, ist insbesondere die Abfindung eine unangemessene, dann ist jeder außenstehende Aktionär berechtigt, die Bestimmung der zu gewährenden Abfindung durch das Gericht zu beantragen. Das Verfahren ist in § 306 AktG geregelt.

Die Abfindung gemäß § 305 AktG ist in dem Sinne zwingend, als sie nicht durch eine vertraglich gegenüber § 304 AktG erweiterte Ausgleichsregelung **ersetzt** werden kann. Es bleibt jedoch dem herrschenden Unternehmen anheimgestellt, den Aus-

---

[11] Vgl. *W. Meilicke*, Die Barabfindung für den ausgeschlossenen oder ausscheidungsberechtigten Minderheits-Kapitalgesellschafter (1975); neuestens OLG Celle, DB 1979, 1031; dazu *Forster*, AG 1980, 45 ff.; *W. Meilicke*, DB 1980, 2121 ff.; *Roser*, DB 1980, 894; BGH, DB 1973, 563.

gleich nach § 304 AktG so zu gestalten, daß die außenstehenden Aktionäre an einer Abfindung nicht mehr interessiert sind.

VII. Beendigung des Beherrschungsvertrags

1. Das Gesetz enthält in den §§ 296, 297 AktG zwei Sondervorschriften über Aufhebung und Kündigung des Vertrags, neben welchen die Kündigung nach §§ 304 Abs. 5, 305 Abs. 5 Satz 4 AktG und die Vertragsbeendigung nach § 307 AktG zu beachten sind.

2. Neben diesen gesetzlich geregelten Fällen kommen noch weitere Beendigungsgründe in Betracht, etwa Zeitablauf oder Auflösung des herrschenden Unternehmens oder Eingliederung der abhängigen Gesellschaft in die Obergesellschaft (OLG Celle WM 1972, 1011). Bestritten ist die Wirkung der Verschmelzung des herrschenden Unternehmens mit einer anderen Gesellschaft[12].

3. Bei Beendigung des Beherrschungsvertrags hat das herrschende Unternehmen den Gläubigern der unterworfenen Gesellschaft nach § 303 AktG Sicherheit zu leisten.

§ 71   Der Gewinnabführungsvertrag

Vorbemerkung

Der Gewinnabführungsvertrag ist von Bedeutung für die körperschaftsteuerliche Organschaft. Eine eingehende Darstellung derselben ist nicht Aufgabe dieses Buchs. Mit Bezug auf die AG und KGaA sei jedoch folgendes bemerkt[1].

1. a) Die körperschaftsteuerliche Organschaft setzt bei einer AG oder KGaA mit Geschäftsleitung und Sitz im Inland nach § 14 KStG voraus, daß diese Gesellschaft („Organgesellschaft") sich durch Gewinnabführungsvertrag zur Abführung ihres gesamten Gewinns an ein anderes inländisches Unternehmen („Organträger") verpflichtet. Der Vertrag, der spätestens am Ende jenes Wirtschaftsjahres der Organgesellschaft Wirksamkeit erlangen muß, für welches die steuerlichen Konsequenzen Platz greifen sollen, ist auf mindestens fünf Jahre zu schließen, und er muß während dieser Zeit durchgeführt werden.

---

12 Vgl. *H. Westermann* in Festschrift für Schilling S. 283; a.A. *Würdinger*, Großkomm. § 291 Anm. 24, 47.

1 Vgl. *Schmidt-Steppert*, Die Organschaft im Körperschaftsteuer-Gewerbesteuer- und Umsatzsteuerrecht (3. Aufl. 1978).

Die Organgesellschaft muß ferner in den Organträger **finanziell, wirtschaftlich** und **organisatorisch** eingegliedert sein. Es handelt sich hier um steuerrechtliche Begriffe, welche in § 14 KStG näher umschrieben sind.

Die finanzielle Eingliederung liegt vor, wenn dem Organträger aufgrund unmittelbarer und ununterbrochener Beteiligung an der Organgesellschaft vom Beginn ihres Wirtschaftsjahres an die Mehrheit der Stimmrechte zusteht[2].

Das Erfordernis der organisatorischen Eingliederung ist stets erfüllt, wenn zu dem gleichen Zeitpunkt die Organgesellschaft nach §§ 319 ff. AktG in den Organträger aktienrechtlich eingegliedert ist oder wenn sie sich durch Beherrschungsvertrag seiner Leitung unterstellt hat. Praktisch wird daher mit dem Beherrschungsvertrag der Gewinnabführungsvertrag verbunden.

Die wirtschaftliche Eingliederung, welche trotz Beherrschungsvertrag nicht notwendig vorliegt, setzt voraus, daß das Unternehmen des Organträgers durch jenes der Organgesellschaft wirtschaftlich gefördert oder ergänzt wird.

b) Aufgrund der Organschaft wird das Einkommen der Organgesellschaft dem Organträger zugerechnet, ist also nur von diesem mit seinem eigenen Einkommen zu versteuern. Dieses bewirkt, daß beim Organträger eine Verrechnung von positivem und negativem Einkommen, also von Gewinn und Verlust erfolgt.

c) Eine Besonderheit gilt für Ausgleichszahlungen gemäß § 304 AktG der abhängigen Gesellschaft an ihre außenstehenden Aktionäre. Diese Zahlungen dürfen nach § 4 Abs. 5 Nr. 8 EStG weder den Gewinn der Organgesellschaft noch den Gewinn des Organträgers vermindern. Demgemäß bestimmt § 16 KStG, daß die Organgesellschaft die geleisteten Ausgleichszahlungen mit der darauf entfallenden Ausschüttungsbelastung (§ 27 KStG) als ihr einziges Einkommen zu versteuern hat, und dieses gilt selbst dann, wenn der Organträger die Verpflichtung zur Ausgleichszahlung übernommen hatte.

Die außenstehenden Aktionäre haben die Ausgleichszahlung als Einkünfte aus Kapitalvermögen zusammen mit ihren sonstigen Einkünften zu versteuern; ihnen steht jedoch der Anspruch auf Anrechnung der Körperschaftsteuer in Höhe von 9/16 der Ausgleichszahlung zu, § 36 Abs. 2 Nr. 3 EStG (s. o. § 16).

2. Der Abschluß eines Gewinnabführungsvertrags ist auch für die GmbH zur Begründung der steuerlichen Organschaft erforderlich. Da aber das GmbHG eine diesen Vertrag regelnde Ordnung nicht bereitstellt, weshalb dieser Vertrag bei der GmbH nur schuldrechtlich wirkt (o. § 70 II), hat § 17 KStG bestimmte Erfordernisse aufgestellt, denen er mindestens entsprechen muß. Hiernach ist vorausgesetzt schriftlicher Abschluß desselben, welcher durch die Geschäftsführer der Gesellschaft erfolgt; vorausgesetzt ist weiter, daß die Gesellschafter mit einer Mehrheit von drei Viertel der abgegebenen Stimmen zustimmen; sodann muß eine Verlustübernahme durch das herrschende Unternehmen entsprechend den Vorschriften des § 302 AktG vereinbart sein, und es muß auch die Abführung von Erträgen aus der Auflösung von freien vorvertraglichen Rücklagen ausgeschlossen sein.

---

2 Zur finanziellen Eingliederung mittels indirekter Beteiligung bei der Körperschaftsteuerlichen Organschaft s. *Haase*. DB 1972 S. 1257 ff. u. 1307 ff.

§ 71 *Der Gewinnabführungsvertrag*

Diese Erfordernisse sind Voraussetzung für die steuerliche Anerkennung des Vertrags. Durch sie wird jedoch das Gesellschaftsrecht nicht geändert. Für die Frage, welche gesellschaftsrechtliche Voraussetzungen sich für den Vertragsabschluß ergeben, ist deshalb allein das Recht der GmbH maßgebend.

Verpflichtet sich eine GmbH durch Vertrag ihres Geschäftsführers zur Abführung ihres gesamten Gewinns an einen ihrer Gesellschafter (an das herrschende Unternehmen), so kann die Geschäftsführung eine solche Vereinbarung den anderen Gesellschaftern gegenüber nur rechtfertigen, wenn jeder von ihnen zustimmt. Es wird deshalb mit ihnen eine entsprechende frei zu bestimmende Entschädigung zu vereinbaren sein. Aus diesem Zusammenhang wird zugleich ersichtlich, daß die Zustimmung der betroffenen Gesellschafter nur intern entlastende Bedeutung hat, daß ihr aber keine Außenwirkung zukommt.

Da die in Konzernverband stehenden GmbH in aller Regel sich im Alleinbesitz des oder der herrschenden Unternehmen befinden, ist vorstehende Erwägung praktisch weitgehend gegenstandslos.

3. Zur Begründung einer körperschaftssteuerlichen Organschaft bei **Gemeinschaftsunternehmen** in Form von AGn oder KGaA, deren Gesellschafter Unternehmen mit Geschäftsleitung und Sitz im Inland sind, schließen diese unter sich eine Gesellschaft bürgerlichen Rechts, welche den Gewinnabführungs- und Beherrschungsvertrag mit dem Gemeinschaftsunternehmen schließt. Erforderlich ist, daß jeder Gesellschafter an der Organgesellschaft (dem Gemeinschaftsunternehmen) vom Beginn des Wirtschaftsjahres an ununterbrochen beteiligt ist und daß die Beteiligungen der Gesellschafter zusammen die Mehrheit der Stimmrechte gewähren, ferner, daß das Gemeinschaftsunternehmen jedes Unternehmen seiner Gesellschafter fördert oder ergänzt (vgl. Nr. 55 KStR)[3].

Möglich und steuerlich anerkannt ist auch folgende Konstruktion: Jede der Obergesellschaften schließt mit dem Gemeinschaftsunternehmen einen Beherrschungs- und Gewinnabführungsvertrag, wobei sie sich über gemeinsame Ausübung des Weisungsrechts verständigen. Das Gemeinschaftsunternehmen führt seinen gesamten Gewinn ab, jedoch unter Aufteilung auf die Obergesellschaften nach Maßgabe ihrer Beteiligungen.

I. Der Begriff Gewinnabführungsvertrag

1. a) Der Gewinnabführungsvertrag ist ein Vertrag, durch welchen eine AG oder KGaA sich verpflichtet, ihren ganzen Gewinn an ein anderes Unternehmen abzuführen, § 291 AktG.

Der durch einen Vorabschluß ermittelte abzuführende Gewinn erscheint in der GV-Rechnung der verpflichteten Gesellschaft gem. § 157 Nr. 27 AktG als Aufwendung

---

3 Vgl. dazu Komm.-Bericht Rn. 1548 ff.

aufgrund Gewinnabführungsvertrags und in der GV-Rechnung der Empfängerin nach § 157 Nr. 7 AktG als Ertrag aus solchem Vertrag.

Da hiernach im Jahresabschluß der verpflichteten Gesellschaft ein Bilanzgewinn nicht mehr zum Ausweis kommt, entfällt bei ihr auch der Gewinnverwendungsbeschluß.

b) Als Gewinnabführungsvertrag gilt auch ein Vertrag, durch welchen eine AG oder KGaA es übernimmt, ihr Unternehmen für Rechnung eines anderen Unternehmens zu führen (sog. **Geschäftsführungsvertrag**), § 291 Abs. 1 Satz 2 AktG.

Die Vereinbarung, wonach die Gesellschaft ihre Geschäfte für Rechnung des anderen Vertragsteils betreibt, findet sich in den früheren Organschaftsverträgen. Sie sind nunmehr nach § 22 EGAktG als Gewinnabführungsverträge zu behandeln, wobei sich mit ihnen im Hinblick auf die Formulierung dieser Verträge, daß die verpflichtete Gesellschaft ihre Geschäfte auch „nach Weisung des herrschenden Unternehmens betreibt", zugleich ein Beherrschungsvertrag verbindet.

2. Auch der Gewinnabführungsvertrag ist für die sich verpflichtende AG gleich dem Beherrschungsvertrag ein **Organisationsvertrag**, durch welchen entgegenstehende Vorschriften des Gesetzes und der Satzung für die Zeit der Vertragsdauer überlagert und verdrängt werden.

Indem der andere Vertragsteil gesellschaftsrechtlich zur Übernahme des gesamten Gewinns legitimiert wird, sind die §§ 58 Abs. 4, 60 AktG wonach der Anspruch auf Gewinn sämtlichen Aktionären zusteht und der Gewinnanteil sich nach dem Verhältnis der Aktiennennbeträge bestimmt, außer Kraft gesetzt, § 291 Abs. 3 AktG.

II. Der abzuführende Gewinn

1. Aufgrund des Gewinnabführungsvertrags kann von dem anderen Vertragsteil höchstens der ohne die Gewinnabführung entstehende Jahresüberschuß (§ 157 Nr. 28), vermindert um einen Verlustvortrag aus dem Vorjahr und um den nach § 300 AktG in die gesetzliche Rücklage einzustellenden Betrag (u. III), übernommen werden, § 301 AktG.

Indem der Jahresüberschuß den in der GV Rechnung nach § 157 Nr. 28 AktG ausgewiesenen Saldo darstellt, in welchem Entnahmen aus offenen Rücklagen nicht enthalten sind, verhindert die Regelung des § 301 AktG die Auflösung und Übernahme vorvertraglicher freier Rücklagen. Nach § 301 Satz 2 AktG können als Gewinn nur jene Beträge aus freien Rücklagen mit übernommen werden, welche erst während der Vertragsdauer in sie eingestellt worden sind.

2. Durch § 301 AktG wird lediglich der zulässige **Höchstbetrag** des abzuführenden Gewinnes festgelegt. Das schließt eine Reduzierung desselben durch Zuweisungen in freie Rücklagen nicht aus. Nach § 14 Nr. 5 KStG wird jedoch die Einstellung von Beträgen aus dem Jahresüberschuß in freie Rücklagen steuerlich nur insoweit anerkannt, als die Einstellung bei vernünftiger kaufmännischer Beurteilung wirtschaftlich begründet ist, wenn also ein konkreter Anlaß zur Bildung der Rücklage führt, der sie sachlich rechtfertigt.

III. Gesetzliche Rücklage, Verlustübernahme

1. Aufgrund des Gewinnabführungsvertrags ist in der gewinnabführenden Gesellschaft eine gesetzliche Rücklage zu bilden, deren Speisung und Auffüllung in § 300 Nr. 1 AktG abweichend von § 150 AktG geregelt ist.

Diese gesetzliche Rücklage darf, wie sich aus § 302 AktG ergibt, nicht zum Ausgleich von Verlusten verwendet werden, welche während der Vertragsdauer entstehen.

2. Der zur Gewinnübernahme berechtigte Vertragsteil hat nach § 302 AktG jeden bei der Gesellschaft während der Vertragsdauer entstehenden Jahresfehlbetrag auszugleichen, soweit dieser nicht dadurch ausgeglichen wird, daß den freien Rücklagen Beträge entnommen werden, die während der Vertragsdauer in sie eingestellt worden sind (s. o. § 70 IV 3).

Da auch bei Gewinnabführung eine gesetzliche Rücklage zu bilden ist, die während der Vertragsdauer erhalten bleibt, deckt sich die Regelung des § 301 AktG mit der in § 302 AktG statuierten Verlustübernahme insofern, als jede Überschreitung des als Gewinn abführbaren Höchstbetrags einen nach § 302 AktG auszugleichenden Verlust erzeugt. Beide Vorschriften wirken mithin als Stauschleuse, welche ein Abfließen der Vermögenssubstanz verhindert und die bilanzmäßige Erhaltung des Gesellschaftsvermögens sichert.

3. Besteht zwischen einer abhängigen AG oder KGaA lediglich ein Gewinnabführungsvertrag ohne Beherrschungsvertrag, so bleibt für das herrschende Unternehmen gemäß § 316 AktG das Verbot der Benachteiligung der Gesellschaft und die Haftung nach den §§ 311, 317 AktG bestehen; es entfallen jedoch die §§ 312 bis 315 AktG über den Abhängigkeitsbericht und über die Sonderprüfung.

IV. Abschluß und Änderung des Vertrags

1. Wie alle Unternehmensverträge unterliegt auch der Gewinnabführungsvertrag, wenn er geschlossen wird von einer zur Gewinnabführung sich verpflichtenden AG oder KGaA, den §§ 293 ff. AktG.

Wirksamkeit erlangt der Vertrag erst mit Eintragung seines Bestehens ins Handelsregister, § 294 Abs. 2 AktG.

2. Dieselben Grundsätze gelten für nachträgliche Änderung des Vertrags, wobei die in § 295 Abs. 2 AktG vorgesehene Besonderheit zu beachten ist.

Zwischen der Hauptgesellschaft und der eingegliederten Gesellschaft ist Abschluß und Änderung des Gewinnabführungsvertrags wesentlich erleichtert, § 324 Abs. 2 AktG (s. o. § 69 V 3).

V. Sicherung der außenstehenden Aktionäre

1. Den außenstehenden Aktionären der gewinnabführenden Gesellschaft ist zur Wahl der **Ausgleich** (§ 304 AktG) und die **Abfindung** (§ 305 AktG) anzubieten. Ihr Rechtsschutz ist mithin derselbe wie beim Beherrschungsvertrag (s. o. § 70 VI).

2. Eine Besonderheit gilt lediglich in bezug auf die als Ausgleich zu gewährende Rendite. Da der Gewinnabführungsvertrag im Unterschied zum Beherrschungsvertrag die Entstehung eines verteilbaren Gewinnes bei der verpflichteten Gesellschaft ausschließt, ist hier die zu garantierende Rendite nicht eine Dividendenergänzungsgarantie, sondern eine volle Dividendengarantie. Sie ist fest zu bemessen, z. B. 6% pro 50 DM Nennbetrag der Aktie. Ist jedoch das gewinnübernehmende Unternehmen selbst eine AG oder KGaA, so kann auch hier die Zahlung des Betrags zugesichert werden, der auf Aktien der anderen Gesellschaft mit mindestens dem entsprechenden Nennbetrag jeweils als Gewinnanteil entfällt (o. § 70 VI 1 a).

VI. Gewinnübernahme durch ein ausländisches Unternehmen

1. Ebenso wie eine inländische Gesellschaft durch Beherrschungsvertrag sich der Leitung eines ausländischen Unternehmens unterstellen kann, ist mit einem solchen auch der Abschluß eines Gewinnabführungsvertrags zwecks Begründung der körperschaftsteuerlichen Organschaft möglich. Da auch der Gewinnabführungsvertrag in seiner gesamten rechtlichen Ausgestaltung zum Personalstatut der gewinnabführenden Gesellschaft gehört, ist dieser Regelung auch das ausländische Unternehmen unterworfen.

2. Die Voraussetzungen der Anerkennung der körperschaftsteuerlichen Organschaft sind in § 18 KStG enthalten.

Erforderlich ist hiernach, daß das ausländische Unternehmen, dessen Sitz und Geschäftsleitung sich im Ausland befinden, im Inland eine im Handelsregister eingetragene Zweigniederlassung im Sinne der § 13 HGB, §§ 42, 44 AktG unterhält, und daß der Gewinnabführungs- und Beherrschungsvertrag unter der Firma dieser Zweigniederlassung geschlossen wird.

Die für die finanzielle Eingliederung im steuerrechtlichen Sinne erforderliche Beteiligung des ausländischen Unternehmens muß zum Betriebsvermögen der inländischen Zweigniederlassung gehören, also bei ihr bilanziert werden, so daß auch die übernommenen Gewinne und Verluste bei ihr buchmäßig erfaßt werden. Die organisatorische Eingliederung ist durch den Beherrschungsvertrag bewirkt. Auch die wirtschaftliche Eingliederung muß im Verhältnis zur Zweigniederlassung gegeben sein.

Durch diese gesetzlichen Voraussetzungen ist sichergestellt, daß das dem Organträger zuzurechnende Einkommen der Organgesellschaft im Inland besteuert werden kann und daß die Organschaftsvoraussetzungen im Inland nachprüfbar sind[4].

---

4 Vgl. *Bühler-Paulik*, Körperschaftsteuer (1978) § 18 Anm. 1.

VII. Beendigung der Vertrags

1. Es gelten dieselben Grundsätze wie für den Beherrschungsvertrag (o. § 70 VII). Aus § 307 AktG ergibt sich, daß der Gewinnabführungsvertrag auch stets endet, wenn die aktienrechtliche Eingliederung nach § 327 Nr. 3 AktG dadurch beendet wird, daß sich nicht mehr alle Aktien der eingegliederten Gesellschaft in der Hand der Hauptgesellschaft befinden.

2. Bei Beendigung des Vertrags ist den Gläubigern der Gesellschaft nach § 303 AktG Sicherheit zu leisten.

§ 72 Abhängigkeit bei Fehlen eines Beherrschungsvertrags

I. Die systematische Einordnung der Regelung

1. Die Beherrschung einer Gesellschaft durch ein anderes Unternehmen ist, wie die Amtl. Begr. (Kropff S. 373) sagt, „mit Gefahren für die anderen Aktionäre und die Gläubiger verbunden. Denn die Beherrschungsmacht wird nicht selten nicht in gemeinsamem Interesse aller Aktionäre, sondern nach den besonderen unternehmerischen Interessen des Großaktionärs ausgeübt". Diesen Gefahren zu begegnen ist der Zweck der §§ 311 ff. AktG.

Die Einordnung dieser Vorschriften in das System des AktG und ihre Interpretation bereitet jedoch große Schwierigkeiten[1]. Trotz intensiver Auseinandersetzung in Einzeluntersuchungen und in den Kommentaren ist u.E. eine überzeugende Lösung noch nicht gefunden[2]. Die Entstehungsgeschichte dieser Bestimmungen läßt in ihnen den Niederschlag zweier sich widersprechender Bestrebungen erkennen, nämlich einerseits, die abhängige Gesellschaft und ihre Minderheitsaktionäre gegen Schädigung durch das sie beherrschende Unternehmen zu schützen; andererseits, der bisherigen Praxis Rechnung tragend, auch ohne Beherrschungsvertrag die Ausübung von Konzernleitung, bei welcher sich Benachteiligungen der abhängigen Gesellschaft nicht ausschließen lassen, zu ermöglichen. Der RefE hatte in § 284 in der Erwägung, daß außerhalb des Beherrschungsvertrags mit seinen Garantien für die außenstehenden Aktionäre eine Durchsetzung gesellschaftsfremder Interessen zum Nachteil der abhängigen Gesellschaft zu untersagen sei, eine strenge Erfolgshaftung des in die Geschäftsführung der Gesellschaft eingreifenden herrschenden Unterneh-

---

[1] Vgl. *Emmerich*, AG 1976, 227: „Es besteht inzwischen weitgehend Einigkeit darüber, daß die §§ 311 ff. AktG mißglückt sind." Zum Problem im ganzen Komm.-Bericht Rn. 1378 ff. 1435 ff.
[2] Es sei auf das von *Kropff* in Gessler Komm. Vorbem. vor § 311 zusammengestellte Schrifttum und auf die in Vorbem. 7–28 dargelegten Lösungsversuche im Schrifttum verwiesen. Auch die Meinung des Verfassers in den Vorauflagen und im Großkomm. zu § 311 hat geschwankt.

mens vorgesehen. Bei den parlamentarischen Beratungen jedoch setzte sich die Auffassung durch, daß Benachteiligungen der abhängigen Gesellschaft durch das sie beherrschende Unternehmen dann und insoweit zuzulassen seien, als sie von dem Unternehmen wieder ausgeglichen werden.

Aufgrund des Hinweises der Amtl. Begr. (Kropff S. 407), daß die §§ 311 ff. AktG „das Kernstück der Regelung des sog. faktischen Konzerns" darstellen, und aufgrund der Formulierung des § 311 AktG, daß bei Fehlen eines Beherrschungsvertrags ein herrschendes Unternehmen die abhängige Gesellschaft nicht benachteiligen darf, es sei denn, daß die Nachteile wieder ausgeglichen werden, wird von der bisher herrschenden Lehre gefolgert, daß Schädigung der abhängigen Gesellschaft gegen Ausgleich gesetzlich also erlaubt sei.

Diese lediglich aus den Worten „es sei denn" abgeleitete Interpretation des § 311 AktG bedeutet einen weitgehenden Einbruch in das System der gesetzlichen Schutzbestimmungen. Das „dürfen" von Schadenszufügung gegen Ausgleich nämlich würde die Rechtswidrigkeit des Eingriffs[3] beseitigen und somit die Ausschaltung der Abwehrrechte der Gesellschaft gegenüber solchen Einwirkungen bewirken. Desgleichen wird daraus die Unanwendbarkeit des § 117 AktG gefolgert[4], aber auch der Wegfall der Verantwortlichkeit der Verwaltungsorgane der beherrschten Gesellschaft im Falle der Befolgung schädlicher Einflußnahmen, soweit sie für Ausgleich sorgen[5]. Aus dem Erlaubtsein schädigender Einflußnahmen beliebiger Art, sofern sie gegen Ausgleich erfolgen, wird im Schrifttum auch die Aufhebung des Verbots von Vermögensrückzahlungen[6] abgeleitet, womit zugleich der aus § 93 Abs. 3 Nr. 1 mit Abs. 5 AktG sich ergebende Schutz der Gesellschaftsgläubiger entfallen würde, indem an die Stelle des Vermögensschutzes der Ausgleich tritt.

Der Schutz der Gesellschafter und der Gläubiger, welcher das Anliegen der §§ 311 ff. AktG darstellt, von denen in BGH 69, 336/7 gesagt ist, daß sie eine Gruppe von Vorschriften darstellen, „die vor allem Minderheitsaktionäre (gegebenenfalls auch Gläubiger) vor Gefahren schützen sollen, die ihnen durch eine Beherrschung der Gesellschaft von außen drohen", besteht also hiernach in der Aufhebung eines ganzen Systems gesetzlicher Schutzmaßnahmen und Ersetzung derselben lediglich durch den „Ausgleich" gemäß § 311 Abs. 2 AktG, der nicht einmal voller Schadenersatz im Sinne der §§ 249, 252 BGB ist.

Hierbei anzunehmen, daß dadurch der Schutz der von einem Unternehmen beherrschten Gesellschaft gesteigert sei gegenüber der bei Abhängigkeit der Gesellschaft von einem privaten Aktionär bestehenden Rechtslage, bei welcher das gesetzliche Schutzsystem unangetastet bleibt, erscheint unverständlich, und die Unhaltbarkeit solcher Interpretation setzt sich auch mehr und mehr im Schrifttum durch[7].

---
3 Damit entfällt auch der Gesichtspunkt des Verschuldens; was erlaubt ist, kann nicht verschuldet sein.
4 Vgl. *Biedenkopf-Koppensteiner*, Köln-Komm. § 311 Anm. 58 mit weiteren Nachweisen.
5 S. dazu insbes. *Gessler*, Leitungsmacht und Verantwortlichkeit im faktischen Konzern, Festschrift für Westermann (1974) S. 145 ff.
6 So *Kropff* in Gessler Komm. § 311 An. 65 mit weiteren Nachweisen.
7 Vgl. *Emmerich-Sonnenschein*, Konzernrecht (2. Aufl. 1977) S. 196 ff.; *Mestmäcker* in Festschrift für Kronstein (1967) S. 129 ff.; *Neuhaus*, DB 1970, 1913; *Martens*, DB 1970, 865; *Wälde*, AG 1974, 370; *Koppensteiner* ZGR, 1973, 8.

§ 72 *Abhängigkeit bei Fehlen eines Beherrschungsvertrags*

Hinter der Auslegung der herrschenden Lehre verbirgt sich noch ein weiteres Problem: Bei der abhängigen Gesellschaft wie beim herrschenden Unternehmen handelt es sich um Vermögensinteressen gleichwertigen Rangs. Wenn nun das Gesetz dem einen Interessenten erlaubt, den anderen gegen Ausgleich beliebig zu schädigen, und damit dem anderen das Recht der Abwehr entzieht, erhebt sich die Frage, wie solches mit der Verfassung in Einklang zu bringen sei[8]. Während beim Beherrschungsvertrag aus diesem Grunde neben der Verpflichtung zu Verlustausgleich und neben der Unantastbarkeit der gesetzlichen Rücklage die besonderen Garantien für die außenstehenden Aktionäre bestehen, soll bei Fehlen dieses Vertrags der Ausgleich all diese Sicherungen überflüssig machen?

2. Vorstehende Erwägungen führen dazu, den rechtlichen Inhalt des § 311 AktG nicht in einem „Versagen" oder „Gestatten" schädlicher Einflußnahme zu erblicken, sondern als Regelung der mit einem bestimmten Verhalten des herrschenden Unternehmens verbundenen **Haftung**. Unter diesem Aspekt ist eine dem Schutzzweck der §§ 311 ff. AktG entsprechende rechtslogische Einordnung dieser Vorschriften in das System des AktG möglich.

Auszugehen ist von einem Vergleich der rechtlichen Stellung des Vorstands der Gesellschaft mit jener, welche einem die Gesellschaft beherrschenden Aktionär zukommt.

a) Der Vorstand der Gesellschaft ist als das Geschäftsführungsorgan zu sorgfältiger Geschäftsführung verpflichtet. Verstößt er hiergegen, so entsteht ein Ersatzanspruch der Gesellschaft; und dieses gilt nach § 93 AktG schon bei leichter Fahrlässigkeit, wobei zu Lasten des Vorstands sein Verschulden vermutet wird.

Ein herrschender Aktionär ist nicht Organ der Gesellschaft, daher zur Einwirkung auf die Geschäftsführung weder berechtigt noch verpflichtet. Ihm obliegt daher bei faktischer Einflußnahme auch keine Pflicht zur Wahrung der Sorgfalt. Er kann im Gegensatz zum Vorstand weder nach § 266 StGB strafbar, noch aus § 93 AktG haftbar werden; seine Haftung kann nur eine **deliktische** sein. Die einschlägige Vorschrift ist § 117 AktG; sie aber setzt **vorsätzlich** schädigende Einwirkung auf die Geschäftsführung voraus. Benachteiligt der Aktionär gemäß § 117 AktG die Gesellschaft bona fide oder leichtfertig (fahrlässig), so bleibt er haftungsfrei, da auch der subsidiär einschlägige § 823 Abs. 1 BGB keinen Vermögensschutz gegen fahrlässige Schädigung enthält.

Das Gesetz hat dieses in bezug auf einen herrschenden privaten Aktionär hingenommen in der Erwägung, daß er in aller Regel am Wohlergehen der Gesellschaft interessiert, bei ihm die Gefahr schädigender Einwirkung also gering sei[9].

b) In diese Haftungslücke nun schieben zum Schutz der Gesellschaft gegenüber einem sie beherrschenden Unternehmen die §§ 311 ff. AktG sich ein. Da auch dem

---

8 Verfassungsrechtliche Bedenken werden in Abrede gestellt von *Kropff* a.a.O. § 311 Anm. 55 mit weiteren Zitaten.

9 So die Amtl. Begr. zu § 20/21 (*Kropff* S. 42): „Bei Beteiligung eines Unternehmens besteht die Gefahr, daß das Unternehmen die Rechte aus der Beteiligung zum Nachteil der Gesellschaft für seine unternehmerischen Interessen ausnutzt. Diese Gefahr besteht bei einem Aktionär, der kein Unternehmen ist, nicht in gleicher Weise."

herrschenden Unternehmen bei faktischer Einflußnahme auf die Gesellschaft keine Sorgfaltspflicht obliegt, kann es nur deliktisch haftbar werden.

Bei **unverschuldeter** Schädigung durch Einflußnahme besteht keine Haftung, wobei Schuldlosigkeit nach § 317 Abs. 2 AktG dann vorliegt, wenn auch ein ordentlicher Geschäftsleiter einer unabhängigen Gesellschaft so gehandelt haben würde, wenn m. a. W. die veranlaßte Maßnahme vom Standpunkt eines Unternehmers aus in bezug auf die überschaubare Entwicklung wirtschaftlich sinnvoll und gerechtfertigt erschienen ist[10].

Dagegen greift im Falle **fahrlässiger** Einwirkung die Pflicht zum Ausgleich des dadurch bewirkten Nachteils Platz, bei Verweigerung des Ausgleichs die Ersatzpflicht nach § 317 Abs.1 AktG. Darin besteht die Erhöhung des Schutzes der beherrschten Gesellschaft gegenüber Einwirkungen eines privaten Aktionärs.

c) Bei solcher Auslegung wird evident, daß im Falle **vorsätzlicher** Schadenszufügung durch das herrschende Unternehmen die Schadenersatzpflicht aus § 117 AktG entsteht, dessen Anwendbarkeit durch die §§ 331 ff. AktG nicht verdrängt wird.

Während nach § 311 AktG auch Einflußnahme über die HV einbezogen ist, schließt § 117 Abs. 7 Nr. 1 AktG diese aus. Bei vorsätzlicher Schädigung der Gesellschaft mittels Stimmabgabe in der HV kann jedoch deliktische Haftung aus § 826 BGB entstehen und Anfechtbarkeit des HV-Beschlusses nach § 243 Abs. 2 AktG Platz greifen.

3. In dem Vorentwurf eines von der Kommission der EG erstellten Vorschlags einer Konzernrichtlinie wird vorgesehen, daß das herrschende Unternehmen und dessen handelnde gesetzliche Vertreter bei Einflußnahme auf die abhängige Gesellschaft für jeden dadurch verursachten Schaden in gleicher Weise zu Schadenersatz verpflichtet sind wie die Mitglieder des Verwaltungsorgans der Gesellschaft. Das herrschende Unternehmen hat mithin bei Einflußnahme auf die Geschäftsführung die gleiche Sorgfalt zu wahren wie die Mitglieder des Vorstands. Dieses entspricht dem Grundsatz, daß ein Aktionär ,,der sich in die Schuhe der Verwaltung stellt", zwar nicht deren Rechte hat, wohl aber dieselbe Verantwortlichkeit trägt[11].

II. Folgerungen

1. Die §§ 311 ff. AktG stellen nicht auf Ausübung der Leitung, sondern auf jede einzelne Einflußnahme des herrschenden Unternehmens ab. Durch sie wird der faktische Konzern nicht verhindert. Einheitliche Leitung und Koordinierung der abhängigen Gesellschaft mit den Interessen des herrschenden Unternehmens ist in diesem Rahmen durchaus möglich.

---

10 Nach *Kropff* in *Gessler*, Komm. § 311 Anm. 108 u. anderen sei in diesem Fall die Maßnahme nicht nachteilig gewesen. Es ist indessen unverständlich, wieso Unvorhersehbarkeit eines Schadens diesen selbst soll beseitigen können.
11 Kritisch dazu *Kropff* in *Gessler*, Komm. Vorbem. 24–26 vor § 311, der jedoch in Anm. 46 ebenda sagt, daß das herrschende Unternehmen, indem es faktische Konzernleitung ausübt, gegenüber der Gesellschaft in eine besondere Pflichtenstellung tritt.

2. Unberührt von den §§ 311 ff. AktG besteht das Verbot der Vermögensrückzahlung und die Haftung bei Verstoß hiergegen.

3. Auch die Verantwortlichkeit der Verwaltungsmitglieder der abhängigen Gesellschaft nach §§ 93, 116 AktG wird durch die §§ 311 ff. AktG nicht angetastet. Zur Sorgfaltspflicht derselben gehört es aber auch, für den nach § 311 Abs. 2 AktG etwa erforderlichen Ausgleich und nach § 318 AktG für sachgerechten Abhängigkeitsbericht zu sorgen.

4. Bei Abhängigkeit der Gesellschaft von mehreren gemeinsam herrschenden Unternehmen kann solidarische Ausgleichs- oder Ersatzpflicht in Betracht kommen (BGH 62, 198).

5. Da die §§ 311 ff. AktG Schutz der abhängigen inländischen Gesellschaft gegenüber dem als Großaktionär beteiligten Unternehmen bezwecken, kommen sie gleichermaßen auf herrschende Unternehmen im Ausland zur Anwendung[12].

III. Nachteil und Ausgleich

In § 311 AktG ist nicht von Schaden und Schadensersatz die Rede, sondern von Nachteil und Ausgleich desselben[13]. Diese Begriffe sind nicht neu, sondern von der Rechtsordnung auch in anderen Zusammenhängen verwendet. In § 294 AktG 1937 war vorsätzliches Handeln eines Vorstandsmitglieds zum Nachteil der Gesellschaft mit Strafe bedroht, eine Vorschrift, welche im AktG 1965 wegen des den gleichen Sachverhalt umfassenden § 266 StGB gestrichen wurde. Im Bürgerlichen Recht findet sich der Begriff Ausgleich in verschiedenen Zusammenhängen (§§ 1371, 1385, 2050, 2316 BGB). Mögen sich auch aus Zusammenhang und Zweck der §§ 311 ff. AktG Modalitäten der Auslegung ergeben, so besteht doch eine Übereinstimmung im wesentlichen Sinngehalt dieser Begriffe.

1. Der **Nachteil** hat mit dem Schaden dieses gemeinsam, daß er eine Einbuße im Vermögen der Gesellschaft oder in ihrer Produktivität zum Ausdruck bringt. Seine Besonderheit gegenüber dem Schadensbegriff besteht darin, daß in ihn eine bestimmte Kausalität einbezogen ist; Benachteiligung oder Nachteil setzen voraus, daß die Vermögenseinbuße entstanden ist durch Einflußnahme des herrschenden Unternehmens, indem dadurch der Gesamtwert des Vermögens oder die Wirtschaftlichkeit der Gesellschaft eine Minderung erfahren hat. Da der Gesamtwert des Gesellschaftsvermögens nicht nur bestimmt wird durch die Werte der einzelnen Gegenstände, sondern durch die Produktivität und Rendite („lebendes Unternehmen") stellt auch Beeinträchtigung der Produktivität einen Nachteil dar; Beispiel: Veranlassung zur Einstellung einer rentablen Produktion.

2. **Ausgleich** des Nachteils ist die wertmäßige Wiederauffüllung des vom herrschenden Unternehmen verursachten Defizits. Er ist nicht Schadensersatz; denn letzterer gebietet nach §§ 249 ff. BGB Naturalrestitution oder Entschädigung in Geld, und der Schadensersatz umfaßt stets auch den entgangenen Gewinn. Der Ausgleich hin-

---
[12] Allgemein anerkannt; vgl. *Kropff* a.a.O. Vorbem. 42 ff. vor § 311.
[13] Es sei hier auf die ausführlichen Erörterungen in den Kommentaren verwiesen.

gegen ist lediglich Beseitigung der Einbuße durch Zuwendungen beliebiger Art, welche für die benachteiligte Gesellschaft einen Vermögenswert bedeuten. So kann eine durch Liefervertrag bewirkte Einbuße durch preisgünstige Gegenlieferungen anderer Art zum Ausgleich gebracht werden. Bei entzogener Geschäftschance bezieht sich der Ausgleich auf den entgangenen Gewinn.

IV. Der Abhängigkeitsbericht

1. Zur Feststellung, ob die abhängige Gesellschaft benachteiligt wird und dieser Nachteil wieder ausgeglichen worden ist, dient der vom Vorstand der abhängigen Gesellschaft nach § 312 AktG alljährlich zu erstellende Bericht.

In diesem Bericht sind aufzuführen:

a) Alle im abgelaufenen Geschäftsjahr getätigten Rechtsgeschäfte unter Angabe von Leistung und Gegenleistung, welche die Gesellschaft mit dem herrschenden Unternehmen selbst oder mit einem mit diesem verbundenen Unternehmen vorgenommen hat, ebenso alle mit einem Dritten getätigten Rechtsgeschäfte, welche entweder auf Veranlassung des herrschenden Unternehmens oder im Interesse desselben erfolgten;

b) alle anderen Maßnahmen des vergangenen Jahres, welche die Gesellschaft, sei es auf Veranlassung dieser Unternehmen oder in deren Interesse getroffen oder unterlassen hat. Anzugeben sind hierbei auch die Gründe der Maßnahme sowie deren Vorteile und Nachteile für die Gesellschaft;

c) ein vom herrschenden Unternehmen etwa gewährter Ausgleich von Nachteilen, mag er tatsächlich erfolgt oder mag der abhängigen Gesellschaft ein Rechtsanspruch darauf gewährt sein.

Die Angabe aller berichtspflichtigen Rechtsgeschäfte kann Schwierigkeiten bereiten. Es muß genügen, wenn in Zusammenfassung der gleichartigen Umsatzgeschäfte angegeben wird, ob die Gegenleistung marktgerecht ist. Wichtig aber ist die Prüfung von Dauerverträgen, insbesondere der Unternehmensverträge des § 292 AktG, wenn sie mit dem herrschenden Unternehmen oder einem anderen von diesem abhängigen Unternehmen geschlossen werden. Hier ist eine sorgfältige Abwägung der gesamten gegenseitigen Leistungen und der Risikoverteilung erforderlich.

Zu den berichtspflichtigen Maßnahmen gehören nicht nur solche tatsächlicher Art, wie Veränderungen der Produktion, Stillegungen, sondern auch Maßnahmen rechtlicher Natur, z.B. Kündigungen von Dauerverträgen etc.

d) In § 318 AktG wird die Verantwortlichkeit der Verwaltungsträger der abhängigen Gesellschaft wegen unzulässiger Berichterstattung geregelt; sie ergibt sich bereits aus §§ 93, 116 AktG, wird aber durch die Gleichstellung mit jener aus § 317 AktG auch auf eine Haftung gegenüber den Aktionären selbst erweitert.

f) Am Schluß des Berichts hat der Vorstand zu erklären, ob nach den Umständen, welche ihm im Zeitpunkt der Vornahme des Geschäfts bekannt waren, die vereinbarte Gegenleistung angemessen ist und ob die Gesellschaft durch Vollzug oder Unterlassung einer Maßnahme nach den ihm in diesem Zeitpunkt bekannt gewesenen

Umständen benachteiligt worden ist. Im Falle einer Benachteiligung ist außerdem zu erklären, ob die Nachteile ausgeglichen worden sind.

Diese abschließende Erklärung des Vorstands ist auch in den **Geschäftsbericht** der Gesellschaft aufzunehmen.

2. a) Dieser Bericht wird zunächst gleichzeitig mit dem Jahresabschluß und dem Geschäftsbericht von den Abschlußprüfern der Gesellschaft geprüft und im Falle seiner Ordnungsmäßigkeit bestätigt, § 313 AktG.

b) Es erfolgt sodann eine Prüfung desselben durch den Aufsichtsrat, § 314 AktG.

Den Aktionären wird der vom Vorstand erstattete Bericht nicht bekanntgemacht; wohl aber hat der Aufsichtsrat in seinem nach § 171 Abs. 2 AktG der HV zu erstattenden Bericht über das Ergebnis seiner Prüfung zu berichten und abschließend zu erklären, ob gegen die vom Vorstand abgegebene Schlußerklärung Einwendungen zu erheben sind.

3. Unter den in § 315 AktG genannten Voraussetzungen ist jeder Aktionär berechtigt, bei Gericht die Bestellung von Sonderprüfern zu beantragen.

§ 73 Mitbestimmung im Konzern

I. Bedeutung der Mitbestimmung

Die Mitbestimmung soll den Arbeitnehmern neben den Anteilseignern gleichberechtigte Teilnahme an Entscheidungsprozessen im Unternehmen eröffnen. Im Konzernverband[1] werden die für die abhängigen Gesellschaften maßgebenden Entscheidungen aber vielfach außerhalb dieser Gesellschaften getroffen. Deshalb muß auch die Mitbestimmung dort erfolgen, wo die Entscheidungen fallen, nämlich in den Dachgesellschaften der Konzerne. Da die Mitbestimmung sich vollzieht durch Vertretung der Arbeitnehmer im Aufsichtsrat, setzt ihre Verwirklichung voraus, daß die Konzernspitze einen Aufsichtsrat hat. Die Mitbestimmungsgesetze schreiben daher die Bildung eines Aufsichtsrats für rechtsfähige Unternehmensträger vor, für welche er an sich nicht notwendig ist.

Demgemäß ist ein Aufsichtsrat zu bilden nach § 77 BetrVG 1952 bei der GmbH, wenn sie mehr als 500 Arbeitnehmer hat[2]; ferner im Montanbereich nach § 3 Montan-MitbestG für GmbH und rechtsfähige bergrechtliche Gewerkschaften; sodann nach §§ 1, 6 Abs. 1 MitbestG 1976 bei GmbH, rechtsfähigen bergrechtlichen Gewerkschaften und bei Erwerbs- und Wirtschaftsgenossenschaften, wenn sie mehr als 2000 Arbeitnehmer beschäftigen.

Angesichts dieser Regelung stellt sich die Frage, ob auch den Anteilseignern der abhängigen Gesellschaft eine gleichartige Möglichkeit der Einflußnahme auf Entschei-

---

1 Vgl. *M. Lutter*, Mitbestimmung im Konzern (1975), Komm-Bericht Rn. 1476.
2 Für Versicherungsvereine a.G. und für Erwerbs- und Wirtschaftsgenossenschaften gilt § 77 Abs. 2 BetrVG 1952.

dungen der Obergesellschaft zusteht. Ihnen ist bei der Eingliederung ihrer Gesellschaft und im Falle des Beherrschungsvertrags nach §§ 305, 320 AktG die Möglichkeit geboten, Aktionäre der Obergesellschaft zu werden, sofern diese eine AG oder KGaA ist.

II. Mitbestimmung im Verhältnis zur Obergesellschaft im Konzern

Die rechtliche Ausgestaltung des Durchgriffs der Mitbestimmung auf die Obergesellschaft im Konzern ist verschieden geregelt.

1. Nach dem **BetrVG 1952:**

a) Nach § 76 Abs. 4 BetrVG nehmen an der Wahl der Arbeitnehmervertreter in den Aufsichtsrat des herrschenden Unternehmens eines Unterordnungskonzerns nach § 18 Abs. 1 AktG auch die Arbeitnehmer der Betriebe aller übrigen Konzernunternehmen teil. Ihnen steht mithin in der Obergesellschaft das aktive und passive Wahlrecht zu. Dieses gilt stets, wenn das herrschende Unternehmen eine AG oder KGaA ist, weil diese Gesellschaften, sofern sie nicht zu den mitbestimmungsfreien Unternehmen nach § 76 Abs. 6 BetrVG gehören, per se mitbestimmungspflichtig sind.

b) Ist das herrschende Unternehmen des Konzerns aber eine GmbH, eine VVAG oder eine Wirtschaftsgenossenschaft, so setzt die Anwendbarkeit vorstehender Regelung zunächst die Mitbestimmungspflichtigkeit derselben voraus. Da sie nur vorliegt bei Beschäftigung von mehr als 500 Arbeitnehmern, in welchem Falle auch ein Aufsichtsrat zu bilden ist, bestimmt § 77a BetrVG, daß, falls diese Unternehmen mit einer abhängigen Gesellschaft einen Beherrschungsvertrag geschlossen haben, die Zahl der Arbeitnehmer des Konzerns ihnen zugerechnet wird[3].

2. Nach dem **Montan-MitbestG 1951** und dem **MitbestErgG 1956:**

Für den Montanbereich ist die Mitbestimmung im Konzern im MitbestErgG geregelt, welches Holding-Novelle genannt wird, weil es das Herausschlüpfen eines Unternehmens aus der Montan-Mitbestimmung durch Verlagerung der Konzernleitung in eine nicht mitbestimmungspflichtige Holding als Obergesellschaft verhindern soll. Da bei Erlaß dieser Novelle das AktG 1965 mit seiner Konzernregelung noch nicht erlassen war, knüpft die Novelle an die damals üblich gewesenen steuerlichen Organschaftsverträge an, welche nunmehr nach § 22 EG AktG als Beherrschungs- und Gewinnabführungsverträge gelten.

a) Erfüllt die Obergesellschaft aufgrund ihrer Daten selbst die Voraussetzungen der Montan-Mitbestimmung, hat sie also bereits einen montan-mitbestimmten Aufsichtsrat, dann sind nach § 2 MitbestErgG an der Wahl der Arbeitnehmervertreter in diesen Aufsichtsrat nur die Arbeitnehmer dieser Gesellschaft beteiligt; sie vertreten im Aufsichtsrat auch die Interessen der Arbeitnehmer der abhängigigen Gesellschaften.

b) Sind diese Voraussetzungen beim herrschenden Unternehmen nicht gegeben, so ist das herrschende Unternehmen in Rechtsform einer AG, GmbH oder rechtsfähi-

---

[3] Entsprechendes gilt für Familien-AGn nach § 77 Abs. 6, wenn sie einen Beherrschungsvertrag geschlossen oder sich eine Gesellschaft eingegliedert haben.

gen bergrechtlichen Gewerkschaft dann montan-mitbestimmungspflichtig, wenn es nach § 1 MitbestErgG mindestens eine Untergesellschaft mittels Organschaftsverhältnis beherrscht, in welcher die Arbeitnehmer ein Montan-Mitbestimmungsrecht haben, wenn ferner der Unternehmenszweck des Gesamtkonzerns gemäß § 3 MitbestErgG durch Konzernunternehmen gekennzeichnet wird, welche der Montan-Mitbestimmung unterliegen, wobei diese Kennzeichnung in § 3 Abs. 2 näher definiert ist[4].

Unter diesen Voraussetzungen setzt sich der Aufsichtsrat der Obergesellschaft nach §§ 5–13 Montan-MitbestG zusammen und bei der Wahl der Arbeitnehmervertreter sind die Arbeitnehmer aller Konzerngesellschaften mittelbar durch ihre Bestellung der Wahlmänner beteiligt.

Bei der Obergesellschaft ist nach § 13 MitbestErgG auch ein Arbeitsdirektor zu bestellen.

3. Nach dem **MitbestG 1976:**

Diesem Gesetz unterliegen nach § 1 AGn, KGaA, GmbH, rechtsfähige bergrechtliche Gewerkschaften und Erwerbs- und Wirtschaftsgenossenschaften, wenn sie mehr als 2000 Arbeitnehmer beschäftigen; ausgenommen sind die der Montan-Mitbestimmung unterliegenden Gesellschaften.

a) Ist eines der genannten Unternehmen herrschendes Unternehmen eines Unterordnungskonzerns, dann gelten nach § 5 MitbestG die Arbeitnehmer aller (inländischen) Konzernunternehmen als Arbeitnehmer des herrschenden Unternehmens. Im herrschenden Unternehmen ist ein Aufsichtsrat entsprechend dem MitbestG zu bilden, wobei den Arbeitnehmern aller Konzerngesellschaften unmittelbar das aktive und passive Wahlrecht zusteht; ferner ist ein Mitglied des Vorstands der Obergesellschaft als Arbeitsdirektor zu bestimmen (s.o. § 24).

Für die abhängigen Konzerngesellschaften ist jene Mitbestimmungsregelung maßgebend, welche sich aufgrund ihrer eigenen Voraussetzungen ergibt.

4. a) Besteht ein Gemeinschaftsunternehmen (Mehrmütterkonzern), dessen Gesellschafter eine der oben genannten Rechtsformen haben, so erfolgt die Zurechnung der Arbeitnehmer der abhängigen Konzerngesellschaften zu jeder Obergesellschaft mit dem Ergebnis der aktiven und passiven Wahlberechtigung in jeder von diesen[5].

b) Befindet sich die Obergesellschaft des Konzerns im Ausland oder hat sie eine andere als die in § 1 MitbestG genannten Rechtsformen, wird aber von solcher Konzernspitze ein inländisches rechtsfähiges Unternehmen i.S. des § 1 MitbestG (als Tochtergesellschaft) beherrscht, von welchem wiederum andere Konzernunternehmen (Enkelunternehmen) abhängig sind, dann werden die Arbeitnehmer der Enkelunternehmen dem Tochterunternehmen zugerechnet. Bewirkt dieses die Mitbestimmungspflichtigkeit des Tochterunternehmens nach § 1 MitbestG, so gilt das unter 3 a) Gesagte für sie. Gleichgültig ist, ob das Tochterunternehmen selbständige Leitung ausübt oder lediglich Weisungen der Muttergesellschaft nach unten weitergibt

---

4 S. dazu *Kötter*, MitbestErgG, Erl. zu § 3.
5 BAG, AP § 76 BetrVG Nr. 20 = AG 1970, 268 = DB 1970, 1595; vgl. auch *Fitting-Wlotzke-Wissmann*, MitbestG § 5 Anm. 39ff.

(fingierter Teilkonzern). Bei Mehrheit solcher Teilkonzerne innerhalb des Gesamtkonzerns erfolgt die Zurechnung nur zu jener Teilkonzernspitze, welche in der Hierarchie des Gesamtkonzerns der Obergesellschaft am nächsten steht, § 5 Abs. 3 MitbestG[6].

Zu 1–4: Für alle Abhängigkeitskonzerne sieht § 54 BetrVG 1972 die fakultative Bildung eines Konzernbetriebsrats vor, in welchem alle Gesamtbetriebsräte vertreten sind. Über die Voraussetzungen für die Zulässigkeit der Bildung eines Konzernbetriebsrats bei einer Tochtergesellschaft des Konzerns s. BAG, DB 1981 S. 895.

III. Ausübung von Beteiligungsrechten

Über die Ausübung von Rechten, welche sich aus der Beteiligung eines Unternehmens an einem anderen Unternehmen ergeben, enthalten § 15 MitbestErgG und § 32 MitbestG eine besondere Regelung. In beiden Fällen ist eine Beteiligung von mindestens einem Viertel am Kapital eines anderen Unternehmens vorausgesetzt, nicht aber das Bestehen eines Konzerns oder einer Abhängigkeit.

Beide Regelungen verfolgen gleichen Zweck. Da die Ausübung von Beteiligungsrechten durch die beteiligte Gesellschaft ihrem Geschäftsführungs- und Vertretungsorgan obliegt, bei ihr also unter dem Einfluß der Mitbestimmung steht, soll dieser Einfluß in Angelegenheiten der anderen Gesellschaft, über welche deren Anteilseigner allein zu entscheiden haben, ausgeschaltet werden. Dieses wird jedoch nur lückenhaft verwirklicht (z.B. nicht bei Satzungsänderungen oder bei Veränderungen des Kapitals), und auch mittels fragwürdiger Technik (Bindung des Vorstands an Beschlüsse des Aufsichtsrats)[7].

Die Anwendbarkeit des § 32 MitbestG setzt voraus, daß auch das andere Unternehmen dem MitbestG unterliegt, während § 15 MitbestErgG gegenüber jedem Unternehmen platzgreift, an welchem solche Beteiligung besteht.

Bei den in beiden Vorschriften (nicht voll übereinstimmend) aufgezählten Angelegenheiten und Beschlüssen der Gesellschaft, an welcher die Beteiligung besteht, darf das Vertretungsorgan der beteiligten Gesellschaft Rechte aus der Beteiligung nur ausüben aufgrund von Beschlüssen seines Aufsichtsrats, welche lediglich von den ihm angehörenden Anteilseignern zu fassen sind.

Die Vertretungsmacht des gesetzlichen Vertretungsorgans des herrschenden Unternehmens wird jedoch durch diese Bindung an den Aufsichtsrat nicht beschränkt[8].

Eigenmächtige Ausübung der Beteiligungsrechte durch das Vertretungsorgan des herrschenden Unternehmens beeinträchtigt mithin nicht die Rechtmäßigkeit des gefaßten HV-Beschlusses, wohl aber stellt sie eine interne Rechtsverletzung des Vertretungsorgans der Obergesellschaft gegenüber deren Aufsichtsrat dar.

---

6 *Fitting-Wlotzke-Wissmann*, MitbestG § 5 Anm. 30ff.
7 Vgl. *Kötter*, MitbestErgG § 15 Anm. 6; *Fitting-Wlotzke-Wissmann*, MitbestG § 32 Anm. 2; ferner die Kritik in *Lutter* a.a.O. S. 69; vgl. auch Komm.-Bericht Rn. 1499ff.
8 Beschränkung der Vertretungsmacht wird angenommen in *Fitting-Wlotzke-Wissmann*, MitbestG § 32 Anm. 32; dagegen *Meyer-Landrut*, Großkomm. AktG § 82 Anm. 14; *Gessler*, Komm. AktG § 82 Anm. 30.

§ 74 Rechnungslegung im Konzern

Vorbemerkung

Die Vereinheitlichung der Rechnungsregelung von Konzernen zwecks Förderung des freien Kapitalverkehrs in den Mitgliedstaaten der EG ist ein wesentliches Anliegen der Kommission der EG. Sie hat am 12. 12. 1978 den geänderten Vorschlag einer 7. Richtlinie über den Konzernabschluß erstellt[1], der jedoch vom Rat noch nicht verabschiedet ist. Auf wesentliche Abweichungen vom geltenden deutschen Recht wird hingewiesen[2].

I. Verpflichtung zur Aufstellung eines Konzernabschlusses

1. Stehen in einem Konzern die Konzernunternehmen unter der einheitlichen Leitung einer **inländischen** AG oder KGaA (Obergesellschaft), dann hat der Vorstand dieser Obergesellschaft einen Konzernabschluß und einen Konzerngeschäftsbericht aufzustellen, § 329 AktG.

Unerheblich ist, welche Rechtsform die übrigen Konzernunternehmen haben.

2. Ist die Obergesellschaft, unter deren einheitlicher Leitung die Konzernunternehmen stehen, eine inländische GmbH oder bergrechtliche Gewerkschaft, so ist auch sie zur Aufstellung des Konzernabschlusses und Konzerngeschäftsberichts verpflichtet, wenn mindestens **ein** nach § 329 Abs. 2 AktG in den Abschluß einzubeziehendes Konzernunternehmen eine AG oder KGaA ist, § 28 EG AktG.

3. Stehen in einem Konzern die Konzernunternehmen unter der einheitlichen Leitung eines Unternehmens **beliebiger** Rechtsform, dessen Hauptniederlassung sich im **Inland** befindet, dann hat dieses Unternehmen (Konzernleitung) — sofern nicht schon die Verpflichtung aus 1 oder 2 Platz greift — nach Maßgabe der §§ 11 ff. PublG v. 15. 8. 1969 (BGBl I S. 1189) einen Konzernabschluß und Konzerngeschäftsbericht aufzustellen, wenn für drei aufeinanderfolgende Abschlußstichtage jeweils zwei der drei in § 11 Abs. 1 PublG genannten Merkmale zutreffen.

Zu 1 – 3: Die Regelung in Art. 6 RL geht erheblich weiter. Zur Erstellung eines Konzernabschlusses wird hiernach verpflichtet jedes herrschende Unternehmen mit Sitz in der Gemeinschaft, wenn es entweder selbst die Rechtsform einer AG oder KGaA oder einer GmbH hat oder wenn eine solche Gesellschaft sich unter den abhängigen Konzernunternehmen befindet.

---

[1] Text in *Lutter*, Europäisches Gesellschaftsrecht (1979) S. 146; dazu S. 25 f. Zum geltenden Recht: *Busse von Colbe-Ordelheide*, Konzernabschlüsse (3. Aufl. 1979).

[2] Vgl. *H. Biener*, Die Harmonisierung der Konzernrechnungslegung, DB 1977, 1831; *P. M. Wiesner*, Harmonisierung der Konzernrechnungslegung, AG 1979, 275; über Behandlung von Gemeinschaftsunternehmen in der Konzernbilanz s. *Haberlandt*, BB 1977, 375 und *Wüting*, DB 1980, 5; vgl. auch Komm.-Bericht Rn. 176 ff, 1972 ff.

In Art. 7 ist auch ein Konzernabschluß für jedes Unternehmen eines Gleichordnungskonzerns vorgeschrieben, der in Art. 4 RL definiert ist.

II. Verpflichtung zur Aufstellung eines Teilkonzernabschlusses

1. Stehen in einem Konzern die Konzernunternehmen unter der Leitung eines **ausländischen** Unternehmens, beherrscht dieses jedoch über ein oder mehrere inländische Unternehmen (Teilkonzernleitungen) andere Konzernunternehmen, so haben jene Teilkonzernleitungen, welche der ausländischen Konzernspitze am nächsten stehen, für ihren Konzernbereich (Teilkonzern) einen Teilkonzernabschluß und Teilgeschäftsbericht aufzustellen, wenn bei diesem Teilkonzern für drei aufeinanderfolgende Abschlußstichtage mindestens zwei der drei in § 11 Abs. 3 PublGes genannten Merkmale zutreffen, § 11 Abs. 3 PublGes. Eine entsprechende, jedoch weitergehende Regelung enthält Art. 6 b RL.

Die Aufstellung von Teilkonzernabschlüssen ist nicht erforderlich, wenn die ausländische Konzernleitung einen Konzernabschluß, welcher den deutschen Vorschriften entspricht und von Wirtschaftsprüfern geprüft worden ist, im Bundesanzeiger bekanntmacht, § 11 Abs. 3 Satz 3 PublGes.

2. Ist eine **inländische** Konzernspitze zur Aufstellung eines Konzernabschlusses nicht verpflichtet, beherrscht sie jedoch über eine oder mehrere inländische AGn oder KGaA andere inländische Konzernunternehmen, so haben die Vorstände jener inländischen AGn oder KGaA, welche der Konzernspitze am nächsten stehen, je einen Teilkonzernabschluß und Teilkonzerngeschäftsbericht aufzustellen, § 330 Abs. 1 Satz 1 AktG. Eine gleiche Regelung mit Bezug auf GmbH und bergrechtliche Gewerkschaften ist in § 28 Abs. 2 EG AktG enthalten.

Nach Art. 6 a RL hat **jede** abhängige Teilkonzernspitze mit Sitz in der Gemeinschaft einen Teilkonzernabschluß zu erstellen, auch wenn für den Gesamtkonzern ein Konzernabschluß erforderlich ist. Eine Ausnahme sieht Art. 6a.2 RL unter strengen Bedingungen vor. Diese Übertreibung kann in der Praxis sehr belastend werden.

III. Die einzubeziehenden Unternehmen

In den Konzern- oder Teilkonzernabschluß ist nach § 329 Abs. 2 AktG, § 13 Abs. 2 PublG jedes **inländische** Konzernunternehmen, gleichgültig welcher Rechtsform, einzubeziehen, dessen Anteile zu mehr als der Hälfte einem oder mehreren anderen Konzernunternehmen gehören; in § 329 Abs. 2 Satz 2–4 sind jedoch Ausnahmen vorgesehen. Die grundsätzliche Beschränkung der Einbeziehung auf inländische Unternehmen ist erfolgt wegen der im Ausland bestehenden Verschiedenheiten in der Bewertung und Abschlußprüfung.

Nach Art. 6.2 RL sind dagegen auch die Abschlüsse aller Konzernunternehmen mit Sitz außerhalb der Gemeinschaft einzubeziehen (Weltabschluß); Ausnahmen enthält Art. 10 RL.

§ 74 *Rechnungslegung im Konzern*

Nach § 18 RL können die Mitgliedstaaten auch die Einbeziehung eines Konzernunternehmens gestatten, welches mit konzernfremden Unternehmen ein Gemeinschaftsunternehmen leitet. Damit soll der Entwicklung Rechnung getragen werden, daß neue Investitionen mehr und mehr von Unternehmen in joint venture erfolgen, eines derselben aber ein Konzernunternehmen ist. Die Konsolidierung erfolgt entsprechend dem Kapitalanteil des Konzernunternehmens.

IV. Wesen der Konzernbilanz

1. Die Konzernbilanz ist eine „konsolidierte", d. h. eine aus den Einzelbilanzen der Konzerngesellschaften zusammengefaßte Bilanz. In ihr erfolgt der Vermögensausweis, wie wenn der Konzern eine **rechtliche** Einheit wäre, in welcher die einbezogenen Konzernunternehmen nur unselbständige Abteilungen bilden. Solchenfalls gibt es zwischen den einbezogenen Konzerngesellschaften keine Forderungen und Verbindlichkeiten (§ 331 Abs. 1 Nr. 4 AktG), sondern nur solche im Verhältnis des Konzerns zu außenstehenden Dritten. Es gibt auch keine Beteiligungen innerhalb des Konzerns; an ihre Stelle treten die Gegenstände des Gesellschaftsvermögens, an denen die Beteiligungen bestehen. Bei 100%iger Beteiligung der Obergesellschaft werden die Vermögensgegenstände der Untergesellschaft positionsweise den entsprechenden Bilanzposten der Obergesellschaft zugeschlagen. Besteht an der Untergesellschaft auch eine Beteiligung eines außenstehenden Dritten, dann ist der ihm zustehende Wertanteil durch einen Ausgleichsposten in Abzug zu bringen. Die auf Verrechnungspreisen beruhenden konzerninternen Gewinne sind noch nicht realisierte Gewinne, daher zu eliminieren. Dieses ist das in § 331 AktG zum Ausdruck kommende Prinzip.

2. a) Nach § 331 Abs. 1 Nr. 1 AktG sind die Bilanzen der Obergesellschaft und der übrigen einbezogenen Unternehmen in der Weise zusammenzufassen, daß an die Stelle der Anteile der Obergesellschaft an den einbezogenen Unternehmen aus deren Bilanzen die Vermögensgegenstände und Fremdverbindlichkeiten, ferner die Sonderposten mit Rücklagenanteil, die Rückstellungen, Wertberichtigungen und Rechnungsabgrenzungsposten, also alle Posten mit Ausnahme des Eigenkapitals dieser Unternehmen (bei AGn also mit Ausnahme des Grundkapitals, der Rücklagen und des Gewinnausweises) einzusetzen sind. Die Einsetzung dieser Posten erfolgt zu denselben Werten, wie sie in diesen Bilanzen ausgewiesen sind, jedoch mit der wichtigen Ausnahme, daß Zwischengewinne auszuschalten sind, wie nachstehend unter 3 dargelegt.

Eine entsprechende, aber modifizierte Regelung enthalten die Art. 12 u. 15 RL.

Eine Besonderheit ist in der RL bei Vorhandensein assoziierter Unternehmen vorgesehen. Darunter ist nach Art. 1 RL zu verstehen ein Unternehmen, auf das ein anderes Unternehmen unmittelbar oder mittelbar einen erheblichen Einfluß ausübt. Dieses wird vermutet, wenn das andere Unternehmen unmittelbar oder mittelbar 20% oder mehr des Kapitals des Unternehmens besitzt oder über solchen Teil der Stimmrechte verfügt. Falls nun ein in die konsolidierte Bilanz einbezogenes Konzernunternehmen solche Anteile am Kapital eines assoziierten Unternehmens besitzt, sind diese Anteile nach Art. 17 RL unter einem gesonderten Posten in der Konzernbilanz auszuweisen, wobei die Bewertung derselben gemäß Art. 17.2.b RL nach der Equity-Methode erfolgt[3].

b) Sind an den einbezogenen Untergesellschaften neben der Obergesellschaft auch konzernfremde Gesellschaften beteiligt, dann ist nach § 331 Abs. 1 Nr. 2 AktG für die Anteile der konzernfremden Gesellschafter an dem Eigenkapital dieser Unternehmen, d.h. an Kapital, offenen Rücklagen, Gewinn und Verlust, ein „Ausgleichsposten für Anteile in Fremdbesitz" gesondert auszuweisen; der auf Gewinn und der auf Verlust entfallende Betrag ist gesondert anzugeben.

Der Ausgleichsposten ist die notwendige Korrektur dessen, daß die Aktiva und Passiva auch dieser Unternehmen vollständig in die Konzernbilanz aufgenommen werden, also nicht nur zu jenem Anteil, welcher dem Konzernunternehmen aufgrund seiner Beteiligung zusteht.

c) Möglich ist, daß der Wert, mit welchem die Beteiligungen in der Bilanz der Obergesellschaft ausgewiesen sind, nicht übereinstimmt mit dem Eigenkapital (Grundkapital und offene Rücklagen, jedoch ohne Berücksichtigung eines Gewinnausweises) der einbezogenen Unternehmen, indem er höher oder niedriger sein kann. Für diesen Fall ist in § 331 Abs. 1 Nr. 3 AktG bestimmt, daß, falls die Wertansätze der Anteile der Obergesellschaft an den einbezogenen Unternehmen höher sind als der auf die Anteile entfallende Betrag des Kapitals und der offenen Rücklagen dieser Unternehmen, der Unterschiedsbetrag in der konsolidierten Bilanz als Aktivposten gesondert auszuweisen ist. Ist dagegen der Beteiligungsbuchwert der Obergesellschaft geringer als das ausgewiesene Eigenkapital der einbezogenen Unternehmen, dann ist die Differenz als besonderer Passivposten einzusetzen.

Ist der Beteiligungswert höher als das ausgewiesene Eigenkapital des einbezogenen Unternehmens, dann kann der als Aktivposten auszuweisende Differenzbetrag bedeuten, daß die Vermögensgegenstände der Untergesellschaft unterbewertet sind, so daß der Betrag eine „stille Reserve" in der Bilanz der Untergesellschaft aufdeckt; er kann aber auch einen von der Obergesellschaft bei Beteiligungserwerb bezahlten Überpreis („good-will") oder eine Überbewertung der Beteiligung zum Ausdruck bringen.

Ein Unterschiedsbetrag auf der Passivseite kann eine Überbewertung von Aktiven der Untergesellschaft oder eine Unterbewertung der Beteiligung in der Bilanz der Obergesellschaften zum Ausdruck bringen; im ersteren Fall stellt er eine „Wertberichtigung", im letzteren eine Art „Rücklage" dar.

d) Nach § 331 Abs. 1 Nr. 4 AktG sind in der konsolidierten Bilanz Forderungen und Verbindlichkeiten zwischen den in den Konzernabschluß einbezogenen Unternehmen wegzulassen.

3. Da in der konsolidierten Bilanz die Obergesellschaft und die einbezogenen Unternehmen als eine Einheit betrachtet werden, stellen Gewinne, welche auf Lieferungen

---

3 Vgl. dazu *Hartmann-Schuffenhauer*, DB 1975, 701 ff.; *J. Niehus*, DB 1975, 1613 *Harms-Küting*, DB 1980, 2458 ff. *Bühner-Hille*, WPg 1980, 261; Komm.-Bericht Rn. 1999.

und Leistungen zwischen diesen Konzernunternehmen beruhen, für diese Einheit noch nicht realisierte Gewinne dar; realisierte Gewinne sind erst solche, welche aus Geschäften der Einheit mit Außenstehenden erzielt werden. Diese sog. „Zwischengewinne" sind daher in der Konzernbilanz zu eliminieren; diesem Zweck dient die Regelung des § 331 Abs. 2 AktG. Die Ausschaltung von Zwischengewinnen ist jedoch aus praktischen Gründen beschränkt auf jene Lieferungen oder Leistungen, welche bei jenem Unternehmen, in dessen Vermögen sie sich am Stichtag des Konzernabschlusses befinden, zur Weiterveräußerung an konzernfremde Außenstehende bestimmt sind, oder die außerhalb des üblichen Lieferungs- und Leistungsverkehrs erworben wurden.

Der Zwischengewinn soll also insbesondere ausgeschaltet werden bei konzerninternen Lieferungen von Rohstoffen, Halbfabrikaten oder Fertigerzeugnissen, welche von jenem Konzernunternehmen, bei dem sie sich am Stichtag des Konzernabschlusses befinden, zur Weiterveräußerung an Dritte bestimmt sind. Er soll ferner ausgeschaltet werden aus Dienstleistungen, wie z.B. Veredelung, sonstiger Lohnverarbeitung, Transporten etc., welche innerhalb des Konzerns einem Unternehmen durch ein anderes einbezogenes Unternehmen erbracht worden sind. Er soll weiter ausgeschaltet werden aus Lieferungen von Energie (Kohle, Öl, Elektrizität), wenn diese Leistungen innerhalb des Konzerns nicht im Rahmen „des üblichen Geschäftsverkehrs", wenn sie also zu von dem üblichen Geschäftsverkehr stark abweichenden „Konzernpreisen" erfolgt sind.

Eine Eliminierung von Zwischengewinnen erfolgt nicht bei Lieferungen von Gegenständen des Anlagevermögens durch ein Konzernunternehmen an ein anderes Konzernunternehmen, wenn die Gegenleistung sich im Rahmen des mit Dritten üblichen Geschäftsverkehrs hält.

Die Ausschaltung der Zwischengewinne kann dazu führen, daß der in der Konzernbilanz erscheinende Konzerngewinn mit dem Bilanzgewinn der Obergesellschaft nicht übereinstimmt.

In § 331 Abs. 2 AktG ist daher bestimmt, daß jene Vermögensgegenstände eines einbezogenen Unternehmens, welche sich am Stichtag des Konzernabschlusses in dessen Vermögen befinden, bei denen aber nach Vorstehendem die Zwischengewinne auszuschalten sind, in der Konzernbilanz höchstens zu jenem Wert angesetzt werden dürfen, zu dem sie in der auf den gleichen Stichtag aufgestellten Jahresbilanz höchstens eingesetzt werden dürften, falls alle einbezogenen Unternehmen auch rechtlich ein einziges Unternehmen bilden würden.

Auch nach Art. 14.1 d und 2 b sind Gewinne aus Geschäften zwischen den in die Konsolidierung einbezogenen Konzernunternehmen auszuschalten.

4. Zu einer sinnvollen Konsolidierung gehören gewisse technische Voraussetzungen:

a) Ihre wichtigsten sind zunächst ein abgestimmter Kontenplan und einheitliche Bilanzschemata der Konzernglieder, um zu vermeiden, daß unter den einzelnen Positionen heterogene Dinge erfaßt werden. Dafür zu sorgen ist Sache der Konzernleitung. Da die aktienrechtliche Bilanzgliederung als gesetzlicher Niederschlag der Grundsätze ordnungsgemäßer Buchführung gelten kann, wird durch sie die Vereinheitlichung für alle Unternehmensformen begünstigt. Für die Konzernbilanz sind die in § 331 Abs. 4 AktG angegebenen aktienrechtlichen Vorschriften maßgebend; ebenso Art. 11 RL.

b) Einheitliche Wertansätze in den Bilanzen sind gesetzlich nicht vorgeschrieben. Die aktienrechtlichen Bewertungsvorschriften gelten jedoch allgemein als „Grundsätze ordnungsgemäßer Buchführung", s. o. § 32; vgl. dazu auch Art. 15 RL.

c) Gleicher Bilanzstichtag der einbezogenen Konzernglieder. Diesem Erfordernis trägt das Gesetz in den §§ 329 Abs. 1 Satz 2, 331 Abs. 3 AktG Rechnung; s. auch Art. 14.1 e RL.

V. Die Konzern-Gewinn- und Verlustrechnung

Auch in der Konzern-GV-Rechnung sind die auf den Stichtag des Konzernabschlusses aufgestellten GV-Rechnungen der Obergesellschaft und der einbezogenen übrigen Unternehmen zusammenzufassen. Hierbei brauchen die Umsatzerlöse aus Innenumsätzen nicht ausgewiesen zu werden, wenn sie vorher mit den entsprechenden Aufwendungen verrechnet oder als Bestandsänderungen bzw. aktivierte Eigenleistungen ausgewiesen sind. Für diesen Fall kann das in § 333 AktG vorgesehene vereinfachte Schema verwendet werden.

Wenn jedoch die Erträge aus Innenumsätzen ausgewiesen werden, dann sind sie von den Außenumsätzen zu trennen, § 332 Abs. 1 Nr. 1 AktG.

Andere Erträge aus Leistungen zwischen den einbezogenen Unternehmen sind mit den auf sie entfallenden Aufwendungen der Leistungsempfänger zu verrechnen, § 332 Abs. 1 Nr. 2 AktG; s. dazu Art. 13 RL.

VI. Wegen des **Konzerngeschäftsberichts** sei auf § 334 AktG verwiesen; s. dazu Art. 19 – 22 RL.

VII. Der Konzernabschluß unter Einbeziehung des Konzerngeschäftsberichts unterliegt gemäß § 336 AktG der **Prüfung** durch einen oder mehrere sachverständige Prüfer. Nach Eingang des Prüfungsberichts hat der Vorstand der Obergesellschaft den Abschluß dem Aufsichtsrat der Obergesellschaft und der HV derselben vorzulegen, § 337 AktG, und ihn gemäß § 338 AktG bekanntzumachen. Entsprechendes gilt gemäß Art. 23, 24 RL.

§ 75 Beteiligung der öffentlichen Hand

Vorbemerkung

Die öffentliche Hand (Bund, Länder, Gebietskörperschaften) ist an zahlreichen Unternehmen privaten Rechts, als Aktionärin auch an AGn beteiligt[1].

Beispiele: Beteiligung des Bundes an der Vereinigte Industrie-Unternehmen AG (VIAG) mit 83,55%; an Salzgitter AG zu 100%; an Saarbergwerke AG zu 70%, daneben Saarland zu 26%; an der Vereinigte Elektrizitäts- u. Bergwerks AG mit 40,33%, Rest in Streubesitz; an der Deutschen Lufthansa AG mit 74,8%.

Beteiligung eines Landes: Hamburg an Hamburger Hafen- u. Lagerhaus AG 100%; Hamburger Hochbahn AG 85%; Hamburgische Elektrizitätswerke 75%.

I. Die haushaltsrechtlichen Grundlagen

1. a) Die Bundeshaushaltsordnung (BHO) v. 19. 8. 1969 (BGBl. I, 1284) ist ebenso wie die Haushaltsordnungen der Länder eine verwaltungsinterne Dienstanweisung an die zuständigen Behörden. In § 65 BHO ist geregelt, unter welchen Voraussetzungen der Bund sich an der Gründung eines privatrechtlichen Unternehmens oder an einem bestehenden Unternehmen des privaten Rechts beteiligen darf.

Eine Beteiligung soll hiernach nur erfolgen, wenn ein wichtiges Interesse des Bundes vorliegt und der vom Bund angestrebte Zweck nicht besser und wirtschaftlicher auf andere Weise erreichbar ist; wenn die Einzahlungsverpflichtung des Bundes auf einen bestimmten Betrag beschränkt ist; wenn ferner der Bund einen angemessenen Einfluß, insbesondere im Aufsichtsrat oder in einem entsprechenden Überwachungsorgan erhält; und wenn gewährleistet ist, daß der Jahresabschluß entsprechend den aktienrechtlichen Vorschriften aufgestellt und geprüft wird.

Nach § 65 Abs. 3 BHO soll das zuständige Bundesministerium darauf hinwirken, daß ein Unternehmen, an dem der Bund unmittelbar oder mittelbar mit Mehrheit beteiligt ist, nur mit seiner Zustimmung eine Beteiligung von mehr als 25% eines anderen Unternehmens erwirbt, eine solche Beteiligung erhöht oder sie ganz oder zum Teil veräußert. Nach § 65 Abs. 6 BHO soll der zuständige Bundesminister auch darauf hinwirken, daß die auf Veranlassung des Bundes gewählten oder entsandten Mitglieder des Aufsichtsrats bei ihrer Tätigkeit auch die besonderen Interessen des Bundes berücksichtigen.

---

[1] Vgl. *V. Emmerich*, Das Wirtschaftsrecht der öffentlichen Unternehmen (1969); derselbe, Die öffentliche Unternehmung im deutschen Konzern- und Wettbewerbsrecht, AG 1976, 225 ff; *G. Puttner*, Die öffentlichen Unternehmen (1969); *J. Bachhaus*, Öffentliche Unternehmen (1977); *Koppensteiner*, Zur Anwendung konzerngesellschaftsrechtlicher Normen auf die Bundesrepublik, ZGR 1979, 91 ff; *H. Wiedemann*, Gesellschaftsrecht I. Grundlagen (1980) S. 125; *J. Berkemann*, Die staatliche Kapitalbeteiligung an Aktiengesellschaften (1966); *K. Vogel*, Private Wirtschaftseinheiten in öffentlicher Hand (1959); vgl. dazu auch Komm.-Bericht Rn. 1307 ff.

b) Von der Haushaltsordnung als interner Dienstvorschrift wird das private Gesellschaftsrecht nicht berührt. Aus ihr ergeben sich keinerlei Sonderrechte der öffentlichen Hand gegenüber den privaten Unternehmen, an denen sie beteiligt ist; vielmehr ist die öffentliche Hand als Aktionärin dem AktG in gleicher Weise unterworfen wie jeder andere Aktionär. Die zuständigen Minister sind daher gehalten, die ihnen durch die Haushaltsordnung auferlegten Maßnahmen gegenüber den Gesellschaften mit den im Gesellschaftsrecht zur Verfügung stehenden Mitteln, insbesondere durch eine dem § 23 Abs. 5 AktG ensprechende Gestaltung der Satzung durchzusetzen.

Dieser Spielraum aber ist eng (s. o. § 10 II 4). Nicht möglich ist es z. B., die Bestellung von Vorstands- oder Aufsichtsratsmitgliedern oder Satzungsänderungen von der Zustimmung der öffentlichen Hand abhängig zu machen (RG 169, 65/81).

Als wichtigste Mittel, durch welche die öffentliche Hand sich einen angemessenen Einfluß insbesondere im Aufsichtsrat verschaffen kann, seien erwähnt: Schaffung von Mehrstimmaktien gemäß § 12 Abs. 2 AktG; Begründung des Rechts zur Entsendung von Mitgliedern in den Aufsichtsrat nach § 101 Abs. 2 AktG.; Bindung des Vorstands bei Maßnahmen der Geschäftsführung an die Zustimmung des Aufsichtsrats gemäß § 111 Abs. 4 AktG.

Bindungen der Geschäftsführung, z. B. ohne Zustimmung der öffentlichen Hand die Stromtarife nicht zu ändern, oder entsprechend dem § 65 Abs. 3 BHO Beteiligungen nicht zu erwerben oder zu veräußern, werden mitunter in schuldrechtlichen Verträgen vereinbart. Bestritten ist die Rechtsgültigkeit derselben[2]. Richtiggestellt lautet die Frage jedoch, ob der Vorstand, wenn er aufgrund solcher Vereinbarung die Gesellschaft benachteiligt, dadurch von seiner Verantwortlichkeit befreit wird, und ob die öffentliche Hand aufgrund solcher Verträge sich einer Haftung aus §§ 117, 317 AktG entziehen kann. Dieses ist zu verneinen, weil die Grundsätze des Aktienrechts sich durch schuldrechtliche Vereinbarungen nicht außer Kraft setzen lassen (s. o. § 4 III).

2. a) Das Haushaltsgrundsätzegesetz (HGrG) v. 19. 8. 1969 (BGBl I S. 1273) enthält in Teil II Vorschriften, welche einheitlich und unmittelbar für Bund und Länder gelten. § 53 HGrG enthält eine Bestimmung über Rechte der öffentlichen Hand gegenüber privaten Unternehmen, welche auch die letzteren unmittelbar bindet.

Gehört einer Gebietskörperschaft die Mehrheit der Anteile eines privatrechtlichen Unternehmens oder gehört ihr mindestens der vierte Teil der Anteile oder steht ihr zusammen mit anderen Gebietskörperschaften die Mehrheit der Anteile zu, so kann sie verlangen, daß die AG im Rahmen der Abschlußprüfung durch die von ihrer HV gewählten Prüfer auch die Ordnungsmäßigkeit — nicht aber Zweckmäßigkeit — der Geschäftsführung prüfen läßt; sie kann ferner verlangen, daß das Unternehmen die Abschlußprüfer beauftragt, in ihrem Bericht die Entwicklung der Vermögens- und Ertragslage sowie die Liquidität und Rentabilität der Gesellschaft darzustellen, ferner verlustbringende Geschäfte und die Ursachen der Verluste darzulegen, ebenso die Ursachen eines ausgewiesenen Jahresfehlbetrags.

---

[2] Die Zulässigkeit wird bejaht von *Berkemann* a.a.O. S. 149 ff.; *Vogel* a.a.O. S. 70ff.; dagegen *Emmerich*, Wirtschaftsrecht a.a.O. S. 201 ff.

Insbesondere kann sie von dem Unternehmen verlangen, daß ihr der Prüfungsbericht der Abschlußprüfer, bei Konzernen auch der Prüfungsbericht der Konzernabschlußprüfer übersandt wird.

b) Nach § 54 HGrG kann bei Vorliegen einer Beteiligung der öffentlichen Hand i.S. des § 53 HGrG in der Satzung des Unternehmens mit drei Viertel Kapitalmehrheit bestimmt werden, daß die Rechnungsprüfungsbehörde zur Klärung von Fragen, welche bei der Überprüfung staatlicher Beteiligungen an privaten Unternehmen nach § 44 HGrG auftreten, sich unmittelbar unterrichten und zu diesem Zweck den Betrieb, die Bücher und Schriften des Unternehmens einsehen kann. Auf die Einräumung eines solchen Informationsrechts hat nach § 66 BHO der zuständige Bundesminister bei Bestehen einer Mehrheitsbeteiligung des Bundes hinzuwirken.

Zweck vorstehender Vorschriften ist es nicht, das Unternehmen einer besonderen Kontrolle der öffentlichen Hand zu unterstellen, vielmehr soll lediglich gewährleistet werden, daß die in solchen Unternehmen arbeitenden öffentlichen Mittel nach haushaltsrechtlichen Gesichtspunkten geprüft werden können.

II. Stellung der öffentlichen Hand als Aktionärin

Vorstehendes hat ergeben, daß die öffentliche Hand als Aktionärin grundsätzlich die gleiche rechtliche Stellung innehat, wie die übrigen Aktionäre. Dennoch ist sie so wenig ein gewöhnlicher Aktionär wie Leda's Schwan ein gewöhnlicher Schwan.

1. Ziel des von privaten Gesellschaften betriebenen Unternehmens ist normalerweise die Rentabilität desselben. Die Gesellschaft wird gegründet, um das Unternehmen für die Gesellschafter gewinnbringend zu betreiben; aus diesem Grund leisten die Aktionäre ihre Einlage. Diese Grundvorstellung durchzieht das gesamte Gesellschaftsrecht[3]. Auch die öffentliche Hand betreibt in eigener Regie manche Unternehmen in solch kaufmännischer Weise (z.B. Porzellanmanufakturen, Brauereien). Ihre eigentliche Aufgabe aber ist dieses nicht. Bei Beteiligung derselben an einem privaten Unternehmen steht nicht das Streben nach Dividende im Vordergrund. Solche Beteiligung soll nur erfolgen, wenn ein wichtiges Interesse der öffentlichen Hand besteht (§ 65 BHO); und in diesem Fall ist sie angewiesen, zur Durchsetzung des öffentlichen Interesses sich die Möglichkeit angemessener Einflußnahme auf die Unternehmensführung zu sichern.

Das öffentliche Interesse stellt zwar gegenüber dem privaten Erwerbsinteresse nicht per se ein aliud dar. ,,Es ist weder generell noch im Einzelfall möglich, öffentliche und private Interessenverfolgung scharf zu trennen"(BGH 69, 339). Wohl aber kann im Einzelfall öffentliches Interesse dem privaten entgegengesetzt sein.

Von der Möglichkeit solcher Kollision geht die Entscheidung BGH 69, 334 aus. Dort war zu prüfen, ob die VEBA, an welcher die Bundesrepublik mit 43,7% beteiligt war, deshalb als eine von einem ,,Unternehmen" abhängige Gesellschaft zu gelten habe, mit der Folge, daß sie bei Eingliederung der Gelsenberg-AG den Aktionären

---

3 Vgl. *Emmerich*, Die öffentliche Unternehmung a.a.O. S. 225; *Wiedemann*, Grundlagen S. 129; *Rittner*, Wirtschaftsrecht (1980) S. 131 ff.

derselben gemäß § 320 Abs. 5 Satz 3 AktG neben Aktientausch eine Barabfindung hätte anbieten müssen.

In Erwägung dessen, daß Abhängigkeit einer Gesellschaft nach § 17 AktG die Beherrschung derselben durch ein „Unternehmen" zur Voraussetzung hat, der Unternehmensbegriff aber gesetzlich nicht definiert ist, deshalb der Schutzzweck der einschlägigen Vorschriften besondere Bedeutung erlange, kommt die Entscheidung im Hinblick auf mögliche Kollisionen zwischen öffentlichem und privatem Interesse zu dem Ergebnis: „Die aktienrechtlichen Vorschriften sind jedenfalls dann ein sachgerechtes und unentbehrliches Mittel der Konfliktlösung, wenn die öffentliche Hand sich privatwirtschaftlich in einem Umfang betätigt, daß sich hieraus allein schon für private Aktionäre die Gefahr ergibt, das Interesse der Gesellschaft und damit ihr eigenes einem für sie fremden Unternehmensziel aufgeopfert zu sehen". Da der Schutzzweck der Vorschriften ihre Anwendung rechtfertige, sei die öffentliche Hand im Falle einer ihr Einflußmöglichkeit verschaffenden größeren Beteiligung mithin als ein „Unternehmen" zu erachten[4] (s. o. § 63).

Entsprechend anwendbar auf die öffentliche Hand sind also nach dieser Entscheidung die §§ 311 ff. AktG. Es ist jedoch, worauf auch die Urteilsbegründung S. 339 hinweist, zu beachten, daß die Verpflichtung der Gesellschaftsorgane auf das Wohl des Unternehmens es nicht ausschließt, bei ihren Entscheidungen auch gesamtwirtschaftliche Gesichtspunkte und das Gemeinwohl im Rahmen ihrer Verantwortlichkeit (§§ 93, 116 AktG) mit zu berücksichtigen. Eine Aufgleichspflicht der öffentlichen Hand, welche hier zu Lasten der Allgemeinheit erfolgen würde, kann daher nur dann in Betracht kommen, wenn auch der Vorstand nach § 93 AktG durch Vollzug der veranlaßten Maßnahme pflichtwidrig handelt (s. o. § 25 VI).

Die entsprechende Anwendung der Verpflichtung zur Erstellung eines Abhängigkeitsberichts (§§ 312 ff. AktG) führt dazu, daß solcher Bericht „je nach Eigenart der jeweiligen Körperschaft gegebenenfalls auf das nach dem Zweck der Vorschrift tatsächlich Erforderliche zu beschränken wäre" (BGH a.a.O. S. 343).

Darüber hinaus kommt auch eine Anwendung der an das Vorliegen „verbundener Unternehmen" i.S. des § 15 AktG anknüpfenden Vorschriften (s. o. § 65 I) nur insoweit in Betracht, als es sinngemäß gerechtfertigt erscheint.

Da ferner nach § 18 Abs. 1 AktG die den Konzern kennzeichnende „einheitliche Leitung" die Einbeziehung der Geschäftsführung der abhängigen Gesellschaft zur Voraussetzung hat, von einer solchen Einbeziehung der Gesellschaft in die Verwaltung der öffentlichen Hand aber schwerlich die Rede sein kann, entfällt auch die Verpflichtung der öffentlichen Hand zur Erstellung und Veröffentlichung einer Konzernbilanz.

---

[4] Da der die Entscheidung tragende Gesichtspunkt darin besteht, die Minderheitsaktionäre wegen möglicher Kollisionen zwischen öffentlichem und privatem Interesse schützen zu sollen, hätte eine analoge Anwendung der einschlägigen Vorschriften sich ohne Rücksicht darauf rechtfertigen lassen, ob die öffentliche Hand ein Unternehmen i.S. der §§ 17, 311 ff., 320 Abs. 5 Satz 3 AktG ist. Damit wäre eine Präjudizierung des auf den privaten Wirtschaftsbereich und private Interessen zugeschnittenen Unternehmensbegriffs (s. o. § 63) vermieden und zugleich klargestellt, daß, was auch die Entscheidung hervorhebt, nicht alle im AktG mit dem Vorliegen eines herrschenden Unternehmens verbundenen Rechtsfolgen auf die öffentliche Hand anwendbar sind.

III. Entsendungsrecht, Interessenkollison

Vorstehende Grundsätze sind auch von Bedeutung für die rechtliche Stellung der von der öffentlichen Hand in den Aufsichtsrat der Gesellschaft entsandten Mitglieder. Das Entsendungsrecht trägt dem Umstand Rechnung, daß die öffentliche Hand ,,darauf bedacht sein muß, daß das Gemeinwohl angemessen berücksichtigt wird'' (BGH 36, 307). Wiewohl der Entsandte dienstlich seiner Behörde gegenüber weisungsgebunden ist, hat er im Kollisionsfall ,,die Interessen der Gesellschaft vor die Interessen des Entsendungsberechtigten zu stellen'' (BGH a.a.O.). Nach § 394 AktG wird die Verschwiegenheitspflicht für Aufsichtsratsmitglieder, welche auf Veranlassung einer Gebietskörperschaft in den Aufsichtsrat gewählt oder entsandt werden, hinsichtlich der Berichte, die sie ihr zu erstatten haben, eingeschränkt. Dafür wird diese Verpflichtung durch § 395 AktG jenen Personen auferlegt, welche damit betraut sind, die Beteiligung der Gebietskörperschaft zu verwalten oder mit Bezug auf sie Prüfungen durchzuführen.

Stichwortverzeichnis

Abfindung, Begriff 331
–, bei Beherrschungsvertrag 332
–, bei Eingliederung 316
Abhängigkeit, Begriff 291
–, abhängige AG 340
–, bei Pacht 311
–, bei wechselseitiger Beteiligung 301
Abhängigkeitsbericht 345
Abschreibung 163
Abschlußprüfer 166, 355
Abwicklung 214, 263
actio pro socio 21
–, bei KGaA 252
Aktie
–, Anteil am Grundkapital 48
–, besondere Gattung 79
–, eigene 60
–, Geldanlage in 8
–, Giroverkehr in 57
–, Inhaber-, Namens- 54
–, Kraftloserklärung 56, 199
–, Quoten- 54
–, Pfandrecht an 58
–, Übertragung 53, 55
–, Verfassungsschutz 49
–, Vinkulierung 58
–, Vorratsaktien 65
–, Wert der 32
–, u. Wertpapierrecht 53
Aktienbuch 57, 58
Aktiengesellschaft
–, anwendbares Recht 23
–, Entwicklung der 13
–, Europäische 29
–, Firma 7
–, Gegenstand des Unternehmens 40, 120, 272
–, Gründung 93

–, Grundrechte und 19f.
–, Handelsgesellschaft 7
–, internationale 26
–, juristische Person 19
–, notwendige Rechtsform 3
–, Sitz 40, 212
–, kein Verein 6
–, Zweck der 41
Aktionäre
–, außenstehende 331
–, als Eigentümer 16, 49f.
–, gleichmäßige Behandlung 52, 62, 152
–, rechtliche Stellung 47
–, Treuepflicht 51
–, Verfassungsschutz 49
Aktionärvereinigung 78
Anfechtung
–, der Aufsichtsratswahl 131, 155
–, des Feststellungsbeschlusses 168
–, des Gewinnverwendungsbeschlusses 36, 169
–, von HV-Beschlüssen 151
–, des Kapitalerhöhungsbeschlusses 153, 180
–, von Zustimmungsbeschlüssen 155, 304, 311, 326
Anlegerschutz 12
Anleihen 83
Anteil am Gesellschaftsvermögen 48
Arbeitnehmeraktien 193ff.
Arbeitsdirektor 114, 115, 119
Auflösung 212, 262
Aufsichtsrat 126ff.
–, Ausschüsse des 115, 132, 134
–, bei KGaA 259
–, Entsendung in 130
–, Wahlvorschläge 129f.
–, Zusammensetzung 129

Stichwortverzeichnis

Ausgleich
—, bei Beherrschungsvertrag 332
—, des Jahresfehlbetrags 311, 319, 329
—, steuerliche Behandlung 335
—, von Nachteilen bei Abhängigkeit 344
Ausgliederung 244
Auskunftsrecht 142, 303, 315
außenstehende Aktionäre 331
Ausschüsse 109, 134

Banken
—, Depotstimmrecht 76
—, Finanzierung durch 10, 180
—, Weitergabe von Information 78, 140, 151
—, Wertpapierhandel 10
—, Wertpapierverwahrung 10
Bauzinsen 37
Beherrschungsvertrag 322
—, einer GmbH 325
Beirat 83
Belegschaftsaktien 193
Beteiligungsrechte, Ausübung 349
Betriebsführungsauftrag 310
Betriebspacht 309
Betriebsrat 112
Betriebsüberlassungsvertrag 312
Betriebsverfassung 111
Bezugsrecht 50
—, bei Kapitalerhöhung 179
—, mittelbares 181
—, aus Wandelanleihe 90, 92, 187, 232
Bilanz 157
Bilanzgewinn, -verlust 36, 69, 162
Bindung des Vermögens 31f., 36
—, Aufhebung der Bindung 318, 328
Boardsystem 110
Börse 8

convertible bondes 68

Depotstimmrecht 76
Dividende 68
Dividendengarantie
—, bei Beherrschungsvertrag 332
—, bei Pacht 311

Effektenbörse 8
eigene Aktien 60
—, Sonderrücklage für 61, 161

Eigentum der Aktionäre 16, 49f.
Eingliederung 313
Einlage 66
—, Handelsgeschäft als 97
—, des p.h.Ges. 254
—, Sacheinlage 42, 66, 178, 189, 191, 194
—, verdeckte Rückzahlung 37
Einmann-AG 321
Einziehung von Aktien 200
Entsendung in Aufsichtsrat 130
Equity-Methode 353
Europäische AG 29
Europäisches Recht 18, 29f.

Feststellung
—, des Jahresabschlusses 167, 208, 211, 256
—, der Satzung 39, 95, 100, 260
Finanzierungsmaßnahmen 174
Fusionskontrolle 273
—, Entwicklung der 18

Gegenstand des Unternehmens 40, 120, 272
Gemeinschaftsunternehmen
—, Abhängigkeit des 294
—, Organschaft 336
Genehmigtes Kapital 183
Genußrechte 85, 187, 232
Geschäftsbericht 165, 355
Geschäftsführung
—, bei AG 119, 123
—, bei KGaA 252
Geschäftsführungsvertrag 337
Geschäftsordnung
—, des Vorstands 118
—, des Aufsichtsrats 131
Gesellschaftsvertrag 95, 100, 103
Gewinnabführungsvertrag 334
—, bei Eingliederung 321
—, einer GmbH 335
Gewinn- u. Verlustrechnung 164
—, im Konzern 355
Gewinngemeinschaft 305
Gewinnschuldverschreibung 88, 187
Gewinnverwendungsbeschluß 168
—, bei KGaA 255
gleichmäßige Behandlung 52, 62, 152
Gleichordnungskonzern 297, 351
Gründung der AG 93
—, der KGaA 260

Gründergesellschaft 100
Gründungsaufwand 44
Grundkapital 31
Grundrechte u. AG 19 f.

Haftungsklausel 155, 343
Hauptversammlung 137 ff.
–, Auskunftsrecht 142
–, Einberufung 139
–, Leitung der 143
–, Teilnahmerecht 140
–, Zuständigkeit der 138
Hauptversammlungsbeschluß 144
–, Mehrheitserfordernisse 145
–, Berechnung qualifizierter Mehrheiten 171
–, Nichtigkeit, Anfechtbarkeit 148

Innenpacht 312
Insider-Regeln 10, 111
Interessengemeinschaft 297, 307
Internationale Gesellschaften 26, 239
internationales Gesellschaftsrecht 23
Investmentgesellschaft 11 f.

Jahresabschluß
–, der AG 157
–, der KGaA 256
–, im Konzern 350
Jahresfehlbetrag 162, 165
–, Ausgleich des 311, 319, 329
Jahresüberschuß 162, 165
Juristische Person 19

Kaduzierung 68
Kapitalanlagegesellschaft 11
Kapitalaufstockungsgesetz 194
Kapitalerhöhung
–, gegen Einlagen 176
–, genehmigtes Kapital 183
–, aus Gesellschaftsmitteln 185
–, bedingte 188
–, nach Herabsetzung 211
Kapitalertragsteuer 70
Kapitalgesellschaft 5
Kapitalherabsetzung
–, durch Einziehung 200
–, ordentliche 196
–, vereinfachte 208
Kapitalmarkt 8

Stichwortverzeichnis

Kapitalmarktausschuß 9
Kapitalrücklage 34
Kapitalverkehrsteuer 177
Körperschaftsteuer 70
Kommanditgesellschaft auf Aktien 251 ff.
–, Aktienkapital 251
–, Aufsichtsrat 259
–, Gewinnverteilung 255
–, p.h.Ges. 253
–, Satzung 260
–, Umwandlung 246, 264
–, Verschmelzung 264
Konzentration 269
–, Enquête 15, 271
–, Kontrolle der 273
Konzern, -unternehmen 295
–, Gleichordnungs- 297, 307, 351
–, internationaler 26, 275
–, Konzernabschluß 350
–, Mitbestimmung im 346
–, Unterordnungs- 295
–, Vertrags- 323
Kraftloserklärung von Aktien 56, 199

Leasing 175
Legitimationsübertragung 57
Leitung der AG 119
–, bei Beherrschungsvertrag 326
–, bei Eingliederung 318

Mehrheitsbeteiligung 290
Mehrstimmrechte 71
Minderheitenschutz 145
Mitbestimmung
–, Entwicklung der 16
–, nach BetrVG 111, 113, 129, 131
–, Montan- 113, 129, 130, 131
–, paritätische 114, 130, 132
–, im Konzern 346
–, bei Verschmelzung 235
–, bei KGaA 260
–, bei Unternehmensverträgen 304
Mitgliedschaftsverhältnis 45
Mitteilungspflicht 284
multinationale Unternehmen 27, 275

Nachgründung 99
Nachschußpflicht 47, 67
Nachteil 344
Namensaktie 54, 56, 57

Stichwortverzeichnis

Nebenpflichten 47
Nichtigkeit
–, der Aktienbezeichnung 103
–, der Aufsichtsratswahl 131, 154
–, der Gesellschaft 41
–, von HV-Beschlüssen 148, 150
–, des Gewinnverwendungsbeschlusses 151, 169
–, des Jahresabschlusses 162, 163, 165, 168, 208
–, der Kapitalerhöhung 182, 192
–, der Kapitalherabsetzung 208
–, von Satzungsbestimmungen 41
–, der Verschmelzung 236

Obligationen 83
Öffentliche Hand, Beteiligung der 356
öffentliche Übernahmeangebote 240
Optionsanleihe 92
–, bei Kapitalerhöhung aus Gesellschaftsmitteln 187
–, bei Verschmelzung 191, 232
Organe der AG 109, 124
Organisationsrecht 21
Organisationsvertrag 22, 39, 228, 323, 337
Organschaft, körperschaftsteuerliche 334
–, bei Eingliederung 321
–, mit ausl. Unternehmen 339

Pachtvertrag 309
Prüfung
–, Gründungsprüfung 96
–, des Jahresabschlusses 166
–, des Konzernabschlusses 355
–, bei Sacheinlagen 178, 184, 191, 317
–, bei Verschmelzung 223, 238
Publizität 7, 13, 169, 289, 355

Reserve, stille 10, 158, 163
Rücklage
–, freie 35, 162
–, gesetzliche 33
–, Kapital- 34
–, für eigene Aktien 61, 161
–, bei Beherrschungsvertrag 329
–, bei Gewinnabführungsvertrag 338
–, bei Teilgewinnabführung 308

Sacheinlage 42, 66, 102, 178, 184, 191, 317

–, Handelsgeschäft als 97, 103
Sachübernahme 42
Sanierung 206
Satzung der AG 39
–, Änderung der 170
–, Feststellung der 39, 95, 100
–, der KGaA 258
–, Nichtigkeit der 41
Schuldscheindarlehen 175
Schuldverschreibung 83
Selbstfinanzierung 9, 174
Sonderabstimmung 82, 173, 177, 183, 190, 197, 233
Sonderprüfung 125, 146
–, der abhängigen Gesellschaft 346
–, des Geschäftsberichts 166
–, wegen Unterbewertung 164
Sonderrechte 172
Sondervorteil 43, 229
Spaltung von Gesellschaften 245
Stimmrecht 71 ff.
–, Ausübungsbeschränkung 72
–, Bindung des 74
–, Depotstimmrecht 76
–, Mehrstimmrechte 80
–, Ruhen des 78
Strohmann 96

takeover bid 240
Teilgewinnabführung 307
Teilkonzernabschluß 351
Teilnehmerverzeichnis 77, 141
Treuepflicht 51

Überkreuzverflechtung 127, 274
Umwandlung 104, 246, 264
Unternehmen, Begriff 281
–, verbundene 288
Unternehmensrecht 17
Unternehmensverträge 302
–, u. Satzung 272
Unternehmenszusammenschluß, Arten 269
–, international 239, 275
–, Kontrolle des 273
Unternehmensziel 123
Unterpariemission 67, 192

verbundene Unternehmen 288
verdeckte Einlage 328

verdeckte Gewinnausschüttung 37, 328
vereinfachte Kapitalherabsetzung 208
Verfassungsschutz
–, der Gesellschaft 19f.
–, der Aktionäre 49
Verlustübernahme
–, bei Eingliederung 319
–, bei Beherrschungsvertrag 329
–, bei Gewinnabführung 338
–, bei Verlustgemeinschaft 306/7
–, bei Pacht 311
Vermögensübertragung 243
Verrechnungspreise, steuerliche Leitsätze 278
Verschmelzung 217 ff.
–, durch Aufnahme 222
–, durch Neubildung 237
–, international 239
–, von KGaA 264
Verstaatlichung 243

Vinkulierung 58
Vorratsaktien 65
Vorstand 114
Vorzugsaktien 79

Wandelschuldverschreibungen 89
–, bei Kapitalerhöhung aus Gesellschaftsmitteln 188
–, bei Verschmelzung 191, 232
Wechselseitige Beteiligung 299
–, Mitteilungspflicht 287
Wertpapierhandel 8, 53
Wettbewerb, Schutz des 18, 273
Wirtschaftsausschuß 113

Zweckänderung 41
Zweigniederlassung 107
Zwischenschein 53
Zuzahlung, freiwillige 209

Lehrbücher und Grundrisse

Conrad
Deutsche Rechtsgeschichte
Von Professor Dr. Hermann Conrad†
Band I: Frühzeit und Mittelalter. 2., neubearbeitete Auflage. 1962. XXVIII, 496 Seiten. Gebunden. DM 68,–
Band II: Neuzeit bis 1806. 1966. XIX, 552 Seiten. Gebunden. DM 68,–

Kaufmann/Hassemer
Einführung in Rechtsphilosophie und Rechtstheorie der Gegenwart
Herausgegeben von Professor Dr. Dr. h. c. Arthur Kaufmann, München, und Professor Dr. Winfried Hassemer, Frankfurt. 1977. XVII, 346 Seiten. Gebunden. DM 48,–

Kleinheyer/Schröder
Deutsche Juristen aus fünf Jahrhunderten
Eine biographische Einführung in die Rechtswissenschaft. Herausgegeben von Professor Dr. Gerd Kleinheyer, Bonn, und Dr. Jan Schröder, Bonn. 1976. 390 Seiten. Mit 36 Abbildungen. Gebunden. DM 48,–

Hesse
Grundzüge des Verfassungsrechts der Bundesrepublik Deutschland
Von Professor Dr. Konrad Hesse, Freiburg. 12., neubearbeitete Auflage. 1980. XVIII, 324 Seiten. Kartoniert. DM 28,–

Mayntz
Soziologie der öffentlichen Verwaltung
Von Professor Dr. Renate Mayntz, Köln. 1978. X, 266 Seiten. Gebunden. DM 38,–

Diederichsen
Der Allgemeine Teil des Bürgerlichen Gesetzbuches für Studienanfänger
Von Professor Dr. Uwe Diederichsen, Göttingen. 4., überarbeitete Auflage. 1980. XIV, 191 Seiten. Kartoniert. DM 22,–

Großfeld
Bilanzrecht
Ein Lehrbuch. Von Professor Dr. Bernhard Großfeld. 1978. XXI, 344 Seiten. Gebunden. DM 48,–

Rittner
Wirtschaftsrecht
Mit Wettbewerbs- und Kartellrecht. Von Professor Dr. Fritz Rittner, Freiburg. 1979. XXXIV, 552 Seiten. Gebunden. DM 68,–

Esser/Schmidt
Schuldrecht – Allgemeiner Teil
Begründet von Professor Dr. Dr. h. c. Josef Esser, Tübingen. Fortgeführt von Professor Dr. Eike Schmidt, Bremen.

Teilband 1: Entstehung, Inhalt und Beendigung von Schuldverhältnissen. 5., völlig neubearbeitete Auflage. 1975. X, 294 Seiten. Gebunden. DM 38,–

Teilband 2: Vertragshaftung, Schadensersatz, Personenmehrheit im Schuldverhältnis. 5., völlig neubearbeitete Auflage. 1976. IX, 306 Seiten. Gebunden. DM 38,–

Esser/Weyers
Schuldrecht – Besonderer Teil
Begründet von Professor Dr. Dr. h. c. Josef Esser, Tübingen. Fortgeführt von Professor Dr. Hans-Leo Weyers, Frankfurt.

Teilband 1: Die Verträge. 5., völlig neubearbeitete Auflage. 1977. XXII, 363 Seiten. Gebunden. DM 44,–

Teilband 2: Die gesetzlichen Schuldverhältnisse. 5., völlig neubearbeitete Auflage. 1979. XVI, 276 Seiten. Gebunden. DM 44,–

Schönke/Baur
Zwangsvollstreckungs-, Konkurs- und Vergleichsrecht
Von Professor Dr. Dr. h. c. Dr. h. c. Fritz Baur, Tübingen. 10., neubearbeitete Auflage von Professor Dr. Adolf Schönke† begründeten systematischen Darstellung des Zwangsvollstreckungsrechts. 1978. XVI, 467 Seiten. Gebunden. DM 78,–

C. F. Müller Juristischer Verlag
Im Weiher 10 · Postfach 102 640 · 6900 Heidelberg 1

C. F. Müller
Großes Lehrbuch

Kaiser – Kriminologie
Ein Lehrbuch. Von Professor Dr. Günther Kaiser, Freiburg. 1980. XVIII, 637 Seiten. Leinen. Großoktav. DM 128,–

Zipf – Kriminalpolitik
Ein Lehrbuch. Von Professor Dr. Heinz Zipf, Salzburg. 2., völlig neubearbeitete und erweiterte Auflage. 1980. XII, 232 Seiten. Leinen. Großoktav. DM 78,–

Pawlowski – Methodenlehre für Juristen
Theorie der Norm und des Gesetzes
Ein Lehrbuch. Von Professor Dr. Hans-Martin Pawlowski, Mannheim. 1981. XXIV, 440 Seiten. Leinen. Großoktav. DM 128,–

Peters – Strafprozeß
Ein Lehrbuch. Von Professor Dr. Karl Peters. 3., völlig neubearbeitete Auflage. 1981. XVI, 711 Seiten. Großoktav. DM 238,–

Kübler – Gesellschaftsrecht
Die privatrechlichen Ordnungsstrukturen und Regelungsprobleme von Verbänden und Unternehmen
Ein Lehrbuch. Von Professor Dr. Friedrich Kübler, Frankfurt. 1981. 448 Seiten. Leinen. Großoktav. DM 88,–

Würdinger – Aktien- und Konzernrecht
Von Professor Dr. Hans Würdinger, Hamburg. 4., völlig neubearbeitete Auflage. 1981. Leinen. Großoktav.

C. F. Müller Juristischer Verlag
Im Weiher 10 · Postfach 102640 · 6900 Heidelberg 1